/ 教育治理与领导力丛书 /　　王定华 总主编

[美]

艾伦·奥恩斯坦
Allan Ornstein

弗朗西斯·P.亨金斯
Francis P. Hunkins

著

王爱松

译

课程：
基础、原理和问题

Curriculum:
Foundations,
Principles, and Issues

(Seventh Edition)

 华东师范大学出版社
全国百佳图书出版单位

图书在版编目(CIP)数据

课程:基础、原理和问题:第7版/(美)艾伦·奥恩斯坦,
(美)弗朗西斯·P.亨金斯著;王爱松译.
上海:华东师范大学出版社,2020
(教育治理与领导力丛书)
ISBN 978-7-5760-0814-2

Ⅰ.①课… Ⅱ.①艾… ②弗… ③王… Ⅲ.①课程—教学研究 Ⅳ.①G423

中国版本图书馆 CIP 数据核字(2020)第 165104 号

教育治理与领导力丛书

课程:基础、原理和问题(第7版)

丛书总主编	王定华
著　　者	[美]艾伦·奥恩斯坦　[美]弗朗西斯·P.亨金斯
译　　者	王爱松
策划编辑	王　焰
责任编辑	曾　睿
责任校对	朱雪婷
装帧设计	膏泽文化
出版发行	华东师范大学出版社
社　　址	上海市中山北路3663号 邮编 200062
网　　址	www.ecnupress.com.cn
电　　话	021-60821666 行政传真 021-62572105
客服电话	021-62865537
门市(邮购)电话	021-62869887
地　　址	上海市中山北路3663号华东师范大学校内先锋路口
网　　店	http://hdsdcbs.tmall.com
印　刷　者	青岛双星华信印刷有限公司
开　　本	16开
印　　张	40
字　　数	582千字
版　　次	2021年1月第1版
印　　次	2022年7月第2次
书　　号	ISBN 978-7-5760-0814-2
定　　价	148.00元
出　版　人	王　焰

(如发现本版图书有印订质量问题,请寄回本社客服中心调换或电话021-62865537联系)

Authorized translation from the English language edition, entitled CURRICULUM: FOUNDATIONS, PRINCIPLES, AND ISSUES, 7th Edition by ORNSTEIN, ALLAN C.; HUNKINS, FRANCISP., published by Pearson Education, Inc., Copyright © 2017.

All rights reserved. No part of this book may be reproduced or transmitted in any form or by any means, electronic or mechanical, including photocopying, recording or by any information storage retrieval system, without permission from Pearson Education, Inc.

CHINESE SIMPLIFIED language edition published by EAST CHINA NORMAL UNIVERSITY PRESS LTD., Copyright © 2019.

本书译自 Pearson Education, Inc. 2017 年出版的 CURRICULUM: FOUNDATIONS, PRINCIPLES, AND ISSUES, 7th Edition by ORNSTEIN, ALLAN C.; HUNKINS, FRANCIS P.。

版权所有。未经 Pearson Education, Inc. 许可,不得通过任何途径以任何形式复制、传播本书的任何部分。

简体中文版 © 华东师范大学出版社有限公司,2020。

本书封底贴有 Pearson Education(培生教育出版集团)激光防伪标签,无标签者不得销售。

上海市版权局著作权合同登记　图字:09-2018-201 号

总　序

人类社会进入21世纪第3个十年后,国际政治巨变不已,科技革命加深加广,人工智能扑面而来,工业4.0时代渐成现实,各种思想思潮交流、交融、交锋,人们的学习方式、工作方式和生活方式发生很大变化。中国正在日益走上世界舞台中央,华夏儿女应该放眼世界,胸怀全局,不忘本来,吸收外来,继往开来,创造未来。只是,2020年在全球蔓延的新冠肺炎疫情,波及范围之广、影响领域之深,历史罕见,给人类生命安全和身体健康带来巨大威胁,给我国和各国的经济社会发展带来巨大挑战,对世界经济与全球治理造成重大干扰。教育作为其中的重要领域,也受到剧烈冲击。这是一次危机,也是一次大考。教育部门、各类学校、出版行业必须化危为机,抓住机遇,迎接挑战,与各国同行、国际组织良性互动,把教育治理及各项工作做得更好。

一切生命都需要新陈代谢,否则必然灭亡;任何文明都应当交流互鉴,否则就会僵化。一种文明只有同其他文明取长补短,才能保持旺盛活力。[1] 习近平总书记深刻指出:"改革开放已走过千山万水,但仍需跋山涉水,摆在全党全国各族人民面前的使命更光荣、任务更艰巨、挑战更严峻、工作更伟大。……必须坚持扩大开放,不断推动共建人类命运共同体。……我们必须高举和平、发展、合作、共赢的旗帜,……维护国际公平正义。"[2] 这些重要指示为新时代各行各

---

[1] 习近平:《深化文明交流借鉴　共建亚洲命运共同体——在亚洲文明对话开幕式上的主旨演讲》,光明日报,2019年5月16日。
[2] 习近平:《在庆祝改革开放40周年大会上的讲话》,新华网,2018年12月18日。

业改革发展、砥砺前行、建功立业指明方向、提供遵循。

在我国深化教育改革和改进学校治理过程中,必须立足中国、自力更生、锐意进取、创新实践,同时也应当放眼世界、知己知彼、相互学习、实现超越。我国教育治理的优势和不足有哪些? 我国中小学校长如何提升办学治校能力、打造高品质学校?① 美国等西方国家的教育是如何治理的? 其管理部门、督导机构、各类学校的权利与义务情况如何? 西方国家的中小学校长、社区、家长是如何相互配合的? 其教师、教材、教法、学生、学习是怎样协调统一的? 诸如此类的问题,值得以广阔的国际视野,全面观察、逐步聚焦、深入研究;值得用中华民族的情怀,去粗取精、厚德载物、悦己达人;值得用现代法治精神,正视剖析、见微知著、发现规律。

现代法治精神与传统法治精神、西方法治精神既有相通之处,又有不同之点。现代法治精神是传统法治精神的现代化,同时也是西方法治精神的中国化。在新时代,现代法治精神包括丰富内涵:第一,全面依法治国。各行各业都要树立法治精神,严格依法办事;无论官民都要守法,官要带头,民要自觉,人人敬畏法律、了解法律、遵守法律,全体人民都成为法治的忠实崇尚者、自觉遵守者、坚定捍卫者,人民权益靠法律保障,法律权威靠人民维护;做到有法可依、有法必依、执法必严、违法必究,自觉守法,遇事找法,解决问题靠法。第二,彰显宪法价值。宪法是最广大人民共同意志的体现,规定国家和社会的根本制度,具有最高法律效力。全面贯彻实施宪法是建设社会主义法治国家的首要任务和基础性工作。第三,体现人文品质。法律是治国之重器,良法是善治之前提。法治依据的法律应是良法,维护大多数人利益,照顾弱势群体权益,符合社会发展方向;执法的行为应当连贯,注重依法行政的全局性、整体性和系统性;法律、法规、政策的关系应当妥处,既严格依法办事,又适当顾及基本国情。第四,具有中国特色。坚定不移地走中国特色社会主义法治道路,坚持党的领导、人民当家作主、依法治国有机统一,不断促进国家治理体系和治理能力现代化,为实

---

① 2018 年 1 月《中共中央国务院关于全面深化新时代教师队伍建设改革的意见》提出"提升校长办学治校能力,打造高品质学校"。

现"两个一百年"奋斗目标、实现中华民族伟大复兴的中国梦提供有力法治保障。第五,做到与时俱进。顺应时代潮流,根据现代化建设需要,总结我国历史上和新中国成立后法治的经验教训,参照其他国家法治的有益做法,及时提出立、改、废、释的意见建议,促进物质、精神、政治、社会、生态等五个文明建设,调整公共权力与公民权利的关系结构,约束、规范公共权力,维护、保障公民权利。

树立现代法治精神,必须切实用法治精神推进社会治理创新。过去人们强调管理(Management),现在更提倡治理(Governance)。强调管理时,一般体现为自上而下用权,发指示,提要求;而强调治理,则主要期冀调动方方面面积极性,讲协同,重引领。治理是各种公共的或私人的机构,或者个人管理其共同事务的许多方式的总和,是使相互冲突的或不同的利益得以调和并且采取联合行动的持续过程。① 治理的实质是建立在市场原则、公共利益和认同之上的合作。它所拥有的管理机制不单是依靠政府的权威,还依赖合作网络的权威,其权力是多元的、相互的,而非单一或自上而下。② 治理是公共利益最大化的社会管理过程,其最终目的是实现善治,本质是政府和公民对社会公共生活的合作管理,体现政府、社会组织与公民的新型关系。

政府部门改作风、转职能,实质上都是完善治理体系、提高治理能力。在完善治理体系中,应优先完善公共服务的治理体系;在提高治理能力时,须着力提升公共事务的治理能力。教育是重要的公共事物,基础教育又是其重中之重。基础教育作为法定的基本国民教育,面向全体适龄儿童少年,关乎国民素质提升,关乎中华民族伟大复兴,是国家亟须以现代法治精神引领的最重要的公共服务,是政府亟待致力于治理创新的最基本的公共事务。

创新社会治理的体系方式、实现基础教育的科学治理,就是要实行基础教育的善治,其特点是合法性、透明性、责任性、适切性和稳定性,实现基础教育治

---

① 李阳春:《治理创新视阈下政府与社会的新型关系》,中共中央党校学报,2014年第5期。

② Anthony R. T. et al.: *Governance as a trialogue: government-society-science in transition*. Berlin:The Springer Press, 2007:29.

理体系和治理能力现代化。实行善治有一些基本要求,每项要求均可给改善基础教育治理以一定启迪。一是形成正确社会治理理念,解决治理为了谁的问题。基础教育为的是全体适龄儿童少年的现在和未来,让他们享受到公平而有质量的教育,实现全面发展和健康成长。二是强化政府主导服务功能,解决过与不及的问题。基础教育阶段要处理好政府、教育部门、学校之间的关系,各级政府依法提供充分保障,教育部门依法制定有效政策,学校依法开展自主办学,各方履职应恰如其分、相得益彰,过与不及都会欲速不达、事倍功半。三是建好社区公共服务平台,解决部分时段或部分群体无人照料的问题。可依托城乡社区构建课后教育与看护机制,关心进城随迁子女,照顾农村留守儿童。还可运用信息技术、人工智能,助力少年儿童安全保护。四是培育相关社会支撑组织,解决社会治理缺乏资源的问题。根据情况采取政府委托、购买、补贴方式,发挥社会组织对中小学校的支撑作用或辅助配合和拾遗补缺作用,也可让其参与民办学校发展,为家长和学生提供一定教育选择。五是吸纳各方相关人士参加,解决不能形成合力的问题。中小学校在外部应普遍建立家长委员会,发挥其参谋、监督、助手作用;在内部应调动教师、学生的参加,听其意见,为其服务。总之,要加快实现从等级制管理向网络化治理的转变,从把人当作资源和工具向把人作为参与者的转变,从命令式信号发布向协商合作转变,在加快推进教育现代化进程中形成我国基础教育治理的可喜局面。

2019年初,中共中央、国务院印发了《中国教育现代化2035》。作为亲身参与这个重要文献起草的教育工作者,我十分欣慰,深受鼓舞。《中国教育现代化2035》提出推进教育现代化的指导思想:以习近平新时代中国特色社会主义思想为指导,全面贯彻党的十九大和十九届二中、三中全会精神,坚定实施科教兴国战略、人才强国战略,紧紧围绕统筹推进"五位一体"总体布局和协调推进"四个全面"战略布局,坚定"四个自信",在党的坚强领导下,全面贯彻党的教育方针,坚持马克思主义指导地位,坚持中国特色社会主义教育发展道路,坚持社会主义办学方向,立足基本国情,遵循教育规律,坚持改革创新,以凝聚人心、完善人格、开发人力、培育人才、造福人民为工作目标,培养德、智、体、美、劳全面发展的社会主义建设者和接班人,加快推进教育现代化、建设教育强国、办好人民满意的教育。将服务中华民族伟大复兴作为教育的重要使命,坚持教育为人民服务、为中国共产党治国理政服务、为巩固和发展中国特色社会主义制度服务、为改革开放和社会主义现代化建设服务,优先发展教育,大力推进教育理念、体系、制度、内容、方法、治理现代化,着力提高教育质量,促进教育公平,优化教育结构,为决胜全面建成小康社会、实现新时代中国特色社会主义发展的奋斗目标提供有力支撑。

《中国教育现代化2035》提出了推进教育现代化的八大基本理念:更加注重以德为先,更加注重全面发展,更加注重面向人人,更加注重终身学习,更加注重因材施教,更加注重知行合一,更加注重融合发展,更加注重共建共享。明确了推进教育现代化的基本原则:坚持党的领导、坚持中国特色、坚持优先发展、坚持服务人民、坚持改革创新、坚持依法治教、坚持统筹推进。

《中国教育现代化2035》提出,到2035年,我国将总体实现教育现代化,迈入教育强国,推动我国成为学习大国、人力资源强国和人才强国,为到本世纪中叶建成富强、民主、文明、和谐、美丽的社会主义现代化强国奠定坚实基础。建成服务全民终身学习的现代教育体系、普及有质量的学前教育、实现优质均衡的义务教育、全面普及高中阶段教育、职业教育服务能力显著提升、高等教育竞争力明显提升、残疾儿童少年享有适合的教育、形成全社会共同参与的教育治理新格局。

立足新时代、推进教育治理体系和治理能力现代化,应当积极推进教育治理方式变革,加快形成现代化的教育管理与监测体系,推进管理精准化和决策科学化。提高教育法治化水平,构建完备的教育法律法规体系,健全学校办学法律支持体系。健全教育法律实施和监管机制。提升政府综合运用法律、标准、信息服务等现代治理手段的能力和水平。健全教育督导体制机制,提高教育督导的权威性和实效性。提高学校自主管理能力,完善学校治理结构。鼓励民办学校按照非营利性和营利性两种组织属性开展现代学校制度改革创新。推动社会参与教育治理常态化,建立健全社会参与学校管理和教育评价监管机制。要开创教育对外开放新格局。全面提升国际交流合作水平,推动我国同其他国家学历学位互认、标准互通、经验互鉴。扎实推进"一带一路"教育行动,加强与联合国教科文组织等国际组织和多边组织的合作,提升中外合作办学质量。完善教育质量标准体系,制定覆盖全学段、体现世界先进水平、符合不同层次类型教育特点的教育质量标准,明确学生发展核心素养要求。优化出国留学服务。实施留学中国计划,建立并完善来华留学教育质量保障机制,全面提升来华留学质量。推进中外高级别人文交流机制建设,拓展人文交流领域,促进中外民心相通和文明交流互鉴,鼓励大胆探索、积极改革创新,形成充满活力、富有效率、更加开放、有利于高质量发展的教育体制机制。

立足新时代、推进教育治理体系和治理能力现代化,应当全面落实立德树人根本任务。广泛开展理想信念教育,厚植爱国主义情怀,加强品德修养,增长知识见识,培养奋斗精神,不断提高学生思想水平、政治觉悟、道德品质、文化素养。树立健康第一理念,防范新冠病毒和各种传染病;强化学校体育,增强学生体质;加强学校美育,提高审美素养;确立劳动教育地位,凝练劳动教育方略,强化学生劳动精神陶冶和动手实践能力培养。① 建立健全中小学各学科学业质量标准和体质健康标准。加强课程教材体系建设,科学规划大中小学课程,分类制定课程标准,充分利用现代信息技术,丰富创新课程形式。创新人才培养方式,推行启发式、探究式、参与式、合作式等教学方式,培养学生创新精神与实践能力。建设新型智能校园,提炼网络教学经验,统筹建设一体化智能化教学、管理与服务平台。利用现代技术加快推动人才培养模式改革,实现规模化教育与个性化培养的有机结合。创新教育服务业态,建立数字教育资源共建共享机制,完善利益分配机制、知识产权保护制度和新型教育服务监管制度。

立足新时代、推进教育治理体系和治理能力现代化,应当特别关注广大教师的成长诉求。百年大计,教育为本;教育大计,教师为本。教师是人类灵魂的工程师,是时代进步的先行者,承担着传播知识、传播思想、传播真理的历史使

---

① 王定华:《试论新时代劳动教育的意蕴与方略》,课程·教材·教法,2020年第5期。

总序

命,肩负着塑造灵魂、塑造生命、塑造新人的时代重任,是教育改革发展的第一资源,是实现中华民族伟大复兴的重要基石。当前,工业化、信息化、新型城镇化、农业现代化迅速发展,国际竞争日趋激烈,国家经济社会发展对高素质人才的渴求愈发迫切,人民群众对"上好学"的需求更加旺盛,教育发展、国家繁荣、民族振兴,亟须一批又一批的好教师。所以,必须从战略高度充分认识教师工作的极端重要性,优先规划,优先投入,优先保障,创新教师治理体系,解决编制、职称、待遇的制约,真正加强教师队伍建设,造就师德高尚、业务精湛、结构合理、充满活力的高素质专业化创新型教师队伍。广大教师和教育工作者需要学习了解西方教育发达国家的新的教育理念和教育思想,并应当在此基础上敢于超越、善于创新。校长是教师中的关键少数。各方应加强统筹,加强中小学校长队伍建设,努力造就一支政治过硬、品德高尚、业务精湛、治校有方的校长队伍。

"教育治理与领导力丛书"是华东师范大学出版社为适应中国教育改革和创新的要求、推动中国教育现代化进程,而重点打造的旨在提高教师必备职业素养的精品图书。为了做好丛书的引进、翻译、编辑,华东师大出版社相关同志做了大量扎实有效的工作。首先,精心论证选题。会同培生教育出版集团(Pearson Education)共同邀约中外专家,精心论证选题。所精选的教育学原著均为培生教育出版集团和国内外学术机构推荐图书,享有较高学术声誉,被200多所国际知名大学广泛采用,曾被译为十多种语言。丛书每一本皆为权威著作,引进都是原作最新版次。其次,认真组织翻译。好的版权书,加上好的翻译,方可珠联璧合。参加丛书翻译的同志主要来自北京大学、北京外国语大学、北京师范大学、华东师范大学、浙江大学、南京大学等"双一流"高校,他们均对教育理论或实践有一定研究,具备深厚学术造诣,这为图书翻译质量提供了切实保障。再次,诚聘核稿专家。聘请国内相关专业的专家学者组建丛书审定委员会,囊括了部分学术界名家、出版界编审、一线教研员,以保证这套丛书的学术水准和编校质量。"教育治理与领导力丛书"起始于翻译,又不止于翻译,这套丛书是开放式的。西方优秀教育译作诚然助力我国教育治理改进,而本国优秀教育创作亦将推动我国学校领导力增强。

华东师范大学出版社王焰社长、曾睿编辑邀请我担任丛书主编,而我因学识有限、工作又忙,故而一度犹豫,最终好意难却、接受邀约。在丛书翻译、统校过程中,我和相关同志主观上尽心尽力、不辱使命,客观上可能仍未避免书稿瑕疵。如读者发现错误,请不吝赐教,我们当虚心接受,仔细订正。同时,我们深信,这套丛书力求以其现代化教育思维、前瞻性学术理念、创新性研究视角和多样化表述方式,展示教育治理与领导力的理论和实践,是教育现代化进程中广大教师、校长和教育工作者所需要的,值得大家参阅。

王定华
2020 年夏于北京

(王定华,北京外国语大学党委书记,国际教育学院教授、博士生导师,国家督学、国家教师教育专家咨询委员会副主任委员,曾任教育部基础教育一司司长、教育部教师工作司司长、中国驻纽约总领事馆教育领事。)

前　言

《课程:基础、原理和问题(第7版)》,是一本为课程的研究者、理论工作者、实践者而写的书。对研究课程规划、开发、实施和评估的人来说,本书是一个基础读本;对参与课程编制的教师、督导和管理人员来说,本书也可作为参考书。

本书对课程的基础、原理和问题做了全面系统、资料翔实的概述。"基础编"属课程之外的研究领域,这些研究领域影响到课程领域;"原理编"属方式、方法篇,这些方式方法用于反思整个课程领域,并用于设计、开发、实施、评估课程。"问题编"针对目前正在衍变的影响课程领域的教育、政治、社会机制。

新版的独特之处

针对课程的基础、原理和问题的每一方面,第7版进行了全面审订。所有章节都进行了修订,以反映课程方面的最新学术研究和思考,这一点显而易见。

这一新版制订的具体细节如下:

· 每章开头都列出具体的"学习成果",以引导学生阅读。

· 每章以讨论题结束,旨在让学生参与和内容有关的对话。

· 在培生电子文本中,学生访问已嵌入每章之中的视频链接,这些视频旨在详解目前的课程问题,例如职业和技能教育(CTE)、数字素养等等,这将激发批判性讨论。

· 更新了"共同核心课程"(第二章)、问责制(第二章)、普通学前班(第五章)等方面的信息,它们都是美国某些最重要的改革倡议。

- 数字素养和全球技能在21世纪课程中的重要性,以及技术(例如社交媒体)对学生认知能力开发的影响。
- 更新主要学习理论和原理(第四章)方面的讨论。
- 在作为课程之关键组成部分的执行功能、社会智能和情商与学习、非认知技能(例如坚韧不拔)等方面,增加新内容(第四章)。
- 在提供基础、有助于教育工作者构思卓越课程的社会基础方面,增加新内容(第五章)。
- 国际成绩测试(包括"国际学生评估项目"[PISA]、"国际数学与科学学习趋势"[TIMSS]、"国际成人能力评估项目"[PIAAC]、"国际阅读素养研究进展"[PIRLS])方面的主要讨论和报告,对普通教育特别是课程之全球问题和方法的重视(第五章、第九章、第十章)。
- 课程设计理论框架方面新增加一节:受现代影响的设计(建构论视角)和受后现代主义影响的设计(后建构论视角)(第六章)。
- 将技术科学方法与其现代主义视角联系起来展开新讨论(第七章)。
- 将非技术非科学方法与其后现代主义、后建构论结合起来展开新讨论(第七章)。
- 更新将现代主义方法与课程实施联系起来的材料(第八章)。
- 收入用后现代主义方法处理课程实施方面的新信息(第八章)。
- 展开论述现代主义和后现代主义的课程评估方法(第九章)。
- 更新高风险考试方面的信息(第九章、第十章)。
- 扩大对国际共同体五个国家的讨论(第五章、第十章)。

本教材概览

本书由一章课程导论外加三编构成。第一编"课程基础"共四章,每一章分别研究课程的哲学、历史、心理学和社会基础。第二编"课程原理",包括了有关课程设计、开发、实施和评估的内容。第三编"课程问题"由"国际教育景观"一章构成。

本书在几个方面不同于其他课程读本。大多数课程读本要么聚焦理

前言

论,要么聚焦实践。有些读本推行特殊的政治立场或社会立场,另一些读本则将课程领域理解为对管理的挑战。本书提供的是一种不偏不倚的、全面系统的对课程领域的看法。我们力避特殊的哲学、教育、政治和社会立场。相反,我们的目的是提供对课程领域的完整看法,使读者能够考虑各种选择,阐明他们自己关于课程基础、原理和问题的看法。简言之,我们提供综合材料,以帮助研究者和实践者逐渐形成他们自己对这一领域过去、现在和未来的解释。

第7版提供了以下教学工具和学习工具:每一章的"学习成果"、"课程小贴士"、"概览表"、每章最后的"讨论题"。"学习成果"精心列出了希望读者学到的最低限度的东西。"课程小贴士"对课程过程的研究和观察具有实践意义。"概览表"使学习更上一层楼,并对该章所讨论的主要概念和原理进行概述。"讨论题"向读者提出挑战,促使读者参与对该章内容的评议,并拓展他们对该章信息的掌握。

此外,我们还希望,涉足本教材内容的读者会受到情绪上的鼓舞,喜欢21世纪已知的和新兴的挑战。从理想的意义上说,我们希望读者会认识到并认可课程专家的作用。

致谢

每本教材都是许多人参与的结果。我们对所有人心怀感激。我们特别要感谢评阅了本书原稿的卡罗来纳海岸大学的詹姆斯·伯顿·勃朗宁(James Burton Browning)、托莱多大学的利·恰瑞罗特(Leigh Chiarelott)。

特别感谢纽约城市大学、布鲁克林学院、纽约城市学院的助理副教授诺曼·恩(Norman Eng)博士对第一章至第五章的订正工作。他的工作集中在21世纪的教育改革和不平等。恩博士还维护着一个叫"有教养的社会"的教育博客。

艾伦·奥恩斯坦

弗朗西斯·P.亨金斯

简明目录

上

总序	…	1
前言	…	1
第一章	课程领域	1
第二章	课程的哲学基础	45
第三章	课程的历史基础	90
第四章	课程的心理学基础	146
第五章	课程的社会基础	206
第六章	课程设计	247

下

第七章	课程开发	297
第八章	课程实施	367
第九章	课程评估	411
第十章	国际教育景观	481
附录		537
主题索引		543
译后记		603

目 录

上

总序 1
前言 1
第一章　课程领域 1
　　课程的方法 2
　　　　行为方法 2
　　　　管理方法 4
　　　　系统方法 6
　　　　学院方法 8
　　　　人本主义方法 9
　　　　后现代方法 11
　　课程的定义 12
　　　　定义的挑战 13
　　　　定义课程领域的背景问题 13
　　　　基本问题 14
　　课程的基础 15
　　课程领域 16
　　　　课程开发 18
　　　　课程设计 19
　　　　计划性课程与非计划性课程 19
　　理论与实践 21
　　　　从理论到实践 22
　　　　课程专业证书 25
　　课程工作者的角色 26

课程工作者的责任 ………………………………… 27
 学生的角色 ………………………………………… 28
 教师与课程 ………………………………………… 29
 校长与课程 ………………………………………… 30
 正在变化的职业角色:标准与测试 ……………… 31
结语 ……………………………………………………… 32
讨论题 …………………………………………………… 33
注释 ……………………………………………………… 33

第一编　课程基础

第二章　课程的哲学基础 ……………………………… 45
 哲学与课程 ……………………………………………… 46
  哲学与课程工作者 ………………………………… 47
  作为课程源泉的哲学 ……………………………… 47
 主要哲学 ………………………………………………… 48
  唯心论 ……………………………………………… 48
  实在论 ……………………………………………… 49
  实用主义 …………………………………………… 50
  存在主义 …………………………………………… 50
 教育哲学 ………………………………………………… 52
  永恒主义 …………………………………………… 52
  本质主义:重申最好的和最光明的 ……………… 55
  进步论 ……………………………………………… 61
  重构论 ……………………………………………… 69
 结语 ……………………………………………………… 77
 讨论题 …………………………………………………… 79
 注释 ……………………………………………………… 80

第三章　课程的历史基础 ……………………………… 90
 殖民时期:1642—1776 ………………………………… 90

三个殖民区 …… 91
　　　殖民时期的学校 …… 92
　　　老课本,老读本 …… 93

建国时期:1776—1850 …… 95
　　　拉什:科学、进步和免费教育 …… 95
　　　杰弗森:公民教育 …… 96
　　　韦伯斯特:教师与文化民族主义 …… 96
　　　麦古菲:读本与美国的德行 …… 97

19世纪的欧洲教育工作者 …… 99
　　　裴斯泰洛齐:一般方法和特殊方法 …… 99
　　　福禄培尔:幼儿园运动 …… 100
　　　赫尔巴特:品德与智力开发 …… 100
　　　斯宾塞:功利主义与科学的教育 …… 101

普及教育的兴起:1820—1900 …… 102
　　　导生制学校 …… 103
　　　平民学校 …… 103
　　　小学 …… 104
　　　初中 …… 106
　　　文实学校 …… 106
　　　高级中学 …… 107

转型时期:1893—1918 …… 109
　　　重申传统课程:三个委员会 …… 109
　　　哈里斯与艾利奥特:两个保守的改革者 …… 111
　　　职业教育 …… 113
　　　迫切呼唤现代课程 …… 114

课程领域的诞生:1918—1949 …… 118
　　　博比特与查特斯:行为主义和科学原理 …… 118
　　　基尔帕特里克:进步论的影响 …… 119
　　　第二十六年年鉴 …… 122

鲁格与卡斯韦尔:发展时期	123
"八年研究"	124
泰勒:基本原理	127
古德拉德:学校的改革	130
皮纳:课程理论的概念重建	132
弗赖雷:从教育的"储蓄概念"到提出问题	133

目前的焦点 ········ 133

结语 ······ 135

讨论题 ······ 135

注释 ······ 135

第四章 课程的心理学基础 ········ 146

行为主义 ········ 147
- 联结主义 ······ 147
- 桑代克的影响:泰勒、塔巴与布鲁纳 ······ 148
- 行为主义的强化论 ······ 150
- 操作性条件反射 ······ 151
- 获取新的操作性 ······ 152
- 行为主义与课程 ······ 157

认知心理学 ········ 159
- 认知视角 ······ 159
- 蒙台梭利方法 ······ 160
- 让·皮亚杰的理论 ······ 162
- 皮亚杰的影响:泰勒、塔巴、布鲁纳、科尔伯格 ······ 163
- 发展理论:超越皮亚杰 ······ 165
- 布鲁姆:早期环境 ······ 166
- 列夫·维果茨基的理论 ······ 167
- 智商:思考和学习 ······ 169
- 建构论 ······ 174
- 大脑研究与学习 ······ 174

| 技术对大脑和学习的影响 ………………………… 175
| 解决问题与创造性思维 ………………………… 176
| 创新与技术 …………………………………………… 183
| 认知与课程 …………………………………………… 184
| 现象学与人本主义心理学 …………………………………… 185
| 格式塔理论 …………………………………………… 185
| 马斯洛：自我实现的个人 ………………………… 186
| 罗杰斯：非指导学习与治疗学习 ………………… 187
| 社交智力与情商 …………………………………… 189
| 积极心理学与心态 ………………………………… 190
| 现象学与课程 ……………………………………… 191
| 结语 …………………………………………………………… 194
| 讨论题 ………………………………………………………… 195
| 注释 …………………………………………………………… 196

第五章 课程的社会基础 … 206

社会、教育与学校教育 ………………………………………… 207
　　社会与模范人格 …………………………………………… 208
　　社会与发展理论 …………………………………………… 208
　　变化中的美国社会 ………………………………………… 211
　　后现代社会 ………………………………………………… 212
　　后工业社会：比特与字节 ………………………………… 213
　　后核心家庭 ………………………………………………… 214
　　新的家庭类型 ……………………………………………… 214
道德品质教育 …………………………………………………… 215
　　道德行为及其争论 ………………………………………… 216
　　道德教育 …………………………………………………… 218
　　道德品质 …………………………………………………… 219
　　追求卓越的品质 …………………………………………… 221
　　二进制字节与阅读习惯 …………………………………… 221

学校文化 ………………………………………… 225
　　班级中的服从 ……………………………… 225
　　应付与关心 ………………………………… 226
课堂文化 ………………………………………… 227
　　同龄群体 …………………………………… 229
　　同龄文化与学校 …………………………… 230
　　同龄和种族群体 …………………………… 232
　　社会阶层与学习成绩 ……………………… 233
　　全球成绩 …………………………………… 234
结语 ……………………………………………… 236
讨论题 …………………………………………… 237
注释 ……………………………………………… 237

第二编　课程原理

第六章　课程设计 …………………………… 247
课程设计的复杂性 ……………………………… 247
　　让概念融会贯通 …………………………… 250
设计的构成成分 ………………………………… 251
　　课程设计的资源 …………………………… 252
　　概念框架:横向组织与纵向组织 ………… 257
设计维度的思考 ………………………………… 258
　　范围 ………………………………………… 259
　　次序 ………………………………………… 259
　　连续性 ……………………………………… 261
　　整合 ………………………………………… 262
　　连接 ………………………………………… 262
　　平衡 ………………………………………… 263
代表性课程设计 ………………………………… 264
　　以科目为中心的设计 ……………………… 264
　　以学习者为中心的设计 …………………… 272

以问题为中心的设计 ……………………………………… 280
　　　课程设计的理论框架 ……………………………………… 283
　　　课程领域的影子 …………………………………………… 284
结语 ……………………………………………………………………… 285
讨论题 …………………………………………………………………… 287
注释 ……………………………………………………………………… 288

下

第七章　课程开发 …………………………………………………… 297

技术—科学方法（现代主义视角） ……………………………… 300
　　　博比特和查特斯的模式 …………………………………… 301
　　　泰勒模式：四条基本原则 ………………………………… 302
　　　塔巴模式：草根理性 ……………………………………… 303
　　　反向—设计模式 …………………………………………… 305
　　　任务—分析模式 …………………………………………… 306

非技术—非科学方法（后现代主义者、后建构论者视角） …… 309
　　　审议模式 …………………………………………………… 310
　　　斯莱特里的课程开发方法 ………………………………… 313
　　　多尔的课程开发模式 ……………………………………… 314

落实课程开发 ……………………………………………………… 317
　　　建立课程团队 ……………………………………………… 317
　　　创建指向、目标和目的 …………………………………… 318
　　　选择课程内容 ……………………………………………… 331
　　　选择课程经验 ……………………………………………… 338
　　　选择教育环境 ……………………………………………… 340
　　　最后的综合分析 …………………………………………… 345

课程开发的参与者 ………………………………………………… 345
　　　教师 ………………………………………………………… 346
　　　学生 ………………………………………………………… 346

校长 · 348
　　课程专家 · 349
　　助理(副)主管 · 349
　　主管 · 350
　　校董事会 · 350
　　外行人 · 350
　　联邦政府 · 352
　　州机构 · 352
　　地方组织 · 353
　　其他参与者 · 353
结语 · 355
讨论题 · 355
注释 · 356

第八章　课程实施 · 367

实施的本质 · 368
　　渐进主义 · 370
　　交流 · 371
　　支持 · 372
作为变革过程的实施 · 375
　　变革的类型 · 376
　　变革的阻力 · 379
　　变革的阶段 · 385
课程的实施模式 · 386
　　现代主义模式 · 388
　　后现代主义模式 · 393
　　影响实施的因素 · 395
关键角色 · 397
　　学生 · 398
　　教师 · 398
　　督导 · 399

校长 …… 400

  课程主任 …… 400

  课程顾问 …… 400

  家长与社区成员 …… 401

结语 …… 402

讨论题 …… 403

注释 …… 404

第九章　课程评估 …… 411

评估的本质和目的 …… 418

  评估的诸种问题 …… 421

  评估的定义 …… 423

  测量与评估 …… 424

评估的方法 …… 424

  科学的、现代主义的评估方法 …… 425

  人本主义的、后现代主义的评估方法 …… 425

  科学的、现代主义的方法 VS 人本主义、后现代主义的方法 …… 428

  功利主义者的方法 VS 直觉论者的方法 …… 433

  内在方法 VS 效果方法 …… 434

  构成性评估与总结性评估 …… 434

评估的模式 …… 440

  科学模式、现代主义模式 …… 441

  人本主义模式、后现代主义模式 …… 444

  行动—研究模式 …… 448

测试 …… 450

  高利害关系考试 …… 451

  常模—参照测试 …… 454

  标准—参照测试 …… 455

  主观测试 …… 458

另类评价 …… 458

评估中的人的问题 …… 462

21 世纪的挑战 ………………………………………………… 465
结语 ………………………………………………………………… 466
讨论题 …………………………………………………………… 467
注释 ……………………………………………………………… 468

第三编　课程问题

第十章　国际教育景观 ………………………………… 481
特定国家的教育 ……………………………………………… 488
芬兰 …………………………………………………………… 489
 背景 …………………………………………………… 489
 芬兰的独特性 ………………………………………… 490
 芬兰的教育:文化关键 ………………………………… 491
 教育部 ………………………………………………… 491
 芬兰的教育系统 ……………………………………… 492
 来自芬兰的经验教训 ………………………………… 493
澳大利亚 ……………………………………………………… 496
 背景 …………………………………………………… 496
 澳大利亚的教育系统 ………………………………… 498
 师范教育 ……………………………………………… 500
 来自澳大利亚的经验教训 …………………………… 502
中国 …………………………………………………………… 502
 背景 …………………………………………………… 502
 中国的教育系统 ……………………………………… 504
 国家教委 ……………………………………………… 504
 师范教育 ……………………………………………… 509
 来自中国的经验教训 ………………………………… 509
巴西 …………………………………………………………… 510
 背景 …………………………………………………… 510
 巴西的教育系统 ……………………………………… 512
 师范教育 ……………………………………………… 515

	来自巴西的经验教训	516
	南非共和国	517
	背景	517
	南非的教育系统	520
	教育部	521
	师范教育	523
	来自南非的经验教训	524
	结语	526
	讨论题	527
	注释	528

附录 ········· 537
　　课程小贴士 ········· 539
　　视频 ········· 540

主题索引 ········· 543
译后记 ········· 603

第一章　课程领域

> **学习成果**
>
> 阅读完本章之后，你应当能够：
>
> 1. 辨识和区分六种课程方法，讨论教育工作者倾向于采用哪一种方法。
> 2. 定义课程并阐明在定义课程方面所面临的挑战。
> 3. 辨识公认的课程基础。
> 4. 解释为什么课程开发、课程设计、计划性课程或非计划性课程是重要的课程知识领域。
> 5. 讨论在将课程理论转化为实践时所面临的挑战。
> 6. 解释学生、教师和校长在塑造课程中所扮演的角色。

　　作为一个研究领域，课程被认为具有不可捉摸、支离破碎、令人困惑的特点。这一领域有时确实如此，不过，作为一个研究领域的课程对学校和社会的健康至关重要。无论我们将课程狭义地理解为学校所教的科目，还是广义地理解为个人要求全面参与社会的经验，都无可否认，课程影响到教育工作者、学生和社会的其他成员。

　　尽管有关课程的书籍、文章和专题论文汗牛充栋，这一领域的许多人还是为这种持续的困惑而感到垂头丧气。当然，课程领域并不试图提供精确答案，而只是要增加我们对其复杂性的理解。课程起源于社会活动。对课程的设计，既是为当下的目的,也是为即将出现的目的。课程是一个动态的领域。[1]

在一个广阔的语境中分析课程的概念,就是要说明课程指的是什么、涉及什么、涉及谁、为谁服务。我们因此要参照方法(一种取向或视角)和定义来考察课程。我们也要思考课程的基础和范围、理论和实践之间的关系与差异,并思考参与者在课程领域中扮演的角色。

课程的方法

我们所采取的课程方法反映出我们的感知能力、价值观念和知识结构。一种课程方法反映出一种整体的立场或一种元取向,其中囊括了课程的基础(一个人的哲学观、历史观、心理学和学习理论观,以及社会问题观)、课程的范围(课程领域中普遍的、重要的知识)、课程的理论和实践。一种方法传达出了一种有关课程开发和设计的观点;传达出了学习者、教师和课程专家在规划课程中所起的作用;传达出了课程的目标;传达出了需要加以考察的各种重要问题。

一种课程方法反映出我们对学校和社会的看法。通过了解一种课程方法,了解他就读的学校或学区,就有可能总结出这人的专业观是否与正规组织的观念存在冲突。

尽管随着时间的推移,各个学校往往致力于一种特殊的课程方法,许多教育工作者还是没有全身心投入某一种方法。准确地说,他们在某些情境中强调这一种方法,在另一些情境中则提倡另一些方法。课程教科书作者有时往往坚持一种以上的课程方法。课程专家,甚至课程专业的学生,必须细察自己的方法。

课程方法可以从技术/科学的视角进行观察,或从非技术/非科学的视角进行观察。技术/科学的方法与教育的传统理论和模式不谋而合,反映出既定的、正式的学校教育方式。非技术/非科学的方法作为先锋、实验性哲学和政治学的一部分衍变而来,往往对既定的、常规化的教育实践发起挑战。这些方法是流动的、随机的。

这一节的其余部分将勾勒六种课程方法。前三种可归为技术/科学方法,后三种则可归为非技术/非科学方法。

行为方法

行为方法根植于芝加哥大学学派——从富兰克林·博比特(Franklin Bobbitt)、W. W. 查特斯(W. W. Charters)到拉尔夫·泰勒(Ralph Tyler)、希尔达·塔巴(Hilda

Taba),是最老的也是现在依然占主流地位的课程方法。[2] 在逻辑和约定俗成的意义上,它依赖技术和科学的原则,包括了用以制定课程的范式、模式和循序渐进的策略。这一方法通常基于一个计划,有时也称之为蓝图或文件。这一计划会详细说明目标和目的,依次列出和目的配套的内容与活动,结合目标、目的对学习的结果做出评估。这一课程方法自20世纪20年代早期以来已经用于所有科目,构成了一个与其他课程方法形成对照的参考框架。这一方法也被称为逻辑方法、观念-实证主义的方法、经验主义的方法、理性-科学的方法、技术专家治国论的方法。[3]

行为方法始于效率观念,受到商业和工业的影响,以及弗雷德里克·泰勒(Frederick Taylor)科学管理理论的影响。泰勒根据对工人操作时间和动作的研究来分析工厂的效率,他得出结论说,应当基于工人个人的产出来给工人付酬,计量的标准是工人在特定时间段里产出的件数。学校的高效运行在20世纪20年代成了一个主要目标。(一些批评家将泰勒的方法命名为"机器理论"。)

确保学校的效率通常意味着取消小班、增加生师比、雇用更少的管理人员、缩减教师工资、维持或缩小运营成本等等,然后是准备图表以显示由此带来的成本降低。雷蒙德·卡拉汉(Raymond Callahan)后来给这种方法打上了"效率崇拜"[4]的标签。这种方法的目标就是要将教和学缩减为具有相应的可测量活动的精确行为。

博比特着手组织小学阶段的一门研究课时说:"我们需要课程编制的原理。我们过去不知道首先应当研究社会的需要再来确定目的……我们不懂得(计划)是手段,不是目的。"[5] 他在20世纪20年代初的《如何编制课程》(How to Make a Curriculum)中拓展了自己的方法。在该书中,他描绘了800多种和预先确定的学生需要相应的目的和相关活动。这些活动从牙齿、眼睛的保健到保持家用器具完整无损,再到拼写和语法,不一而足。[6] 博比特的方法,相对他那时来说是复杂的;然而,抽离出其语境,他所做的机器类比,以及所罗列的数百种目的和活动,容易招致批评。

这给泰勒留下了用武之地。泰勒在芝加哥大学上过博比特的几门课,认识到行为目的不应当像这样微不足道、密集烦琐。他将课程、教学和评估的基本技术融合为一个单一的计划。泰勒提倡用学校(或学区)的宗旨"来决定相关目的"。泰勒的方法将行为主义(目的是重要的)与进步主义(强调学习者的需要)结合了起来。泰勒受到了爱德华·桑代克(Edward Thorndike)、约翰·杜威(John Dewey)的影响,也受到他的经典著作面世以前的"30年之内的课程(编制)科学运动"的影响。[7]

现在,很少有教育行为学家继承伊万·巴甫洛夫(Ivan Pavlov)和约翰·华生(John Watson)的刺激—反应(S-R)理论的传统,不过许多人都对精确的目的进行了详细说明,并根据这些目的来评估项目,同时鼓励各负其责的计划、以结果为基础的教育和基于标准的教育。许多人依然依赖指导教学、实践和训练、监督学生、快速反馈。过去这些年,行为主义已演变到关注人的学习的复杂性,现已允许细察精神深度的研究。[8] 大多数行为主义教育工作者现在认识到,学习者是在社会语境内部发挥功能的认知个体。基于他们自己的文化阐释和先前的人生活动,每个学生都以不同的方式经历和回应同样的课程。课程的行为方法,连同它对选择和组织课程的技术手段的依赖,在未来依然有可能继续为我们服务。

管理方法

管理方法让人联想起组织理论,该方法认为学校是一个学生、教师、课程专家、管理人员在其中相互作用的社会系统。依赖这种方法的教育工作者按照项目、日程表、空间、资源、设备、人员来计划课程。这一方法提倡对课程决策中涉及的人进行选择、组织、沟通和督导。委员会和小组的处理过程、人的关系、领导风格和方法,以及决策是其考虑内容。[9]

作为行为方法的一个分支,管理方法也依赖计划、理性原则和逻辑步骤。它往往聚焦于课程的督导和管理层面,特别是组织和实施过程。参见课程小贴士1.1。

☞ **课程小贴士1.1**

课程督导的角色

无论采用何种课程方法,课程督导或专家都扮演一定的角色。这样一个人必须在学校或学区执行许多重要任务。有些任务如下:

1. 帮助开发学校或社区的教育目标。
2. 和学生、家长、教师以及教辅人员一起规划课程。
3. 协调或评估学生需求的调查报告。
4. 按年级或科目设计学习方案。

5. 规划或安排上课;制定校历。

6. 开发或帮助同事写出科目领域的行动目的。

7. 按年级或科目领域准备课程指南或教师指南。

8. 制订或修订资源单元和单元计划。

9. 帮助选择和评估教材。

10. 组织、选择或订购教学材料和传播媒介。

11. 充当教师的资源代理人。

12. 考察教师,主持考察前与考察后的会议。

13. 帮助教师在课堂实施课程。

14. 帮助重定或完善内容。

15. 在签发许可意见文件时与同事合作。

16. 鼓励课程改革;充当变革代理人。

17. 进行课程研究;与校内课程顾问合作。

18. 开发课程或教育评估的标准。

19. 协调或规划人员拓展项目。

20. 与校内或学区的督导、科目主任、资源管理人员、考试和技术专家、教师合作。

管理方法的提倡者的兴趣在变革,以及课程专家、督导、管理人员如何能够推动变革。课程专家或督导(有时是同一人)被视为实践工作者,而不是理论家——是变革代理人、资深人士、推手。这种人向管理人员汇报,忠诚于学校的任务和目标。学校也许抵制或支持变革。[10] 如果学校是富于创新的,或者有改革的意向,那么校园文化就会创造和支持一种变革的文化。如果学校强调"3R"(读、写、算),那么课程专家就会引入相应的计划。管理工作者则将变革或维稳的欲望传达给下属(教师)。

管理方法根植于20世纪早期的组织管理学校模式。那是一个综合了大量创新计划的时期,这些计划集中于个人化、部门化、不分年级、课堂分组,以及家庭和工读活动。正是在这一时期,主管引进了学区计划以调整学校的纵向和横向组织。这些计划的名字通常反映出学区的名字或组织的观念,如"巴达维亚(纽约)计划"、"丹佛计划"、"波特兰计划"、"普拉通计划"、"学堂计划"。主管和副主管深度介入对课程的领导,通常在一个学区开发出一个计划,同时在另一个学区也实施这一计划。许多管理人员兼具管理才能与课程领导才能。[11]

管理方法在20世纪50年代和60年代成为主流的课程方法。在这一时期,校长被视为课程带头人、教学带头人、管理者。中西部学校的管理人员和具有管理背景的教授,在确定政策和优先权、确立变革的方向、规划和组织课程、进行课程指导等方面,主宰了课程领域。

这些管理人员是政治上的积极分子。他们将督导与课程协会及各自的杂志和年鉴用作传播自己理念的平台。许多人,例如威廉·亚历山大(William Alexander)、罗伯特·安德森(Robert Anderson)、莱斯利·毕晓普(Leslee Bishop)、杰拉尔德·弗思(Gerald Firth)、阿瑟·刘易斯(Arthur Lewis)、约翰·麦克尼尔(John McNeil)、J.劳埃德·特朗普(J. Lloyd Trump),成了各主要大学的课程教授;另一些则成了积极分子,做了对课程、督导、管理有主要影响的专业组织的董事和执行委员会成员。许多人出版了表达他们管理观点的课程著作。[12]

这些学校管理人员对内容的关心少于对课程的组织和实施的关心。他们对科目材料、方法、教学材料的关心,少于对在整个系统的基础上按照政策、计划、人员改革课程的关心。他们所拟想的课程变革,就是由他们管理资源、对学校进行重构。

今天许多关于学校改革和重构的观念,都来自20世纪50年代和60年代:目前对标准和高利害关系考试的重视,折射出早先重视地方对学校的控制。目前许多与以学校为基础的管理和赋权联系在一起的计划,本身即基于以往的职务级别升迁、团队教学以及级差人事模式。对课程教学改革的许多新的立法和行政支持,则是以身为课程与教学带头人的主管和校长的角色的不断变化作为基础的——这种角色变化在20世纪50年代和60年代早已开花结果。

系统方法

重视对人加以组织、重视政策的管理观,带来了强调将课程组织到一个系统中。一个组织的单元和子单元,是按它们与整体的关系来观察的。课程计划通常需要组织化的图表、流程表单、委员会的结构图。这一方法有时被称为课程工程学,其中包括:由哪一位工程师来规划课程(比如主管、主任、课程协调人、校长);课程的

第一章 课程领域

步骤(开发、设计、实施和评估);课程的结构(科目、课程、单元计划、教案)。

系统理论、系统分析和系统工程学影响课程的系统方法。当讨论管理、组织理论时,学校管理人员广泛地运用社会科学家所提出的观念。军事、商业和工业界也使用系统方法,以确保人能驾驭他们必须完成的任务。[13]

在课程系统方法中,学校或学区的每一部分都按它们的相互联系来考察。为了改变人的行为,部门、人员、设备、日程都需要计划。信息通常要传送给随后要考虑种种选择的管理人员。

一个学区的组织图代表了一种系统方法,显示出生产线—员工式的人事关系,以及涉及特殊领域的决策是如何制定出来的(这些领域包括课程、教学、考试与评估、人员、预算)。在大的学区(学生超过五万名),学校或本地层次的教师、督导和校长通常似乎远离学区或中心层次的高层管理。在小的学区,由于层级不多,核心部门因此较少繁文缛节(并较少与本地脱节)。两位教育工作者曾写道:"更大的学区的组织化等级制笨重累赘,那些有十万名以上学生的学区(占所有学区的0.01%),通常拥有正常页面容纳不下的图表,大多数读者可能难以理解(或跟不上)这些图表,不是因为他们缺少知识",而是因为(城市或乡村的)大学区的复杂系统和等级安排实在令人难以理解。[14]

兰德公司开发出一种系统方法的应用程序(这一程序迅速从政府机构传到商业机构)。这一程序被称为"计划、项目、预算系统"(PPBS),它将计划、项目、预算整合到系统的结构、功能和功率中。在我们这里,系统就是课程。

目前,许多学校采用一种系统方法,即知名的"全面质量管理"(TQM),它基于埃德·戴明(Ed Deming)所提出的用于改善人们在其中工作的系统的十四点要求。这一同样取自产业界的方法,代表了一种范式转变:强调顾客优先(在我们这里是学生)、大范围的数据收集和数据分析、自我管理和监控、协调、沟通、合作、团队责任。[15]

将"全面质量管理"运用到课程的开发和实施时,参与者认识到他们的作用依赖于获得和运用所谓渊博知识。这种知识基于以下四种构成要素:系统思维、变化论、知识论、心理学知识。系统思维使人认识到他们的行动是和他人的行动相互作用的,整个组织需要许多子流程动态的相互作用。变化论认为课程活动会带来普通和特殊的因与果。一个学校是一个人在其中展示其个人差异的共同体。他们必须学会交流、合作、尊重他人的观点,并达成共识。根据知识论,系统内部的人所拥有的知识,对课程能否成功必不可少。心理学知识支持"全面质量管理"——通过优化师生的参与和学习。为了成功使用这一方法,所有人必须相互理解、尊重和关心。

乔治·比彻姆(George Beauchamp)描绘了第一个课程系统论。他假设了教育的五个同等重要的因素:(1)管理;(2)咨询;(3)课程;(4)教学;(5)评估。[16]许多(课程专业之外的)教育学教授不接受这种同等重要的观念。他们将自己的专业领域看作是最重要的。例如,学校管理者经常委派督导照管课程事务,管理者将其领导者角色视为主要是管理角色时尤其如此。课程专家通常将课程视为主要因素,并将相关领域如教学、指导和督导视为帮助实施课程的子系统。[17]当然,比彻姆试图告诉人们:教育的五个要素从心理学、社会学、历史、哲学等等那里获取自己的思想观念。在任何情况下,实践工作者应当使用对现实世界最有帮助和最适用的程序。

推崇系统方法的课程专家从广义来看待课程,他们所关心的是和整个学校或学校系统有关的课程问题,而不只是特殊的科目或分级问题。他们关心跨不同项目和内容领域的与课程相关的理论,关心课程在多大程度上反映出学校(或学校系统)的组织、参与者的需要和训练,以及不同的监测和评估结果的方法。长期规划要与短期或临时规划融为一体。

学院方法

它有时被称为传统方法、百科全书式方法、纵览方法、思想型方法、知识-导向型方法。学院方法试图分析和综合课程的主要立场、趋势和概念。这一方法往往是历史的或哲学的方法,或在较小的程度上,是社会的或实践的方法。对课程开发的讨论,通常是学术性的、理论性的,关心学校教育的许多广阔层面,其中包括教育研究。

这一方法根植于约翰·杜威、亨利·莫里森(Henry Morrison)、博伊德·博德(Boyd Bode)的著作,[18]在20世纪30年代至50年代内广为流行。这一时期与课程相关的新话题风起云涌,将课程领域扩大到包含许多趋势和问题,并带来各种教育、教学、学习、指导、评估、督导和管理程序的整合。

20世纪50年代以后,对课程的兴趣集中到学科结构和定性方法。学院方法丧失了它的某些魅力。在20世纪下半叶继续反映这一方法的文本——诸如威廉·舒伯特(William Schubert)、丹尼尔(Daniel)和劳雷尔·坦纳(Laurel Tanner)、罗伯特·

蔡斯(Robert Zais)的著作[19]——往往让刚入门的缺乏足够背景知识的课程专业学生不知所措。但是课程专业学者在相互对话时仍然使用这一方法。学生中普遍存在的这种"对知识的恐惧"或对文化的抵抗,已经导致过分强调学生是要加以证明的个人,而不是一种社会存在。[20]学生丧失了知识所提供的特权。按照最近一位课程理论家的说法,课程因此不应当从学生即学习者起步,而应当从学生获取知识的权利或途径起步。[21]

当目前的课程专家从后现代的学术视角就课程发言时,现有的重点就落到了知识的本质和结构之上,这时学院方法得以部分回归。注意力现在放到了理解知识为何能够被建构、解构,然后加以重构上。正如威廉·皮纳(William Pinar)所说的,各级学校必须努力理解课程领域。[22]当然,学院方法是否会在实践工作者之中流行开来仍可怀疑。

课程的学院方法所针对的远远超过课程问题及教学法。学究们覆盖了无数基础话题(通常是哲学的、社会的、政治的话题),因此提供了课程的概貌。他们认为种种研究领域(例如宗教、心理治疗、文学批评、语言学)还没有被纳入课程思考和行动中来。对许多教育工作者来说,这些专业领域起初看上去十分陌生。当然,教育工作者也开始认识到,有必要将课程理解为多元话语。每一个涉及课程学院方法的人,都在从事词语和观念的"交易"。[23]

人本主义方法

一些课程带头人争辩说,前述方法过于技术至上、僵化呆板。他们认为,试图达到科学和理性的课程专家遗漏了课程和教学的人的层面和社会层面,忽视了科目材料的艺术、物质、文化层面,很少考虑学习者的自我反思和自我实现的需要,没注意课堂和学校的心理学机制。这种观点根植于20世纪初的进步论哲学和儿童-中心运动——其先锋队伍最先出现在芝加哥大学,其时,杜威、查尔斯·贾德(Charles Judd)、弗朗西斯·帕克(Francis Parker)开发出了基于学生的自然发展和好奇心的进步论教学方法。[24]

20世纪20年代和30年代,进步论运动东移,哥伦比亚教师学院和一批教授主宰了这一运动,这一批教授包括博伊德·博德、弗雷德里克·博斯纳(Frederick Bosner)、霍利兹·卡斯韦尔(Hollis Caswell)、L. 托马斯·霍普金斯(L. Thomas Hopkins)、威廉·基尔帕特里克(William Kilpatrick)、哈罗德·鲁格(Harold Rugg)、杜威（他此时在哥伦比亚大学）。²⁵ 随着儿童心理学和人本主义心理学的发展（人本主义心理学研究价值认定、自我认同、心理健康、学习的自由、个人实现），这一方法在20世纪40年代和50年代获得了进一步的推动力。

许多课程活动从这一方法中应运而生，主要在小学层次，其中包括基于生活经验的课程、小组游戏、小组项目、艺术尝试、戏剧化活动、田野调查、社会实践、学习兴趣中心、家庭作业辅导站（或辅导角）。这些活动包括创造性地解决问题、学生主动积极地参与，重视学生的社会化和生活调适能力，也重视家庭纽带和学校-社区共同体纽带。它们代表了帕克、杜威、基尔帕特里克、卡尔顿·沃什伯恩（Carleton Washburne）的理想学校，也代表了他们要付诸实践的各种课程活动。这类活动依然在有些地方实施，如芝加哥帕克学校，芝加哥大学杜威实验学校，伊利诺伊州温纳特卡的沃什伯恩学区，哥伦比亚大学教师学院的基尔帕特里克林肯学校，其他许多私立和大学实验学校，以及一些最近的特许学校。

针对课程的各种发展理论，如弗雷德里克·埃里克森（Frederic Erikson）、罗伯特·哈维格斯特（Robert Havighurst）、亚伯拉罕·马斯洛（Abraham Maslow）的理论和来自人本主义方法的以儿童为中心的方法，如弗雷德里希·福禄培尔（Friedrich Froebel）、约翰·裴斯泰洛齐（Johann Pestalozzi）、A. S. 尼尔（A. S. Neill）的理论，它们不但考虑非正式课程，也考虑正式课程。这一方法考虑孩子的方方面面，而不只是其认知层面。艺术、人文、健康教育像科学和数学一样同等重要。

相信这一方法的课程专家往往信奉合作学习、独立学习、小群体学习、社会活动，而反对竞争的学习、教师主导型的学习、大群体的学习。每个孩子在课程中都有相当的投入，并在有计划的课堂教学中和家长、教师、课程专家分担责任。在采用这一方法的学校中，课程带头人和督导往往准许教师更多地投入课程决策，同僚专业共享的理念、导师制的理念更多得到宣扬。课程委员会用从下至上取代了从上至下，经常邀请学生到课程会议中表达他们的看法。²⁶

人本主义方法作为恰当的方法在20世纪70年代再度流行开来，激进的学校改革、开放教育、另类教育成了教育改革运动的一部分。当然，今天对教育杰出人才和学术生产力的要求，导致了重视认知，而不是人本主义，重视诸如科学、数学等科目，而不是艺术和音乐。尽管如此，一旦当人们认识到认知和情感相辅相成时，人本主义方法也许就有可能获得信奉和支持，²⁷ 特别是认识到专注力、坚韧不拔和理解他人等非认知技能和社会—情感技能时，更是如此。²⁸ 内尔·诺丁斯（Nel Noddings）相信,21世纪的所有课程方法,必须整合人的生活的三大领域,即家庭与个人生活、职业生活和公民生活。[29]自20世纪80年代以来,他们在教育中拓展了她的关怀论。无疑,学生的自我观念、自尊自爱、个人认同是学习的必要因素,学习牵涉社会层面和道德层面,而不只是认知层面。

后现代方法

对有些课程学者来说,后现代的或概念重构论者的方法大部分是对人本主义方法的拓展。另一些人则提出,后现代主义主要关心变化和改革。还有一些人则提出,概念重构论者缺乏一种方法——因为他们缺乏一种开发和设计课程的模式。

后现代课程理论家聚焦教育的更大意识形态问题。他们研究社会的社会制度、经济制度和政治制度,并对它们施加影响。后现代主义者对理论的兴趣大于对实际应用的兴趣。皮纳走得如此之远,以至于声称:课程开发的时代已经过去。[30]一个不得不处理课程内容的选择和组织的实践工作者,可能会认为皮纳的观点不合实际。当然,皮纳不是在向实践工作者说话,而是在向理论工作者发言——这是理论工作者和实践工作者之间存在着分水岭的一个例证。

一些和后现代主义者阵营有联系的课程专家争辩说,不存在任何精确、确定的创造课程的方式,课程开发更像一种共同体的对话,[31]课程开发不是一个封闭的系统,它依然是开放的。

后现代主义者感兴趣的是课程与政治、经济、社会、道德、艺术力量的相互作用。[32]他们将学校看成社会的延伸,学生有能力改变社会。许多后现代主义者将现有的课程视为明目张胆地施加控制、有计划地保存现有的社会秩序及其不平等。

后现代主义者给关于课程的讨论带来了更大的多样性。后现代主义根植于乔治·康茨(George Counts)、哈罗德·鲁格、哈罗德·本杰明(Harold Benjamin)这样的早期概念重构论者的哲学观和社会行动主义。[33]然而,今天的后现代思想家更乐意从不平等、歧视、压迫等方面发言。例如,亨利·吉鲁(Henry Giroux)相信,美国的青年人已经被一个依赖于公司、宗教、军事利益的政府的独裁主义的、道德上有缺陷的政策和行动给毁灭了。[34]只有通过一种新的教学法和一种从下至上的方法,才可以恢复真正的民主体制。彼得·麦克拉伦(Peter McLaren)在《校园生活》(*Life in Schools*)中表述了同样的观点,认为低收入和少数族裔学生在学校中"默默无闻",成年后则在社会上、政治上、经济上处于受苦受难的被支配地位。[35]很大程度上,教师扮演着压迫者的角色,因为他们代表主流群体。由于他们在学校告诉自己的学生适应环境、驯良听话,往往使学生没能成为全面发展的人。阶级和种姓继续影响学校和社会的标准。

课程的定义

什么是课程?其目的是什么?它是如何影响学生和教师的?大体上,我们定义课程的方式反映出我们的课程方法。我们可以列出五种基本的课程定义。

第一,课程可以定义为获得目标的一个计划。这种立场因泰勒和塔巴而普及开来,是线性课程观的一个例证。计划涉及一组步骤。今天,大多数采用行为方法和某些采用管理方法、系统方法的人同意这一定义。例如,J. 盖伦·塞勒(J. Galen Saylor)、威廉·亚历山大和阿瑟·刘易斯曾将课程定义为"一个为受教育者提供一系列学习机会的计划"。[36]戴维·普拉特(David Pratt)写道:"课程是一系列经过组织的正式教育/培训意向。"[37]乔恩·怀尔斯(Jon Wiles)和约瑟夫·邦迪(Joseph Bondi)将课程视为一个开发过程:(1)确定一种哲学;(2)评估学生的能力;(3)思考可能的教学方法;(4)实施各种策略;(5)选择评估手段;(6)持续进行调整。[38]

第二,可以广义地定义课程,将其定义为处理学习者的经验。按照这一定义,绝大多数在学校内外经过计划的事都是课程的一部分。这一定义根植于杜威对经验的定义,以及霍利兹·卡斯韦尔和多克·坎贝尔(Doak Campbell)从20世纪30年代得来的观点:课程是"孩子在教师的指导下拥有的全部经验"[39]。人本主义课程专家和小学课程专家同意这一定义,教科书作者过去这些年对这一定义进行了更广泛的阐释。艾利奥特·艾斯纳(Elliot Eisner)将课程描绘成"学校提供给学生"的一个"项目",一组"事先计划好的教育跨栏和学生在校内获得的广泛经验"。[40]马什(Marsh)和威利斯(Willis)称课程为所有"经过计划并付诸实现的课堂经验"。当然,他们也注意到学校计划与教师实践之间的差异。[41]

第三,可以将课程定义为具有自己的基础、知识领域、研究、理论、原理、专家的研究领域。采纳这一定义的人,往往在理论而不是实践的意义上讨论课程。他们关心广泛的历史、哲学或社会问题。大学教师通常赞成这种课程观——如威廉·里德(William Reid)、舒伯特、丹尼尔·坦纳和劳雷尔·坦纳。[42]

最后,可以按科目材料(数学、科学、英语、历史等)或内容(我们组织和吸收信息的方式)来定义课程。我们也可以按年级来谈论科目或内容。采纳这一定义的人看重特殊科目领域的事实和概念。大多数美国学区依照全国对语言艺术和数学熟练程度的重视,都赞成这一定义。然而,大学有关中小学课程的课,很少是科目类的(例如,数学或生物学课程);它们强调课程贯通和容纳大多数(假如不是所有的话)科目的通用原则。

定义的挑战

概念之争费时费力,不过它们针对的是课程的重要问题。课程专家的语言在哲学上和政治上都不是中立的。[43]定义课程方式的千变万化,提供了必需的视野和多样性。一个人对课程的定义越精确,越依赖于先入为主的计划或文件,遗漏或忽视(但很难发现)与教和学相关的社会心理因素的倾向就越大。罗纳德·多尔(Ronald Doll)指出,"每个学校都有计划性的、正式的知识课程",但也有必须加以考虑的"非计划的、非正式的和隐性的课程"[44]。计划性的、正式的课程关注目标、目的、科目、教学的组织;非计划的、非正式的课程处理学生和教师之间的社会心理互动,特别是他们的情感、态度和行为。我们必须认识到隐性课程的力量——作为课程的一部分,尽管不是成文课程,但学生肯定会学。如果我们过于狭隘地定义课程,就会忽视艾斯纳所称的无效课程——没教的科目和经验,[45]并不是所有在学校进行的东西都可以或应当按课程来讨论。

其他批评者,例如拉里·库班(Larry Cuban)和阿尔菲·科恩(Alfie Kohn)提出,由于目前对考试的重视,课程变得狭窄了、平淡了。一般科目,例如阅读和数学,以牺牲具有道德、创造、情感价值的科目材料为代价受到重视。[46]讲授课文似乎是为了安抚公众,尤其这种讲授能够带来学生考试分数改善的话更是如此。为了应试而重视事实,通常会牺牲讨论题和追问"为什么""假如……将会怎样"的问题。

当然,课程的窄化趋势,与泰勒的机器理论和博比特、查特斯的科学的课程编制学派不谋而合。那些想集中关注精确的目标、科目材料及与之相对应的目标明确的活动的教育工作者,过去和现在依然推崇这种课程编制指南。

定义课程领域的背景问题

内容或科目材料也是和课程有关的问题。谈论社会研究课程、数学课程或普通课程是否恰当?存在适用于所有科目或只适用于特殊科目的课程原理吗?科目材料应当围绕独立学科来组织,还是要以跨学科及核心方法为基础?在何种程度上,科目材料是学生、专业人士或家长选择的事?它应当由社区、州或国家来决定吗?科目应当如何组织——围绕行为目的、学生活动、社会或共同体的价值、未来工作?哪种内容应当分级?多大比例的科目应当划分为普修课、专修课和选修课?必修和选修的组合怎样才合适?如何强调科目的事实、概念和原理才恰当?正像比彻姆所写的:"一个人设想课程内容相关问题时的姿态,无可避免地对课程理论和课程规划有重大影响。"[47]事实上,那种姿态影响到随之而来的每一件事,其中包括课程的开发、实施和评估。

其他问题与人有关。谁是主要参与者?在多大程度上,学生、教师、家长、社区成员应当参与课程规划?为什么学校管理人员在课程事务中起着较大作用而课程专家起较小作用?在编制课程时,研究者和实践工作者的作用与责任为何?我们如何改善他们的交流?

基本问题

追问正确的问题,对处理课程的基本议题,确定课程领域的基本概念、原理和研究方法十分重要。假如我们提出的问题是错的,那接下来的讨论,乃至回答,都一钱不值。当然,罗列一大堆基本问题所面临的危险是,这些问题往往会转化为一系列被人盲目遵循的原理或步骤。自然,恰当的问题可以用作提出问题的基础——课程专家必须针对这些问题,无论他们是否在理论上、实践中,或既在理论上,也在实践中处理这些问题。

第一份基本问题的清单,是由一个由哈罗德·鲁格领头的著名的十二人课程编制委员会拟定的。20世纪30年代,为了全国教育研究学会(NSSE)的第二十六本年鉴,组建了该委员会。这一课程专家小组,集结了当时可能是最有名望的一批人,旨在提交一个有关课程编制原理的一般体系。该小组在年鉴第二卷的开头提出了18个"基本问题",以充当那个时代"观察……课程议题和问题"的基础。[48]这些基本问题集中在科目材料,学习,课程的指导目的、活动、材料和结果,学校在美国社会中的作用。

表1.1提供了后来50多年所提出的一系列问题。这些问题聚焦于科目材料的地位和功能,促进学习的方法和材料,课程专家的角色,课程、教学、督导和政府层次的课程编制之间的关系。

这些基本问题有助于确立泰勒所称的课程"依据",塞勒、亚历山大、刘易斯后

第一章 课程领域

来所称的课程"目的",以及舒伯特更近期所称的宰制课程领域研究的"范式"。[49] 通过追问"什么""谁"和"如何",课程专家可以描绘出这一领域的重要理论、概念和方法。

表 1.1 和课程相关的基本问题

1. 如何定义课程?
2. 在我们的课程中,我们有意或无意地传达出了何种哲学观和理论?
3. 什么样的社会和政治力量影响课程?哪种力量最为相关?哪种力量强加了限制?
4. 学习是如何发生的?什么样的学习活动最适合我们学习者的需要?如何最好地组织这些活动?
5. 课程的知识领域是哪些?何种课程知识是基本的?
6. 课程的基本组成部分是什么?
7. 为什么会发生课程变革?变革是如何影响课程的?
8. 课程专家的作用和责任是什么?
9. 如何最好地组织课程?
10. 在组织课程中,教师和学生的作用与责任是什么?
11. 我们的方向和目标是什么?我们如何将其转化为教学目的?
12. 如何定义我们的教育需要?谁的需要?我们如何对这些需要进行优化排序?
13. 什么科目材料最有价值?最佳形式的内容是什么?我们如何对它们进行组织?
14. 我们如何测量或核实我们试图取得的东西?谁负有解释的责任?为什么负责?对谁负责?
15. 课程和教学间的恰当关系是什么?课程和督导间的恰当关系是什么?课程和评估间的恰当关系又是什么?

资料来源:Allan C. Ornstein, "The Theory and Practice of Curriculum," *Kappa Delta Pi Record* (Fall 1987), p.16.

课程的基础

关于课程的意义、基础、知识领域,论争仍在继续。目前关于课程的知识"与实际的教学问题极不相称","极端零碎",并且不为教授或实践课程的大多数人所知或阅读。[50]一些人认为课程领域缺乏目的和方向,因为它大范围地"改编或借用来自大量(其他)学科的主题素材",包括其主要"原理、知识和技巧"。[51]这基本与约瑟夫·施瓦布(Joseph Schwab)在1969年所做的批评大同小异,那时他抱怨课程领域"奄奄一息,(因为)它从教育领域之外过继了理论"。[52]当然,课程领域缺乏完整性也表明了它的灵活多变和丰富多彩。

课程基础确定了课程知识的外部边界,并界定了是什么构成了有用的资源,可从中引申出课程领域的理论、原理和观点。公认的课程基础是哲学、历史、心理学和社会基础。在以下章节中,将会详细讨论这些领域。然而,其他两个领域在21世纪的社会中同样值得关注,但大抵被忽视了。这两个领域即全球化和技术。

像其他四个基础学科一样,全球化和技术对课程具有重要而明显的影响。全球化允许全世界的人更容易地交换商品、服务和观念,这显著改变了他们的生活方式和工作方式。在其2005年的著作《世界是平的》(*The World Is Flat*)中,诺贝尔奖获得者托马斯·弗里德曼(Thomas Friedman)通俗地预告了全球化的进程。更近一点,亿万富翁企业家、PayPal的共同创始人彼得·蒂尔(Peter Thiel)提出,许多未知的边疆还没有得到探索,只有学会为自我着想才会创造出新观念。[53]这种全球观已经激起了对课堂技术的与日俱增的需求,其中包括大型开放性网络课程(慕课)、翻转课堂、数字素养技能、在线测试、教室高速网络登录。在某种程度上,课程专家必须承认,对教育来说,全球化和技术显然必不可少。

想想你是如何在学习中长大成人的。你主要是在教室中学习的吗?听讲座?或者利用网站帮助撰写读书报告?请看一看这个有关21世纪学习的视频,讨论它与你的成长方式有何不同。

https://www.youtube.com/watch? v = c0xa98cy – Rw

课程领域

课程基础代表了课程领域的外部边界,而课程领域则限定了课程的内部边界——这是已出版的文章和书籍所提供的广为接受的知识。尽管课程专家在课程的基础领域上意见一致,但在课程的知识领域上则常常意见不一。为了确定这些领域,已做过许多努力。然而,有关这一主题的巨量文献,大部分都无人阅读过,[54]而

第一章 课程领域

在其他情况下则被认为是累赘的和零散的。

专家们自己详细说明了课程领域缺乏共识。比彻姆将课程专业知识区分为规划、实施、评估。[55]芬威克·英格利希(Fenwick English)按意识形态(哲学—科学)问题、技术(设计)问题、操作(管理)问题来观察课程。[56]埃德蒙·肖特(Edmund Short)所列举的课程领域有政策制定、开发、评估、变革、决策、研究活动或领域、调查形式及语言。[57]

琳达·贝哈(Linda Behar)确立了一种实证格式,用于确认课程领域(以20多年间的最有影响的教科书为基础的广阔知识领域)和课程实践(在探索课程的规划和实施的同时,教师和课程专家所从事的精密活动)。有49种课程实践得到美国课程教授的认证,并在其后按其重要性评定了等级。这些实践被归为9个课程领域:(1)课程哲学;(2)课程理论;(3)课程研究;(4)课程史;(5)课程开发;(6)课程设计;(7)课程评估;(8)课程政策;(9)作为一个研究领域的课程。[58]这9个领域有助于为课程课本奠定推荐的内容,因为它们的罗列是以对领域内20多年最有影响的教材的评估为基础的。

艾伦·格拉桑(Allan Glatthorn)和杰瑞·杰拉尔(Jerry Jailall)描绘了7种类型的课程:(1)由学者和专业组织所划定的推荐性课程;(2)出现在州和学区文件中的成文课程;(3)教师试图实施的教学课程;(4)帮助实施或转移诸如课本、计算机之类课程资源的支持性课程;(5)接受检验和评估的评价性课程;(6)学习性课程,学生实际所学的课程;(7)隐性课程,非计划中的课程。[59]传统上,教师最受学习性和评价性课程的影响——基于学生的需要和对教学性课程的反馈而做出他们的课程决策。自2000年以来,标准-教育运动已经导致学校的管理人员变得日益关心让成文课程(内容)和评价性课程(特别是像通过高利害关系考试来评价)结成同盟、密切合作。

尽管缺乏共识,但为课程领域的概念化确立一个框架是重要的——也就是说,意义重大、必不可少的课程知识,对进行研究、做出有关课程的理论决策和实践决策是必要的。问题在于,课程论作者很少能在课程知识领域达成共识;在有些情况下,不存在任何框架让人想起课程是一种具有自身边界、内部结构、联系、活动的独特事业。我们坚持认为,在课程知识的所有领域中,课程的开发和设计——某些观察者称之为理论层面的东西,而另一些人称之为课程的技术层面的东西——对任何读本来说都极为关键。

课程开发

我们坚持,所有课程知识领域中的东西,课程开发和设计(其理论或技术层面)在所有课程读本中最为关键。从开发角度分析课程是课程领域最传统也最常见的方法。这一理念是要揭示课程是如何规划、实施、评估的,也要揭示人、过程、程序在建构课程中涉及什么。这种开发通常是按逻辑上的循序渐进方式来考察的,基于课程行为方法和管理方法,根植于教育的科学原则。今天的许多课程读本在其标题中都使用开发和计划这类名词,因此正反映出了这种思维。

大多数课程教科书提供了某些开发模式、大纲或计划。从一种哲学或一系列目的入手,这类模式包括学生的评价、内容的选择和组织、实施、评估。步骤的数目从四(泰勒、塞尔、亚历山大、怀特斯和邦迪)到七(塔巴)或者更多(多尔)。格拉桑和戴维·斯奎尔斯(David Squires)更关心标准,他们强调有必要让课程和正在接受检验的东西携手共进。[60]

所有这些开发模式都试图揭示课程和各种决定、活动、过程间的关系。它们提供了路标。这些模式往往是通过图表或图画来说明的。它们标明投入、转化和产出,并将课程当作一个由子系统组成的系统。这些开发模式既是理论性的又是科学的,是按技术名词来构想的。要想完全欣赏和理解它们,必须具备这一领域的知识。这类模式往往忽略不容易观察、测量或控制的过程。它们有时也忽视与教和学相连的态度、情绪、情感和信仰。

由于采用开发模式,课程专家倾向于限制课程的选择。他们有时忘记了,开发之路点缀着定性判断、对社会和政治现实的让步,并需要为各种各样的师生服务。当然,有些课程专家提出,全面系统并不排除灵活机动,他们的模式考虑到了多元的可变性并允许多种选择。

我们的教材充分注意到非技术模式。多尔注意到,后现代主义者通常说不存在普遍原则;每种事物都是相互关联的或是取决于其语境。[61]同样,威廉·里德也声称,我们需要超越理性和逻辑方法,按美学、道德和灵性重新思考课程。[62]相反,技术模式常常不鼓励变革,常将变革视为破坏性的、无效的。

课程开发系统可以是开放的,或是封闭的。开放系统是动态的、进化的;它们经过变革得以发展。封闭系统是静态的,不能容纳变革。也许,与课程开发相关的每个人,都应当将其视为一个开放系统、一段旅程,而不是一个目的地、一个终点。

课程设计

课程设计是指当我们开发课程时,为了提供方向和指导,对课程做出概念界定并安排其主要构成成分(科目材料或内容、教学方法和教学材料、学习者的经验或活动)的方式。大多数课程作者的课程设计并不是单一或纯粹的。他们受到许多设计和方法的影响,他们从不同的设计那里拿来了一些零散备件。

一般来说,课程设计应当提供一个基本的参考框架(如果你乐意,也可以称之为模板),为的是在投入课程开发之后规划课程未来的模样。假如我们将一门课程比作一幅画,设计就是指我们想如何安排我们的艺术构图。尽管课程设计一定程度上受到作者的课程方法的影响(正如一幅画一定程度上受到艺术家的方法的影响一样),但对设计选择来说,最为关键的是作者的世界观及其对教、学和指导的看法。

人们设计一门课程的方式,部分是他们课程观的产物。例如,按行为主义的观点看待课程、偏爱指定性计划和一套学习结果的人所开发的课程设计,不同于将课程视为一个对人进行管理、具备组织化程序的系统的人的课程设计。主要按照心理学观点看待教与学的人所提供的课程设计,也不同于按社会或政治观点看待课程的人的课程设计。尽管课程开发往往倾向技术化和科学化,但课程设计却更多变化,因为它基于课程专家的教育价值观和教育信仰。假如学术知识对一个课程专家来说至高无上,那么他的设计极有可能强调学科化知识。假如相反,学生的全面成长至关重要,那么课程专家设计课程时,脑中所想的就是社会与心理方面的东西。一般来说,课程设计应当提供一个规划框架:课程开发出来以后将是什么样子。

就20世纪大多数时候而言,教师出身的课程专家往往是内容取向的。他们强调核心的学术学科。许多人认为,我们需要更多聚焦于学生、较少聚焦于内容的设计,但是这种设计没有获得广泛接受。学校也不可能在不久的将来会更愿意接受新奇和激进的设计。毕竟,学校是依照一个社会的规范对学生进行社会化,因而学校天生是保守的。此外,作为教育者的我们是处在高利害关系考试的检验和标准中,它们所看重的是知识和信息——我们大多数教学领域中的人将知识和信息简称为内容。

计划性课程与非计划性课程

学生在学校所学的超出了计划性(正式)课程。计划性课程将学校的目标转化到期望学生学习的科目中,转化到科目和课文的可测量的目的中(在教师的单元计划和教案中通常会说明),以及学科的指定读物中。当然,一所学校也会传输非计划性(非正式)课程,也就是非预期的或未加公开说明的课程。[63]

艾斯纳也区分了计划性课程和操作性课程。计划性课程是在考虑了几个选择后开发出来的,通常由学校或学区的课程委员会准备。操作性课程作为实际情境的一个结果出现在课堂,要求教师按需要做出调整。[64]

然后就有了来自学生的相互作用和学生与教师间的相互作用的隐性课程。课程读本过于经常地忽视了隐性课程的强有力影响,隐性课程是围绕同龄群体建立的,通常与教师的计划性课程展开竞争。它影响课堂的思维和行为,有时甚至与学校和更大的社会的基本目标与价值观相冲突。

当教师和学校过于看重分级时,隐性课程会将正确答案抬高到理解之上,将事实抬高到观点之上,将循规蹈矩抬高到独立自主之上,将荣登光荣榜抬高到帮助他人之上。批评家说,隐性课程应当教会学生"打破系统"或"大胜而归"比其他所有东西都更为重要。[65]

作为社会化过程的一部分,学校和社会要求学生在教室中循规蹈矩,保持被动和服从。学生必须待在座位上,举手等着点名,按要求排队,等等。孩子被社会化到循规蹈矩。

菲利普·杰克逊(Phillip Jackson)是这样概括学校的隐性课程的:"孩子们被期望通过变成'好工人'和'模范学生'适应教师的权威。那些在早年已经养成'良好工作习惯'的人,在从教室到工厂或办公室的转型中,会更为轻而易举。"[66]约翰·霍尔特(John Holt)也描绘了这种社会化过程:教师和学校的目的,是将学生创造为"生产者",而不是"思想家"。[67]生产者循规蹈矩,与教师的期望步调一致;思想家提出问题,与新奇的答案不期而遇,与各种观念搏斗扭打。在一个通行课程标准与高利害关系考试的时代,重点过于经常地放在事实积累而不是批判性思维之上。

正如前面提到的,艾斯纳也区分了隐性课程(教师所教的,认为有认知和社会价值的)和无效课程(被省略了的内容与价值)。例如,公立学校的课程一般回避涉及死亡、性、灵性的话题。学校也可能忽视非语言和非文字类思维,诸如"视觉的、听觉的、隐喻的……表达形式"。[68]省略应当来自客观的判断标准,而不是来自无知或偏见。

在一定程度上,无效课程回到了威廉·里德的观点:课程涉及深思熟虑的选择;教育工作者倾向于强调公认的内容和视角,而系统地省略其他内容和视角。[69]对研究者来说,可以按内容分析来观察课程;也就是说,试图对知识和信息进行抽样、记录和论证。[70]一般的事实、观点和价值被表现为或被认为是"共享的内容";起宰制作用的标准和规则是隐性的。其他数据则被省略;被排除的东西与无效课程和非计划性课程一致。

要点在于,无论我们是否使用非计划性课程、隐性课程或无效课程一类的术语,某些科目总被认为比其他科目更为重要。对这种观点的争议可以追溯到约翰·杜威和博伊德·博德(他也是一位进步主义教育家。)他们提醒我们,包括文学、艺术、音乐、舞蹈和职业教育在内的所有科目,都充当着达到目的的手段,拓宽学习者对文化的理解,提高学习者对社会规则与价值观的感受力和理解。[71]

尽管杜威和博德没有使用前述的课程术语,他们还是注意到了由于忽视内容,某些科目的重要性会下降,个人的创造精神会缩减。此外,民主观念会让位于自我关注,并与教育领导才能分道扬镳。

@ 这个视频更多地描述了隐性课程。你认为学校教育过程能产生哪些其他意想不到的结果?

http://www.youtube.com/watch?v=eY2hpAOJTRQ

理论与实践

一个研究领域涉及理论知识和实践知识。我们用理论来指一个领域内最先进的观点。理论通常确定研究领域的框架,并帮助研究者与实践者分析和综合数据、组织概念和原理、提出新的观点和关系,并思考未来。按比彻姆的说法,理论也许可以定义为"赋予一系列事件以有效意义的"知识和陈述,它们"(并且)采用定义、运算建构、设想、假定、假设、概括、法则或公理等形式"。课程理论涉及"有关……课程的用途、课程的开发、课程的设计和评估的种种决策"。[72]这一定义表明了一种科学的、技术的课程方法。

好的课程理论要对课程领域内存在的概念、原理和关系做出描述和解释。它也有预言价值,精确的法则产出高收益和高度的控制。好的理论也应当指定所要采取的行动。当然,全面预测教育的结果是不可能的。像教育的其他层面一样,课程涉及判断、预感和洞见,它们并不总是能促成法则、原理或概括性的东西。通常,一门课程的出现,并不像一系列经过严密调整、简明扼要的创业计划,而是像一种行动或一种选择那样衍变,一个行动引出另一个行动,一种选择引出另一种选择。

尽管如此,所有的课程读本都应当尝试对理论进行整合,在方法上做到系统,并确立有价值的实践。正像塔巴所说的:"任何像课程一样复杂的创业计划,都应当有一些引导它的理论性的或概念性的思维框架。"[73]

从理论到实践

理论的试金石在于它能不能指导实践。好的实践反过来又对理论产生影响。我们所说的实践是指应用程序、方法和技巧。成功的教学会带来可以有效运用于不同情境的程序、方法和技巧。

直接涉及课程的人必须处理实践。这些人包括:管理人员,督导,教师;课程开发人员和课程评价人员;教科书作者和试卷命题人;任命为课程委员会成员的人,委托机构,校董事会,本地、地区、州和联邦教育机构。理论对这些实践工作者应当可用、有意义、有解释力、能够用于教室和学校的真实世界。参见课程小贴士1.2。

☞ **课程小贴士1.2**

化理论为实践

为了成功推进课程理论与课程实践融为一体,我们必须确认一般的基本步骤:

1. 阅读文献。任何整合理论与实践的企图,都应当以专业文献知识为基础。

2. 确认主要概念。课程理论家和实践工作者需要在主要构成、概念和议题上达成共识。

3. 检查现有理论有无瑕疵。需要按照它们的可用性、精确性、假设、逻辑、连贯性、概括性、价值和偏颇对现存理论做出分析。

4. 避免追风。力避在新理论、改革或革新的幌子下,将一时风尚或"热点话题"介绍给实践工作者。当专业出版物或学术会议介绍一个新项目或一种新方法时,该项目或方法应当在采用前得到评估。

5. 理论同实践相结合。理论必须在课堂和学校的语境中得到考量。它必须简单易行。

6. 检验理论。假如理论是可靠的、有用的,它必须通过在实践中尝试并测量其结果而得到经验上的验证。一种理论应当首先小规模运用,并涉及实验学校和参照学校间的对比。

7. 阐释理论。一种理论必须在现实主义的情境中得到检验。它必须在学校中得到评估,评估期至少一年,最好三年。

8. 修正理论,降低理论的复杂性。一种理论是受语言或定量数据支持的可推而广之的建构。尽管如此,在从纸面到实践、从抽象到具体世界、从复杂概念到平实术语的过程中,必须对理论加以修正。当将理论置于实践中时,我们涉及许多使其起作用的人和资源。如果是从观念到行动的话,必须对理论做出修正使之适合于人。

按伊丽莎白·瓦兰斯(Elizabeth Vallance)的说法,"在关于专业课程工作者的对话和话题中,理论和实践的分裂造成了相当多的混乱"。这里的关键是"为与课程设计、开发、实施、评估相关的真正实践问题提供实际回答"。对瓦兰斯来说,理论和实践之间的区分是次要的,因为课程的这两个方面关注的是"同一课程问题"。[74]

问题是,大多数课程专家,包括那些写教科书的人,难以将理论和实践融为一体。即使许多教科书大谈特谈"理论"与"实践"[75]或"原理"与"过程"[76],也仍然如此。也许,课程专家难以将理论和实践结合起来,原因在于他们的研究方法让他们更热衷于理论讨论而不是实践问题。尽管课程论教授认为理论是值得尽力而为的,但好的实践往往被理论家误认为是无足轻重的"烹饪书"或简单的"可做的事"和"不可做的事"。

德克尔·沃克(Decker Walker)注意到,理论应当提供一个框架,使重要问题和技术得到定义和澄清。然而,他说:"正确而完整地充当……实践决定之基础的……课程理论并不存在。"教育工作者,包括课程专家,即使他们所说的许多话都基于他们自己的哲学的、社会的"隐形眼镜","在现实的其他层面和其他价值观上"与我们接近,却仍然欣然接受"理论即一种意识形态"。[77]

大部分课程论读本更多是理论性的,而不是实践性的,不过,普通的教育教科书都是如此。尽管他们主张理论与实践的结合,但课程专家似乎不能实现从理论到实践,从教材、大学课程到教室和学校(或其他组织机构)的飞跃。好的课程理论(以及教育的其他领域的好的理论)往往曲高和寡,因为实践工作者(比如教师)试图将他们在学院中所学的东西用于职场背景,以寻找对普通日常问题的实践解决方案。

感到实践考量比理论更有价值的实践工作者,进一步加剧了化理论为实践过程中所存在的问题。大多数教师和校长将理论视为是不切实际的,而把"如何处理"的方法视为是有益的。简言之,许多理论工作者漠视实践工作者,而许多实践工作者又漠视理论工作者。此外,对课程的许多理论讨论脱离课堂的实际应用,而对课程的许多实践讨论则没能考虑理论联系。[78]

实践牵涉用于各种不同情境的选择策略和原则。为恰当的情境选择正确的方法并不容易,牵涉一大堆常识和经验。好的课程实践包括理解学校内部的压力和特殊运作方式,以及全面理解学校的优先性和学生、教职员的需要。此外,成功的实践工作者也可以开发、实施、评估课程。他们可以选择和组织(1)目标和目的;(2)科目材料;(3)方法、材料和媒体;(4)合适的学习经验和活动;(5)评估这些过程。

在尝试融合课程理论与实践的过程中,课程专家依赖教师所写的文章、教师和教授研究团队、教师的声音和故事、案例研究和脚本、规划指南、计算机媒体、博客、维基百科、播客。它们所谓的理论特征和实践特征都心有余而力不足,没有真正触及问题的核心,因为课程没有同田野调查或以学校为基地的实习紧密地整合到一起。由于自己的职业背景和经验,教职员工通常要么在理论上、要么在实践上缺乏知识。结果,学校大多数新聘任的课程工作者任其自然,靠经验、人品、常识和运气打天下。

归根结底,课程专家要认识到,理论工作者和实践工作者对何者是重要的有不同的议程和感受。实践工作者不会充当理论工作者或研究者的产品的单纯用户,而理论工作者往往关注对实践工作者少有价值的知识。课程专家的角色之一——一些教育工作者称之为"反思实践者"——是创造理论工作者和实践工作者之间的对话,建立有益于这两个群体的协作模式。[79]

课程专业证书

在大多数州,课程缺乏专业证书(专业要求)。这种境况加剧了对这一领域做出界定和概念化的难度,也增加了在高等教育层次的课程专业课上形成共识的难度。与专业证书最紧密相关的,是作为督导和校长资格证明的任命书或执照(由州教育局核发,有时由一个城市的学区核发)。我们需要有资质的人充当课程通才和专家,既做资源代理人也做决策人。当特殊利益群体试图强行打上他们的教育商标时,我们需要有人能按照目标、科目材料和学习活动维护全面平衡的课程。从目前来看,课程专业人员的最低要求在各州内部和各州之间多种多样,课程项目在各大专院校也五花八门。由于没有许可条件要求及州或专业的条例,每个教育学校在对自己人员的要求以及所提供的配套课程上通常自行其是。结果是,课程项目中的选修课遍地开花,而专业课和一般普修课却相当缺乏。即使课程专业课名称相同,内容和教学程度的天壤之别也司空见惯。

讽刺的是,课程专业领域最不清楚自己的课程。尽管有许多大学层次的课程项目,但是从这些项目毕业的人是否知道开发、实施、评估课程,是否知道如何化理论为实践,却少有保证。一些课程专业学生(特别是那些从事管理的),也许没有选修开发、实施或评估的课程。没有任何测试或甄选的手段帮助学校系统或学校董事会官员去评价课程专业人员的水平。这也加剧了如何界定课程专家和通才的角色与责任问题。

专业人员就是在诸如教学、咨询、学校心理学、督导、管理等领域持有专业证书的人。工作描述和相关课程必要条件是有界定的。但与之对照,课程工作却没有得到很好界定,少有认证要求或从业执照。课程岗位在中小学校、大学以及本地、地区、州和联邦教育机构中都虚位以待,但课程专家以外没有专业证书的人也可以获得这些岗位——在有些情况下,甚至被爆出只修过一两门课程专业课。

在学校工作的许多课程专家在其他领域是合格的。同样,大多数课程教授也从没有被要求符合任何州或全国的标准,或通过任何和课程相关的专业证书考试。

缺乏专业证书削弱了课程专家在学校的作用和在大学一级的影响。而在另一些情况下,有希望成为课程带头人的学校校长,也许没有修过一门或两门以上大学层次的课程专业课,因为他们的专业证书必备条件通常将这类课程限制在一门或两门。这也鼓励本地和州的决策人与立法者去开发和设计学校课程。这些非专家按目标、内容、科目强加标准,批准项目。这在一些大州尤其如此,例如,加利福尼亚州、佛罗里达州、伊利诺伊州、纽约州和得克萨斯州,在这些地方,压力集团常常影响标准、项目、教材的采用。由于课程领域缺乏专业认证,课程带头人的责任模糊不清、漫无边际,在中小学层次和大学层次正缺乏强有力的、有组织的支持者。

尽管美国有数百个教育领导才能项目,但要弄清楚其中究竟有多少反映了对课程的强有力关注或是否整合了最近的研究成果,却是困难的。首先,大学预科项目、领导力证书、执照要求之间少有联系。大多数州有无效的认证要求——这"使为学校领导岗位和课程岗位生产数以百计……千计的准备不足的候选人对于差劲的项目来说变成了一件容易的事"。项目通常是根据"通过证书考试的毕业生的数目"来评估的,而不是基于项目的好坏或获得岗位的候选人是否称职。[80]

对课程领域的专业组织如"督导与课程开发协会",主要课程期刊如《课程研究杂志》(Journal of Curriculum Studies)、《课程与督导杂志》(Journal of Curriculum and Supervision),主要课程教授如"美国教育研究协会"的"课程教授100强",重点校区和州教育局的实践工作者来说,开发出课程以迫使本地和州的相关机构制定课程政策并提出专业认证方法,大有必要。

课程工作者的角色

关于课程工作者的角色和责任,人们已经写得足够多了。课程工作者这一术语(可以和课程督导、课程带头人、课程协调人、课程专家互换使用),容纳了从教师到主管的各种不同教育工作者。任何涉及课程开发、实施或评估的人都是课程工作者。一位课程督导——通常是主席、副校长或校长——通常在学校一级工作。课程带头人可能是监督人或管理者:主席,校长或课程主任、副主管。课程协调人通常牵头学区、地区或州一级的项目。项目可能是政府特殊基金项目,或诸如数学或英语项目一类的传统学科领域项目。课程专家是来自学区一级的技术顾问,以及地区或州教育局、大学的技术顾问。课程专家提供建议和在职协助,有时是在课堂中,但通常是在聚会、学术会议或同事聚会中。大多数这类术语,以及相关的责任和功能,依赖于学区(或州教育机构)的宗旨和组织管理者的个人爱好和看法。这些术语也根植于督导与课程开发协会的最初任务和实践,最初督导与课程开发协会重视课程和督导,这与今天重视课程、标准、教和学不同。

关于课程规划或开发是在本地、州还是全国一级展开,存在更大的混乱困惑。

过去,对课程开发的强调在学校和学区层次展开。自从20世纪80年代中期以来,学校的改革运动已经将课程的某些责任转移给州一级,关于全国层次的运动也有一些严肃的对话。始于20世纪90年代、在21世纪加快的全州和全国考试标准化运动,鼓励这种课程改革观念(大多数其他国家也都有一个负有课程主要责任的国家教育部)。

过去,课程角色的界定是在本地层次,而做出推荐课程带头人的决定是在科目主任和校长一级。许多学区依赖教师和督导去开发课程(通常没有报酬,除非他们在夏季碰头)。同样,家长也被纳入校一级的许多课程委员会中。人员的限制使得学区的中心部门不太可能提供课程专家,特别是没有肩负其他责任的课程专家。只有大的学区才有可能负担得起拥有一个配备全职专家的课程部。在这样的学区,大多数课程开发是在学区一级进行的。教师常常抱怨自己在职业发展的投入上少得可怜,除了实施学区中心部门事先决定、事先打包的材料外便一无所有。

课程工作者的责任

课程工作者的责任是什么?学校结构内部的指定责任相当重要,但他们并不清楚这种责任,因为不同的人(教师、督导、校长、学区工作人员和其他人员)通常都被寄予充当课程工作者的期望。然而,每个在岗人员都有不同的责任、需要和期望,并且必须做出调整。例如,教师理所当然必须从事教学,校长必须管理学校、支持教师。那么,应当设想由谁来使学校课程与"共同核心州立标准"保持一致呢?

教师要与作为课程团队成员的督导和管理人员合作。早点认定可以充当课程工作者的教师的身份,对教师的成长和学校(及学区)的活力来说都是必要的。为了理清课程工作者的责任,必须:

1. 开发在学校(学区或州机构)执行课程规划的技术方法和工具。

2. 将理论建设与实践融为一体;获得课程知识并将其用在课堂和学校的真实世界中。

3. 在课程开发和设计涉及什么(包括课程各要素间的关系)上达成共识。

4. 在课程、标准(和其他指令)、教学和督导之间的关系(包括它们的互相依赖)上达成共识、保持一致。当与"共同核心州立标准"一类的更新标准共同发挥作用时,这尤其必不可少。

5. 做一个在社会语境中考虑学校问题的变革代理人。使本地共同体的需要、观点和州、全国的目标与利益达到平衡。

6. 设计一项使命或目标陈述,为组织内部提供方向,并凝聚组织内部的行为。

7. 对新的课程趋势和思想敞开大门。考察不同的提议并提出修正建议。不要成为一时风尚和特殊压力集团的牺牲品。

8. 与家长、社区和职业团体协商。开发人际关系及与个人、群体合作方面的才能。

9. 鼓励同事和其他专业人士解决专业问题。变革;熟悉并使用新项目和新观点。

10. 开发一个项目,用于持续的课程开发、实施和评估。

11. 使不同的科目领域和年级达到平衡,将它们整合到整个课程中。密切关注科目和年级的范围与次序。

12. 了解当下的教学研究以及和目标学生相关的新项目。

学生的角色

学生介入课程规划可追溯到基尔帕特里克和鲁格,他们在描绘课程编制的角色和概念时是以孩子和活动为中心的。在20世纪20年代和30年代无拘无束的讨论中,学生介入的前提是要规划允许学生充分投入的主题、单元、教案、学校项目。当然,杜威对学生的作用轻描淡写,因为他觉得学生为了取悦老师会表现出对一般话题有兴趣。在最后的分析中,他认为,规划和实施课程以及"比孩子们自己更多地意识到他们想要和需要什么",是教师的责任。[81]

虽然泰勒在《课程与教学基本原理》(*Basic Principles of Curriculum and Instruction*)中没有清楚地描述学生的角色,他的同事塔巴却清楚地阐释学生的介入。按塔巴的说法,课程编制应当从"诊断学生的需要"入手。[82] 她认为课程"是一个学习计划"。因此,学生的知识与他们的潜在贡献"和塑造课程有关联"。由于学习是循序渐进的,因此课程应当"只有在获得学生的观点、思考形式、情感、习惯和技巧的相关信息后"才能继续进行。[83]

更近的时候,多尔谈到,学生和课程计划的牵连,与学生的权利、学生是项目的接受者的事实联系在一起。至少"在课堂和学校活动中"应向学生"非正式地"咨询,"(因为)他们提供了所应采取行动的重要线索"。[84] 彼得·奥利娃(Peter Oliva)觉得学生应当参与课程开发,课程开发受制于"一系列变数,例如智力、动机、知识",特别重要的是学生的"成熟度"。他对高中学生的投入和更年轻学生的投入做了区分。[85]

我们的观点是,学生既不是专家也不是巧匠,所以他们在课程规划中的作用应当限于提供信息。鼓励学生和家长投入课程规划的教师,承担着降低自己的影响、陷入牛头不对马嘴的风险。

教师与课程

尽管多尔眼中的课程专家主要是科目主席或校长,但他还是关心教师在课堂、学校、学区一级课程规划和实施中所起的作用。按他的观点,教师应当介入课程编制的"每一过程",包括"专业目标……材料、内容和方法"的规划。教师应当拥有一个"协作体"以联合他们的工作,发展介入课程的"督导和其他教师间的联系"。[86]

奥利娃对教师角色所持的是更宽泛的看法。对他来说,教师是"课程开发中的主要群体"。他们构成了"课程委员会和理事会成员的大多数或全部"。他们的作用是开发、实施和评估课程。按他的说法,教师在委员会工作,并且"率先提出建议,……评估建议,收集数据,从事研究,与家长和其他民众保持联系,写作和创造课程材料,……从学习者那里获得反馈,并评估项目"。[87]

多尔和奥利娃的观点提出了一种教师在其中发挥主要作用的从下至上的课程方法。塔巴则在她的课程开发经典读本中普及了从下至上的课程观。[88]鲁格则介绍了这样一种课程观:必须让教师从"准备研究科目、收集材料、开发课程概要的课堂事务"中摆脱出来。后来,卡斯韦尔和坎贝尔则设想教师在夏季参与学校、学区和州一级课程委员会的工作,有时则在一个学年内完成特别任务。[89]

卡尔·格利克曼(Carl Glickman)对教师对课程的介入持宽泛的看法。他考虑了三个层次。在第一个层次,教师的作用是维护,其途径是依赖规定的教材、工作簿、印刷材料。在第二个层次,教师是沉思冥想的,课程规划限于完善或修正已达成共识的内容。在第三个层次,也就是在他所称的创造或生成的阶段,课程在部门或学校一级接受检验,内容定期改变,教师被认为是专业人士,他们对课程决策负有更大责任。[90]

詹姆斯·比恩(James Beane)提倡教师更少发挥作用。尽管教师也可以作为课程带头人出现,但"管理人员和督导人员的主要责任应当是为课程开发和实施提供领导和支持"。其他层面的课程工作,诸如"预算开发、撰写资金申请书、与董事会互动交流",则应当由监督者和管理者"采取一种促进课程规划的方式"来做。尽管如此,学区拥有雇用擅长课程规划的教辅人员的最终责任,而这类人员可以包括"教师、学校行政人员及普通市民。"[91]

相比之下,格拉桑甚至更偏向自上而下的方式,他对教师的介入讨论得很少。他在学区层次上讨论了"协调人"的角色,在学校层次上讨论了校长、副校长、主席的角色。他设想"教师专家"只是中小学层次上的科目或年级团队成员,这种情况下,教师专家主要限于阅读和数学科目。[92]

基于社会组织和开放系统的传统理论,以及我们目前拥有的关于现行学校的知识,我们将教师视为课程编制的主角。教师通过教学赋予课程以生命。他们形形色色的教学方法——可能包括讲座、细读、讨论、分组活动——将塑造学生以何种方式接受课程。一个话题,例如"葛底斯堡演说",可以带来许多不同的课程,这取决于教师,即使教师们参考的是同样的课本。而随着"共同核心州立标准"的实施,教师在塑造学生所遇到的课程方面,将继续发挥巨大作用。

校长与课程

尽管在研究文献中,人们在校长应当是课程和教学带头人这一点上已达成共识,但有关校长的特殊角色,还存在相当多的异议。接受调查的校长经常说,他们认为课程和教学是第一位的,他们认识到有必要在课程开发的这些领域花更多时间。[93]

当然,格拉桑注意到,"研究学校领导才能(或校长角色)的大多数专家,过度关注作为教学带头人的校长,而无视其课程带头人的角色。"[94]考虑到全国和州的标准运动,以及有必要对课程进行升级以符合这些标准,校长的注意力已越来越集中到课程,特别是集中到让课程与州的标准和高利害关系考试协调一致上——它们会危及学校的名誉以及校长和老师的饭碗。

当然,数据表明,教师不将课程—教学领导权视为校长的一种主要责任,教师也看不出有更多的证据要将这种领导权放在校长身上,他们勉强按这种领导能力来接受校长。[95]教师通常相信,校长没能力提供这种领导,教师在这种技术领域也不想得到校长们的协助,教师认为技术领域更适合由同侪教练和同事来开发。[96]

历史地来看,校长只花费15%至20%的时间协调课程和教学活动(二者加起来)[97],只花费2%至3%的时间在教室考察教师。[98]校长们声称,处理日常事务,特

第一章 课程领域

别是写备忘录、出席会议、接电话,占去了他们大部分时间。

西伯特·德雷克(Thelbert Drake)和威廉·罗(William Roe)自20世纪80年代以来便一直从事有关校长的写作,他们也注意到领导工作的实际时间与期望时间之间的极端不一致。在排名靠前的14种校长日常工作中,课程开发被认为是第二重要的。但是,平均起来,校长们在课程上只花费了7.9%的职业时间。[99]两位管理工作者列举了为了有效地开始一个学年,校长需要去做的74项工作,其中没有一项是处理课程或教学的。[100]

因此,校长寄希望于校长助理或主席去应付课程、教学和项目开发的责任。[101]大多数副校长则依赖别的同事(教师和督导)去计划、实施和评估课程。校长必须处理涉及学生、教师、家长的许多巨细无遗的问题。课程被推到了后台。

尽管全国小学校长协会、全国中学校长协会设想校长成为课程和教学带头人,这一主题也持续出现在它们(供校长们阅读)的期刊上,但校长们工作的现实却不允许将重点放在这些领导责任领域。校长们拥有知道学校有"什么工作"要做的足够知识和经验。然而,许多校长只是在课程提高学校的学习水平、改善考试分数的范围内注意到它。

正在变化的职业角色:标准与测试

由于各州颁布了课程标准、下令进行高利害关系考试,联邦政府走向全国性的评估,于是教师有关课程内容、什么值得教、应当如何教的个人思考和集体思考都烟消云散了。同样,校长作为课程或教学带头人的作用也烟消云散了。迈克尔·阿普尔(Michael Apple)这样的批评家将这一趋势称为去专业主义(deprofessionalism),而詹姆斯·波帕姆(James Popham)则称之为专业无能。

简言之,州和联邦政府正在压缩本地和学区层次的课程决策,并走向间接地控制课程决策。当与各州的标准联手时,高利害关系考试可被用来确定教师和校长是否在实施课程。在没有指令性课程的各州,教师以应试教育收场。按卡尔·格利克曼及其同事的说法,"考试本身成了课程"。[102]课程排列变得本末倒置。从课程入手、辅以指导和评估的做法,现在倒了过来:教师(和校长)从全州统考入手,让课程和指导向考试看齐。

在课程内容被强制要求或推荐采用的州,通常会伴有正式的、成文的标准,教师往往亦步亦趋地遵循这种标准。此外,带头人成了考察和评估教师的"检察官"

31

或"警察"。他们要确保教师在执行任务,遵守推荐的或硬性的标准,确保学生正在接受规定内容的教学,正在准备用于评估学生的高利害关系统考。这种"新泰勒主义"听上去一夜回到了20世纪初,其时,弗雷德里克·泰勒的科学管理原则被用于工人身上,使工人的劳动流水线化、产出最大化。[103]

讽刺的是,按波帕姆的说法,教师和校长对教育考试和测量所知甚少(如果不是一无所知的话),因为他们在评估方法方面没有接受过训练。鉴于学生的考试分数在今天变得十分重要,"选择对评估的核心概念(和技术)视而不见的"教育工作者"是极度天真的",是在"职业自杀"。[104]在一个高利害关系考试的时代,基本上,涉及课程、教学、督导的教育工作者不必知道如何执行考试和测量程序,但至少要了解并能够解释这些概念和技巧。

尽管可以质疑这些考试是否可靠和有用,但政府和商务官员还是将这种批评视为借口,并且不想听到这类讨论。在全球竞争和问责的时代,我们得知,数据系统为我们提供了有关评估学生学习、评估教师效率的知识。尽管如此,作为专业人士,教育工作者必须避免"游戏"体制:应试教学、"编造结果"、操纵让何种学生参加考试。最后,他们必须保护自己免受欺负,或避免因为考试的结果和担心可能丢掉饭碗而被迫做出不道德的行为。

@ 观看这个描述课程与标准之间差异的视频。家长、学生乃至教师对标准的主要误解是什么?你如何向他们澄清这种误解?

https://www.youtube.com/watch?v=ZLzzQK4bzVM

结　语

我们已经提供了课程的不同定义,讨论了课程基础和课程领域间的关系,阐明了理论和实践在课程领域是如何相互联系的,并且描述了课程工作者的角色和责任。实质上,我们已经告诉读者,他们自己可以聚焦课程和教学的方法与定义、基础与领域、理论与实践。没有哪个人能够圆满地整合课程领域。人人应当思考不同的定义、方法、开发和设计模式,以及各种人在课程中所扮演的角色。

讨论题

1. 六种不同的课程方法是什么？简单描述每一种方法。
2. 为什么定义课程如此困难？
3. 教育的基础是怎样影响课程的？何种基础领域最重要？为什么？
4. 课程开发和课程设计之间的差异是什么？
5. 如何将理论和实践整合到课程的规划之中？
6. 校长和教师(乃至学生)在课程规划中扮演何种角色？

注　释

1. Allan C. Ornstein, Edward Pajak, and Stacey B. Ornstein, *Contemporary Issues in Curriculum*, 6th ed. (Boston: Allyn & Bacon, 2015); and Jon Wiles, *Curriculum Essentials*, 2nd ed. (Boston: Allyn & Bacon, 2005).

2. Franklin Bobbitt, *The Curriculum* (Boston: Houghton Mifflin, 1918); W. W. Charters, *Curriculum Construction* (New York: Macmillan, 1923); Ralph W. Tyler, *Basic Principles of Curriculum and Instruction* (Chicago: University of Chicago Press, 1949); and Hilda Taba, *Curriculum Development: Theory and Practice* (New York: Harcourt Brace Jovanovich, 1962).

3. William Pinar, "Notes on the Curriculum Field," *Educational Researcher* (September 1978), pp. 5 – 12; William H. Schubert, *Curriculum Books: The First Eighty Years* (Lanham, MD: University Press of America, 1980); and James T. Sears and J. Dan Marshall, eds., *Teaching and Thinking about Curriculum* (New York: Teachers College Press, Columbia University, 1990).

4. Raymond Callahan, *Education and the Cult of Efficiency* (Chicago: University of Chicago Press, 1962).

5. Bobbitt, *The Curriculum*, p. 283.

6. Franklin Bobbitt, *How to Make a Curriculum* (Boston: Houghton Mifflin, 1924), pp. 14, 28.

7. Tyler, *Basic Principles of Curriculum and Instruction*, p. 4.

8. Linda Darling – Hammond and Jon Snyder, "Curriculum Studies and the Traditions of In-

quiry: The Scientific Tradition," in Philip W. Jackson, ed., *Handbook of Research on Curriculum* (New York: Macmillan Publishing Co., 1992), pp. 41 – 78; and Thomas Good and Jere E. Brophy, *Looking in Classrooms*, 9th ed. (Boston: Allyn & Bacon, 2003).

9. Andy Hargreaves and Dean Funk, *Sustainable Leadership* (Indianapolis, IN: Jossey – Bass, 2005); Allan C. Ornstein, "The Field of Curriculum: What Approach?" *High School Journal* (April – May 1987), pp. 208 – 216; and Edward Pajak, "Clinical Supervision and Psychological Functions," *Journal of Curriculum and Supervision* (Spring 2002), pp. 189 – 205.

10. Michael Fullan, *Leadership and Sustainability* (Thousand Oaks, CA: Corwin, 2005); and Dennis Sparks, *Leading for Results*, 2nd ed. (Thousand Oaks, CA: Corwin, 2007).

11. Allan C. Ornstein, *Teaching and Schooling in America: Pre and Post September 11* (Boston: Allyn & Bacon, 2003).

12. Leslee J. Bishop, *Staff Development and Instructional Improvement* (Boston: Allyn & Bacon, 1976); Gerald R. Firth and Richard Kimpston, *The Curriculum Continuum in Perspective* (Itasca, IL: Peacock, 1973); Robert S. Gilchrist, *Using Current Curriculum Developments* (Alexandria, VA: ASCD, 1963); Arthur J. Lewis and Alice Miel, *Supervision for Improved Instruction* (Belmont, CA: Wadsworth, 1972); John McNeil and William H. Lucio, *Supervision: A Synthesis of Thought and Action*, 2nd ed. (New York: McGraw – Hill, 1969); J. Lloyd Trump and Dorsey Baynham, *Focus on Change* (Chicago: Rand McNally, 1961); and Glenys G. Unruh and William A. Alexander, *Innovations in Secondary Education*, 2nd ed. (New York: Holt, Rinehart and Winston, 1971).

13. Lee G. Bolman and Terrence E. Deal, *Reframing Organizations*, 3rd ed. (Indianapolis, IN: Jossey – Bass, 2003); and Bruce Joyce, Marsha Weil, and Beverly Showers, *Models of Teaching*, 7th ed. (Boston: Allyn & Bacon, 2004).

14. Fred Lunenburg and Allan C. Ornstein, *Educational Administration: Concepts and Practices*, 5th ed. (Belmont, CA: Wadsworth, 2008), p. 323.

15. Leo H. Bradley, *Total Quality Management for Schools* (Lancaster, PA: Technomic, 1993); and William G. Ouchi, *Theory Z: How American Business Can Meet the Japanese Challenge* (New York: Avon Books, 1993).

16. George A. Beauchamp, *Curriculum Theory*, 4th ed. (Itasca, IL: Peacock, 1981).

17. Allan C. Ornstein, "Curriculum, Instruction, and Supervision— Their Relationship and the Role of the Principal," *NASSP Bulletin* (April 1986), pp. 74 – 81. See also Michael Fullan, Peter Hill, and Carmel Crevola, *Breakthrough* (Thousand Oaks, CA: Corwin, 2006); and Thom-

as J. Sergiovanni, *Rethinking Leadership*, 2nd ed. (Thousand Oaks, CA: Corwin, 2006).

18. John Dewey, *Democracy and Education* (New York: Macmillan, 1916); Henry C. Morrison, *The Practice of Teaching in the Secondary School* (Chicago: University of Chicago Press, 1926); and Boyd H. Bode, *Modern Educational Theories* (New York: Macmillan, 1927).

19. William H. Schubert, *Curriculum: Perspective, Paradigm and Possibility* (New York: Macmillan, 1986); Daniel Tanner and Laurel N. Tanner, *Curriculum Development: Theory into Practice*, 2nd ed. (New York: Macmillan, 1980); and Robert S. Zais, *Curriculum: Principles and Foundations* (New York: Harper & Row, 1976).

20. Kathryn Ecclestone and Dennis Hayes, *The Dangerous Rise of Therapeutic Education* (London: Routledge, 2009).

21. Michael Young, "Overcoming the Crisis in Curriculum Theory: A Knowledge – Based Approach," *Journal of Curriculum Studies* (Vol. 45, 2013), pp. 101 – 118; and Michael Young, *Bringing Knowledge Back In* (London: Routledge, 2008).

22. William F. Pinar, William M. Reynolds, Patrick Slattery, and Peter M. Taubman, *Understanding Curriculum* (New York: Peter Lang, 1995); and William Pinar, *Contemporary Curriculum Discourses* (New York: Peter Lang, 1999).

23. Maxine Greene, "Imagining Futures: The Public School and Possibility," *Journal of Curriculum Studies* (March – April 2000), pp. 267 – 280; William A. Reid, "Rethinking Schwab: Curriculum Theorizing as Visionary Activity," *Journal of Curriculum and Supervision* (Fall 2001), pp. 29 – 41; and Pinar, *Contemporary Curriculum Discourses.*

24. John Dewey, *The Child and the Curriculum* (Chicago: University of Chicago Press, 1902); Charles Judd, *The Evolution of a Democratic School System* (Boston: Houghton Mifflin, 1918); and Francis W. Parker, *Talks on Pedagogics* (New York: Kellogg, 1894).

25. Boyd Bode, *Progressive Education at the Crossroads* (New York: Newson, 1938); Frederick G. Bosner, *The Elementary School Curriculum* (New York: Macmillan, 1920); Hollis L. Caswell, *Program Making in Small Elementary Schools* (Nashville, TN: George Peabody College for Teachers, 1932); L. Thomas Hopkins and James E. Mendenhall, *Achievement at the Lincoln School* (New York: Teachers College Press, Columbia University, 1934); William H. Kilpatrick, *Foundations of Method* (New York: Macmillan, 1925); and Harold Rugg and Ann Shumaker, *The Child – Centered School* (New York: World Books, 1928).

26. Michael Fullan, *The Moral Imperative of School Leadership* (Thousand Oaks, CA: Corwin, 2003); and Robert D. Ramsey, *Lifelong Leadership by Design* (Thousand Oaks, CA: Cor-

win, 2009).

27. Elliot W. Eisner, *The Kind of Schools We Need* (Portsmouth, NH: Heinemann, 1998).

28. Paul Tough, *How Children Succeed: Grit, Curiosity, and the Hidden Power of Character* (New York: Houghton Mifflin Harcourt, 2012); Daniel Goleman and Peter Senge, *The Triple Focus: A New Approach to Education* (Florence, MA: More Than Sound, 2014); Daniel Goleman, *Focus: The Hidden Driver of Excellence* (New York: Harper, 2013).

29. Nel Noddings, *Education and Democracy in the 21st Century* (New York: Teachers College Press, 2013).

30. Pinar et al., *Understanding Curriculum.*

31. Richard F. Elmore, *School Reform from the Inside Out* (Cambridge, MA: Harvard Education Press, 2004); Michael Fullan, *What's Worth Fighting for in the Principalship*, 2nd ed. (New York: Teachers College Press, Columbia University, 2008).

32. Daniel L. Duke, *The Challenges of School District Leadership* (New York: Routledge, 2010); Milbrey M. McLaughlin and Joan E. Talbot, *Building School-Based Teacher Learning Communities* (New York: Teachers College Press, 2006); and Allan C. Ornstein, *Class Counts: Education, Inequality and the Shrinking Middle Class* (Lanham, MD: Rowman & Littlefield, 2007).

33. George S. Counts, *Dare the School Build a New Social Order?* (New York: John Day, 1932); Harold O. Rugg, ed., *Democracy and the Curriculum* (New York: Appleton-Century, 1939); Harold O. Rugg et al., *American Life and the School Curriculum* (Boston: Ginn, 1936); and Harold Benjamin, *The Saber-Tooth Curriculum* (New York: McGraw-Hill, 1939).

34. Henry Giroux, *America's Education Deficit and the War on Youth: Reform beyond Electoral Politics.* (New York: Monthly Review Press, 2013).

35. Peter McLaren, *Life in Schools: An Introduction to Critical Pedagogy in the Foundations of Education*, 6th ed. (Boulder, CO: Paradigm Publishers, 2014).

36. J. Galen Saylor, William M. Alexander, and Arthur J. Lewis, *Curriculum Planning for Better Teaching and Learning*, 4th ed. (New York: Holt, Rinehart and Winston, 1981), p. 10.

37. David Pratt, *Curriculum Design and Development* (New York: Harcourt Brace, 1980), p. 4.

38. Jon Wiles and Joseph Bondi, *Curriculum Development: A Guide to Practice*, 9th ed. (Boston: Pearson, 2014), p. 142.

39. John Dewey, *Experience and Education* (New York: Macmillan, 1938); and Hollis L.

第一章 课程领域

Caswell and Doak S. Campbell, *Curriculum Development* (New York: American Book Company, 1935), p. 69.

40. Elliot W. Eisner, *The Educational Imagination*, 3rd ed. (Columbus, OH: Merrill, 2002), p. 26.

41. Colin J. Marsh and George Willis, *Curriculum: Alternative Approaches, Ongoing Issues*, 3rd ed. (Columbus, OH: Merrill, 2003), p. 4.

42. William A. Reid, *Curriculum as Institution and Practice* (Mahwah, NJ: Erlbaum, 1999); *Curriculum: Perspective, Paradigm and Possibility*; and Tanner and Tanner, *Curriculum Development: Theory into Practice*.

43. Arthur W. Applebee, *Curriculum as Conservation* (Chicago: University of Chicago Press, 1996); and Ian Westbury et al., *Teaching as a Reflective Practice* (Mahwah, NJ: Erlbaum, 2000).

44. Doll, *Curriculum Improvement: Decision Making and Process*, p. 5. See also Carol Ann Tomlinson et al., *The Parallel Curriculum* (Thousand Oaks, CA: Corwin, 2008).

45. Eisner, *The Educational Imagination*.

46. Larry Cuban, *Hugging the Middle: How Teachers Teach in an Era of Testing and Accountability* (New York: Teacher's College Press, Columbia University, 2008); Alfie Kohn, *The Schools Our Children Deserve* (Boston: Houghton Mifflin, 1999).

47. Beauchamp, *Curriculum Theory*, p. 81.

48. Harold Rugg, "Introduction," in G. M. Whipple, ed., *The Foundations of Curriculum Making*, Twenty-sixth Yearbook of the National Society for the Study of Education, Part II (Bloomington, IL: Public School Publishing, 1930), p. 8.

49. Tyler, *Basic Principles of Curriculum and Instruction*; Saylor, Alexander, and Lewis, *Curriculum Planning for Better Teaching and Learning*; and Schubert, *Curriculum: Perspective, Paradigm, and Possibility*. See also Elliot W. Eisner, "Those Who Ignore the Past," *Journal of Curriculum Studies* (March-April 2000), pp. 343-357.

50. Carmen L. Rosales-Dordelly and Edmund C. Short, *Curriculum Professors' Specialized Knowledge* (New York: Lanham, 1985), p. 23.

51. Oliva, *Developing the Curriculum*, p. 15.

52. Joseph J. Schwab, "The Practical: A Language for Curriculum," *School Review* (November 1969), p. 1.

53. Peter Thiel and Blake Masters, *Zero to One: Notes on Startups, or How to Build the Future*

课程:基础、原理和问题(第7版)

(New York: Crown Business, 2014).

54. William M. Reynolds, "Comprehensiveness and Multidimensionality in Synoptic Curriculum Texts," *Journal of Curriculum and Supervision* (Winter 1990), pp. 189–193; and Sears and Marshall, "Generational Influences on Contemporary Curriculum Thought."

55. Beauchamp, *Curriculum Theory*.

56. Fenwick W. English, "Contemporary Curriculum Circumstances," in F. W. English, ed., *Fundamental Curriculum Decisions* (Alexandria, VA: ASCD, 1983), pp. 1–17.

57. Edmund C. Short, "Curriculum Decision Making in Teacher Education," *Journal of Teacher Education* (July–August 1987), pp. 2–12; Edmund C. Short, "Organizing What We Know about Curriculum," unpublished paper, 1984.

58. Linda Behar, "A Study of Domains and Subsystems in the Most Influential Textbooks in the Field of Curriculum 1970–1990," unpublished doctoral dissertation. Loyola University of Chicago, 1992.

59. Allan A. Glatthorn and Jerry M. Jailall, *The Principal as Curriculum Leader*, 3rd ed. (Thousand Oaks, CA: Corwin, 2008).

60. Glatthorn and Jailall, *The Principal as Curriculum Leader*; David A. Squires, *Aligning and Balancing the Standards–Based Curriculum*, 3rd ed. (Thousand Oaks, CA: Corwin, 2008).

61. William E. Doll, *A Post–Modern Perspective on Curriculum* (New York: Teachers College Press, Columbia University, 1993); Marsh and Willis, *Curriculum: Alternative Approaches*.

62. Eisner, *The Educational Imagination*.

63. James A. Beane, Conrad F. Toepfer, and Samuel J. Alessi, *Curriculum Planning and Development* (Boston: Allyn & Bacon, 1986); and Marsh and Willis, *Curriculum: Alternative Approaches, Ongoing Issues*.

64. Eisner, *The Educational Imagination*.

65. Alfie Kohn, "Fighting the Tests: A Practical Guide to Rescuing Our Schools," *Phi Delta Kappan* (January 2001), pp. 348–357.

66. Philip W. Jackson, *Life in Classrooms* (New York: Holt, 1968), p. 32. See also Philip W. Jackson, *The Practice of Teaching* (New York: Teachers College Press, Columbia University, 1986).

67. John Holt, *How Children Fail* (New York: Putnam, 1964). See also John I. Goodlad, *A Place Called School* (New York: McGraw–Hill, 1984); and Peter McLaren, *Life in School*, 5th ed. (Boston: Allyn & Bacon, 2007).

68. Eisner, *The Educational Imagination*, p. 98.

69. William A. Reid, *The Pursuit of Curriculum* (Norwood, NJ: Ablex, 1992).

70. Klaus Krippendorff, *Content Analysis: An Introduction to Its Methodology* (Beverly Hills, CA: Sage, 1980).

71. John Dewey, *Democracy and Education*; Boyd H. Bode, *Modern Educational Theories*.

72. Beauchamp, *Curriculum Theory*, p. 58.

73. Taba, *Curriculum Development: Theory and Practice*, p. 413.

74. Elizabeth Vallance, "Curriculum as a Field of Practice," in F. W. English, ed., *Fundamental Curriculum Decisions* (Alexandria, VA: ASCD, 1983), p. 155.

75. John F. Miller and Wayne Seller, *Curriculum: Perspectives and Practice* (New York: Longman, 1985); Tanner and Tanner, *Curriculum Development: Theory into Practice*; and Wiles and Bondi, *Curriculum Development: A Guide to Practice.*

76. Doll, *Curriculum Improvement: Decision Making and Process*; and Oliva, *Developing the Curriculum.*

77. Decker Walker, *Fundamentals of Curriculum* (New York: Harcourt Brace, 1990), p. 200.

78. Andy Hargreaves and Shawn Moore, "Curriculum Integration and Classroom Relevance: A Study of Teacher Practice," *Journal of Curriculum and Supervision* (Winter 2000), pp. 89–112; and Allan C. Ornstein and Francis P. Hunkins, "Theorizing about Curriculum Theory," *High School Journal* (December–January 1989), pp. 77–82.

79. Reba N. Page, "Common Sense: A Form of Teacher Knowledge," *Journal of Curriculum Studies* (September–October 2001), pp. 525–533; and Diane Y. Silva, "Collaborative Curriculum Encounters," *Journal of Curriculum and Supervision* (Summer 2000), pp. 279–299.

80. Michelle D. Young, "Why Not Use Research to Inform Leadership Certification and Program Approval," *UCEA Review*, Summer 2010, p. 5.

81. John Dewey, "Comments and Criticisms by Some Educational Leaders in Our Universities," in G. M. Whipple and L. C. Mossman, eds., *The Activity Movement*, Thirty-third Yearbook of the National Society for the Study of Education, Part II (Bloomington, IL: Public School Publishing, 1934), p. 85.

82. Taba, *Curriculum Development: Theory and Practice*, p. 12.

83. Ibid., pp. 12–13.

84. Doll, *Curriculum Improvement: Decision Making and Process*, p. 25.

85. Oliva, *Developing the Curriculum*, p. 91.

86. Doll, *Curriculum Improvement: Decision Making and Process*, p. 334.

87. Oliva, *Developing the Curriculum*, p. 120.

88. Taba, *Curriculum Development: Theory and Practice*.

89. Caswell and Campbell, *Curriculum Development*; and Harold Rugg, "The Foundations of Curriculum Making," in G. Whipple, ed., *The Foundations of Curriculum Making*, Twenty-sixth Yearbook of the National Society for the Study of Education, Part II (Bloomington, IL: Public School Publishers, 1930), pp. 439-440.

90. Carl D. Glickman, Stephen P. Gordon, and Jovita M. Ross-Gordon, *Supervision and Instructional Leadership*, 8th ed. (Boston: Allyn & Bacon, 2010).

91. James A. Beane et al., *Curriculum Planning and Development*, pp. 355, 358.

92. Allan A. Glatthorn, *Curriculum Leadership* (Glenview, IL: Scott Foresman, 1987), pp. 148-149.

93. Jo Blasé, Joseph Blasé, and Peggy Kirby, *Bringing Out the Best in Teachers: What Effective Principals Do* (Thousand Oaks, CA: Corwin, 2008); Gordon A. Donaldson, *Cultivating Leadership in Schools*, 2nd ed. (New York: Teachers College Press, Columbia University, 2006); and Theodore Kowalski, *The School Principal* (New York: Routledge, 2010).

94. Glatthorn and Jailall, *The Principal as Curriculum Leader*, p. 24.

95. Michael Fullan, *Leading in a Culture of Change* (San Francisco: Jossey-Bass, 2001); and Kenneth A. Strike, *Ethical Leadership in Schools* (Thousand Oaks, CA: Corwin, 2007).

96. Dale L. Brubaker, *Revitalizing Curriculum Leadership*, 2nd ed. (Thousand Oaks, CA: Corwin, 2004); Thomas Hatch, *Managing to Change* (New York: Teachers College Press, Columbia University, 2009), Elizabeth A. Hebert, *The Boss of the Whole School* (New York: Teachers College Press, Columbia University, 2006); and Adrian Rogers and Deborah Bainer Jenkins, *Redesigning Supervision* (New York: Teachers College Press, Columbia University, 2010).

97. William L. Boyd, "What School Administrations Do and Don't Do," *Canadian Administrators* (April 1983), pp. 1-4; and James T. Scarnati, "Beyond Technical Competence: Nine Rules for Administrators," *NASSP Bulletin* (April 1994), pp. 76-83.

98. Daniel Duke, *School Leadership and Instructional Improvement* (New York: Random House, 1987); Forest W. Parkay, Eric J. Anxril, and Glen Hass, *Curriculum Planning: A Contemporary Approach*, 9th ed. (Boston: Allyn & Bacon, 2010).

99. Thelbert L. Drake and William H. Roe, *The Principalship*, 6th ed. (Columbus, OH:

Merrill, 2003).

100. Beverly Findley and Dale Findley, "Gearing Up for the Opening of the School Year: A Check List for Principals," *NASSP Bulletin* (September 1998), pp. 57–62.

101. Boyd, "What School Administrators Do and Don't Do"; and Ernestine Riggs and Ana G. Serafin, "The Principal as Instructional Leader," *NASSP Bulletin* (November 1998), pp. 78–85. See also Thomas J. Servioanni, *The Principalship: A Reflective Practice Perspective*, 6th ed. (Boston: Allyn & Bacon, 2009).

102. Glickman et al., *Supervision and Instructional Leadership*, p. 360.

103. Wayne Au, "Teaching under the New Taylorism: Highstakes Testing and the Standardization of the 21st Century Curriculum," *Journal of Curriculum Studies* (Vol. 43, Issue 1, 2011), pp. 25–45.

104. W. James Popham, "Assessment Illiteracy: Professional Suicide," *UCEA Review*, Summer 2010, p. 1.

第一编

课程基础

第二章 课程的哲学基础

> **学习成果**
>
> 阅读完本章之后,你应当能够:
>
> 1. 描述哲学是如何影响课程工作者的。
> 2. 辨识和区分影响美国教育的四种主要哲学。
> 3. 讨论四种教育哲学——永恒主义、本质主义、进步论、重构论——是如何相互区分并随时间的流逝影响教育的。

哲学对课程至关重要。一所特定学校及其官员的哲学思想影响其课程的目标、内容和组织。通常,一所学校会反映出几种哲学观。这种多样性加强了课程的活力。研究哲学让我们不仅可以更好地理解学校及其课程,而且可以更好地处理个人的信仰和价值观。

哲学问题总是对学校和社会产生影响。当代社会及其学校正发生急剧变化。不断重估的特殊要求呼唤一种教育哲学。正像威廉·范·蒂尔(William Van Til)所说的,"我们的方向源泉是指导我们的哲学……没有哲学,(我们)就像无头骑士那样呆头呆脑地飞身上马",有一种"莫辨方向地跃马狂奔"的趋向。[1]在很大程度上,我们的教育哲学决定着我们的教育决策。

哲学处理人生的更大方面,处理我们组织我们的思想、解释事实的方式。它是一种理解人生——人生的所有问题和烦恼——的尝试。它涉及各种问题和我们的观点,还有他人的看法。它涉及寻找已经得到定义的价值观,并且阐明我们的信仰。

哲学与课程

哲学为教育工作者,特别是课程工作者,提供一个或多个组织学校和课堂的框架。它帮助我们确定学校是为了什么,哪些科目有价值,学生如何学习,使用哪些方法和材料。它澄清教育目标、合适的内容、教与学的进程,以及学校应当强调的经验与活动。哲学也为决定使用何种教材、如何使用、布置多少家庭作业、如何测试学生及如何使用测试结果、强调什么课程或科目材料提供基础。

L. 托马斯·霍普金斯写道:

> 哲学已经进入过去所做的有关课程与教学的每一重要决策,并且将一如既往地作为未来每一重要决策的基础。
>
> 当州教育局提出一个师生时间表时,是以或隐蔽或自觉说明的哲学为基础的。当一个选择出来的教师小组在一个学校系统中预先准备一个学习过程时,这代表了哲学,因为一个行动过程是从涉及不同价值的许多选择中选择出来的。当高中教师所布置的一个晚上的作业,比学生能够在六小时内轻松愉快地做完的量还要多时,他们也是在按一种哲学行事,虽然他们没有意识到它的后果。当一个小学教师告诉一个孩子放下地理而去学算术时,她也是在实践哲学,因为她做出了价值选择……当教师们将科目材料从一个年级改到另一年级时,他们在实践哲学。当评估专家向一组教师解释他们的考试结果,他们在实践哲学,因为事实只有在某些基本的假设内部才有意义。在学校的一天里,很少有这样的瞬间——一个教师不会碰到哲学是行动的有活力的部分这种情况。课程和教学中不使用哲学的情境一多,就会导致脱离教育经验的废品云集现象。[2]

霍普金斯的话让我们想到,哲学对课程编制的所有方面多么重要。的确,课程的几乎所有因素都以一种哲学为基础。正像约翰·古德兰(John Goodlad)所指出的,哲学是课程编制的出发点和所有后续决策的基础。哲学成为决定课程目的、手段、结果的标准。[3]它对几乎所有关系到教与学的决策都至关重要。

第二章 课程的哲学基础

哲学与课程工作者

一个人的哲学观反映出一个人的背景和经验。我们的决策基于我们的世界观、态度和信仰。哲学指导行动。

无人能做到全部客观,不过课程工作者可以通过从各种视角考虑问题而拓宽他们的知识和理解。固执地坚持一种特殊的个人哲学的人,可能会与别人形成冲突。罗纳德·多尔注意到:"课程规划工作者间的冲突,出现在当人们……在持续的立场及信仰下……坚持(不同的)态度之时。"这种冲突可能变得如此剧烈,以至于"课程研究被折磨到止步不前"。通常差异可以"暂时因服从临时的、当下的任务"而得到和解。"然而,在哲学中泾渭分明的教师和管理工作者却难以在长时间里近距离地共同协作。"[4]

与此同时,缺乏完整哲学的课程工作者可能容易缺乏明晰性与方向感。抱有积极信念的标准对谨慎的行动来说是必要的。理想地说,课程工作者要拥有一种能够修正的个人哲学。他们的结论以可用的最佳证据为基础,当最佳证据浮出水面时,他们可以做出改变。的确,成熟的人更能审视自己的哲学、欣赏他人的观点,特别是当事实或趋势对他们最初的信仰和价值观形成挑战之时更是如此。

作为课程源泉的哲学

可以认为哲学的功能有二:(1)课程开发的出发点;(2)在课程开发中与其他功能相互依赖的一种功能。约翰·杜威代表了第一个思想学派。他声称"哲学也许可以……定义为普通教育理论","哲学的任务"是为学校的"方向和方法"提供框架。对杜威来说,哲学是一种赋予我们生活以意义的思维方式。[5]它不仅是学校的出发点,而且对所有课程活动至关重要。"教育是哲学区分变得具体并接受检验的实验室。"[6]

在拉尔夫·泰勒的课程框架中,哲学是普通的用于选择"教育目的"的五个标准之一。哲学与其他标准——对学习者的研究、对当代生活的研究、学科专家的建议、学习心理学——之间的联系如图2.1所示。受杜威影响,泰勒看上去更重视哲学而不是重视开发教育目的的其他标准。他写道:"学校所致力的教育哲学和社会哲学可以充当开发社会项目的第一屏障。"他得出结论说,"哲学试图界定美好生活和美好社会的本质",民主社会中的教育哲学有可能"极力强调学校中的民主价值"。[7]

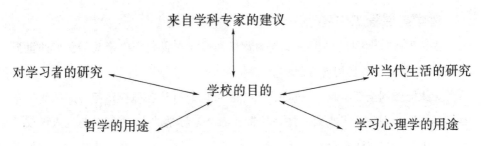

图 2.1　泰勒有关哲学与学校目的间的关系的看法

对古德兰来说,在我们可以追求课程的哲学、方向、目标之前,我们必须就教育的本质和目的达成共识。据古德兰的看法,学校的第一责任是对社会秩序(他称之为"民族—国家")的责任,但我们的社会却强调个人成长。[8]社会与个人的对立是西方社会数世纪以来的主要哲学问题,这在杜威的著作中也相当重要。杜威声称我们希望"造就(好)公民和工人",也想"造就将生活得十全十美的人类"。美国教育在本世纪可以被视为一个哺育个人成长和孕育好社会的过程。对杜威和古德兰来说,教育即成长——并意味着成长是为个人和社会的。它是一个永远不会结束的过程,孩子的成长越丰富,一般来说教育过程和社会的品质就会越好。

主要哲学

四种哲学影响到美国的教育:唯心论、实在论、实用主义、存在主义。前两种哲学是传统的,后两种是当代的。

唯心论

对现存最古老的哲学之一的唯心论哲学的系统阐述通常被归功于柏拉图(Plato)。德国哲学家黑格尔(Hegel)提出了基于唯心论的全面系统的对历史世界的看法。在美国,先验主义哲学家拉尔夫·沃尔多·爱默生(Ralph Waldo Emerson)和亨利·梭罗(Henry Thoreau)描绘了唯心论的现实观。在教育领域,幼儿园的创始人弗雷德里希·福禄培尔是唯心论教育学的支持者。威廉·哈里斯(William Harris)在明尼苏达的圣路易斯做学监时将幼儿园运动普及开来,在20世纪之交成为美国的教育长官,他将唯心论当作他管理哲学的一种源泉。对大多数教育工作者来说,唯心论的美国主要提倡者是J.唐纳德·巴特勒(J. Donald Butler)。然而,在我们看来,这人是威廉·贝内特(William Bennett),一个价值和美德的坚定信奉者。[9]

由于受到柏拉图和奥古斯丁(Augustine)的强烈影响,美国的唯心论者同意最高的目标就是寻求真理和永恒价值。正像在柏拉图《理想国》(*Republic*)和后来的基督教教义中所表达的,柏拉图相信理念可以整合进普遍的概念和有意义的整体中。真理可以通过推理、直觉和宗教启示来发现。[10]有些唯心论者,比如康德(Kant),相信获得道德洞见是可能的,但抵达绝对或普遍的真理是不可能的。也许,最有影响的唯心主义者是黑格尔,他认为通过不断地综合正题和反题而达到更高层次的理解,一个人可以走向真理。

对唯心论者来说,学习基本是一个涉及唤起观念、以观念行事的思想过程;教育恰好也关系到观念之类。唯心论教育工作者偏爱种种观念和概念相互关联的课程。课程是等级制的,它构成了人类的文化传统,以博学的原则为基础,例如人文艺术课程就是如此。处在等级制最顶端的是最抽象的科目:哲学和神学。数学也很重要——它培养抽象思维。历史和文学排位相当高,因为它们提供道德和文化模式。语言也相当重要,因为语言使交流和观念的思想成为可能。处于课程阶梯更低端的是研究特殊因果关系的科学。

实在论

人们经常把亚里士多德(Aristotle)同另一传统思想派别——实在论联系在一起。托马斯·阿奎那(Thomas Aquinas)的哲学将实在论与基督教教义融为一体,开创了实在论的一个分支,即所谓托马斯主义,当代许多天主教教育即根源于托马斯主义。约翰·裴斯泰洛齐始于具体对象而终于抽象概念的教学原理,是以实在论为基础的。例如哈里·布劳迪(Harry Broudy)和约翰·怀尔德(John Wild)这样的现代教育家,也是顶尖的实在论者。[11]

实在论者从对象和物质的角度来看世界。人们通过自己的感觉和理性可以达到了解世界。万物来自自然并服从自然法则。当服从自然的法则或受到物理法则和社会法则的制约时,人类的行为是理智的。

亚里士多德相信,万物都有目的,人的目的就是思考。当然,在佛教中,真正的宁静不是来自对物的思考,而是来自对"无"的沉思默想。对亚里士多德和后来的阿奎那来说,宇宙有序,万物有因,教育应当阐明目的。亚里士多德鼓励人们过一种有节制的理性生活,努力追求"中庸之道":一种折衷妥协。

像唯心论者一样,实在论者强调课程包含独立的内容领域,例如历史和动物学。也像唯心论者一样,实在论者将最普通和最抽象的科目排在了课程等级制的顶端。培养逻辑和抽象思维的课程得到强调。"3R"(读、写、算)对教育来说是基本的。[12]唯心论者认为经典著作是理想的素材,因为它们传达了永恒的道德真理,实在论者把科学看得同艺术一样有价值。

实用主义

与传统哲学相反,实用主义(也称为经验主义)以变化、过程和相对性为基础。唯心论和实在论强调科目材料,实用主义将知识理解为现实在其中永恒变化的一个进程。学习出现在一个人进行解决问题之时,它可以转向多种多样的科目和情境。学习者及其环境都是永远变化的。实用主义者拒绝不变的、普遍真理的观念。当人们与他们的社会或环境相互作用时,他们所拥有的唯一指南是既定的概括和命题,而这些概括和命题服从于进一步的研究和证实。

对实用主义者来说,教学应当聚焦于批判性思维。教学是探索性的而不是解释性的。方法比科目材料更为重要。理想的教学不要那么关注教学生想什么,而是要关注教学生进行批判性思考。诸如"为什么"、"如何来的"、"假如"一类的问题比"什么"、"谁"或"什么时候"等问题更为重要。

1900年左右的科学发展酝酿了实用的哲学。社会越来越接受对现象的科学解释。1859年,查尔斯·达尔文(Charles Darwin)的《物种起源》(*The Origin of Species*)动摇了宗教的、以人为中心的世界观。数学家查尔斯·皮尔斯(Charles Peirce)和心理学家威廉·詹姆斯(William James)发展了实用主义的原则:(1)拒绝先入为主的真理和永恒不变的价值;(2)促进对观念进行检验和验证。真理不再是绝对的和普适的。[13]

杜威是伟大的教育实用主义者,他将教育视为一个改善人类处境的过程。他将学校看作更大的社会环境中的特殊化环境。理想地说,课程以孩子的经验和兴趣为基础,并为孩子的人生事务做准备。[14]科目材料是跨学科的。杜威所看重的是解决问题和科学方法。

存在主义

实用主义主要是一种正好在1900年之前逐步发展起来的美国哲学,存在主义则主要是一种起源于二战之前却在二战之后流行开来的欧洲哲学。在美国教育界,玛克辛·格林(Maxine Greene)、乔治·内勒(George Kneller)和范·克利夫·莫里斯(Van Cleve Morris)是闻名遐迩的强调个人主义和个人自我实现的存在主义者。[15]

按存在主义哲学的看法,人不断地做出选择,并借此界定自己。我们成为什么样的人,是我们自己的选择;在做出这种自我选择时,我们造就了我们的自我本质和自我认同。因此,我们创造的本质是我们选择的结果。当然,这因人而异。存在主义者提倡学生应当自由地选择如何学和学什么。批评者争辩说,这种自由选择过于没有系统、自由放任,尤其在小学层次更是如此。存在主义者相信,最重要的知识是有关人类处境的知识。教育应当培养选择意识及其意义。[16]存在主义者拒绝强加集体规则、权威和既定秩序。他们认为,几乎很少有标准、习惯或观点是不容争辩的。

一些批评家(主要是传统主义者和保守主义者)声称存在主义者限制了学校的意义,因为我们社会的教育,以及大多数其他现代社会的教育,涉及制度化的学习和社会化,它要求团体教学、对个人行为的限制、科层化组织。学校教育是一个限制学生的自由、以成人的权威和普遍接受的行为与信仰为基础的过程。作为学生,我们大多数遵守规则;作为教师,我们大多数巩固规则。单个的存在主义者在实践自己的意志和选择时,会在学校和其他正规组织中遭遇困境。

存在主义者的课程应当由赋予个人以自由和选择的经验和科目构成。例如,艺术受到重视,因为艺术培养了自我表达,并描绘涉及选择的人类境况和情境。师生应当讨论他们的人生和选择。[17]特别是文学、戏剧、电影制作、音乐和艺术,它们反映了自我表现行为,彰明了情绪、情感和洞见——所有这些都有助于存在主义者的思考。参见表2.1.

表2.1 主要哲学概览

哲学	现实	知识	价值	教师的角色	学习的重点	课程的重点
唯心论	精神的、道德的或智力的;不变的	反思潜在观念	绝对的和永恒的	将潜在知识和观念带到意识层面;做道德和精神导师	回忆知识和观念;抽象思维是最高形式	以知识为基础;以科目为基础;古典或人文艺术;科目的等级制;哲学、神学和数学最为重要

续表

哲学	现实	知识	价值	教师的角色	学习的重点	课程的重点
实在论	基于自然法则；客观的，并由物质构成	由感觉和抽象组成	抽象的、永恒的；基于自然法则	培养理性思维；做道德和精神导师；扮演权威	训练思维；逻辑和抽象思维是最高形式	以知识为基础；以科目为基础；科目的等级制：人文课程和科学课程
实用主义	个人和环境相互作用；变动不居	基于经验；使用科学方法	依情境而定、相对的；服从于变化和验证	培育批判性思维和科学过程	处理永恒变化的方法；做出科学解释	没有永恒的知识或科目；承上启下，传递文化并为个人应对变化做准备的经验是合适的；解决问题的活动
存在主义	主观的	个人选择的知识	自由选择的；基于个人感觉	培养个人选择和个人自我定义	有关人类境况的知识和原则；经过选择的行动	科目材料、选修课的选择；情感的、美学的和哲学的科目

教育哲学

已经出现四种公认的教育哲学：永恒主义、本质主义、进步论和重构论。这些教育哲学的每一种都根植于四种哲学传统中的一种或多种。比如，永恒主义主要取自实在论，本质主义根植于唯心论和实在论。进步论和重构论来自实用主义。某些重构论与存在主义的观点有关联。

永恒主义

这一最古老也最保守的教育哲学根植于实在论。它很大程度上统治了从殖民时期到20世纪早期的美国教育。在小学层次上，课程重视"3R"教育，也强调道德和宗教训练；在初中层次，则看重拉丁文、希腊语、语法、修辞、逻辑、几何等科目。

作为一种教育哲学，永恒主义依赖过去，重视传统的价值。它重视经过了时间考验的知识，诉诸经过了时间考验的知识和价值观的永恒性——对人性、真理、美德持一种不变的看法。长期支持永恒主义的罗伯特·哈钦斯（Robert Hutchins）注意到，人的功能"在每个社会都是相同的……教育系统的目标在教育系统存在的每个时代和每个社会也是相同的。其目的就是使人得到提高"。[18]

对永恒主义者来说,人性是不变的。人类有能力进行推理,并理解自然的普遍真理。教育的目标是通过开发学生的智力和品德,发展理性的人,揭示普遍真理。

永恒主义者的课程是以科目为中心的,它严重依赖指定的学科或逻辑组织严密的内容体系,同时强调语言、文学、数学和科学。教师被视为他们专业领域的权威。他们激起讨论和学生的推理能力。教学主要基于苏格拉底方法(Socratic method):口述、报告、说明。这是一种面对所有学生的课程,给选修课、职业课或技术课留下的空间很小。人格训练作为发展人的道德和精神存在的一种手段,也相当重要。

不朽的学业

在永恒主义者看来,人文艺术囊括了我们的思想遗产,正像罗伯特·哈钦斯的丛书"西方世界的巨著"(*Great Books of the Western World*)所举例证明的那样。这一丛书覆盖了西方思想的基础及其科学文化知识。通过学习过去的伟大观念,一个人能更好地处理现在和未来。学生阅读和讨论诸如柏拉图、亚里士多德、莎士比亚(Shakespeare)等伟大思想家和艺术家的著作,目的就是为了培养他们的智力。鼓励学生学习拉丁文和希腊语,以使他们能够阅读古代经典的原文。除了经典和语言的学习外,哈钦斯还极力主张"3R"、语法、修辞、逻辑、高等数学和哲学的学习。[19]这种课程将人性当作理性的、将知识当作不变的。对哈钦斯来说,这种类型的教育不是"专业的"、"岗前的"或"功利主义的"教育。它是基础广泛的、学术的、"意在开发心智"的教育。[20]它是普适的、基础广泛的教育,为个人思考做准备,为许多种工作做准备,为应对人生做准备。通过学习过去的伟大思想观念,我们可以更好应对未来。

帕提亚倡议

莫蒂默·阿德勒(Mortimer Adler)的《帕提亚倡议》(*The Paideia Proposal*)对永恒主义做了修正。阿德勒提倡三种类型的提高智力的学习:通过讲授教学获得成系统的知识;通过训练和提出观点发展基本的学习技能;通过苏格拉底式方法的教学获得价值观。[21]这三种类型的学习在表2.2中有进一步描述,它们与杜威在《民主与教育》(*Democracy and Education*,1916)中所描述的、拉尔夫·泰勒后来在《课程与教学基本原理》(*Basic Principles of Curriculum and Instruction*,1949)中所提出的异曲同工。

表 2.2　帕提亚的学习过程

课程/教学的关注点	方法	内容
获得知识	讲授,口授 报告,解释 标准问题 实验演示 使用教材	语言 文学 数学 科学 历史,地理学 美术
学习(思想)技能	训练 练习,问题 指导性实践 使用计算机和其他教学工具	听、说、读、写 观察、测量、计算 批判性的判断
观念与价值	苏格拉底式问答 积极参与 哲学小论文和辩论 创造性产品	讨论主要书籍而不是教材 跨学科科目材料(文学、历史、科学、哲学等) 参与语言和艺术活动

资料来源：改编自 Mortimer J. Adler, *The Paideia Proposal: An Educational Manifesto* (New York: Macmillan, 1982), pp. 23 – 32.

阿德勒认为广泛的人文教育是对所有学生最好的教育。他提倡有教无类,对所有学生提供同样的课程和同样品质的教学。他认为学术课程比职业或专业培训更有实践价值。他相信,这样一种课程为学生的广泛就业做了准备。阿德勒认为这些科目是必不可少的:语言、文学、美术、数学、自然科学、历史、地理学。尽管强调了基础科目,《帕提亚倡议》还是没有提出科目材料是目的本身,而是将其作为发展包括"3R"、说、听、观察、测量、计算、解决问题在内的智能的语境,其中基本科目与智能一起导向了更高层次的学习、反思和意识。正像对哈钦斯来说一样,对阿德勒来说,教育的目的是养成重要的知识和思维技能,是阅读帕提亚项目所推荐的最佳书籍——正如哈钦斯所说的"巨著"。

永恒主义对一小群强调知识分子英才教育制度的教育工作者有吸引力。这样的教育工作者重视测验,重视更严格的学术标准和项目,也重视天赋超群的高材生的确认和选拔。他们提倡通修课程,通常是人文艺术课程,再加少数选修课。对永恒主义者而言,教育平等来自给所有学生提供高品质教育;让一些学生走向职业课程,将会使他们失去教育平等。

回到人文科学

在《美国精神的封闭》(*The Closing of the American Mind*)中,艾伦·布卢姆(Allan Bloom)发出了担忧:教育界内部缺乏普遍的标准和科目。[22]像其他永恒主义者一样,他断定文化相对主义——由于它重视鸡毛蒜皮的追求、三分钟搞定、关联切题——已经败坏了美国的教育。在布卢姆看来,美国学校没有培养批判性思维。由于取消了严肃的人文艺术和科学教育,不熟悉过去的巨著和观念,美国学生缺乏精神深度。我们已经抛弃道德和卓越的普遍标准。像他之前的哈钦斯一样,布卢姆试图重建阅读经典、接受人文艺术教育的诸种好处。布卢姆呼唤有助于保存民族文化的精髓、思想上具有挑战性的教育。[23]

布卢姆声称,在全国层面上,我们正朝着教育虚无主义迈进——不尊重坚韧不拔的学习和批判性思维。我们的学校,尤其是大学,不是萌发严肃思考的地方。我们的教育机关,在教育人、为认真的学习和学术提供空间的基本任务上一败涂地。我们欢迎错误的平等学说,否定卓越的普遍标准。我们拒绝基于真理标准在对和错之上站队(当然,我们可以争论那是谁的真理)。准确地说,我们欢迎轻而易举的或永无过错的选择。

按查尔斯·默里(Charles Murray)在其《各自为政》(*Coming Apart*)一书中的说法,这种道德和文化的相对主义反映出美国脱离了自己基本的价值观——这种价值观是嵌于家庭和社区生活、努力工作、宗教之中的。然而,上层社会的人继续强调这些理想,并且在选择伴侣时讲究门当户对。默里认为[24],几十年以来,这些差异拓宽着经济和社会文化的鸿沟。这说明不重视认知激情和高尚生活是一个社会问题,而不是一个种族或伦理问题。

的确,如果我们想追问我们是如何并且在哪里误入歧途的,我们为什么处于社会和经济的衰退之中,那么布卢姆提供了一种保守的分析和基本改革的意义。为了补救美国的教育,抵消文化相对主义和汹涌而来的媒体与技术所带来的问题,布卢姆和其他学者,正如哈钦斯在60多年之前所做的那样,力图沿着伟大著作和伟大思想家的脉络,重建有教养的人的理念,并重建人文教育的美德。[25]

本质主义:重申最好的和最光明的

如前所述,在永恒主义中,重点是保存各个社会从远至近的最好的知识、价值观、性情和习俗。对教育的挑战是提供课程,使学生全面了解自己的历史和文化。教育的目标是要培育学生,培育我们未来的公民,重申对自己文化的承诺,更新衡量文化贡献的标准。

基本上,永恒主义是一种西方哲学,其根源可追溯到亚里士多德所提出的实在论。数世纪以来,其他西方思想家也对这一哲学做出了贡献。今天,有人认为,有些教育工作者已经用这一哲学去吹嘘西方文化对社会的贡献。的确,这种趾高气扬是在支持某些教育工作者和公共人物的要求:美国学生必须天下第一。我们必须主张最好的和最光明的。

像永恒主义者一样,许多本质主义者强调掌握构成科目材料之基础的技能、事实和概念。海曼·里科弗(Hyman Rickover)写道:"对所有孩子来说,教育过程必须是在其吸收能力范围之内搜集事实性知识的过程。"[26]考虑学生兴趣和社会问题的课程是一种浪费,正如全盘以心理学理论为基础的讲授方法是一种浪费一样。阿瑟·贝斯特(Arthur Bestor)声称:"关注青少年人格问题已经甚嚣尘上到如此地步,以至于将本应成为学校中心议题的学生的智力开发推到了后台。"[27]当将重点放在学生的社会和心理问题而不是认知能力时,学校被认为是偏离了正道。(目前大多数有关学术英才的特殊小组报告偶尔也同意这种评估。)学科、训练、家庭作业、认真学习得到了强调。在里科弗看来:"必须使学生努力刻苦,没有什么东西能真正让学习变有趣。"[28]

本质主义教师的角色延续了永恒主义的哲学。教师被认为是一门特殊科目的主宰、值得模拟的模范。教师对课堂负责并决定课程,而学生的投入限制在最低程度。教师被尊为权威,显示出高标准,并且期望学生有朝一日也能如此。

本质主义在当前公众提高学术标准的要求中反映出来。这在例如《国家在危机中》(*A Nation at Risk*)以及更近的《不让一个孩子掉队法》(No Child Left Behind,NCLB)(另一个有关卓越人才的报告,将在第五章讨论)等报告中表现得相当明显。在欧内斯特·博耶(Ernest Boyer)的《高中》(*High School*,1983)、西奥多·赛泽(Theodore Sizer)的《贺拉斯的妥协》(*Horace's Compromise*,1987,也是关于高中的)、理查德·阿灵顿(Richard Allington)《运转中的学校》(*Schools That Work*,2006,关注的是小学)所描述的最近的提案中,也反映出本质主义。尽管目前的本质主义哲学比苏联人造卫星上天后的20世纪50年代时来得更为温和(例如,某种程度上也能容纳低能学生),但它依然强调学术(而不是游戏)和认知思维(而不是所有学生)。

第二章 课程的哲学基础

从回归基础到以标准为基础的改革

边缘学生的放任自流,令人眼花缭乱的选修课程,偏向娱乐而不是教育的教材设计,是经常被人征引的造成学生基本技能衰退的原因。一年一度的盖洛普民意调查已要求公众提出改良教育的方法。自从1976年以来,"更多地关注基础教学"和"改善课程标准"已排名反馈表的前五位;在21世纪第一个十年,"回归基础课程"已经持续稳居百姓建议的前两强。回归基础的要求,在《不让一个孩子掉队法》中也认识到了。《不让一个孩子掉队法》的倡议,力图通过一年一度的统考,提高成绩,弥补阅读、写作、数学上的差距。

然而,各利益相关方认识到,因为各种原因,回归基础课程还不够。首先,各州之间的成绩相差甚大,主要是由于每个州都负责确定自己的达标定义。其次,高中毕业生往往要求在大学中补课,这意味着大学前基础教育的学校正在降低自己的标准。最后,在阅读、写作、数学、科学的国际测试中,美国学生缺乏学术竞争力。为了提高美国教育的地位,回归基础运动需要一系列更严格、更统一的标准。这导致两个州机构——州立学校主管理事会(Council of Chief State School Officers)和全美州长理事会(Natronal Governors Association)——在2010年开发了"共同核心州立标准"(CCSS)。

"共同核心州立标准"勾勒了学生在每一年级结束时应当知道的知识和能够做的事。创立这种标准,旨在确保学生在核心科目上达标,并确保他们拥有"必要的技能和知识,在大学、职场和人生中成功,而无论他们在哪里生活"。[29]开发者想要这些标准是"更少的、更清晰的、更高的",并且重视3R课程之外的更高层次的思维。在联邦"力争上游"项目之下,同意采纳这些标准的各州将会分享一笔总计43亿美元的经费。到2014年,43个州已经采用了"共同核心州立标准"。但政治仍然在给共同标准的实施造成麻烦。然而,包括商业领导人在内的提倡者相信,为了在21世纪与其他国家一争高下,这样的热情是必不可少的。

以标准为基础的改革运动,也关注了对教师的改革。毕竟,教师明显影响学生的成绩,也许比学校内部其他任何因素的影响都要大。[30]然而,各利益相关方认为,太多的教师没有资格在学业上帮助落后学生。因此,以问责为基础的改革是必不可少的。改革应当允许学区和学校的管理者:(1)基于学生的表现评估他们的教师;(2)(通过绩效工资)在经济上奖励他们最好的成员;(3)解雇最弱的教师;(4)从别的行业领域招募顶尖应征者。理论上说,这类"强硬"政策将会确保一个高品质的教学人才池。然而,像琳达·达林－哈蒙德(Linda Darling-Hammond)和黛安·拉维奇(Diane Ravitch)一类的批评者却相信,它们贬低了教师这一职业,糟蹋了学生的表现。[31]通过提高实习教师的入门标准、实施严格的绩效评估以改革教师的储备计划,将是更有成效的。

尽管回归基础运动已经扩散开来,所在州的立法者和公众看似相信需要有最低限度的标准,但悬而未决的问题依然存在。我们应当如何处理那些没有达到这些标准的学生?我们会因为学校教育无能而惩罚学生吗?按比例,少数族裔学生比白人学生更多没有通过能力测试,法庭将如何处理?尔后学区将如何处理?这是最低限度的能力问题,还是教育平等机会的问题?

重视内容,淡化过程

E. D. 赫希(E. D. Hirsch)的一本全国畅销书《文化素质》(*Cultural Literacy*),聚焦于美国文化素质(赫希称之为"功能性"素质)和有效交流所必需的背景知识。他搜集编撰了来自历史、地理、文学、科学和技术的5000个"基本"条目。[32]所有条目的80%以上涉及21世纪以前的事件、人物、地点,大约25%涉及经典作品。与强调批判性思维相反,赫希重视所有层次的学校教育的信息。我们不必知道更完美的细节,但应当有某些最低限度的了解和才能——这取决于主题领域和话题——以达成有效的交流。赫希坚持说,低收入家庭的学生、少数族裔的学生、其他弱势群体的学习者,最受趋向"以儿童为中心"的学习理论和关注孩子如何思考(例如过程)的运动的伤害。这些运动与孩子真正成长的方式相冲突。结果是加深了不平等和全民素质的衰退。对传统教育工作者来说,一个受过教育的人必须有获得知识的要求;教育的目标是将成人社会共享的知识和价值观传递给年轻人。传统主义者认为,若没有这种传递,美国社会将会变得支离破碎,其积累信息并向三教九流、五行八作的民众传播的能力将会消失得无影无踪。

当代社会也要求具备了解和操控技术工具的能力,这一技能即"数字素质"。孩子们经常在驾驭互联网和评估内容方面碰到难题,尽管他们身处笔记本电脑、智能手机和社交媒体的海洋之中。因此,他们已成为技术的消费者而不是生产者。而信息(往往被称为大数据)的迅猛增长和唾手可得,要求的不只是消费信息的能力。它要求敏锐的分析技能。雇主需要毕业生能够驾驭数据、分析数据,提供减少成本的商业解决方案,识别新的消费者,或者确定失败的根本原因,等等。[33]在许多行业中,管理大数据的能力把普通员工和高级员工区分开来。

第二章 课程的哲学基础

提倡者相信,数字素质始于学习如何编程(或编码),³⁴编程不仅有助于学生获得处理海量信息的能力,而且将刺激他们创造新技术。而与许多工业化国家相比,在将数字素质技能整合到课程之中这方面,美国的学校动作迟缓。例如,芬兰、英国、新加坡在孩子的学校生活早期就已经开始介绍编码。³⁵

@ 这个视频深入研究文化素质的重要性,其中有对倡导文化素质的奠基人 E. D. 赫希的一段采访:

https://www.youtube.com/watch?v=ROlujiY1uZU

教育卓越人才

回归基础运动带来了 20 世纪 80 年代对教育卓越人才和更严格学术的要求。今天,这种要求成了军事防御和技术、经济竞争的更广泛主题的一部分。《国家在危机中》(20 世纪 80 年代中期面世)、《美国教育目标》(*National Goals for Education*)(1990 年初版,1994 年、1998 年修订)、《不让一个孩子掉队法》(出版于 2001 年)、2010 年的"力争上游"都呼吁改善美国的教育,并强调国际"竞争"和"生存"。这些主题让人回想起苏联人造卫星上天后的时代,并且最终让人想起全国标准运动的发展。³⁶

总之,大的趋势是为了所有孩子(不只是大学生)在学术领域中的更高成就(不只是最低能力)。经济学家埃里克·汉纳谢克(Eric Hanushek)和卢德格尔·沃斯曼(Ludger Woessman)在他们的《国家的知识资本》(*The Knowledge Capital of Nations*)一书中争辩说,知识和认知技能事实上是长期经济繁荣的基础。³⁷认知成绩受到重视,与之伴随的是严格的测试、问责和竞争。这一方法的某些提倡者大张旗鼓,智力上要求高中内容有微积分、物理、高级外语等。一些人试图使计算机技能成为第四个 R(第四个基本技能),因为他们认为这些技能在技术世界必不可少。重点是在学术生产力和经济生产力。美国的经济活力和政治霸权与加强国家的教育体制联系到了一起。

其他教育工作者在定义卓越人才方面允许有更大的自由。然而,许多人批评学校过于强调数学和科学课的卓越表现,而不那么强调或者忽视其他方面的卓越概念——语言的、人文的、音乐的、空间的、动觉的、道德的、人际间的、信息处理领域。³⁸有些人也担心避而不谈平等,过于重视学术标准而牺牲了道德知识、社区服务和关怀(一般而言,在认知卓越的意义上),担心回到苏联人造地球卫星上天之后出现的那种重视学术上有才能的学生、忽视学术上不冒尖的学生或高中辍学生的局面。[39]一些人担心,这种对卓越人才的重视会导致失望;他们说,设想增加测试和更多的课程要求将改善学生的表现大错特错。学生、教师和家长也必须受到激励,学校和学区层次的技术和经济援助也必须得到证明。参见课程小贴士2.1。

☞ 课程小贴士2.1

表彰和奖励卓越人才

伴随更高的学业标准,学校引入了对学生更高成绩的学术激励。以下是一些鼓励和奖励拔尖学生的方式:

1. 让家长介入他们孩子的学习,尤其是在低年级阶段。开办学习班,告诉家长如何帮助孩子学习,如何激励孩子,如何鼓励孩子在学业上的主动性和独立性。

2. 在学业荣誉榜上展览过去和现在的"获奖者",例如全优学生、全国优秀生决赛选手、毕业典礼致告别辞的学生代表。永久展出他们的照片。

3. 通过扩大荣誉榜名单认可学生的进步与成就,给父母发送私人信函、在学校简报中刊出姓名。

4. 每个季度或每个学期,教师从各个年级中选出获奖学生。可以给他们颁发证书、徽章、奖牌、奖杯、储蓄公债或经典著作。

5. 每学期办一次特殊的学业聚会。在当地报纸上表彰拔尖学生。招待一顿特殊的午餐或晚餐,以嘉奖学生及其家长。

6. 为天资聪颖和学业上才华横溢的学生开办强化班(在小学层次),创立高级和荣誉项目(在初中层次)。

7. 为可能在一至两门课程上需要帮助的岌岌可危的学生和资质平平的学生开发家庭作业和辅导项目。让同辈的拔尖学生做他们的良师益友。

8. 至少像表彰校运动员那样表彰学业优异的学生,组织学业俱乐部,给参与者以地位和名声。

9. 与当地商业界和产业界携手合作,对拔尖学生进行宣传和奖励。

10. 为本校学生中的"领头羊"(包括过去和现在的拔尖人才)制作影像资料,建立卓越人才与成功校友间的联系。

11. 对学生中过多的学业竞争保持敏感。尝试维持认知目标和社会目标之间的平衡,表彰值得表彰的学生(不只是 A 等生)。

12. 在星期六或夏季,为那些在选修领域需要额外帮助的学生,或那些准备参加美国教育进展评估考试、全美大学入学考试、学术能力评估考试的学生,创立学习俱乐部、阅读俱乐部或特殊技能俱乐部。

进步论

进步论是从实用哲学发展而来的,是对永恒主义教育思维的强烈反对。教育进步运动是具有 1900 年前后美国社会特征的更大的社会和政治改革运动的一部分。它来自罗伯特·拉福莱特(Robert LaFollette)、西奥多·罗斯福(Theodore Roosevelt)、伍德罗·威尔逊(Woodrow Wilson)等人的进步政治思想,来自 20 世纪最初 20 年的"扒粪运动"。进步论被认为是教育、社会、政治事务的当代改革运动。

进步论的教育根源可以追溯到 18 世纪托马斯·杰弗森(Thomas Jefferson)和本杰明·拉什(Benjamin Rush)、19 世纪贺拉斯·曼(Horace Mann)、亨利·巴纳德(Henry Barnard)、20 世纪早期杜威有关改革的写作。[40]在《民主与教育》中,杜威宣称民主与教育步调一致。他将学校视为一个微型民主社会,学生在其中学习过民主生活的必备技能。[41]

根据进步论的思想,这些技能包括解决问题的方法和科学方法,学校应当培养协作精神和自我约束,并传递社会的文化。由于现实是永恒变化的,杜威认为只需稍稍关注固定不变的知识。进步论强调如何去思考,而不是思考什么。杜威写道,传统教育,连同它"来自教师一方的强行灌输、来自学生一方的接受吸收","也许堪比在一张被动的留声唱片上刻写录音,导致当背诵和考试时,只要按下正确的按钮,就会得到所刻录的回音"。[42]

对杜威和其他进步论者而言,课程应当是跨学科的,教师应当在解决问题和科学规划上引导学生。杜威将教师视为"团队活动的带头人",教师允许学生分析和阐释数据,并得出他自己的结论。师生一起计划活动(尽管杜威承认最终的权威有赖于教师)。

然而，威廉·基尔帕特里克——杜威曾经的学生，也是后来在哥伦比亚大学的同事（杜威于1904年离开芝加哥大学前往哥伦比亚大学）期望学生在课程编制中发挥更大作用，20世纪20年代和30年代，他鼓励小学教师围绕社会活动、集体事业、小组活动进行计划和组织。基尔帕特里克鼓励教师允许学生说出他们所想并为自己着想，而不只是为了取悦老师。比较杜威和基尔帕特里克，后者是更进步的。并且基尔帕特里克不像杜威，他更深地介入了和学校、社会相关的社会问题，编辑了左翼杂志《新领导者》(New Leaders)。虽然杜威寻求一种基于孩子的经验组织主题的新课程，基尔帕特里克却坚称孩子的需要和兴趣是飘忽不定的，并且否定了一种固定不变的课程观。阅读杜威的著作极为困难，他往往写一些25至30个词的句子。基尔帕特里克对杜威做出解释，使他的思想更容易被普通读者所掌握。

进步运动分裂成几个群体：以儿童为中心的群体，以活动为中心的群体，强调创造性的群体，新弗洛伊德群体。杜威批评贬低知识或认为知识少有价值的进步论教育工作者，但也批评拒绝成人对在校孩子拥有权威的进步论者。他声称"进步极端主义者"和"自由放任主义"哲学有害于进步论的观念，他警告说："任何根据主义进行思考和行动的运动，有朝一日会陷入对其他主义的抵抗，以至于不经意间受到它们的控制。"[43]

另一位重要的进步论者博伊德·博德在《十字路口的进步教育》(Progressive Education at the Crossroads)中警告他的同事——危机即将来临。[44]他写道，运动"培养了无望之望：通过依赖兴趣、需要、成长和自由等观念，可以找到如何教育的方式"；"通过剥夺适合孩子们的课程内容"，教育进步运动"单方面忠于孩子"实际上是背叛了孩子；除非进步论改变路线，否则"人们会绕开它或将它抛诸脑后"。[45]博德的话被证明是先知先觉的。面对与日俱增的批评，越来越多的进步论思想家用自我辩白的理论和不能付诸实践的方法做出了回应。对这些理论和方法，许多学区干脆视而不见。

进步论者联手反对(1)权威主义教学，(2)过分依赖教材上的方法，(3)通过不断练习，死记硬背实际数据，(4)目的和材料一成不变，没能考虑到世界的变动不居，(5)将恐吓和肉体惩罚当作一种规训形式，(6)试图将教育与个人经验和社会现实分离开来。然而，按劳伦斯·克雷明(Lawrence Cremin)的说法，这一运动没能就学校教育的目的达成共识，甚至未能确立一系列教学法原则，所有这些最终导致它走向了没落。[46]

进步论者抵制机械学习、背诵课文、教材至高无上。他们也批评传统的课程材料,并对其他课程方法进行了实验。进步论教育聚焦于学习者而不是课程,强调活动和经验而不是语言或数学才能,鼓励互帮互学的小组学习活动而不是争抢头名的个人学习。进步论也培育了一种经常与传统价值观相冲突的文化相对论。

尽管随着本质主义的到来,进步论教育在20世纪40年代和50年代即已式微,但这一哲学仍然有迹可循。当代进步论表现为对恰当课程、人本主义教育和激进学校改革的呼唤。

恰当课程

当20世纪60年代向人们走来时,学生在自己的教育中扮演了更积极的角色,他们要求更进步的、以学生为中心的课程。学生和教育工作者提出,学生必须得到激励,对学习任务感兴趣,课堂应当建立在生活经验和有趣活动的基础之上。他们要求课程恰当,提倡(1)因材施教(如独立研习和特殊规划),(2)修订或开设学生感兴趣的新的课程(如有关性教育、吸毒、种族关系、城市问题的课程),(3)可选择的教育(如选修课、微型课程、开放课堂),(4)课程走出校园(如工读项目、实习学分、校外课程、校外学位项目),(5)放宽中小学和大学的学位标准和入学标准。[47]

今天,对恰当课程的呼唤,折射出了对21世纪员工的要求——他们应该是有适应能力的、有创造性的、熟悉数字技术的。正如同20世纪初期工业革命一样,数字革命正在改变我们的工作和学习方式。教训式教学让道于学生的互动与合作。学习超出了课堂而进入移动的范围——无论是在家、在咖啡馆,还是在国外。内容同样发生了变化,从基本技能、学科知识发展到便携式技能和终身学习的能力。[48]商业、科技和其他科学、技术、工程、数学(STEM)领域中的雇主,正在以多种方式驱动对21世纪更恰当课程的要求。

人本主义课程

人本主义课程起步时,是对20世纪60年代和70年代被认为过度强调课程材料和认知学习的一种抵抗。在其畅销书《课堂危机》(*Crisis in the Classroom*)中,查尔斯·西尔贝曼(Charles Silberman)提倡使美国学校人性化。[49]他指责学校是压抑性的,学校教学生恭顺服从、整齐划一。他提出小学要采用英国婴幼儿学校的方法,中学要将独立学习、同侪辅导、社区交流和工作经验整合起来。

从心理学中的人的潜能运动中衍生出来的人本主义教育模式,反映在阿瑟·杰西尔德(Arthur Jersild)、阿瑟·库姆斯(Arthur Combs)、唐纳德·斯奈格(Donald

Snygg)的作品中。杰西尔德将好的教学与自我认知、学生联系在一起。库姆斯与斯奈格探讨了自我概念和成就动机的影响。[50]他们都认为自我概念是行为最重要的决定因素。

人本主义课程强调情感结果而不是认知结果。它大量引用亚伯拉罕·马斯洛和卡尔·罗杰斯(Carl Rogers)的著作。[51]其目标是生产马斯洛所说的"自我实现的人",或罗杰斯所说的"完整的人"。两位心理学家的著作都缀满了坚持、奋斗、提高、体验、独立、自决、整合和自我实现一类的术语。人本主义课程强调幸福、审美、精神、关怀、同情。

到20世纪末,人本主义的教师将是威廉·格拉瑟(William Glasser)所描绘的那种"积极的""扶助式的"教师——不用强迫就能管理学生、教学不会失败。[52]人本主义的教师也是罗伯特·弗里德(Robert Fried)所说的那种"热情洋溢的"教师,维托·佩里奥龙(Vito Perrione)所说的那种"全心全意的教师"——活着就是为了教年轻孩子、拒绝屈从于冷漠和批评(这类冷漠和批评可能传染他所在的学校)。[53]这些教师是专注的、体贴的,他们主动地使学生介入课堂,他们肯定学生的认同。学生不必问自己的教师是否对自己感兴趣,是否考虑他们,或是否知道学生的兴趣或关注点。答案一定是肯定的。

西奥多·赛泽也将人本主义的教师描绘为神秘的教师"贺拉斯"。"贺拉斯"喜欢并专注于教学,将学习当作人类的一份事业,激励自己的学生学习,鼓励他们培养自己的思想力、鉴赏力和人格。[54]然而,体制迫使贺拉斯在规划、教学、分级时做出许多妥协,他知道这一点——假如我们生活在一个理想世界中(这个理想世界一天有不止24小时),他就不会做出妥协。他隐藏起了自己的沮丧。赛泽仅仅说:"真实世界中的大多数工作,在理想和可行性之间有一道鸿沟。人要调整。"[55]因此,大多数体贴和专注的教师都被迫做出某些妥协,选取某些捷径,做出某些适应。只要没有人难过,没有人抱怨,体制就会允许修辞(美好的妄想)与现实(温水煮青蛙)之间存在裂隙。

在内尔·诺丁斯的理想教师中,也有人本主义的元素。诺丁斯的理想教师,专注于培养"有才能的、温柔体贴的、富有爱心的、可亲可爱的人"。为了这一目的,她将教学描绘为一种温柔体贴的专业,在这种专业中,教师应当向学生传播一种思考人的自我、兄弟姐妹、陌生人、动物、植物、物质环境的关怀之道。她强调教学的情感层面:需要关注孩子的力量和兴趣,需要围绕孩子的能力和需求构建起来的个性化课程[56],需要针对学生的家庭生活和个人人生[57]。在诺丁斯看来,关怀不可能通过公式和检查表达成。它要求具体情况具体分析,从和风细雨的爱到疾言厉色的爱,不一而足。好的教学,就像养儿育女,要求持续努力、相互信任,以及始终如一地关怀、欣赏人的息息相通,关怀、欣赏来自历史的、多元文化的、多样视角的思想观念。

事实上,人本主义的教师是在教与学的过程中强调个人和社会维度(区别于行为、科学和技术的层面)的人。我们也许争论说,教师所做的一切都是"人的",人本主义教学这种表达不过是老生常谈。

人本主义教育的提倡者争辩说,现有学校课程无可救药地失败了。他们说,教师和学校过于强调认知能力,试图为了成人的利益而不是学生的利益控制学生。他们认为学校不关心情感过程、自我认知、更高的意识领域。

在全球化经济体中,更广泛关注"完整的人"是更有意义的。举例来说,学生被期望更开阔地、富有创造力地思考,而这要求人文、艺术科学方面的坚实基础。[58]安迪·哈格里夫(Andy Hargreaves)相信,学校应当通过一个共同的道德目标激励我们,这一目标使我们"从政府驱动的、上传下达的服务转向这样一个地方——它创造使人们能够自我支持的平台"。[59]教师将更多地集中培养学生独立自主、自我引导、待人接物的能力。通过帮助学习者应对自己的心理需要和问题,教师也要增强学生的自我认识和心理健康。

根据对全球技能的要求,对非学业能力的支持也显著增加了。新兴研究指向了对与学业和人生成败联系在一起的特定认知与非认知功能的重要意义的研究。例如,执行能力(处理新奇、混乱或不可预测情境和信息的能力)[60],社交智力和情商(与自我意识、自我管理、社会意识、关系管理联系在一起的能力)[61],人格技能(调节和校准自己的姿态,例如良心和好奇心的能力)[62]。詹姆斯·赫克曼(James Heckman)、丹尼尔·戈尔曼(Daniel Goleman)、卡罗尔·德韦克(Carol Dweck)相信,这些相互重叠的、通常被称为"软技能"的能力,可以在学校得到培养。这样一种课程,可以更好地帮助学生——特别是那些处于弱势地位的学生——在21世纪的人生中成为赢家。

人本主义方法的一大倒退,是没有关注智力开发。当要求对他们的课程效果做出判断时,人本主义者通常依赖证书和师生所做的课程评价。他们可能也会掏出学生的绘画和诗歌之类的材料,或者大谈特谈学生行为和态度的"标志性改善"。

他们很少能提供实证性证据以支持自己的立场。参见课程小贴士2.2。

 课程小贴士2.2

促进学习的情感方法

进步论哲学和人本主义教育加强了学生的自我认知、因人而异的学习，并提供了将学生的个人需要和兴趣考虑在内的学术实验。课堂的典型特征是活动而不是被动，是合作而不是竞争，是许许多多的学习机会而不是教材和教师主宰的情境。下面的指导方针，可以帮助教师和课程工作者在进步论方法和人本主义方法范围内发挥引导作用：

1. 表明对每个学生都感兴趣，对每个学生都关心。
2. 激发学生主动介入自己的学习；鼓励自我引导和自我控制。
3. 帮助学生确定个人目标；表扬他们在追求所选择的目标过程中的努力。
4. 架构学习活动，使学生能够完成个人目标。
5. 将内容和学生的个人目标、需要和兴趣联系起来。
6. 使任务要求与学生的年龄、发育和能力协调一致。
7. 提供建设性反馈。
8. 如有必要，对学生进行测试，但推迟对他们的成绩进行排名（比如说，推迟到四年级或五年级）。
9. 使用当地资源以获得信息并解决问题，在牵涉不同材料、人员和地点的学习中，对学生进行积极干预。
10. 提供可选择的学习方式；将死记硬背、生搬硬套、循规蹈矩的活动降到最低程度。
11. 帮助学生获得能力和主动权；让他们知道学习要靠自己的努力。
12. 对学生的进步和成绩进行表彰。
13. 鼓励学生共享资料和资源，在小组中合作。
14. 鼓励学生献出自己的想法和情感，接受并援助他人，体谅照顾那些需要帮助的人。

激进的学校改革

20世纪60年代末和21世纪的今天,"激进浪漫主义者"(或者说"新进步论者")对教育机构做出了猛烈抨击。这些批评出现在诸如《大西洋月刊》(*Atlantic Monthly*)、《纽约时代杂志》(*New York Times Magazine*)等主要期刊上。这些激进批评家也就自己的观点写了大众读物。

诸如埃德加·弗里登伯格(Edgar Friedenberg)、约翰·霍尔特、保罗·古德曼(Paul Goodman)、A.S.尼尔等早期著名的激进派,蔑视根深蒂固的学校教育方法、义务教育、成人权威、学校规则。后来的一批激进派,例如伊万·伊利克(Ivan Illich)、亨利·吉鲁、彼得·麦克拉伦,则表达了对学校存于其中的社会的轻蔑。所有批评家基本上都认为学生是犯人,教师是狱卒或体制的走狗,而学校是监禁学生的智力和情感的牢房。他们认为学校是一个高度歧视性的所在:(1)为未来的不同工作挑选和跟踪学生,使阶级差别永世长存;(2)使一种有益于少数人、剥削大多数人的生产和消费文化得以永世长存。[63]

弗里登伯格提出,教师"不喜欢也不信任"自己的学生,并且"害怕在他们自己不能完全控制的情况下与年轻人打交道"。教师感到了"受压制的敌意"、受压抑的愤怒,并且对他们的学生心怀嫉妒,因为学生们拥有年轻人的生机和自由。[64]

霍尔特的著作《孩子是如何落败的》(*How Children Fail*)是他最有影响的著作。这本书没说教师和学校一句好话。霍尔特将教师描述为强行推行僵化的规则,而学生则是学习如何变成笨伯、如何记住正确答案。他详细描述了孩子是如何修正恐惧和失败的策略以取悦自己的老师的。"成功的"学生在一种打败体制、哄骗老师的游戏中慢慢成为"诡计多端"的战略家——想出如何以最少的劳动成功逃脱,设计从教师那儿套出答案,或是直接伪造答案。[65]

古德曼的命题是:我们的社会病了,充满了产生各种病态学校的错误价值观。他争辩说,学校的存在基本是将人输送到生产的流水线上,是为教材公司、建筑承包商和教师提供市场。小学是为父母提供托儿服务,不让小孩子们在大街上跑来跑去。初中是"警方的左右手,同时提供警员和集中营,其工资和运转费用的预算被归在'教育局'名下"。从幼儿园到大学,学校告诉年轻人如何调整以适应社会,并且提供了"一个民主在其中开始看上去像管制的普遍困局"。[66]古德曼的解决方案是取消义务教育(他称之为"误人子弟的教育"),并且"大刀阔斧地缩减常规办学,因为目前这种范围扩大了的监管是违反自然、遏制成长的"。[67]

尼尔，一个浪漫主义的进步论者，复述了他在英格兰萨福得运营夏山学校的方式。"我们出发去造一所允许孩子做他们自己的学校。为了做到这一点，我们不得不抛弃所有的纪律、所有的指引、所有的建议、所有的道德训练……所要求的一切就是我们已有的——对孩子是好人而不是罪人的信仰。差不多40年来，这种对孩子之善的信仰从来没有消退，它差不多已经成了一种终极信仰。"[68]尼尔认为孩子"天生慧心，注重实际"，如果顺其自然，他们会得到相称的发展。那些"将成为学者的会成为学者"，那些"只适合扫大街的将会扫大街"。[69]尼尔不关心常规教学，他不相信考试和家庭作业。那些喜欢学习的自会学习，那些不喜欢学习的自会不学习。尼尔的成功标准是"快乐工作"、"积极生活"的能力。按这一主张来说，大多数学生据说都成功了。但尼尔过世后没几年，夏山学校就关门了——这说明夏山学校传奇故事的关键是尼尔的人格，而不是他的哲学。

伊利克主张建立一个只有在取消学校教育以后才能出现的新社会。[70]他提倡取消学校，借此将人从体制的、资本主义的教条灌输中解放出来。社会不再以人的正规教育程度为基础区别对待。在学校这种场所，伊利克推荐小型学习网络，其典型特征是：(1)教育客体(如商店、图书馆、展览馆、艺术画廊等)对学习者开放；(2)对等匹配(确定希望参与特殊活动的学生并将他们聚在一起)；(3)技能互换(有特殊才能并愿教的人与愿学的人之间的互换)；(4)教育工作者大众化(指导学生和家长的顾问，运营学习网络的智囊团和管理人员)。

吉鲁断言，公共教育处于一种机械状态，给社会的各个方面以消极影响。按照这一观点，民主本质的变化产生了教育的危机。[71]吉鲁是按马克思主义者的视角来阐释民主的。基本上，他将现行的民主看成是排他的而不是并包的：许多人并没有从民主制度中获益。吉鲁悲叹："在将人们教育成能够为民主的公共生活及其重建而斗争的积极的、有批判精神的公民的持续过程中，不能承认公立学校教育有什么重要作用。"[72]

麦克拉伦走得更远。他声称资本主义的学校教育通常刚愎自用，竭尽可能通过其课程创造一种欲望文化。与培养共识截然相反，它掩盖了不平等和忍气吞声。他写道，"把人引入歧途的结果是不能容忍差异"，所以它们提供了一种和谐的幻象。[73]麦克拉伦拒绝一种将学生塑造为生产型忠诚市民的目标。在他看来，劝诫学生要"尽其所能成为他们所是"，"是全面屈从于行为规则和标准化价值判断的一部分"。[74]按麦克拉伦的说法，像目前这种结构方式的教育不是赋权。学生被当作消费的客体,被教成了消费者。[75]学校将学生塑造成与社会的资本主义不平等保持一致。

重构论

重构论哲学基于19世纪末期、20世纪初期的社会主义观念和乌托邦观念;此外,"大萧条"给了它新的生命。进步论教育运动那时正如日中天,处于其声望的最顶峰,但有一个进步论教育工作者小组对美国社会深感幻灭,对改革失去了耐心。这个小组的成员认为,进步论过于强调以孩子为中心的教育,主要用其游戏理论和私立学校为中上层阶级服务。他们更加强调以社会为中心的教育,这种教育要面向所有社会阶层的需要。

在进步论教育协会1932年的年会上,乔治·康茨鼓励进步论教育工作者思考时代的社会问题和经济问题,利用学校去帮助改革社会。在他的演讲《学校敢建立一种新的社会秩序吗?》(Dare the School Build a New Social Order?)(后来以书的形式出版)中,康茨批评他的进步论同行没有更多地介入社会和经济问题,他们的许多进步论理念已导致了许多为中上层孩子服务的"游戏学校"。他建议,进步论教育工作者要更多地介入当下的社会问题(并且,假如我们可以补充的话,那么,正如20世纪早期扒粪运动者一样介入社会和经济问题)。他也提议,教师要组织工会,教师和学校要成为社会改革的代理人和代理机构。

康茨声称:"如果进步论教育要真正成为进步的,它必须……直截了当、英勇无畏地面对每一社会问题,努力对付荒凉的现实生活,与共同体建立一种有机联系,发展一种现实主义的、全面系统的福利理论,塑造一种引人入胜又充满挑战的人类命运的愿景,而对强行灌输和僵硬教条等种种妖魔鬼怪也不像今天这么胆怯害怕。"[76]按康茨的看法,进步论教育忽视了20世纪20年代和30年代的社会问题,其中包括歧视、贫困和失业。

西奥多·布拉梅尔德(Theodore Brameld)经常被认为在1950年创造了重构论一词(实际上是杜威创造了这一术语),[77]他断定重构论是一种危机哲学,因而适用于今天的社会,今天的社会正处于危机中。[78]按布拉梅尔德的说法,师生必须改良社会。课堂中的政治中立、伪装成客观和科学的探究,并不适合民主进程。布拉梅尔德写道:"师生有选择站在某一边的权力,有通过自由且谨慎地审察和交流所有证据赞成最为明智、最有根据的偏好的权利。"特别是教师,他们必须配得上他们的社会责任。"摆在(教书育人)这一职业面前的迫切任务,是利用这一力量,通过人类绝大多数寻找目标的爱好,也为了人类绝大多数寻找目标的权益,加强对学校的控制。"[79]

课程必须转型,以赶上新的社会—经济—政治教育的脚步。它必须融入新的改革策略。对重构论者而言,单纯对问题做出分析、阐释和评估远远不够;教师和学生必须实现变革。社会总是变化不定的,课程也不得不随之变化。基于社会问题和服务的课程是理想的课程。

20世纪60年代是向贫困宣战和民权运动的鼎盛期,重构论所关注的是与和平等、公正相关的种种问题,如补偿性基金投入、学校废除种族隔离等。这一时代的支持者包括克里斯托弗·詹克斯(Christopher Jencks)、乔纳森·科佐(Jonathan Kozol)、加里·奥菲尔德(Gary Orfield)、威廉·威尔逊(William Wilson)。[80]这些重构论者赞成这样的教育项目:(1)对一个社会的文化传统进行批判研究;(2)泰然自若地考察众说纷纭的问题;(3)致力于带来建设性的社会变化;(4)培养考虑到学校改革的面向未来的态度;(5)让学生和教师加入,以提高所有孩子和青年的教育机会。在这样的项目中,教师被认为是社会变革的代理人。他们组织起来,不是为了增强自己的职业保险系数,而是为了鼓励学校的大范围实验,挑战过时的社会结构。他们是新的社会秩序的先锋。

今日的批判教学法根植于重构论哲学和康茨、布拉梅尔德的观念。批判教学法从一开始即认为,学生有能力思考、质疑,具有批判精神。教师和学校需要教育学生成为博闻广识的公民和变革的代理人。必须将学生视为促进和保护民主的主要资源,要在杰弗森式的民主意义上告诉学生、教育学生:没有民主,就不可能存在有教养的民众。批判教学法将学校视为一种手段——按民主理念教育学生,鼓励学生质疑课本、教师、政治权威的手段。与充当资本主义世界、企业界的代理机构并因此维护主奴阶级体系相反,学校被理想化地视为鼓励社会改革和社会正义的机制。

批判教学法越来越多地质疑愈演愈烈的注重市场驱动的课程。这种课程旨在教育具有全球竞争力和创新精神的个人。这类课程重视科学、技术、工程、数学科目,大学预修课程,职业和技术教育,以及其他培养工作技能的学科。亨利·吉鲁相信,作为公共知识分子,教育工作者有责任保护公众和作为一种公共利益的高等教育,[81]这一责任将使教育工作者教育学生"对他人和地球负责,以批判的方式进行思考,以支持公共利益的方式行动"。[82]迈克尔·阿普尔追问教育在建构一个更具有社会意识的社会中是否发挥了实际作用,[83]当他问出"学校敢建立一种新的社会秩序

第二章 课程的哲学基础

吗"时,令人回想起乔治·康茨在1932年把它作为标题的问题。虽然同样受市场驱动的课程的困扰,内尔·诺丁斯却采取了较少有社会政治意义的方法。她借助一种旨在单纯地"生产更好的成人"的社会人本主义的课程,看到了一种更丰富、更广阔的教育观。[84]

全球主义者

今天的重构论教育工作者往往对全球问题相当敏感,他们通常将其当作更大社会秩序的一部分加以分析。历史地看,美国已经采取了一种相对的孤立主义的立场,但是国家间的相互依赖不再允许美国人仍然无视远方国家的发展。教育工作者现在感到有必要强调了解其他国家和其他文化。

全球村、全球相互依赖、正在缩小的世界、温室效应等术语折射出了新的全球话题。一个课程专家小组正在寻找美国课程中的国际元素。学生应当获得全球和平与合作所必需的知识和技能。[85]乔尔·斯普林(Joel Spring)提倡这种国际性的课程元素。他坚持学生需要获得全球意识和对"世界体系"的了解。这些体系是社会的、政治的、经济的、物理的、文化的、传播的、历史的体系。[86]这种新课程应当关注全球生态系统和世界问题。按斯普林的看法,它也许可以对付西方帝国主义、阿拉伯民族主义、中国和印度与日俱增的经济影响。

其他专家不仅寻找全球元素,而且在寻找一种完全重新设计的重视全球方法的课程。这意味着辨识真实世界的问题,或重新定义真实世界的问题,其方式是追问问题,思考可塑性并进行跨学科思考,自主地工作而同时又能通过网络进行协作,以新的方式操控信息,有效地进行交流,提出新奇的解决问题的方案。[87]这种学习方式与学校通行的让学生参与的方式形成了对照:后者是通过回答预定的问题,以线性的方式、限于学科内部的方式进行思考、围着教师转、回想老的(或现有的)信息。学生普遍感到不连贯、没兴趣,并且因此缺乏所有权,而知识的所有权是未来工作的一个关键元素。[88]

在《阶级核算》(*Class Counts*)中,艾伦·奥恩斯坦坚持说:"有20亿至25亿存在于边缘的人一天只有1或2美元维持生活,另有15亿至20亿人(世界范围内)每天只赚2至3.5美元,由于'人口爆炸',这一数字还在增加。美国占世界人口的4%,消费全球资源的25%,而生产的GDP占全世界的38%。"[89]这种"有"和"没有"之间的分化,世界可以容许其中多少保持一成不变?

奥恩斯坦继续勾勒了全球的经济图景。这种图景并不美丽如画。美国的劳动力及其产业模式已经失去了其耀眼的地位。那美妙的图景一度美好灿烂,我们曾是世界其他地方嫉妒的对象。那是美妙的时光,但那美妙的日子现在正在走向尽头。"我们需要明白,美国作为一个国家正在走进慢车道。我们过去的尖端产业——半导体、电信、计算机软件、纳米技术、互联网服务——慢慢转入了有才干的技术专家更为低廉、充足的亚太地区。"[90]同样,美国的科技公司也正在受到欧洲和新兴国家的技术和企业增长的挑战。它正在我们周边发生,它反映在我们的失业和不充分就业趋势之上(2010年总计达20%),个人的信用卡债务之上(人均约1万美元),国家债务之上(约14万亿美元),此外还有中国和其他几个国家不得不借给我们数万亿美元以避免我们溺水而亡。

琳达·达林-哈蒙德在她最近的著作中用"扁平世界"来评论21世纪美国的教育和全球化。她警告说,美国在全世界的科学和数学的排位上正在落后,低收入家庭学生和少数族裔学生缺乏教育机会平等,已在竞争性经济和全球经济方面造成可怕的后果。当所有学生有平等和公平的机会去发挥自己的人的潜能时,每个人都从中受益。[91]请记住:在工业化国家中,美国的辍学率是最高的,接近15%,在大城市高达35%。我们还要想到,在参加数学和科学国际测试的工业化国家中,美国经常性地会跌落到垫底的那一半,并且经常是垫底的20%。

我们现在所面临的教育和经济危机,将变成21世纪剩余时间里我们将面对的代际之旅,因为我们试图改变我们自己,应对正在到来的风暴。"危机不会通过大街上的集合(一种自由主义的反应)得到解决,也不会通过给执行部门更多的钱(一种保守主义的反应)得到解决。它要通过痛苦的改变来解决,这类改变涉及共同享有的道德基础和正义感,涉及采用给所有学生提供教育和平等的新的教育政策,使美国工人免于美国的沃尔玛(每小时平均工资8美元)、免于外国竞争的新的劳动政策,实行累进税制,调控大银行,走向编有号码的投票箱,以选出乐意做出这些改变的人。"[92]

概念重构论者

概念重构论者认为技术性的或泰勒式的课程开发方法是极端狭隘的。[93]他们批评大多数课程专家使用对学生情感和经验缺乏敏感的技术专家至上方法、官僚政治方法。概念重构论者将直觉的、个人的、神秘的、语言学的、政治的、社会的、精神的方法纳入他们的课程方法中。他们相信,目前社会的标志是异化、不能容纳多样性、对人们的需要反应冷淡。[94]在他们看来,更传统的和技术性的课程方法使学校内

第二章 课程的哲学基础

外的不公平得以长期存在。

据威廉·皮纳的说法,课程领域已经进行了概念重构。[95]然而,后现代主义者认为,这一领域只不过时时在发展中。概念重构论者已将美学和存在主义者的观点带入了课程领域。他们往往是对社会敏感、对政治关注、重视形形色色的更广泛社会问题和议题的知识分子。

概念重构论者接受进步论哲学的许多方面,其中包括以学习者为中心的、恰当的、人本主义的、激进的学校—改革模式。当然,他们更关心个人的自我认知,特别是神秘的、精神的和道德的反省。

概念重构论者的课程重视语言和交流技能、个人传记、艺术、诗歌、戏剧、文学、心理学和伦理学。玛克辛·格林提倡这样一种课程:看重"个人表达"、"美学观念"、"思想意识"、"自我反思意识"。[96]保罗·弗赖雷(Paulo Freire)争辩说,概念重构论者的课程关注人类的种种问题,具有"改变世界"的潜能。[97]而在皮纳看来,概念重构论者的课程所处理的是"个人的渐变"、"亲和需求"、"敏感度"、"自得其乐"。[98]

概念重构论者的观点反映了重构论者的哲学。根植于杜威、康茨和鲁格的学派,许多概念重构论者的观点牵涉社会经济关系、性别和种族角色及态度、劳动和资本之间的关系、政治权力的后果。概念重构论者关注压制个人、使个人非人化的技术专家至上和官僚政治体系。许多人将学校视为通过各种习俗、风气和实践强迫学生的社会工具。

一些概念重构论者已经被打上了新马克思主义者的标签。其中,迈克尔·阿普尔谈到学校(和社会)对个人的政治、经济和文化统治。这种统治"裹上了组织性原则、编码,特别是隐藏在我们生活中的常识性意识和实践的铠甲,也通过公开的分工与操纵来完成"。[99]换言之,社会的结构和制度,包括学校在内,使社会、政治、经济体系永世长存。阿普尔指出,正像"社会中存在经济资本的不平等分配一样,围绕文化资本也存在同样的不平等分配体系"。在科技社会,学校是"这种文化资本的分配者"。[100]它们按适合掌权者的方式分配知识。由于缺乏权力,穷人和劳动阶层的学生在学校和社会上受到歧视。关键性知识被传给那些其父母拥有政治和经济权力的孩子。

伊利克概述了一种不那么体制化的、较少常规化和歧视性的、追求"解放"的课程。他提倡一种让学生、教师和社区成员介入的"草根"课程。[101]同样,弗赖雷提倡

"为受压迫者(穷人)的教育学",并且描绘了如何才能赋予人民以力量并且采取行动推翻压迫。当被压迫者抵达一个"关键性的转型阶段"时,他们可以改变社会秩序。弗赖雷号召在学生和对变化敏感的成人之间展开对话。课程应当重点关注社区、国内和国际问题,并且应当是跨学科的。[102]

总之,像伊利克和弗赖雷这样的概念重构论者,重视的是社会科学——历史、政治学、经济学、社会学,某种程度上,还有心理学和哲学——而不是硬科学。目标是为了开发学生的自我实现和自由,以使学生能将自己和他人从社会的限制中解放出来。詹姆斯·麦克唐纳(James Macdonald)将概念重构论者的议程视为"乌托邦",一种"政治和社会的哲学化形式"。[103]对玛克辛·格林来说,课程所灌输的是"思想和道德习惯"、"批判性理解"、"存在主义者的复活"、"对他者的发现",所以学生变得越来越接受多样性。[104]所有被压迫者——青年、穷人、少数族成员、妇女等等,都被认为是变革的潜在代理人。本质上,概念重构论是将师生视为变革代理人的老式重构论的升级版。然而,在概念重构论中,教师有时被视为压迫代理人——更大的强制社会的代表者。

教育机会平等

美国的平等观念根植于宪法。早在作为一种哲学的重构论出现之前近200多年,宪法就已成文。美国的公立学校是从机会平等和普遍的、免费教育的观念中成长起来的。贺拉斯·曼是"平民学校"兴起的急先锋。他认定"超越人类出身所有其他组成的教育,是人的处境的最大平衡器——社会机器的平衡轮"。[105]这种上下文中的机会平等,不会导致结果的平等或一个无阶级社会。

正像戴维·泰亚克(David Tyack)所写的:"就绝大部分来说,劳动者没有想方设法扳倒富人,他们只是为自己的孩子寻找机会的平等,一个在重要选择方面平起平坐的机会。"[106]19世纪和20世纪初,机会平等意味着所有的孩子平等起步,但它假定了有些孩子将会比另一些孩子走得更远。背景和能力以及动机和运气的差异,将会创造个人之间结果的差异,但学校应当确保所有阶级出身的孩子像其他阶级出身的孩子那样享有同等地位的机会。"学校代表了取得这种目标的手段……平等的成功机会"是相对所有阶层的孩子来说的。[107]

学校没有完全达到这一目标,因为学校成绩和经济出路与社会阶级、家庭背景高度联系在一起。[108]然而,如果没有公立学校,社会的流动性将会减少。平民学校没能提供社会流动性,这使学校在实现平等方面的作用问题——这一问题就是学校在影响经济出路上可以有何作为。

20世纪50年代兴起并持续到90年代的更现代的教育平等观,比以往的教育平等观走得更远。詹姆斯·科尔曼(James Coleman)概述了和教育机会平等或不平等联系在一起的五种因素(除第一种外,其余都反映了重构论的哲学观):(1)向所有学生提供相同课程,并意识到学校的设施应平等;(2)学校的种族构成;(3)诸如教师的积极性和对学生的期望具有不可捉摸的特征;(4)具有平等背景和能力的学生的认知结果和经济出路;(5)具有不平等背景和能力的学生的认知结果和经济出路。[109] 目前的学者如格雷格·邓肯(Greg Duncan)和理查德·默南(Richard Murnane)相信,平等将依赖于更广泛地致力于支持:(1)全面定义学校教育(这种定义也许可以纳入延长在校时间的项目,并且为弱势群体学生服务);(2)清晰而统一的标准;(3)为教师提供广泛的职业培训;(4)满足学生需要的有组织的伙伴关系;(5)内部问责制。[110]

当我们按认知结果和经济出路来看教育的平等与不平等时,我们已开始对种族、人种和宗教群体做比较了。这种比较提出了众说纷纭的问题,其中包括在人力资本方面投入多少、如何确定社会项目和教育项目的投入产出、应当对谁征税并征多少、接受较慢的学习者是否应当比接受较快的学习者受到更多关注、防止歧视的积极行动是否会倒过来构成歧视等等。[111]

在约翰·加德纳(John Gardner)论述卓越与平等的经典读本中,他写道:"无视先天能力和成绩方面差异的极端平等主义——或我更愿意说被错认为平等主义的东西——不能很好地为民主服务。扯得足够远的话,它意味着……孕育了人类伟大成就的、对卓越的追求将走到死胡同。"与此同时,他注意到:"没有任何一种民主体制可以放任自己走向极端地强调个人表现而依然还是民主的……除了寻求人类潜能全方位的发展,像我们这样的社会没有任何其他选择。它远不只是让受过教育的精英去运转复杂的技术社会。每个现代工业化社会都在学习这艰难的一课。"[112]

加德纳提出的问题在过去几十年以来受到了广泛关注。这种关注带来了目的在于教育平等的立法。在其他教育工作者中,重构论者也提出了诸如学校废除种族隔离、补偿性教育、多元文化教育、残疾人教育、更有效的学校教育、防止歧视的积极行动等问题(参见表2.3)。更近些时候,提倡者聚焦于儿童早教的各种努力——尤其是针对贫困和中等收入家庭孩子的高品质学前班教育。长期的研究结果表明,除了其他社会好处之外,早期干预还可以增加高中毕业率和就业率。[113]在光谱的另一端,带头人也寄希望于提高高中和社区大学的水平。他们信奉这一类的观念:对职业和技术教育(以往称职业学校)进行升级,给社区大学松绑将有助于学生获得可贵的"中等技能"的工作,比如医药行业的技师、计算机维护人员。[114]这些倡议折射出了美国孩子中贫困的高比例(22%),这部分孩子现在占公立学校学生的大多数。[115]

尽管不缺乏对公平机会和社会正义的关注,但在美国,公平竞争的领域依然难觅踪迹。在民族心理中,粗糙的个人主义观和"白手起家"观(信奉"白手起家"的人在克服障碍方面义无反顾)过于根深蒂固。只要他们相信存在向上流动的机会(这是民意调查不断表明的一种信仰),公众就会接受某些不平等。[116]除了这一传统之外,全民对竞争的重视、经济的增长、全球的影响也在破坏帮助弱势群体的真正尝试。如果精英机构(例如常春藤大学、华尔街、硅谷)的守门人继续将他们的财富和权力传给他们同类型的人,弱势群体就不会往前跨进一步。

@ 观看这个学前教师描述她的教学观的视频。你可以将她的方法当作你读到的四种主要教育哲学观中的一种吗?如果可以,你能将它缩小到这些哲学观内部的一种(或一种以上)方法吗?与此同时,反思你是如何比较你所想到的教学观的。

表2.3 教育哲学概览

教育哲学	哲学基础	教育的目标	知识	教育的角色	课程的焦点	相关的课程趋势
永恒主义	实在论	教育有理性的人;培育知识分子	关注过去的和永恒的学问;掌握事实和永不过时的知识	教师帮助学生理性地思考;基于苏格拉底式的方法;口授;明确传授传统价值观	古典课程;文献分析;通习课程	巨著;帕提亚倡议;回到人文科学

本质主义	唯心论、实在论	促进个人的智力发展；教育有才能的人	基本技能和学业课程；掌握科目材料的概念和原理	教师在特殊课程领域是权威；明确传授传统价值观	基本技能（3R）和基础课（英语、科学、历史、数学、外语）	回归基础；文化素质；教育卓越人才
进步论	实用主义	促进民主的、社会的生活	导致成长和发展的知识；边生活边学习的过程；关注主动的恰当的学习	教师是解决问题和科学探索的向导	以学生的兴趣为基础；讲授人类的问题和事务；跨学科科目材料；活动与规划	恰当的课程；人本主义教育；激进的学校改革
重构论	实用主义	改良和重构社会；教育为变化和社会改革服务	辨认和改善社会问题所需要的技能和课程；和当代、未来社会相关的主动学习	教师充当变革和改革的代理人；扮演规划指导者和研究带头人；帮助学生意识到人类面临的问题	重视社会科学和社会研究方法；考察社会、经济、政治问题；关注现在和未来的趋势，以及国内和国际问题	国际教育；概念重构论；教育机会平等

结　语

哲学指导我们的行动。在缺乏一以贯之的哲学的情况下，一个教育工作者会不恰当地受到外部压力的影响。在相当大的程度上，特定的课程折射出特定的哲学。杜威如此深信哲学的重要，以至于他认为哲学包罗了教育过程的方方面面——认为它对于"形成对待自然和同胞的基本性情（思想上的和情绪上的）"必不可少。

主要的哲学视角已经出现在课程领域内：唯心论、实在论、实用主义、存在主义。这些视角从传统的、保守的到当代的、自由的，不一而足。它们已经影响到教育理论：永恒主义与本质主义（它们是传统的、保守的）、进步论与重构论（它们是当代的、自由的）（参见表2.4）。只有少数学校采用单一的哲学，绝大多数学校综合了不同的哲学。我们相信没有任何一种单一的哲学(无论老的还是新的)能够独霸天下,指导有关学校和课程的决策。最重要的是,一个学校的课程方法应当是政治上和经济上切实可行的,并且服务于学生和社会的需要。

教师和管理工作者规划和实施行动目标时很少考虑到一个学校的总体哲学,这已是司空见惯。课程工作者必须帮助开发和设计与学校和社区的哲学和谐一致的学校实践。

表2.4 传统教育哲学和当代教育哲学

传统哲学 (永恒主义,本质主义)	当代哲学 (进步论,重构论)
社会与教育	
1. 常规教育始于学校;认为学校是孩子教育的主要机构。	1. 常规教育始于家庭;认为父母在孩子教育中的影响最为重要。
2. 学校传递共同文化;个人的主要责任是对社会的责任,扮演社会角色;一致和合作相当重要。	2. 学校改良社会;个人的自我实现和发展可以有益于社会;独立和创造性相当重要。
3. 教育促进社会的目标;它涉及权威和道德约束。	3. 教育涉及多种多样的发展个人潜能的机会,并牵涉个人的选择。
4. 普通科目和知识,是让学生为民主和自由做好准备。	4. 学校中的民主经验有助于学生为民主和自由做好准备。
5. 主要从认知方面来阐明教育;主要关注学术性课程。	5. 教育关系到社会、道德和认知方面;主要关注孩子的全面发展。
6. 价值观和信仰往往是客观的,并且如果不是绝对的话,往往基于公认的标准和真理。	6. 价值观和信仰是主观的,基于个人的世界观。
知识与学习	
7. 重视知识和信息。	7. 重视解决问题和在个人的社会环境中发挥作用。
8. 重视科目(内容)。	8. 重视学生(学习者)。
9. 科目材料由老师选择和组织。	9. 科目材料由师生共同规划。
10. 科目材料仅按复杂度进行组织,集中在过去。	10. 科目材料融会贯通地组织,集中在现在和未来。
11. 按话题或概念组织单元和课文计划。	11. 按问题或学生兴趣组织单元和课文计划。
12. 科目材料按不同的领域、学科或学习领域来划分。	12. 科目材料是综合性的;包括一门以上的相关科目。

	教学	
13.	教材和作业本占主导地位;教和学大多限于课堂。	13. 多种多样的教学材料;教和学包含了社区资源。
14.	团体学习,固定课表,统一的时段。	14. 团体、小组或个性化小组,有弹性的课表,可调节的时段。
15.	同质化分组;跟踪进入特殊项目的学生。	15. 异质化分组;对学生稍做跟踪调查,但项目千差万别、多种多样。
16.	学生被动地吸收课本和教师所说的。	16. 学生主动搜寻可以使用或运用的信息。
17.	强调课堂经验和教学情境的整齐划一。	17. 强调课堂经验和教学情境的可变性。
	目的与项目	
18.	强调人文和科学。	18. 综合人文、实践和职业科目。
19.	强调专业化或学问。	19. 总体上重视普通人。
20.	课程是指定的,选择的空间很小。	20. 课程基于学生的需要或兴趣;留有选择的空间。
21.	卓越人才和高标准;尤其关注高端人才。	21. 平等和有弹性的标准;尤其关注低端人才。

资料来源:改编自 Allan C. Ornstein, "Philosophy as a Basis for Curriculum Decisions," *High School Journal* (December – January 1991), pp. 106 – 107.

讨论题

1. 哲学是如何影响课程工作者的?
2. 四种主要哲学分别以何种方式影响美国教育的?
3. 永恒主义、本质主义、进步论、重构论之间的差别是什么?
4. 具体体现每种教育哲学的著作有哪些?请描述一下这些著作。
5. 如何区分恰当课程、人本主义课程和激进的学校改革?
6. 什么使机会平等的倡议充满挑战性?

注 释

1. William Van Til, "In a Climate of Change," in R. R. Leeper, ed., *Role of Supervisor and Curriculum Director in a Climate of Change* (Washington, DC: ASCD., 1965), p. 18.

2. L. Thomas Hopkins, *Interaction: The Democratic Process* (Boston: D. C. Heath, 1941), pp. 198-200.

3. John I. Goodlad et al., *Curriculum Inquiry* (New York: McGraw-Hill, 1979).

4. Ronald C. Doll, *Curriculum Improvement: Decision Making and Process*, 9th ed. (Boston: Allyn & Bacon, 1996), p. 27.

5. John Dewey, *Democracy and Education* (New York: Macmillan, 1916), pp. 186, 383-384.

6. Ibid., p. 384.

7. Ralph W. Tyler, *Basic Principles of Curriculum and Instruction* (Chicago: University of Chicago Press, 1949), pp. 33-34.

8. John I. Goodlad, *What Schools Are For* (Bloomington, IN: Phi Delta Kappan Educational Foundation, 1979). See also John I. Goodlad, *A Place Called School* (New York: McGraw-Hill, 1984).

9. J. Donald Butler, *Idealism in Education* (New York: Harper & Row, 1966).

10. Howard A. Ozman and Samuel Craver, *Philosophical Foundations of Education*, 8th ed. (Columbus, OH: Merrill, 2008).

11. Harry S. Broudy, *Building a Philosophy of Education* (Englewood Cliffs, NJ: Prentice Hall, 1961); and John Wild, *Introduction to a Realist Philosophy* (New York: Harper & Row, 1948).

12. Broudy, *Building a Philosophy of Education*; and William O. Martin, *Realism in Education* (New York: Harper & Row, 1969).

13. Ernest E. Bayles, *Pragmatism in Education* (New York: Harper & Row, 1966); and John L. Childs, *Pragmatism and Education* (New York: Holt, Rinehart and Winston, 1956).

14. John Dewey, *Experience and Education* (New York: Macmillan, 1938).

15. Maxine Greene, *Existential Encounters for Teachers* (New York: Random House, 1967); George F. Kneller, *Existentialism in Education* (New York: Wiley, 1958); and Van Cleve Mor-

第二章　课程的哲学基础

ris, *Existentialism and Education* (New York: Harper & Row, 1966).

16. Harold Soderquist, *The Person and Education* (Columbus, OH: Merrill, 1966); and Donald Vandenberg, *Human Rights in Education* (New York: Philosophical Library, 1983). See also Israel Scheffler, *Of Human Potential: An Essay in the Philosophy of Education* (Boston: Routledge & Kegan Paul, 1986).

17. Maxine Greene, *Landscapes of Learning* (New York: Teachers College Press, Columbia University, 1978); Barbara McKean, *A Teaching Artist at Work* (Portsmouth, NH: Heinemann, 2006); and Seymour B. Sarason, *Teaching as a Performing Art* (New York: Teachers College Press, Columbia University, 1999).

18. Robert M. Hutchins, *The Conflict in Education* (New York: Harper & Row, 1953), p. 68.

19. Robert M. Hutchins, *The Higher Learning in America* (New Haven, CT: Yale University Press, 1936).

20. Robert M. Hutchins, *A Conversation on Education* (Santa Barbara, CA: The Fund for the Republic, 1963), p. 1.

21. Mortimer J. Adler, *The Paideia Proposal: An Educational Manifesto* (New York: Macmillan, 1982); Mortimer J. Adler, *Paideia Problems and Possibilities* (New York: Macmillan, 1983); and Mortimer J. Adler, *The Paideia Program: An Educational Syllabus* (New York: Macmillan, 1984).

22. Allan Bloom, *The Closing of the American Mind* (New York: Simon & Schuster, 1987).

23. Allan Bloom, in Brad Miner, ed., *Good Order: Right Answers to Contemporary Questions* (New York: Simon & Schuster, 1995).

24. Charles Murray, *Coming Apart: The State of White America, 1960–2000* (New York: Crown Forum, 2012).

25. Mark Moss, *Education and its Discontents: Teaching, the Humanities, and the Importance of a Liberal Education in the Age of Mass Information* (Lanham, MD: Lexington Books, 2011); and Fareed Zakaria, *In Defense of a Liberal Education* (New York: W. W. Norton & Company, 2015).

26. Hyman G. Rickover, "European vs. American Secondary Schools," *Phi Delta Kappan* (November 1958), p. 61.

27. Arthur Bestor, *The Restoration of Learning* (New York: Knopf, 1955), p. 120.

28. Rickover, "European vs. American Secondary Schools," p. 61.

29. Common Core State Standards Initiative (2015), retrieved from http://www.corestandards.org/about-the-standards/.

30. For example, see Eric A. Hanushek, John F. Kain, Daniel M. O'Brien, and Steven G. Rivkin, "The Market for Teacher Quality" (Working Paper No. 11154), *The National Bureau of Economic Research* (Cambridge, MA: NBER, February 2005); and Raj Chetty, John N. Friedman, and Jonah E. Rockoff, "The Long-Term Impact of Teachers: Teacher Value-Added and Student Outcomes in Adulthood" (Working Paper No. 17699), *The National Bureau of Economic Research* (Cambridge, MA: NBER, February 2011).

31. Linda Darling-Hammond, *Getting Teacher Evaluation Right: What Really Matters for Effectiveness and Improvement* (New York: Teachers College Press, 2013); Diane Ravitch, *The Death and Life of the Great American School System: How Testing and Choice Are Undermining Education* (New York: Basic Books, 2010); and Dana Goldstein, *The Teacher Wars: A History of the World's Most Embattled Profession* (New York: Doubleday, 2014).

32. E. D. Hirsch, *Cultural Literacy: What Every American Needs to Know*, rev. ed. (Boston: Houghton Mifflin, 1987).

33. Allan Ornstein, *Excellence vs. Equality: Can Society Achieve Both Goals?* (Boulder, CO: Paradigm Publishers, 2015); and Viktor Mayer-Schonberger and Kenneth Cukier, *Big Data: A Revolution That Will Transform How We Live, Work, and Think* (New York: Eamon Dolan/Houghton Mifflin Harcourt, 2013).

34. Lee Crockett, *Literacy Is Not Enough: 21st Century Fluencies for the Digital Age* (Thousand Oaks, CA: Corwin, 2011); and Tasneen Raja, "We Can Code It! Why Computer Literacy is Key to Winning the 21st Century," *Mother Jones* (June 16, 2014), retrieved from http://www.motherjones.com/media/2014/06/computer-scienceprogramming-code-diversity-sexism-education.

35. Beth Gardiner, "Adding Coding to the Curriculum," *New York Times* (March 23, 2014), retrieved from http://www.nytimes.com/2014/03/24/world/europe/adding-coding-to-the-curriculum.html.

36. Allan C. Ornstein, "The National Reform of Education," *NASSP Bulletin* (May 1992); Richard W. Riley, "Education Reform through Standards and Partnerships: 1993-2000," *Phi Delta Kappan* (May 2002), pp. 700-707; Joan Richardson, "Quality Education: An Interview with Secretary of Education Arne Duncan," *Phi Delta Kappan* (September 2010), pp. 24-29; Also see Sara Schwartz Chrismer et al., *Assessing NCLB: Perspectives and Prescriptions* (Cam-

bridge, MA: Harvard Education Press, 2007); and Arne Duncan, "Education Reform's Moon Shot," *Washington Post* (July 24, 2009).

37. Eric Hanushek and Ludger Woessmann, *The Knowledge Capital of Nations: Education and the Economics of Growth* (Cambridge, MA: MIT Press, 2015).

38. Howard Gardner, "National Education Goals and the Academic Community," *Education Digest* (February 1990), pp. 41 – 43; and Maxine Greene, "Imagining Futures: The Public School and Possibility," *Journal of Curriculum Studies* (March – April 2000), pp. 267 – 280.

39. John I. Goodlad, "Kudzu, Rabbits and School Reform," *Phi Delta Kappan* (September 2002), pp. 16 – 23; and Nel Noddings, *Educating Moral People: A Caring Alternative to Character Education* (New York: Teachers College Press, Columbia University, 2002). See also Evans Clinchy, *Rescuing the Public Schools* (New York: Teachers College Press, Columbia University, 2007).

40. R. Freeman Butts, *Public Education in the United States* (New York: Holt, Rinehart and Winston, 1978); Lawrence A. Cremin, *The Transformation of the School* (New York: Knopf, 1961); and Allan C. Ornstein, *Teaching and Schooling in America: Pre – and Post – September 11.* (Boston: Allyn & Bacon, 1993).

41. Dewey, *Democracy and Education.*

42. John Dewey, "Need for a Philosophy of Education," *New Era in Home and School* (November 1934), p. 212.

43. John Dewey, *The Child and the Curriculum* (Chicago: University of Chicago Press, 1902), pp. 30 – 31.

44. Boyd H. Bode, *Progressive Education at the Crossroads* (New York: Newson, 1938).

45. Ibid., p. 44.

46. Cremin, *The Transformation of the School.* Also see Joel Spring, *The American School: 1642 – 1990* (New York: Longman, 1990).

47. Herbert Kohl, *The Open Classroom* (New York: Random House, 1969); and Jonathan Kozol, *Free Schools* (Boston: Houghton Mifflin, 1972). See also C. M. Bowers and David J. Flinders, *Responsive Teaching* (New York: Teachers College Press, Columbia University, 1990).

48. Justin A. Collins, *Bye Bye, Little Red Schoolhouse: The Changing Face of Public Education in the 21st Century* (Lanham, MD: Rowman & Littlefield, 2014); Allan Collins and Richard Halverson, *Rethinking Education in the Age of Technology: The Digital Revolution and the Schools* (New York: Teachers College Press, 2009); and Thomas Friedman, "Need a Job? Invent It,"

New York Times (March 31, 2013), p. SR11.

49. Charles A. Silberman, *Crisis in the Classroom* (New York: Random House, 1971).

50. Arthur T. Jersild, *In Search of Self* (New York: Teachers College Press, 1952); Arthur T. Jersild, *When Teachers Face Themselves* (New York: Teachers College Press, 1955); and Arthur Combs and Donald Snygg, *Individual Behavior*, 2nd ed. (New York: Harper & Row, 1959). See also Arthur W. Combs, *Perceiving, Behaving, Becoming* (Washington, DC: ASCD, 1962); and Arthur W. Combs, *A Personal Approach to Teaching* (Boston: Allyn & Bacon, 1982).

51. Abraham H. Maslow, *Toward a Psychology of Being* (New York: Van Nostrand Reinhold, 1962); Abraham H. Maslow, *Motivation and Personality*, 2nd ed. (New York: Harper & Row, 1970); Carl R. Rogers, *Client-Centered Therapy* (Boston: Houghton Miff lin, 1951); Carl R. Rogers, *On Becoming a Person* (Boston: Houghton Mifflin, 1961); and Carl R. Rogers, *Freedom to Learn for the 1980s*, 2nd ed. (Columbus, OH: Merrill, 1983).

52. William Glasser, *Schools without Failure* (New York: Random House, 1961).

53. Robert L. Fried, *The Passionate Teacher: A Practical Guide* (Boston: Beacon Press, 1995); Vito Perrione, *Teacher with a Heart* (New York: Teachers College Press, Columbia University, 1998).

54. Theodore R. Sizer, *Horace's Compromise* (Boston: Houghton Mifflin, 1985).

55. Ibid., p. 20.

56. Nel Noddings, *The Challenge to Care in Schools* (New York: Teachers College Press, Columbia University, 1992).

57. Nel Noddings, *Education and Democracy in the 21st Century* (New York: Teachers College Press, 2013).

58. Zakaria, *In Defense of a Liberal Education.*

59. Andy Hargreaves and Dennis Shirley, *The Fourth Way: The Quest for Educational Excellence* (Thousand Oaks, CA: Corwin, 2012), p. 29.

60. Center on the Developing Child at Harvard University, "Building the Brain's 'Air Traffic Control' System: How Early Experiences Shape the Development of Executive Function," Working Paper #11 (Cambridge, MA: Center on the Developing Child, February 2011); and Lynn Meltzer, ed., *Executive Function in Education: From Theory to Practice* (New York: Guilford Press, 2010).

61. Daniel Goleman, *Emotional Intelligence: Why It Can Matter More Than IQ*, 10th anniversary edition (New York: Bantam, 2005); Daniel Goleman, *Social Intelligence: The New Science of*

Human Relationships (New York: Bantam, 2006); and Neil Humphrey, ed., *Social and Emotional Learning: A Critical Appraisal* (Thousand Oaks, CA: Sage Publications, 2013).

62. James Heckman, John E. Humphries, and Tim Kautz, eds., *The Myth of Achievement Tests: The GED and the Role of Character in American Life* (Chicago: University of Chicago Press, 2014); Carol Dweck, *Mindset: The New Psychology of Success* (New York: Random House, 2006); and Paul Tough, *How Children Succeed: Grit, Curiosity, and the Hidden Power of Character* (New York: Houghton Mifflin Harcourt, 2012).

63. Richard F. Elmore, *School Reform from Inside Out* (Cambridge, MA: Harvard Education Press, 2004); Jeanne Oaks, *Keeping Track* (New Haven, CT: Yale University Press, 1985); and Joel Spring, *Political Agendas for Education* (Mahwah, NJ: Erlbaum, 2005).

64. Edgar Z. Friedenberg, *The Vanishing Adolescent* (Boston: Beacon Press, 1959), pp. 26, 91, 110. See also Edgar Z. Friedenberg, *Coming of Age in America* (New York: Random House, 1967); and Peter McLaren, "Education as a Political Issue: What's Missing in the Public Conversation," in Joel L. Kincheloe and Shirley R. Steinberg, eds., *Thirteen Questions*, 2nd ed. (New York: Peter Lang, 1995), pp. 265–280.

65. John Holt, *How Children Fail* (New York: Pitman, 1964).

66. Paul Goodman, *Compulsory Mis-Education* (New York: Horizon Press, 1964), pp. 20–22.

67. Paul Goodman, *New Reformation* (New York: Random House, 1970), p. 86.

68. A. S. Neill, *Summerhill: A Radical Approach to Child Rearing* (New York: Hart, 1960), p. 4.

69. Ibid., pp. 4, 14.

70. Ivan Illich, *Deschooling Society* (New York: Harper & Row, 1971).

71. Henry A. Giroux, *Teachers as Intellectuals* (Westport, CT: Bergin & Garvey, 1988); and Henry A. Giroux, Colin Lankshear, Peter McLaren, and Michael Peters, *Counternarratives* (New York: Routledge, 1996).

72. Giroux, *Teachers as Intellectuals*, p. 296. Also see Henry Giroux, "Charting Disaster," *Truthout* (June 21, 2010).

73. Peter McLaren, "Critical Pedagogy and the Pragmatics of Justice," in Michael Peters, ed., *Education and the Postmodern Condition* (Westport, CT: Bergin & Garvey, 1995), p. 91.

74. Ibid., p. 92.

75. Peter McLaren, "A Pedagogy of Possibility," *Educational Researcher* (March 1999),

pp. 49 – 54; Peter McLaren, *Life in School*, 5th ed. (Boston: Allyn & Bacon, 2007); and Peter McLaren, *Pedagogy and Praxis* (Boston: Sense Publishers, 2007).

76. George S. Counts, *Dare the School Build a New Social Order?* (New York: Day, 1932), pp. 7 – 8. See also Robert R. Sherman, "Dare the School Build a New Social Order – Again?" *Educational Theory* (Winter 1986), pp. 87 – 92.

77. John Dewey, *Reconstruction in Philosophy* (New York: Holt, 1920).

78. Theodore Brameld, *Ends and Means in Education* (New York: Harper & Row, 1950); and Theodore Brameld, *Patterns of Educational Philosophy* (New York: World, 1950).

79. Theodore Brameld, "Reconstructionism as Radical Philosophy of Education," *Educational Forum* (November 1977), p. 70.

80. Christopher Jencks et al., *Inequality: A Reassessment of the Effect of Family and Schooling in America* (New York: Basic Books, 1972); Jonathon Kozol, *Death at an Early Age* (Boston: Houghton Mifflin, 1964); Jonathon Kozol, *Savage Inequalities* (New York: Crown, 1991); Gary Orfield et al., *Status of School Desegregation: 1968 – 1986* (Washington, DC: National School Boards Association, 1989); and William J. Wilson, *The Truly Disadvantaged* (Chicago: University of Chicago Press, 1987).

81. Henry Giroux, *Education and the Crisis of Public Values: Challenging the Assault on Teachers, Students, and Public Education* (New York: Peter Lang Publishing, 2011).

82. Henry Giroux, *America's Education Deficit and the War on Youth* (New York: Monthly Review Press, 2013).

83. Michael W. Apple, *Can Education Change Society?* (New York: Routledge, 2012).

84. Nel Noddings, "A Richer, Broader View of Education," *Society* (May – June 2015).

85. Ruud J. Garter, "International Collaboration in Curriculum Development," *Educational Leadership* (December. January 1987), pp. 4 – 7; David Hill, "Rediscovering Geography: Its Five Fundamental Themes," *NASSP Bulletin* (December 1989), pp. 1 – 7; and Jon Nixon, "Reclaiming Coherence: Cross – Curriculum Provision and the National Curriculum," *Journal of Curriculum Studies* (March – April 1991), pp. 187 – 192.

86. Joel Spring, *How Educational Technologies Are Shaping Global Society* (Mahwah, NJ: Erlbaum, 2004); and Joel Spring, *Globalization of Education: An Introduction* (New York: Routledge, 2008).

87. Yong Zhao, *World Class Learners: Educating Creative and Entrepreneurial Students* (Thousand Oaks, CA: Corwin, 2012); Tony Wagner, *The Global Achievement Gap: Why Even*

Our Best Schools Don't Teach the New Survival Skills Our Children Need—and What We Can Do about It, revised and updated edition (New York: Basic Books, 2014).

88. Norman Eng, "Excellence Redefined for the 21st Century," *Society* (May – June 2015).

89. Allan C. Ornstein, *Class Counts: Education, Inequality and the Shrinking Middle Class* (Lanham, MD: Rowman & Littlefield, 2007).

90. Ibid., p. 203.

91. Linda Darling-Hammond, *The Flat World and Education* (New York: Teachers College Press, Columbia University, 2009).

92. Ornstein, *Class Counts*, p. 204.

93. Elliot W. Eisner, "Curriculum Ideologies," in Philip W. Jackson, ed., *Handbook of Research on Curriculum* (New York: Macmillan Publishing Company, 1992), pp. 302 – 326.

94. Elliot W. Eisner, "What Does It Mean to Say a School Is Doing Well?" *Phi Delta Kappan* (January 2001), pp. 367 – 372; and Goodlad, "Kudzu, Rabbits, and School Reform," pp. 16 – 23.

95. Referenced in Patrick Slattery, *Curriculum Development in the Postmodern Era* (New York: Garland Publishing, 1995). See also William F. Pinar, *Contemporary Curriculum Discourses* (New York: Peter Lang, 1999).

96. Maxine Greene, "Interpretation and Re-vision: Toward Another Story," in J. T. Sears and J. D. Marshall, eds., *Teaching and Thinking about Curriculum* (New York: Teachers College Press, Columbia University, 1990), pp. 75 – 78; and Maxine Greene, *Variations on a Blue Guitar* (New York: Teachers College Press, Columbia University, 2002).

97. Paulo Freire, *Pedagogy of the Oppressed* (New York: Herder & Herder, 1970), pp. 75, 100, 108; and Paulo Freire, *The Politics of Education: Culture, Power and Liberation* (Westport, CT: Bergin & Garvey, 1985).

98. William Pinar, "Sanity, Madness, and the School," in W. Pinar, ed., *Curriculum Theorizing: The Reconceptualists* (Berkeley, CA: McCutchan, 1974), pp. 364 – 366, 369 – 373, 381; and William Pinar et al., *Understanding Curriculum* (New York: Peter Lang, 1995).

99. Michael W. Apple, *Ideology and Curriculum* (Boston: Routledge & Kegan Paul, 1979), p. 4. See also Michael W. Apple, *Teachers and Texts*, rev. ed. (Boston: Routledge & Kegan Paul, 2004).

100. Michael Apple and Nancy R. King, "What Do Schools Teach?" in R. H. Weller, ed., *Humanistic Education* (Berkeley, CA: McCutchan, 1977), p. 30. See also Michael Apple et al.,

eds., *International Handbook of Critical Education* (New York: Routledge, 2009).

101. Illich, *Deschooling Society*. See also Michael W. Apple and James A. Beane, *Democratic Schools: Lessons in Powerful Education* (Portsmouth, NH: Heinemann, 2007).

102. Paulo Freire and Donaldo Macedo, *Literacy: Reading the Word and the World* (Westport, CT: Bergin & Garvey, 1989); and Freire, *Pedagogy of the Oppressed*.

103. Macdonald, "Curriculum and Human Interests," in W. Pinar, ed., *Curriculum Theorizing: The Reconceptualists* (Berkeley, CA: McCutchan, 1975), p. 293. See also Raymond A. Morrow and Carlos A. Torres, *Reading Freire and Habermas* (New York: Teachers College Press, Columbia University, 2002).

104. Greene, "Imagining Futures: The Public School and Possibility."

105. Horace Mann, *The Republic and the School*, rev. ed. (New York: Teachers College Press, Columbia University, 1957), p. 39.

106. David B. Tyack, *Turning Points in American Educational History* (Waltham, MA: Blaisdell, 1967), p. 114.

107. Henry M. Levin, "Equal Educational Opportunity and the Distribution of Educational Expenditures," in A. Kopan and H. J. Walberg, eds., *Rethinking Educational Equality* (Berkeley, CA: McCutchan, 1974), p. 30. See also Ornstein, *Class Counts*.

108. See James S. Coleman et al., *Equality of Educational Opportunity* (Washington, DC: U.S. Government Printing Office, 1966); and Jencks et al., *Inequality: A Reassessment of the Effect of Family and Schools in America*. See also Christopher Jencks and Meredith Phillips, eds., *The Black – White Test Score Gap* (Washington, DC: Brookings Institution Press, 2000).

109. James S. Coleman, "The Concept of Equality of Educational Opportunity," *Harvard Educational Review* (Winter 1968), pp. 7 – 22.

110. Greg Duncan and Richard Murnane, *Restoring Opportunity: The Crisis of Inequality and the Challenge for American Education* (Cambridge, MA: Harvard Education Press, 2014).

111. Nathan Glazer, *We Are Multiculturalists Now* (Cambridge, MA: Harvard University Press, 1997); John McWhorter, *Losing the Race* (New York: Simon & Schuster, 2000); and Lois Weis, *The Way Class Works* (New York: Routledge, 2007).

112. John W. Gardner, *Excellence: Can We Be Equal and Excellent Too?* (New York: Harper & Row, 1961), pp. 17 – 18, 83, 90.

113. James Heckman, *Giving Kids a Fair Chance* (Cambridge, MA: MIT Press, 2013); James Heckman, Seong Hyeok Moon, Rodrigo Pinto, Peter Savelyev, and Adam Yavitz, "The

Rate of Return to the High/Scope Perry Preschool Program," Journal of Public Economics (February 2010); and Frances Campbell, Craig T. Ramey, Elizabeth Pungello, Joseph Sparling, and Shari Miller-Johnson, "*Early Childhood Education: Young Adult Outcomes From the Abecedarian Project,*" Applied Developmental Science (2002), pp. 42–57.

114. U. S. Department of Education, *Carl D. Perkins Career and Technical Education Act of 2006: Reauthorization of Perkins* (Washington, DC: Author, 2007), retrieved from http://www2.ed.gov/policy/sectech/leg/perkins/ index.html; Office of the Press Secretary, The White House, *White House Unveils America's Promise Proposal: Tuition-Free Community College for Responsible Students* (Washington, DC: Author, January 9, 2015).

115. National Center for Children in Poverty, *Basic Facts about Low-Income Children: Children under 18 Years, 2013* (New York: Author, January 2015); and Southern Education Foundation, *A New Majority: Low-Income Students Now a Majority in the Nation's Public Schools* (Atlanta, GA: Author, January 2015).

116. Gallup, *Americans Prioritize Economy over Reducing Wealth Gap* (December 16, 2011), retrieved from http://www.gallup.com/poll/151568/americans-prioritize-growing-economy-reducing-wealth-gap.aspx; and Pew Charitable Trusts, "Economic Mobility and the American Dream—Where Do We Stand in the Wake of the Great Recession?" *Economic Mobility Project* (May 2011), retrieved from http://www.aarp.org/content/dam/aarp/livable-communities/learn/research/economic-mobility-and-the-american-dream-where-do-we-stand-in-the-wake-of-the-great-recession-2011-aarp.pdf.

第三章 课程的历史基础

学习成果

阅读完本章之后,你应当能够:

1. 辨识殖民时期各种学校之间的差异,并描述来自欧洲的某些影响。
2. 解释民主观念是如何有助于建国时期公立学校教育的兴起的。
3. 描述19世纪欧洲教育家裴斯泰洛齐、福禄培尔、赫尔巴特、斯宾塞所做的不朽贡献。
4. 解释在大学教育兴起期间,教育是如何演变为满足大众的需要的。
5. 讨论从传统的、标准化的课程向现代课程的转变。
6. 解释行为主义和科学原则对20世纪早期到中期课程的影响。

课程史知识给今天的课程编制者以指导。我们的讨论将从殖民时期入手,然后进入到18世纪、19世纪、20世纪。我们的大部分讨论集中在过去100年。

殖民时期:1642—1776

课程的历史基础大部分根植于殖民时期的马萨诸塞的教育经验。当时的马萨诸塞居民主要是信奉严格的神学教条的清教徒。首批新英格兰学校与清教教堂有紧密的联系。按教育史学家的看法,学校的首要目的是教会孩子阅读《圣经》和民政通告。[1]读是最重要的科目,其次是写和拼,目的是理解教义问答和习惯法。因此,

第三章 课程的历史基础

自殖民时期以来,读和相关的语言技能一直是美国教育和小学课程的基础。

三个殖民区

殖民时期马萨诸塞的学校有两个源头:(1)1642 年的立法要求父母和监护人确保孩子能够阅读和理解宗教教义和联邦法律;(2)1647 年的《"老迷惑者撒旦"法案》("*Old Deluder Satan*"*Act*)要求每个有 50 户以上家庭的城镇必须指定一位读写教师。100 户以上的城镇应雇用一位拉丁文教师,目的是为孩子可能进入哈佛学院做准备。[2] 除了罗得岛以外,其他新英格兰殖民地都以马萨诸塞为榜样。这些早期法律表明,教育对清教居民是多么重要。一些历史学家认为,这些法律是美国学校法和公立学校运动的根源。清教徒认为,读书识字的价值部分在于它是一种避免像英国和欧洲其他地区那样形成大批下层阶级的途径。他们也想确保自己的孩子长大成人而仍忠于宗教教义。

不像新英格兰,中部殖民地没有任何通用的语言和宗教。乔治·比彻姆写道:"政治和宗教团体间的竞争,延缓了愿意将公共基金用于教育目的。"[3] 不可能建立任何一种单一的学校体系。相反,与不同的人种和宗教团体联系在一起的教区学校和独立学校发展了起来。学校是由当地管辖的,而不是由中心管辖的。现在的文化多元主义观念因此在 250 多年前就已成形。

直到 18 世纪末,南方殖民地的教育决策一般仍然留给家庭。为了确保穷孩子、孤儿、私生子的利益,已通过立法确保他们的监护人提供私人教导,如职业技能方面的教导。然而,种植园的土地制度、奴隶制和中上层阶级造成了教育的极大不公平。一般来说,种植园主的白人孩子受的是私人教师的教育,而穷白人的孩子不会接受任何常规教育。由于不能读写,他们许多人像自己的父母一样,成了面朝黄土背朝天、为衣食终生忙碌的农民。法律禁止奴隶的孩子学习读写。南方的经济和政治制度"往往延缓了大型学校体系的发展。这种教育(缺陷)直到内战之后还能被感知到"。[4]

尽管有种种地区性的变化,新英格兰、大西洋中部殖民地、南方的学校都受到英国政治理念的影响。同样,尽管有语言、宗教、经济制度的种种差异,宗教信仰在大多数学校仍然享有高度的优先权。"殖民时期学校的课程由读、写和(一点)算术所组成,此外还有宗教信仰入门和意在培养礼仪与品行的课程。"[5] 这是一种传统的课程,看重基本技能、永不过时和绝对至上的价值观、社会和宗教的协调一致、对权威的信仰、为知识而学知识、机械学习、死记硬背。这种课程折射出了这样的信仰：孩子生来是有罪的，游戏是无所事事，孩子的交谈是胡言乱语。教师用严格的纪律要求学生。这种课程方法一直统治美国教育界，直至进步论崛起为止。

殖民时期的学校

学校是殖民社会的重要机构。然而，进入小学或初中的孩子的比例，比今天小得多。

城镇学校

在新英格兰殖民地，城镇学校是由本地管辖的公立小学。它通常由一个简陋的单间构成，教师的讲台高高在上，位于房间的前部，房间里挤满了社区里前来就读的男女孩子。学生坐在板凳上研习他们的作业，直到教师叫他们去背诵。孩子的年纪从五六岁至十三四岁不等。上学也不那么有规律，依赖于天气状况，以及各个家庭在多大程度上需要自己的孩子在农场干活。[6]

教区学校和私立学校

在中部殖民地，教区学校和私立学校占主导。传道会和各种宗教、族群团体为自己的孩子建立了小学。像新英格兰的城镇学校一样，这些学校重点关注的是读、写和宗教弥撒。在南方，上层阶级的孩子上私立学校，这些学校倾向读、写、算，并学习入门书和《圣经》；不那么有钱的孩子可能上慈善学校，在这里，他们学习"3R"，背诵宗教圣歌（比读《圣经》的要求要少），并且学习职业技能。

拉丁文法学校

在初中层次，上层阶级的孩子上拉丁文法学校，这种学校首创于1635年的波士顿，是为进入学院做准备的。这些学校是为了迎合那些计划进入职场（医疗、法律、教学和政府部门）或成为企业主和商人的人的需要。[7]一个孩子要在八九岁时进入拉丁文法学校，并在这一学校待上八年。他的课程以经典作品为主。"有一些希腊文、修辞……和逻辑课，但在大多数文法学校中，拉丁文显然占课程的四分之三，甚至更多。"[8]其他艺术和科学很少引起注意或压根没引起注意。"宗教氛围像小学一样明显"，因为"教师和他的学生定期祈祷"，"做弥撒的过程中"还考问学生。[9]这种学习制度了然无趣、令人精疲力竭，并且学校是为教会服务的。正像萨缪尔·莫里森（Samuel Morrison）提醒的，拉丁文法学校是殖民时期美国与欧洲学校最紧密的纽带之一。其课程类似文艺复兴时期的古典人本主义课程（文艺复兴时期，学校主要是供上层阶级的孩子上的,学校的作用是支持当时的宗教和社会机构)。[10]

文实学校

文实学校创立于1751年,是美国排名次席、提供教育的机构。它以本杰明·富兰克林(Benjamin Franklin)的观念为基础,试图为未进入学院的人提供实践课程,它拥有英文文法、经典、作文、修辞、公共演讲等多样化课程。[11]拉丁文不再被认为是关键科目。学生可以基于自身的职业需要选择一门外语。例如,一位有望成为牧师的人可以学习拉丁文或希腊语,而一位未来的商人可以学习法语、德语或西班牙语。数学教学是为了职业实用而不是为了抽象的智力训练。主要的伦理品德学科是历史,而不是宗教。文实学校也将许多实践的、手工技能引入常规课程:木工、雕刻、印刷、绘画、柜子制作、耕作、图书管理等等。这些技能构成了20世纪职业课程的基础。

学院

从拉丁文法学校毕业的大部分学生都进入到哈佛或耶鲁大学。学院以清教的看法为基础:牧师应当在经典和经书方面接受良好的教育;学生应当在拉丁文、希腊语和经典著作上证明自己的能力。正像今天的情形一样,初中教育是为那些要进入大学的学生准备的。埃尔伍德·丘伯雷(Ellwood Cubberley)写道:"学生能否被学院录取'取决于考试',学生借助考试可以表明阅读、解释、翻译维吉尔、希腊语旧约的能力,写作拉丁文散文、理解《诗体学法则》《普通算术》的能力,以及'证明自己过白璧无瑕、与世无争生活的能力'。"[12]

哈佛和耶鲁的课程由拉丁文、语法、逻辑、修辞、算术、天文、伦理学、玄学和自然科学等构成。为牧师和其他职业开设的课程也包括希腊语、希伯来语和古代史。

老课本,老读本

入门书、初级读本、《威斯敏斯特教义问答》(*Westminster Catechism*)、《旧约》、《圣经》都被认为是课本。直到美国革命,大多数小学课本都是英国原版或直接模仿英国课本。[13]通过记忆入门书,孩子学习字母、主祷文,以及一些音节、词语、句子。这种入门书是一片桨形板,订上一卷仿羊皮纸,外衬用磨平的牛角片做成透明的封套。

当《新英格兰初级读本》(*New England Primer*)于17世纪90年代出版时,这一读本就取代了英国的初级读本。这一最早的基础读本,将依然是殖民地以后100多年中使用最广的课本,总计卖出300多万本。宗教和道德教义渗透了《新英格兰初级读本》。当学生通过死记硬背、按部就班来记忆经文和学习ABC知识时,清教宗教道德的阴暗等级制便昭然若揭。

A——In Adam's Fall

　　We sinned all

(亚当堕落了,我们都有罪)

B——Thy Life to mend

　　This book attend

(生活要改善,本书来陪伴)

C——The Cat doth play

　　And after slay…

(猫咪在玩耍,然后开杀戒……)

Z——Zacheus he

　　Did climb the tree

　　His Lord to see.

(扎丘斯爬上树,去见他的主)[14]

1740年,托马斯·迪尔沃思(Thomas Dilworth)出版了一本集语法、拼写、宗教教育为一体的《英国语言新指南》(*New Guide to the English Tongue*)。几年以后,一本广泛使用的数学课本《学校教师教学参考》(*The School Master's Assistant*)出版。

多年以后,一个热忱的文化民族主义者诺厄·韦伯斯特(Noah Webster),给亨利·巴纳德(后来康涅狄格的教育行政长官)写了一封信,在信中他描绘了小学课程的狭隘和很少使用课本:

在革命之前……使用的书籍主要或全部是迪尔沃思的拼写书、《诗篇》(Psalter)、《圣约书》、《圣经》。在莫尔斯博士(Dr. Morse)的地理学小册子大约于1786年或1787年出版之前,孩子们没有学习任何地理学。据我所知,他们也没有阅读任何历史,因为没有任何缩写本的美国史。除了以上提到的书籍以外,在我的讲习班的"第三部分"于1785年出版之前,他们也没有使用任何阅读课本……1783年首次出版的我的《拼写书》(Spelling Book)的导言,给拼写界带来了巨大的变化……在我年轻时,平民学校一般也不教任何英文文法,迪尔沃思是个例外,但这例外也不是出于任何好的目的。[15]

建国时期:1776—1850

在革命时期开始出现的一项教育新任务一直延续到美国建国初期。许多领导人将免费公立学校教育与大众政府、政治自由的理念联系起来。麦迪逊(Madison)总统写道:"没有大众信息或获得大众信息渠道的大众政府,不过是一场滑稽剧或悲剧或两者兼而有之的序幕。"托马斯·杰弗森表达了相同的信仰,他认定"一个国家如果期望在一种文明状态中既无知又自由,那么它就是在期望从不存在而且将来也永远不会存在的东西"。

在这一时期的伟大文献中,生命、自由、平等得到了强调。这些文献包括:《独立宣言》(Declaration of Independence)、《人权法案》(Bill of Rights)、18世纪80年代的《土地条例》(条例将西北地区划分为乡镇,保留了第16项"每一乡镇都要维持公立学校")。这些条例重申了各州"应当永远鼓励学校和各种教育途径"。联邦政府因此在制度上确保州和地方学校的自主性的同时,承诺推动教育。作为这些条例的结果之一,联邦政府给39个州154000000多英亩作为学校用地。[16]

到1800年,世俗力量得到了足够的发展,起而挑战并最终缩小了宗教对中小学的影响。这些世俗力量包括民主制度的发展,强有力的联邦政府的发展,正在兴起的文化民族主义、宗教自由的观念、自然科学的新发现。

拉什:科学、进步和免费教育

本杰明·拉什(1745—1813)博士是这一时代的代表。1791年,他写道,重视经典导致了民众对学习机构的偏见。只要拉丁文和希腊语占据课程的主导地位,入门之外的普及教育就是一厢情愿的单相思。教育应当推动民主,探索和开发自然资源。"花四到五年时间学两种死去的语言,是对一座金矿掉头不顾,为的是在捕蝶的过程中自我傻乐。"这个出类拔萃的实用主义者继续写道,假如将花在拉丁文和希腊语上的时间专用于科学,那么"人类的境况将大为改善。"[17]

拉什为宾夕法尼亚州和新共和国勾勒了一个教育计划:在每个有100户以上家庭的乡镇实施免费小学教育,在县一级开办免费文实学校,在州一级为未来的社会领导者开办免费学院和大学。税款应当用于教育支出,但教育制度最终会缩减税收,因为它会带来富有成效、管理良好的劳动力和企业家队伍(30年以后,贺拉斯·曼在领导平民学校运动时,也持同样的论点)。拉什的课程在小学层次重视读、写、算,在初中和学院层次重视英语、德语、艺术,特别是科学,而在所有层次都重视礼仪和道德规范。

杰弗森:公民教育

托马斯·杰弗森(1743—1826)信任农业社会,不相信城市无产阶级。作为一个对政治、建筑、农业、科学、艺术和教育有广泛兴趣的人,杰弗森相信国家必须教育它的全体公民以确保民主社会。在1779年弗吉尼亚立法中提出的《更广泛地普及知识的议案》(*A Bill for the More General Diffusion Knowledge*)中,杰弗森提倡一个计划——"不惜一切代价"给不论普通平民还是达官贵人以教育机会。[18]对杰弗森来说,常规教育应当不限于特殊宗教或上层团体。公共税收应当资助学校。杰弗森的计划将弗吉尼亚的县划分为若干区,每个区应当有一所免费小学,从事读、写、算和历史的教学。该计划也包括建立20所初中文法学校,其中贫困但聪颖的学生可以接受奖学金。这20所学校的学生将学习拉丁文、希腊语、英语、地理和高等数学。在读完文法学校以后,半数接受奖学金的学生将接受小学或区学校教师的岗位。成绩最高的10位接受奖学金的学生将进入威廉-玛丽学院。杰弗森的计划促进了最有前途的学生继续求学,同时也促进了经济上处于不利地位的学生的机会均等。

无论是杰弗森的"弗吉尼亚提案"还是拉什的"宾夕法尼亚提案",都没有最终通过。尽管如此,这些议案仍表明了年轻共和国的教育正在走向理论化的特征。与富兰克林的文实学校及其实践课程基于商业和商业化原则而不是古典和宗教原则交相呼应,这些议案促进了旨在培养好公民和社会进步的教育。拉什、杰弗森,在更小的程度上还有富兰克林,都提出了普及教育和表彰能力超群学生的方法,这些学生将接受初中和学院的免费公费教育。

韦伯斯特:教师与文化民族主义

美国不同于大多数争取认同的新国家,它缺乏一种共享的文化认同与民族文学。在它与"旧"文化和"旧"观念的斗争中,这一新国家为了将自己与英国区分开来,走过

[19]了漫长的道路。诺厄·韦伯斯特(1758—1843)鼓励美国人"解放(自己的)思想,像独立的生命一样行动。你们做了太长时间的孩子,屈从于傲慢的父母的管制,对他们的利益谦恭有加……你们有一个帝国将要崛起……有一种民族性将要经由你们的智慧和判断建立起来,并发扬光大"。[20]

1789年,当宪法成为这片土地的法律时,韦伯斯特提出,美国应当有自己的"语言及政府"体系。他提出,大不列颠的语言"不应当再是我们的标准,因为它的作家的趣味已经定型,它的语言正在衰落"。[21]通过革命行动,美国人民已经宣布他们政治上独立于英国。现在他们要宣告文化上同样独立自主。

认识到一种不同的民族语言和文学承载一种民族认同感,韦伯斯特开始着手重塑美国英语。他相信一种独特的美国语言将有以下的作用:(1)清除欧洲用法的残余;(2)创造一种统一的、摆脱了地方气和乡土气的美国口语;(3)促进美国文化民族主义。[22]一种美国语言将把公民团结起来。当然,这种语言在语音方面应当是简单的,以使之适合平民。当孩子学习美国语言时,他们也学会像美国人一样思考和行动。由于学生所读的书籍会影响到美国学校课程的形态,韦伯斯特将一生的许多时间用在编写拼写和阅读书籍。他的《英语语法规则》(Grammatical Institute of the English Language)1783年出版。该书第一部分后来以《美国拼写课本》(The American Spelling Book)印行于世,在19世纪前半叶广泛用于全美。[23]韦伯斯特的《拼写课本》历经多版,据估计到1837年共卖出15000000本,在19世纪其销量仅次于《圣经》。韦伯斯特的巨著是《美国词典》(the American Dictionary),该书完成于1825年,历经25个寒暑的研究。[24]韦伯斯特经常被称为"共和国的教师",对创造美国的语言、认同和民族性功莫大焉。

麦古菲:读本与美国的德行

一生大部分时间在俄亥俄学院任教的威廉·霍姆斯·麦古菲(William Holmes McGuffey,1800—1873)也加入了文化民族主义的论争。他的《读本》(Readers)是他那个时代美国最流行的课本(估计1836年至1920年间卖出120000000本。)[25]麦古菲心怀感激地承认,在科学、艺术、法律、文学和礼仪等方面,"美国深受欧洲的惠泽,是英国家系的后裔"。当然,美国也对人类做出了自己的贡献。这种贡献"不是文学或文化上的,而是道德和政治上的"。大众的自由之根"首先源于我们的英国先人,然而却是在我们的土地上达到顶峰"。[26]美国已经向欧洲表明,"基于平等和代表原则的大众机构,有能力维持管理",将民众提升到拥有"自我管理的巨大权力和巨大义务"的高度已化为现实。[27]

麦古菲的《读本》高度赞扬爱国主义、英雄主义以及努力工作、勤奋上进、品德高尚的生活。其基调是教诲的、宗教的、资本主义的、民族主义的。其中美国文学的部分包含了乔治·华盛顿(George Washington)、帕特里克·亨利(Patrick Henry)、本杰明·富兰克林、丹尼尔·韦伯斯特(Daniel Webster)的演讲。通过自己的《读本》,麦古菲教育了好几代美国人。他也为美国学校提供了第一级的《读本》,为始于1840年的分级系统开辟了道路。连同他的《看图识字》(*Pictorial Primer*),麦古菲的《读本》甚至直到现在也还在某些乡村的、保守的和原教旨主义的学校中使用。参见课程小贴士3.1。

☞ 课程小贴士3.1

历史视角必不可少

所有的职业教育工作者,包括课程专家,都需要了解历史,以避免重蹈覆辙,更好地放眼未来。

1. 教育观念的发展是我们思想和文化传统的一部分。
2. 一个真正受过教育的人对历史语境会有感觉。
3. 要了解各种教育理论和实践,必须了解历史基础。
4. 了解教育的历史基础有助于我们整合课程、指导和教学。
5. 历史能说明目前的教育实践。
6. 在开发普通课程或核心课程时,历史视角必不可少。
7. 借助历史视角,课程专家可以更好地理解科目领域之内内容和过程之间的关系。
8. 参照历史,尤其是个案例证,有助于学术教育的道德伦理维度。
9. 教育史可以让实践者了解过去学生所学与今天学生所学之间的关系。
10. 教育史的学习对教育理论和教育研究的目的来说相当重要。

第三章 课程的历史基础

19 世纪的欧洲教育工作者

尽管饱受批评,欧洲的思想还是深深地影响到美国教育。在学院层次上,德国教育工作者影响到自然科学、心理学、社会学领域,我们的许多研究导向型大学都基于德国模式。在K–12层次上,来自德国和瑞士思想家的进步观念,导致了心理导向型的、考虑到学生需要和兴趣的课程和教学方法。英国的办学模式也影响到美国教育。

改革主题成为这一时代许多教育话语的典型特征。"欧美的许多教育领导人已经认识到这一时代的传统课程和典型学校"的局限,"许多目前在课程理论和实践中根深蒂固的特征可以追溯到他们前代男人和女人的观念"。[28]强调拉丁文、希腊语和经典作品的传统课程,已经不那么流行。新的教育实践取代了机械学习、死记硬背和肉体惩罚。

裴斯泰洛齐:一般方法和特殊方法

早期美国教育受到瑞士教育家约翰·海因里希·裴斯泰洛齐(1746—1827)的强烈影响。按一位教育史学家的看法,裴斯泰洛齐"为现代小学教育奠定了基础,并有助于改革小学的教育实践"。[29]裴斯泰洛齐坚持教育应当以孩子的自然发展为基础。他的基本教育创新是坚持孩子是通过感觉学习的。他强烈反对机械学习,提倡将课程与孩子的家庭经验联系起来。

裴斯泰洛齐提出了"一般"方法和"特殊"方法。一般方法呼吁教育工作者给孩子以情绪上的安全感和爱护。特殊方法考虑到孩子的视听感觉。裴斯泰洛齐设计出了"客观"课,孩子在这种客观课中学习普通对象,例如植物、岩石、家用物品。孩子将要决定一个物品的形状,然后画出这一物品,再后给其命名。形状,数字和声音方面的"3R"课程教学更加正式。

威廉·麦克卢尔(William McClure)、约瑟芬·尼夫(Joseph Neef)和后来的贺拉斯·曼、亨利·巴纳德,将裴斯泰洛齐的观念引入美国的学校。[30]裴斯泰洛齐的基本教育概念成为进步论学校教育的一部分,并且后来出现在课程关联性运动和人本主义课程中。

福禄培尔:幼儿园运动

德国教育家弗雷德里希·福禄培尔(1782—1852)发展了他所称的"幼稚园"(幼儿园)。他重点关注了三四岁的孩子,相信他们的学校教育应当围绕游戏和个人、团体的兴趣与活动来组织。福禄培尔鼓励以孩子为中心的,像裴斯泰洛齐一样主张以爱、信任、自由为基础的课程。歌曲、故事、五光十色的材料、游戏都是正式课程的一部分。孩子可以摆弄各种物品(球、立方体、环),组构各种材料(黏土、沙子、纸板),参与游戏活动(搭建城堡和山、奔跑以及其他锻炼)。[31]

这些活动一起构成了学习的环境,提供了一个孩子可以自由成长的安全快乐之所。德国移民将幼儿园的概念带到了美国。1855年,玛格丽特·舒尔茨(Margaret Schurz)在威斯康星的奥特敦创建了美国第一所幼儿园。密苏里圣路易斯的学校主管、后来的美国教育专员威廉·哈里斯,在更广的范围内实施这一观念上发挥了作用。幼儿园现在已经是美国教育根深蒂固的一部分。福禄培尔有关儿童经验和游戏方法的许多看法,已被整合到现在的儿童早期教育理论和进步论学校教育中。

赫尔巴特:品德与智力开发

约翰·赫尔巴特(Johann Herbart,1776—1841)是一位德国哲学家,其主要贡献是提倡在教育中培养品德,并创造了旨在建立组织严密的传授模式的教学方法论。在赫尔巴特看来,教育的主要目的是品德教育。他认为,对其他所有教育目的或目标来说,品德教育最为根本且必不可少。赫尔巴特式的教育是培养拥有许多兴趣的好人。赫尔巴特提出,美德基于知识,行为不端则是缺乏知识、教育不足的产物。因此,在塑造道德品格方面,他赋予教育以至关重要的作用。

在详述自己在品德教育方面的工作时,赫尔巴特列举了五种主要的观念作为道德品格的基础:(1)"内心自由"观,涉及以个人的信念为基础的行为;(2)"完美"观,涉及行为的和谐和言行一致;(3)"仁慈"观,凭借仁慈观念,人们能够做到关心别人的社会事务;(4)"正义"观,凭借正义观念,人们能够调和自己的个人行为和社会群体的行为;(5)"报应"观,指的是人的一般行为善有善报,恶有恶报。

从他的品德教育观中,赫尔巴特还引申出了两种主要的应当纳入教育之中的兴趣:对知识的兴趣和对伦理的兴趣。对知识的兴趣涉及实证数据、事实和理论;对伦理的兴趣涉及对他人的同情心、社会关系、宗教情感。赫尔巴特的目标是培养有教养的个人,这种个人既品格良好,又道德高尚。赫尔巴特相信,如果一个人的认知力得到恰当训练,他的头脑装备了合适的观念,那么这个人就会用知识去指导自己的行为。依照知识去生活和行事的人,将是一个道德的人。

在组织化教学方面,赫尔巴特发展了课程"关联"的概念。这些概念对20世纪40年代和50年代的美国教育具有决定性影响。根据"关联"的学说,每一科目的教学都应当涉及其他科目,与其他科目联系起来。对学习者而言,知识在此后就似乎是一个完整的观念体系,这一体系构成一个统觉团(apperceptive mass)——一个个人以往经验的总和——新的观念可以进入其中并相互联系起来。

赫尔巴特相信,历史、地理、文学科目天生适合充当核心科目。赫尔巴特还开发了四个教学法原则,他的追随者热情洋溢地接受了这些原则,并将其改为五步骤,也就是著名的赫尔巴特方法:(1)准备。通过提及以往学过的材料,教师激发学习者进入学习新课的准备状态;(2)讲授。教师向学生介绍新课;(3)联系。精心地将新课与学生以前学过的观念或材料联系起来;(4)系统化。涉及用例子说明学生所要掌握的新规则或概括;(5)应用。涉及检验新课的新观点或材料,以确定学生是否已经理解并掌握。

谈到赫尔巴特对教学的贡献,约翰·杜威说:"没几个人尝试基于一般原则阐明一种口头问答教学方法。这是一种极其重要的教学方法,它对课程学习的影响,可能比其他所有方法加在一起还要大。这种方法就是赫尔巴特所分析的,分为五个循序渐进步骤的口头问答教学方法。"[32]

赫尔巴特的常规教学步骤被用于教师培训,也被教师用于课堂教学。理论上,精心备课时,教师要思考五个问题:我的学生知道什么?我应当问什么问题?我应当联系什么事情?应当得出什么结论?学生如何学以致用?在很大程度上,这些原则仍然是今天课堂教案的指导原则。他的五个步骤,也构成了今天的课程理论家所称的课程规划的教学或实施阶段,或我们所称的课程开发(参见第七章)。

斯宾塞:功利主义与科学的教育

赫伯特·斯宾塞(Herbert Spencer, 1820—1903)是一位英国社会科学家,其教育观基于达尔文的生物进化论(提出了"适者生存"的观点)。斯宾塞坚持简单社会向更复杂社会系统的进化,其典型特征是专业化的行业和职业越来越多。[33] 由于自然的法则,只有聪明和多产的人能适应环境变化。不那么聪明、体弱和懒惰的人会逐渐消失。斯宾塞基于遗传的杰出人才观、社会经济发展观和智力开发观,对教育和经济产出有重要的启示意义。

斯宾塞批评宗教学说和古典科目材料是非科学的、是与当代社会脱节的。他提倡一种适合工业化社会的科学的、实践性课程。斯宾塞相信,传统学校是非实践的、装饰性的,是上层阶级的奢侈品,没能满足生活在现代社会中的人的需要。

斯宾塞建构了一种旨在推动人类生存和进步的课程。他的课程包括诸种活动:(按重要性依次为)维持生存、改善生活、有助于生儿育女、维持人的社会和政治联系、怡情养性。34 这五个目的成了1918年发表的著名的"中学教育原理"(Principles of Secondary Education)的基础,这一文件被证明是教育领域进步论思想(关注孩子的全面发展)胜过永恒主义哲学(关注科目材料)的一个转折点。

斯宾塞坚持应当教学生如何思考,而不是思考什么。他有关探索型学习、科学推理分支的看法,也影响到20世纪的课程专家,其中包括杜威1916年出版的《我们如何思考》(How We Think),以及后来的本质主义学科教育家杰罗姆·布鲁纳(Jerome Bruner)和菲尔·菲尼克斯(Phil Phenix)。35

在他的著名随笔《什么样的知识最有价值》(What Knowledge Is of Most Worth?)一文中,斯宾塞提出科学是对个人的生存和社会最实用的科目,然而它在课程中所占的空间却小得可怜。斯宾塞论证说,课程的建设应当建立在什么对推进进步有用和必不可少的基础之上。实际上,他是在提出一种将科学知识和技能用于工业化社会的教育纲领(我们今天即生活在工业化社会)。

约翰·杜威和查尔斯·贾德后来都受到斯宾塞思想的影响:25年之后,他们基于假设、发现事实、做出概括的方法提出了一种教育科学。可能是20世纪早期最著名的行为心理学家的爱德华·桑代克,也受到斯宾塞的科学理论的影响,尤其是涉及桑代克的学习原理和经验组织的地方。

尽管斯宾塞有关宗教、进化和社会进步的许多观点让一些人抓狂(在一些宗教和政治观察家中依然如此),但其观点还是适合斯宾塞的时代,那是一个以欧美的产业增长和领土扩张为典型特征的时代。

普及教育的兴起:1820—1900

19世纪初,美国向西部扩张。新的边远地区的生活加深了美国对建设新国家的普通人的信任。平等和粗糙的个人主义是重要的概念,在《独立宣言》中得到了表达,并得到相信所有阶级的所有人都至关重要的西部人的重申。这种对劳动者和美国文明的信赖,加强了边远地区的人们对学校教育的必不可少的认识。[36]在城市化的东部,底层阶级特别是移民,也看重免费学校教育,并且将它与社会流动性和美国梦联系到了一起。上层阶级的兴起对大众也许还没有信心,但他们勉强接受了杰弗森、拉什和曼的观点:对政治民主的理智参与和国家的经济增长来说,大众教育必不可少。

导生制学校

导生制学校是欧洲人发明的,基于约瑟夫·兰开斯特(Joseph Lancaster)的教育模式。它迅速扩散到移民人口正在增加的美国城市中心和急需一种学校体制的边远地区。在19世纪20年代和接下来的几十年中,其吸引力是它经济实用。聪明的出众的学生充当导师。教师向导生授课,导生再将内容传给同班同学。这种教学以生搬硬套的学习和训练"3R"为基础。

导生制教学的支持者强调,导生制教育是经济的,并且在教师忙于其他学生时,学生有事可做。班级被分成更小的小组,一位导生负责一个小组。让学生积极地参与实践和训练活动,按照自己的步伐前进。教师摆脱了某些教学的琐事。导生制被认为是"有效的"。[37]

导生制淡化了经典教育和宗教理论,强调了"3R"和良言懿行,证实了系统教学的可能性,使许多人熟悉了常规教育,使教育机会更广泛可用。最重要的是,它推动了大众教育和以税收做支撑的小学。[38]在它的鼎盛期19世纪40年代,它被引入到某些高中,教育工作者和国家机构也建议大学予以采用。

不过,许多人认为导生制过于机械。它也因为将知识平平的学生用作导师而受到批评。到1850年,其受欢迎的程度开始减退。

平民学校

平民学校1826年创建于马萨诸塞州,其时该州通过了一项法律,要求每一城镇选出一所学校的董事会负责当地的所有学校。11年后,马萨诸塞州立法机构创建了第一个州教育局,马萨诸塞州将公立平民学校组织到一个单一的权威机构之下。康涅狄格州紧随其邻居之后。[39]平民学校致力于小学教育,所强调的是"3R"。贺拉斯·曼是这一运动的先锋,这一运动根植于进步论思想。

作为马萨诸塞州立法机构的成员之一,后来又作为马萨诸塞第一个教育专员,曼通过诉诸各阶层的人,将公众对平民学校的支持团结了起来。为了获得商业团体的支持,他提出"教育有市场价值",同样服从于"硬通货"。工业的目的和国家的财富将会"与知识的普及同步"扩大。⁴⁰工人将变得更为勤勉和多产。曼也建立了针对上层阶级的管理工作理论——公共教育将提高公德。普及教育将会创造一个人们在其中将会遵纪守法的稳定社会,增加国家和社会的政治与经济福祉。曼告诉工人和农民,对他们的孩子们来说,平民学校是一个巨大的平衡器,是社会流动的一种途径。对新教共同体,他提出平民学校将会同化种族和宗教群体,促进一种共同文化,帮助移民孩子学习英语、美国习俗、美国法律。⁴¹曼也相信,平民学校对平等机会和国家认同至关重要。

建立平民学校的模式,以及平民学校的特质,在各州之间多有不同,但美国公立学校的基础却渐见雏形。学校所教的年轻人,社会经济和宗教背景人人不同,年龄从6至15岁不等。由于单个教师要给所有年龄的孩子教不同的科目,他们不得不每天备10至20节不同的课。⁴²教师也不得不努力让教室冬暖夏凉(砍伐和运送木头是年纪较大的孩子的共同责任)。校舍常常需要大修,教师获得的工资低得可怜。

新英格兰州立法机构鼓励建立校区,选举校董事会,颁布对学校进行管理的法律。尽管学校有诸多问题并受到各种批评,但依然遍地开花,尤其在边远地区。当地只有一间房子的校舍堪称拓荒先驱者们为自己孩子提供免费教育的欲望的象征。单间房校舍最终导向了美国最持久、最具感情化色彩的图画之一——几乎每一社区都有的"红色小校舍"。学校对提高美国的文明水平必不可少,这是大多数边远地区领导人所持有的信仰宣言。⁴³

这种小学校远看上去粗陋不堪,深受经费不足、教员短缺的困扰,不过却与美国边远地区的境况相吻合。按阿贝·林肯(Abe Lincoln)的说法,它是"胡扯"学校,不过它也是那种普通人的孩子——甚至是那些出生在小木屋中的孩子——能够开始他们的"读"、"写"、"算"的学校。⁴⁴学校也是当地公民用作投票、会议、舞会和其他社区活动的地方。也正是在边远地区的这一地方,就近办学、就地管辖、政府资助学校牢牢地扎下根来。

小学

关于合适的小学课程,不曾存在任何的共识。整个19世纪的趋势是在阅读、拼写、语法、算术等基本科目之外添加课程。到 1825 年,宗教教诲改为"礼仪"、"品德"教学。课本内容充满道德主义的气息,教师提供品格修为方面的强化训练。到 1875 年,"道德"课为"品行"课所取代,后者依然是 20 世纪课程的一部分。越来越多的科目加入了课程:到 1850 年是地理与历史,到 1875 年是科学、视觉艺术和体育,到 1900 年是自然课(生物学和动物学)、音乐、家政(又称"家政学")、手工训练。表 3.1 表明了小学课程的这种演变。

表 3.1　小学课程的演变,1800—1900

1800 年	1825 年	1850 年	1875 年	1900 年
阅读	**阅读**	**阅读**	**阅读**	**阅读**
	演讲	演讲	文选	文学
拼写	**拼写**	**拼写**	**拼写**	拼写
书写	书写	书写	书法	书写
基督教义	品行修养	品行	品行	品行
圣经	礼仪道德	礼仪		
算术	**算术**	心算	**初级算术**	**算术**
		计算	**高级算术**	
	图书整理	图书整理		
	语法	**语法**	**语法**	**语法**
		基本语	口语	**口语**
	地理	地理	国内地理	国内地理
			主题地理	**主题地理**
		美国史	美国史	历史研究
			宪法	
		实物课	实物课	自然课
			初级科学	初级科学
			绘画	绘画
				音乐
			体能训练	体能培训
				游戏
		针线活		针线活
				烹饪
			手工培训	

资料来源:E. P. Cubberley, *The History of Education*(Boston:Houghton Mifflin,1920),p.756.

注:黑体指最重要的科目。

初中

平民学校为税收支撑的、本地管辖的小学教育奠定了基础。美国的高中即建立在这一基础之上。到1900年,大多数6至13岁的孩子都进入公立小学,但只有11.5%的14至17岁的孩子进入公立初中(并且只有6.5%毕业)。正像表3.2所表明的,直到1930年,初中入学率都没有超过50%。到1978年,98%的小学适龄儿童进入学校,94%的初中适龄孩子进入学校(77%能毕业)。小学的大的入学繁荣期出现在1850年至1900年间,高中则出现在1900年至1970年间。从20世纪80年代到2010年,入学百分比在90年代中后期基本趋于平衡。

表3.2　初中和大学入学率,1900—2000

	14—17岁初中入学率	17岁高中毕业率	18—21岁大学入学率
1900	11.5	6.5	3.9
1910	15.4	8.8	5.0
1920	32.3	16.8	7.9
1930	51.4	29.0	11.9
1940	73.3	50.8	14.5
1950	76.8	59.0	26.9
1960	86.1	65.1	31.3
1970	93.4	76.5	45.2
1980	93.7	74.4	46.3
1990	95.8	85.4	48.5
2000	97.9	87.5	53.7
2010	96.5	86.0	60.0

资料来源:Allan C. Ornstein, *Teaching & Schooling in America*(Boston:Allyn & Bacon,2003); *Projections of Education Statistics to 2015*(Washington, DC:U. S. Goverment Printing Office,2011)。

文实学校

19世纪初期,文实学校开始取代拉丁文法学校,到1850年,文实学校占了主流。文实学校提供了广泛的课程。其目的是为不准备深造的学生提供实践项目,以及提供大学预科课程。到1855年,6000所以上的文实学校有在校学生263000名[45](超过这一时期初中总入学人数的三分之二)。

根据埃尔伍德·丘伯雷的说法,文实学校教的是"有用的东西,和现代自然科目",这些科目是为学生的生活准备的,而不只是大学预科课程。[46]到1828年,纽约

第三章 课程的历史基础

州的文实学校提供了多达50门不同的科目。按其重要程度,最重要的15门课依次是拉丁文、希腊语、英语语法、地理、算术、几何、写作和演讲、自然哲学、修辞学、哲学、美国史、法语、化学、逻辑学、天文学。到1837年,州监管会上报了72门不同的科目。[47]

文实学校往往也为准备上大学的学生提供传统课程。埃尔默·布朗(Elmer Brown)写道,"大学预科课程是整个教学体系的主干",尽管提供实践课程,"它却是决定他们学业标准的大学准入条件,比其他课程更必不可少。"[48] 保尔·门罗(Paul Monroe)同意:"文实学校教育的核心依然是古老的古典课程……正像更欣欣向荣的文实学校的学生主体依然是准备上大学的群体一样。"[49]

文实学校时期延伸到19世纪70年代,其时公立高级中学开始取代文实学校。文实学校然后充当了年轻女子精读学校,提供古典和现代语言、科学、数学、艺术、音乐、家政等方面的课程。它们也为未来的教师提供将古典课程和教育学原理结合起来的"师范"类项目。少数几所私立的军事和精英文实学校今天仍然存在。

高级中学

尽管19世纪初已有几所高级中学(第一所1821年创建于波士顿),但直到1874年它们都没有成为美国的主要学校机构。1874年,密歇根高等法院在"卡拉马祖案"(Kalamazoo Case)中裁定,公众可以用税收基金建立和资助高级中学。此后,高级中学迅速扩张,一州又一州规定上高中是义务。

学生被允许上私立学校,不过各州有权为所有学校制定最低标准。到1890年,美国的2525所高级中学有200000名学生,相比之下,1600所私立初中有不到95000名学生。到1900年,高级中学上升到6000所,而文实学校的数目减少到1200所。[50] 与平民学校一脉相承的公立高级中学系统得到了发展。迟至1900年,上高级中学的学生还只占整个青年人口的很少比例。然而,不准备深造的学生、准备进入大学深造的学生、穷学生、富学生同处一个屋檐之下,表明美国公众已放弃欧洲的中学教育双轨制。50年以后,当美国的高级中学得到全面发展时,詹姆斯·科南特(James Conant)提出了服务所有类型的学习者、有助于消灭阶级差别的综合高级中学。综合高级中学为所有学生提供课程选择。

高级中学看重大学预科项目,不过它们也完成不准备深造的学生的常规教育。它们比文实学校提供更多样化的课程。1900年左右,高级中学开始提供职业、工业、商业和神职方面的课程。公立高级中学为社会和政治改革做出了贡献。它们为

107

扩大产业经济生产了熟练的劳动力,它们使美国城市中百万移民孩子同化了、美国化了。

总的来说,拉丁文法学校的课程在殖民时期开始和结束时实际上是相同的。拉丁文、希腊语、算术和经典得到了强调。文实学校将更大的变化(例如,实践研究课)引入到了课程中。到1800年,典型的文实学校提供大约25种不同科目(表格列举了其中最流行的17种)。在1850至1875年文实学校的顶峰期,一些文实学校提供多达150种课。[51]按重要的次序,其中15种最流行的课依次为代数、高级算术、英语语法、拉丁文、几何、美国史、物理、自然哲学、自然地理、德语、通史、修辞、图书整理、法语、动物学。[52]这些课没有任何真正的哲学理念或目的,除此之外,大多数课本质上是为进入大学做准备的,虽然文实学校的最初目的是提供实践项目。

1875年以后,高级中学的数量急速增长,文实学校的数量迅速下降。课程和课程提供的种类继续扩大。据推测,这使学生根据自己的兴趣和能力做出决断更为容易。[53]参见课程小贴士3.2。

☞ **课程小贴士3.2**

历史研究的过程

以下提供的是进行历史研究的六条指导性建议。

1. 界定一个根源于过去的问题或论题,或者尝试再现一个历史事件并赋予它意义。

2. 使用历史事件时代的与该事件有关的并且是事件发生之语境有机部分的原始资料著作。

3. 使用历史学家阐释这一事件的二手资料(事件发生后所写的文献)。

4. 以对第一手资料和第二手资料的考察为基础,再现过去的事件、生活或情境,并做出阐释,借古以鉴今。

5. 用历史,特别是个案例证或个案研究,为教学增加一个道德维度。

6. 解释和阐释历史,但不要重写历史。

资料来源:改编自 Gerald Gutek, unpublished materials, 1992.

转型时期：1893—1918

从殖民时期直到20世纪之交，传统课程在中小学层次占主导地位，传统课程强调准备上大学深造的学生的古典作品学习。这种强调的依据是古典作品难学，因而是开发智力的绝好途径。

虽然对学生有帮助，但纯粹的多种多样的课程提供在各地区并不始终一致。越来越需要给课程以条理和统一性，尤其在初中层次更是如此。按照两位教育家的说法，教什么科目、分配多少时间、"安排在哪个年级"，各校之间互不相同。[54]

迟至1900年，大多数孩子都完成了他们的小学常规教育，那些继续进入初中的孩子通常会一毕业即结束他们的常规教育。截至1890年，只有14.5%的学生准备上大学，而只有3%的学生实际上能进入大学继续深造。[55]因此，学校所投合的是不到15%的学生。

改革者开始追问小学是否应当提供双轨制课程：一种提供给准备上高中的孩子，一种提供给正规教育在小学水平即结束的孩子。他们也开始对高中将注意力集中在准备上大学的孩子、集中在智力训练和古典作品发起质疑。

重申传统课程：三个委员会

以这些悬而未决的问题为背景，全国教育委员会（NEA）在1893至1895年间组织了三个重要委员会：小学教育十五人委员会、初中学习十人委员会、大学入学要求委员会。这些委员会的目的是决定学校的课程。它们的报告使20世纪大多数时间的课程"标准化"了。按丘伯雷的说法，"委员会是由科目材料专家所主宰的，深信智力训练"。"在他们的……审议中"，不关心学生的"能力、社会需要、兴趣或潜力"。[56]

十五人委员会

十五人委员会受到哈佛大学校长查尔斯·艾利奥特（Charles Eliot）的重大影响——艾利奥特触发了学校有必要改革的热烈讨论，并且受到时任美国教育长官的威廉·哈里斯的重大影响——哈里斯信奉严厉的教师权威和训练。这两人都想要传统课程原封不动。该委员会采纳了艾利奥特的计划——将小学的年级从十个减少到八个，并突出"3R"、英语语法、文学、地理和历史。每周分配给卫生、文化、声乐、绘画的时间分别是一小时，在七、八年级引入了手工训练、缝纫、烹饪、代数和拉丁文。

总体上,该委员会拒绝更新的科目的观念(参见表3.1),拒绝已成为19世纪初以来欧洲先驱改革运动之典型特征的教育原则,拒绝幼儿园,拒绝规划课程时应考虑孩子的需要和兴趣的看法,[57]拒绝跨学科科目的观念。他们对科目材料进行分科,这种分科仍是规范。

十人委员会

艾利奥特任主席的十人委员会是三个委员会中影响最大的一个。该委员会确认九个学术科目为高级中学的核心课程:(1)拉丁文;(2)希腊语;(3)英语;(4)其他现代语言;(5)数学(代数、几何、三角、高级代数);(6)自然科学(物理、天文、化学);(7)自然历史或生物科学(生物学、植物学、动物学、生理学);(8)社会科学(历史、公民政治学、政治经济学);(9)地理、地质学、气象学(参见表3.3)。

表3.3 十人委员会提出的初中项目和科目,1893

第一学年	第二学年	第三学年	第四学年
拉丁文 5p.*	拉丁文 4p.	拉丁文 4p.	拉丁文 4p.
英国文学 2p. ⎫ 4p. 英语作文 2p. ⎭	希腊语 5p.	希腊语 4p.	希腊语 4p.
德语(或法语) 5p.	英国文学 2p. ⎫ 4p. 英语作文 2p. ⎭	英国文学 2p. ⎫ 4p. 英语作文 1p. 修辞 1p. ⎭	英国文学 2p. ⎫ 4p. 英语作文 1p. 语法 1p. ⎭
代数 4p.	德语(续) 4p.	德语 4p.	德语 4p.
意大利、西班牙和法国史 3p.	法语(入门) 5p.	法语 4p.	法语 4p.
应用地理学(欧洲政治-大陆与海洋动植物区系) 4p.	代数 2p. ⎫ 4p. 几何 2p. ⎭	代数 2p. ⎫ 4p. 几何 2p. ⎭	三角 ⎫ 2p. 高等代数 ⎭
总计 25p.	植物学/动物学 4p.	物理 4p.	化学 4p.
	1688年前的英国史 3p.	英国历史和美国历史 3p.	历史(精读)和公民政治学 3p.
	总计 33p.	天文学 1.5p. 上半年 ⎫ 3p. 气象学 1.5p. 下半年 ⎭	地质学或地文学 2p. 上半年 ⎫ 4p. 解剖、生理和卫生 2p. 下半年 ⎭
		总计 34p.	总计 33p.

资料来源:Committee of Ten, *Report of the Committee of Ten on Secondary School Studies* (Washington, DC: National Educational Association, 1893), p.4.

* p. = 课时。

第三章 课程的历史基础

该委员会推荐了四种不同的行动路线：(1)古典项目；(2)拉丁科学项目；(3)现代语言项目；(4)英语项目。前两种要求学习四年拉丁文。第一种项目强调古典英国文学和数学；第二种项目强调数学和科学。现代语言项目要求学习四年法语或德语（西班牙语被认为过于容易，在文化和语言学上不那么重要）。英语项目允许学习四年拉丁文、德语或法语。现代语言和英语项目也包括文学、写作和历史。十人委员会认为这两种项目（不要求学习拉丁文，或强调文学、科学或数学）"在实践中明显低于另两种"。[58]在采取这一立场的同时，该委员会间接地将准备上大学的学生分进前两种项目，将不准备上大学的学生分进后两种项目。一定程度上，这种偏见折射出了该委员会的构成：十个委员中有八人代表了大学和私立预科学校的利益。

该委员会忽视艺术、音乐、体育和职业教育，坚称这些科目对智力训练贡献甚微。两位课程专家曾写道，"对这些科目的选择和不考虑将其他科目，足以确定许多年的初中教育路线"，并且间接地也确定了小学层次教育的基调。该委员会提出，除拉丁文和希腊语之外，九科目中的每一科目在小学层次都要教。[59]

在那时，很少有学生进入大学。然而，这种大学预科项目确定了从小学到大学的课程等级制，这种等级制促进了学术发展，也忽视了大多数不准备进入大学深造的学生。今天，学校提供职业、产业和技术项目，不过学术型项目依然被认为高于其他项目。

大学入学要求委员会

当大学入学要求委员会于1895年开会时，它重申了大学预科课程在高级中学中占主导地位，同时强调大学入学要求和古典课程。主要由学院院长和大学校长（包括艾利奥特）所组成的该委员会力荐加强高级中学课程为大学做准备的层面，并就大学准入所要求的不同科目的学分数给出了推荐意见。这种推荐意见在"卡耐基学分"中有所反映。"卡耐基学分"是一种评估大学准入学分的方法，于1909年为高级中学采用，现在大多数高级中学依然在使用。

哈里斯与艾利奥特：两个保守的改革者

从1878年（其时卡拉玛祖案的裁决为免费公立高级中学提供了办学依据）到1900年，教育问题是围绕课程展开的：在中小学应当教什么？高级中学应当视为小学的延伸吗？课程在中小学两个层次应当有区别还是应当有连续性？高级中学应

111

当视为大学的预科吗？如果是，在中学的哪一个年级应当启动大学的预备工作？应当为不再深造的学生提供什么样的课程？假如高级中学提供两种或两种以上的独立项目，其结果应当是双轨制吗？同样的教育适用于所有学生吗？

威廉·哈里斯(1834—1926)和查尔斯·艾利奥特(1835—1909)主宰了这一时期的改革运动：哈里斯是圣路易斯的前教育长官(1868—1881)、美国教育长官(1889—1906)，是一名传统主义者，服膺于麦古菲的道德主义和曼对免费公立学校的信赖。1871年，哈里斯写道："假如正在崛起的一代没有和民主原则一起成长，错误肯定出在大众教育系统。"[60] 他认为美国的平民学校应当讲授道德和公民权，"将所有阶级的人提升到对民主生活的参与中来"，并且渗入"社会秩序"。[61] 不同于曼将平民学校视为社会流动性的巨大平衡器和推动力，哈里斯将平民学校视为保护社会习俗和规则的工具。曼将学校视为一个孩子成长和发展的钥匙，而哈里斯则将学校视为教育孩子、使孩子社会化的诸多因素之一（例如，家庭，玩伴、教堂、社区）。哈里斯将学校看成社会的延伸，而不是变革的代理机构。

哈里斯提倡传统的课程：融合了本质主义（五个核心学术领域）和永恒主义（强调古典作品和道德价值）。哈里斯的小学课程包括数学、地理、历史、语法、文学和艺术。（曼也提倡音乐和艺术。）在高级中学层次，哈里斯强调古典作品、希腊语和拉丁文、数学。他的课程是严格的学术课程。哈里斯抵制职业的、实践的课程观，提出所有孩子都应当修同样的课程。这种理想是每个学生都用大脑行事，而不是用手行事。

教育史学家劳伦斯·克雷明声称，哈里斯"巩固了曼造成的革命"，但"显然是保守的"。哈里斯所强调的是"秩序而不是自由，是工作而不是游戏，是努力而不是兴趣，是指令而不是选择，是监管（和）沉默，是维持"公民秩序"。[62] 哈里斯看重规则、日程安排、测试和分级。哈里斯提出也许课程会给穷孩子和富孩子相同的机会。当然，他对古典著作的集中关注也使工人阶级家庭出身的学生打消了上高中的念头。

作为哈佛大学校长，艾利奥特在塑造高等教育方面扮演了引人注目的角色。他提出，迟至19世纪90年代，美国80%以上的高等院校不得不因为高中所做的工作不到位而组织自己的预科高中。同样，80%以上的合格青年没有上高中。艾利奥特坚称，"在小学和大学之间"存在着目的和质量的巨大不相称。[63] 尽管小学服务更大一部分人口，但其课程的典型特征是重复练习语法、拼写和基础数学，而以科学、外语、高级数学为代价。

课程不得不做出修补，教学方法不得不做出改变，从密集讲授、机械训练、记忆事实转向理解和解决问题。艾利奥特相信，小学的孩子有能力学习诸如代数、物理和外语这一类的科目。60年以后，在《教育进程》(The Process of Education)中，杰罗姆·布鲁纳同样提出："可以采用一些有效的诚实的方式在所有发展阶段向所有孩子讲授所有课程。"[64] 不像他同时代的大多数教育家，布鲁纳坚持认为，只要教学得法，学生差不多在所有年龄都能理解所有科目的基本原则和概念。

艾利奥特呼吁教育专家为每一科目确定目标和标准，"虽然不是所有的孩子都会学习同一科目，或在学习时按同一步幅前进"。[65] 一定程度上，他允许不同的学习频率和学习方式，这在今天被称为"独立学习"、"持续进步"和"学习风格"。

艾利奥特眼中的"文明社会"由四个层次构成：(1)上层，人数"稀少"，由"管理、领导、指导阶层——思想发现者、发明家、组织者、管理者"组成；(2)一个"人数众多的阶层，也就是受过高度训练的手工劳动者"，他们主要承担"熟练的手工劳动"的功能；(3)一个人口众多的"商业阶层"，由从事"买、卖和派送"的人所组成；(4)一个从事"家务劳动、农业、采矿、采石和林业"的大阶层。艾利奥特提出，必须为这所有四个阶层提供教育项目。[66] 更进步和更民主的改革者将艾利奥特的阶层体系视为精英主义的和带有偏见的。

艾利奥特主张将职业和商业学校与高中分离开来。他也坚持小学教师应当按能力挑选出孩子，使之进入不同的轨道(正像欧洲双轨制学校所做的那样)。[67] 后来，艾利奥特从这一立场稍稍后撤，不过测量体系和学校效率的提倡者们注意到了"职业指导"的观念，部分地以测试为基础，[68] 并且提倡让初中学生分流进入学术和非学术项目的轨道。

职业教育

在后来的年代里，全国教育委员会支持职业教育的概念。全国教育委员会的"工业在公共教育中的地位委员会"1910年的一份报告，提倡小学层次的"手工活动"，并"测试小孩的态度，以作为后来选择是在职业还是在高等学校做出特殊追求的基础"，同时提倡某些高中学生的"手工训练"。[69]

1917年，《史密斯—休斯法案》(Smith–Hughes Act)为和农业、家政、贸易相关的职业教育提供了来自联邦的支持。联邦基金是用来和各州分配给这三个职业领域的学校课程的资金配套的。商业、劳工和农业小组称赞这一法案为一大改革。[70]它们没有将这一法案看成将底层的孩子分流到二流的、非学术的项目。当然,简·亚当斯(Jane Addams),较小程度上还包括杜威和基尔帕特里克,会将推进职业教育视为阻碍了民主的平民学校运动。亚当斯最关心移民家庭的孩子会不会被引入这类项目。75 年之后,迈克尔·阿普尔、阿尔菲·科恩、珍妮·奥克斯(Jeannie Oaks)同样提出,由于中产阶级教育家的阶级偏见,劳工阶层的孩子被置于非学术的职业项目。[71]

在两年之内,职业项目的注册率翻了一番。到 1918 年,这类项目招收了 164000 名学生,绝大多数(118000 名)是在贸易和工业项目。到 1944 年,总计注册人数是 2500000 人,平均分布在农业、家政、商业和工业项目内。到 1970 年,职业项目招收了约 900 万名学生(初中生的 26%)。[72] 到 2000 年,职业教育注册率下降到了 20%,[73] 这反映出对学生进行分流的批评与日俱增。

然而,职业教育最近在"职业和技术教育"(CTE)的名义下重新成为全国性话题,周边话题还包括与日俱增的大学债务、高中的辍学、对"中等技能"工作的要求。[74] 像数据库管理员、医药技师之类的职业,需要高于高中的文凭,但不必需要四年的学士学位。这是一个"职业和技术教育"要适当填补的领域。考虑到电子产业及与健康相关产业的增长,职业教育需要进行重大的修正调整。

@ 观看这个有关职业和技术教育(CTE)的报告。你认为职业和技术教育的优势和劣势是什么?

https://www.youtube.com/watch?v=3pVDGCuRWsQ

迫切呼唤现代课程

除了别的因素以外,移民和工业的发展导致越来越多的教育家质疑古典课程及其对智力训练的重视。19 世纪末、20 世纪初心理学和教育学的科学运动也发挥了重要作用,特别是查尔斯·皮尔斯和威廉·詹姆斯的实用主义理论,达尔文、赫尔巴特、斯宾塞的社会理论,以及裴斯泰洛齐、福禄培尔、玛丽亚·蒙台梭利(Maria Montessori)和其他人的教育观。这一运动抛弃了智力训练方法和古典课程,并且重视职业的、技术的和科学的科目。

第三章 课程的历史基础

20世纪之交,教育受到杜威和弗朗西斯·帕克的观点、格式塔心理学和儿童心理学运动、行为主义和迁移学习的学习理论、学校和社会的进步论运动的强烈影响。

教育家越来越认为,古典著作压根不比其他科目有更大的精神价值,智力训练(强调机械学习、训练、熟记)无益于科学的归纳法,或与当代教育理论不符。这一时代最有影响的学习心理学家爱德华·桑代克写道:"期望一种学习比另一种学习在普遍提高人的智力上有任何大的差异,看上去注定要陷入失望。好的思想者表面看起来是通过一般的学校学习才成为好的思想者,其主要原因是因为好的思想者的确经历过这种学习……这样一来,既然好的思想者学习物理和三角,物理和三角就看似造就了好的思想者。而假如才能出众的学生都学习了体育和戏剧艺术,体育和戏剧艺术看上去也会造就好的思想者。"[75]

弗莱克斯纳:一种现代课程

到1917年,以前提倡拉丁文学习的艾利奥特,现在也说拉丁文对高中或大学生来说不再应当是必修的。[76] 曾经担任古典科目教师的亚伯拉罕·弗莱克斯纳(Abraham Flexner,1866—1959),断言拉丁文在课程中"漫无目的",古典著作与科学的发展不合拍。[77] 弗莱克斯纳现在提出,传统是一个调整科目材料的不充分标准;社会正在变化,教育工作者也不得不在课程方面做出变革。

在其1916年的论文《现代学校》(*A Modern School*)中,弗莱克斯纳抛开了传统的初中课程,提出了由四个基本领域组成的"现代"课程:(1)科学领域(课程的主要重点);(2)工业领域(工业世界的职业和贸易);(3)公民领域(历史、经济学、政府管理);(4)美学领域(文学、语言、艺术、音乐)。[78] 现代语言将取代拉丁文和希腊语。弗莱克斯纳得出结论说,除非能将实用主义的论点纳入其中,否则一门科目在课程中便没有太多意义。

弗莱克斯纳的实用概念和现代课程概念与斯宾塞对科学和科目材料的看法相同。差异在于,弗莱克斯纳与他所处时代的社会和政治氛围协调一致。教育工作者愿意倾听他的建议。1917年,哥伦比亚大学(当时杜威在此任教)教师学院林肯学校采纳了弗莱克斯纳提议的课程,学校将四个核心学习领域融为一体,同时强调科学探索。

杜威:经验的和科学的教育原则

在弗莱克斯纳发表《现代学校》的同一年,杜威出版了《民主与教育》。该书是他最有影响的(并且最繁冗的)著作之一,讨论了他哲学观的所有因素。[79] 在该书中,杜威陈述了教育和民主间的关系,同时提出了民主本身是一个可以通过学校来加强的社会进程的观点。杜威认为学校是中立的机构,可以服务自由的最终目的,也可以服务压抑和权威的最终目的,因此,教育的目的是与所涉及的特殊类型的社会携手共进的。

在杜威看来,不能将科目置于价值的等级制中,任何科目的学习都能促进一个孩子的发展。任何学习或任何知识体都能扩大孩子的经验,并对其社会和认知的成长做出贡献。希腊语或拉丁文一类的传统科目不再比音乐或艺术更有价值。

与此同时,杜威赋予了科学以优先权,将其视为理性探索的缩影。在杜威看来,科学是知识的别名,它代表了学习(消费知识)的完美结果,"这是众所周知、确定不疑的事"。杜威认为,对一个社会来说,科学探索是最佳的知识形式,因为它构成了"特殊的方法,该民族想出这种方法,目的在于在各种条件之下进行反思,从而检验其程序和结果"。[80]

杜威对科学的重视,部分基于斯宾塞的工作。斯宾塞相信科学对完整的生活来说十分关键。这种重视还部分归功于 G. 斯坦利·霍尔(G. Stanley Hall)。霍尔在 19 世纪 80 年代和 90 年代开启了儿童研究运动,杜威在霍普金斯大学做博士生时,曾在霍尔门下学习。霍尔使得儿童研究运动既是以研究为基础的,也是成系统的,因此其发现被认为是适用于课堂。虽然教师很少运用从儿童研究中获得的知识,但它构成了 20 世纪 30 年代和 40 年代儿童发展运动的基础——这一运动的急先锋是美国的罗伯特·桑代克(Robert Thorndike)、阿瑟·杰西尔德和欧洲的让·皮亚杰(Jean Piaget)。

贾德:系统学习与社会科学

查尔斯·贾德(1873—1946)是杜威的同事。当杜威主持实验学校时,贾德是芝加哥大学教育系的负责人。同杜威和其他人一起,贾德建构了一种教育科学,这种教育科学基于发现事实、总结概括,然后将它们运用到决策和解决问题的领域。与皮尔斯和詹姆斯将这种方法称之为实用主义不同,贾德将其称为"教育科学主义"。

贾德是一个进化论者,相信杜威的适应理论和斯宾塞的生存理论,相信应当用自然的法则去教育年轻人。他用统计学的研究(那时,这种研究尚处在萌芽期)去决定课程内容的价值,也就是说,特殊内容增强学生解决问题的能力。通过让学生为处理问题做好准备,而不是获取或记忆无穷无尽的知识,他提出,学生应当准备好应付当他们成年后将会碰到的变化不定的世界以及种种问题。

在《教育科学研究导论》(*Introduction to the Scientific Study of Education*)中,贾德勾勒了"课程的……系统学习"。[81]他强调了读、写、拼要以统计上表明成功的成年人所使用的词为基础。他也重视对日常生活有用的数学问题。贾德还鼓励对小学生加以"职业教育",以帮助他们为一种职业做好准备。在初中层次上,贾德推荐带有职业或技术取向的实践科目,而不是"文化"课程或精英主义课程。对成绩差的学生,他倡导英语、商务数学、机械或速记、办公室管理。对中等生和优秀生,他推荐科学、数学、现代语言和社会科学。

贾德影响到了下一代寻求将科学方法用于课程开发的理论家。这一代(有时被称为"技师")始于20世纪20年代的富兰克林·博比特和韦伦特·查特斯,而终于20世纪50年代的拉尔夫·泰勒和塔巴。

初中教育重组委员会

1918年,全国教育委员会初中教育重组委员会出版了高度进步论的《初中教育常规》(*Cardinal Principles of Secondary Education*)。[82]由于受赫尔巴特的目标、弗莱克斯纳的《现代学校》和杜威的《民主与教育》的影响,委员会看重孩子的全面发展,而不只是认知发展;强调教育为所有年轻人,而不只是准备上大学的年轻人;强调多样化的学习领域,而不只是古典或传统的学习;强调民主社会的共同文化、观念和理想,而不是宗教的、精英主义的、精神规训的学习。

该委员会注意到了以下各点:

1. 教育应当推动七个方面的目标:健康、通晓基础、"有价值的家庭归属感"(例如,为婚姻、生儿育女等做准备)、职业、公民权利、休闲、道德品格。

2. 高级中学应当是一个以国家的社会团体和经济团体为基础的综合机构。

3. 高级中学课程应当适合学生的各种需要——农业的、工商业的、职业的和大学预科的需要。

4. 现有的教育心理学、心理学原理、测量和评估方法应当用于初中课程和教学。

5. 美国教育机构应当相互协作,共同发挥作用。

高级中学也在设想它们的现代课程模式:将学术项目与几个非学术项目结合起来。英语、数学、科学、社会科学、现代语言得到了强调。古典语言和文学逐渐失去了地盘。目的和科目逐渐相互联系了起来。功利主义正在取代智力训练的观念。学生的需要和兴趣正得到考虑。人们期望学校服务所有学生,而不只是服务准备上大学的学生。长期统治美国教育的传统教育走向了式微。

课程领域的诞生：1918—1949

20世纪初，科学的研究方法、心理学、儿童研究运动、工业效率、社会的进步论运动都影响了教育。课程这时被视为一门科学，具有自己的原理和方法，而不只是作为内容或科目材料。规划一门课程的观念（而不只是从科目和分配给科目的时间的角度对其进行描述），开始在文献中出现。

博比特与查特斯：行为主义和科学原理

为工商业所推动的效率观，影响了富兰克林·博比特(1876—1956)和查特斯(1875—1952)。弗雷德里克·泰勒根据对时间和动作的研究，对工厂的效率进行了分析，并得出结论说，工人薪酬应当以个人产出为基础，他的理论影响到了博比特和查特斯。[83]学校的有效运作成为20世纪20年代的一个主要目标。效率通常带来的是取消小班、增加生师比、缩减教师的工资，等等，然后是准备图表以显示降低了成本。雷蒙德·卡拉汉后来将这种方法打上了"效率崇拜"的标签。[84]课程编制变得更为科学，教和学被缩减为可测量的行为和结果。

博比特1918年出版的《课程》(The Curriculum)，可能是第一本完全致力于将课程当作一门科学并自始至终如此的书。博比特的课程规划原理反映了一种活动方法，"一系列孩子必须去做和经历的事情——其途径是培养将事情做好、为成人生活事务做好准备的能力"。[85]对博比特来说，课程应当描述对每一科目来说意义重大的知识，并且随后开发出适当的活动。博比特开始着手组织小学各年级的学习过程："我们需要课程编制原理。"[86]

在20世纪20年代初期出版的《如何编制课程》(How to Make a Curriculum)中，博比特进一步发展了自己的活动方法。在该书中，他描述了800多种目的和相关的学生活动。这些活动从个人健康和卫生到拼写和语法，"到使家庭器具处于良好的工作状态"。[87]

博比特选择目的的指导方针在今天仍可以使用：(1)取消不实用的目的，或是在整个正常生活中不可能达到的目的；(2)强调对成功和成人生活来说意义重大的目的；(3)规避共同体所反对的目的；(4)使共同体参与目的的选择；(5)区分所有学生的目的和仅仅属于某些学生的目的；(6)按年级排列目的的顺序。抽离其语境,博比特对数百种目的和活动的列举,连同他所赞成的与机器或工厂间所做的类比,极易招致批评。尽管如此,博比特的坚持——课程是一个基于科学方法和程序的专业——对将课程提升到一个研究领域,或他自己所称的一个"新的专业化"领域,相当重要。

查特斯也提倡一种受到商业效率原则影响的行为主义方法。他称他的方法为"科学的"方法。查特斯将课程视为学生必须达到的一系列目标。在《课程建构》(Curriculum Construction)中,他按照特殊操作(例如操作一台机器时所涉及的特殊操作)的意义对课程进行了讨论。[88]

查特斯提出,课程编制人员必须运用清晰的原理,以选择出会导致获得特殊的、可测量之目的的材料。[89]他感到那时的知识状况还做不到专门对目的的结果进行认定的科学测量,但他开始着手发展一种方法,一种基于社会共识选择出目的,并适用于对科目材料和学生活动做出分析和验证的方法。尽管他在这一时期没有使用评估这一术语,但他为课程评估做出了奠基性工作。

作为课程方面行为和科学运动的创始人,博比特和查特斯对课程具有深刻的影响。他们的主要观点是:(1)发展了课程编制原理,涉及目标、目的、需要、学习经验(他们称之为活动);(2)突出了行为目的的用途;(3)引入了目的来自对需要的研究(后来称为需要评估)的观念,以及目的和活动服从于分析和验证(后来称之为评估)的观念;(4)强调课程编制横贯科目材料,课程专家无需是所有科目的专家,但应当是方法或过程方面的内行。

拉尔夫·泰勒在教育系读研究生时,博比特和查特斯在芝加哥大学任教(泰勒是查特斯的研究生助理)。泰勒受到博比特和查特斯的行为主义观念的影响,特别是以下观念的影响:(1)目的来自学生的需要和社会;(2)学习经验与目的相关;(3)教师组织的活动应当整合到科目材料之中;(4)应当对教学的结果做出评估。泰勒强调评估是课程的组成部分来自查特斯,查特斯帮助泰勒在1929年被任命为俄亥俄州教育研究署的测试与评估负责人(查特斯已在1928年成为该署的负责人)。泰勒的四种主要课程构成成分(目的、学习经验、组织方法、评估)根植于博比特,特别是查特斯的观念。

基尔帕特里克:进步论的影响

进步论教育和普及教育的崛起,引起了对传统课程僵化保守和死记硬背、重视难啃的科目材料、中学课程为进入大学做准备而标准化等的强烈反对。进步论课程专家重视学习者而不是科目材料,重视社会过程而不是认知过程。课程是围绕课堂和学校的社会活动、团体的事业和团体的规划来组织的。参见课程小贴士3.3。学生的自我表现和自由是主要目标。20世纪20年代和30年代,杜威警告说,当心那种缺乏计划、简单地允许学生根据自己的兴趣做出回应的教学。[90]

☞ 课程小贴士3.3

充实课程

以下建议综合了基尔帕特里克的活动课程和鲁格的以孩子为中心的课程。总之,这些建议将小学学校教育和20世纪上半叶发展起来的进步论哲学整合为一体。它们尤其适用于重视以学生为中心的课程的学校和教师。

1. 研究每个孩子的累积记录。
2. 比较成绩得分和能力指数。
3. 考察一个学生对经常用的词语、象征符号和话题的创造性。
4. 倾听学生谈论自己。
5. 提供活动的选择。
6. 如果可能,对每个学生进行家访。
7. 帮助每个学生尽可能多地了解自己的价值、态度、目的、技能、兴趣、能力。
8. 允许学生说出他们所想的。
9. 鼓励学生反思自己的信仰和价值观。
10. 和学生一起分析他们对自己课堂内外经验所做的解释。
11. 围绕个人或小组对问题的研究(这些问题对所涉及的个人相当重要)来组织班级活动。
12. 帮助每个学生陈述自己的当下目标和长期目标。和学生一起共享对他们的当下处境有用的信息。
13. 和孩子一起弄清一种处境的种种局限(在时间、材料、资源上的局限)。

第三章　课程的历史基础

> 14. 要求每个学生制订一个工作计划。
> 15. 鼓励每个学生收集和共享材料。
> 16. 安排学生在课外情境中收集信息。
> 17. 使用记流水账的方式帮助单个学生组织自己的学习。

资料来源：Kimball Wiles, *Teaching for Better Schools*（Englewood Cliffs, NJ: Prentice Hall, 1952）, p.286.

杜威在哥伦比亚大学教师学院的同事基尔帕特里克，试图将那时的行为主义心理学同杜威和贾德的进步论哲学融为一体。这种交融变成了著名的"规划方法"[91]（后来称之为有目的的活动）。基尔帕特里克将他的方法论分为四步：确定目的、制订计划、执行计划、判断。他的课程规划的范围，包括从课堂规划到学校和社区的规划。

基尔帕特里克的两个博士生将他的观念运用到了密苏里的学校中。一位是朱尼厄斯·梅里安（Junius Merian），他称基尔帕特里克的规划为"学习科目"，并将它们组织到四个领域：观察、游戏、故事和繁重工作。[92]第二位是埃尔斯沃思·柯林斯（Ellsworth Collings），他开发了围绕孩子的真实生活经验的课程。他鼓励教师和学生提出有组织的经验和活动来，这些经验和活动在本质上是相关的和发展的，一种活动引出另一种活动。"课程是通过学生和教师的联合行动'在现场'连续不断地制造出来的。"他相信这种联合努力"对学生最有意义"。[93]他的规划和梅里安的四个学习领域相似，不过包含了更多的田野考察和团体活动。

基尔帕特里克在他的《方法基础》（*Foundation of Method*）一书中所提出的规划方法，主要是在小学层次实施的。基尔帕特里克提倡在决定课程时让孩子充分参与。基尔帕特里克的规划方法成为活动运动的一部分。但他提出，差异在于他的学说有"社会目的"，而以活动为中心的课程只有"孩子的目的"。当被迫决定应当由谁——孩子还是教师——来规划课程时，基尔帕特里克选择了孩子，提出"如果你要教育孩子为自己思考和计划，那么就让他制订自己的计划"。[94]在这一方面，他不同于杜威，杜威更多强调教师的作用。按基尔帕特里克的观点，孩子不得不学会"寻找，……比较……思考为什么"，并且做出他们自己的决定。[95]教师应当指导而不是派送知识。当基尔帕特里克的规划方法最终被引入高中课程时,便与社会研究和核心课程融合到了一起。[96]

由于关注社会问题,并作为激进的进步论一翼(后来被称为重构论)的一分子,基尔帕特里克认为传统教育是反动的。与其他进步论者如博伊德·博德、霍利兹·卡斯韦尔、乔治·康茨、哈罗德·鲁格一起,他对十人委员会做出了批评——他感到该委员会使传统教育体系合法化了。十人委员会鼓励重视拉丁文、语言、科学的区隔化的、学术性的课程。基尔帕特里克赞成重视价值观和社会问题的整合性的科目材料和普通教育。与十人委员会将学校视为是学生主要去获取知识的场所相反,基尔帕特里克和他的进步主义同事将学校视为一个"共同体",学生在其中实践"合作,自我管理……并且运用智力去面对可能出现的问题"。[97]

传统的教育实践主要关注一般科目,通常是小学层次的"3R"和初中层次的基础学术科目。基本教学方法是机械实践。与之相反,基尔帕特里克及其追随者将教育的目的视为孩子沿社会路线成长,而不是掌握内容。[98]课程必须来自真实生活经验,而不是来自组织过的科目材料实体,并且必须采取有目的的活动形式。学校是为生活做准备且有社会目的的。

第二十六年年鉴

1930年,总部设在芝加哥大学的一个荣誉团体——全国教育研究学会(NSSE)出版了它的第二十六年年鉴,年鉴分为两册:《课程编制:过去与现在》(*Curriculum-Making: Past and Present*)、《课程编制基础》(*The Foundations of Curriculum Making*)。[99]开发这两册书的委员会由十二个成员组成,其中包括鲁格(主席)、巴格利、博比特、查特斯、康茨、贾德、基尔帕特里克。这一时期课程开发的带头人大多数是科学导向的、持进步论的。许多人和重视这种教育科学的芝加哥大学有紧密联系。

该年鉴的第一册猛烈抨击了传统教育极其重视科目材料、死记硬背、循规蹈矩、智力训练。它也对美国公立、私立学校的革新实践和项目进行了综合。第二册描绘了课程编制艺术的现状,并对理想的课程做了勾勒:

1. 关注人生事务。
2. 处理本地、国内和国际问题。
3. 能使学生批判性地思考各种管理形式。
4. 培养开阔的思想和胸怀。

122

5.考虑学生的兴趣和需要,提供讨论和争论的机会。

6.处理现代生活的种种问题,以及社会的文化层面和历史层面的种种问题。

7.在选择诸如角色扮演、独立学习、合作学习等另类选择时,考虑解决问题的活动和实践。

8.按分级组织法组织问题和实践。

9.采用有目的的、建构的方式处理人道主义的主题。[100]

哈罗德·鲁格坚持教育委员会或立法小组应当阐明课程的目标、材料和教学方法。训练有素的课程专家应当规划课程并纳入:"(1)目的陈述;(2)达到目的的一系列经验;(3)发现是……介入经验的最佳方式的科目材料;(4)来自经验的立竿见影结果的陈述"。[101]这四条规划原理后来成了泰勒在《课程与教学基本原理》中所描述的四种组织原则的基础。鲁格得出结论说,课程正在适应科学的方法,这需要"专业化和专门的训练"。[102]有经验的教师和课程专家应当共同协作,在每一科目领域内组织内容和材料。

全国教育研究学会的年鉴极大地澄清了课程工作者遭遇到的种种问题,并且显著推进了课程编制。它在许多学区(大的学区和小的学区,以及城市、郊区、农村学区)产生了重要影响。

鲁格与卡斯韦尔:发展时期

从20世纪20年代末到40年代初,一批讨论课程原理和过程的重要书籍纷纷出版。曾被当作工程师来培训的哈罗德·鲁格(1886—1960),与博比特和查特斯一样信奉"课程科学"。1928年,鲁格和安·休梅克(Ann Shumaker)合著了《以孩子为中心的学校》(*The Child-Centered School*)。在一个看重学生在课程规划中的投入的时代,两位作者强调有必要由课程专家来建构课程。[103]他们也强调教师在实施课程中的作用,并且强调有必要预先计划。鲁格不相信课程应当基于学生的投入、需要和兴趣。鲁格感到学生取向型的课程缺乏方向和逻辑。鲁格提倡教育专业人士内部的合作,这些专业人士包括教师、管理人员、考试专家和来自各种领域的课程专家。

20世纪30年代和40年代,鲁格将注意力转向了整合历史、地理、公民教育、经济学(经常通称为"社会研究")。他的一些有关劳工史、联合主义、集体主义的观念

(经由他自己与教师联盟的活动而构成的),导致了来自根深蒂固的团体的大量批评。像康茨和杜威一样,鲁格也上过 FBI 的名单。

20 世纪 20 年代中期和 30 年代,大多数学区和州教育部门都在开发课程指南。当然,方法和活动的选择留给了教师。霍利兹·卡斯韦尔(1901—1989)想要将重点从制订一个学习过程转移到改进教学。他预想课程编制是一种协调教师的教学活动和科目材料、学生的需要与兴趣的方式。卡斯韦尔认为学习过程是教师应当用于计划他们的日常授课的指南,而不是他们应当亦步亦趋的计划。

卡斯韦尔为课程编制提供了循序渐进的程序。他和他的同事提出了到今天依然实用的七个问题:

1. 何为课程?
2. 为何需要修订课程?
3. 科目材料的功能是什么?
4. 我们如何决定教育的目的?
5. 我们如何组织课程?
6. 我们如何选择科目材料?
7. 我们如何测量教学效果?[104]

受博比特课程定义("孩子和青年必须做和经验的一系列事")的影响,卡斯韦尔和坎贝尔在他们的著作《课程开发》(*Curriculum Development*)中坚持课程必须考虑"学习者经验的所有因素"。[105]他们认为课程领域应当整合哲学、心理学和社会学。卡斯韦尔将课程视为一个涉及开发、组织、教学、评估等科学步骤的过程。

卡斯韦尔和坎贝尔相信,课程必须针对孩子的兴趣、社会功能、有组织的知识。它应当提供每一个年级科目材料的恰当范围和顺序。范围代表诸如自然资源保护、"有价值的家庭归属感"、民主生活等广泛主题。顺序依赖于孩子的兴趣和经验。科目材料应当与社会功能和学习者的兴趣配套。所获得的知识应当得到测量。

"八年研究"

尽管传统的科目材料和方法占大多数学校课程的主流,进步论运动还是影响到美国的某些地方,特别是丹佛、圣路易斯、伊利诺伊的温内特卡。大多数高中教师和校长不情愿实施进步论变革,因为课程是(像今天一样)受考试驱动、教材主宰的,并且是由大学入学要求引导的。[106]

进步教育协会启动了"八年研究"(1932—1940)项目,目的在于表明,旨在满足学生需要和兴趣的新课程,正好与围绕传统的考试和大学入学要求来设计的课程一样有效。多达30个革新或实验高中、1475名毕业生与遵循传统大学预科轨道的学校和学生加以比对,按认知、社会和心理标准,实验组或革新组做得一样好或者更好。

这一研究带来了几本书的面世——例如,威尔福德·艾肯(Wilford Aiken)和哈里·贾尔斯(Harry Giles)的著作。[107]贾尔斯的同事泰勒,是这一项目的主要参与者。他后来刊载在《课程与教学基本原理》之中的许多观点,即来自这一研究所触发的原理和看法(同样也来自全国教育研究学会的"第二十六年年鉴")。

尽管从行为意义上陈述目的的观念早在这一研究之前20年就已提出,但课程专家在全国范围内推行这一观念则是在这一研究之后。这些课程专家将目的分类归入相关的范畴。[泰勒和塔巴后来将目的分类归入以下范畴:(1)知识习得,(2)智力技能,(3)态度情感,(4)学术技能或学习习惯。[108]]参见课程小贴士3.4。

☞ **课程小贴士3.4**

目的分类

通过将它们归入各个范畴,学校可以将目标转化为目的,这是泰勒和塔巴所赞成的。下列有关小学社会学习目的的例子,是在"八年研究"时期开发出来的,并由南本德学区针对21世纪进行了更新。

1. 知识。孩子需要理解:

(1)所有人比以往更加相互关联,并且相互依赖;

(2)我们的世界是动态的,永远变动不居的;

(3)事件、发现和发明也许会以某种方式改善生活,但也会以更快的速率带来种种问题;

(4)人们已建立共同体和政府机构以满足自己的需要;

(5)新世代逐渐养成了自己的传统、价值观和习惯,并对它们加以传递和调整;

(6)一个地方的地理影响人们的生活方式;

(7)个人越来越有能力塑造自己的人生和社会。

2. 技能。孩子必须学会如何:

(1) 从多种来源寻找信息并判断其有用性;

(2) 对事实进行组织,基于事实概括;

(3) 进行基于事实的讨论,概括,得出结论;

(4) 对事实、发现、发明做出批判性思考;

(5) 计划,执行计划,并评估所做的工作和规划;

(6) 承担责任;

(7) 通过判断行为的对或错,培养价值观。

3. 态度。孩子需要:

(1) 愿意承担和完成一项任务;

(2) 持之以恒;

(3) 为了达到团体所期望的目标,渴望帮助他人、与他人合作;

(4) 包容他人,无论别人和自己相同还是不同。

资料来源:*For Our Time: A Handbook for Elementary Social Studies Teachers* (South Bend, IN: School City of South Bend, 1949), pp. 229—230.

"八年研究"的成员明白,评估必须确定课程的目的是否已经达到。这项研究断言需要全面评估,其中包括以下方面的数据:(1)学生成绩,例如最初掌握的水平、标准化考试的成绩、社会和心理的技能、创造性;(2)社会因素,例如社会阶层、同龄群体、共同体模式、动机;(3)教学进程,例如课堂管理、家庭作业的布置、师生的互动;(4)教学方法,例如讨论、演示、解决问题、发现。

塔巴和泰勒在该项研究的评估小组工作。20世纪40年代和50年代,塔巴在担任督导与课程开发协会的评估委员会主席所做的工作中,开发了全面评估的观念。在其1962年出版的《课程开发:理论与实践》(*Curriculum Development: Theory and Practice*)一书中,他进一步发展了这一观念。泰勒则在自己1949年的《课程与教学基本原理》一书中阐述了自己的评估观。

由于教师没有深深地参与课程,这一研究所开发的课程编制观并没有渗透到学校中。正像杜威在这一研究25年之前所宣称的,教师经常将"社会关系和考虑因素之外的东西"视为"干涉"。[109]这一研究的课程委员会成员的大多数,没有将教师纳入其中,而是将教师限制在检验课堂教材和材料,或是限制在修正中心区办公室所开发的课程指南。将教师从学校目标和项目目的的分类、科目材料和学习活动的组织,以及评估进程中排除出来,使传统的本末倒置的课程编制得以永存不朽。

泰勒:基本原理

尽管拉尔夫·泰勒(1902—1994)在课程、教学和评估方面印行了700多篇文章和16本书,但他却是以1949年的那本小书《课程与教学基本原理》著称于世。[110]该书原是他写给芝加哥大学他的学生的课程提纲,总计已印刷35次以上。在128页的篇幅中,泰勒覆盖了他相信所有涉及为所有科目或年级而规划或编写课程的人都应当回答的基本问题:

1. 一所学校应当寻求实现怎样的教育目标?
2. 什么样的教育经验可能导向这些目标?
3. 这些教育经验如何才能有效地得到组织?
4. 我们如何才能确定一所学校的目标是否正在实现?[111]

贾德和杜威的进步社会理论、桑代克和皮亚杰的学习理论,给泰勒以强烈影响。泰勒也从诸如博比特和查特斯这样的行为主义者那里吸取营养,他曾作为研究生师从查特斯学习。当代其他人如康茨和博德也影响到泰勒的课程哲学和原理。

我们也许可以认为泰勒的课程模式是对鲁格的四种主要课程任务的详细说明,是全国教育研究学会"第二十六年年鉴"的压缩版。他的模式代表了一种理性的、逻辑的、系统的课程编制方法。它强调学习者的需要,它的原理适用于多变的情境,它以目的为先。由于它理性的、有条不紊的、一点也不胡吹乱侃的方法,泰勒的书影响甚大。在100页出头的篇幅里,他列出了基本的程序,用通俗易懂的例子做出了说明。泰勒为课程专业的学生提供了一系列简明的步骤,用来规划课程。

尽管泰勒没有逐一说明教师、督导或校长在课程规划中的作用,或是具体说明课程和教学之间的差异,他仍然表明了所有学校或学区如何能按照所期望的方向制定目标,对课程的方法和资源进行组织,以构成课程和教学。泰勒提供了一种思想型的、易于模仿的方法。尽管批评家也指责泰勒的模式是因循守旧的、技术专家治国论的、过于简单化的,[112]但它依然能为许多人服务。因为它易于掌握,它为课程专业学生提供了一个起点。

泰勒的一班有影响的同事中,如保罗·迪德里希(Paul Diederich)、哈罗德·邓克尔(Harold Dunkel)、莫里斯·哈通(Maurice Hartung)、维吉尔·赫里克(Virgil Herrick)、约瑟夫·施瓦布接受了他的许多观点,而且也影响到课程。此外,他的许多研究生也在这一领域引人注目。[113]他们包括内德·弗兰德斯(Ned Flanders)、戴维·克拉思沃尔(David Krathwohl)、路易斯·拉思(Louis Rath)、哈罗德·沙恩(Harold Shane)。他的另一些学生——本·布鲁姆(Ben Bloom)、李·克罗巴赫(Lee Crobach)、约翰·古德拉德、赫伯特·西伦(Herbert Thelen)——也是他多年的同事。除了艾利奥特·艾斯纳之外,这些同事不断地在专业文献中称赞泰勒的著作。参见表3.4对包括泰勒在内的理论家的综述。

表3.4　课程理论家概览,1918年至今

理论家	目的	原理	内容	主要著作
富兰克林·博比特（1876—1956）	课程是一门科学；强调学生的需要；为学生的成人生活做准备；阐明目的；成本-效益教育	对目的及相应的活动进行分组和排序；阐明教学的详细计划和任务	小学的基本"3R"；高中的学术科目；由教师规划的科目材料和相关活动	《课程》,1918；《如何编制课程》,1924
韦伦特·查特斯（1875—1952）	课程是一门科学；强调学生的需要（并且需要评估）；在课程的理论和实践间架起桥梁	课程过程,像工作分析一样加以描述；列出目的和相应的活动；通过评估对目的进行验证	与目的相关的科目材料；由教师规划的科目材料和相关活动	《课程建构》,1923
威廉·基尔帕特里克（1871—1965）	学校即社会和共同体经验；认为课程是有目的的活动；以儿童为中心的课程；儿童发展和成长	规划方法,融合行为主义和进步论；教师和学生规划,重视学生；强调教学法或教学活动：创造性的规划、社会联系、小组教学	培育通才而不是专家；整合性的科目材料；解决问题	《教育基础》(Foundations of Education),1926
哈罗德·鲁格（1886—1960）	与社会同语境的教育；以儿童为中心的教育；课程专家即技师	陈述目的、相关学习经验和学习结果；教师事先计划课程	强调社会研究课	《以孩子为中心的学校》(与安·休梅克合著),1928

理论家	目的	原理	内容	主要著作
霍利兹·卡斯韦尔（1901—1989）	教育的基础（历史、哲学等）影响课程的开发；三种主要构成成分间的关系：课程、教学、学习；学生的需要和兴趣；围绕社会功能（主题）、组织化的知识、学习者的兴趣来组织课程	课程即一系列经验；课程指南是教师规划的源泉；教师调节教学活动以实施课程	按与学生的需要和兴趣的关系组织科目材料；围绕社会功能和学习者的兴趣开发科目材料	《课程开发》（与多克·坎贝尔合著），1935
拉尔夫·W. 泰勒（1902—1994）	课程是一门科学，是学校办学理念的延伸；通过对学习者和当代生活的研究，来自各科专家的建议并运用哲学和心理学阐明目标（目的）；学生的需要与兴趣；课程与教学的关系	课程是一个理性的过程；用目的去选择和组织学习经验；用评估去明确结果（无论目的是否达到）；课程的纵向与横向关系	按知识、技能、价值观加以组织的科目材料；强调解决问题；培育通才而不是专家	《课程与教学基本原理》，1949
约翰·古德拉德（1920—2014）	围绕社会和学生的需要来组织课程；广泛的目标，包括认知、社会、公民、职业、审美、道德的目标；现实主义的改革政策和项目	减少学生在课堂中的循规蹈矩；永远需要学校更上一层楼；学校的改革经常性地去了又来，并且给系统增加成本；教师的参与受到青睐；标准和统考通常驱使学校进行改革	强调主动学习和批判性思考；学生介入课程内容的规划和教学活动；需要使内容和标准、高利害关系考试保持一致	《称之为学校的地方》（*A Placed Called School*），1984 《学校为何?》（*What Are School For?*），1989

理论家	目的	原理	内容	主要著作
保罗·弗赖雷（1921—1997）	教育是一种通过批判性反思和"良心发现"塑造人和社会的方式	教师用质疑和发问方法提高学生的意识；了解隐性课程以提升社会正义感	注重质疑、提出问题和批判性思维；学生拥有社会问题的所有权	《被压迫者教育学》（Pedagogy of the Oppressed），1968
威廉·皮纳（1947—）	拓宽课程的概念以丰富实践；了解教育经验的本质	课程是一种涉及多种学科的对话	应当从历史的、政治的、种族的、性别的、现象学的、后现代的、自传的、美学的、神学的、国际的视角研究课程	《认识课程》（Understanding Curriculum）与威廉·雷诺兹（Willam Regnolds）、帕特里克·斯莱特里（Patrick Slattery）、彼得·陶布曼（Peter Taubman）合著，1995

古德拉德：学校的改革

约翰·古德拉德（1920—2014）扩展了杜威的民主观和社会活力论，以及泰勒的课程编制理想模式。像杜威一样，古德拉德相信哲学是课程的出发点，是确定初始目标、方式、最终目标的基础。与之相反，泰勒仅将哲学视为修订学校目标并随之开发教育项目的一个过滤器。古德拉德赞成教师参与修订教育目标和开发课程，而泰勒不清楚教师的作用。事实上，古德拉德坚持学校应当允许教师用一半的时间教课，而将其余时间用在阐释和修订州的目标、规划课程活动上。作为学校更新项目的一部分，古德拉德提倡研究者和教师在开发和验证与课程和教学相关的新观念上携手合作。[114]

在古德拉德看来，学校应当帮助个人实现自己的潜能，但也要促进社会的目标。他写道："发展个人到自己的全能状态，通常被认为是教育个人服务国家的反题……无论学校在促进（个人的成长和启蒙）方面可能达到哪一步，都同时要求学校逐渐灌输一种对民族国家的忠诚度。"[115]

杜威相信教育应当使孩子社会化，并且灌输社会的价值观和规范。在《民主与教育》（1916）中，他强调公民和道德责任的培养。在《教育礼赞》（*In Praise of Edu-*

cation)(1997)中,古德拉德提出教育是民主社会中的一种不可让渡的权力,其主要目的是"发展一种个人和集体的民主品格"。教师需要反复灌输道德观念,培养"在社会民主体制中有效参与所需的技能素质和知识"。[116]

在事业的早期,古德拉德开展了对13个州260所幼儿园、100所学校的一年级的研究。1969年,他报告了他的发现:事情与20年前杜威出版课程经典著作时高度相似。教学主要是由教师讲和问,而伴之以学生一个接一个地做出回答,或偶然异口同声地做出回答。"我们很少发现热切地追求知识的小团体;我们也很少发现单个学生忙于自立和调研……我们被迫得出这样的结论:大量所谓改革在教室门槛上就已经变得迟钝了。"[117]古德拉德指出,20世纪50年代和60年代的课程改革运动,是由没有什么学校实践经验、很少尊重中小学教师的大学学者领导的;研究者往往无视课堂和学校的现实。[118]

15年以后,在《称之为学校的地方》中,古德拉德和他的同事报告了他们对17000多名学生的研究成果。他们描绘了被动、机械学习的广泛模式。其发现包括:

1. 课堂一般被当作一个群体来组织,教师将其当作一个整体来处理;个人或小组教学极为罕见。

2. 强调课堂控制和秩序。

3. 教师制止激情和兴奋;教育基调平淡中立。

4. 学生被动地听教师讲授,写出问题的答案,参加测试;学生很少互动或相互学习。

5. 很少运用媒体、嘉宾演讲或田野调查。

6. 教学仅限于获取知识;很少做出尝试以刺激学生创造性地反思、解决问题、假设、思考。

7. 当教师以秩序为先而学生偏爱做尽可能少的工作时,结果通常是标准和期望最小化。

8. 令人吃惊的是,中学生说,"漂亮的学生"和"运动员"是最受欢迎的学生。只有10%的中学生说"聪明学生是受欢迎的"。[119]

古德拉德得出结论:(1)大部分学校指定的课程没有效率,因为这种课程与社会中的真实事件少有联系;(2)在大多数学校,达成共识的目标与实际项目之间存在不一致;(3)学生被当作内容的"被动接受者",教师在课堂教学中看重的是正确答案。

在职业生涯的晚期,古德拉德声称,过去一个多世纪以来,教育界一以贯之地欢迎七个"初中教育常规"。至于学校改革,他看到它重复出现在许多全国委员会的报告中,例如1983年出版的《国家在危机中》,就动用了"军事语言",试图将它与美国在全球经济中的衰落联系到一起。古德拉德争辩说,通过不断地提出"所有学校都在走下坡路"(即使大多数家长对自己当地的学校评价相对较高),改革者"哄骗了"公众。今天,学校改革已经狭窄化为标准,特别是测试问题和对学生成绩的准确评估更是如此。考试分数已经成为"底线"。[120]

@ 观看西雅图高级中学教师抗议标准化考试的这一报道。假如你处在他们的环境中,会做什么?

https://www.youtube.com/watch?v=hl8wFzwCsZ0

皮纳:课程理论的概念重构

威廉·皮纳(1947—)是"概念重构论者"浪潮的一员("概念重构论者"主要由大学课程学教授构成)。20世纪70年代,皮纳力图使课程领域少受令人毛骨悚然的官僚政治和企业的影响。全国性的新自由主义运动席卷大学和职业培训,这导致了与拉尔夫·泰勒《课程与教学的基本原理》联系在一起的狭窄的指定课程。概念重构论者认为,泰勒的机械理性缺乏课程开发所必需的多元声音和视角。

与此同时,经济学家、企业家和政治家对课程问题的影响明显加大。他们集中关注学生的成绩和分数,而不是批判思维和独立思考。在这些人面前,作为传统课程编制者的大学教授越来越感觉到无力阻止。概念重构论者力图阻止这些变化。皮纳提议,为了回答终极问题"什么样的知识是值得知道的",课程领域要少关注开发课程,而更多关注理解课程。[121]这要求整合更多跨学科形式的实践,例如"历史、政治、种族、性别、现象学、后现代主义、自传、美学、神学、学校教育机构、世界"。[122]通过敞开课程领域,课程成为一个有关权力、认同、话语的持续对话的场所,这种场所涉及合作和多元视角,而不是一个易受垄断力量影响的领域。

皮纳将概念重构论运动定义为"批判活动,是描述性的而非指令性的,研究教育实践的意义,以发现过去和现在可能是什么,而未来仍有可能是什么"。[123]这种活动在21世纪正变得越来越重要,因为课程国际化了,美国需要一种更具有世界眼光的课程概念。[124]皮纳将这种新对话视为"后概念重构论"运动的一部分。

然而,学校的实践工作者普遍不理解皮纳提出的需要"理解"课程,许多人将他的观点一笔勾销,将他当作一位其思想不能付诸实践的理论家。教师、管理人员和其他课程工作者偏爱能指导课程编制的蓝图。因此,泰勒的经验的、理性的、技术至上的方法广泛被采纳,并在全世界的学校中继续充当课程的基础。

弗赖雷:从教育的"储蓄概念"到提出问题

保罗·弗赖雷(1921—1997)是一位巴西教育家,他在贫穷中长大,将其一生献给了为穷人的斗争。他广有影响的1970年出版的著作《被压迫者教育学》(*Pedagogy of the Oppressed*)提倡一种批判意识,旨在通过对周围政治的意识、通过不断地重新审视赋予未来的学习者以力量。这一进程在避免自己成为压迫者的同时,还解放了被压迫者。弗赖雷最闻名遐迩的,可能是他对他所称的教育的"储蓄概念"的抨击,在这种教育中,教师将信息"存放"到学生脑海中,学生在需要时反过来检索或"回收"这种知识。他相信,这控制了学生的思维和行动,阻碍了他们的创造性。

弗赖雷对教育的这一主流模式的批判,带来了一种更民主的方法,这种方法被称为提出问题的教育,在这种教育中,"人们培养自己的力量,从而批判性地感受他们存在于世的方式,他们发现自己既与世共存又存于其中,他们最终看到世界不是一种静止的现实,而是一种处于变化过程中的现实"。[125]最终,领导者将出自平民,他们能够以启蒙的方式看待社会问题,处理社会问题。知识就是力量,而弗赖雷知道,培养知识是解放被压迫者的一条途径。在他后来的著作《学习质疑:一种解放教育学》(*Learning to Question: A Pedagogy of Liberation*)中,他从全球视野重申了自己的观察。在该书中,他讨论了教育在解放第三世界被压迫人民中的作用。[126]他捕捉到的不只是拉丁美洲的声音,而是约10亿第三世界被压迫者的声音,这使弗赖雷能够赋予牺牲者以"力量,开启超越殖民存在的艰苦过程"[127]。

目前的焦点

泰勒模式总结出了20世纪上半叶课程编制的最佳原理。许多课程专家使用了这一模式。事实上,许多学校的实践工作者认为泰勒的模式是创建课程的基本方式。当然,最近所有传统的、技术性的模式都受到了挑战。

根据非传统的、非技术专家治国论学者的看法,我们不能将课程缩减为一种特殊的理论、计划或定义;有关什么是可接受的或有用的,我们很少能达成共识。批评家声称:"哲学、理论(和原理)不是单纯由静态知识和经验数据来决定的。主观性的世界和艺术的世界被认为正好与亚里士多德式的逻辑学和牛顿式的科学一样有用。"[128]考虑到相对主义的后现代世界,有关什么是客观的、真实的,什么不是客观的、真实的,存在着众多争论。国家利益普遍主宰了课程的重点——教育重视的是结果。

一些对教育现状持批评态度的人提出学校需要"从体制的、资本主义的、(同时也是种族主义的和性别的)教化中解放出来。学习者(应当)不再有强加于他们头上的必修课程。学校和社会应当不再区别对待和培育一个基于拥有证书"和标准化考试的"阶级社会"。正像社会中存在着"经济资本和政治权力的不平等分配"一样,学校也提供了"文化和教育资本的不平等分配。"[129]目前的课程专家,例如迈克尔·阿普尔、亨利·吉鲁、伊万·伊利克、彼得·麦克拉伦、威廉·皮纳都持有这类观点。其他一些人,例如威廉·多尔(William Doll)、艾利奥特·艾斯纳、玛克辛·格林、赫伯·克利巴德(Herb Kliebard),更为温和但依然抛弃了科学的、理性的模式和大多数传统的、技术专家治国论的思维。

在一个全球竞争的时代,课程的重点转移到了问责之上。高利害关系考试和共同标准成了课程关注的中心,这是自苏联人造地球卫星上天时代以来见所未见的。其驱动力是雇主对"21世纪技能"的要求,也就是批判性、创造性思维的能力,合作的能力,沟通的能力等等。这类流动的、动态的技能,或许将要求一种新的课程方法。这种新的课程方法更多基于探究、提出问题、技术、学生兴趣,而不是仅仅基于内容达标。然而,各学区是否会采用这种方法,还需拭目以待。

按一种更悲观的看法,在奥恩斯坦看来,知识、技能和学校教育在世界一半以上的地区影响微乎其微。[130]机会有限,政治动荡和腐败无处不在。国际成绩单、评级、考试及课程理论毫无意义。最终,权力和资本、财产狼狈为奸。统治者群体控制这三个经济因素中的一个或多个。由于一无所有,有人只能提供劳动力,这使得这样的个人永远处于一种屈从地位。这就是有史以来并将延续到整个21世纪和全球村的方式。毕竟,统治群体放弃权力的动机微乎其微。

结 语

从殖民时期到第一次世界大战前后,课程是不断衍变的科目材料的问题。一些改革观念与19世纪中晚期的教育原理有关联,主要是欧洲的影响和20世纪早期正在出现的进步改革运动的结果。不过这些观念还限于理论讨论和少数孤立的、革新型的学校。强调经典作品,强调基于宗教,而后来又基于道德学说的永恒和绝对价值观的永恒主义课程,在我们国家历史的最初150年,占有主流地位。

课程原理和过程的观念在1900年之后开始成形,科学原理和进步论哲学越来越有影响。作为一个研究领域的课程,连同其方法、理论和解决问题的方式,在20世纪20年代以后影响越来越大。这些进步大部分出现在泰勒写了他有关课程的基础读本以后。

讨论题

1. 殖民时期不同类型学校之间的差异是什么?
2. 美国的民主观念是如何帮助建国时期公立学校教育的兴起的?
3. 19世纪欧洲教育学的先驱是如何影响美国的学校课程的?
4. 在普及教育兴起期间,教育是如何发展以满足大众需要的?
5. "十五人委员会"和"十人委员会"是如何影响20世纪课程的?
6. 行为主义和科学原理对20世纪早期和中期的课程有何影响?

注 释

1. John D. Pulliam and James J. Van Patten, eds., *History of Education in America* (Columbus, OH: Merrill, 2007); and R. Freeman Butts and Lawrence A. Cremin, *A History of Education in American Culture* (New York: Holt, Rinehart and Winston, 1953).

2. Gerald Gutek, *Historical and Philosophical Foundations of Education*, 4th ed. (Columbus, OH: Merrill, 2005); and Butts and Cremin, *A History of Education in American Culture*.

3. George A. Beauchamp, *The Curriculum of the Elementary School* (Boston: Allyn & Ba-

con, 1964), p. 34.

4. Allan C. Ornstein and Daniel U. Levine, *Foundations of Education*, 10th ed. (Boston: Houghton Mifflin, 2008), p. 165. See also S. Alexander Rippa, *Education in a Free Society*, 7th ed. (New York: Longman, 1992).

5. Beauchamp, *The Curriculum of the Elementary School*, p. 36.

6. Marvin Lazerson and W. Norton Grubb, *The Education Gospel* (Cambridge, MA: Harvard University Press, 2004); Paul Monroe, *Founding of the American Public School System* (New York: Macmillan, 1940); and Samuel E. Morrison, *The Intellectual Life of Colonial New England* (New York: New York University Press, 1956).

7. Robert Middlekauff, *Ancients and Axioms: Secondary Education in Eighteenth – Century New England* (New Haven, CT: Yale University Press, 1963).

8. Elmer E. Brown, *The Making of Our Middle Schools* (New York: Longman, 1926), p. 133.

9. Newton Edwards and Herman G. Richey, *The School in the American Social Order*, 2nd ed. (Boston: Houghton Mifflin, 1963), p. 102.

10. Morrison, *The Intellectual Life of Colonial New England*; and Joel Spring, *The American School: 1642 – 2000* (Boston: McGraw – Hill, 2001).

11. John H. Best, *Benjamin Franklin on Education* (New York: Teachers College Press, Columbia University, 1962); Bernard Cohen, *Benjamin Franklin's Science* (Cambridge, MA: Harvard University Press, 1990); and Edmund S. Morgan, *Benjamin Franklin* (New Haven, CT: Yale University Press, 2002).

12. Ellwood P. Cubberley, *Public Education in the United States*, rev. ed. (Boston: Houghton Mifflin, 1947), p. 30.

13. R. Freeman Butts, *The American Tradition in Religion and Education* (Boston: Beacon Press, 1950); and Gerald R. Firth and Richard D. Kimpston, *The Curricular Continuum in Perspective* (Itasca, IL: Peacock, 1973).

14. Paul L. Ford, *The New England Primer: A History of Its Origins and Development*, rev. ed. (New York: Dodd, Mead, 1897), pp. 329 – 330.

15. Henry Barnard, *Educational Developments in the United States* (Hartford, CT: Connecticut Department of Education, 1867), p. 367.

16. Cubberley, *Public Education in the United States*; and Merle Curti, *The Social Ideas of A-*

第三章 课程的历史基础

merican Educators (New York: Littlefield, Adams, 1959).

17. Benjamin Rush, *A Plan for the Establishment of Public Schools* (Philadelphia: Thomas Dobson, 1786), pp. 29 – 30.

18. Thomas Jefferson, "A Bill for the More General Diffusion of Knowledge," in P. L. Ford, ed., *The Writings of Thomas Jefferson* (New York: Putnam, 1893), p. 221.

19. Merle Curti, *The Growth of American Thought*, rev. ed. (New York: Harper & Row, 1951).

20. Hans Kohn, *American Nationalism: An Interpretive Essay* (New York: Macmillan, 1957), p. 47.

21. Noah Webster, *Dissertations on the English Language* (Boston: Isaiah Thomas, 1789), p. 27.

22. Harvey R. Warfel, *Noah Webster: Schoolmaster to America* (New York: Macmillan, 1936).

23. Henry Steele Commager, ed., *Noah Webster's American Spelling Book* (New York: Teachers College Press, Columbia University, 1962).

24. Robert K. Leavitt, *Noah's Ark, New England Yankees and the Endless Quest* (Springfield, MA: Merriam, 1947); and Richard M. Rollins, "Words as Social Control: Noah Webster and the Creation of the American Dictionary," *American Quarterly* (Fall 1976), pp. 415 – 430.

25. William H. McGuffey, *New Fifth Eclectic Reader* (Cincinnati, OH: Winthrop Smith, 1857), p. 271.

26. William H. McGuffey, *Newly Revised Eclectic Fourth Reader* (Cincinnati, OH: Winthrop Smith, 1853), p. 313.

27. James M. Lower, "William Holmes McGuffey: A Book or a Man?" *Vitae Scholasticae* (Fall 1984), pp. 311 – 320; and John H. Westerhoff, *McGuffey and His Readers: Piety, Morality, and Education in Nineteenth Century America* (Nashville, TN: Abingdon, 1978). See also Joel Westheimer, *Pledging Allegiance* (New York: Teachers College Press, Columbia University, 2007).

28. William B. Ragan and Gene D. Shepherd, *Modern Elementary Curriculum*, 7th ed. (New York: Holt, Rinehart and Winston, 1992), p. 23. See also Forrest W. Parkway et al., *Curriculum Planning*, 8th ed. (Boston: Allyn & Bacon, 2006).

29. Edgar W. Knight, *Education in the United States*, 3rd ed. (Boston: Ginn, 1951), p.

512.

30. Henry Barnard, *Pestalozzi and Pestalozzianism* (New York: Brownell, 1862).

31. Friedrich Froebel, *The Education of Man*, trans. W. Hailman (New York: Appleton, 1889).

32. John Dewey, *How We Think* (Boston: Health, 1910), p. 202.

33. Andreas Kazamias, *Herbert Spencer on Education* (New York: Teachers College Press, Columbia University, 1966); and Valerie A. Haines, "Spencer's Philosophy of Science," *British Journal of Sociology* (June 1992), pp. 155–172.

34. Herbert Spencer, *Education: Intellectual, Moral and Physical* (New York: Appleton, 1860).

35. See Chapter 4 for a discussion on Dewey's *How We Think* and Jerome Bruner's *The Process of Education*.

36. See Everett Dick, *Vanguards of the Frontier* (New York: Appleton–Century, 1940); and William W. Folwell, *The Autobiography and Letters of a Pioneer Culture* (Minneapolis: University of Minnesota Press, 1923).

37. Glen H. Elder and Rand D. Conger, *Children of the Land: Adversity and Success in Rural America* (Chicago: University of Chicago Press, 2000).

38. L. Dean Webb, *The History of American Education* (Columbus, OH: Merrill, 2006); and Monroe, *Founding of the American Public School System*.

39. Frederick M. Binder, *The Age of the Common School: 1830–1865* (New York: Wiley, 1974); and Wayne E. Fuller, *One–Room Schools of the Middle West* (Lawrence: University Press of Kansas, 1994).

40. V. T. Thayer and Martin Levit, *The Role of the School in American Society*, 2nd ed. (New York: Dodd, Mead, 1966), p. 6.

41. Lawrence A. Cremin, *The Republic and the School: Horace Mann on the Education of Free Man* (New York: Teachers College Press, Columbia University Press, 1957); and Jonathan Messerlie, *Horace Mann: A Biography* (New York: Knopf, 1972).

42. Andrew Gulliford, *America's Country Schools* (Washington, DC: National Trust for Historic Preservation, 1985). See also Evans Clinchy, *Rescuing the Public Schools* (New York: Teachers College Press, Columbia University, 2007).

43. James H. Hughes, *Education in America*, 3rd ed. (New York: Harper & Row, 1970),

p. 233.

44. Carl Sandburg, *Abraham Lincoln: The Prairie Years* (New York: Harcourt Brace, 1926), p. 19.

45. Theodore R. Sizer, *The Age of Academies* (New York: Teachers College Press, Columbia University, 1964).

46. E. P. Cubberley, *The History of Education* (Boston: Houghton Mifflin, 1920), p. 697.

47. Edwards and Richey, *The School in the American Social Order*; and Jergen Herbst, *The Once and Future School: Three Hundred and Fifty Years of American Secondary Education* (New York: Routledge, 1996).

48. Brown, *The Making of Our Middle Schools*, p. 230.

49. Monroe, *Founding of the American Public School System*, p. 404.

50. Edward A. Krug, *The Shaping of the American High School: 1880–1920* (New York: Harper & Row, 1964); and Daniel Tanner, *Secondary Education: Perspectives and Prospects* (New York: Macmillan, 1972).

51. Cubberley, *Public Education in the United States*; Edwards and Richey, *The School in the American Social Order*; and Allan C. Ornstein, *Teaching and Schooling in America: Pre–and Post–September 11* (Boston: Allyn & Bacon, 2003).

52. Calvin O. Davis, *Our Evolving High School Curriculum* (Yonkers–on–Hudson, NY: 1927); and David H. Kamens and Yun–Kyung Cha, "The Legitimation of New Subjects in Mass Schooling," *Journal of Curriculum Studies* (January–February 1992), pp. 43–60.

53. David T. Hansen et al., *A Life in Classrooms* (New York: Teachers College Press, Columbia University, 2007); and William A. Reid, "The Educational Situation as Concerns Secondary Education," *Journal of Curriculum and Supervision* (Winter 2002), pp. 130–143.

54. Thayer and Levit, *The Role of the School in American Society*, p. 382.

55. *Report of the Year 1889–90* (Washington, DC: U. S. Bureau of Education, 1893), pp. 1388–1389, Table 3.2. See also Ornstein, *Teaching and Schooling in America: Pre–and Post–September 11*, Table 5.1, p. 249.

56. Cubberley, *Public Education in the United States*, p. 543.

57. William G. Wraga, "Left Out: The Villainization of Progressive Education in the United States," *Educational Researcher* (October 2001), pp. 34–39.

58. *Report of the Committee of Ten on Secondary School Studies*, book ed. (New York: Amer-

ican Book, 1894), p. 48.

59. Daniel Tanner and Laurel Tanner, *Curriculum Development: Theory into Practice*, 2nd ed. (New York: Macmillan, 1980), p. 233. See also Milton Gaithers, *American Educational History Revisited* (New York: Teachers College Press, Columbia University, 2002).

60. *Sixteenth Annual Report of the Board of Education* (St. Louis, MO: Board of Education, 1871), p. 28.

61. William T. Harris, *Psychologic Foundations of Education* (New York: Appleton, 1898), p. 282.

62. Lawrence A. Cremin, *The Transformation of the School* (New York: Random House, 1961), p. 20.

63. Charles Eliot, cited in W. H. Heck, *Mental Discipline and Educational Values* (New York: Lane, 1909), p. 127.

64. Jerome S. Bruner, *The Process of Education* (Cambridge, MA: Harvard University Press, 1959), p. 33.

65. Diane Ravitch, *Left Behind: A Century of Failed School Reform* (New York: Simon & Schuster, 2000), p. 31.

66. Charles Eliot, cited in Robert H. Bremmer, ed., *Children and Youth in America: A Documentary History, 1866 – 1932* (Cambridge, MA: Harvard University Press, 1971), p. 114.

67. James B. Conant, *Slums and Suburbs* (New York: McGraw – Hill, 1961).

68. R. Freeman Butts, *Public Education in the United States: From Revolution to Reform* (New York: Holt, Rinehart and Winston, 1978), p. 217.

69. Marvin Lazeron and Norton W. Grubb, eds., *American Education and Vocationalism: A Documentary History, 1870 – 1970* (New York: Teachers College Press, 1974), pp. 83 – 84.

70. Butts, *Public Education in the United States*; and Isaac L. Kandel, *History of Secondary Education* (Boston: Houghton Mifflin, 1930).

71. Michael Apple, *Ideology and Curriculum*, 3rd ed. (Boston: Routledge & Kegan Paul, 2004), p. 19; Alfie Kohn, *What to Look for in a Classroom* (San Francisco: Jossey – Bass, 2000); and Jeannie Oakes et al., *Becoming Good American Schools* (San Francisco: Jossey – Bass, 1999).

72. Decker Walker, *Fundamentals of Curriculum* (Orlando, FL: Harcourt Brace, 1990).

73. *Digest of Education Statistics 2003* (Washington DC: U.S. Government Printing Office,

2004), Table 98, p. 130.

74. Howard R. D. Gordon, *The History and Growth of Career and Technical Education in America*, 4th ed. (Long Grove, IL: Waveland Press, 2014); James R. Stone III and Morgan V. Lewis, *College and Career Ready in the 21st Century* (New York: Teachers College Press, 2012); The Project on Student Debt, *Student Debt and the Class of 2013* (Oakland, CA: The Institute for College Access & Success, November 2014); Gallup, *The School Cliff: Students' Engagement Drops Over Time* (January 7, 2013), retrieved from http://www.gallup.com/opinion/gallup/170525/school-cliff-student-engagement-drops-school-year.aspx; and Joe Nocera, "Filling the Skills Gap," *New York Times* (July 3, 2012), p. A21.

75. Edward L. Thorndike, "Mental Discipline in High School Studies," *Journal of Educational Psychology* (February 1924), p. 98.

76. Charles W. Eliot, "The Case against Compulsory Latin," *Atlantic* (March 1917), pp. 356–359.

77. Abraham Flexner, "Parents and School," *Atlantic* (July 1916), p. 30.

78. Abraham Flexner, "A Modern School," *Occasional Papers*, No. 3 (New York: General Education Board, 1916); and Abraham Flexner, *A Modern College and a Modern School* (New York: Doubleday, 1923).

79. John Dewey, *Democracy and Education* (New York: Macmillan, 1916).

80. Ibid., p. 190.

81. Charles H. Judd, *Introduction to the Scientific Study of Education* (Boston: Ginn, 1918).

82. Commission on the Reorganization of Secondary Education, *Cardinal Principles of Secondary Education*, Bulletin No. 35 (Washington, DC: U.S. Government Printing Office, 1918).

83. Frederick W. Taylor, *The Principles of Scientific Management* (New York: Harper & Row, 1911).

84. Raymond E. Callahan, *Education and the Cult of Efficiency* (Chicago: University of Chicago Press, 1962).

85. Franklin Bobbitt, *The Curriculum* (Boston: Houghton Mifflin, 1918), p. 42.

86. Ibid., p. 283.

87. Franklin Bobbitt, *How to Make a Curriculum* (Boston: Houghton Mifflin, 1924), pp. 14, 28.

88. W. W. Charters, *Curriculum Construction* (New York: Macmillan, 1923).

89. Ibid., pp. 6 – 7. See also W. W. Charters, "Idea Men and Engineers in Education," *Educational Forum* (Spring 1986), pp. 263 – 272, originally published in *Educational Forum* (May 1948), pp. 399 – 406.

90. John Dewey, "Individuality and Experience," in J. Dewey, ed., *Art and Education* (Marion, PA: Barnes Foundation, 1929), p. 180. See also Kathy Hytten, "The Resurgence of Dewey: Are His Educational Ideas Still Relevant?" *Journal of Curriculum Studies* (May – June 2000), pp. 453 – 466.

91. William H. Kilpatrick, "The Project Method," *Teachers College Record* (September 1918), pp. 319 – 335.

92. Junius L. Merian, *Child Life and the School Curriculum* (New York: World Book, 1920).

93. Ellsworth Collings, *An Experiment with a Project Curriculum* (New York: Macmillan, 1923).

94. William H. Kilpatrick, *Foundations of Education* (New York: Macmillan, 1926), p. 212.

95. Ibid., p. 213.

96. John McNeil, *Curriculum: A Comprehensive Introduction* (Glenview, IL: Scott, Foresman, 1990); and Tanner and Tanner, *Curriculum Development*.

97. William H. Kilpatrick, ed., *The Educational Frontier* (New York: Century, 1933), p. 19.

98. Ellsworth Collings, *Project Teaching in Elementary Schools* (New York: Century, 1928).

99. Guy M. Whipple, ed., *Curriculum – Making: Past and Present*, Twenty – sixth Yearbook of the National Society for the Study of Education, Part I (Bloomington, IL: Public School Publishing, 1930); and Guy M. Whipple, ed., *The Foundations of Curriculum – Making*, Twenty – sixth Yearbook of the National Society for the Study of Education, Part II (Bloomington, IL: Public School Publishing, 1930).

100. Harold Rugg, "The School Curriculum and the Drama of American Life," in Whipple, *Curriculum – Making: Past and Present*, pp. 3 – 16.

101. Harold Rugg, "Three Decades of Mental Discipline: Curriculum – Making via National Committees," in Whipple, *Curriculum – Making: Past and Present*, pp. 52 – 53.

第三章 课程的历史基础

102. Ibid.

103. Harold Rugg and Ann Shumaker, *The Child – Centered School* (New York: World Book, 1928), p. 118.

104. Sidney B. Hall, D. W. Peters, and Hollis L. Caswell, *Study Course for Virginia State Curriculum* (Richmond: Virginia State Board of Education, 1932), p. 363.

105. Hollis L. Caswell and Doak S. Campbell, *Curriculum Development* (New York: American Book, 1935), p. 69.

106. Ralph W. Tyler, "Curriculum Development in the Twenties and Thirties," in R. M. McClure, ed., *The Curriculum: Retrospect and Prospect*, Seventieth Yearbook of the National Society for the Study of Education, Part I (Chicago: University of Chicago Press, 1971), pp. 26 – 44; and Ralph W. Tyler, "The Five Most Significant Curriculum Events in the Twentieth Century," *Educational Leadership* (December – January 1987), pp. 36 – 38. See also Louis Rubin, "Educational Evaluation: Classic Works of Ralph W. Tyler," *Journal of Curriculum Studies* (March – April 1991), pp. 193 – 198.

107. Wilford Aiken, *The Story of the Eight Year Study* (New York: Harper & Row, 1942); and H. H. Giles, S. P. McCutchen, and A. N. Zechiel, *Exploring the Curriculum* (New York: Harper & Row, 1942).

108. Hilda Taba, "Evaluation in High Schools and Junior Colleges," in W. S. Gray, ed., *Reading in Relation to Experience and Language* (Chicago: University of Chicago Press, 1944), pp. 199 – 204; Hilda Taba, *Curriculum Development: Theory and Practice* (New York: Harcourt Brace, 1962); Ralph W. Tyler, *Basic Principles of Curriculum and Instruction* (Chicago: University of Chicago Press, 1949); and E. R. Smith and Ralph W. Tyler, eds., *Appraising and Recording Student Progress* (New York: Harper & Row, 1942).

109. John Dewey, "The Educational Situation," *Journal of Curriculum and Supervision* (Winter 2002), p. 108. Originally published in 1906 as "Contributions to Education, Number III."

110. Tyler, *Basic Principles of Curriculum and Instruction*.

111. Ibid., p. 1.

112. Henry Giroux, *Teachers as Intellectuals* (Westport, CT: Bergin & Garvey, 1988); Herbert M. Kliebard, "Reappraisal: The Tyler Rationale," in A. A. Bellack and H. M. Kliebard, eds., *Curriculum and Evaluation* (Berkeley, CA: McCutchan, 1977), pp. 34 – 69; and James

T. Sears and J. Dan Marshall, eds., *Teaching and Thinking about Curriculum* (New York: Teachers College Press, Columbia University, 1990).

113. Marie K. Stone, "Principles of Curriculum, Instruction, and Evaluation: Past Influence and Present Effects" (PhD dissertation, Loyola University of Chicago, January 1985). Also from conversations by one of the authors with John Beck, April 12, 1991.

114. John I. Goodlad, "Curriculum Development beyond 1980," *Education Evolution and Policy Analysis* (September 1980), pp. 49–54.

115. John I. Goodlad, *What Are Schools For?* (Bloomington, IN: Phi Delta Kappa Educational Foundation, 1989), p. 36.

116. John Goodlad, *In Praise of Education* (New York: McGraw-Hill, 1997).

117. John I. Goodlad, "The Schools vs. Education," *Saturday Review* (April 19, 1969), p. 60.

118. John I. Goodlad and Frances M. Klein, *Behind the Classroom Doors* (Worthington, OH: Charles A. Jones Publishers, 1970).

119. John I. Goodlad et al., *A Place Called School* (New York: McGraw-Hill, 1984).

120. John I. Goodlad, "Kudzu, Rabbits, and School Reform," in A. C. Ornstein, E. Pajak, and S. B. Ornstein, eds., *Contemporary Issues in Curriculum* (Boston: Allyn & Bacon, 2007), pp. 51–58.

121. William F. Pinar, William Reynolds, Patrick Slattery, and Peter Taubman, *Understanding Curriculum* (New York: Peter Lang, 1995).

122. William F. Pinar, ed., *Contemporary Curriculum Discourses*, 2nd ed. (New York: Peter Lang, 1999), p. xiv.

123. William F. Pinar and Madeleine R. Grumet, "Theory and Practice and the Reconceptualization of Curriculum Studies," in M. Lawn and L. Barton, eds., *Rethinking Curriculum Studies: A Radical Approach* (New York: Croom Helm London, 1981), pp. 20–42.

124. William F. Pinar, "Introduction," in W. F. Pinar, ed., *Curriculum Studies in the United States: Present Circumstances, Intellectual Histories* (New York: Palgrave Macmillan, 2013); and William F. Pinar, "Curriculum Research in the United States: Crisis, Reconceptualization, and Internationalization," in W. F. Pinar, ed., *International Handbook of Curriculum Research*, 2nd ed. (New York: Routledge, 2014).

125. Paulo Freire, *Pedagogy of the Oppressed* (New York: Continuum, 2000), p. 83.

126. Paulo Freire, *Learning to Question: A Pedagogy of Liberation* (New York: Continuum, 1989).

127. Freire, *Pedagogy of the Oppressed*, p. 11.

128. Allan C. Ornstein, *Pushing the Envelope: Critical Issues in Education* (Columbus, OH: Merrill, 2003), p. 30.

129. Ibid., pp. 30 – 31.

130. Allan C. Ornstein, *Excellence vs. Equality: Can Society Achieve Both Goals?* (Boulder, CO: Paradigm Publishers, 2015); and Allan C. Ornstein, *Wealth vs. Work: How 1% Victimize 99%* (Bloomington, IN: AuthorHouse, 2012).

第四章　课程的心理学基础

> **学习成果**
>
> 阅读完本章之后,你应当能够:
>
> 1. 讨论行为主义理论的诉求和它们为什么能持续塑造课程与教学。
> 2. 辨识并描绘皮亚杰的认知发展的四阶段。
> 3. 解释加德纳的多元智力观是如何影响课程领域的。
> 4. 论证情商在一门21世纪课程中的培养。
> 5. 讨论一位教育工作者如何可以使用有关各种思维的信息。
> 6. 定义学校中的人本主义学习。
> 7. 辨识学习的三种主要理论学派——行为主义、认知心理学、现象学和人本主义心理学。
> 8. 讨论心理学基础是如何促使课程工作者履行他们的教育责任的。

　　心理学关注人如何思考的问题,课程专家所追问的是心理学是如何对课程的设计和推广做出贡献的。换一种方式说,课程专家是如何整合心理学知识以增加学生学习的可能性的?心理学为理解教和学的过程提供了基础。教和学的过程是基本的,因为只有当学生学习并获得知识时,课程才有意义。对心理学家和课程专家都有益的其他问题如下:学习者为什么会对教师的努力做出他们所做的反应?文化经验是如何影响学生的学习的?应当如何组织课程以促进学习?校园文化对学生的学习有何影响?

第四章 课程的心理学基础

在学习课程的不同内容的过程中,学生参与的最佳层次是什么?

任何课程学者和实践者都不会否定这种心理学基础的重要性。所有人都认为课程的教与学是相互联系的,而心理学使这种关系固若金汤。这种探究的学科化领域提供了影响课程范围内师生行为的学习理论和原理。当然,我们不是第一批认识到心理学基础至关重要的人。约翰·杜威深知,心理学是理解个体学习者是如何与目的、人相互作用的基础。

这一过程持续一生,相互作用的品质决定了学习的数量与类型。拉尔夫·泰勒认为,心理学是一块有助于确定我们的目的为何、我们如何进行学习的"屏幕"。[1]更近一些时候,杰罗姆·布鲁纳将心理学与构成特定学科所使用方法之基础的思维模式联系到了一起。这些方法可以用来阐明构成这一学科结构的概念、原理和概括。[2]总之,心理学是学习过程的联结剂,它构成了学习方法、材料、活动的基础,并且为许多课程决策提供了推动力。

历史地看,主要学习理论已分为三组:(1)行为主义者或联想理论,这是最老的一组,处理的是各个不同层面的刺激—反应(S-R)和强化刺激;(2)认知信息过程理论,该理论将学习者与整个环境联系起来看,并思考学习者运用信息的方式;(3)现象学的和人本主义的理论,这类理论将孩子当作一个整体来思考,包括思考他们的社会、心理和认知发展。当单独讨论行为主义者的理论时,学习往往关注通过强化刺激、奖励而来的行为的条件反射、修正与构成。当强调认知信息过程理论时,学习过程所关注的是学生的发展步骤及多种形式的智力,以及学生解决问题的过程、批判性思维、创造性。学习的现象学层面所处理的是学习者的需要、态度、情感及所带来的学习的更多选择。

行为主义

代表传统心理学的行为主义者根植于对学习本质的沉思——亚里士多德、笛卡尔(Descartes)、洛克(Locke)、卢梭(Rousseau)的观念,他们强调条件反射行为,强调改变环境以诱发学习者的选择性反应。行为主义主宰了20世纪心理学大多数方面。

联结主义

爱德华·桑代克(1874—1949)是首先对学习过程进行实验测试的美国人之

一,被认为是行为心理学的奠基人。在哈佛,他开始了其他行为主义者也采用的对动物的一系列实验。[3]桑代克集中关注测试刺激和反应间的关系(经典条件反射)。他将学习界定为习惯的形成,界定为将越来越多的习惯联结成一个复杂结构。知识来自这一复杂结构内的刺激-反应联想的积累。基础知识包含了对一种技能或知识的简单构成成分的组合。当一个人获得多组更复杂的联想时,也就取得了更复杂的理解。[4]桑代克将教学定义为对课堂进行配置以增强令人向往的联结和联想。

桑代克提出了三种主要学习法则:(1)准备律——当一种"传导"元件准备传导时,传导是令人满意的,缺乏传导则是令人烦恼的;(2)练习律——联结的强度与其频率、平均密度和持续时间成正比;(3)效果律——伴随着满意的反应会增强联结,伴随着不满的反应会削弱联结。[5]

准备律表明,当神经系统准备传导时,它会导向事务的令人满意的状态,一些教育工作者会将其错误地阐释为与教育的准备(例如准备读)相关。练习律为练习、重复、评述提供了合法性,如今的行为修正和基本技能教学方法是其最好说明。尽管先于桑代克阐明效果律之前数世纪教师就已经使用奖惩,但桑代克的理论还是使实施奖惩更为明确和合法。B. F. 斯金纳(B. F. Skinner)的行为操作模式、直接指令及许多基于给学习者提供满意经验并且强化反馈形式的现行观念,都根植于这一法则。

桑代克坚持认为:(1)行为受学习条件的影响;(2)学习者的态度和能力可以通过恰当的刺激随时间得到改善;(3)能够设计和控制教学经验;(4)选择完整的、连续的和相互强化的刺激和学习经验至关重要。对桑代克来说,没有一门科目比另一门科目更有可能改善智力。准确地说,学习就是将新的学习与以前的学习联系起来。他抨击精神规训的"心理学",断言不存在任何科目材料的等级之分。

桑代克的影响:泰勒、塔巴与布鲁纳

与桑代克的理论不约而同,泰勒和塔巴坚持认为学习有其实际应用,因而可以举一反三。[6]这意味着机械学习和死记硬背毫无必要。学生可以将信息组织并分门别类到现存的精神图式或范式之中,并在不同的情境中加以使用。桑代克的大多数学习理论影响了行为主义者以及泰勒和塔巴所描述的逻辑方法。然而,泰勒和塔巴不同意桑代克有关特殊的刺激与特殊的反应间存在着联结的观点。他们勾勒了更为概括的学习观,一种与认知方法更为接近一致的学习观。博比特和查特斯

第四章 课程的心理学基础

沿桑代克的路线选择更为精确的行为学习方法,并将目的和需要获得的特殊习惯置于同一语境来看,泰勒和塔巴与此不同,他们倾向于杜威和贾德的方法:学习是以概括为基础的,是以讲授用来阐释具体现象的重要原理为基础的("概括"和"原理"是这后四位教育家所用的术语)。[7]

泰勒和塔巴在自己的经典文本中都赞扬了桑代克。泰勒认同桑代克的地方不多,尽管如此,他仍然对沿着桑代克的转换生成理论讨论联结主义并组织学习原理着墨甚多。塔巴用一整章讨论"学习的转换生成"和桑代克与其他人对她自己的学习理论的影响。像桑代克一样,塔巴提出单纯的实践未必强化记忆或学习的转换生成,这有助于将课程从过去的机械呆板和反复训练中解放出来。"因为无论如何全面,没有任何项目能够包教一切,所有教育的任务都是要带来最大化的转换生成。"[8]这一观念旨在提出导致概括和具有广泛转换生成价值的内容或方法。塔巴推崇解决问题和探索发现的技术。

"学习如何学习"和"探索发现"的观念,尽管因布鲁纳才流行开来,却根植于桑代克。桑代克及后来的布鲁纳认为,涉及对经验进行有意义组织的学习,可以比通过机械获得的学习更迅速地完成转换生成。[9]原理和概括越抽象,转换生成的可能性就越大(这种看法与杜威的反思观和他所勾勒的解决问题的步骤不约而同)。

对布鲁纳来说,一门真正的科目包含结构,这种结构给学习的特殊转换生成提供基础。学习和回忆的能力与学习者是否拥有结构模式更紧密地联系在一起——借助这种结构模式,信息可以转换到新的情境。当学习是基础的和一般的时,学习的转换生成更为频繁。然而,与桑代克发现没有一门科目比另一门科目对有意义的学习更为重要相反,布鲁纳强调科学和数学是教学结构组织的主要学科。在这一联结上,桑代克比布鲁纳更为先进,他重视各种各样的科目,赋予它们以同等的重要性——他打破了认为科目具有等级关系的传统思维。

根据经典条件反射理论,学习是由以前的中性或不充分的刺激方式所诱发的反应构成的。在反应之时,一些中性刺激与一种无条件刺激结合起来,逐渐就获得了诱发反应的能力。在伊万·巴甫洛夫著名的经典条件反射实验中,狗学会了听见铃声便分泌唾液。铃声(生物学上的中性或不充分的刺激)是与食物(生物学上的非中性或充分的刺激)同时出现的。狗将两种刺激如此紧密地结合在一起,以至于铃声逐渐代替了食物。狗对铃声形成了它原来对食物所做的那种反应。[10]

这一实验对人类的学习具有重要的启示意义。在反应之时与无条件刺激(食

149

物)联系在一起的一些中性刺激(铃声),逐渐获得了诱发反应(分泌唾液)的联想。这一理论最终成为有关学习的实验研究的宝贵财富,并且成为社会和政治讨论中的一个焦点——例如,阿道司·赫胥黎(Aldous Huxley)的小说《美丽新世界》(*Brave New World*)和电影《猎鹿人》(*The Deer Hunter*)、《异世浮生》(*Jacob's Ladder*)、《沉默的羔羊》(*Silence of the Lambs*)就是如此。

在美国,约翰 B. 华生(John B. Watson)将巴甫洛夫的研究当作建立一种基于行为主义的新的心理学学科的基础。这种新科学强调学习是以可观察或测量的行为主义科学为基础的,而不是以认知过程为基础的。行为法则来自对动物及其后对人的研究,其目的是期望获得科学法则的客观性。[11]在华生看来,学习即条件反射,条件反射足以解释更高级的相互学习过程的所有表现。所有这类活动都不过是简单的、无条件的反射联结起来,进而构成更复杂的条件反射。

对华生和其他人来说,学习的关键是使孩子在人生的早期形成条件反射,其基础即巴甫洛夫针对动物所阐明的方法。华生曾夸口说:"给我一打健康的婴儿,要求是完好无损的,而且给我一个我自己规定的世界将他们哺养成人,我会确保随机地带他们,将他们训练成我可能选择的任意一款的专家——医生、律师、艺术家……哦,当然啰,甚至培养成叫花子和小偷,而不论他有怎样的天赋,……能力、职业和种族。"[12]这也就是说,在一个绝大多数心理学家为遗传辩护的时代,华生却支持环境影响的案例。

行为主义的强化论

许多当代心理学家相信基本的刺激—反应原理,却拒绝桑代克和华生的僵化的机械论观点。这些当代的联结主义者被称为"新行为主义者"。

按新行为主义者之一克拉克·赫尔(Clark Hull)的说法,刺激与反应之间的联系是由驱力与奖励之间的联系来决定的。[13]"内驱力"是出自一个人的生物或心理需要的紧张状态。"奖励"是需要的满足或内驱力的抑制。这些驱力和刺激导向某种抑制行为,个体经历后,条件反射发生。这种看法旨在强化抑制内驱力的刺激与反应之间的联结。重新确定抑制的方向导致奖励,或者说"强化"。与内驱力抑制相一致的对这些联结的奖励(强化),最终导致对行为的组织,这种组织被称为"习惯"。

个人减少自己的内驱力是重要的,否则要面对可能的死亡或损害。有助于抑

第四章 课程的心理学基础

制这些内驱力的刺激形成一种刺激与反应的联结,所以此后如果任何刺激伴随内驱力一出现,往往就会激起反应。这被称为"强化律"(有点类似于桑代克的"效果律")。

强化律和效果律都符合常识。假如你想让某人形成条件反射,那么请允许这个人将某些赏心乐事与你试图激起的行为联系起来。对课堂来说,这意味着在介绍科目材料时,要激发孩子的积极性。更轻松点说,如果你想提高孩子们出席夏季交响音乐会的比例,请同时提供免费冰激凌。学生会对音乐欣赏形成条件反射。

对个人生存起作用的内驱力优先于所有其他内驱力。对正常生理功能运转的威胁,会降低其他内驱力领域的活跃度。那么,教师应当明白,饥肠辘辘或急需睡眠的孩子会变得焦躁不安、粗心大意,并且不会关心次要的内驱领域,例如满足好奇心或安心学习。此外,教师应当给课堂活动留有余地,不能使学生穷于应付。虽然教育工作者已经修正了赫尔的理论,但设置适当奖励和强化活动的观点,部分还是来自赫尔。

操作性条件反射

也许,B.弗雷德里克·斯金纳比最近其他的任何行为主义者更加试图将自己的理论用于课堂。斯金纳的理论大多基于对老鼠和鸽子的实验,他区分出了两种反应:诱导的反应,即和特定的刺激对应的反应;自发的反应,即显而易见与可确认的刺激无关的反应。当反应是诱发性的时,其行为是反应性的。当反应是自发的时,其行为是操作性的——没有任何可观察或可测量的刺激可以解释反应的出现。[14]在操作性条件反射中,刺激的作用不那么确定;通常,自发的行为不可能与特殊的刺激联系在一起。

也可以将强化刺激分为主要的、次要的或泛化的。主要的强化刺激用于任何有助于满足基本内驱力(如对食物、水和性的需要)的刺激(这种强化刺激在经典条件反射中也至高无上)。次要的强化刺激,例如得到朋友或老师的赞同、得到金钱或获得学校的奖励,对人也相当重要。尽管次要强化刺激不能满足主要的内驱力,它们还是可以转化到主要内驱力之中,由于次要强化刺激的选择性和范围,斯金纳称之为泛化的强化刺激。课堂教师有各种次要强化刺激可用——从表扬或微笑到警告或惩罚。

151

如果操作性行为不继之以强化刺激,操作性行为就会中断。斯金纳将强化刺激因素分为肯定性的或否定性的。肯定性的强化刺激只是简单地提供一种强化刺激。当考卷返还时得了 A 或上面写有"再接再厉"的批注时,学生便接收到肯定性的强化刺激。否定性强化刺激即消除或收回刺激。当教师对着全班大叫"安静!"而学生果真安静下来时,学生的安静便强化了教师的大叫。当然,惩罚会导致不愉快的或有害的刺激的出现或(肯定性的)强化刺激的退出,但惩罚不总是一种否定性的强化刺激。[15]尽管斯金纳既相信肯定性强化刺激,也相信否定性强化刺激,但他拒绝惩罚,因为他感到惩罚会妨碍学习。[16]

获取新的操作性

斯金纳的选择性强化刺激方法(借助这一方法,只有所渴求的反应才得到强化),对教育工作者有广泛的吸引力,因为他论证了这一方法适用于教和学的过程。对学习做出强化刺激的阐释的一条基本原则,是人类的行为具有可变性,这种可变性使变化成为可能。个人可以获得新的操作性;行为可以塑造或修正,可以教会个人复杂的概念。个人所具备的对所渴望的反应的能力,可以塑造行为和学习。通过一系列连续的近似反应,或一系列越来越接近所渴望的反应的那类反应,行为和学习可以得到塑造。因此,通过将强化的和有序的所渴望的反应结合起来,可以塑造出新的行为,这也就是今天有的人所称的行为修正。

尽管行为修正方法按照学生和所寻求的行为来说千变万化,这类方法还是和个人化的教学技巧、程序化的学习、课堂管理技术结合在一起而得到了广泛运用。学生的活动是指定的、结构化的、按部就班的、接受奖赏的,并且经常参照所渴望的学习结果或行为接受评估。

观察性学习与模仿

艾伯特·班杜拉(Albert Bandura)为我们理解通过观察和模仿进行学习做出了重大贡献。在一项经典研究中,他揭示了如何可以通过观看成人在真实情境或电影、卡通中的攻击性行为学到攻击性行为。同一个孩子也可以通过观察顺从型脾性的人学到非攻击性行为。[17]

人们可以通过观察他人乃至电影(显而易见,电视的影响最强)来学习并塑造自己的行为,这类不厌其烦的论证对修正趣味与态度,对我们如何学习和举止,并对我们是否应当培养士兵还是艺术家有举足轻重的意义。对行为主义者来说,认知因素在对学习做出解释时并不是必不可少的,通过模仿,学生可以在一个复杂的层次上学会举手投足。在认识到强化刺激和奖励的同时,学习者主要需要的是通过观察留意和获得必要的反应,然后对行为进行模仿(参见课程小贴士4.1)。各种运动中的教练和军队的教官都使用这种类型的教学,使用教练技术的教师发现模仿概念和特殊的小窍门是有用的。

☞ **课程小贴士4.1**

课堂学习情境中的行为主义

将行为理论运用到课堂时,可以用于各式各样的行为。这些建议对行为主义者的教学与学习情境有意义。

1. 考虑到行为是特殊条件的结果;改变条件以获得所渴求的行为。
2. 使用强化刺激和奖励以增强你希望鼓励的行为。
3. 通过减少不受欢迎的行为的频率,思考如何使之销声匿迹或抛诸脑后。
4. 按以下方式减少不受欢迎的行为:
   (1)收回强化刺激或无视这种行为。
   (2)唤起对将紧随所期望行为而来的奖励的关注。
   (3)撤回优待或求助于惩罚。
5. 当学生学习事实性材料时,频繁提供反馈;对抽象或复杂的材料,不要急于反馈。
6. 提供实践、训练,并对练习进行评述,对学习者的进步进行追踪监控。
7. 考虑到练习簿、程序化材料,以及依赖于集成方法的计算机程序。
8. 当学生纠结于不感兴趣的材料时,用特殊的强化刺激和奖励激发他们。
   (1)选择各种学生喜欢的强化刺激物(如块状糖、泡泡糖、棒球卡)。
   (2)达成一个协议,完成某件事便获得一种特殊奖励或级别。
   (3)提供经常性的、即时的奖励。

9. 利用观察性学习。

(1) 选择最恰当的榜样。

(2) 清楚而准确地对行为进行模仿。

(3) 坚决要求学习者专心于正模仿的东西。

(4) 当所期望的行为展现出来时,予以嘉奖。

(5) 让学习者实践所观察的行为。

(6) 在实践过程中提供矫正性的反馈。

(7) 有必要时请重复演示说明。

(8) 强化所期望的行为。

(9) 在相同的背景下学习者用新的技巧对行为进行模仿。

10. 对学习和行为中的种种变化进行评估。

(1) 对学习中的问题做出诊断。

(2) 确定能力或掌握的水平。

(3) 提供反馈。

(4) 将老的任务或技巧与新的任务或技巧整合起来。

(5) 有必要的话请重教。

层级性学习

罗伯特·加涅(Robert Gagné)提出了一种由八种类型的学习阶层或行为所构成的层级性排列,这种层级性排列已成为一种经典模型。前五种也许可以界定为行为操作,第六和第七两种可以界定为既是行为的也是认知的,最后一种(最高级的思维形式)可以界定为认知的。行为以先决条件为基础,最终导致一个学习的累积过程。这八种类型的学习及其各自的例子如下:

1. 信号学习:经典条件反射,对一个特定信号的反应。例子:对一只老鼠的恐惧反应。

2. 刺激—反应:操作性的条件反射(S-R),对一种特定刺激的反应。例子:学生对"请坐"指令的反应。

3. 连锁学习:将两个或两个以上的条件反射联结起来,以构成一种更复杂的技能。例子:给"i"加点、给"t"画横,写一个带有"i"和"t"的词。

4. 言语联想学习:将两个或两个以上的词或观念联系起来。例子:翻译一个外来词。

5. 辨别学习:对一个特殊层级的不同细目以不同的方式做出反应。例子:在草和树之间做出区分。

6. 概念:以抽象方式回应刺激。例子:动物、语法,等等。

7. 规则:将两个或两个以上的刺激情境或概念串联起来。例子:动物都繁衍后代,形容词修饰名词。

8. 解决问题:将已知的规律或原则结合进新的元素中以解决问题。例子:已知两边的大小,求三角的面积。[18]

加涅的学习层级关系代表了行为主义和认知心理学之间的过渡。前四种行为是行为主义的,后四种行为主要是认知性的。在加涅看来,学习包含了教学材料和方法从简单到复杂的一个层级序列。一般的理论、原理和概念(杰罗姆·布鲁纳所称的科目的"结构组织")包含了高级的学习之前必须学会的特殊观念和知识。其他学习理论家,包括戴维·奥苏贝尔(David Ausubel)、罗伯特·马扎诺(Robert Marzano),坚持通过了解一般的原理和概念(奥苏贝尔称它们为"先行组织者"),人们可以更有效地学习,因为将新信息整合到以前的信息中更为容易。与加涅和布鲁纳代表一种从下至上的学习理论相反,奥苏贝尔和马扎诺代表一种从上至下的理论。杜威描述了一种中间立场——当信息与学生的经验联系在一起,并且对他们的当下环境有直接适用性的时候,学习和记忆的效果最好。基于学生的能力(和年纪)与科目内容,这三种学习方法都可以为教师所接受和使用。

加涅也描述了可以观察和测量,而且对他来说囊括了所有学习领域的五种学习结果:(1)智力技能,"知道如何"对言语和数学象征符号加以分类和运用,通过规则构成概念,并解决问题;(2)信息,"知道什么",有关事实、姓名和日期的知识;(3)认知策略,所需要的处理和组织信息的技能,今天称之为"学习策略"或"学习技能";(4)动作技能,与既简单又复杂、同实践和教练同时到来的运动保持一致的能力;(5)态度,通过肯定的和否定的经验所学到的情感和情绪。[19]

五种结果覆盖了教育目的分类学的三个领域(认知的、精神运动的、情感的领域,参见第七章)。前三种技能主要落在认知领域内,动作技能对应于精神运动领域,而态度对应于情感领域。五种结果中的每一种所涉及的精神操作与条件互有区别。加涅写道:"学习智力技能要求一种不同的教学事件设计,这种设计既不同于学习言语信息所要求的设计,也不同于学习运动技能等所要求的设计。"[20]

意识、选择和条件反射

按最近的条件反射理论的看法,人类受到习俗和惯例的制约,极大地丧失了他们个人的意识。当儿童成长时,他们培养了识物待人的方法,因而能预见如何对自己的环境采取行动、做出反应。当刺激流从外部世界传输到大脑时,人类会将这些刺激与他们已知的加以比对。假如事物是熟悉的或匹配的,就会较少有意识地意识到周边的环境。假如在我们的日常生活经验中存在着出人意料或迂回曲折的事物,大脑就会转向一种新的状态,我们会更多意识到我们的行为。

根据最近的一项统计,人们每天所做的百分之九十的事是对可预见事件的一种习惯性反应,所以我们常常是"自动"运转的。像其他动物一样,人类使用自己的大脑线路去决定关注什么、反应什么、无视什么。我们也做出有关学习什么、吃什么或其他事务的决定。例如,我们评估回报或缺乏回报。我们的行为受到一系列期望和回报系统的制约。根据这一理论,当面临出乎意外的事件或回报时,我们学习得最好,它会带来突飞猛进。回报的浮动不定会使人们做事时三心二意。[21]

对大多数人来说,金钱、食物和性是物有所值的,饼干和糖果给人快乐。人们所渴望的所有东西可以用来修正行为。一些人会因为追求认可或金钱而渴望在运动中获胜;一些人会介入非道德行为;另一些人渴望权力并且为了维护权力而杀人放火;还有一些人渴望殉难并且为政治或宗教事业而杀身成仁。一旦大脑被劫持(制约),那么人就会丧失自觉意识,他们就有可能干出不用动脑的群体行为,轻而易举地沉迷于一种主义,在这里,他们通常会丧失个人的思想和理智。

一旦大脑受到制约去追求一种刺激,人就会变成自我毁灭性的,或对他人构成威胁。一些人经常赌博,即使他们知道自己有可能输得一干二净。另一些人则在知道吸烟可能致命的情况下吞云吐雾。还有一些人则丧失了自己个人的身份认同和批判能力,只是简单地随波逐流。

第四章 课程的心理学基础

行为主义与课程

行为主义对教育仍有重要影响。在创建新项目时,负责课程的行为主义的教育工作者会运用许多行为主义者的原理。课程专家可以采用程序以增加每个学生发现学习有适用性并令人愉快的可能性。当引入新的话题或活动时,联结应当建立在学生的正面经验基础之上。应当认识到每个学生都可能有负面情感,并且如有可能,应当对此加以辨别和修正以产生积极的结果。

像其他课程专家一样,行为主义者相信应当对课程加以组织,以使学生能够掌握科目材料。当然,行为主义者是具备高度规定性的和诊断性的,他们依赖循序渐进的、结构性的学习方法。对那些学习有困难的学生来说,可以将课程和教学化整为零,辅之以序列化的任务及对所期望行为的强化刺激。

行为主义者的理论也受到了批评,被指责为将学习描绘得过于简单和机械,也许还折射出对经典的动物实验的过度依赖。人类的学习牵涉复杂的思维过程,超出了反应性的条件反射(或回忆和习惯)与操作性的条件反射(或自发的和强化的行为)。

今天的许多行为主义者认可认知过程远远超过认可经典的或刺激—反应的过程。目前的理论家灵活多变到认为即使个人无需按照环境行动或呈现出外显行为,学习仍有可能出现。他们承认认知过程部分地解释了学习的各个方面。

一般说来,将行为主义与学习结合起来包括了对学习者的需要与行为进行仔细分析和排序。测试、监管、训练、反馈的原则都堪称典型。获得成功结果所必不可少的学习条件需要得到小心谨慎的规划,其途径是通过小的教学步骤和序列反应,日益接近所欲求的行动或学习。这些基本原则往往与今日的阅读和语言开发方面的基本技能训练项目(例如"数学和阅读教育直接教学系统"项目,"浏览、发问、阅读、复述、复习"项目、"持续进步"项目)不约而同,同样也与个性化教学、直观教学、掌握学习、教学培训(设计)、以能力为基础的教育等方法不约而同。对这些项目和方法的重视,涉及矫正,技能习得,教学材料与学习者的能力配套,循序渐进的活动、重复、实践、训练、强化、回顾。这些步骤和序列在表4.1中有所显示。尽管这些程序是预先决定的和提前规划的,一些旁观者可能还是会声称它们有一种认知的气味。

表 4.1　当下权威所提出的教学要素：教和学的行为主义方法

直观教学：罗森沙恩模式 （Rosenshine Model）	掌握学习：布洛克与安德森模式 （Block and Anderson Model）
1. 陈述学习目的。开始讲课时，简要陈述目的 2. 复习。对以前的学习或预习做简要的复习 3. 呈现新材料。一点一点地、有条不紊地呈现新材料 4. 解释。给予清晰、详细的教学和解释 5. 实践。给所有的学生提供主动的实践 6. 引导。在实践的开始阶段引导学生；布置课堂自修活动 7. 检查是否理解。问几个问题；对学生的理解程度做出评估 8. 提供反馈。提供系统的反馈和矫正 9. 对表现进行评估。在实践期内争取学生的成功率达80%以上 10. 复习和测试。提供充足的复习并进行测试	1. 开宗明义。向学生解释期望他们学到什么 2. 报告。授课，依赖大班教学 3. 预备考试。以不追究错失为基础，给出有利于成长的小测验；学生可以核对自己的答卷 4. 分组。基于结果，将班级分为掌握了的小组和未掌握的小组（掌握80%就认为已掌握） 5. 强化和矫正。对掌握了的小组进行强化教学，对未掌握的小组进行矫正教学（实践/训练） 6. 监管。对学生的进步进行跟踪监管；以小组规模及其表现为基础，调整教师对每一小组付出的时间和援助 7. 事后测试。对未掌握的小组进行总结性的小测验 8. 对表现进行评估。通过总结性测验，至少75%的学生应当掌握 9. 重教。如果没有掌握，请从矫正教学（小型学习小组，个别辅导，替代的教学材料，额外的家庭作业、阅读材料、实践和训练）开始，重复以上几种程序
引导式教学：亨特模式 （Hunter Model）	系统教学：古德与布罗菲模式 （Good and Brophy Model）
1. 复习。聚焦以前的课文；要求学生总结主要观点 2. 预备活动。将学生的兴趣集中到新课上来；刺激学生对新材料的兴趣 3. 目的。明确陈述将学什么；陈述基本理由或所学的如何将会有用 4. 投入。明确学习新课所需要的知识和技能；有条不紊地呈现材料 5. 建模。整个讲课过程中提供几个例子或提供实物演示 6. 检查是否理解。在学生投入课堂活动之前，对他们的学习情况进行监管跟踪；检查他们是否明确方向和任务 7. 引导性实践。定期向学生发问并检查他们的回答。再次对是否理解进行监管跟踪 8. 独立实践。当有充分的理由相信学生已经理解并基本无大困难时，给他们布置独立的作业或实践	1. 复习。复习与家庭作业相关的概念和技能；提供复习练习 2. 发展。促进学生理解；提供例证、解释、演示 3. 对是否理解做出评估。提问；提供受到控制的实践 4. 课堂作业。提供连续的课堂作业；使每个学生都投入；保持学习的动力 5. 问责。检查学生的作业 6. 家庭作业。定期布置家庭作业；提出复习题 7. 特殊复习。每周复习，以检查和强化学习；每月复习，以进一步巩固和强化学习

第四章 课程的心理学基础

很大程度上,这些程度和步骤对应于罗伯特·马扎诺在《课堂教学操作》(*Classroom Instruction That Works*)中所开发的结构性策略:(1)辨识异同;(2)记笔记;(3)强化训练;(4)家庭作业和实践;(5)非语言示范;(6)合作学习;(7)反馈;(8)检验假设;(9)提醒与鞭策。[22]罗伯特·马扎诺开发的教学策略力图对学生的成绩产生积极效果,特别是对差生和中等程度的学生产生积极效果(而不是对所有学生)。

行为主义对心理学和课程的贡献在20世纪是巨大的,而且行为主义有可能继续影响课程领域。然而,大多数行为主义者深知,当我们对人类及其学习知道得越多,我们便不能固守僵化的教条。允许对大脑进行研究的各种视角已经被整合进行为主义之中。[23]认知发展理论也正被整合到研究人的学习的某些行为主义方法中。

认知心理学

无论我们什么时候对现象进行分类,我们都冒着错误阐释的风险。今天,大多数的心理学家将人类的成长和发展分为认知的、社会的、心理的、身体的成长和发展。尽管个人是按所有这些路线成长和发展的,但大多数心理学家还是会认为学校的学习主要是认知学习。

即使不是所有心理学家,大多数心理学家会认为,学习是人类与世界互动的结果。当然,有关如何确定个人的特征(认知的、社会的、心理的和身体的特征)是在多大程度上来自遗传的限制或潜能,抑或是有害的或有益的环境,并不存在任何共识。在有关是遗传还是环境决定在学校中的认知结果(也就是智商和成绩)这一问题上,依然众说纷纭。当更多的教育工作者看重学术结果而不是成绩时,这些争论有可能更加激化。课程专家意识到这些争论是必要的,因为这些问题影响到教育和一般的教学理论。

认知视角

认知心理学家对探索学习的本质的生成理论感兴趣,特别是个人如何生成知识的结构、如何创造和学会推理与解决问题的策略。人们是如何组织知识的?他们

159

是如何储存信息的？又是如何提取数据并生成结论的？所有这些都是认知心理学家的中心问题，他们也对个人如何使用新的信息和解释感兴趣。认知心理学家不仅对人拥有的知识的数量感兴趣，也对知识的类型及知识对更进一步的认知行为的影响感兴趣。[24] 这些心理学家聚焦于个人是如何进行信息加工的，个人是如何监督和管理自己的思维及其思维结果对个人的信息加工能力的影响的。

认知心理学家基本上都对大脑的架构感兴趣。他们相信有两种类型的记忆：短时记忆和长时记忆。有些教育工作者将短时记忆划分为当下记忆和工作记忆。[25] 当下记忆有意识或无意识地运转，在一个人决定所接受的数据是否重要的过程中，将会持续输入大约30秒。如果不重要，就会被抛弃。如果数据重要，就会被置于工作记忆，在这里，有意识的加工过程才会出现。和工作记忆有关的核心观点是，个人是按照当下的信息或目前的情境来行动的。工作记忆有确定的焦点，只可能加工数量有限的信息。当然，限制是有弹性的，会受到信息的组织方式的影响。通过将大量信息组合到对个人有意义的知识模块之中，个人可以提高他们工作记忆的能力。[26]

长时记忆处理两种类型的信息：语义记忆（"世界存在的方式"）和程序记忆（"我们行事的方式"）。长时记忆储存和提取信息，与工作记忆相反，长时记忆有无限的能力。高效的学习者能够尽可能快地将信息由工作记忆转化为长时记忆。

蒙台梭利方法

玛丽亚·蒙台梭利（1870—1952）是20世纪早期一位伟大的教育学家，曾在罗马大学的精神病诊所工作。在这里，她接触到了许多被送进精神病院的精神上和身体上有欠缺的孩子。在此基础上，她得出结论说，许多病例的根本问题不是药物的问题（流行观点），而是教育和心理学的问题。

当她按正常水平教育这些"困难"孩子读和写时，蒙台梭利的同时代人大吃一惊。公众对她的反应是，她的教学方法是以一种理性的、科学的方法为基础的，这一方法考虑到了孩子发展的各个阶段。她逐渐变得"确信同样的方法也适用于正常孩子"；与被迫记忆事实和安静地坐在座位上相反，他们能够"以一种美妙非凡、令人吃惊的方式发展或放飞自己的人格"。[27]

1906年，在对心理学和教育学做出进一步研究之后五年，蒙台梭利受命在罗马为贫民区的孩子们创办一所新的革新型学校。这一学校即"孩子之家"，成为幼儿园的典范。在较小的程度范围上,蒙台梭利的一些实践为附属于哥伦比亚大学教师学院的林肯实验学校的威廉·基尔帕特里克所采用。因为这一原因,也因为她受到卢梭和裴斯泰洛齐以儿童为中心的教育学(参见第三章)的影响,众多教育学作者将她置于进步运动和以儿童为中心的运动中。当然,蒙台梭利更关心认知的发展和恰当的学习经验的运用,这些学习经验是围绕学生优先的结构化课堂环境(不一定是自由游戏或以儿童为中心)来建立的,而不是围绕教师所规划的环境来建立的。

由于抛弃了以刺激—反应为基础的主流行为主义理论,蒙台梭利所强调的是看和听,她将看和听视为学习的感性输入频道和智力开发的第一阶段。与"行为主义者相信学习中最重要的是动力方面而不是感觉方面"相反,她相信一个孩子听得越多、看得越多,对智力发展便越好。"杜威(也)重视动力方面……他相信孩子主要通过做来学习。"[28]蒙台梭利强调丰富多彩的视觉与听觉输入(这在低收入家庭中通常缺乏)。因此,可以说她首先是一个认知开发专家,其次是一个进步论教育家。

蒙台梭利坚持认为孩子是以不同的速率发展的。有一些孩子比另一些行为更协调,在思维和社会关系上更成熟。除了极端的个案外,这样的差异是正常的。有些孩子在成长的一般领域需要额外的鼓励和支持;另一些孩子则在其他领域需要额外的鼓励和支持(皮亚杰后来称其为积极环境)。蒙台梭利也承认一般的社会能力和认知能力的发展先于其他能力的发展:孩子的坐先于走;抓住物品先于操控物品;牙牙学语先于说话。

蒙台梭利也注意到,贫穷的孩子没有为入学做好准备,随着他们升入各个年级,他们越来越落后于中产阶级的孩子。她得出结论说:"在社会上遭践踏的在学校里也遭践踏。"[29]她的目标有三重:丰富学校的环境,给孩子提供机会以便他们成功地完成任务以支撑自己的自信,提供结构性游戏以教给他们基本技能。总之,她要弥补孩子的家庭和贫民区条件的不足。这样便种下了补偿性教育的种子。在补偿性教育作为约翰逊总统的"对贫穷宣战"的一部分,在其被美国完全接受之前,尚要走过漫长的60年。

蒙台梭利认识到,贫穷孩子的家庭缺乏书本一类的思想刺激物,同样也缺乏私密的、安静的学习场所。把书本交给底层孩子带回家去学习是不切实际的。这些孩子许多甚至不会有"用来看书的灯光"。蒙台梭利发现她的学生生活"在人类贫困的悲惨境地",需要某些种类的环境"营养品"以哺育智力的发展。[30]她为认知发展和环境理论家反对行为主义和遗传论者的理论搭起了舞台,行为主义和遗传论者的理论在20世纪初还根深叶茂、固若金汤。最重要的是,蒙台梭利怀着同情和理解相信,尽管贫穷孩子的考试成绩不佳、环境不利,但他们能学习。她的努力开启了有关教育底层孩子的最佳途径的持续争论。

蒙台梭利的学校环境是修复性的。她提供感觉印象(皮亚杰和其他人后来称其为感觉刺激)以增强孩子的视觉和听觉区别能力。她的方法根植于裴斯泰洛齐的教育学,是以对环境对象的感觉经验为基础的,并相信在一种情绪安定的氛围中,孩子大部分能进行学习。裴斯泰洛齐也和贫穷孩子与孤儿打成一片。蒙台梭利的感觉方法是由卢梭、裴斯泰洛齐首创的,在20世纪60年代则为马丁(Martin)和辛西娅·多伊奇(Cynthia Deutsch)、J. 麦克维克·亨特(J. McViker Hunt)、列夫·维果茨基(Lev Vygotshy)在开发一种经验(视觉的与听觉的)、语言发展和智力的"新"理论时所采用。[31]大多数社会科学家现在将重点转移到了环境而不是遗传,转移到了认知发展而不是行为主义。蒙台梭利是认知方面的一位心理学先锋。

让·皮亚杰的理论

瑞士心理学家让·皮亚杰(1896—1980)提出了认知发展阶段的最全面系统的理论。在欧洲背景中的25年研究之后,皮亚杰的著作在20世纪五六十年代引起了美国教育工作者的注意。其间,认知发展心理学、环境主义者的理论、补偿教育运动的影响扩大了。

像今日的许多研究者一样,皮亚杰按出生到成熟的阶段对认知发展进行了描述。这些阶段可以概括如下:[32]

　　1. 感知运动阶段(从出生到2岁)。孩子从反射性活动、不加区分的环境进入与环境模式发生联系的复杂感知运动活动,进而认识到物体有永恒性(可以再次找到它们),并且开始建立起相同物体间的简单联系。

　　2. 前运算阶段(2岁到7岁)。物体和事件开始呈现出象征意义。例如,椅子是用来坐的;衣服是用来穿的。孩子显示出了从经验中学习更复杂概念的能力,只要给他们提供这些概念的熟悉例子(例如,橘子、苹果、香蕉是水果;孩子必须有机会摸到和吃到它们。)

　　3. 具体运算阶段(7岁到11岁)。孩子开始将数据组织到逻辑关系中,并取得了在解决问题的情境中操控数据的才能。当然,只有具体的物体可用时,或者孩子能够利用过去的经验时,这种学习情境才会出现。孩子可以根据可逆性和相互关系做出判断(例如,左和右是和空间关系相关的),也可以根据守恒律做出判断(高而细的玻璃杯也许能装短而粗的玻璃杯同样多的水)。

4. 形式运算阶段(11岁及以上)。个人可以掌握形式或抽象的运算,分析观念,理解时空关系,逻辑地思考抽象数据,根据可接受的标准评估数据,阐明假设,归纳可能的结果,在没有该主题直接经验的情况下建构理论并得出结论。在这一阶段,在学习内容上很少有限制或压根毫无限制。学习依赖于个人的智力潜能和对环境的经验。

皮亚杰的认知阶段预设了一种成熟:心智的运算是有序的。阶段是层级性的,心智的运算越来越复杂和综合。尽管各阶段的连续性是不变的,但达到哪一级却因为遗传和环境而千变万化。

像杜威的学习原理一样,皮亚杰的认知理论重点关注的也是环境经验。教育工作者的作用涉及"通过周边条件塑造实际经验",知道"什么样的环境有益于拥有通向成长的经验"。[33]三个基本的认知过程构成了杜威和皮亚杰的环境与经验理论。

对皮亚杰来说,同化是将新经验整合到现存的经验之中。当然,处理新情境和新问题要求的不只是同化。孩子也必须发展新的认知结构。这一过程即顺应。在对环境做出回应的过程中,孩子现存的认知结构得到修正和修改。平衡即平衡已经了解的东西和尚待了解的东西,这是同化和顺应一个人的环境的双重过程。[34]

这与杜威的构成连续性的基础的、"互不可分的情境和互动概念"不谋而合。[35]对杜威来说,一种情境代表了环境对孩子的影响,与皮亚杰的同化对等。与皮亚杰的顺应一样,互动带来孩子和环境间目前的互相作用,其中包括孩子建立意义的能力。与皮亚杰的平衡一样,连续性指随后而来的情境和互动。

皮亚杰的影响:泰勒、塔巴、布鲁纳、科尔伯格

皮亚杰的三个认知过程(和杜威的三种教育经验)也充当了泰勒的组织学习经验的三种方法的基础:(1)连续性——应当在课程内重复技能和概念,应当有实践这些技能的连续机会;(2)次序——课程应当逐渐地开拓理解,"每种连续不断的经验都建立在前一种经验基础之上",并且"更深更广地进入所涉及的事物";(3)整合——课程的要素应当是"完整的",科目"不应当被孤立出来……或者当作单一的一门课来教。"[36]

塔巴广泛地评述了皮亚杰的认知发展四阶段及其对心智发展的影响。她得出结论说,学习经验必须"加以设计,以对应于对年龄层次的估计——在哪一年龄层次上,一般的思维过程才会出现"。这一观念的目的,是将复杂的概念和科目材料转化为适合学习者的心智活动,并开发一种为"越来越深的、更形式化层次的思维"而提供的课程。"建立这样一种课程,将自然而然涉及更好地理解概念构成和心智活动的层级(皮亚杰的阶段),并且更好地理解思想发展的次序。"[37]

同样地,在自己对概括和抽象思维的讨论中,塔巴也注意到皮亚杰的认知过程——同化、顺应和平衡。塔巴所关注的是组织课程和教授新的经验,所以它们是与现存经验相容的(同化),是从具体经验到概念和原理(顺应),澄清和理解新的关系(平衡)。塔巴的"生产型学习课程策略"根植于皮亚杰的将经验综合到更复杂的形式和层次。

对布鲁纳来说,学习事物是如何关联的即意味着学习知识的结构。这种学习是以皮亚杰式的同化和顺应为基础的。[38]掌握一门科目领域内的许多信息是如何联系在一起的学生,可以不断地、独立地将额外的信息与一个学习领域联系起来。学习某些东西不应当是学习的最终目的。相反,正像皮亚杰和杜威所提出的,所学的应当与科目的其他诸层面联系起来,并成为普遍的东西,足以运用到其他情境。知识的结构为学习的这种特殊迁移提供了基础。

皮亚杰的平衡构成了布鲁纳的"螺旋课程"观的基础:以前的学习是后来学习的基础,学习应当是连续性的,科目材料应当建立在一个(循序渐进的)基础之上。布鲁纳也受到杜威的影响,杜威使用了连续性这一术语,并且解释说,一个人已经学过的东西"变成了有效地理解和处理随后的情境的工具"。[39]像杜威和皮亚杰一样,布鲁纳也使用连续性这一术语去描绘科目材料和心智活动是如何可以"通过以一种连续的更复杂的形式使用它们而得到不断深化的"。[40]

对布鲁纳来说,学习是由三种相互联系的过程组成的,这三种过程与皮亚杰的认知过程类似:

1. 习得,主要对应于同化,即掌握新信息。这种信息对一个人的信息存储来说也许是"新"的,也许会取代以前所获得的信息,或者也许只是对以前的信息加以提纯或优化。

2. 转化,即以转化的方式处理新信息。例如,通过外推、内推或转译为另一种形式。这一过程主要和顺应交叉重叠。

3. 评估,即决定信息是否适合处理特殊的任务或问题。它接近对应于平衡。

皮亚杰也关心孩子的品德发展,劳伦斯·科尔伯格(Lawrence Kohlberg)则对孩子的道德发展做了更详尽的研究。科尔伯格对孩子道德发展的标准进行了研究,并得出结论说,我们有关道德问题的思考不仅反映了我们的社会,而且反映了我们的成长或年龄阶段。科尔伯格勾勒了六种道德判断,它们可以归入三种道德水平或阶段,它们对应于皮亚杰的认知发展阶段。

1. 前习俗水平。处于这一水平的孩子还没有发展出是非感。他们按照别人告诉他们的那样去做,因为他们担心受到惩罚,或认识到某些行为会带来奖赏。

2. 习俗水平。处于这一水平的孩子关心别人怎么想他们。他们的行为大部分是他者指向的。通过表现"好"、按规则思考,这些孩子寻求父母的赞同。

3. 后习俗水平。在这一水平,道德基于他人的感觉,或他们的权威规则。处于这一水平的孩子按照合同义务和民主认可的法则来看道德,或者按照个人的良心法则来看道德。

科尔伯格和皮亚杰都坚持认知发展的道德观:道德判断需要大量的推理。然而,与皮亚杰强调孩子在不同的年龄思考道德的方式各不相同相反,科尔伯格发现在不同的年龄有相当多的重叠。他们两人都相信社会配置和社会调节发挥主要作用。然而,皮亚杰重视成熟。科尔伯格说:"与皮亚杰的观点相反,数据表明,道德发展的'自然'层面是连续性的,是对整个社会界的反应,而不是某个阶段、某个概念……或某种社会调节的产物。"[41]

教师(连同学习心理学家和课程专家)应当决定给皮亚杰的认知发展的各阶段以恰当的重视。皮亚杰的认知发展阶段与泰勒的方法、塔巴的策略、布鲁纳的过程、科尔伯格的道德阶段交叉重叠在一起。教育工作者应当认为皮亚杰的认知发展阶段是启示性的,而不是已经证明的事实。

发展理论:超越皮亚杰

20世纪60年代以前,遗传论的思想学派主宰了有关人的成长和发展(包括认知发展和智力)的社会科学思考。在美国并没有被广泛接受皮亚杰,尽管自20世纪40年代和50年代以来,每一个重要心理学家都意识到皮亚杰对环境的影响、认知和道德发展的步骤所做的研究。逐渐地,发展理论在心理学中站稳了脚跟,不过,改变大多数人的观念、认可童年早期环境十分重要的,还是本·布鲁姆对人的特征的纵贯研究(longitudinal research),相应地,这构成了支持20世纪60年代补偿教育运动和"启智计划"(Head Start)、今天的婴儿教育之后的理论依据。

发展理论基本认定,一个领域的充分或不充分的发展是影响人的发展的另一个领域。例如,假如一个人在人生的一个特殊阶段未能全面发展认知特征,在人生的后来阶段,这个人就不可能全面发展那一特定特征(或依赖于前一特征的印证)。这种观点在动物和婴儿的行为中可以得到很好的印证。

虽然从动物外推到人类、从婴儿外推到成人存在着风险,但这种推理已经扩大到这样的假设:如果孩子在一个关键阶段丧失了必要的刺激,就有可能存在认知发展亏空的苗头。推而广之,这一假设的必然结果是,个人没有在恰当的时候获得这些技能,将永远在获取这些技能方面先天不足。理由是,这些亏空本质上是不可逆转和日积月累的(正如日积月累的智力缺损一样),因为当下和未来的智力成长速率总是基于已取得的发展水平之上,或受到已取得的发展水平的限制(换言之,新的成长是在现有成长的基础上更上一层楼)。这有助于解释求学过程中,为什么读书慢的人或根本不读书的人的学术差距会越来越大。

布鲁姆:早期环境

发展理论也坚持认为,早年比后来的岁月更为重要。尽管不是所有人的特点都显示出同样的发展模式,但人的特征(包括认知技能)发展最迅速的时期出现在学前岁月。例如,本杰明·布鲁姆提供了(长达几年之久的)纵向数据,这些数据无可辩驳地表明,从出生到4岁,一个人发展了自己潜在智力的50%,从4岁到8岁,另发展其潜在智力的30%,在8岁到17岁之间,发展剩余的20%。[42]辅助证据表明,33%的学习潜力到孩子6岁时即已发育完成,也就是他进入一年级之前即已完成;另外的17%出现在6到9岁之间。学习的潜能是累积的。到9岁时已发展多达50%,13岁时达75%,17岁时达100%。这与皮亚杰的数据不谋而合,皮亚杰认为,到15岁半时,一个人的正常推理能力已全部发展完成。

基于上述对智力和学习潜力的统计,按布鲁姆的看法,家庭环境极为关键,因为大部分的智力发育在孩子进入一年级之前即已完成。这种统计也表明,早年的认知能力增长十分迅速,早年的环境(主要是家庭环境)对认知发展影响巨大,所有后来的学习"都受孩子(以往)学习的东西的影响,并大部分为后者所决定"。[43]此外,孩子在早期最重要的岁月里学习的东西是由孩子的家庭经验来塑造的,甚至胎儿期的各个阶段都影响孩子的智力发展。也就是说,母亲的一般习惯和生物化学变化与压力、食物和其他情绪因素有联系。并且,在这一方面,实际上更多低收入的母亲比中高等收入的母亲、更多黑人母亲比白人母亲遭受身体和精神健康、糟糕饮食的痛苦。

这并不意味着只要学习的亏空一出现,补救就是不可能的。然而,它确实明显意味着对大一点的孩子施加影响更为困难,要影响这些变化需要一个更强有力的环境。因此,一个九年级学生在阅读或数学学习的两年亏空,比一个三年级学生的两年亏空更难以填补。当然,布鲁姆也报告说,学习的差异可以随时间伴随恰当的环境和训练条件而缩小,并因此反驳智力亏空是累积型的观点。[44]简言之,有关人的成长期的智力亏空在多大程度上可以在另一年龄段得到弥补,我们现有的信息是有限的、相互矛盾的。在不同的认知发展阶段,我们扭转亏空所面临的难度不可能是完全相等的。自然,人的年龄越大,有效影响积极变化所需要的刺激便越要强有力。

如上所述,发展理论也与以下研究发现不谋而合:处于低收入地位的孩子往往忍受一种被剥夺的环境或有限的刺激,这相应地给孩子以消极影响,难以获得充分发展认知能力的机会。与之相反,具有中等或高等社会经济地位的孩子则拥有优渥的环境或足够的高品质的刺激,这给他们以积极的影响,能够获得充分发展认知能力的机会。因此,孩子的社会阶层是与其环境经验联系在一起的,这随之也会影响孩子的学习能力和学术经验。

由于这类关系是就群体而言的,所以无论是在刺激不足环境中的孩子内部,还是在刺激丰富环境中的孩子内部,都存在某些个体差异。例如,一个底层社会的孩子可能拥有一个刺激丰富的家庭环境,而他或她的中上层同学可能拥有刺激不足的家庭环境,这一点再怎么强调也不为过。同样,所有来自刺激不足环境中的孩子在学校不一定能力就有限,而所有来自刺激丰富环境的孩子也不一定学业出众。更准确地说,社会阶层和家庭环境不一定阻碍或帮助孩子发展自己的智能。

列夫·维果茨基的理论

列夫·维果茨基在20世纪初就提出了自己的理论。然而,西方只是在20世纪的晚期才发现他的著作。1987年,杰罗姆·布鲁纳说:"当四分之一世纪前我评价维果茨基的发展观只是一种教育理论时,我只认识到了一半。事实上,他的教育理论既是一种文化传承理论,也是一种发展理论,因为教育对维果茨基来说,不仅是个人潜能的开发,而且是人类文化的历史表达和成长。"45维果茨基提出的不仅只是一种认知理论,而且是社会文化发展的普遍理论。

他主要谈论了个人发展的社会根源和文化基础。按他的看法,孩子通过适应社会的习俗和规则而发展起自己的潜能。与皮亚杰相信孩子要完成特殊的认知任务就不得不进入一定阶段相反,维果茨基相信孩子先于达到一个特殊阶段就能够开始获得语言指令。

按维果茨基的看法,孩子的发展是一个由个人与文化的互动、"对话"和"游戏"所构成的社会生成过程。个人存在于前代人的行动加以改造过的环境之中。这些前代人已生产了可使人与其物质界和社会界相互作用的人工制品。个人存在于两个世界中,一个是自然界,一个是人为世界。人为世界,文化的创造物,已基本塑造了人类成长和发展的结构。

对维果茨基来说,文化和心理功能必须放在历史语境中来思考。人们的思想、语言和解决问题的方法,必须放在人所生活的历史语境中来思考。人的行为,对于他自己时代的制度来说是独一无二的。文化和人类的行为是随时代衍变的。当心智变化时,认知处理也会变化。这种修正会给人的实践活动和工具以影响,而这又会影响到思维。

维果茨基提出,文化和思维要求熟练地使用工具。他确认了人类的几种工具:语言、计算系统、艺术品、机械绘图、记忆术。对他而言,语言是人类所发明的能使思维得到组织的基本工具。46正像我们所知道的,没有语言,人类便不会有思想。如果有人认为语言是象征符号的意义附属品,就会得出结论说,语言是人类文化的主要工具。数学运用铭刻上了意义的象征符号,因此它是一种语言。视觉艺术通过各种媒体使用各种象征符号,所以它是一种语言。通过书写的、听觉的象征符号,音乐承载了意义,它也是一种语言。语言使思想成为可能并唤起思想。在面对心理基础时,我们基本上试图既在学校之内也在学校之外的范围中理解语言。

维果茨基首先是教育家,其次是心理学家。他相信孩子的更高的心智功能主要来自文化适应,这种文化适应的关键机制是正规教育。他没有低估非正规教育,但他认为正规教育是人类改良的最理想的实验室。在这种环境内,孩子在教育工作者的指导下,有机会收到和完善有助于组织和重组心智功能的心理学工具。47

正在兴起的对培养执行力(被定义为认知灵活性、工作记忆、抵制性控制)的兴趣,已经激活了对维果茨基方法的兴趣,尤其是在年轻的、处于危险中的孩子中。研究者和教育工作者正在研究特殊的策略,例如装扮演戏、私下演讲和其他活动,以帮助学生调控自己和同辈,并培养孩子的社交情商和认知能力。[48]

正如前面所提到的,皮亚杰和其他一些人相信,在某些类型的学习可能出现之前,不得不经历生物学上的成熟。为了学习某些事实、掌握技能,一个人必须经历各种发展阶段。维果茨基对这种观点提出了异议,提出学习过程先于发展过程。"教育学创造了通向发展的学习过程。"[49]换言之,处于一个特殊发展水平的孩子,通过教学可以被"拉到"更高的水平。有效的讲授或同龄人的介入可以提高一个学生的水平。这一般来说也适用于今天有意义的教学。尽管和高效的教师互动的学生可能比以前表现或思考得"更好",但学生和不那么高效的教师互动会怎样呢?当学生与能力强的同龄人合作时总是能超出他们的发展水平吗?当和能力不那么强的同龄人合作时,对能力强的学生的发展会怎样?当教育工作者试图实施学校的改革、提高成绩欠佳的学生的学习时,所有这些问题都至关重要。

@ 自控技能像专注力、分心过滤器、开关装置一样,越来越受到教育研究工作者的关注。这个视频阐明大脑的执行功能及其对人生和学习的重要意义。教师在初级阶段可以如何培养这些技能?

http://www.youtube.com/watch?v=efCq_vHUMqs

智商:思考和学习

即使不是大多数心理学家,至少是许多心理学家都关心个人所发明和使用的认知结构。这些认知心理学家集中关注思想过程,关注在人的头脑中正发生什么。大脑是复杂的,思维的过程也是如此。[50]我们已发展出种种方式以澄清思维和人类的智力结构。

智商与出生次序

西北的心理学家丹·麦克亚当斯(Dan McAdams)所做的智商研究表明,家庭中的长子往往比其兄弟姐妹发展出更高的智商——平均比次子高大约三个百分点,比排行第三的孩子高大约四个百分点。同样,在长子夭折的家庭中,次子的智商比排行第三的孩子高三个百分点。[51]这不是因为生物学或遗传学的原因,而是因为家庭机制的因素（如何对待孩子）。在一百范围内加减三四个百分点也许不算什么，但它在学校可能就是 A 或 A‒之间的差异；相应地，可能影响到大学入学是常春藤联盟学校还是不那么独一无二的学校。该研究包括了 241000 个 1967 至 1976 年间出生的十八九岁的研究对象，并对几种阶级、家庭、教育和其他环境因素施加了控制。对这种差异的解释是，长子在作为婴儿时获得了父母心无旁骛的关注（婴儿期是认知发展的关键时期），这种成人的关注丰富了语言和推理的潜能。

人们通常期望长子和其他兄弟姐妹在一起时承担起负责或监管的责任。责任心能助长组织能力、自我约束和优等生的其他品格。弟弟妹妹往往发展社会和艺术技能，例如戏剧和音乐的技能，将其当作处理他们自己环境的另类选择，而不是直接与哥哥姐姐竞争。于是，弟弟妹妹发展了智商测试未加测量的多元兴趣和处事能力。一般来说，他们过的是比哥哥姐姐们更具冒险性的生活，往往不那么传统而是有更多创造性。

长子比他们年轻的兄弟姐妹赢得了科学和数学的更多的诺贝尔奖，但他们经常是通过推进现有的观念而不是推翻现有的观念而获奖的。按一位心理学家的看法，"这就是一年或十年与一个世纪的创造性之间的差别，革新与突变间的差别"。[52] 更重要的是，有关出生次序和智商差异的看法相对容易被人接受，因为它和哺养有关，而不是和自然有关。此外，它没有比较性别、种族或人种间的差异。

智商与污染物

像遗传可能性一样，环境因素也可以影响发育和智力。根据联邦"有毒物质和疾病登记署"（ATSDR）的说法，它们造成全世界所有疾病的 25% 以上。甚至轻度暴露在铅和石棉一类的污染物面前，也会与智力降低、注意力分散、癌症和其他健康问题产生关联。其他污染物，例如杀虫剂和水银，也可以导致发育和学习滞后或错乱，这解释了类似费城和底特律这样具有采矿、建筑、重工业历史的地区为什么给当地居民带来巨大风险。人们甚至在不知情的情况下便吸入了这类物质。

孩子和子宫中的胎儿，仍然特别容易受到伤害。像石棉一类的污染物，更容易侵入孩子还在发育的神经系统之中，使大脑皮层变薄。在最近的一份报告中，科学家列举了 12 种工业化学物质，其中包括铅、砷、锰、氟化物，它们造成孩子神经发育不良，例如孤独症、注意力匮乏或多动症（ADHD）、失读症和其他认知损害。[53] 按另一位科学家的说法，由于暴露在有机磷酸酯杀虫剂（农业中最普遍使用的杀虫剂）之前，美国人已失去差不多 1700 百万个智商点。[54] 这种"悄无声息的流行病"对贫穷孩子

第四章 课程的心理学基础

的影响更大,他们很少能获得有机食品,往往生活在污染物集中程度更高的地区。

然而,批评者坚持说,剂量而不是化学品本身,才是真正的罪魁祸首。例如,少量的氟化物和一般的杀虫剂不会对孩子造成伤害,大量使用会受到高度监管。在美国,加强化学品安全检测体系、健全强制性的化学品安全立法要重要得多。[55]

智商与营养不良

当身体缺乏维生素、矿物质和其他营养素时,就会出现营养不良。根据联合国营养问题常设委员会的说法,营养不良是全世界最大的单一致病因素。特别是在生命的最初几年,最容易受营养不良的侵害。研究表明,它可以导致低智商和后来的反社会行为,例如偷窃和吸毒。[56]同样,胎儿期的营养不良——当未来的母亲没有消费足够的营养素时——也可能阻碍婴儿的大脑发育,这会导致智商低下。

虽然在美国营养不良比例相对较低,但它仍然影响1500万孩子。[57]然而,相当比例的孩子遭受营养不良之苦是由于饮食不平衡,而不是缺乏营养。这指的是吃得太多、吃了错的东西、没有足够的锻炼——许多情况下可能导致肥胖和其他健康问题。神经障碍通常与早期的营养不良联系在一起,智商和认知能力降低也是如此。[58]

智商与兴奋剂

处方兴奋剂(例如 Adderall 和 Vyvanse)已经表明在处置注意力不集中的症状之上相对安全和有效,有助于学生集中注意力,控制自己的冲动,提高学业生产力。然而,某些研究表明,这些兴奋剂并没有改善认知表现或智商。此外,据报道,在没有注意力不集中症状的学生之中,滥用这些兴奋剂的情况越来越多。媒体报道称,高中生和大学生使用处方兴奋剂以提高学习成绩的做法有愈演愈烈之势。[59]

这些药物据称可以给学生提供能量和注意力,使他们学习更长时间并更加努力。但恰恰相反,它们可能导致沮丧和情绪波动、心律不齐,并导致断药期间的急性疲劳或神经错乱。尽管有关这种滥用的证据并不多见,但由精神病医生、咨询师乃至学生所提供的轶事证据仍然表明,滥用兴奋剂正愈演愈烈,特别是在压力居高不下的高中更是如此。

Adderall 和其他类似的兴奋剂真的能改善认知能力吗?研究结果莫衷一是。虽然在给出死记硬背任务的情况下可能有某些改善,但对具有更高智商的人却不那么管用。[60]有可能滥用者体验到了一种安慰剂的效果,相信自己注意力更集中了,并因此正在取得更好的成绩。显而易见的是,滥用兴奋剂的人正在一步步走向其他处方药(例如止痛药和安眠药)。

娱乐性大麻最近在阿拉斯加、俄勒冈、科罗拉多、华盛顿等州的合法化,激发了人们对娱乐性大麻对大脑发育影响的重新关注。尽管大麻的药用价值有案可寻,但也有报告指出,胎儿或青少年受大麻影响会导致神经元之间的关联发生变化(通过神经传递素,神经元会将有关做什么的指令发送给身体)。[61]这会降低年轻使用者的精神敏感度、大脑的高级功能、对冲动的控制。大麻也可能加快精神分裂症的出现,这对青少年具有潜在危险,因为早年发作会使精神分裂症更难以康复。当然,在20多岁患有精神分裂症的人已经更多抵达了心理和社会发育的转折点,这可以缓冲大麻的后果。最终,青少年对大麻更容易上瘾,与普通人口近9%的人对吸食大麻上瘾相比,六分之一的青少年对吸食大麻上瘾。[62]

多元智力

霍华德·加德纳(Howard Gardner)提出了多元智力的观点。他声称,存在不同的和智力相关的心智活动,并存在不同种类的智力。过于经常地,我们的社会过分重视言语能力。加德纳勾勒了九种智力:(1)言语/语言智力;(2)逻辑/数学智力;(3)数学/空间智力;(4)身体/动觉智力;(5)音乐/节奏智力;(6)人际关系智力;(7)内省智力;(8)自然观察的智力;(9)存在主义的智力。[63]

加德纳的观点不仅为认知方面上的优秀在学校课程中提供了一席之地,而且为音乐、艺术、舞蹈、运动、社会技能(赢得朋友、影响他人)提供了一席之地。非认知型的智力在我们的"他者引导型"社会(这种社会考虑到在同一团体工作中的人的重要性,其中包括公司化的美国)已有一定位置,并有助于成人阶段的成功。学业优势不是社会和经济流动性的唯一单行道。帮助各种努力获得理想效果、为人们获得成功提供多元机会,在民主社会中具有至高无上的意义。

加德纳的观点涵盖不同种类的本领,从舞蹈到打垒球。假如给予鼓励和机会,我们学校的许多辍学儿童的才能就不会浪费掉。负责课程规划和实施的人必须将自己的眼光扩大到智力和学术追求之外,不要制造"软"科目或"掺水课程"。我们必须培育对个人和社会做出贡献的所有类型的智力和人才。我们必须考虑孩子和青年的多才多艺,他们思维和学习的多元能力和方式,它们正越来越多地受到技术的渗透。加德纳将今天的年轻人称为"App一代"。[64]

在21世纪,这种视角尤其具有重大意义。在加德纳看来,我们需要掌握"五颗心":学科心(以掌握知识和技能);综合心(以确定何者最重要,并采用各种方式建立知识框架);创造心(探索和揭示新现象);敬重心(欣赏人类之间的差异);道德心(以各种服务更广阔社会的方式待人接物)。所有这些都要求不同的智力。[65]加德纳相信,学校需要创造各种鼓励孩子直面信仰和现实的经验,这些经验将带来真正的认知。[66]在一个主张宽容、多元主义、多样性的时代,加德纳的观点受到学校人士的欢迎和好评。

吉尔福德对加德纳的影响

加德纳所言并不是新的,而是根植于 J. P. 吉尔福德(J. P. Guilford)的著作。在 20 世纪 50 年代和 60 年代,吉尔福德围绕一种被称为智力结构的三维模式提出了一种智力理论。它由六种产品、五种操作、四种内容所组成。六种产品即单元、种类、关系、系统、转换、含义,五种操作即知识、记忆、发散思维、聚合思维、评估,四种内容即图形内容、象征符号内容、语义内容、行为内容。[67]因此,这一模式包含了 120 种不同的心智能力的元件。到 1985 年,吉尔福德和他的博士生通过对标准化成绩和习性测试的要素分析,确认和分离出了将近 100 种能力。吉尔福德得出结论说,剩余元件表明了还未被揭示出来的心智能力。有可能认知测试没有测量其他心智操作活动,或这些能力不存在。

吉尔福德的模式是高度抽象和理论化的,并涉及对额外测试的管理和分级。与使用智商(或倾向)的单一指标相反,我们要确认和报告几种分数。因此,围绕智力和认知操作的理论问题,远比加德纳智力理论或比内(Binet)和韦施勒(Weschler)报告一种智商分数的观点来得复杂。

正如前面所说的,多元智力观来自吉尔福德的著作,吉尔福德相应地又阐明了对查尔斯·斯皮尔曼(Charles Spearman)的智力元素发起挑战的理论。斯皮尔曼认为,智力由支撑所有心智功能的一种普遍元素"g"和与特殊任务联系在一起的许多元素"s"所组成。[68]在斯皮尔曼看来,聪明伶俐就是拥有许多"g",即一种渗入所有心智操作活动的伞状元素。加德纳感到,寻求以经验为基础的智力成分也许是误导性的,他仅描绘了少数构成成分(广阔生活领域中的 8 种),与之相反,吉尔福德坚持智力的标准可以量化,智力由许多(120 种)心智操作活动或曰认知过程所组成。比单一的智商(或倾向)指标有过之而无不及,120 种不同的心智操作活动观使教师更为困惑不解,因而依然只是一种理论建构。加德纳更受学校人士的欢迎,因为他的讨论避开了统计数据,更为积极和民主。由于强调人的成长和发展而不是认知,通过聚焦比认知更多的东西,加德纳扩充了人的成长和发展观。他将进步论观念一网打尽:全面教育孩子,开发其全部潜能,打开学术和非学术的事业之门,对学校也许会搁置一旁的成绩略逊的学生加以鼓励。

建构论

建构论针对的是知识的本质和学习的本质。不能区分这两个领域的人会使自己和他人走向混淆困惑。

由于关注个人是如何学习的,建构论将个人当作是主动介入思维和学习过程的。认知心理学的中心问题是个人是如何使自己卷入认知过程的。这区别于行为主义者的驱动力问题:什么能使一股外部力量(一位教师)激发出学生的反应?这种对活跃学生的关注并不新鲜,建构论者的学习理论可以追溯到维果茨基和皮亚杰的著作。杜威在20世纪所讨论的许多东西,也使他置身于建构论者的阵营之中。[69]

在建构论中,学习者是关键角色,他们参与生成意义或理解。学习者不能通过模仿他人的措辞和结论被动地接收信息。准确地说,学习者必须对信息进行内化、重构或转换。[70]学生将新学的知识和已存的知识结合起来。当学生意识到他们正在建构、发明、运用这一过程时,学习便达到最优化。对一个人的认知过程的这种意识即元认知。与建构论者的过程有关的元认知,意味着学生意识到了他们正获得和使用知识的过程。[71]

像学习者建构知识和理解一样,他们也质疑自我和自己的观点、阐释世界并与世界互动。学生必须将他们的"世界知识"带入到他们的认知过程之中。他们必须利用对过去和现在语境的感觉。[72]通过反思与他们的学习相关的语境,他们逐渐达成对概念和观念的理解。

大脑研究与学习

人的大脑拥有大约"由1000亿连接线串联在一起的1000亿神经元"。[73]这里存在着大约1000种关联,每种关联又带有特殊子集的指令,使我们个人倾向于爱或恨,服从或反抗,有智慧或缺乏智慧。

在大脑研究中,最近发生的争论包括:(1)突触密度和大脑关联达到高峰的年龄(从3岁到青春期);(2)在青春期内或青春期后,早期的视听经验是否会增加突触密度;(3)语言使用的效果和语言的类型(正式的、非正式的、口头的、书面的、电视化的、数码的等等);(4)是否存在一个关键时期,在此一时期内,突触影响到大脑连通的方式,突触密度是否对青春期后的退化更敏感;(5)当裁剪开始时,何种突触

第四章 课程的心理学基础

被剪除,以何种速率、在何种程度上裁剪影响到行为和记忆;(6)具有更大突触密度或关联的人是否更有智慧。[74]

毫无疑问,我们不久将有增强认知的药物,以补充已经上市的许多对精神产生影响并改变情绪的药物。我们已经有治疗抑郁、精神分裂症、功能亢进的药物。例如,哌甲酯(Ritalin)使教师和咨询师更容易矫正行为和控制学生。我们处在治疗老年痴呆症和增强记忆的边缘。不久,我们将塑造和扩充智能,修复和改善大脑网络,并且有可能利用电脑完成大脑的全面检查大修。这些化学药品和电脑芯片的可利用性,将提出和它们的运用有关的相当困难的伦理问题。

对大脑可塑性的广泛接受,很大程度上可追溯到20世纪后半叶鲁文·福伊尔斯泰恩(Reuven Feuerstein)有关结构性认知可修正性的理论。他与欧洲移民和那些文化上贫穷的人(正如他所称的)之间的协作,导致他集中关注的是社会文化的优势与劣势所带来的成长后果。曾在让·皮亚杰门下学习的福伊尔斯泰恩,开发了种种干预措施来改变认知发展过程。他相信,成年人和孩子之间的互动十分关键,因为成年人解释或居中调节能塑造孩子思维方式的新奇经验。[75]福伊尔斯泰恩称这一概念为居中性学习经验(MLE)。

从此,大脑和智力的可塑性在认知和发展心理学家中得到了认可。新兴的研究甚至表明,一般的认知训练实际上可以改善工作记忆和解决问题的能力,正如训练可以改善我们的思维习惯,体育锻炼可以改善我们的健康状况。[76]例如,不像模仿瑜珈导师的动作,通过跟踪越变越难的字母表中的不断变化的字母顺序,人们可以改善自己的注意力和工作记忆。然而,这个领域还需要开展大量的研究工作。

技术对大脑和学习的影响

根据皮尤研究中心的研究,12岁至17岁之间的95%的青少年现在都在线,四分之三使用自己的智能手机、平板电脑和其他移动设备登录网络,相比之下,成人只有55%。[77]专家相信,技术的繁荣正从正反两个方面改变我们的大脑及其发育。[78]虽然有些认知技能,例如视觉空间技能和快速扫描、评估信息的能力获得了发展,但另一些技能,像聚精会神、坚韧不拔的能力却在退化。神经科学研究提出,涉及评估超链接的大脑运动,在决定是否点击、调整不同的格式等处理过程中,会扰乱注意力,弱化理解。[79]

日新月异的技术似乎比以往更多地影响大脑发育(年轻孩子和青年的大脑发

育),那些有注意力不集中症状、认知控制受损的人尤其如此。当孩子被智能手机、笔记本电脑、平板电脑、视频游戏、电视等形形色色的刺激所包围时,他们对任务切换变得越来越习以为常,因为负责浏览和多重任务处理的神经回路得到了强化。研究表明,学生在做家庭作业时,越来越多地使用其他媒介。[80]然而,其他神经回路——例如那些被用于深层思考和线性(传统)阅读的神经回路——在它们被用得越来越少时变得越来越弱了,这可能部分解释了某些研究的说法:学生的学习成绩、注意力持续时间、忍耐力正在衰退。[81]这一变化对有风险孩子,尤其是一种警示,他们在家使用科技时需要获得更多的建设性援助。[82]

社交媒体的崛起,也正在改变孩子和青年的成长方式,70%以上的13岁至17岁的青少年使用一个以上的社交网站(通常是Facebook、Instagram、Snapchat),外加大多数(73%)拥有智能手机。[83]然而,按专家的说法,这类即时联系可能弱化人和社会的互动。[84]孩子丧失了解读社交线索(面部表情、肢体语言、身体姿势)的能力,他们以浮于表面的方式互动,这可能毁灭相互之间的关系。[85]对青少年来说,它可能会放大他们蓬勃的自恋感、焦虑感和不足感,并且归咎于数字时代的问题(例如"网络霸凌"和"色情短信")。对成年人来说,不断观看别人的个人生活(包括成就、家庭和度假照片),可能也会触发强烈的嫉妒感和悲伤心(被称为"脸书抑郁症"),或最起码一点点不那么真实的同理心。[86]专家认为,在提供亲密的、明显的互动以抵御数码对孩子生活的影响方面,父母和教育工作者承担着十分关键的角色。

@ 专家相信,尽管在许多方面是好的,但技术可能给孩子的学习带来不利影响。尼古拉斯·卡尔(Nicholas Carr)描绘了互联网对孩子的影响。这些变化可能如何影响学校和教师建构自己课程和教学的方法?

https://www.youtube.com/watch?v=cKaWJ72x1rl

解决问题与创造性思维

自从苏联卫星上天以来,许多课程理论家已更新他们对解决问题与创造性思维的研究。一些课程专家,特别是那些谈论学科结构的课程专家,感到解决问题与创造性思维是互补的。必须给予学生能够开发创造性的条件,但是学生也必须承担对自己假设的价值或正确性进行证实或证伪的责任。解决问题的过程没有导致创造性的发现,却确立了发现的有效性。按这一观点来看,解决问题和创造性思维被认为是有益于学术和科学的探索方法。[87]

一种相反的观点是,解决问题(以前称之为"反思性思维",而今天称之为"批判性思维")是以归纳思维、分析程序和聚合过程为基础的。包括直觉和发现在内的创造性思维是以演绎思维、原创性和发散过程为基础的。按这第二种观点,解决问题有益于理性思维和科学思维,是一种得出结论或矫正答案的方法。相反,创造性有益于艺术和文学思维,是一种思维品质。当创造性是目标时,不存在任何正确的结果或答案。

实际上,解决问题和创造性可以携手共进,也可以不是这样。一些人在解决问题上表现出色但不是创造性的,而另一些人则是高度创造性的,但在解决问题上表现平平。然而,这两种思维过程不一定相互独立。研究的确表明,两者之间存在着相互关联。[88]

应当告诉学生,复杂的认知任务适用于所有科目材料的一般技能和原理。这一看法的目的是发展元认知策略,学生可以将这种策略转化到许多课程领域和内容材料之中。我们需要发展适合许多课程和内容情境的反思性的、批判性的、直觉的、发现性的思维。

直觉思维

直觉思维不是什么新鲜事,但它要么因为教学实践依赖于事实和机械学习而被忽视,要么因为难以定义和测量而被无视。很早以前,布鲁纳在其《教育过程》(*Process of Education*)一书中就将直觉这一观念大众化了。优秀的思想者不仅拥有相关主题的知识,而且拥有对该主题的直觉把握。直觉思维是发现的一部分,与学者专家的直觉介入、观念游戏、对相互关系的理解相同,因而他们可以有所发现,或为知识库增加储备。

布鲁纳的下列解释描述了一些人是如何以直觉思维行事的:

> 典型的直觉思维不是以小心翼翼、界定明确的步骤向前推进的。它往往涉及种种巧妙的操演——这些操演表面上是以对整个问题的内在感知为基础的。思考者得出可能正确也可能错误的答案,很少意识到(如果有任何意识的话)他得出答案的过程。他几乎不可能提供对自己怎样获得答案的完整陈述,可能也没意识到他正在做出反应的正好是问题情境的哪一方面。通常,直觉思维依赖于对所涉及的知识领域及其结构的熟悉度,这种熟悉可以使思考者来回跳跃,省略掉某些步骤并走捷径,所采用的方式在以后需要通过更多的分

析手段对结论加以重新检查。[89]

上述过程与聚合方法或循序渐进的方法几乎无关。它所谈的是发现的真相，发现伴随着使用知识、找到符合事物的新方式的综合能力。根据这种阐释，解决问题与自由发现走到了一起。知识是动态的，是围绕着发现的过程建立起来的，没有准确的步骤或规则可以沿用。

发现性学习

自从苏联卫星上天以来，探究—发现方法和以学科为中心的课程一起受到了审察——被当作和一个研究领域的知识和方法论相关的统一因素。塔巴、布鲁纳、菲尔·菲尼克斯、盖尔·英洛（Gail Inlow）都是这一时代的产物。[90]塔巴受到了布鲁纳的影响，菲尼克斯在较小的程度上受到了塔巴和布鲁纳两人的影响，而英洛则受到塔巴、布鲁纳、菲尼克斯三人的影响。所有这四位教育家所关心的是我们如何思考，而不是我们思考什么或我们拥有什么知识。

尽管布鲁纳花大力气将探究—发现方法融入科学和数学之中，菲尔·菲尼克斯（Phil Phenix）、塔巴和盖尔·英洛（Gail Inlow）还是声称发现方法和探究方法是相互分离的，两种思维方法贯穿了所有科目（不只是科学和数学）。例如，菲尼克斯提出，发现是一种涉及新的知识、假设和预感的探究形式。他的大多数尝试努力都集中在界定探究，他声称探究是引申、组织、分析、评价知识的方法（像解决问题一样）。他相信探究将知识的各个方面连结成为一个连贯的学科，并且认为探究比发现更为重要。

塔巴和英洛比较了发现性学习和言语学习、具体学习。大多数传统型的学习被描绘为一个将言语和具体信息传输给学习者的过程；它是以权威为中心的、以科目为中心的、高度组织化的、灵活多变的、开放式的。然而，发现性学习在小学层次涉及对具体信息的广泛探索。对更大的学生来说，按照英洛的看法，发现性学习涉及"问题的确定、数据的组织和应用、假设……评估和概括"。[91]对塔巴来说，它意味着"抽象、演绎、比较、对比、推论、沉思"。[92]所有这些发现过程都是理性的、逻辑的，因而都伴随解决问题或聚合性因素。然而，英洛和塔巴也很快指出，发现也包括发散性思维和直觉因素。塔巴还加上创造性和不受限制的学习去帮助定义发现。这里的推论是，发现意味着超越现有的知识，对某些东西加以综合或使某些东西出新。

以阐述发现概念而闻名的布鲁纳，将发现定义为：当没有向学生提供最终形式的科目材料时，当学生而不是教师组织科目材料时，这时出现的学习便是发现。发现是编码系统的构成物,学生可以借它发现所提供的数据间的相互联系。成功的发现经历使学习者更有能力发现新的经验,且更愿意去学习。

批判性思维

批判性思维和思维技巧是用来指解决问题及其相关行为的专门术语。批判性思维是一种可以教会的智力形式(它不是一个固定的实体)。这一学派的主要提倡者是罗伯特·恩尼斯(Robert Ennis)、马修·李普曼(Matthew Lipman)、罗伯特·斯滕伯格(Robert Sternberge)。

恩尼斯认定批判思想家有13种属性。他们往往:(1)是思想开放的;;(2)取一种以证据为基础的立场;或基于证据而改变立场;(3)考虑到整个情境;(4)寻求信息;(5)寻求信息的准确性;(6)有条不紊地处理复杂整体的各个部分;(7)寻找各种选择;(8)寻找原因;(9)力求对问题做出清晰说明;(10)牢记最初的问题;(11)使用可信的资源;(12)坚持观点;(13)对他人的情感和知识水平表现出敏锐的感知。[93]

李普曼区分了常规思维和批判性思维。常规思维简单且缺乏标准;批判性思维更为复杂,且基于客观性、实用性和一致性。他想要教师帮助学生做出改变:(1)从猜测到计算;(2)从喜欢到评估;(3)从编组到分类;(4)从相信到假设;(5)从推论到逻辑推断;(6)从联想概念到掌握原理;(7)从注意相互关系到注意内部关系;(8)从猜想到假设;(9)从提供无来由的观点到提供有来由的观点;(10)从做出无标准的判断到做出有标准的判断。[94](参见课程小贴士4.2)。

☞ **课程小贴士4.2**

传授批判性思维

教师必须了解构成批判性思维的认知过程,熟悉适用于这些过程的任务、技能和情境,运用各种课堂活动以发展这些过程。罗伯特·恩尼斯为这类教学提供了一个框架。他将批判性思维分为四种构成成分,每种成分由几种可以教给学生的特殊技能所组成。

1. 定义和澄清:

(1)确认结论

(2)确认所陈述的理由

(3)确认假设

(4)观察异同

(5)确定相关数据中

2. 提出恰当的问题,以澄清或质疑:

(1)为什么

(2)主要观点是什么

(3)这是什么意思

(4)例证是什么

(5)如何运用到实际情形中

(6)事实为何

3. 判断资料来源的可靠性:

(1)专门知识

(2)没有利益冲突

(3)声望

(4)使用恰当的方法

4. 解决问题并得出结论:

(1)演绎并对有效性做出判断

(2)归纳并对结论做出判断

(3)预言可能出现的后果

资料来源:Robert H. Ennis, "A Logical Basis for Measuring Critical Thinking," *Educational Leadership* (October 1985), p. 46.

斯滕伯格试图培养许多同样的智力技能,尽管是以不同的方式。他指出了加强批判性思维的三种心智过程:(1)元成分——用于计划、监管和评估行为的高级心智过程;(2)表现成分——所采取的实际步骤或策略;(3)知识习得成分——用于联系新旧材料并使用新材料的过程。[95]斯滕伯格没有像李普曼那样描绘"如何";准确地说,他提供的是开发和选择一个项目的普遍指导方针。

一些教育工作者,包括大多数现象学家和人本主义理论家争论说,教一个人思考就像教一个人挥舞高尔夫球杆一样,它涉及一种全盘的方法,而不是一种渐进的努力,正像恩尼斯、李普曼和斯滕伯格所暗示的那样。按两个批评家的说法,"对诊断性的提议来说,试图将思维技能打碎成互不相关的单元也许有帮助,但它不是讲授这些技能所要走的正确道路"。批判性思维是一种过于复杂的心智运作,难以分成小的过程;其方法依赖于"一个学生的整体智力发挥作用,而不是依赖于一系列狭义的技能"。[96]

这一方法本身的提倡者也发出了重要的批评之声。斯滕伯格警告说,我们在学校中所看重的各种批判性思维技能和我们教育他们的方式,没有为学生"在日常生活中将会碰到的各种问题做好准备"。[97]此外,强调"正确"答案是以"客观上可得分"的测试项为基础的批判性技能项目,已失去同真实世界的关联。真实生活中的大多数问题都有社会、经济、心理的意涵。它们涉及人际关系和对人的判断,个人的压力和危机,与选择、责任和生存相关的悖论。我们如何处理疾病、衰老、死亡,或如何处诸如开始新的工作或与新人打交道一类的简单事务,与我们在教室和批判性思维测试中的思考方式少有联系。但是,它们是十分重要的事务。由于强调课堂和学校中的认知技能,我们忽视了生活的现实。

创造性思维

标准化考试不总是能对创造性进行准确的测量。事实上,我们在创造性到底是什么上都很难达成共识。存在在多种类型的创造性——视觉的、音乐的、科学的、手工的,等等。然而,我们往往将创造性当作一件事来谈论。创造型的学生通常使教师深感迷惑。他们的特征难以概括,他们翻新出奇的答案往往让教师惊恐不已,他们的行为常常脱离公认的常态。有时,教师对创造性鼓励有加而对具有创造性的学生却大加挞伐。课程专家在课程计划(科目内容或课程描述、科目指南、科目材料和活动)中也往往无视创造型学生,因为他们代表的只是学生人数的一小部分(取决于创造性的定义,大约2%到5%不等)。同样,课程专家也很少有钱拨付给针对具有创造性学生的专项项目和人员。经常地,教育工作者将创造型儿童与高智商儿童或神童混为一谈,尽管智商超群和创造性超群并不必然地联系在一起,并且创造型的孩子存在着许多种类型。

存在一种共识:创造性代表了一种精神品质,它既包括学习中的认知成分,也包括学习中的人本主义成分;尽管没有人认可两种成分形成了真正的融合——创造性主要是认知性的而不是人本主义的。创造性的本质是其新奇性,因此我们没有任何标准来判断它。个人之所以创造是因为创造的过程即满足的过程,其行为或产品就是自我实现(这是创造性的人本主义的一面,尽管创造过程中涉及的过程和智力是认知性的)。埃里克·弗罗姆(Eric Fromm)将创造的态度定义为:(1)冥思苦想的意愿——使自己倾向于新事物而不迷乱困惑;(2)聚精会神的能力;(3)我行我素的能力,自己是自己行为的真正发起人;(4)愿意接受由舆论或对创造性观念的欠宽容所带来的冲突和紧张。[98]

学校和课堂气氛对创造性的影响是什么?已有许多先锋研究给教师以启示意义。最著名的跨文化研究是由 E. P. 托伦斯(E. P. Torrance)进行的。该研究调查了中小学教师的评级,采用 62 份报告去描述他们的"理想"创造型人格。[99]以下几个国家中分别有 95 位至 375 位人数不等的教师被抽样调查:美国、德国、印度、希腊、菲律宾。

尽管数据已过了 50 多年,但其结果在今天看来仍然意义重大——对技术、创新和全球化具有潜在意义。美国和德国(技术发达的国家)都鼓励独立思考、勤奋、好奇心。印度列入了好奇心,菲律宾列入了勤奋。另外,在欠发达国家,这些特质显得不重要。希腊和菲律宾嘉奖记忆,这意味着趋同思维,但对许多美国研究者而言,这种思维被认为是反创造的。所有这些国家,或至少是这些国家的教师,都高度重视招人喜欢、考虑他人、温驯服从。这在欠发达国家尤其如此。

从美国普通民众和艺术、科学、商业方面的教授所提到的 131 项特征中,罗伯特·斯滕伯格识别出了和创造性相关的六种特性:(1)不循规蹈矩;(2)从大处着眼或着手;(3)美学趣味和想象力;(4)决策技能和灵活性;(5)(在质疑社会陈规方面)敏锐睿智;(6)追求成就和认可。[100]他也对创造性、智力、智慧做了重要的区分。创造性与智力的重叠系数($r = 0.55$)比与智慧的重叠系数($r = 0.27$)要大。创造性强调想象力和非传统方法,智力则涉及逻辑和分析的绝对性。智慧和智力关系最密切($r = 0.68$),但在不同情境下做出慎重判断、运用经验方面,侧重点有所不同。

所有这三种类型的人——创造型的、智力型的、智慧型的——都能够解决问题,但他们是以不同的方式解决问题。创造型的人往往是发散型思维的人,教师必须明白创造型的学生超出了课堂和学校的常规限制,并以非传统的乃至想象性的方式思考行动。智力型的人依靠逻辑,拥有丰富的词汇、海量的信息。这种学生往往是聚合型思维的人,往往在传统测试中获得高分。很少有学生呈现出智慧,因为智慧是随年龄和经验而来的。尽管如此,成熟的学生会表现出良好的判断力,使信息为我所用,并从他人的建议和自己的经验中获益。他们"读书得间",善解人意(包括同辈和成人,也包括老师)。他们通常表现出认知智力和社交智力,我们称前者为"传统智力",而称后者为"交际能力"。

对教师来说,创造性的定义落到了新观念是如何产生之上。我们目前涉及了逻辑的、可观察的过程和无意识的、不可辨认的过程。后一种过程在课堂给教师带来了麻烦,有时会导致教师和创造型学生间的误解。对有些学生来说,爱迪生和爱因斯坦的方法似乎是合适的,那就是理论的、推论的和发展型的方法。而对另一些学生来说,创造性也许更为接近对应于卡夫卡、毕加索或鲍勃·迪伦(Bob Dylan)的洞察力和原创性。

创造性思维不是一个单面的过程,而是那些享受新的观察世界的方式的人的整体人格的一个方面。这种类型的思维鼓励想象,而想象也促进更多的创造性思维,正像玛克辛·格林注意到的,想象会刺激一种"广泛的觉醒",一种对出现在世界上的东西意味着什么的意识。[101]这种意识培养出游戏性,学生借此能在其中以各种"好玩"的方式操控物体和思想。这种操控能触发作为创造型思想者的学生的好奇心。与新的或加以不同思考的观念、思想、物体嬉戏会带来幽默,一种为情境所逗乐的能力。在实际和想象的环境中与"物"游戏会刺激思想和过程的灵活多变。最有创造性的思想者可以由现实转向幻想,由严肃转向崇高,由当下转向远方,由事实转向隐喻。[102]而其他创造型思想者则擅长精神飞跃,对这种飞跃,平均数意义上的人难以跟得上或难以完全揣摩得透。

创新与技术

神经科学研究证明,技术影响大脑。如果确实如此,就带来了一个问题:技术影响创造性和创新吗?也许影响,但究竟影响有多大则很难说。至少,似乎是某些间接影响。孩子在屏幕面前(无论是电视、笔记本电脑,还是平板电脑或智能手机)花的时间越多,他们花在传统"游戏"上的时间便越少,在屏幕面前,他们积极地创造情景。专家认为,一般而言,游戏对创造性思维必不可少,[103]技术也许无法提供完全的感官经验。令人害怕的是,当孩子将更多时间沉迷在数码技术之中时,孩子将丧失他们的创造性。当然,还需要更多的研究,以揭示技术与创造性之间的直接关联。

尽管有这些担忧,但许多研究者仍然相信技术能够提高一般技能。它有助于大脑迅速处理新观念,以改进其推理和决策过程,这可以加快创新。正如神经科学家盖瑞·斯莫尔(Gary Small)所说的,在谷歌上搜索的过程,实际上就是使我们变得更聪明的过程。[104]

在许多方面,创新和技术似乎是携手共进的,特别在美国的某些城市枢纽,例如波尔德、圣何塞(硅谷之家)、旧金山、奥斯汀和波士顿。这些城市有许多初创高科技公司、生物科技公司、制药公司,以及理查德·佛罗里达(Richard Florida)所称的"创意阶层"。他相信,这些城市和大都市区是"创意时代"关键的经济和社会组织单元。[105]各公司必须建立一种"人"气,以吸引各种各样的人才驱动真正的繁荣。正如他所写的,创新需要多样性,科技加快多样性。没有多样性,公司会离开美国以避税,并在新兴国家开办新工厂,因为它们在寻找新的市场。为了保持美国的创新优势,需要美国利用其学生的多样性。

认知与课程

大多数课程专家,以及学习理论家和教师是认知取向的,因为:(1)认知方法构成了组织和阐释学习的逻辑方法;(2)认知方法根植于强调科目材料的传统;(3)教育工作者是按认知方法来培训的,并且理解认知方法。正如前面提到的,甚至许多当代行为主义者也将认知过程整合到他们的学习理论中。由于学校中的学习涉及认知过程,也因为学校重视学习的认知领域,随之而来的是,大多数教育工作者将学习理论等同于认知发展理论。

拥有结构化教学风格的教师可能喜欢解决问题法,这种方法以反思思维和科学方法为基础。大多数课程专家在学习方法上是认知取向的,但我们感到,这种学习模式是不完整的,有些东西在向课堂转化过程中会丧失掉。例如,我们感到,许多学校对所有的学习者来说并不是幸福快乐之地,课堂中的"生活品质"可以加以改善。目前的许多教学过程仍然是以教师讲授为主,而学生主要是对教师做出回应。练习簿和教科书一如既往是主要的教学资源。

课程专家必须明白,学校应当是学生不怯于提问、出错、承担认知风险、进行观念游戏的地方。就我们所有的认知理论来说,我们期望学生想要学习、知道如何学习,但是我们发现,无论是在文献中还是在学校中,上了几年学以后,大多数学生是被劝哄着去学习,所学会的是如何不学习。所谓成功的学生变成了打败系统、揣测教师心思的游戏中的滑头战略家。学校应当是这样的所在:学生可以实现他们的潜能,进行思想的"游戏",不能为了获得教师的嘉奖而总是正确无误。

第四章 课程的心理学基础

现象学与人本主义心理学

传统心理学家不承认现象学或人本主义心理学是心理学的一个流派,更不用说它们是心理学的一翼或一种形式。他们争辩说,大多数心理学家是人本主义者,因为他们关心人,关心使社会好起来。此外,他们声称,人本主义的标签不应当用来掩饰以小知识和"软"研究为基础的概括。尽管如此,一些观察家还是将现象学(有时也称为人本主义心理学)视为行为主义和认知发展学习理论之后的"第三股力量"。现象学有时也被认为是一种认知理论,因为它重视整体的人。然而,学习的认知层面和情感层面间的差异,已导致我们将这些领域区别开来。

与行为主义机械论、决定论观点形成最鲜明对照的,是现象学版的学习观,这种学习观可以用"我"的个人意识来举例说明,这个"我"拥有情感和态度,经历各种刺激,并作用于环境。我们拥有某些控制感,拥有在我们的环境中生产某些条件的自由。当我们谈论这种控制意识时,我们谈论的是自我。对作为人的现实的当下经验的研究被称为现象学,这种研究受到存在主义哲学的影响,并且甚至可能基于存在主义哲学。大多数现象学的观念出自临床背景。尽管如此,教育工作者还是逐渐意识到它们对课堂也有意义。

现象学家指出,我们观察我们自己的方式是理解我们行为的基础。我们的自我概念决定了我们做什么,甚至决定了我们学习的限度。[106]假如有人认为自己迟钝或愚笨,那么这种自我概念就会影响他们的认知表现。

格式塔理论

现象学家的观念根植于早期的场论和场—地(field-ground)观——将整体的人放在与其环境或场之间的关系、他对环境的感知中去看。根据全部问题来解释学习。人不是对孤立的刺激做出反应,而是对一种刺激范式做出反应。

场论来自20世纪30年代、40年代的格式塔心理学。德语"Gestalt"一词意味着形状、形式、完形。在格式塔理论的语境中,刺激是在和场中的其他刺激的联系中被感知的。人所感知到的东西决定了他们赋予场的意义;同样,他们对其他问题的解决方案,取决于他们对单个刺激与全部刺激之间的关系的认识。[107]这种关系被认为是场—地关系,个人如何感知这种场—地关系对行为起决定作用。只有感知对学习并不关键,关键的要素是建构或重构场的关系以构成进化模式。

在这一基础上,学习是复杂的和抽象的。当面对一种学习情境时,学习者分析问题,区分基本数据和非基本数据,并且感知相互间的关系。环境不断地变化,学习者也不断地组织自己的感知。就教学而论,学习被设想为学生所选择的一个过程。课程专家必须明白,学习者将在和整体的关系中感知事物。他们感知什么、如何感知和他们以前的经验联系在一起。

马斯洛:自我实现的个人

著名的现象学家亚伯拉罕·马斯洛提出了一种有关人类需要的经典理论。基于一种层级关系,按照重要性的次序,人类的需要如下:

1. 生存需要。维持生命所必不可少的需要:对食物、水、氧气、休息的需要。

2. 安全需要。惯常程序和规避危险所必需的需要。

3. 爱和归属的需要。与他人大体上保持亲密关系、在团体中占有一席之地的需要。

4. 尊重的需要。获得他人的认可、被认为是有价值之人的需要。

5. 认知和理解的需要。这种需要在高智商的人那里比在智商受限的人那里表现得更为明显,是一种求学的欲望、组织智力关系和社会关系的欲望。

6. 自我实现的需要。成为力所能及的完人、发展人的全部潜能的需要。[108]

这些需要对教和学有明显的意义。一个基本需要——比如说,爱或尊重——没有得到满足的孩子,不会对获取世界的知识感兴趣。这个孩子满足爱或自尊的需要的目标优先于学习,并且这种目标会引导他的行为。在一定程度上,马斯洛对课堂有重要意义的观点是以裴斯泰洛齐和福禄培尔为基础的,裴斯泰洛齐和福禄培尔都相信人类情绪的重要性,相信一种基于爱和信任的方法论。

马斯洛创造了人本主义心理学这一术语,它重视三条主要原则:(1)将注意力汇聚到正在经验中的人身上,因此主要关注经验,将其当作首要的学习现象;(2)强调人的品质(如选择、创造性、价值、自我实现),而不是按机械论者的或行为主义者的意义来思考人,按认知的意义思考学习;(3)表现出对人的尊严和价值的终极关怀,对学习者的心理发展和人的潜能怀有兴趣。[109]

教师和课程编制者在这一图景中的角色—是将学生看成一个完整的人。学生是积极的、有目的的,并卷入了生活经验之中(不只是刺激—反应或只是认知经验)。学习是长达一生的教育过程。学习是实验性的,其本质是自由,其结果是人类的最大潜能和社会的改革。

对马斯洛来说,教育的目标是培养健康快乐的学习者——他可以趋向完美、不断成长、自我实现。学习者应当努力争取,教师也应该格外重视学生的自我实现及其伴随而来的满足感。自我实现的人是心理学上健康和成熟的人。马斯洛将他们的特征概括为:(1)拥有对现实的充分感知;(2)独处时自在安逸,与他人相处时舒适放松;(3)不会受到内疚、羞愧或焦虑的打击;(4)相对地自发、自然;(5)以问题为中心而不是以自我为中心。[110]

罗杰斯:非指导学习与治疗学习

卡尔·罗杰斯也许是最著名的现象学家,他建立了促进学习的咨询程序和方法。他的观点基于早期场理论家和场—地理论的观点。在罗杰斯看来,现实基于个体学习者所感知到的东西:"人赖以生存的是一种感知'地图',这种地图不是现实本身。"[111]这种现实观应当使教师意识到,孩子对特殊经验的反应层次和类型有差异。孩子的高度个人主义的感知,影响到他们在班上的学习和行为,例如,他们是否听得懂老师所教的。

罗杰斯将治疗看作课程工作者和教师所采用的一种学习方法。他相信积极的人的关系使人成长,因此学习者之间的人际关系像认知分数一样重要。[112]教师在非指导教学中的角色是一个促进者的角色,他和学生有着紧密的职业关系,指导学生的成长和发展。教师帮助学生探索有关他们的生活、学校的作业、相互关系、与社会互动的新看法。咨询方法假设学生愿意为他们的行为和学习负责,他们可以做出明智的选择,他们可以和教师共享他们的看法,像一般人面对有关自己和生活的决策时那样友善地交流。

课程关心的是过程,而不是产品;是个人的需要,而不是科目材料;是心理意义,而不是认知分数;是变化的环境(在时空的意义上),而不是预先决定的环境。的确,学习必须是自由,而不是受约束,或预先规划的活动。环境的心理和社会条件限制或增强了人的场域或生活空间。在课程中必须考虑到心理场域或生活空间。与特定时间的特殊学习者联系在一起而发生的每一件事,都赋予这一场域以意义,并最终赋予学习以意义。参见表4.2。

表4.2 主要学习理论和原理概览

心理学家	主要学习理论或原理	定义或解释
行为主义的		
桑代克	效果律	当情境和反应间的联结形成并伴随一种令人满意的事态时,联结就得到加强;当伴随着一种令人烦恼的事态时,联结就减弱
巴甫洛夫,华生	经典条件反射	无论什么时候,紧随一个反应之后总会出现驱力的减弱,接下来的趋势是,刺激会在随之而来的场合不断激起那一反应;刺激—反应纽带的联系强度,取决于反应和刺激的条件反射
斯金纳	操作性条件反射	与经典条件反射相反,没有任何特殊的或可辨认的刺激能持续地唤起操作性行为。假如一种操作性行为之后继之以不断强化的刺激,反应的强度也会增加
班杜拉	观察性学习	行为的最佳学习方式是通过观察和模仿。重点放在替代性的、符号象征的、自我调节的过程上
加涅	层级性学习	以学习的必备条件和渐增阶段为基础的八种行为或范畴
认知的		
蒙台梭利	结构化游戏	教学重视视觉和听觉活动;孩子以不同的速率学习
皮亚杰	发展的认知阶段	四个认知阶段组成一组连续的渐进的心智操作活动;这些阶段是层级性的、越来越复杂
	同化、顺应、平衡	整合新经验,修正新经验以使之有意义的方法,将新经验融合到整个系统之中的过程
维果茨基	语言理论与文化的传承	学习涉及人的发展(和潜能)以及文化的发展(或以前世代的信仰和行为所构成的环境)
布鲁纳,菲尼克斯	科目结构	科目的知识、概念和原理;学习事物是如何联系的,即学习科目的结构;学习的探索—发现方法
加德纳	8种多元智力	跨文化的、广义的智力观,如语言、逻辑、数学、空间、身体/动觉、个人等领域
吉尔福德	120种潜在认知过程	涉及称为智力结构的智能三维模式(6×5×4)
恩尼斯,李普曼,斯滕伯格	批判性思维	涉及教学生如何思考,包括构成观念、概括、因果关系、推断、一致性、反驳、假设、类比,等等
福伊尔斯泰恩	智力的可塑性,结构性认知可变性理论,居中性学习经验	通过中介式学习经验,系统地开发学生的认知和元认知功能可以完善和改进智力

188

心理学家	主要学习理论或原理	定义或解释
人本主义的		
马斯洛	人的需要	6种和人的生存与心理安康联系在一起的人的需要;这些需要是层级性的,服务直接的行为
罗杰斯	学习的自由	成为完整的人需要以学习的自由为先决条件;鼓励学习者开放、自信、自我接受
戈尔曼	社交与情感学习(SEL)	进步和成功大部分取决于对自己(内心的)情感和他人(人际)情感的意识和认识
塞利格曼(Martin Seligman)	积极心理状态与福祉	一个人的福祉与他培养才干、建立持久关系、感受快乐、有意奉献的能力联系在一起

资料来源:Ornstein, Allan C; Sinatra, Richard I., *K-8 Instructional Methods: A Literacy Perspective*, 1st Ed., ⓒ 2005, p. 31-32. Reprinted and Electronically reproduced by permission of Pearson Education, Inc., New York, NY.

社交智力与情商

包括心理学家在内的大多数人都认为人是高度理性的。对大多数教育工作者来说,对学生学习的关注集中在理性精神。当我们想到智能时,我们往往想到智力或智商。然而,正如丹尼尔·戈尔曼(Daniel Goleman)注意到的,忽视人的社交或情感侧面是目光短浅的。[113]

教育工作者通常鼓励学生"实事求是"和"讲逻辑"。然而,重要的是要记住,学生的感情给他们的观点加上了主观色彩,其中包括他们是否乐意考虑证据。情绪强烈影响我们对待信息乃至建构意义的方式。移情和其他交际能力可以明显决定一个人在职业和个人生活中是否成功。

戈尔曼注意到,情感一词的词根是motere,拉丁文用它来指"移动"。情感可以驱使行动,这在年轻人中尤其显而易见。作为成年人,我们往往珍视理性超过珍视情感,并且认为情感是消极的或功能失调的。然而,由于许多人认识到不可能将理性和情感完全分离开来,人们越来越关注社交智力和情商,这造成在学校越来越支持社交智力和情商学习(SEL),尤其是针对那些在家中没能接受较多社交智力和情商学习的高危学生人群,更是如此。

在他1985年出版的《心境》一书中,加德纳认为,人拥有广泛的智力。他注意到,人拥有个人—社会智力,并且他谈到交际智慧和内省智慧。交际智慧涉及理解他人的能力：什么促使他们工作，他们是如何工作的，如何可以与他们合作。内心智慧是一种建立关联的能力。有这种能力的个人，拥有一种确切的自我感知，并且能够有效地利用这种认知，使自己的人生出彩。[114]

耶鲁的心理学家彼得·沙洛维(Peter Salovey)勾勒了个人可以将智慧引入自己情感领域的各种方式。沙洛维采纳了加德纳的个人智慧的说法，并且开发了扩展这类能力的五个主要领域。第一个领域是自我认识。这里关注的是一个人对现场情感反应的辨识和对这种反应如何影响自己的行动的认识。第二个领域是情绪管理。这涉及学习以有益的方式处理情绪。在这一领域熟能生巧的人能举重若轻，熟练地处理人生的大起大落。第三个领域是自我鞭策，认识到人必须有生气，乐于行动。第四个领域是辨识他人的情绪。许多人行为处世，仿佛天下只有自己是有情感的。为了建立有效的社会联系，人们需要拥有同情心，与他人共悲喜。第五个领域是关系处理。涉及使我们对他人的情绪做出反应和管理的认识与技巧。这一领域的高手，具备人际交往的高效率。[115]

事实上，这五个领域不是绝对的，它们实际上也与理性能力不可分离。然而，我们必须认识到，人们在情感能力之上互有不同，它们是可塑的。以各种方式，针对人们的情商，我们可以教育人们，人们也可以自我教育。开发这种智力是必不可少的。我们社会所面临的挑战，似乎在社会互动方面，也在技术方面。[116]

@ 在这个视频中，心理学家丹尼尔·戈尔曼解释了社交学习和情感学习在学校和社会中与时俱进的作用。学校该如何将社交学习和情感学习落实或整合到学校的课程中？

https://www.youtube.com/watch?v=j30KPuYiKII

积极心理学与心态

马丁·塞利格曼已经与20世纪90年代的"积极心理学"运动联系在一起，该运动关注力量而不是劣势。塞利格曼相信，参与、关系、意义和成就对快乐是至关重要的，快乐不是基因或运气的结果。[117]然而，快乐只是"美好人生"的一部分。改善一个人的福祉甚至更为重要，因为一个人的快乐可能会侵犯其他人的快乐。因此，他发现，培养才干、建立持久关系、感受快乐、有意奉献——他统称为"繁荣昌盛"——的能力是至关重要的。[118]它以许多种方式开启了一种乐观主义的心态,这种心态是可以培养的。

研究人员和教育工作者逐渐认可人们可以修正或改善自己的性格和智力。特别是心理学家卡罗尔·德韦克发现,不管可塑性的事实如何,如果学生相信性格和智力是可塑的,他们明显就会表现更好。此外,她表明,借助正确的干预,孩子可以从一种"固定的心态"转向一种"成长心态"。[119]例如来自"力量计划"(KIPP)网络一类的高绩效特许学校,已经采用这种方法和积极心理学的方法去教育高风险学生人群达到成功。

现象学与课程

现象学家将个人与个人所操控的场域结合在一起来看。在这一点上,现象学家与建构论者有许多共同点。但决定行为和学习的主要是心理因素。个人经验对他人来说只有通过推断才能接近,因此,这样的数据是可以质疑的科学证据。但对现象学家来说,个人经验的原始数据对理解学习仍然是有用的。也许数据不能准确地加以测量,也许它们是模糊的,但它们的确"在那儿"。定义和过程也是主观性的、评价性的,而不是精确的、实质的。除了人本主义心理学的概念之外,现象学的话题还可以和许多其他概念同义地加以使用,其中包括存在主义心理学、新进步论、创造性、爱、高等意识、价值评定、超验论、心理健康、自我认同、心理分析——差不多所有表示自我完善、自我实现、自我体现的东西。[120]

尽管现象学的这一无所不包的一面使其难以提供对术语的清晰、公认的定义,但也正是这种宽泛开阔使其概念能够为各种心理取向的教育改革者所接受。对不同的人来说,现象学意味着不同的东西,这是它容易被接受的原因之一,但也是它招致批评的一个基础。尽管如此,现象学家还是试图将学习理论从狭隘、僵化的行为主义者那里解救出来,从过于强调认知过程中解救出来。

动机与成绩

如前所述,现象学家试图理解我们的内心活动——我们的欲望、情感和感知、理解方式。尽管理论家已经认识到认知功能,教师和学校首先还是必须致力于处理学习者的社会和心理因素。陷入困境或心烦意乱的学生很少学习,他们会抵制、退缩,或是将自己的问题用行动表现出来。必须满足学生的需要。同样,必须认可自我尊重和自我概念是学习的基本要素。没有良好的自我感觉,没有好奇心和动机,持续的认知(乃至精神运动的)学习的机会就会微乎其微。学习者必须有信心履行所要求的技能或任务,渴望学习,并且感到要求他们去完成的在心理上是令人满足的,这适用于学习基本知识,也适用于简单或复杂的问题。

我们必须对学校进行改革,不仅改变教学日的长度或学年的长度,改变家庭作业的数量,或加强充实课程,并且要使学校对学生来说更称心如意、与他们的兴趣更合拍一致,从而使他们在课堂获得一种力量感、满足感和重要感。当我们学着处理学习者的心理要求时,当我们变得对什么东西使他们想学习特别敏感时,我们接下来就能主要关注他们需要学习什么。情感需要比认知需要更为重要。同样,解决规训和成绩问题的方法,主要基于使学生感到有人在倾听他们、想着他们、关心他们,并且感到他们是重要的。

学习的人本主义方法涉及对人(在我们这里是孩子和青年人)的温暖、真诚、完善、关心。重点不在学业成绩而在孩子的全面发展——在于他们的社会、心理、生理和认知需要。革新的教育工作者喜欢大量采用现象学者的理论,甚至不知道自己正这么做,因为这些理论许多与从裴斯泰洛齐到帕克、沃什伯恩(Washburne)的经典革新思维不谋而合。

在最后的分析中,学校的学习是以群体和正式化的课程面貌出现的(尽管有人也许会提出,学校也存在非正式课程或隐性课程)。孩子只不过是30名学生中的一个学习者,所有学生都需要某些关注,而随之而来的是通常促成被动而不是主动的课文。我们身在其中的每一事物以及我们周围的每一事物都争着招引我们的注意。我们注意某物时,通常意味着我们不会注意其他东西。我们所有人包括我们的学生,必须选择我们如何弥补自己的注意和时间。当注意力游移时,或当学生不能专注于他们的任务时,这意味着任务过于复杂,或是存在某种社会心理问题。

接下来,问题出现了,当年轻人遭到蜂拥而来的需要、兴趣、情感的狂轰滥炸,所有的需要、兴趣和情感都吵吵嚷嚷着要求学生的注意和时间时,课程工作者尤其是教师,该如何能够激励学生聚精会神于冗长的等分问题或莎士比亚的十四行诗?我们如何更好地将学生的需要、兴趣、情感整合到教和学的过程中?

作为教育工作者,我们需要支持和培育各种学习机会;认可几个不同的学习领域(不只是认知领域);为不同形式和层次的成绩提供奖赏(至少是认可),这些形式和层次包括努力、改善、想象力、直觉、独特性、活力、热情、成熟——所有这些和标准成绩分数几乎没有联系,但对加强个人的完整性和社会的进步至关重要。

第四章 课程的心理学基础

自由的观念

个人自由是现象学或人本主义心理学的另一重要问题。一位早期的人本主义心理学家如是说:"我想人们拥有比他们迄今为止多得多的更大自由,只因为他们已经摆脱了习惯、偏见和常规……与传统上将人视为反应物相比,他们更能够自己做决定……我们拥有比大多数今天的心理学家所承认的更大自由。"[121]

自由观在罗杰斯的学习理论中占有核心地位。孩子和年轻人越是意识到他们的自由,他们越是能自我发现和全面发展。[122]自由允许学习者探查、探索,并加深对他们所研究问题的理解。它留给他们以回旋余地去实现目标,发现目标与成绩之间、过去学习与新的学习之间的适合之处,找到课外学习的方向。自由拓宽了学习者感知自我和环境的另类方式的知识。

自由是20世纪60年代和70年代激进学校、自由学校、另类学校运动的口号,也是20世纪80年代和90年代教育选择、宪章和私立学校运动之一部分。这些运动增加了学习和学校教育的多种可能性,也增加了加强学校的环境与学习者的需要、情感、态度和能力的多样性相配套的多种可能性。自由学校、另类学校、激进学校运动互有交叉重叠,而以孩子为中心的教育、人本主义心理学为这些运动添油加火。尽管它们的提倡者抵制已根深蒂固的教学和学校实践,他们还是从来没有能开发出详细的改革计划。

毋庸置疑,课程专家应当提高学生学习的机会和选择而不降低教师的权威。他们需要争取"黄金方式":没有特权的学生自由与没有控制的教师权威。这一理念的目的是设计这样一种课程——帮助学习者在一种行为的、认知的、人本主义的学习氛围中实现他们的全部潜能。

寻找一种课程

由于每个人都有和自我完善、自我实现联系在一起的特殊需要和兴趣,所以不存在任何普遍的指定的人本主义课程。准确地说,学生利用的是那些为获得全部潜能所必需的经验、科目材料和智力技能。人文学科和艺术,特别是哲学、心理学和美学,因为它们能促进内省、反思和创造性,将会是适当的内容。情感课程即强调态度和情感的课程,也是可以接受的。适当的标签也许是关联课程、人文课程、价值承载课程、存在主义课程。

在现象学家看来,学生有权拒绝教师对科目材料的阐释。按他们的看法,相当重要的是师生关系基于信任和诚实,所以学生知道什么时候教师对一个话题的看法是明智的、值得尊重的。对现象学家来说,学生的选择是关键——具有做什么和如何做的力量,对自己的看法和工作有一种操控感。学校的日程和规则应当少而又少;应当让学习者独自做他们想做的事,只要这么做不伤害任何人、对任何人构成危险。经常性的评估、批评和竞争对学习无益。许多目前的教学趋势,例如学术时间、指导教学、掌握学习(均看重指定性行为和任务、精心设定的程序和结果、不断的训练和测试),都被当作狭隘的、僵化的、高压的而遭到拒绝。

许多概念重构论者会接受对学习的现象学—人本主义的阐释,因为这些课程专家和学习理论家都推崇人格的独特性。这两组专家都喜欢具有自由特征的课堂、存在主义的教育经验、人文和艺术类科目,而不喜欢硬科学。概念重构论者往往赞成这种学习理论,因为它拒绝了理性的手段—目的方法、传统的课程专家所追随的过程。与提供经验数据论证手段的合理性不同,现象学家和概念重构论者依赖心理学和哲学的立场以阐明所提出的终极目标。

当要求对他们的课程效率做出判断时,现象学家和人本主义者(像概念重构论者一样)都依赖学生和教师的证明书和主观评价。他们可能也会提供这一类的材料,如学生的绘画、诗歌、访谈、报告、传记、有关学生行为和态度得到改善的项目或谈话。[123]然而,他们很少提供经验证据或学生的成绩以支持自己的立场。此外,现象学家在如何教学生自我实现、自我决定、自我努力等方面没有达成共识。在以下方面同样没有达成共识:如何决定什么样的科目材料是有价值的;如何使绘画、诗歌、个人传记和学习结果相互协调;如何测试或证实他们的许多观点。

研究和建构一种恰当的、人本主义的课程,并加强自我实现、自我决定的学习过程大有必要。然而,在前面所描述的问题得到解决之前,我们将继续在现象学家的学习领域中摸爬滚打。那些相信教与学方面的行为或认知发展过程的人,或相信课程编制方面的传统或科学精神的人,将一如既往不相信心理学的"第三股力量"和课程的"软"方法。

结　语

总之,可以按三种主要理论来对学习进行考察:行为主义理论、认知发展理论、现象学理论。我们相信,在心理学的这三个主要阵营中正出现变化。行为主义是最古老的学习理论,正转变为几种目前的教学模式,例如个性化学习、指导教学、掌握性学习。我们也探讨了经典条件反射和操作性条件反射的差异:传统的行为是与诱发出的反应联系在一起的(一种精心界定的刺激—反应联系),而操作性行为是与自发反应联系在一起的(没有任何精心界定的刺激—反应联系)。认知发展理论代表了第二种学习理论——这种理论自20世纪50年代以来得到了迅速发展。这一趋势与皮亚杰和维果茨基的影响与日俱增同步,也与越来越将对环境(而不是遗传)的解释当作对成长和发展的解释同步。认知学习理论对人类之间的思维(包括批判性思维、创造性思维、直觉思维)有益。现象学或人本主义的心理学可以被视为第三种也是最近的学习理论。它的重点在于态度和情感、自我实现、动机、学习的自由。

每一种学习理论本身都是不完整的,但所有这三种学习理论都对课堂和学校中的行为与学习的不同层面的解释做出了贡献。在每一理论的哪一层面可以用于自己的教学和课程开发这一问题上,读者应当得出各自的结论。表4.2在这里不无裨益。

讨论题

1. 为什么行为主义的观念仍然在塑造今天的课程和教学?

2. 请描述一下皮亚杰的认知发展四个阶段。

3. 多元智力观是如何影响课程领域的?这种智力概念可能会以何种方式影响未来的课程领域?

4. 在课程中,以何种方式处理情商是合理的?

5. 教育工作者应当如何使用有关各种思维的信息?

6. 你如何定义学校中的"人本主义学习"?

7. 你将怎样比较学习的三个主要理论学派(行为主义、认知心理学、现象学和人本主义心理学)?

8. 心理学基础以什么方式使课程工作者(教师、督导、课程开发人员)履行自己的教育责任?

注 释

1. Ralph W. Tyler, *Basic Principles of Curriculum and Instruction* (Chicago: University of Chicago Press, 1949).

2. Jerome S. Bruner, *The Process of Education* (Cambridge, MA: Harvard University Press, 1959).

3. Edward L. Thorndike, *Animal Intelligence* (New York: Macmillan, 1911).

4. James W. Pellegrino, Naomi Chudowsky, and Robert Glaser, eds., *Knowing What Students Know: The Science and Design of Educational Assessment* (Washington, DC: National Academy Press, 2001).

5. Edward L. Thorndike, *Psychology of Learning*, 3 vols. (New York: Teachers College Press, Columbia University, 1913); and Edward L. Thorndike, *The Fundamentals of Learning* (New York: Teachers College Press, Columbia University, 1932).

6. Tyler, *Basic Principles of Curriculum and Instruction*; and Hilda Taba, *Curriculum Development: Theory and Practice* (New York: Harcourt Brace, 1962).

7. John Dewey, *How We Think* (Boston: D. C. Heath, 1910); John Dewey, *My Pedagogic Creed* (Washington, DC: National Education Association, 1929); and Charles H. Judd, *Education and Social Progress* (New York: Harcourt Brace, 1934).

8. Taba, *Curriculum Development: Theory and Practice*, p. 121.

9. Bruner, *The Process of Education.*

10. Ivan P. Pavlov, *Conditioned Reflexes*, trans. G. V. Anrep (London: Oxford University Press, 1927). The experiment was conducted in 1903 and 1904.

11. John B. Watson, *Behaviorism* (New York: Norton, 1939).

12. John B. Watson, "What the Nursery Has to Say about Instincts," in C. A. Murchison, ed., *Psychologies of 1925* (Worcester, MA: Clark University Press, 1926), p. 10.

13. Clark L. Hull, *Principles of Behavior* (New York: Appleton, 1943); and Clark L. Hull, *A Behavior System* (New Haven, CT: Yale University Press, 1951).

14. B. F. Skinner, *Science and Human Behavior* (New York: Macmillan, 1953).

15. Ibid.; and B. F. Skinner, *Reflections on Behaviorism and Society* (Englewood Cliffs, NJ: Prentice Hall, 1978).

第四章　课程的心理学基础

16. B. F. Skinner, "The Science of Learning and the Art of Teaching," *Harvard Educational Review* (Spring 1954), pp. 86 – 97.

17. Albert Bandura, *Social Learning Theory* (Englewood Cliffs, NJ: Prentice Hall, 1977).

18. Robert M. Gagné, *The Conditions of Learning*, 4th ed. (New York: Holt, Rinehart and Winston, 1987).

19. Robert M. Gagné, Leslie J. Briggs, and Walter W. Wager, *Principles of Instructional Design*, 3rd ed. (New York: Holt, Rinehart and Winston, 1988).

20. Gagné, *The Conditions of Learning*, p. 245.

21. Sandra Blakeslee, "Hijacking the Brain Circuits," *New York Times* (February 19, 2002), sec. F, p. 1.

22. Robert J. Marzano, Debra J. Pickering, and Jane E. Pollock, *Classroom Instruction That Works* (Alexandria, VA: ASCD, 2001); and Robert J. Marzano, "Setting the Record Straight on 'High-Yield' Strategies," *Phi Delta Kappan* (September 2009), pp. 30 – 37.

23. Linda Darling-Hammond and Jon Snyder, "Curriculum Studies and the Traditions of Inquiry: The Scientific Tradition," in Philip W. Jackson, ed., *Handbook of Research on Curriculum* (New York: Macmillan, 1992), pp. 41 – 78.

24. Pellegrino et al., *Knowing What Students Know*; and Rick Stiggins and Rick DeFour, "Maximizing the Power of Formative Assessments," *Phi Delta Kappan* (May 2009), pp. 640 – 644.

25. David A. Sousa, *How the Brain Learns*, 2nd ed. (Thousand Oaks, CA: Corwin, 2001).

26. Pellegrino et al., *Knowing What Students Know*.

27. Maria Montessori, *The Montessori Method: Scientific Pedagogy as Applied to Child Education in the Children's Houses*, trans. Anne George (New York: Fredrick Stokes, 1912), p. 33.

28. J. McVicker Hunt, "Environment, Development and Scholastic Achievement," in M. Deutsch, I. Katz, and A. R. Jensen, eds., *Social Class, Race and Psychological Development* (New York: Holt, Rinehart and Winston, 1968), p. 311. See also John Dewey, *The Child and the Curriculum* (Chicago: University of Chicago Press, 1902).

29. Maria Montessori, *Pedagogical Anthropology*, trans. Frederick Cooper (New York: Frederick Stockes, 1913), p. 19.

30. Montessori, *The Montessori Method*, pp. 48 – 49.

31. Martin Deutsch, "The Role of Social Class in Language Development and Cognition" in A. H. Passow, M. L. Goldberg, and A. J. Tannenbaum, eds., *The Education of the*

Disadvantaged (New York: Holt, Rinehart and Winston, 1967), pp. 214–224; Martin Deutsch et al., *The Disadvantaged Child* (New York: Basic Books, 1967); J. McVicker Hunt, *Intelligence and Experience* (New York: Ronald Press, 1961); and Lev S. Vygotsky, *Thought and Language* (Boston: MIT Press, 1962).

32. Jean Piaget, *Judgment and Reasoning in the Child* (New York: Harcourt Brace, 1948); and Jean Piaget, *The Psychology of Intelligence*, rev. ed. (London: Broadway, 1950). See also Hans Furth and Harry Wachs, *Thinking Goes to School: Piaget's Theory in Practice* (New York: Oxford University Press, 1974).

33. John Dewey, *Experience and Education* (New York: Macmillan, 1938), p. 40.

34. Jean Piaget, *The Child's Conception of Physical Causality* (New York: Harcourt, 1932). See also Jean Piaget, *The Equilibrium of Cognitive Structures*, trans. T. Brown and K. J. Thampy (Chicago: University of Chicago Press, 1985).

35. Dewey, *Experience and Education*, p. 43.

36. Tyler, *Basic Principles of Curriculum and Instruction*, pp. 84–86.

37. Taba, *Curriculum Development: Theory and Practice*, pp. 118–119.

38. Bruner, *The Process of Education*.

39. Dewey, *Experience and Education*, p. 44.

40. Bruner, *The Process of Education*, p. 13.

41. Lawrence Kohlberg, "Moral Development and Identification," in N. B. Henry and H. G. Richey, eds., *Child Psychology*, Sixty-second Yearbook of the National Society for the Study of Education, Part 1 (Chicago: University of Chicago Press, 1963), pp. 322–323.

42. Benjamin S. Bloom, *Stability and Change in Human Characteristics* (New York: Wiley, 1964). p. 88.

43. Ibid., p. 110.

44. Benjamin S. Bloom, *Human Characteristics and School Learning* (New York: McGraw-Hill, 1976).

45. Jerome Bruner, cited in Luis C. Moll, ed., *Vygotsky and Education* (New York: Cambridge University Press, 1990), pp. 1–2.

46. Luis C. Moll, ed., *Vygotsky and Education* (New York: Cambridge University Press, 1990).

47. Guillermo Blanck, "Vygotsky: The Man and His Cause," in Moll, *Vygotsky and Educa-*

tion, pp. 31 – 58.

48. Yuriy Karpov, *Vygotsky for Educators* (Cambridge: Cambridge University Press, 2014); and Clancy Blair and C. Cybele Raver, "Closing the Achievement Gap through Modification of Neurocognitive and Neuroendocrine Function: Results from a Cluster Randomized Controlled Trial of an Innovative Approach to the Education of Children in Kindergarten," *PLoS ONE* (November 2014), doi:10.1371/journal.pone.0112393.

49. Blanck, "Vygotsky: The Man and His Cause."

50. Carl Bereiter and Marlene Scardamalia, "Cognition and Curriculum," in Jackson, *Handbook of Research on Curriculum*, pp. 517 – 542.

51. Benedict Carey, "Research Finds Firstborns Gain the Higher IQ," *New York Times* (June 22, 2007), pp. 1, 16; and Benedict Carey, "Birth Order," *New York Times* (July 1, 2007), sec. 4, pp. 1, 4.

52. Carey, "Research Finds Firstborns Gain the Higher IQ," p. 16.

53. Philippe Grandjean and Philip Landrigan, "Neurobehavioural Effects of Developmental Toxicity," *Lancet Neurology* (February 2014), pp. 330 – 338.

54. David Bellinger, "A Strategy for Comparing the Contributions of Environmental Chemical and Other Risk Factors to Neurodevelopment of Children," *Environmental Health Perspectives* (April 2012), pp. 501 – 507.

55. James Hamblin, "The Toxins That Threaten Our Brain," *Atlantic* (March 18, 2014), retrieved from http://www.theatlantic.com/features/archive/2014/03/the – toxins – thatthreaten – our – brains/284466/

56. B. S. Platt, "Early Malnutrition and Later Intelligence," *Developmental Medicine and Child Neurology* (April 1968), p. 233; and Barbara Strupp and David Levitsky, "Enduring Cognitive Effects of Early Malnutrition: A Theoretical Appraisal," *Journal of Nutrition* (August 1995), pp. 2221 – 2232.

57. Feeding America *Child Hunger Fact Sheet* (2015), http://www.feedingamerica.org/hunger – in – america/impact – of – hunger/child – hunger/child – hunger – fact – sheet.html

58. Jianghong Liu, Adrian Raine, Peter Venables, and Sarnoff Mednick, "Malnutrition at Age 3 Years and Externalizing Behavior Problems at Ages 8, 11, and 17 Years," *American Journal of Psychiatry* (November 2004), pp. 2005 – 2013.

59. Alan Schwarz, "Risky Rise of the Good – Grade Pill," *New York Times* (June 10,

2012), pp. A1, A22; Margaret Talbot, "Brain Gain: The Underground World of 'Neuroenhancing' Drugs," *New Yorker* (April 27, 2009), retrieved from http://www.newyorker.com/magazine/2009/04/27/brain-gain

60. Shaheen Lakhan and Annette Kirchgessner, "Prescription Stimulants in Individuals with and without Attention Deficit Hyperactivity Disorder: Misuse, Cognitive Impact, and Adverse Effects," *Brain Behavior* (September 2012), pp. 661–677; and Claire Advokat, D. Guidry, and L. Martino, "Licit and Illicit Use of Medications for Attention-Deficit Hyperactivity Disorder in Undergraduate College Students," *Journal of American College Health* (May–June 2008), pp. 601–606.

61. Bruce Barcott, *Weed the People: The Future of Legal Marijuana in America* (New York: Time, 2015).

62. Bruce Barcott and Michael Scherer, "The Great Pot Experiment," *Time* (May 25, 2015), pp. 38–45.

63. Howard Gardner, *Frames of Mind: The Theory of Multiple Intelligences* (New York: Basic Books, 1983); and Howard Gardner, *Intelligence Reframed: Multiple Intelligences for the 21st Century* (New York: Basic Books, 1999).

64. Howard Gardner and Katie Davis, *The App Generation: How Today's Youth Navigate Identity, Intimacy, and Imagination in a Digital World* (New Haven, CT: Yale University Press, 2013).

65. Howard Gardner, *Five Minds for the Future* (Cambridge, MA: Harvard Business Review Press, 2009).

66. Howard Gardner, *The Unschooled Mind: How Children Think and How Schools Should Teach*, 20th Anniversary ed. (New York: Basic Books, 2011).

67. J. P. Guilford, *The Nature of Human Intelligence* (New York: McGraw-Hill, 1967).

68. Charles E. Spearman, *The Abilities of Man* (New York: Macmillan, 1927).

69. Kenneth R. Howe and Jason Berv, "Constructing Constructivism, Epistemological and Pedagogical," in D. C. Phillips, ed., *Constructivism in Education*, Ninety-ninth Yearbook of the National Society for the Study of Education, Part I (Chicago: University of Chicago Press, 2000), pp. 19–40.

70. Jacqueline G. Brooks and Martin G. Brooks, *The Case for Constructivist Classrooms* (Alexandria, VA: ASCD, 1993).

71. Thomas M. Duffy and David H. Jonassen, "Constructivism: Implications for Instructional Technology," in T. M. Duffy and D. H. Jonassen, eds., *Constructivism and the Technology of Instruction: A Conversation* (Hillsdale, NJ: Lawrence Erlbaum, 1992), pp. 1–16.

72. Kenneth T. Henson, *Curriculum Planning: Integrating Multiculturalism, Constructivism, and Education Reform*, 5th ed. (Long Grove, IL: Waveland Press, 2015).

73. Nicholas Wade, "The Four Letter Alphabet That Spells Life," *New York Times* (July 2, 2000), p. 4.

74. John T. Bruer, *The Myth of the First Three Years* (New York: Free Press, 1999); Peter R. Huttenlocher and A. S. Dabholkar, "Regional Differences in Synaptogenesis in Human Cerebral Cortex," *Journal of Comparative Neurology* (March 1997), pp. 167–178; and Rima Shore, *Rethinking the Brain: New Insights into Early Development* (New York: Families & Work Institute, 1997).

75. Reuven Feuerstein, Rafael Feuerstein, and Louis Falik, *Beyond Smarter: Mediated Learning and the Brain's Capacity for Change* (New York: Teachers College Press, 2010).

76. Annie Murphy Paul, *Brilliant: The New Science of Smart* (New York: Random House, 2015); and Dan Hurley, *Smarter: The New Science of Building Brain Power* (New York: Hudson Street Press, 2014).

77. Pew Research Center, *Teens and Technology 2013* (Washington, DC: Pew Research Center's Internet & American Life Project, March 13, 2013). Retrieved from http://www.pewinternet.org/Reports/2013/Teens-and-Tech.aspx

78. Susan Greenfield, *Mind Change: How the Digital Technologies Are Leaving Their Mark on Our Brains* (New York: Random House, 2015); and Nicholas Carr, *The Shallows: What the Internet is Doing to our Brains* (New York: W. W. Norton & Company, 2010).

79. Eyal Ophir, Clifford Nass, and Anthony Wagner, "Cognitive Control in Media Multitaskers," *Proceedings of the National Academy of Sciences* (August 2009); and Patricia Greenfield, "Technology and Informal Education: What Is Taught, What Is Learned," *Science* (January 2009), pp. 69–71.

80. Kaiser Family Foundation, *Generation M^2: Media in the Lives of 8- to 18-Year Olds* (Menlo Park, CA, January 2010).

81. Common Sense Media, *Children, Teens, and Entertainment Media: The View from the Classroom* (San Francisco, CA: Author, Fall 2012), retrieved from http://vjrconsulting.com/

storage/CSM_TeacherSurveyReport2012_ FINAL. pdf; Markus Dworak, Thomas Schierl, Thomas Bruns, and Heiko Klaus Strüder, "Impact of Singular Excessive Computer Game and Television Exposure on Sleep Patterns and Memory Performance of School – Aged Children," *Pediatrics* (November 2007), pp. 978 – 985; and Carr, *The Shallows: What the Internet Is Doing to Our Brains*.

82. Jacob L. Vigdor and Helen F. Ladd, *Scaling the Digital Divide: Home Computer Technology and Student Achievement*, NBER Working Paper No. 16078 (Cambridge, MA: National Bureau of Economic Research, 2010).

83. Pew Research Center, Teens, Social Medial & Technology Overview 2015: Smartphones Facilitate Shifts in Communication Landscape for Teens (Washington, DC: Author, April 2015).

84. Gary Small and Gigi Vorgan, *iBrain: Surviving the Technological Alteration of the Modern Mind* (New York: William Morrow, 2009).

85. Catherine Steiner – Adair and Teresa Barker, *The Big Disconnect: Protecting Childhood and Family Relationships in the Digital Age* (New York: Harper, 2013).

86. Ethan Kross et al., "Facebook Use Predicts Declines in Subjective Well – Being in Young Adults," *PLoS ONE* (August 2013).

87. Bruner, *The Process of Education*; Philip H. Phenix, *Realms of Meaning* (New York: McGraw – Hill, 1964); and Joseph J. Schwab, "The Concept of the Structure of a Discipline," *Educational Record* (July 1962), pp. 197 – 205.

88. See Jacob W. Getzels and Philip D. Jackson, *Creativity and Intelligence: Explorations with Gifted Students* (New York: Wiley, 1962); Robert J. Sternberg, ed., *Handbook for Human Intelligence* (New York: Cambridge University Press, 1982); and Michael A. Wallach and Nathan Kogan, *Modes of Thinking in Young Children: A Study of the Creativity – Intelligence Distinction* (New York: Holt, Rinehart and Winston, 1965).

89. Bruner, *The Process of Education*, pp. 56 – 57.

90. Bruner, *The Process of Education*; Gall M. Inlow, *Maturity in High School Teaching* (Englewood Cliffs, NJ: Prentice Hall, 1964); Phenix, *Realms of Meaning*; and Taba, *Curriculum Development: Theory and Practice*.

91. Inlow, *Maturity in High School Teaching*, p. 78.

92. Taba, *Curriculum Development: Theory and Practice*, p. 156.

93. Robert H. Ennis, "Logical Basis for Measuring Critical Thinking Skills," *Educational Leadership* (October 1985), pp. 44 – 48; and Robert H. Ennis, "Critical Thinking and Subject

Specificity," *Educational Researcher* (April 1989), pp. 4–10.

94. Matthew Lipman, "Critical Thinking—What Can It Be?" *Educational Leadership* (September 1988), pp. 38–43.

95. Robert J. Sternberg, "How Can We Teach Intelligence?" *Educational Leadership* (September 1984), pp. 38–48; Robert J. Sternberg, "Thinking Styles: Keys to Understanding Performance," *Phi Delta Kappan* (January 1990), pp. 366–371; and Robert J. Sternberg. "Who Are the Bright Children?" *Educational Researcher* (April 2007), pp. 148–155.

96. William A. Sadler and Arthur Whimbey, "A Holistic Approach to Improving Thinking Skills," *Phi Delta Kappan* (November 1985), p. 200. See also John Barell, *Teaching for Thoughtfulness* (New York: Longman, 1991).

97. Robert J. Sternberg, "Teaching Critical Thinking: Possible Solutions," *Phi Delta Kappan* (December 1985), p. 277. Also see Robert J. Sternberg, "The Rainbow Project: Enhancing the SAT through Assessments of Analytical, Practical and Creative Skills." *Intelligence* (April 2006), pp. 321–350.

98. Eric Fromm, "The Creative Attitude," in H. H. Anderson, ed., *Creativity and Its Cultivation* (New York: Harper & Row, 1959), pp. 44–54.

99. E. Paul Torrance, *Rewarding Creative Behavior* (Englewood Cliffs, NJ: Prentice Hall, 1965).

100. Robert J. Sternberg, "Intelligence, Wisdom, and Creativity: Three Is Better than One," *Educational Psychologist* (Summer 1986), pp. 175–190; and Robert J. Sternberg, "Practical Intelligence for Success in School," *Educational Leadership* (September 1990), pp. 35–39.

101. Maxine Greene, *Releasing the Imagination*, Essays on Education, the Arts, and Social Change (San Francisco: Jossey–Bass, 2002).

102. Thomas Armstrong, *Awakening Genius in the Classroom* (Alexandria, VA: ASCD, 1998); and Jessica Hoffmann Davis, *Ordinary Gifted Children* (New York: Teachers College Press, Columbia University, 2010).

103. Sandra Walker Russ, *Pretend Play in Childhood: Foundation of Adult Creativity* (Washington, DC: American Psychological Association, 2013); Stuart Brown, *Play: How It Shapes the Brain, Opens the Imagination, and Invigorates the Soul* (New York: Avery, 2009); and Patrick Bateson and Paul Martin, *Play, Playfulness, Creativity and Innovation* (Cambridge: Cambridge University Press, 2013).

104. Small and Vorgan, *iBrain: Surviving the Technological Alteration of the Modern Mind*.

105. Richard Florida, *The Rise of the Creative Class, Revisited: 10th Anniversary Edition—Revised and Expanded* (New York: Basic Books, 2012).

106. Arthur W. Combs, *A Personal Approach to Teaching* (Boston: Allyn & Bacon, 1982).

107. Kurt Koffka, *Principles of Gestalt Psychology* (New York: Harcourt, 1935); Wolfgang Kohler, *Gestalt Psychology*, 2nd ed. (New York: Liveright, 1947); and Max Wertheimer, *Productive Thinking* (New York: Harper & Row, 1945).

108. Abraham H. Maslow, *Toward a Psychology of Being*, 2nd ed. (New York: Van Nostrand Reinhold, 1968); and Abraham H. Maslow, *Motivation and Personality*, 2nd ed. (New York: Harper & Row, 1970).

109. Ibid.

110. Abraham Maslow, *The Farther Reaches of Human Nature* (New York: Viking Press, 1971); and Maslow, *Motivation and Personality*.

111. Carl Rogers, *Client–Centered Therapy* (Boston: Houghton Mifflin, 1951), p. 485.

112. Carl Rogers, *A Way of Being* (Boston: Houghton Mifflin, 1981); and Carl Rogers, *Freedom to Learn for the 1980s*, 2nd ed. (Columbus, OH: Merrill, 1983).

113. Daniel Goleman, *Emotional Intelligence* (New York: Bantam Books, 1995); and Daniel Goleman, *Social Intelligence: The New Science of Human Relationships* (New York: Bantam, 2006).

114. Howard Gardner, *Frames of Mind* (New York: Bantam Books, 1985).

115. Peter Salovey, as referred to in Goleman, *Emotional Intelligence*.

116. Goleman, *Emotional Intelligence*.

117. Martin Seligman, *Learned Optimism* (New York: Alfred A. Knopf, 1991); and Martin Seligman, *Authentic Happiness: Using the New Positive Psychology to Realize Your Potential for Lasting Fulfillment* (New York: Free Press, 2002).

118. Martin Seligman, *Flourish: A Visionary New Understanding of Happiness and Well–Being* (New York: Free Press, 2011).

119. Carol Dweck, *Mindset: How You Can Fulfill Your Potential* (New York: Robinson Publishing, 2012); Carol Dweck, *Mindset: The New Psychology of Success* (New York: Random House, 2006).

120. Edmund V. Sullivan, *Critical Psychology and Pedagogy: Interpretation of the Personal World* (Westport, CT: Bergin & Garvey, 1990).

121. Gordon Allport, "A Conversation," *Psychology Today* (April 1971), p. 59.

122. Rogers, *Freedom to Learn.*

123. William H. Schubert, "Reconceptualizing and the Matter of Paradigms," *Journal of Teacher Education* (January – February 1989), pp. 27 – 32; J. Smyth, "A Critical Pedagogy of Classroom Practice," *Journal of Curriculum Studies* (November – December 1989), pp. 483 – 502; and Sean A. Walmsley and Trudy P. Walp, "Integrating Literature and Composing into the Language Arts," *Elementary School Journal* (January 1990), pp. 251 – 274.

第五章　课程的社会基础

> **学习成果**
>
> 阅读完本章之后,你应当能够:
>
> 1. 解释"教育"与"学校教育"之间的不同。
> 2. 定义"成长任务",并解释对年轻人来说为什么学习完成这些任务是重要的。
> 3. 辨识对品德教育必不可少的主要内容领域。
> 4. 解释品德特征和表现特征之间的不同。
> 5. 讨论为什么校园文化往往脱离学生,特别是脱离那些学业落后的学生。
> 6. 解释青少年中同年龄小组所拥有的高于权威人物的力量。
> 7. 讨论为什么同年龄小组、种族团体、工薪阶层可能影响在校成绩和在校表现。

任何对课程的讨论都应当考虑到社会背景,特别是学校和社会间的关系,以及这种关系如何影响到课程决策。课程计划工作者和开发工作者有必要精通社会。课程决策是在复杂的社会背景中,通过社会所加的要求和对学校的特殊要求来进行的。的确,课程工作者需要思考和利用课程规划与开发的社会基础。

第五章　课程的社会基础

社会、教育与学校教育

教育可以用于建设性的或破坏性的终极目标,促进一种政治体制(主义)或另一种政治体制(主义)。我们的年轻人所接受的教育类型决定了我们社会内部的自由与平等程度。传承文化是社会的教育体系的首要任务。要维持社会的价值、信仰和规则并传给下一代,不能只是讲授它们,而是要将它们具体化到教育体系的真正运作之中。

对杜威来说,通过恰当地组织学习者的经验,教育使社会得以永存和改善。"教育工作者的首要责任",是"意识到通过拥抱周边环境从而形成实际经验的一般原则"并理解"什么样的环境有益于拥有导致成长的经验"。对杜威来说,必须对经验进行正确的传输,因为"经验影响到对欲求和目的取何种姿态"。[1] 判断什么样的内容和活动(杜威称之为经验)会促进个人的人格和社会成长并使社会得到改善,什么样的内容和活动又不能(杜威称之为"误教"),是教育工作者(特别是负责科目材料的教育工作者)义不容辞的责任。

我们大多数人认为教育是和学校教育同义的。然而,即使没有学校,社会也通过家庭或特殊的仪式和训练对年轻人进行教育。"在现代工业社会中,学校教育发挥着重要作用";"当社会变得越来越复杂、知识的疆界越来越扩大时",教育变得更为重要。"在简单的、非科技的社会,几乎每个人都是整个生存所必需的知识领域的能手。"在科技社会,"人们获取了不同的技能,没有任何个人能够涉及整个复杂的知识体,或期望自己在所有学习领域都是能手"。[2]

在传统的、未受教育的社会中,教育是通过庆典、仪式、对年长孩子和成人的观察和模拟、严格强制执行的行为规范来推进的。在现代和科技社会,教育过程从家庭开始,但"随着孩子越来越大,学校呈现出越来越大的重要性"。学校是一个"帮助年轻人获取系统知识",向他们反复灌输正确的态度和价值观,"填补代际间的鸿沟"的有用机构。在当代社会,大众媒体在推进知识、"对价值观和观念进行重新界定方面也发挥了重要作用"。[3]

学校通过教育孩子和年轻人以服务社会,有助于决定教育的内容、活动和环境的课程工作者,在塑造学生、间接地使学生社会化方面发挥着重要作用。

社会与模范人格

当社会科学家谈论模范人格时,他们不是指一个特定社会的所有成员实际上是一模一样的。正像鲁思·本尼迪克特(Ruth Benedict)所写的:"没有任何一种已发现的文化能够抹除构成这一文化的人的脾性上的差异。"[4]然而,一个社会的成员的确有更多的共同之处,他们自小就是按预定的时间、一定的方式接受吃喝拉撒方面的培养和训练,接受的是相同风格的教育。他们与一个或几个配偶结婚;依靠劳动生存或从事共同的经济活动;相信一神、多神或不信神。这些共享的经验冲淡了个人的差异,从而使众人以相同的方式行事。在本尼迪克特看来,社会的成规支配着人际关系,并产生一种模范人格——一个社会的大多数成员共享的态度、情感和行为模式。在一项对美国的模范人格的研究中,人类学家玛格丽特·米德(Margaret Mead)强调,美国提供了不受限制的机会。无论是否为真,每个人都可以成为总统的信念(这一信念又为我们的机会平等观所强化),给大多数美国居民压上了一副重担。言下之意,那些没成为总统(或医生、律师、工程师或公司高管)的人,已经逃避了他们"获胜的道德责任"。[5]世界上的大多数其他民族都将个人的失败归咎于贫穷、命运或政府。大多数美国人则往往归咎于自己。

与欧洲的父母通常培养孩子延续家族的传统相反,第一代和第二代的美国父母试图让他们的孩子离家寻求更好的生活。美国居民评估自我价值的依据,往往是他们爬得比自己的父母高出多少、与自己的朋友和邻居相比高出多少。在任何一个点上,美国人都不会感到他们已经真正"抵达",攀登永无止境,却又力所能为。这是美国价值系统的一个极其重要的部分,而且是我们学校和传统课程的本质。

社会与发展理论

许多理论都聚焦于人的成长与发展的整体观。因为它们强调将行为当作一个从婴儿期即已开始的整体来研究。它们将格式塔心理学与社会化结合起来。发展理论针对的是变化的累积效果,也就是在人生的关键阶段,学到或没能学到完成恰当的任务时所出现的后果。在发展的特定阶段没能学会一项任务,往往会对随后的发展顺序产生有害影响。

发展是经由一组颇为固定、相对持续的步骤展开的,并且假设成熟和恰当的社会经验对促使个人从一个阶段走向另一个阶段是必不可少的。从一个阶段到下一个阶段的转移,不仅基于年龄,而且以个人过去长时间所积累的社会经验的量变和质变为基础。

罗伯特·哈维格斯特(Robert Havighurst)认为人的成长有六个时期:(1)婴儿和儿童早期;(2)儿童中期;(3)青少年期;(4)早期成年期;(5)中年期;(6)老年期。发展任务被界定为个人为了"在我们社会健康舒心地成长"而必须学会的任务。一个人必须学得让自己适度地快乐和成功。"发展任务是出现在个人一生中的特定阶段或时期的任务。成就……带来快乐,带来成功地完成后来的任务,而失败带来不快乐、不为社会所认同,在完成后继任务时也困难重重。"[6]

一个年轻人的学校教育关系到儿童早期及其后两个人生时期的发展任务,这些任务是:

1. 儿童早期

(1)形成概念、学习语言,用以描绘社会和心理现实;

(2)为阅读做好准备;

(3)学会区分对错,开始发展良知。

2. 儿童中期

(1)学习普通游戏所必需的身体技能;

(2)建立完整的自我态度;

(3)学习与同龄人相处;

(4)学习扮演恰当的男女性别角色;

(5)发展读写和数学的基本技能;

(6)发展日常生活观念;

(7)发展道德观和价值观;

(8)获得人格独立;

(9)养成对待社会团体和机构的(民主)态度。

3. 青少年期

(1)与男性和女性同龄人建立新的更成熟的关系;

(2)获得男性或女性的社会角色;

(3)接受自己的体格,有效地运用身体;

(4)获得情感的独立,不依赖父母和其他成年人;

(5)为婚姻和家庭生活做准备;

(6)为事业做准备;

(7) 获得指导行为的价值观和伦理体系；

(8) 完成对社会负责的行为[7]。

尽管哈维格斯特的模式最为著名，但其他人也提出了处理学生或青少年需要的其他模式。哈维格斯特用"人"一词代替"青少年"以指称更广泛的年龄，用"任务"一词代替"需要"以指示一种解决方法，其他模式恰好也像哈维格斯特模式一样包罗万象和四平八稳。例如，哈里·贾尔斯勾勒了四种"基本需要"——个人的、社会的、公民的和经济的需要——每种需要有三至四种小的需要。[8]弗洛伦斯·斯特拉特迈耶(Florence Stratemeyer)和她的同事将"10个生活领域"划归三种"生活情境"。[9]B. 奥塞内尔·史密斯(B. Othanel Smith)和他的同事将29种"青少年的需要"归为6种主要社会—个人类别，[10]亨利·哈拉普(Henry Harap)勾勒了人的成功发展所必需的30种"人生活动"。[11]前述作者都是20世纪中期认为课程教学、学习、规划和实施需要发展方法的重要课程理论家。

这些分类纲目虽然多有不同，但它们还是清楚地表明，许多共同议题往往本质上是社会的，包括了学习的环境、道德、公民、心理、身体和生产(或经济)维度。我们如果能将目标定位于开发学生所需要的课程和教学方法，达成共识的程度就可能最高。所有这些方法都考虑孩子的全面发展，而不只是考虑认知学习；往往强调成就范畴，也就是强调任务或需要；认可准备就绪的概念；聚焦于个人，即使他们所指的是个人的社会环境。哈维格斯特模式据称是一种发展模式，是由称为任务的人的需要层级结构所构成，与其相反，其他模式倾向于围绕学生或青少年的同等重要的需要来组织，并且在一门核心课程和一门社会—问题课程中来开发。这并不意味着这些模式不能用于所有课程。所有这些模式都可以用作需要评估规划的框架，这在第七章中将详细讨论。

需要评估规划根植于20世纪40年代和50年代的学生需要或青少年需要方法。这一规划在20世纪70年代中期得到发展，其时联邦政府在提供资助之前要求有这种计划。这种要求逐渐渗透到了各州和地方的指导方针中，许多课程工作者也采纳了这一观念。然而，学生需要方法聚焦于学习者，对需要的评估却不一定聚焦于学习者。需要评估也可能纳入职业机构、学校、家长和共同体的需要。其意图是明确一个学区的目的和目标，做出评估是因为学校当局相信还存在改善的空间。

变化中的美国社会

大卫·理斯曼(David Riesman)的《孤独的人群》(The Lonely Crowd)1953年面世,其中心论点与正在塑造美国文化的最重要变化保持一致:美国正从一个生产和储蓄型的社会向一个为技术和消费所主宰的社会转变。中产阶级的特征正在发生变化,理斯曼对美国的变化和新习俗进行了概括和描绘:从内向引导型的人到他者引导型的人的转变。前一种人,孩童时期在成年权威人物的影响下形成行为和目标,这些行为和目标会指导他们后来的人生;后一种人,对他人(同辈和大众媒体)的期望和偏好变得敏感。[12]

这本书原期望在大学社会科学研读课程班卖出几千本,没想到1995年,已大卖150多万本,这使理斯曼成了美国历史上最畅销的社会学家。[13]接下来的25年来,在大学校园、西部村庄的鸡尾酒会、哈佛广场、海德国家公园,"内向引导型"和"他者引导型"作为大众谈资频繁浮出水面。这类看法有助于解释"权力归花儿"、伍德斯特克音乐节、新一代中年男人和女人——例如,威利·洛曼(Willy Loman,《推销员之死》,Death of a Salesman),罗宾逊太太(Mrs. Robinson,《毕业生》,The Graduate),贝丝·贾里德(Beth Jarrid,《平民百姓》,Ordinary People)。

根据人们如何思考和行动,理斯曼详细阐述了社会的三种主要类型:传统引导型、内向引导型、他者引导型。传统引导型性格在民间、乡土、农耕社会中随处可见。原始部落,封建时代的欧洲,今日的第三世界国家,尤其是亚非拉的孤立乡村都堪称例证,尽管互联网有可能打破了它们的思想和问题的孤立状态。虽然这些社会千变万化,它们过去是、现在依然是受千百年来传统的宰制。这些社会很少花费精力去寻找新的方案,解决年深日久的问题。大部分任务、职业和角色,实际上祖祖辈辈代代相传、一模一样,而每一任务、职业和角色,如此显而易见、简单明了,以至于所有人都能理解。每个人都知道自己在生活中的位置(女人一般是次要的,或者在教育和权力方面最无足轻重),而且每个人都屈从传统。在大多数情况下,不鼓励个人在社会的界限和所限定的位置之外行使首创精神。正规教育微乎其微,社会化少得可怜,仅限于仪式、讲故事,以及保存古老的习俗、信仰和规矩。

文艺复兴、宗教改革、启蒙时代、商业和工业革命开辟了发现、创新和变革,并开创了一种新动态,这种新动态的典型是漫游者的登陆,美国《独立宣言》和法国革命的降生,随之而来的是美国19世纪的西扩、达尔文思想的兴起、"敛财大亨"的登场、20世纪早期的殖民扩张。一切照旧、循规蹈矩不再主宰知识分子的思考,或者先行决定男人和女人的行为。实验和进步（包括美国的进步论教育思想和实用主义）成了行为举止的重要范式。在这种转变中，内向引导型社会来临。这种社会的典型特征是个人流动性增强，人口产生变化、增长和扩张，此外还有财富的集聚、剥削和殖民化。传统让道于个人，强者生存甚至征服弱者，或是征服更传统的社会。

内向引导型社会的流行价值观也重视清教的道德观念、工作伦理、个人主义、成就和美德、储蓄和未来取向，同时重视核心家庭和知道得最多、影响孩子及年轻人的成人（教师、警官、牧师等等）。然而，按一种负面的记载，少数族裔"不见了"，淡出了视野或被隔离；期望女人对男人言听计从，女人罕有职业机遇；社会不接受男、女同性恋者。

最终，他者引导成了美国社会的新兴特征，自二战以后不断得到发展。这种特征是以下一种社会和文化气候的产物：这种社会和文化气候最终支持和鼓励团队合作、团队整合、同心协力、组织化行为、均质郊区，并且贬抑内向引导型美德的个人主义和独立不羁。

在他者引导型社会中，与在内向引导型社会相比，父母和其他成人对孩子的影响要少；相对孩子们的知识，成人的知识烟消云散了。最初的电视，现在的互联网和音乐播放器，为年轻人提供了过去主要限于成年人的信息途径，孩子和成年人之间的信息壁垒一天天在瓦解，或至少不再是密不透风的墙，在某些情况下，孩子对某些话题的了解甚至比成人还要多。成人影响的逐步减少，折射出了对孩子的正式和非正式的援助网络正在解体，尤其是处于贫困状态中的孩子更是如此。有些学者现在正呼吁社会回归到以"乡村方法"哺育我们的孩子。[14]

后现代社会

今天，我们处于一个多样性和多元主义主宰话语并挑战传统标准与价值观的时代（这些传统标准和价值观是更大的社会所传播的，其中包括传统的家庭、教会、民族情感观念）。按戴维·埃尔金德（David Elkind）的说法，在后现代社会，语言被用来"挑战"我们所熟悉的"主宰我们的物理世界和社会界的普遍法则和常规法则"。[15]过去400年以来，普遍规律（例如牛顿物理学）和理性思维（例如笛卡尔的推理）引导并改变我们的科学和社会思维。现在，所有的基本概念都被贴上了技术理性的标签，都被视为机械理论。

按批评家的说法，在科技社会，学校成了文化资本的分配者，它们在分配各种形式的知识之上承担着主要作用,这相应地导致了一个群体对另一些群体的歧视,以及对另一些群体的压抑与控制。[16]在客观性的外衣和可归纳的情况下,后现代主义思想家认为艺术、戏剧、诗歌、质性研究受到了贬抑。世界正在演变,而不确定性、不规则性乃至混沌性对重新阐释我们的物理世界和社会界具有新的重要意义。

后工业社会:比特与字节

后现代社会包括丹尼尔·贝尔(Daniel Bell)所称的后工业社会——由信息和技术所创造的社会。[17]这一新社会的独特特征是知识具有重要意义。知识(包括知识的传输、存储、检索)是生产、创新、职业晋升、政策信息的资源。知识成为一种权力,拥有更多知识的个人或国家拥有更多的权力。

老的工业社会是由发动机和能产生更多马力的方法驱动的。虽然脱胎于老的工业社会,但后工业主义过去是并且依然是一个基于知识的社会,是由信息生产和专业人士、技术专家脱颖而出所驱动的。在一个基于"脑力"而不是"体力"的社会,精英管理制和流动性在男女之间往往难分伯仲,趋于平等。这设定了公平的教育机会和最小化的工作偏见。这一新社会的分层结构创造了一种经过高度训练的研究精英,这类精英又获得一大批科学的、技术的、熟悉计算机的职员的支持——所有人都检索、操控、生产知识。由于有计算机和互联网,脑力可以在全球基础上进行交易,身在中国或印度的人甚至不必踏上美国的土地,就可以竞争美国的以知识为基础的工作。简言之,世界是"平的",这是《纽约时代杂志》作者托马斯·弗里德曼(Thomas Fliedmun)最近使用的一种说法,指的是以知识为基础的工作已经全球化了,博弈场已经被互联网所拉平。

尽管丹尼尔·贝尔由于创造了后工业社会的原创概念而得到众多好评,但他的思想还是根源于1948年发表于《贝尔系统技术杂志》、1952年发表于《科技美国》杂志上的文章,在这两篇文章中,克劳德·香农(Claude Shannon)(这肯定不是一个家喻户晓的名字)描绘了他的通信数学理论。[18]香农提出"比特"一词去指代"二进制数字"。一个比特即是一种选择:开或关,是或不,停止或继续,1或0。一些信息是持续不断的,基于声波(例如唱片、广播、电视),而另一些信号则不是持续的,而是间断的(例如烟幕信号、电报、电传打字)。开或关、是或不表明,电路可以传输基于逻辑的信息比特。最终,为了存储能力,比特(bits)带来字节(bytes),字节随后引向千字节(kilobytes)、兆字节(megabytes)、十亿字节(gigabytes)。[19]

后核心家庭

2010年人口普查数据合总后发现,现在的核心家庭(母亲、父亲和孩子生活在一起的家庭)不足美国家庭的25%。

离婚率继续高达50%以上,然而大多数离婚夫妇会第二次甚至第三次结婚。在这些新的混合家庭之内,我们发现同父异母或同母异父的兄弟姐妹大增。在20年之前将不可能有任何联系的离婚夫妇和家庭成员,现在发现保持联系切实可行,在节日期间更是如此。

今天,同居——一对没有结婚的伴侣生活在一起——在美国越来越司空见惯。四分之三的女人到30岁时不结婚而与一位伴侣生活在一起。[20]不断变化的婚姻观部分助长了这一趋势。年轻的成年人相信,婚姻要么是有风险的,要么就是为了守株待兔,等待一位"钻石王老五"。许多人将同居视为"试驾"一种关系的更好方式。这一趋势部分地折射出了美国双重而矛盾的婚姻(两个人之间的承诺)文化理想及个人主义。[21]结果产生了一种非传统的伴侣关系:生儿育女和男婚女嫁成了两件完全不同的事。一个单身的现代妇女不需要婚姻就可以拥有儿女,而这种新的婚姻观还在继续塑造后核心家庭。

新的家庭类型

历史地看,美国社会和学校从核心家庭获得支持,核心家庭在过去两个世纪已上升为西方社会的主导形式。核心家庭被描绘为高度以儿童为中心的,倾其资源为孩子(而不是为父母)在学校获得成功、在成年过上更好生活做准备。不过,2008—2010年的衰退,使许多中产阶级婴儿潮出生的一代人怀疑自己的子女或孙子女是否会过上更好的生活,也就是说,是否会像他们自己在20世纪后半叶、美国处于经济强国和最高点时成长起来那样具有社会流动性。

今天,家庭的观念大为不同。考虑到多样性、多元论、不规则广为流行,核心家庭堪称一种反常。总体上,18岁以下的年轻人,大约有一半其童年期的某个时期生活在单亲家庭中。[22]核心家庭已经被许多不同家庭形式所取代。

鉴于今天的另类交往环境和文化语境,有人声称传统的核心家庭极其不理想,通常功能不良、无爱可言,而现代的、后核心家庭则为孩子提供爱护和支持。然而,事实是,2013年美国18岁以下的孩子不到一半(46%)生活在传统家庭中(即家中有两个首次结婚的异性婚姻的父母),而1960年,这一比例是70%。[23]未婚而同居的夫妇激增(猛增了170%,从1996年的290万人增加到了2012年的780万人),同时,2013年拖儿带女就业的妇女达74.8%,而20世纪50年代只有18%。[24]

道德品质教育

在道德知识和伦理观上给予指导是可行的。我们可以讨论研究过好社会和好人的苏格拉底、柏拉图、亚里士多德一类哲学家;更具争议性的哲学家伊曼纽尔·康德、让-保尔·萨特;摩西、耶稣、孔子一类的宗教领袖;亚伯拉罕·林肯、莫罕达斯·甘地、小马丁·路德·金一类的政治领袖。通过学习这些道德人物的作品和规则,学生可以学到道德知识。这一观念即鼓励早期的优质阅读,通过阅读传授自尊、宽容、社会福祉。

道德教育可以从诸如《伊索寓言》(Aesop's Fables)、《杰克与仙豆》(Jack and the Beanstalk)、《珍珠鸡和兔子善有善报》(Guinea Fowl and Rabbit Get Justice)及格林兄弟(Grimm Brothers)、罗伯特·路易斯·史蒂文森(Robert Louis Stevenson)、兰斯顿·休斯(Langston Hughes)的故事和寓言起步。对大一点的孩子来说,则有《贞子与千纸鹤》(Sadako and the Thousand Paper Cranes)、《挣脱奴役》(Up from Slavery)、《少女日记》(Diary of a Young Girl)。对青少年来说,则有《人鼠之间》(of Mice and Men)、《四季之人》(A man for All Seasons)、《蝇王》(Lord of the Flies)、《推销员之死》(Death of a Salesman)、《哈克贝利·芬历险记》(The Adventures of Huckleberry Finn)。到八年级时,假设以平均或平均以上的阅读能力来要求,学生应当能够胜任阅读表5.1所列的书籍。该表所推荐的25本书都堪称富含社会信息和道德信息的文献。

表5.1 八年级应读的25本推荐书目

1. 马娅·安杰洛《毕业生》(Maya Angelou, The Graduation)
2. 赛珍珠《大地》(Pearl Buck, The Good Earth)
3. 杜鲁门·卡波特《米里亚姆》(Truman Capote, Miriam)
4. 詹姆斯·费尼莫尔·库珀《最后一个莫希干人》(James Fenimore Cooper, The Last of the Mohicans)
5. 查尔斯·狄更斯《远大前程》(Charles Dickens, Great Expectations)
6. 威廉·福克纳《虎兄弟和大风暴》(William Faulkner, Brer Tiger and the Big Wind)

7. 安妮·弗兰克《少女日记》(Anne Frank, *Diary of a Young Girl*)

8. 威廉·戈尔丁《蝇王》(William Golding, *Lord of the FLies*)

9. 约翰·肯尼迪《勇气传略》(John Kennedy, *Profiles in Courage*)

10. 马丁·路德·金《我们为何不能等待》(Martin Luther King Jr., *Why We Can't Wait*)

11. 拉迪亚德·吉卜林《丛林故事》(Rudyard Kipling, *Letting in the Jungle*)

12. 哈珀·李《杀死一只知更鸟》(Harper Lee, *To Kill a Mockingbird*)

13. 杰克·伦敦《荒野的呼唤》(Jack London, *The Call of the Wild*)

14. 赫尔曼·梅尔维尔《比利·巴德》(Herman Melville, *Billy Budd*)

15. 乔治·奥威尔《动物农庄》(George Orwell, *Animal Farm*)

16. 托马斯·里韦拉《动物园岛》(Tomas Rivera, *Zoo Island*)

17. 威廉·萨罗扬《美丽白马之夏日》(William Saroyan, *The Summer of the Beautiful White Horse*)

18. 约翰·斯坦贝克《人鼠之间》(John Steinbeck, *of Mice and men*)

19. 罗伯特·路易斯·史蒂文森《杰基尔博士和海德先生》(Robert Louis Stevenson, *Dr. Jekyll and Mr. Hyde*)

20. 威廉·斯蒂尔《地铁》(William Still, *The Underground Railroad*)

21. 伊万·屠格涅夫《守门人》(Ivan Turgenev, *The Watch*)

22. 马克·吐温《哈克贝利·芬历险记》(Mark Twain, *The Adventures of Huckleberry Finn*)

23. 约翰·厄普代克《短吻鳄》(John Updike, *The Alligators*)

24. H.G.韦尔斯《时间机器》(H. G. Wells, *The Time Machine*)

25. 伊利·威塞尔《夜》(Elie Wiesel, *Night*)

当学生达到一定的级别、阅读能力得到提高时,有更大范围的作家适用他们。毫无疑问,共同体的风气会影响到书籍的选择。诸如勤奋、诚实、正直、礼貌、友爱等都是通行的美德。教育工作者需要发现这种共通价值。

道德行为及其争论

马克·吐温的《哈克贝利·芬历险记》是一部应当查禁的种族主义书籍,还是

第五章 课程的社会基础

一部应当阅读、讨论和分析的杰作?哈克是一个未开化的孩子,不特别聪明,是现代青少年犯的先驱,是一个找到了道德事业而不放弃自己的恶作剧或不愿受自己的身份的摆布的反抗者。吉姆是一个在逃的奴隶,一位生活在白人统治的世界里以卑屈的角色出现的小丑和伴侣。由于他在社会中的地位和其睿智聪明,他既不是完全所说即所指,也不是完全所指即所说。通过用诗意的想象和幽默扮演小丑,他可以在自己麻烦重重的世界里过下去。读者学到了尊敬他的智慧、笑话和其他补偿性技巧。

学校应当对所有种族、人种和宗教群体的学生保持敏感。同样,人的性别、性向或身体残疾也不应当引起歧视。与此同时,敏感不应当以真相作为代价。不幸的是,学校只能够挑选不提及进化的生物课本,或排除了大屠杀的历史书籍。学校也可以利用电子手段改变文学经典(例如荷马的《奥德赛》,莎士比亚的《威尼斯商人》,契诃夫的《罗特希尔德的提琴》),将有些人会觉得受到冒犯的段落抹除掉。不是希望学生质疑和分析这样的文本,恰恰相反,学校过于经常地使用校正版和修改版。通过这种删除省略,我们真的能创造一种纯粹的学校环境或一个更为纯粹的社会吗?

学校不是提出道德问题并要求学生尽力加以解决,而是教给学生以规定的内容和技能。正像约翰·古德拉德所评论的那样,在所有年级的全部课程中,都期望学生死记硬背,回答教材和作业本中的寻常问题,通过多项选择和对错测试。[25]关键是,学生需要听到哈克和吉姆说些什么,然后进行分析和讨论,对荷马、莎士比亚和契诃夫也同样如此。

按菲利普·菲尼克斯的说法,道德知识的最重要源泉是社会的法律和习惯,它可以在涉及法律、伦理学和社会学的课程中加以讲授。然而,道德行为是不可教的;准确地说,它可以通过"根据公认的社会标准参与日常社会生活"来学习(例如"十诫"和"黄金法则")。[26]尽管法律和习惯在道德上不总是正确的,但被接受的标准的确提供了行动的指南。在最终的分析中,个人的行为反映出了他们的是非观。像玛克辛·格林、范·克利夫·莫里斯等存在主义教育家,将道德视为超乎认知过程的,而近乎个人感觉、情感、对他人开放、美感等社会心理学过程。[27]一个人是自由的,但一个人的自由本质上是涉及责任和选择的内在事务。自由、责任和选择涉及道德判断,并与社会标准和个人信仰联系在一起。

将道德发展与认知发展结合起来看的课程专家,将有可能感到与皮亚杰的观点(参见第三章)或杜威的立场更为投缘。杜威指出,科目材料应当整合到"这样的条件下，其社会意义在此得以实现，并且提供道德兴趣，发展道德洞见"。[28]然而，在杜威看来，与道德伦理联系在一起的实际决定和行为涉及社会成长和社会经验，学校可以帮助形成决定和行为。他用"性格"、"条件"、"环境"等描述符号去描述道德伦理和科目材料的组织。[29]

道德教育

表5.1所建议的著作可以在传统历史和英语课中阅读，或在诸如初级名著（Junior Great Books）[30]、世界研究、美国研究等综合课程中阅读。哈里·布劳迪（Harry Broudy）称这种内容为课程的广域方法，他将高中课程组织到五个社会和道德问题之中。[31]弗洛伦斯·斯特拉特迈耶和他的合作者开发了一门基于10种"生活情境"的课程，该课程囊括了应对社会、政治、经济势力的能力。[32]莫蒂默·阿德勒（Mortimer Adler）将课程分为组织化的知识、智能、理念和价值观。价值观涉及"好书"（他的叫法）而不是教科书的讨论，并涉及苏格拉底的问答法。[33]特德·赛泽（Ted Sizer）将高中课程组织成四个宽领域，其中包括"历史与哲学"、"文学与艺术"。[34]

在菲利普·菲尼克斯看来，道德知识的内容覆盖五个主要领域：（1）人权，涉及应当推广的生活条件；（2）伦理，关系到家族关系和性别；（3）社会关系，涉及阶级、族裔、人种、宗教团体；（4）经济生活，涉及财富和贫困；（5）政治生活，涉及正义、平等和权力。[35]我们将道德内容转译为道德行为的方式，界定了我们是什么类型的人。在日常事务中起作用的不是我们的道德知识，而是我们的道德行为。应当把这种知识与行为的区分告诉所有学生，为学生展望我们现在是什么样的人和社会、希望成为什么样的人和社会打下基础。

前述不同的道德方法与学习课程代表了一种将历史、英语组合到一个跨学科领域之中的方式。可以将这种方法运用到名著上。一般来说，该课程的内容涉及道德和社会问题；与如何生活相关的理念；优雅的、机智的、重大的思想；有助于我们理解我们自身、我们社会、我们宇宙和我们现实的悖论。通过参与有目的的讨论，认同或不认同所表达出的看法，通过谈话和达成共识进行综合和建立观念，质疑并检验论点，使用证据支持观点，学生可以获得洞见，进而做出个人的选择。阅读和讨论也应当帮助学生对自己的行为负责，赏识存在于美国的宗教、政治自由和经济机遇。最终，这一观念的目的是尊重和推动所有人和国家间的人权与社会公正，并且获得一种全球视野，赏识不同的人、文化和国家。

第五章 课程的社会基础

作为教师,我们应当使所有学生投入伟大的观念和书籍之流中。然而,我们不应当过分强调书面语,因为还存在着其他传播我们的文化——我们希望教的价值和德行——的方法。假如我们只依赖好的文学作品,我们将失去一半以上的学生——那些条件不好的、学习不佳的、半文盲的、英语非母语的或英语口语受限的学生。无意地,通过将学生分流,并因为这么多的学生不能阅读和理解文学名著,学校提高了具体思考者和抽象思考者之间的分化。

我们可以列出与表5.1同样类型的诸如罗伯特·弗罗斯特(Robert Frost)、卡尔·桑德堡(Carl Sandburg)、艾米丽·狄金森(Emily Dickinson)等人创作的诗歌巨著清单,诸如欧文·伯林(Irving Berlin)、乔治·格什温(George Gershwin)、鲍勃·迪伦等人创作的歌曲巨著清单,艺术巨著清单如里韦拉(Rivera)、毕加索、戈雅(Goya)的艺术作品,戏剧巨著清单如《悲惨世界》(Les Misérables)、《玩偶之家》(A Doll's House)、《人民公敌》(An Enemy of the People),电影巨著清单如《加里波底》(Gallipoli)、《愤怒的葡萄》(The Grapes of Wrath)、《四季之人》(A Man for All Seasons)。大量"非读者"和"迟缓的"学习者可以通过视听材料来学习。对这些读者来说,电影可能是最强有力的媒体,正如同有伟大的书籍一样,也有伟大的电影。通常,教师感到电影耗费了宝贵的课堂时间。他们没有认识到即使最穷的家庭也拥有电子设备,例如计算机、平板电脑、智能手机。正像学校向学生分发教科书一样,教师也应当分发家用的视频链接,或在下午三点以后、星期六在学校上映经过选择的电影——涉及更大社会、道德观念和问题的电影。

公共电视为非读者和读者提供了另一种选择。特别是,美国公共电视网(PBS)生产了众多视频故事片。有上千种话题可供选择,其中包括350种获奖纪录影片(从90分钟到17个小时不等)。此外,尚有4万多种视频剪辑的在线目录指南,可以互相参照并连接到全国和州的标准。[36]

道德品质

一个人可以拥有道德知识,服从世俗和宗教法则而依然缺乏道德品质。道德品质是难以教会的,因为道德品质涉及来自各成长阶段的态度与行为、独特人格和经验。道德品质意味着乐于助人;意味着接受他人的缺点而不利用别人的缺点;意味着看到人最好的一面,对他人的力量寄予希望;意味着礼貌、客气地对待同学、朋友和同事;意味着充当一个负责任的人,即使这样做意味着与众不同。

也许对道德品质的真正考验是处理危机或反馈,处理逆境,愿意因为个人的信念而承担风险(例如可能失业)。勇气、信念和激情是品质的有机成分。作为我们努力做教师或校长的一个结果,我们想以何种人的面貌出现?我们可以涉足道德教育,以道德知识示人,但是我们能教道德品质吗?一般来说,道德的人理解道德原则并在真实生活中运用这些原则。

世界上充满了了解道德观却冒险违背道德观或对众人亦步亦趋的人。我们中的何人拥有道德品质?道德品质不能由一位教师来授予,准确地说,它涉及校长的领导才能,需要整个学校的协同努力、学校内大量督导和教师的共同合作、对孩子和年轻人旷日持久的抚育。特德·赛泽和南希·赛泽(Nancy Sizer)要求教师使学生以可能是令人不安或困难重重的方式直接面对和自己的行动或怠惰有关的道德难题和道德问题,要求教师宣讲对学生的自我概念和自我尊重造成威胁的种种事物。我们需要处理不平等和社会不公正的种种问题,同时促进学生和年轻人之中的合作行为和群体间的联系。[37]

特德·赛泽和南希·赛泽要求教师"努力处理"种种观念,"深入挖掘",追问事情为什么是这样、有什么证据、想法和行为意味着什么。他们希望教师不再"糊弄人",也就是说,不在他们的备课、家庭作业、测试或其他评估实践中抄捷径。他们希望学校减少有时对应于社会的(阶级和种姓)分组的"挑选"实践。尽管对学生的某些挑选是必要的,但挑选应当足够有弹性到尊重学生和家长的愿望,并且避免原型化。最后,特德·赛泽和南希·赛泽提出,学生不应当在课堂和学校经历这样的伪善——声称所有的学生有做自己的平等和自由,但与此同时又以阶级或低能为基础歧视学生。

本书作者相信,学校领导和教师应当采纳道德品质是优先权或政策的问题。仅仅一两位教师自己不能产生真正的、长期的影响。它需要校长的领导才能和一个学校的共同体去实施一个培育道德品质的项目,在这个项目中,学生被告知自己的行动所应承担的责任,以及诸如诚实、尊重、宽容、怜悯、公正等观念的价值。

作为教育的领导者,我们有义务在认识到品质的发展意味着什么、品质的发展甚至是否可能方面众说纷纭的同时促进品质的发展。埃米·古特曼(Amy Gutman)代表了一个极端,她相信由于学生的多样化背景和偏见,道德问题在公立学校不合时宜。另一个极端则是内尔·诺丁斯的观点——关心陌生人比形塑学生的心智和态度更为重要。[38]

第五章 课程的社会基础

虽然有争议,校领导一定要不怯于坚持道德立场。许多人类行为是可怕的。那些面对南京大屠杀、纳粹大屠杀、红色高棉杀人场或世贸中心的焚烧画面哄然大笑的学生,不能因为他们的无知或其宗教、种族、人种背景而获得谅解。也不应当纵容他们大放厥词,表达出种族主义、性别歧视或其他明知故犯的心怀仇恨的观点。不要要求学校向全国学生强行灌输西方的或基督教的价值观。准确地说,学校可以促进诸如公平、同情、宽容、正义等基本原则的教育。

追求卓越的品质

过去十多年来,尤其在公立特许学校中,兴起了对与道德、伦理或价值观少有联系的品质的重视。这种品质更多与驱动一个人表现优异的内心习惯和精神特征联系在一起,而不是与对待他人的态度和行为联系在一起。例如,"知识就是力量项目"(KIPP)中特许学校的教育工作者发现,尽管他们的援助有助于低收入家庭学生在整个初中和高中阶段学业上有所斩获,但同样一批学生在他们的大学阶段却难以出类拔萃。许多人退学。坚持下来的人也不一定是状元。准确地说,他们似乎具有额外的品质力量,例如乐观主义、坚持不懈、竭尽全力、自我调节。[39]

许多学校现在力图培养这种"追求卓越的品质"——这种品质将有助于学生更好地对待挫折和障碍,学校相信这些特质与学业同等重要(假如不是更重要的话)。教育学生认识到人生的潮涨潮落,并使用诸如"自我倾诉"一类的技巧,通过让学生自己联想到更大的语境,全面看待当下的危机。[40]这些技巧和特质特别有助于身陷困境的学生,因为他们往往在学校和家中很少获得援助。

@ 越来越多的学校开始看到培养某些品质(例如坚韧不拔、持之以恒、不屈不挠)的重要性,这些品质有助于提高学术表现。观看某些教师是如何重视培养自己学生这些品质的。作为教育工作者,你在自己的课堂中会做些什么,以培养学生的这些品质?

https://www.youtube.com/watch?v=F0qrtsYg6kl

二进制字节和阅读习惯

谁发明了计算机?(a)约翰·阿塔纳索夫(John Atanasoff),(b)丹尼尔·贝尔,

(c)托马斯·爱迪生(Thomas Edison),(d)史蒂夫·乔布斯(Steve Jobs)?提示一下,他来自爱荷华州立大学,20世纪30年代,这位物理学家深受计算微分方程之费时劳神工作的困扰,力图寻找一条更容易解决问题的途径。[41]至于这个问题的正确答案,是约翰·阿塔纳索夫。这一信息似乎特别让大多数读者大吃一惊。的确,从硅谷的大多数工程师,到东海岸的精英,都会将发明计算机的功绩归功于IBM的约翰·华生(John Watson)。但这一想法部分反映出生活在美国东西海岸的人的精神"飞越"特征,并反映出了对内地的无视和一种游谈无根的"思想"信仰——认为大多数有价值的传奇故事,都是在美国东西海岸展开的。

既然现在你知道了阿塔纳索夫的这点儿信息,你也许就能更好地欣赏《洛杉矶时报》图书编辑戴维·乌林(David Ulin)的《失传了的阅读艺术》(*The Lost Art of Reading*)。在一个链接过度的数码世界里,阅读书籍已经成为我们大多数人的讨厌工作,对孩子和年轻人来说更是如此。上博客、发短信、发微博更为容易,也更为时髦——不用沉思默想,也不用左推右算。[42]在线的、网络化的、意乱情迷的一代,还会有阅读长篇大论、思考和整合观念,乃至为快乐而阅读的能力吗?

阅读的习惯和单纯坐下来为一本好书着迷,也许成了一种已经失传的艺术。在一个我们搜索人名和地名乃至购物只需随手点击链接就能实现的世界中,难以想象人们会认真地阅读一组诗或一部小说。在一个瞬间满足和即时链接的时代,阅读一本书可能被视为一种负担。对大多数孩子和年轻人来说,阅读可能被视为既"宅"又肥、了无生气的"不酷"的孩子所干的"不酷"行为。结果是无数的好书无人问津,因为阅读的习惯在衰退。对美国高中生和大学生的知识基础与思维过程来说,这种状况的长期后果是严重的,虽然衡量其严重程度有点困难并难以达成共识。这部分反映在"美国教育评估项目"(NEAP)测试中,2013年十二年级只有38%被认为是"能手"读者。

阅读成绩的最显著问题,可能归咎于孩子在人生早期阶段识字的强度不够和父母与孩子的交流欠缺。在2003年的开创性研究中,贝蒂·哈特(Betty Hart)和托德·莱斯利(Todd Risley)报告说,到3岁时,高收入家庭的孩子比接受福利救济家庭的孩子接触到的词要多3000万。[43]富裕的父母对他们的婴儿、刚学会走路的牙牙学语的孩子说的话更多,并明显使用更多鼓励的话而不是打击的话。各种社会经济地位(SES)家庭所说的话的水平和品质,会延续到孩子至少9岁时的语言能力和表现。最近的研究在考虑到移动技术崛起的情况下,仍然集中关注美国家庭中所用的词语的"品质"。按照一位心理学家的说法,"它不只是强行挤出词语的问题","它有关围绕共同的仪式和物体是否有流利的对话,比如假装一起在喝早晨的咖啡,或把香蕉当作电话通话。那都是构成语言的东西"。[44]

阅读成绩问题,也可以归于研究人员所称的"夏季退步"现象。在夏季的10周里,中产阶级的孩子通常在父母和学校的督促之下阅读,而底层的孩子通常不阅读。在校时光中积累的收获在暑假悄悄溜走了。[45]不仅低收入家庭和单亲家庭的孩子受到成人的关注较少,而且贫困家庭和中产阶级家庭在家中拥有的图书数目也有天壤之别。贫困的父母说的话更少,句子更短,与孩子的语言交流有限。因此,需要从一年级开始,有可供所有成绩差的孩子选择的暑假学校,在每学年末,有图书可供低收入家庭孩子在夏季选择、借阅。[46]其目的在于填补阅读熟练与不熟练孩子之间的差距,因为阅读能力是与学业的成败紧密结合在一起的。

☞ 课程小贴士5.1

改良学校的原则

许多重要的原则带来学校的效率和卓越。基于最近完善学校和改革教育的各种努力,学校领导和教师可以适应以下许多原则,以改良自己的学校和对学生的教育。

1. 学校要有明确规定的任务或一套目标。
2. 要密切监控学校的成就。
3. 要为所有学生制定规定,其中包括对成绩差的学生的辅导,对优等生的强化训练项目。
4. 教师和管理人员要在什么是优秀的教和学之上达成共识;要普及一般的、大家都认同的学习心理学。
5. 对认知的重视要与对学生个人的、社会的、道德的成长的关注保持平衡;要教导学生对自己的行为负责。
6. 教师和管理人员要期待学生学习,并且要将这些期待传达给学生及其父母。

7. 教学日和学年要增加大约10%（每天增加大约35至40分钟,每学年增加15至20天）。在12年之内,总计额外增加1.5到1.75个学年。

8. 要为州统考或全国统考中垫底的50%的所有学生提供额外的阅读和数学补习班,以及降低的师生比。要用这些额外的班级取代体罚、自修室、外语、选修课——如果提供额外的经费的话,这些要成为课后项目或周末项目的一部分。

9. 期望教师显著改良学校;要为他们课后待在学校、规划课程支付补贴。

10. 管理人员要为教师充电提供大量援助、信息和时间,为教师共同工作提供时间。不鼓励个人午休时间和备课时间;重点要放在社交和学校计划之上。

11. 要推广团队合作精神;要有跨学科和跨院系的交流。重点要放在团队活动、团队协作、团队士气之上。

12. 对教师和管理人员为团队协作和学校任务所做出的努力,要进行刺激、赞扬和奖励。

13. 职员个人的利益和需要要与机构(学校或学区)的期望和标准相匹配。

14. 工作人员有接受挑战、发挥创造性的机遇;有职业晋升或续约的存在感。

15. 教师和管理人员要做员工发展规划,从而为持续的业务成长提供机会。

16. 学校环境是安全的、健康的;教室和过道要整洁,并安全有序。

17. 要达成共识:需要标准,但标准不是由外来的"权威"或"专家"强加的,准确地说,应当由本地层次的教师和管理人员实施标准(或至少是加以修订)。

18. 尊敬教师,视教师为专业人士。信任教师,让教师去做与标准有关的、涉及教师评估和问责的决策。

19. 父母和社区成员支持学校,并参与学校的活动。

20. 学校是更大社区的学习中心;学校反映社区的规则和价值观;社区将学校视为社区的扩大版。

第五章 课程的社会基础

学校文化

尽管美国的每所学校都折射出更大社会的文化(也就是中产阶级价值观、信仰和规则),但每所学校也都有自己的文化——它强化和奖励自己的思维和行为的气质或方法。有些学校高度重视传统目标和"基本"科目,有些学校可能更为激进,重视学生的参与,鼓励音乐和艺术。在许多乡村和郊区学校,运动占学生活动的主导地位,并部分地界定了社区的骄傲和精神,星期五夜晚的垒球赛或星期天夜晚的足球赛吸引了大批当地居民。然而,在另一所学校,重点可能落在社区服务和校内运动之上;美术也许在课程中具有一定地位。在美国具有创造和创新精神的地区,学校也许是围绕网络或无线网络的使用来组织的。"极客"、"呆子"、"网虫"也许被认为是群"内"的一分子,甚至拥有与运动员、参与学生管理和学校报纸的学生一样的地位。

与家庭教育和同年龄群体教育相比,学校教育是以相对正式的方式进行的。分组不是通过自愿选择形成的,而是按照年龄、天资形成的,有时则是按性别和族裔(学生自助餐厅中自愿的座次安排生动地说明了这一点)。学生被评价并经常被贴上标签(有时被误贴)。确实,教师在学校的专业时间(不计校外的时间)有三分之一献给了准备考试和管理考试、阅卷、评价学生。[47]有趣的是,教师很少参加一门有关考试和评估的课程(如果曾经有过的话)。

班级中的服从

学生被告知在什么时间、什么地方坐下,在什么时间、什么地方起立,如何通过走廊,什么时间可以在学生自助餐厅用午餐,在一天上学结束是什么时间、以什么方式列队并离开学校。重点在于教师管控学生的行动。教师决定在班里谁发言、什么时候发言,谁走到前排、谁走到后排,谁接受何种等级。可以肯定,等级能够用作管控班里学生行为的工具,至少对在意等级的学生来说是如此。

那么,对许多学生来说,度过学校时光意味着让自己的兴趣和需要服从教师的兴趣和需要。在一本最初出版于1932年的论教学社会学的经典著作中,威拉德·沃勒(Willard Waller)将其描绘为成人文化与青年文化之间的一种竞争,在这种竞争中,教师为了保护自己的权威必须获胜。[48]在30年之后的一本畅销书中,查尔斯·西尔贝曼(Charles Silberman)将其描绘为学生的一种有益学习经验——"学习在社会中如何生活的一门必修课"。但他警告说,"由于完全排除了孩子的兴趣",学校和教师将这一"优点"化为了"错误"。49学生的一种应对方法是,生活在两个世界中——一个是与同龄人相处的世界,一个是与成年人相处的世界。在这种连接中,杜威观察到,"孩子要求巨大的灵活性,以传统的、被期望的方式表现出形式上关注学业……而与此同时,为主体保留其思想、想象、情感的内心游戏,对他们来说,这种内心游戏更为重要",但对成年人来说却"基本不相关"。50

正如教师学习对付和管控自己的学生一样,学生也学习同样的策略去对付自己的老师。到少年时,孩子在观察和操控成年人方面已经游刃有余,他们在教室中表现优秀,有时甚至没让教师知道。不要以为你课堂中的 25 个或 30 个学生没有点评过你并判断你的强弱,据以掂量他们能在哪些方面成功逃脱,并且在多大程度上对你以智取胜。这是一种课堂博弈,这种博弈不仅涉及谁更聪明,也涉及谁在操控。在许多市中心学校,学生游刃有余而教师则穷于应付,甚至精疲力竭、遍体鳞伤,这是这类学校新任教师流动率偏高的原因之一(前五年人员流动率大约40%)。51

应付与关心

然而,有些学生通过开小差或变得漠不关心而在课堂上得过且过。学生规避失败或教师对他低期望值的痛苦的一个方法,是说服自己他们并不在意。因此,用低分来吓唬某些学生毫无效果。可悲的是,大多数最初声称自己不在意的学生后来真的不在意了。重要的是,三番五次的失败,加上在公共场合(比如说,课堂)收到不招人喜欢的评价和等级,对所有人都会产生负面影响。对年轻孩子来说,这种影响最为糟糕,因为他们很少有防御机制用来抵御成人,也很少有能力能避开对自己的习得性的低期望值。

毫无疑问,负面的刺激比正面的刺激对所有人具有更大影响。你可以在几天之内将一个人变成"植物人",但你要将一个人培养成医生、律师或 CEO,却要穷年累月。效率低下或心怀敌意的教师,通过评论、姿态和其他身体语言,在几周之内就会改变一个学生的行为,将一个年轻的、生气勃勃的学生变成一个垂头丧气、自我怀疑的学生——无精打采,咬手指,在家发飙,不再喜欢去上学。孩子年龄越小,教师的负面论调便越容易影响其行为。

少数走在前面的学校已经取消所有小学的分数,目的在于减少给学生贴标签、

第五章 课程的社会基础

减少他们对自我的学业期望。等级基本上创造了所谓"赢者"和"失败者"——往往是千人一面的赢者和失败者。随着时间的流逝,学生若有所悟。此一过程即所谓"退出"。罗伯特·斯莱文(Robert Slavin)用一种稍有不同、更为温和的方式说:"在司空见惯、一争高下的奖赏结构中,一个学生获奖(优等)的可能性与另一位学生获奖的可能性呈负相关。"[52]

出于这个原因,一位教育工作者力推一种没有等级的学校进步或优势报告卡,在报告卡上列出一组描述符号或范围,教师通过一段描写该生进步与问题的叙述,描述该生能够做到哪些,或该生现在表现如何。[53]想象一下,没有等级,没有标签;在学生得到信息然后说"我不喜欢这个比赛。我永远不想玩了"且退出之前,每个学年,没人总是打右外场,也没人每次都做击球手,没人在每次校园竞赛中位居最后或位居倒数第二。不分等级的方法,可以持续到学生进入初级中学,持续至七年级或八年级。[54]然后,必须采用等级、百分比、排名让学生为高中生活做准备;类似地,高中也想知道学生的能力,以便进行追踪,并设计与他们的需要相关的项目。

另一个解决方案集中于让复读生抵御对学校活动和学习的越来越深的反感,这是一个随学生年龄的增长而日益严重的问题。[55]在开发学生的积极性或赋予他们以自主性去引导自己的学习方面,现在学校所做的工作没能做到尽善尽美。按动机研究专家丹尼尔·平克(Daniel Pink)的说法,改革人士更多地集中关注学什么(例如,标准和内容),而不是关注为了什么学。他主张学校引入这种学习目的意识,创造条件让学生挖掘自己的学习动机。[56]其他学者认为,学生的参与是学校改革和课程被忽略的一块,并且很少被谈及。[57]

@ 观看可汗学院发现实验室和教师如何让学生参与的这个视频。你如何将这类方法化入你的课堂?

https://www.youtube.com/watch?v=C6anMRFCt4s

课堂文化

在菲利普·杰克逊对小学的研究中,他发现有各种各样的特殊科目,却只有极少数不同类型的课堂活动。"课堂作业""小组讨论""教师演示""问答时刻"一类术语描绘出大部分课堂活动。此外,这些活动是按严格定义的规则来展开的,例

227

如:"课堂作业期间,禁止高声说话""有问题,请举手"。教师充当了"身兼交警、法官、后勤中士、计时员于一身的人"。在这一文化体系中,教室之所以通常成为一个事发地,不是因为学生想要事件发生,而是因为那是"事件发生的时间"。[58] 按杰克逊的说法,课堂人生是无趣的人生。它是一个"禁止呵欠连天的地方,是桌面上胡乱写着首字母的地方,是收集牛奶钱的地方,是区分课间休息界线的地方"。[59]

同样,在约翰·古德纳德对学校的研究中,他和他的同事们描述了以下广泛的模式:课堂普遍被组织成一个群体,教师将这一群体视为一个整体。教师是课堂中的主要人物,实际上做出有关教学活动的所有决策。"热情、欣喜、愤怒都受到控制。"结果,普遍的情感基调是"四平八稳"或"不偏不倚"。许多学生作业涉及"听老师讲,答老师问,或写出要问的问题,参加考试或小测试"。学生很少相互学习。教学很少超出"仅仅获取信息",很少尝试激起学生的好奇心或是重视解决问题。[60]

这种对被动的死记硬背的学习的系统性强调,与当代大多数有关教育应当实现什么的看法截然相反。你也许会问:那么,为什么许多课堂会以这种方式运转?请按照你自己为任教所做的准备、学生对被动学习的偏爱、师生之间的讨价还价和妥协折中想一想——总之一句话,是为了抄捷径。被动学习不要求教师付出任何额外的时间去规划创造性的课堂活动。通常,存在一种潜在的共谋,旨在规避积极的学习和严格的标准,因为积极的学习和严格的标准涉及教师额外的工作以及与学生的潜在冲突。所有教师都退而求其次,抄捷径,规避我们所知的应当完成的一般任务,只因为正像西奥多·赛泽在他的——这个书名恰到好处——著作《贺拉斯的妥协》(*Horace's Compromise*)中所说的,一天只有二十四小时。[61]

因此,课堂模式表明了师生之间的无聊而重复的互动——教学活动脱离人的情感和情绪。它表明了这样一个地方:在这里,学生必须克制自己的情感和情绪,学习什么样的行为让教师心生欣喜,学习用什么样的策略和方法度过时光,往往是作业要尽可能地少。按照这种关联,约翰·霍尔特谈到了学生是如何采取恐惧和失败策略的。对大部分学生而言,它意味着取悦教师;对其他人而言,它意味着智胜教师;对还有一部分人而言,它意味着尽快完成作业,就像吃药和干完拉倒一样。[62]

鉴于课堂运转方式的所有这些负面特征,以下现象一点也不奇怪,教师往往在开讲之后10到15分钟便让学生没有了兴趣:"学生打瞌睡,眼望窗外,或者目光正好越过教师头顶,而另一些人则涂鸦、传纸条、扔纸团,要么只是在教室度日如年。"[63] 当你在教室穷极无聊时,作为学生的你有何补救措施或如何行动呢?你的大学同窗有多大比例在记笔记的伪装下打开笔记本电脑呢(实际上却在 J. Crew 官网上购物或在给朋友写短信)?作为教师,你真的期望你的学生有所不同吗?你真的能够扪心自问:为了改善我的教学,我要做出怎样的改变?我将如何活跃我的课堂?

由于本节主要聚焦负面的学校文化,我们因此应当强调,有关美国学校也有许多正面的东西可说。大多数学校提供了正规有序的学习环境,大部分学生在社会运转所需的水平上学习阅读和运算。一般来说,教师、学生、父母之间的关系都是积极的。尽管面临所有这些批评,但作为学校教育的结果,几乎所有学生都成了更好的人和富有成效的社会成员。绝大多数学生都获得了高中文凭,而大多数都进入某种形式的高等教育阶段(参见课程小贴士5.1)。

同龄群体

虽然家庭关系构成一个孩子最初的社会人生经验,但同年龄群体的互动不久便开始形成具体可感的强有力社会化影响。从游戏小组到十几岁的派对,同年龄群体给年轻人提供了许多重要的学习经验。同龄人是平起平坐的,他们之间的相处不同于父母与孩子或教师与学生之间的相处方式。父母或教师可以施压,有时甚至强迫年幼孩子服从他们既不理解也不喜欢的规则,但同龄人没有正式的权威可以这么做。因此在同龄人的环境中,他们可以更容易地学到公平、合作、平等的意义。

合作型学习的主要信条是以同龄人一起学习、相互交流和帮助、以一个小组展开工作从而达成特定目标(此处为学业目标)为基础的。这一主题之上的主要权威戴维·约翰逊(David Johnson)和罗杰·约翰逊(Roger Johnson)认为,合作学习是一种增强合作和社会化、减少竞争和个人化的方法。[64]事实上,这一看法根植于杜威的教育观和民主观。随着孩子的成长,同龄人小组的重要性增加了,并在少年时期达到了最大化,到少年时,他们有时会对孩子在学校内外的行为发号施令。有些研究者相信,同龄人小组现在比以往时期更为重要,部分因为许多孩子与自己父母和其他成人很少有紧密联系,与更大社会之间也少有强有力的关联。[65]

其他研究者注意到,同龄人群体的影响早在一年级就有了,并且早在低年级就需要引进规则和对行为的期待值,这能创造"一个有礼貌的、有同情心的、一心向上的共同体"。这一观念就是要通过营建一种在课堂和学校之内同龄人相互尊敬、对自己行为负责、自控的感觉,让一个班里的孩子有安全感,感到受重视和受尊敬。[66]

这是一个不仅涉及社会化,而且涉及道德品质的问题——教师必须尽早引导和塑造这类取向和行为,并使之渗透到学校之中。教师不应当低估年轻人的大脑和心灵理解社会和道德选择的力量。

为了培养促进而不是阻碍学习的同龄人关系,教师必须引导能促进学生互助学习的行为。此外,教师应当鼓励孩子们与同龄人互动,传授人际的和小组的技能,让孩子们为自己同龄人的福祉各负其责,并鼓励年龄大的孩子与年龄小的孩子互动,同时帮助年龄小的孩子。教师必须鼓励自己的学生相互关怀,期望帮助别人学习,并做正确的事,而不是取决于奖惩。简言之,在课堂和学校建立一种团体感。这些步骤推动品格的培养,也许甚至有助于抵御同辈的反社会行为压力。

教师必须引入与年龄匹配的、非诉讼的解决方案,以限制霸凌行为和性骚扰活动(这一度被某些教育工作者所忽视,或认为是"逗人喜爱")。教师也必须在课堂和学校回应与日俱增的宗教和伦理多样性问题。在2014至2015学期,美国公立学校少数族裔学生的人数,首次超过了非西班牙裔白人学生的人数,大约占50.3%。[67] 教师必须准备好满足越来越多的、多种多样的学生人群的独特需要。甚至单一文化课堂的教师,也要帮助自己的学生理解、欣赏其他文化,并与其他文化互动,除非他们期望这些孩子整个一生都生活在蚕茧之中。

同龄文化与学校

不考虑学校的类型或年级,单就参与者而言,课堂是一个"偶然的群体"。由于出生、居住地、学习能力或阅读能力偶然聚在一起,而不是由于选择,学生被聚合到一起。不同教室的学生是微型社会的参与者,因为他们偶然出生在同一时间、生活在同一地区,并且被学校指派到一个特殊的空间中。教师可能不是完全经过选择才出现在这一教室之中。然而,他或她有机会选择自己的职业和学区。在教室分配、是否参与等方面,学生别无选择;他们被迫上学。学生中的"傻瓜""呆子"不得不与运动员和漂亮的、有风度的男孩女孩一起互动;不成熟的孩子和成熟的孩子必须混在一起;不同族裔必须学会尊重其他族裔并与其打交道。课堂缺乏自愿团体的特征——远不同于学校操场或自助餐厅,在学校操场或自助餐厅,更有可能通过协会和相互兴趣、目标乃至族裔的自由选择而结合成某种小圈子或团体。

然而,对大部分学生来说,独坐在自助餐厅,无人一起进餐,或在学校活动中被无视和排除是一大梦魇。正如菲利普·库西克(Philip Cusick)所指出的,"在学校中,唯一重要的事情是拥有朋友",成为团体的一分子。没有朋友,或被同龄群体反复排斥,会导致许多学生不喜欢学校。库西克采访过的学生提到"仇视学校"。[68]牢记同龄团体的力量,牢记课堂的偶然和强制性质,人们便可以用一种更好的视角来看教师的任务。

课堂是孩子和年轻人必须学会与同龄人相处、了解社会化和民主制的基本原理的地方。一个学生要学会自己的需要不是唯一必须满足的需要,自己的观点只是许多观点中的一种。对他人妥协和宽容,积极的同龄关系是有益于学习的,未来的社会生活必须由教师来引导和塑造。同辈的共识和教师(成人)的认可微妙而持久地存在于背景之中。随着时间的流逝,这些影响形成了学生对待他人以及如何尊重他人、与他人合作的姿态和行为。

威拉德·沃勒讨论了法律和习俗赋予教师的权威。然而,由于从内向引导型社会向他人引导型社会的转变——最显著的是,所有形式的成人权威都在走下坡路——今天教师的话不那么有权威和受尊重了。在描绘教师的角色时,沃勒坚称:"冲突在起作用,因为教师和学生的愿望必然是有分歧的,并且由于教师必须避免自己的权威遭受也许来自其动机分歧的可能破坏,师生之间的愿望将产生冲突。"沃勒分析了作为一种"特殊形式的主奴关系"的师生关系,一种"由制裁和权威之手所支持的"不稳定的关系。[69]教师被迫进入到限制学生的冲动、维护课堂秩序的角色之中。这是对教育为何的尖锐分析,而沃勒的思想必须全面来看。他写作之时,正处于他所反对的儿童心理学和进步论思想日益高涨的时期。今天,一位好教师肯定学生的身份认同,培养孩子的需要,在塑造他们的环境方面给学生一个说法,但沃勒认为,如果课堂中的孩子不受教师的管控,他们就会联合起来反对教师。他坚持认为教师"不能适应孩童帮的要求……而必须迫使孩童帮适应他"。[70]

当然,众所周知,"时代处于变化之中"。当库西克、杰克逊和沃勒描绘课堂和社会动态时,学生被分类为运动员、学生会干部、新闻团体、优等生。极客和书呆子现在是伴随计算机配件成长起来的第一代学生。现在,我们拥有一个日新月异的数码世界,在这个世界里,学生因分心和即时满足而兴奋异常。[71]尽管坐在教室的座位上,在做家庭作业,甚至你以为他们在睡觉的时候,孩子和年轻人却在发信息,或点击登录YouTube或脸书。

"你在YouTube上五分钟之内就可以获得整个故事,而读一本书却要花很长一段时间","我喜欢发信息胜过打电话","我需要即时满足","我有数百条信息要回复","我忘了做家庭作业"——这是今天高中生的口头禅。年轻的大脑在学校和家里正变得六神无主,正在完成多个数码任务,获取即时满足,而不能将注意力放在家庭作业之上,或总结为上学所读的东西。学生登录 YouTube 或脸书,聆听音乐,玩视频游戏,发送短信,让自己的大脑从一项任务切换到另一项任务,有时在家几个小时不会离开自己的椅子。

在全国,学校开通了互联网,并采用移动设备,以便在电子世界中教学生。但在这个新时代,教师必须使出浑身解数让学生跟上课堂任务,而不是发短信,或在网上漫游。年轻学生在社交和娱乐的意义上感受这一新的计算机化了的世界,而不是为了学业。不受监督地使用科技设备,已经导致学生越来越依恋数码世界,并且沉迷其中不能自拔。根据所使用的新科技,可以把学生分成以其人格为基础的三个宽泛群体:"社交蝴蝶",也就是"短信控"(一天250条以上),或沉迷于脸书的人;"游戏玩家",或逃入视频游戏(以暴力和性为主要特征)的很少社交的学生;"土豆先生",即沉迷网络或逃入 YouTube 和 iPods 中的拖延症患者。

同龄和种族群体

人口统计资料变化很快,白人人口有望下降——从2010年的占总人口的16%下降到2050年的9%——所以需要认识、尊重有色人种,与有色人种和睦相处。[72]北非和东南亚的生育率是每个女性生育5.5个孩子以上,而白人的平均生育率是每个女性生育1.7个孩子。白人人口的下降趋势在欧洲最为显著,2000年有白人7.27亿人,到2050年,预计降至6.03亿人("中间率")。

西方和工业国家的白人人口继续下滑,而贫困国家有色人种的人口却继续暴增(非洲增长最快)。例如,刚果将从1998年的4910万人增长到2050年的1.603亿人(百分比变化为226%);埃塞俄比亚将从5970万人增长到1.695亿人(百分比变化为184%);加纳将从1910万人增长到5180万人(百分比变化为170%);乌干达将从2060万人增长到6490万人(百分比变化为216%)。[73] 美国的"隔离"和"不平等"、国外的"殖民化"和"白人优越"等所有古老神话,被视为本质上是自我毁灭的。尽管美国的健康和活力依赖于科技和效率,但他们也设想与亚非拉(非西方、世界的有色人种)和我们自己国家朝夕相处的所有族裔的人建立一种良好的政治与经济联系。

尽管美国是未来几十年唯一一个人口有望增加的西方国家(包括澳大利亚在

内),但到2050年,美国的多数人口(白人)将占少数,而少数人口(黑人、西班牙裔美国人、亚裔美国人)将占多数。[74]换言之,由于移民趋势和生育率,未来40年增加的美国人口的65%将是"少数族裔",尤其是西班牙裔美国人和亚裔美国人。事实上,从2000到2010年,由于西班牙裔的移民趋势(而黑人没有任何可与之相比的移民人口储备),西班牙裔人口的增加是黑人人口增长的三倍。因此,到2010年,美国学校的西班牙裔学生超过黑人学生。[75]亚裔移民群体甚至赶超了西班牙裔,自2000年以来以46%的速度在增长。他们也占新移民总数的36%(2007至2010年间移民美国的亚裔美国人),相比之下西班牙裔移民只占31%。[76]然而,这两个群体都说明了一种地震式的人口变化。

事实上,西班牙裔美国人占美国人口的16%(4800万人),而到2050年,他们有望达到1.3亿人以上,并占美国人口的20%。[77]这种人口增加大多数发生在10个州(主要是在加利福尼亚、得克萨斯、佛罗里达、纽约—新泽西都市圈)。

同龄团体的主流标准和行为,迫使他人拒绝白人的行为而按黑人的行为行动,即使这样做是自我毁灭性的。这种偏好或姿态被称为"文化倒置"——感到与更大社会格格不入的少数族裔认为某些态度、标准、事件不适合自己的一种倾向,因为所有这些代表的都是美国白人的主流文化。[78]因此,对特定团体之内的(黑人)成员而言,什么是合适的、理性的行为,也许要从团体外的(白人)成员的实践活动的反面加以定义。

社会阶层与学习成绩

虽然大家都关注学校的种族和人种的成绩差距,但依据"国家教育进展评估"(NAEP)的数据来看,20世纪70年代以来,黑人和西班牙裔学生比白人学生在分数上取得了更显著的学业进步。[79]研究者争辩说,最大的问题实际上是富人和其他人之间的鸿沟越来越大。举例来说,贫困学生在家和社区之内普遍没有获得接触读写技能和丰富经验的机会,这制约了他们发展某些学者称为"信息资本"的能力。[80]加上在低收入学区能找到的资源和援助有限,因此这些学生在与高收入家庭的同龄人共同协作时表现逊色一点也不奇怪。也许同样令人警醒的是,中等收入家庭的学生也在落后。例如,2013年,八年级高收入家庭学生和中等收入家庭学生之间的数学和阅读成绩差距,甚至已大于中等收入家庭学生和低收入家庭学生之间的差距。[81]"大衰退"只不过放大和彰显了社会经济方面越来越大的差异。

学校能够克服这些社会经济分割吗？一方面，有些学者相信，收入不平等是难以克服的，大多数差距事实上出现在家庭环境之中，学校本身通过自己的人口构成和类似追踪（例如，"荣誉榜"和"先修课程"）的制度实践进行了社会阶级的再现。[82] 另一些学者和政治权威相信，早进入高品质的幼儿园可以起到弥补作用，许多人甚至主张普遍进入学前班项目。结果，在提供州立补助项目的 40 个州当中，有四分之三实际上增加了对学前教育的资助。[83] 提倡者将学前教育视为一种经济投资，可以避免（或至少可以减少）大量社会弊端，例如监禁、辍学、依赖社会救助。

尽管有关学校能否克服社会经济不利条件的争论依然众说纷纭，但人们显然已达成某些共识：必须解决越来越大的收入差距，无论是通过政策还是通过学校改革。研究者相信，关键是聚焦于增加机会而不是单纯填补成绩差距。这意味着要以优质的研究证据为基础，改善教学和提供给学生的其他学习经验的品质及连续性。值得注意的倡议主要集中在高品质的项目和教学，其中包括学生参与、小班化、缩小高中的规模、教师互助合作。[84]

全球成绩

21 世纪，美国面临越来越多的全球竞争，特别是当这种竞争与创新和经济联系在一起时更是如此。领导者相信，只有通过教育，美国才能培养技术上有悟性的、创造性的劳动力。然而，如果相信国际成绩测试，那么美国就落在了后边。总体来看，在一项全球著名的基准测试"国际学生评估项目"（PISA）中，美国在数学、阅读、科学的总评中名列第 36 位。根据最近的 2012 年的评估，经合组织（OECD）的教育系统——例如中国上海、新加坡、芬兰、韩国——名列前茅。

正如美国平庸的成人识字率所反映的那样，不能流利地读写是重大问题之一。根据另一项经合组织对成人水平的测试，美国 16 岁至 65 岁年纪的人 52% 不能熟练地理解、评估、使用、处理书面文本。[85] 这些分数落到了国际平均分之下——低于爱沙尼亚、斯洛伐克共和国等国家。尽管原因是复杂多样的，但有可能是由于来自不同地区，特别是非西欧地区（例如中美洲、南美洲、亚洲）的大量移民人口起了主要作用。像日本（被广泛引用的识字率是 99%）、芬兰等国家，种族更为趋同。

另一个受到关注的领域是美国在所谓 21 世纪的技能之上有缺陷。对成人在"技术密集"环境中解决问题的能力所做的评估证明，美国不只是没有达标，而且只有 6% 证明具有高水准，而 60% 却显示技能贫乏。[86] 这意味着美国工人没有参与 21

世纪社会和全球经济所必需的认知能力和职场能力。在国际学生评估项目的"创造性解决问题测试"中(例如在地图上找出与朋友见面的最佳路线、排除技术设备的故障、选择到一个特定目的地的最廉价火车票),在解决非常规的、真实生活问题方面,新加坡、日本和中国台湾的15岁的年轻人也正在赶超美国的同龄人。[87]考虑到美国的创造性、革新、个性久负盛名,这个结果稍微有点令人困惑。

学校改革者相信,问题可以追溯到科学、技术、工程、数学之类科目的学术基础贫乏(这类科目是通往技术素质、高等教育、科技性复杂工作的通道)。国际学生评估项目和"第三次国际数学和科学研究"(TIMSS)认为,美国学生落在亚洲教育系统和俄罗斯之后。参见表5.2的选择性比较。

表5.2 国际考试分数的选择性比较,基于排名

	新加坡	韩国	中国香港	芬兰	美国
"国际学生评估项目"数学(15岁),2012年	第2名	第5名	第3名	第12名	第30名
"国际学生评估项目"识字(15岁),2012年	第3名	第5名	第2名	第6名	第20名
"第三次国际数学和科学研究"数学(八年级),2011年	第2名	第1名	第4名	第8名	第12名
"第三次国际数学和科学研究"科学(八年级),2011年	第1名	第3名	第8名	第5名	第13名
"国际学生评估项目"创造性解决问题(15岁),2012年	第1名	第2名	第5名	第10名	第18名

资料来源:基于OECD, *PISA 2012 Results in Focus: What Every 15-Year-Olds Know and What They Can with What They Know* (OECD Publishing, 2014); National Center for Education Statistics, *Highlights from TIMSS 2011: Mathematics and Science Achievement of U. S. Fourth and Eight-Grade Students in an International Context*, NCES 2013-009 Revised (Washington, DC: U. S. Department of Education, December 2012); and OECD, *PISA 2012 Results: Creative Problem Solving: Students' Skills in Tacking Real-Life Problems* (*Volume V*). (OECD Publishing, 2014).

虽然分数为 21 世纪美国的职场描绘了一幅悲惨的图画,但其他学者还是相信这一图画是言过其实的,或至少是以偏概全的。例如,他们认为,美国生活在贫穷状态中的孩子比例明显较高——大约 20%,相比之下,日本是 14.9%,加拿大是 13.3%,芬兰是 5.3%,[88]他们相信,所有这些都促成了较低的排名。如果比较同样社会经济地位的学生的得分,美国相比之下便不相上下。

其他成绩测试也更为令人鼓舞。例如,在"国际阅读素养进展研究"(PIRLS)测量总体素质时,美国四年级位居 13 个强国之列。[89]根据"第三次国际数学和科学研究"(2011 年),各种趋势表明,自 1995 年以来,在八年级内,数学和科学的成绩取得显著成就,这方面只有 12 个左右国家排名比美国更高。[90]

最后,分数甚至也有可能不能反映职场的真实状况。例如,中国的经济依然是靠手工劳动、低成本制造、公务员职位来驱动的,这些无一能充分利用中国学生创造性解决问题的潜力。[91]因此,预言未来灰暗也许是夸大其词了。事实上,教育在国民财富和生产力中所起的作用有限。一位经济学家认为,分数对劳动生产力的贡献不超过 6%。[92]其他学者相信更广泛的力量(比如贸易政策、公共投资、税收和货币政策)更为重要。[93]

结　语

了解课程的社会基础是必要的,因为这种基础总是对学校和课程的决策有重要影响。理解整个社会和当地社会的这些力量,可以使教育工作者决定将社会的哪些层面传承给现在和未来的学生,社会的哪些维度需要重塑。课程专家必须是社会历史学家、当下社会的分析家、社会的未来主义者。按照我们当地的、州的、全国的和全球的社会多样性所做的对社会、教育、学校教育的当下和未来的思考,是富有挑战性的。

涉足课程的创建、实施、评估和管理的教育工作者,必须拥有和我们的多元社会及我们的国民性有关的能力。课程专家、教师、管理工作者必须迎头赶上社会和发展理论,了解现代和后现代的家庭,应对道德和品格教育的挑战。

分析课程的社会基础可以让教育工作者确定学校和教育者的无数角色。应付这些基础可以指导教育工作者处理有关问题——学校如何甚至能否造成所学知识和程序上的差异,学校及其课程是否影响到社会及其挑战。

第五章 课程的社会基础

现在,请想一想这些概述性的要点:(1)教育的目标受不断变化的社会力量的影响,但在开发个人的潜力和改良社会之间,往往存在一种制衡行为。(2)另一制衡行为或双重性是需要强调思想和道德问题。然而,许多学校重视认知领域的学习,不重视道德伦理领域。(3)自从20世纪60年代初以来,美国社会已从一个内向型社会向一个他人引导型社会转化——现在则转向了后现代社会。(4)美国的家庭正从两个成年人领头的家庭向一个成年人领头的家庭转化。在一个多样性和多元主义的时代,核心家庭正被许多不同的家庭形式所取代。(5)在孩子经历整个少年时期时,同龄人群体越来越重要,它对社会行为和学习成绩有重要影响。(6)课堂文化和学校文化往往强调消极行为和顺从行为。通过展现各种策略,从操纵和取悦,到退出和敌视,学生想方设法适应环境。

讨论题

1. 教育和学校教育之间的差别是什么?

2. 你怎样定义"发展任务"? 为什么对孩子和年轻人来说,学习这些任务对在我们社会中健康成长是重要的?

3. 道德教育的基本内容是什么? 教师在推进道德教育中应当发挥何种作用?

4. 道德品质和追求卓越的品质的不同何在? 请举例说明。

5. 学校文化如何可能脱离学生?

6. 在少年时期,同龄群体以何种方式取代潜在权威? 你怎样来描绘同龄群体的力量?

7. 同年龄、同种族、同收入群体如何影响在校成绩和表现?

注 释

1. John Dewey, *Experience and Education* (New York: Macmillan, 1938), pp. 39 – 40.

2. Allan C. Ornstein and Daniel U. Levine, *Foundations of Education*, 10th ed. (Boston: Houghton Mifflin, 2008), p. 325.

3. Ibid.

4. Ruth Benedict, *Patterns of Culture* (Boston: Houghton Mifflin, 1934), p. 253.

5. Margaret Mead, *And Keep Your Powder Dry* (New York: William Morrow, 1941).

6. Robert J. Havighurst, *Human Development and Education* (New York: Longman, 1953), p. 2.

7. Robert J. Havighurst, *Developmental Tasks and Education*, 3rd ed. (New York: Longman, 1972), pp. 14–35, 43–82.

8. H. H. Giles, S. P. McCutchen, and A. N. Zechiel, *Exploring the Curriculum* (New York: Harper & Row, 1942).

9. Florence B. Stratemeyer, Hamden L. Forkner, Margaret G. McKim, and A. Harry Passow, *Developing a Curriculum for Modern Living*, 2nd ed. (New York: Teachers College Press, Columbia University, 1957).

10. B. Othanel Smith, William O. Stanley, and J. Harlan Shores, *Fundamental Curriculum Development*, rev. ed. (New York: World Book, 1957).

11. Henry Harap, *The Changing Curriculum* (New York: Appleton-Century-Crofts, 1937).

12. David Riesman (with Nathan Glazer and Ruel Denny), *The Lonely Crowd* (Garden City, NY: Doubleday, 1953).

13. Todd Gitlin, "How Our Crowd Got Lonely," *New York Times Book Review* (January 9, 2000), p. 35.

14. Robert Putnam, *Our Kids: The American Dream in Crisis* (New York: Simon & Schuster, 2015); Hillary Rodham Clinton, *It Takes a Village*, 10th Anniversary ed. (New York: Simon & Schuster, 2006); and Henry Giroux, *America's Education Deficit and the War on Youth* (New York: Monthly Review Press, 2013).

15. David Elkind, "School and Family in the Post Modern World," *Phi Delta Kappan* (September 1995), p. 10.

16. Michael Apple, *Ideology and Curriculum* (Boston: Routledge & Kegan Paul, 1979); Paulo Freire, *Pedagogy of the Oppressed* (New York: Continuum, 2000); Paulo Freire, *The Politics of Education* (Westport, CT: Bergin and Garvy, 1985); and Ivan Illich, *Deschooling Society* (New York: Harper & Row, 1971).

17. Daniel Bell, *The Coming of Post Industrial Society* (New York: Basic Books, 1973).

18. Bell gave credit to Shannon.

19. James Gleick, "Bit Player," *New York Times Magazine* (December 30, 2001), p. 48.

20. Elizabeth Lopatto, "Unmarried Couples Living Together Is New U.S. Norm," *Bloomberg*

Business（April 4, 2013）, retrieved from http：//www. bloomberg. com/news/ articles/2013 – 04 – 04/unmarried – couples – living – togetheris – new – u – s – norm.

21. Andrew Cherlin, *The Marriage – Go – Around*：*The State of Marriage and the Family in America Today*（New York：Knopf, 2009）.

22. Stephanie Coontz, "The American Family and the Nostalgia Trap," *Phi Delta Kappan*（March 1995）, pp. K1 – K10; and Lynn Smith, "Giving Context to Issues '90's Family's Face," *Los Angeles Times*（November 12, 1997）, p. 3.

23. Gretchen Livingston, "Less Than Half of U. S. Kids Today Live in a Traditional Family," *Pew Research Center*（December 22, 2014）.

24. Natalie Angier, "The Changing American Family," *New York Times*（November 25, 2013）, retrieved from http：//www. nytimes. com/2013/11/26/health/families. html; U. S. Department of Labor, Bureau of Labor Statistics. *Women in the Labor Force：A Databook*（December 2014）.

25. John I. Goodlad, *A Place Called School*（New York：Mc – Graw – Hill, 1984）; and John I. Goodlad, *Educational Renewal*（San Francisco：Jossey – Bass, 1994）.

26. Phillip H. Phenix, *Realms of Meaning*（New York：Mc – Graw – Hill, 1964）, pp. 220 – 221.

27. Maxine Greene, *Teachers as Strangers*（Belmont, CA：Wadsworth, 1973）; Maxine Greene, *Variation on a Blue Guitar*（New York：Teachers College Press, Columbia University, 2001）; and Van Cleve Morris, *Existentialism in Education*（New York：Harper & Row, 1990）.

28. John Dewey, *Democracy and Education*（New York：Macmillan, 1916）, p. 414.

29. Ibid. , pp. 411, 415 – 416.

30. The Junior Great Books Program is headquartered in Chicago. It organizes workshops on a regular basis to train selected teachers to train colleagues in the principles and methods of teaching students in grades K – 12 great ideas by emphasizing social and moral issues.

31. Harry S. Broudy, B. O. Smith, and Joe R. Bunnett, *Democracy and Excellence in American Secondary Education*（Chicago：Rand McNally）, p. 19.

32. Florence B. Stratemeyer et al. , *Developing a Curriculum for Modern Living*（New York：Teachers College Press, Columbia University, 1947）.

33. Mortimer J. Adler, *The Paideia Program*（New York：Macmillan, 1984）.

34. Theodore Sizer, *Horace's Compromise*（Boston：Houghton Mifflin, 1987）.

35. Phenix, *Realms of Meaning*.

36. PBS *Video*: *Catalog of Educational Resources* (Spring 2006).

37. Theodore R. Sizer and Nancy Faust Sizer, *The Students Are Watching*: *Schools and the Moral Context* (Boston: Beacon Press, 1999).

38. Amy Gutman, *Democratic Education*, rev. ed. (Princeton, NJ: Princeton University Press, 1999); and Nel Noddings, *Educating Moral People*: *A Caring Alternative to Character Education* (New York: Teachers College Press, 2002).

39. Paul Tough, *How Children Succeed*: *Grit, Curiosity, and the Power of Character* (New York: Houghton Mifflin Harcourt, 2012)

40. Paul Tough, "What if the Secret to Success Is Failure?" *New York Times* (September 14, 2011), retrieved from http://www.nytimes.com/2011/09/18/magazine/what-ifthe-secret-to-success-is-failure.html.

41. Jane Smiley, *The Man Who Invented the Computer* (Garden City, NY: Doubleday 2010). The answer is (a) John Atanasoff.

42. David L. Ulin, *The Lost Art of Reading* (New York: Basic Books, 2010).

43. Betty Hart and Todd R. Risley, "The 30 Million Word Gap," *American Educator* (Spring 2003), pp. 4–9.

44. Douglas Quenqua, "Quality of Words, Not Quantity, Is Crucial to Language Skills, Study Finds," *New York Times* (October 17, 2014), p. A22.

45. Richard Arlington and Anne McGill-Franzen. "Got Books?" *Educational Leadership* (April 2008), pp. 20–23.

46. Richard Allington and Ann McGill-Franzen (Eds.), *Summer Reading*: *Closing the Rich/Poor Reading Achievement Gap* (New York: Teachers College Press, 2013); and Donna Celano and Susan B. Neuman, "Schools Close, the Knowledge Gap Grows," *Phi Delta Kappan* (December 2008), pp. 256–262.

47. Peter W. Airasian and Michael Russell, *Classroom Assessment*: *Concepts and Application*, 6th ed. (Boston: McGraw-Hill, 2007); Lorin Anderson, *Increasing Teacher Effectiveness*, 2nd ed. (Paris: UNESCO International Institute for Educational Planning, 2004); Allan C. Ornstein and Thomas J. Lasley, *Strategies for Effective Teaching*, 3rd ed. (Boston: McGraw-Hill, 2000).

48. Willard Waller, *Sociology of Teaching*, rev. ed. (New York: Wiley, 1965).

49. Charles E. Silberman, *Crisis in the Classroom* (New York: Random House, 1971), p. 151.

50. John Dewey, *The Child and the Curriculum* (Chicago: University of Chicago Press,

1902).

51. Richard Ingersoll, Lisa Merrill, and Daniel Stuckey, "Seven Trends: The Transformation of the Teaching Force," *CPRE Research Report #RR-80* (Philadelphia: Consortium for Policy Research in Education, University of Pennsylvania, 2014); Richard Ingersoll, "Is There Really a Teacher Shortage?" *CPRE Research Report #R-03-4* (Philadelphia: Consortium for Policy Research in Education, University of Pennsylvania, 2003); and Robert Hanna and Kaitlin Pennington, "Despite Reports to the Contrary, New Teachers Are Staying in Their Jobs Longer," Center for American Progress (January 8, 2015), retrieved from https://www.americanprogress.org/issues/education/news/2015/01/08/103421/despite-reportsto-the-contrary-new-teachers-are-staying-in-their-jobs-longer/.

52. Robert E. Slavin, "Classroom Reward Structure: An Analytical and Practical Review," *Review of Education Research* (Fall 1977), pp. 650–663.

53. Allan C. Ornstein, *Secondary and Middle School Teaching Methods* (New York: HarperCollins, 1992); Allan C. Ornstein and Richard T. Scarpaci, *The Practice of Teaching* (Glencoe, IL: Waveland Press, 2012).

54. In lieu of grades, the authors would recommend a report of children's abilities, needs, and interests, coupled with strengths and recommendations; the report would be in narrative form and would not grade or rank the student. Also see Heather Deddeh et al., "Eight Steps to Meaningful Grading," *Phi Delta Kappan* (April 2010), pp. 59–63; and Richard Rothstein, *Grading Education* (New York: Teachers College Press, 2009).

55. Gallup, *Gallup Student Poll Results: U.S. Overall* (Washington, DC: Author, Fall 2014).

56. Amy Azzam, "Motivated to Learn: A Conversation with Daniel Pink," *Educational Leadership* (September 2014), pp. 12–17; and Daniel Pink, *Drive: The Surprising Truth about What Motivates Us* (New York: Riverhead Books, 2009).

57. Justin Collins, *Student Engagement in Today's Learning Environments: Engaging the Missing Catalyst of Lasting Instructional Reform* (Lanham, MD: Rowman & Littlefield, 2014); Center on Education Policy, *Student Motivation—an Overlooked Piece of School Reform* (Washington, DC: Author, 2012), retrieved from http://www.cep-dc.org.

58. Phillip W. Jackson, *Life in Classrooms* (New York: Hoet, 1968).

59. Ibid., p. 4.

60. Goodlad, *A Place Called School*; and Goodlad, *Educational Renewal*.

61. Sizer, *Horace's Compromise*.

62. John Holt, *How Children Fail* (New York: Putnam, 1964).

63. Allan C. Ornstein, *Secondary and Middle School Teaching Methods* (New Jersey: Prentice Hall), p. 20.

64. David W. Johnson and Roger T. Johnson, *Joining Together*, 10th ed. (Boston: Allyn & Bacon, 2008); and David W. Johnson and Roger T. Johnson, *Learning Together and Alone*, 5th ed. (Boston: Allyn & Bacon, 1999).

65. Janis B. Kupersmidt et al., "Childhood Aggression and Peer Relations in the Context of Family and Neighborhood Factors," *Childhood Development* (April 1995), pp. 361 – 375; and Malcolm Gladwell, "Do Parents Matter?" *New Yorker* (August 17, 1998), pp. 56 – 65.

66. Elizabeth Meyer, Gender, *Bullying and Harrassment* (New York: Teachers College Press, 2009); and Allan R. Odden and Sarah J. Archibald, *Doubling Student Performance* (Thousand Oaks, CA: Corwin, 2009).

67. Based on data of projected enrollment from the *Digest of Education Statistics 2013*, Table 203 – 50, retrieved from http://nces.ed.gov/programs/digest/d13/tables/dt13_203.50.asp.

68. Philip A. Cusick, *Inside High School* (New York: Holt, Rinehart, 1973), p. 66. Also see Philip A. Cusick, *The Educational Ideal and the American High School* (New York: Longman, 1983).

69. Waller, *The Sociology of Teaching*.

70. Ibid., p. 384

71. Matt Richitel, "Growing Up Digital." *New York Times* (November 21, 2010), pp. 1, 26 – 27.

72 "Global White Population to Plummet to Single Digit— Black Population to Double," *National Policy Institute* (April 18, 2008).

73. Allan C. Ornstein, *Class Counts: Education, Inequality, and the Shrinking Middle Class* (Lanham, MD: Rowman & Littlefield, 2007).

74 "Fastest Growing Countries," *New York Times* (January 1, 2000), p. 8.

75. Between 2000 and 2010, the Hispanic population increased by 11 million, compared to the Black population increase of 3 million. Also see *Digest of Education Statistics 2009*, Table 41, p. 75.

76. Pew Research Center, *The Rise of Asian Americans* (Washington DC: Author, 2012).

77. *The McLaughlin Report*, CBS (October 24, 2010).

78. John N. Ogbu, "Understanding Cultural Diversity and Learning," in A. C. Ornstein and L. S. Behar, eds., *Contemporary Issues in Curriculum* (Boston: Allyn & Bacon, 1995), pp. 349 – 367; and Debra Viadero, "Even in Well – Off Suburbs, Minority Achievement Lags," *Education Week* (March 15, 2000), pp. 22 – 23.

79. National Center for Education Statistics, *The Nation's Report Card: Trends in Academic Progress 2012* (NCES 2013 456) (Washington, DC: Institute of Education Sciences, U. S. Department of Education, 2013).

80. Susan Neuman and Donna Celano, *Giving Our Children a Fighting Chance: Poverty, Literacy, and the Development of Information Capital* (New York: Teachers College Press, 2012).

81. Based on data from the National Center for Education Statistics, *Percentages at or Above Each Achievement Level for Reading and Math, Grade 8 By Eligible for National School Lunch Program [C051601], Year and Jurisdiction: 2013* (Washington DC, 2013), retrieved from http://nces.ed.gov/nationsreportcard/naepdata/.

82. Peter Cookson Jr., *Class Rules: Exposing Inequality in American High Schools* (New York: Teachers College Press, 2013); Neuman and Celano, *Giving Our Children a Fighting Chance*; and Allan Ornstein, *Excellence vs. Equality: Can Society Achieve Both Goals?* (Boulder, CO: Paradigm Publishers, 2015).

83. Education Commission of the States, *State Pre – K Funding— 2013 – 14 Fiscal Year* (Denver, CO: Author, 2014).

84. Greg Duncan and Richard Murnane, *Restoring Opportunity: The Crisis of Inequality and the Challenge for American Education* (Cambridge, MA: Harvard Education Press, 2014); and Prudence Carter and Kevin Velner, eds., *Closing the Opportunity Gap: What America Must Do to Give Every Child an Even Chance* (New York: Oxford University Press, 2013).

85. National Center for Education Statistics, *Literacy, Numeracy, and Problem Solving in Technology – Rich Environments among U. S. Adults: Results from the Program for the International Assessment of Adult Competencies 2012* (NCES2014 – 008) (Washington, DC: Institute of Education Sciences, U. S. Department of Education, October 2013).

86. Ibid.

87. OECD, *PISA 2012 Results: Creative Problem Solving: Students' Skills in Tackling Real – Life Problems (Volume V)*. (OECD Publishing, 2014). http://dx.doi.org/10.1787/9789264208070 – en

88. U. S. Census Bureau, *Income and Poverty in the United States: 2013* (Washington, DC:

U. S. Dept. of Commerce, September 2014), retrieved from https://www. census. gov/content/dam/Census/library/publications/2014/ demo/p60 – 249. pdf; UNICEF Innocenti Research Centre, *Measuring Child Poverty*: *New League Tables of Child Poverty in the World's Rich Countries*, *Report Card 10* (Florence, Italy: UNICEF, May 2012).

89. National Center for Education Statistics, *Highlights from PIRLS 2011*: *Reading Achievement of U. S. Fourth – Grade Students in an International Context*, NCES 2013 – 10 Revised (Washington, DC: Institute of Education Sciences, U. S. Department of Education, December 2012).

90. National Center for Education Statistics, *Highlights from TIMSS 2011*: *Mathematics and Science Achievement of U. S. Fourth – and Eighth – Grade Students in an International Context*, NCES 2013 – 009 Revised (Washington, DC: Institute of Education Sciences, U. S. Department of Education, December 2012).

91. Norman Eng, "Should U. S. Panic over Latest International Creative Problem – Solving Tests Scores?" *American School Board Journal* (May 7, 2014). Retrieved from http://www. asbj. com/HomePageCategory/ Online – Features/ReadingsReports/BonusArticles/ Should – US – Panic – Over – Latest – International – Creative – Problem – Solving – Tests – Scores. pdf

92. Henry Levin, "The Importance of Adaptability for the 21st Century," *Society* (April 2015), pp. 136 – 141.

93. Martin Carnoy and Richard Rothstein, "What International Test Scores Tell Us," *Society* (April 2015), pp. 122 – 128.

第二编

课程原理

第六章　课程设计

> **学习成果**
>
> 阅读完本章之后,你应当能够:
> 1. 讨论课程设计之后的复杂性。
> 2. 描绘课程设计的构成成分。
> 3. 解释有关课程设计维度的思考。
> 4. 在现代和后现代的框架中讨论各种课程设计。

所有承担课程开发和推广的人,都拥有对课程及其构成成分的看法。这一"事实"陈述看似足够简单。但一个人有关课程及其构成成分的设想,并不是一种静态的建构。正如沃尔夫-迈克尔·罗斯(Wolff-Michael Roth)所说的,生活是动态的、易变的。生活处在不断的变化中,生活没有终点。因此,我们的创造、我们的计划、我们的感觉,一定是流动的。当我们处理新的数据、阐释新的现象时,必须重新思考在一个特殊时期我们认为是恰当的东西。[1] 我们不能使一个特殊时段凝固。各个时段有流动,有绵延。

课程设计的复杂性

思考课程设计是充满挑战的,因为我们试图按谈论大脑(人体最神秘的器官)

的方式选择和组织课程的构成成分,以使学习能够进行(无论我们如何定义学习)。在课程设计中,我们自以为我们能够让时间停留,能够扼杀人的互动以取得学习的结果,我们自欺欺人地相信,我们可以取得特定的结果并且精确地加以描绘。请将课程设计想象为设计一幅画、一幅地图、一个蓝图、一个草图。这幅蓝图的复杂性取决于我们希望建构什么。对一个建筑师而言,任务轻而易举,因为人类照着蓝图建造的产品将是某种静态的东西:一栋建筑,一座桥梁,一所房子。但对教育工作者而言,草图是像作文或"布局"一样的设计,它有望对大脑产生影响,使学习在多个层次上成为可能。学习没有尽头,更重要的是,认知永无止境。每一天,我们都在启动和丰富我们的教育之旅。

诚然,已有许多研究这一奇妙器官的活动。在20世纪末,我们也许已揭示出了大脑的秘密。正如米吉奥·卡库(Michio Kaku)注意到的,大脑研究似乎揭示出了一种看似混沌无序的偶然拼凑在一起的生物结构。有些大脑研究者认为,试图描绘大脑的人是在从事愚蠢的工作。[2]

毫不奇怪,有关如何设计课程,众说纷纭。同样,有关各种课程计划的教育目的,也是七嘴八舌,说法不一。对课程设计者和开发者的挑战,是要处理我们所知道的我们自认为知道的。我们必须在我们的行为方面富有创造性,以应对各种局部真理,应对人们所相信的有关教育的各种迷思,应对教育工作者和普通公众所认可的课程的正当目的。[3]戴维·奥尔(David Orr)讨论过的四种迷思,在这里依然切题。

第一种迷思是教育——正确的课程和课程设计——可以消除无知。第二种迷思是教育和设计完美的课程可以提供管理社会和地球所需的所有知识。第三种迷思是教育课程正在提高人类的美德:设计完美的课程逐渐培养智慧。第四种迷思是教育的首要目的是使学生向上并在经济上成功。[4]这一类的迷思在许多有关标准的讨论中显而易见。

为了回应奥尔对诸多迷思的讨论,一些人也许会提出,教育可以缩小无知,帮助人们管理社会和地球,增加智慧,培养上进心。隐含在这些迷思中的是一个关键问题:教育为何?我们真的能在教育目的之上达成共识吗?你也许会认为,在全盘讨论过教育改革、创建可以使我们在世界上富有竞争力的课程,讨论过解决全世界的社会、经济、健康问题之后,我们就会接近问题的答案。

2002年,罗恩·里查德(Ron Ritchhart)告诉我们,我们教育、创造、讲授课程,目

第六章 课程设计

的在于创造智慧。[5]但是,智慧能确保消灭无知吗?能培养人类的美德吗?为智慧的教学正在让学生更聪明吗?"聪明"是什么意思?里查德注意到,并且这些作者也赞同,尽管有众多谈论改革和修正课程的讨论,但众多学校还是采取填鸭式教学向学生灌输知识和技能,而不是让他们成为能干的思想者。原因之一在于,衡量知识和技能的获取更为容易,评估智慧的提高更具有挑战性。[6]

埃里克·施瓦茨(Eric Schwarz)哀叹,2014年学校所教的并没有针对今日学生所需要教的,即科学思维和创造性。他认为,在21世纪,我们需要从一个消费者的国家转化为一个制造者的国家。[7]虽然我们不会反对我们需要强调科学思维和创造性,但我们不会认同这种重视的主要原因是使学生更容易就业。设计课程的人是例如,教育工作者,而不是培训师。还有,随着本世纪变化的加快,对学生而言,许多职业还没有被创造出来。

基兰·伊根(Kieran Egan)问道,教育思考为什么如此富有挑战性和异议?[8]我们可以不让它这么富有挑战性和异议吗?伊根注意到,困难在于"我们的头脑既是世界的一部分,同时又是我们看待世界的途径"。思想和概念聚焦于我们看到的和没有看到的。我们认定这些"思想镜头"是有用的,并且认可我们"直接观察现实"[9]。伊根提出,大多数人利用三种主要观念思考教育及其目的,无论是有意识地还是无意识地。对一般人,特别是教育工作者来说,反思一般的课程设计、反思选择或运用一种课程设计的一个原因,是为了认识社会化的基本观念、柏拉图的学术观、卢梭的发展观。这三种观念将"所有博弈者"精心组织起来,让他们选择课程设计,并通过课程开发将课程设计付诸实践。致力于这三种观念,为认识课程的哲学、历史、社会、心理学基础提供了理由。

这三种观念,并没有以一种协同的方式发挥作用。然而,它们往往在部分目的交叉重叠的基础上相互作用,这似乎创造出了不同的"教育现实"[10]。

大多数人都认为,教育旨在使学生社会化,成为社会有用的一分子,或者说好公民。然而,"社会化"意味着培养顺从的人。对社会化的过分强调带来了教化。不同程度上,我们都教育或者说教化我们的学生,以使他们忠于复杂的信仰体系和特殊的行为模式,保证其有效性永远不会受到挑战。[11]

当思考社会化时,我们要紧贴当下的静态情境,还是要紧贴所期望的、由未来所创造的社会情境?我们是要创造和选择一种针对当下需要和行为的设计,还是要设计允许想象可能的、快速形成中的未来的模板?

第二个大观念，即柏拉图的学术观，主要涉及何种知识最有价值。我们所选择的课程设计影响我们在课程开发中如何选择、组织知识和内容。主要的挑战在于：除了所有"收集起来的"和得到保存的知识之外，我们应当选择什么去培养学生，使之成为有教养、有思想的个人？有些人提出了一套知识套餐，以使所有的利益相关方都酒足饭饱、心满意足。

伊根注意到，图书馆和数据库没有储存任何知识。所储存的是激发知识意识的象征符号。因此，在缜密思考课程设计时，我们需要谨慎地反思：我们所选择的设计和相关教育材料是如何在已经创造出来的知识中促进象征处理过程的。目前，有些学校正在与它们通过教材放入学校的象征符号"嬉戏"。掌握密码并不等同于掌握知识。[12]

第三个基本观念，即卢梭的发展观，将培育个人的基础，尤其是心灵成长的基础纳入了思考之中。伊根注意到，柏拉图正确地指出了除了完成对知识的全面阅读之外，学术知识对教育是至关重要的，柏拉图需要认识到的是，个人所处的不同阶段（青年、中年、老年）都处于学习和经验不同知识领域的最优阶段。同时，值得思考的是，个人处理知识以获得文化素养的方式千变万化。[13]因此，考虑课程设计时，必须要将学习者的发展纳入课程的算法之中。

这三种观念已经交织到了我们的教育图案之中，并且影响到我们对教育的本质和目标的感知。它们的确已经塑造了下文将要讨论的基本课程设计。这三种基本观念都做出贡献，也都具有必须被我们认识到的明显缺陷。因此，我们可以以社会化为目标，但我们必须避免强调教化。我们也要通过强调每个人的独特性及其获取独一无二的知识的权利来削弱教化。在我们整合基本的学术观的同时，我们要通过所有个人的先天平等，切实阻止知识精英主义。我们要强调"做你自己，发展你自己的个性"，同时也要强调投身于一个争取平等的社会。[14]

让概念融会贯通

前面的讨论表明，我们如何思考教育、课程和课程开发，受到无数认知和情感领域的影响。个人会依赖自己的经验、生活史、价值观、信仰系统、社会互动和想像。在不同的观点中，我们如何选择？我们如何处理这三个基本问题？我们如何处理教育和课程的目的为何这一基本问题？这里没有任何单一的答案。教育践行者和各持己见的教育思想家必须深思多样性。[15]

第六章 课程设计

沃尔夫-迈克尔·罗斯批评了许多现代和后现代的课程理论家与实践工作者——他们认为多样性没有抓住一门"活的课程"实际上包含什么。他注意到,将自己定义为建构论者的课程专家往往运用僵化的范畴思忖一门课程,尤其是一门活的课程。课程的目的、内容、教学、评估被认为是静态的。课程的构成成分可以像写在表格上那样被思考、记录、调整、传授、评估。课程是一种已经成文的游戏。它只需要或者被阅读,或者被付诸实践,仅此而已。但是,在罗斯看来,这一游戏不只是要被阅读或被观察,它必须"亲身参与和经历。"16

罗斯的观点是后建构论的。它添加了课程设计中需要考虑的各种复杂多样的范围和"姿态"。

设计的构成成分

为了设计一门课程,我们必须考虑其各部分是如何相互关联的。思考一门课程计划的"形状"或"格式塔"及其各部分的安排,即在触及课程的本质。一门课程的各部分应促进整体。

在设计一门课程时,我们应当思考哲学理论和学习理论,以确定我们的设计决策是否与我们有关人的基本信仰合拍、他们应当学习什么及如何学习、应当如何使用他们现已获得的知识。在设计课程时,我们应当认真关注伊根讨论过的三种基本观念。17

除了伊根所说的三种基本观念之外,课程设计思考还必须受政治、经济、社会、文化的基本问题的引导。有些教育工作者也许会介绍性地提出针对精神领域的各种问题。对这些问题的回答(不管如何偏颇),实际上将影响课程设计中所采取的不同步骤和行动。里克·艾尔斯(Rick Ayers)和威廉·艾尔斯(William Ayers)列举了教师和学生在设计、实施课程之中需要重新思考的某些基本问题:"在世界上,你是谁?""你和我是怎么来到这儿的?""我们能知道什么?""我们有权利去想象和期望什么?""我们将往何处去?""谁是决策者?""谁会被遗漏?""谁做决定?""谁得益?""谁在受苦?""可替代选择是什么?"18

虽然课程设计涉及四个基本部分(目的、内容、学习经验、评估)的本质和安排,各部分之间的联系却从来不是中立的。无论博弈者是谁,他们都会受到自己的倾向、哲学观、政治取向,甚至自己的文化和阶级的影响。我们教育工作者正如所有其他人一样,都是多面向的个人。而且正如里克·艾尔斯和威廉·艾尔斯所说的,在我们"动态的、滚滚向前、日益扩大的世界中,不偏不倚和客观公正总是有待抉择"。[19]教育即存在于这种混沌现象之中。课程设计就是在这种混乱之中进行的。

尽管21世纪具有复杂多元的特征,我们教育工作者却承担着从课程设计入手进行课程决策的任务。在准备教案和课程单元时,任课教师参与了课程设计和实施。所有人都要处理这样的问题:"应当做什么?""应当包括什么科目材料?""应当采用什么教学策略、资源和活动?""应当使用什么方法和工具去鉴定课程的结果?"这些基本问题都需要在上文已经提及的其他问题的更大领域里提出,这不是简单的任务。

有些人提出,目的暗示了一种不受欢迎的控制个人的意愿、结果的捉摸不定。然而,所有课程编制工作者都需要反思课程的内容。

许多目前的谈论都集中在让学生参与知识的建构、解构和重构。这涉及方法和组织的构成成分。评估的构成成分也得到了广泛讨论。即使有人提出最终的测量是不可能的,人们依然还是要进行某些评估。[20]

课程设计的资源

课程设计工作者必须对社会和学习者个人的哲学、社会和政治观(通称为课程资源的观点)进行分类。教育行动(在这里,即课程设计)始于认识到人的信仰和价值观——信仰和价值观影响到人认为什么值得了解和传授。假如我们忽略哲学、社会和政治问题,那么,我们就是在用有限的或混乱的基本原理设计课程。

罗纳德·多尔描绘了课程设计的四大基础:科学、社会、永恒真理、神意。[21]这些资源部分地与杜威和博德所认可、泰勒加以大众化的课程资源(知识、社会和学习者)重叠。[22]

作为一种资源的科学

一些课程工作者在设计课程时依赖科学方法。他们的设计只包含可观察、可计量的元素。解决问题具有优先性。这种设计强调学习如何学习。

许多关于思维过程的讨论基于认知心理学。受到推崇的解决问题的程序反映出我们对科学的理解和知识的组织。一些教育工作者认为,课程应当把思维策略的传授置于优先地位。随着知识的迅猛增长,唯一不变的似乎是我们用以处理知识的程序。

第六章 课程设计

作为一种资源的社会

强调社会是一种课程资源的课程设计者相信,学校是社会的一个代理机构,应当从对社会处境的分析中得出学校的课程观。具有这种趋向的个人,高度相信学校教育的社会化功能。

学校必须认识到自己是当地社区和更大社会的一部分,并且设计学校就是为当地社区和更大社会的利益服务的。但是,正如前文所指出的,学校成员必须留心其他两种基本观念:学术与发展。此外,课程设计工作者必须在地方、全国、全球的层次上思考当下和未来的社会。

在将社会当作一种资源时,教育工作者必须认识到,学校不仅与社会共同体一起发挥作用,而且与政治共同体一起发挥作用。对学校的政治压力,在当地、州、全国的层次上一如既往。"不让一个孩子掉队"仍然印在书上,并且正在修订。提供了联邦启动资金的"力争上游",旨在刺激各地方学校的改革项目。这些联邦政府项目都瞄准了伊根所确认的三大观念。[23]

但社会的政治领域是众说纷纭的。我们有充满保守主义、自由主义、激进主义演员的政治剧。[24]没有一个人认为学校和学校的课程是符合标准的。学生在学习方面没有获得成功,看上去是这样,评估似乎也肯定了这一点。一般而言,保守主义者相信,目前忽略了基础,学校没有灌输美国的美德和价值观。在这里,我们看到了这样的要求:学校要以能涉及教化的特殊方式进行社会化。我们也看到学术的大观念被狭隘地解释为:一门课程要集中关注重大的美国历史、基础数学、对美国做出贡献的杰出美国人、基本语言技能。2010年5月,得克萨斯州教育局公投一门经过修订的中小学社会研究课程,该课程将有助于十年期间得克萨斯学生的教育。赞成这一决定的人相信,经过修订的社会研究课程将重新在该课程中获得平衡。反对者则担心会导致社会研究课程丧失其用处,实际上带来灌输教化。[25]2014年,科罗拉多一所学校的董事会通过了一个有利于高中美国史教材和课程的议案——歌颂美国人的成就,赞扬美国的光荣过去,鼓励对美国的行动和政策的批评。这所高中的学生起来反抗,罢课抗议该决定。他们的行动成了全国新闻。该校董事会撤销了该决定。

自由主义者和激进主义者发出的对学校和学校课程的批评,给政治剧添上了一笔。自由主义者批评学校没有使学生成为高效的职业人士或员工。美国学生在世界上必须做到更有竞争力。教育必须给学生向上流动和获得成功提供途径。[26]在这里，我们看到了与奥尔所提到的第四种迷思之间的关联。[27]

激进的教育工作者之所以不满学校和学校课程，是因为他们学校和学校课程重点关注我们人口中的优势人群，无视或否定弱势群体（例如土著、有色人种、妇女、同性恋者）的利益和文化知识。他们经常从马克思主义者或女权主义者的视角批评课程。他们往往按照压迫者和被压迫者、掌权者和牺牲者、优势和弱势的二元对立进行思考。激进的教育工作者想要美国学校为所有学生获得成功提供必要的教育和社会机会。

看上去，这三个群体（保守主义的、自由主义的、激进主义的）都推崇个人。他们呼吁我们在作为个人的独特性与作为共同体成员的责任感之间达成平衡。在这里，我们看到，社会化这一大观念力图摆脱教化的危险。

高效的课程设计者认识到，多样性的个人和群体之间需要互相合作。来自不同背景和文化的人正要求有一种关于教育如何组织和被体验的声音。社会目前是课程设计的一股强有力的影响力量。正像阿瑟·埃利斯（Arthur Ellis）注意到的，没有任何课程或课程设计是可以脱离人来思考或创造的，而人构成了我们正在变化的社会。[28]

作为一种资源的道德信条

一些课程设计者向过去寻找恰当内容方面的引导。这些人重视过去伟大的思想家所提出的、他们视为永恒真理的东西。他们的设计看重内容，并将某些科目排得比其他科目更为重要。

一些人相信，课程设计应当受《圣经》或其他宗教文本的引导。虽然这种观点在殖民时期美国的学校中极为普遍，但在一个多世纪以来的公立学校中却影响甚微——主要是由于教会与国家之间的强制分离。然而，许多私立学校和教区学校现在依然支持这一点，其中包括越来越多的伊斯兰教学校。在21世纪，公立学校越来越考虑知识和人们的神性之间的关系。许多人批评西方重视科学、理性和物质财富。

德韦恩·许布纳（Dwayne Huebner）提出，教育不引入宗教也可以致力于神性。对他来说，拥有精神就是与生活的力或能产生关联。[29]与精神产生关联可以让人明白现实的本质，生成看待知识、人与人之间的崭新关系的新方式，以及感知人的存在的新方式。在詹姆斯·莫菲特（James Moffett）看来，神性培养对外部世界的正念、专注和意识，并且培养自我意识。[30]有精神的个体会产生同情和洞见。专注神性的课程设计者会比那些依赖科学的人达成更圆满的理解。有精神的个体会产生同情和怜悯。他们会考虑和促成他人的利益。他们欢迎不同的观点。[31]强调精神的课程设计者会提出和世界的本质、生活的目的有关的问题,会追问人性的和可知的究竟意味着什么。

我们认为,即使我们规避将道德或精神领域的东西当作课程的资源,我们基本上也不能避开这种资源的某些影响。的确,如果我们力争教育和鼓励全面自主的个人的崛起(在世界共同体中,这种人又能与同道之人齐心协力),我们就必须创造这样的教育经验:这种教育经验不仅培养思想和情感上的自我,而且培养灵魂的自我和富有同情心的自我。正如许布纳注意到的,这不是将宗教当作一种资源。2014年,与"无国境医生"协作的人自愿与埃博拉病毒大爆发做斗争。这些人不仅掌握了知识领域,而且更重要的是,在行动中实施了人道主义精神。他们表现出了帮助自己的人类同胞的道德责任感。有人可能会说,这些人是活的人道主义理想的象征。[32]

作为一种资源的知识

在有些人看来,知识是课程的主要资源。这种观点可以追溯到柏拉图。柏拉图在将最有价值和最有用的知识编入到写作之中,然后可以将其传授给学生之时建立了这种联系。传授这种宝贵的知识可以刺激和培养学习者的心灵。这种学习的结果,使学生所理解的世界更接近真正的现实。[33]这种观点适合柏拉图的学术观念。赫伯特·斯宾塞在追问"什么知识最有价值"时,就将知识置于课程框架之内。

那些将知识置于课程设计中心位置的人认识到,知识也许是一门学科,具有一种特殊的结构和一种特殊的方法或多种方法,学者可以借这方法扩充其边界。非学科化的知识不具备独特的内容;相反,其内容是按照研究的焦点来构造的。例如,作为一门学科的物理学具有独特的概念结构并需要独特的处理程序。与之相反,环境教育是非学科化的——其内容来自不同的学科并按特殊的焦点进行了改编。

内尔·诺丁斯指出,世界范围内的大多数课程都利用已组织成为传统学科的知识。[34]我们认为,许多新学科(例如计算机科学与工程)是还未学科化的知识。它们的内容的确利用了物理和数学等学科化的知识,但这些课程的组织——正如上述——不是独一无二的。正如诺丁斯所说的,课程资源及其组织不可能发生大的变化。大学是建立在学科的基础之上的。诺丁斯注意到,即使中小学在组织课程内容时也力图做到创新,但大学和专业院校却在逃避这种努力。[35]不过,初中和公立学校似乎也不想为设计课程寻求全新的资源。具有大学先修课程和国际学士学位项目的学校,强化对作为一种资源的知识的忠诚。[36]但是,在21世纪我们将似乎有可能看到知识结构的新奇融合。的确,课程设计的其他资源获得显著地位的最佳机会,将在越来越正规化的学前班、幼儿园、小学之中。华德福(Waldorf)学校已经将学习者和社会作为资源来设计课程。

认可知识是课程设计的主要资源的人所面临的挑战,是知识呈几何级数增长。但是学生介入课程的时间没有增加。许多学校依然要求一学期有180个教学日。斯宾塞的问题现在甚至更为令人气馁。我们不仅必须重新思考"什么知识最有价值",而且必须提出以下问题:这种知识对谁有价值?存在大多数人必须拥有的知识吗?必须传授什么智能,才能使普通和非普通知识为个人利益和社会利益所用?

作为一种资源的学习者

有些人相信,课程应当来自我们有关学生的知识:他们是如何学习、形成态度、生成兴趣、培养价值观的。对参与后现代对话的进步论课程专家、人本主义教育工作者以及许多课程专家来说,学习者应当是课程设计的主要资源。在这里,我们谈到了第三大观念:卢梭的发展观。

这类课程专家往往极端关注心理基础,特别是关注头脑如何创造意义。许多认知研究已经为课程设计工作者提供了种种方式,以开发各种加强感知、思维和学习的教育活动。自从20世纪最后一些年以来,对大脑的微生物学研究对教育工作者产生了相当大的影响。我们现在知道,教育环境可以影响一个孩子大脑的结构。经验的量和质在体格上影响大脑的发育。[37]这种有关大脑的新知识,许多都来自20世纪80年代以来趋于完美的神经影像技术。通过测量大脑血液供应的具体变化,现在有可能绘制出大脑的不同认知功能的活跃区域。[38]

20世纪前70年,大部分(如果不是全部的话)认知研究只能推测当人进行特定类型的思维活动时人的大脑是如何工作的,相反,我们现在可以在人思维时观看人的大脑。[39]我们可以为大脑活动拍照。我们可以观察大脑网络在我们眼前的变化,观察大脑网络自己转向学习信息和技能的过程。本质上,我们获得了更精确地描绘人脑各部分的能力——描绘人脑是如何投入学习语言、培养感知,乃至阅读和学习算术的。[40]正如迈克尔·波斯纳(Michael Posner)和玛丽·罗斯巴特(Mary Rothbart)注意到的,新的大脑研究成果将使普通公众和教育工作者对人脑发育的认识达到一个前所未有的新水平。这一设计资源最有可能成为课程设计概念重构的最

第六章 课程设计

强有力的新的数据源。[41]

我们实际上是在"观看"个人建构和改变大脑神经通路,而不是单纯获取知识,个人以独一无二的方式这么做并得出具体结论。不同的人也许会用相同的词汇去回答同一问题,但研究表明,他们对材料的深层理解相当不同。[42]尽管技术正在给我们提供一个更清晰的景象——大脑特定区域的解剖构造究竟为何,但我们依然有问题要回答、有新途径要追踪。的确,有关大脑是否来到了已经预编程序的学校(选择论),还是大脑是否在一种最具有可塑性的状态中来到学校、准备学习和培养新技能(建构论),大脑神经影像并没有给这样的问题带来定论。[43]

自从2005年以来,新的"科幻"设备已经被发明出来,以推进对大脑的研究。其目的在于帮助神经科学家解开大脑之谜。这类机器之一是经颅电磁扫描仪(TES),另一种是近红外光谱仪(NIRS),第三种是脑磁图仪(MEG)。[44]经颅电磁扫描仪利用一个大的电脉冲,引起磁力激增。将这种扫描仪靠近大脑,让激增的磁力穿过头盖骨,在大脑内生成电脉冲,由此减弱大脑所选定区域的活跃程度。[45]脑磁图仪被用来记录大脑内变化的电场所产生的磁场。[46]虽然这些设备主要是用于保健科学,但教育工作者最终也许可以描绘大脑的图谱,解开大脑的谜团,从而创造出实际上融合了大脑自然物理学的课程。

即使有脑科学方面的新进展,教育工作者也必须认识到,课程设计的这一资源是与聚焦于知识或科学的方法重叠在一起的:基于科学的方法强调处理知识的策略,基于知识的方法强调个人如何处理信息。我们建议读者认识到融合课程设计的这些主要资源所具有的价值。

概念框架:横向组织与纵向组织

课程设计——课程构成成分的组织——是按两种基本组织维度(横向和纵向)存在的。

横向组织是将课程要素融为一体——例如,通过将历史、人类学、社会学内容结合起来,或是通过将数学和科学内容结合起来,创造一门"当代研究"课程。纵向组织是指课程要素的按序排列。将"家庭"置于一年级的社会研究课、将"社区"置于二年级的社会研究课是纵向组织的一个例子。最终,课程得到组织,相同的话题在不同的年级得到宣讲,不过在详细度和难度上逐渐增加。例如,对数学的"集"的概念,一年级就进行介绍,在小学课程的每下一个年度都旧话重提。参见课程小贴士6.1,看看采取何种方式,以创造一种宽泛的课程设计。

☞ 课程小贴士6.1

考虑课程设计时思考的要点

课程设计反映出课程的体系架构。这里是一些有用的要点,供建构有效的课程设计时思考:

1. 反思你自己的和学校(或学区)目标有关的哲学、教育和课程设想。
2. 考虑你的学生的需要和灵感。
3. 考虑各种设计成分及其组织。
4. 勾勒要加以实施的各种设计成分。
5. 以学校任务为背景,再次复核你所选择的设计成分(目的、内容、学习经验、评估方法)。
6. 和一位同事分享你的课程设计。

尽管设计决策是必要的,但总体上,在大多数学区,课程设计受到的关注微乎其微。主要原因在于,在大多数学校,是由学区课程或教材委员会选择"课程"。在得克萨斯,州教育局决定哪些教材或系列教材可供学区采用。甚至学区课程或教材委员会也没能深入思考课程设计。在学区或州一级的层次上,大部分注意力似乎放在设计范围、次序、连续性、整合、连接、平衡等方面,在下一节,我们将讨论这些维度。

然而,州与学区一级的课程专家和课堂教学一级的教师,不应当仅仅满足于介绍反映他们哲学观和政治观的内容(通常没有详细说明这些内容)。在考虑如何设计一门课程时,除了循序渐进的教材章节所建议的之外,我们必须仔细思考影响到我们有关选择横向组织和纵向组织的社会经济、政治、文化因素。[47]课程设计应当反映多种声音、意义和视角。[48]

设计维度的思考

课程设计针对的是课程构成成分间的相互关系。它应当获得范围、次序、连续性、整合、连接和平衡。

范围

课程设计工作者必须考虑内容的广度和深度,即其范围。在《课程教育基本原理》(Basic Principles of Curriculum Instruction)中,拉尔夫·泰勒称范围由构成教育计划的所有内容、论题、学习经验、组织线索所组成。[49] 约翰·古德拉德和苏智欣(Zhixin Su)重复了这一定义,指出范围指课程的横向组织。[50] 范围包括创造出来让学生从事学习的所有类型的教育经验。它既包括认知学习,也包括情感学习(有些人还会加上精神学习)。[51] 有时候,一门课程的范围仅限于简单的一组论题和活动。

一门课程的全部范围可以扩大到一年或一年以上。其范围只涵盖一个月或数周的课程通常是以单元来组织的。单元被分成教案,教案通常按多少小时或多少分钟的周期来组织信息和活动。[52]

当教师和其他教育工作者决定课程内容及其详略时,他们就是在考虑课程范围。目前的知识爆炸以许多种方式使得对范围的处理几乎压倒一切。同样,学生的多样性也在纳入何种内容和活动这方面对教师提出了越来越多的要求。一些教师以忽视一般内容领域或排除新的内容话题来应对内容的超载。其他人也试图将一般话题相互联系起来,以创造出课程的主题。

考虑范围时,我们需要考虑学习的认知、情感和心理领域。(我们也许还要加上道德或精神领域。)我们必须决定覆盖什么领域以及每一领域内的详略。我们也必须决定哪一领域应当得到最大程度的重视。传统上,依赖知识领域的认知领域,受到了最大限度的重视。在学校教育的次要层次,我们也经常性地依赖知识原理及其主要概念去决定课程的范围。然而,情感范围(处理价值观和态度)和精神运动技能范围(处理运动技能和协调)正受到越来越多的关注。

次序

当考虑次序时,课程专家是在寻找一门将培育日积月累、循序渐进的学校教育的课程。明确地说,课程专家必须决定何种内容和经验在前、何种内容和经验在后。[53]

在内容和经验是否应基于科目材料的逻辑或是个人处理知识的方式方面,争论由来已久。这些对次序的争论是以依赖于对人的成长、发展和学习的研究的心理学原理为基础的——本质上是第三大观念:卢梭的发展观。皮亚杰的发现已经为安排内容和经验或活动、将期望和学生的认知水平联系起来提供了一个框架。[54] 大多数学区在按年级来阐明课程的目的、内容和经验时,都考虑学生的思维处于何种阶段。课程的次序因此是按皮亚杰的认知发展理论来安排的。

课程设计工作者也受到目前大脑发育研究的影响。随着神经科学(特别是发展神经生物学)方面的著作越来越多,科学家获得了新的认识,带来了创造教育议程的各种方法,使教育工作者能够创造包含各种经验在内的教育环境——这类经验将在很大程度上影响个人的大脑,从理想的角度说,课程经验应当使大脑得到最大程度的发育。[55]

神经科学家知道,在人生的早年,那些只零散地聚集在皮质表层的细胞会迁移到这些皮层。这些迁移允许越来越多的精神活动。婴儿的大脑比成人的大脑有更多的突触联系和神经元间的联结。从 2 岁到 12 岁,这些联系会强化。人们过去认为,在青春期,这种联系在数量上会减少;但目前的研究似乎表明,创造新的脑回路的机会会持续到成年。在这一时期,大脑似乎只是在创造和维护最坚硬的树状突(接收信息的神经细胞部分),使之成为成人大脑的一部分。[56] 因为目前的脑研究,教育工作者必须仔细思考教育项目中内容和经验的先后排列次序。

面对依次序排列的内容的课程专家,也依赖某些广为接受的学习原理。1957 年,B. 奥塞内尔·史密斯、威廉·斯坦利(William Stanley)、哈伦·肖尔斯(Harlan Shores)介绍了这样四种原理:由简到繁学习原理、预习原理、化整为零学习原理、历时学习原理。这些原理仍旧有其价值。

1. 由简到繁学习是指对内容按顺序加以有选择性的组织,次序是从简单次要的成分到强调各成分间的联系的复杂成分。当给个人先提供容易的(通常是具体的)内容、后提供困难的内容时,就会导致学习的优化。

2. 预习与从零到整学习相似。这种学习让人相信,在全面理解其他信息之前,必须掌握点滴信息。

3. 化整为零学习受到来自认知心理学家的支持。认知心理学家鼓励对课程做出如是安排,以使内容或经验首先以述评的形式提供给学生——述评向学生提供有关信息或情境的普遍看法。

4. 历时学习所涉及的内容,其次序反映了真实世界事件的时间。[57] 历史、政治科学、世界事件通常是按历时顺序来组织的。

1976 年,杰纳德·波斯纳(Gerald Posner)和肯尼斯·斯特赖克(Kenneth Strike)

第六章 课程设计

为课程领域提供了另外四种类型的次序安排:概念联系法、探索联系法、学习联系法、运用联系法。[58]概念联系法高度依赖知识的结构。它聚焦于概念的相互联系而不是具体的知识。探索联系法次序则对话题进行次序排列以反映学术研究的步骤。

教学设计工作者已经将探索联系法的次序整合到了他们所称的以个案为基础的推理中,开发以个案为基础的推理是为了使计算者的能力最大化。计算者会把以前所学的东西运用到新的情境中。同样,通过处理和组织为后来所用的新经验,人们会增加自己的知识。按照探索联系法模式,假如人们没能使用已经获得的信息,他们必须认识到推理的失败或知识的不足。本质上,这是学者如何推进探索的问题。在学习者联系法次序中,个人通过正在经验的内容和活动来学习。运用联系法学习,则主要关注使用知识或介入世界中特殊活动的人们在整个活动过程中采取怎样的前进方式。

@ 根据这个有关脑发育神经科学的视频,年轻孩子不只是来学习的海绵宝宝,他们还是活跃的学习者。你认为教育工作者应当创造何种环境、经验和课程,使孩子的认知发育最大化?

https//www. youtube. com/watch? v = EFbnU_09ZEM

连续性

连续性是对课程成分的纵向重复。例如,假若阅读技巧是一个重要的目的,那么,按泰勒的说法,"明白有重复和持续的机会去实践和发展这些技能是必要的。这意味着,随着时间的流逝,类型相同的技能将不断地被运用"。[59]

教育工作者感到学生随时间流逝应当发展起来的观念和技能,随着课程的延长会再次出现。这种连续性将确保学生重复这些关键概念和技能。例如,要成为一个熟能生巧的读者,必须要求随着时间的流逝而与各种类型的阅读材料无数次相逢。同样,除非一个人在课程的不同的点上从事过这类活动,否则一个人不会知道如何经历这些经验,每一后继的经验提供了在整个过程中变得更为老于世故的机会。通过获得思维和质疑在其中得到强化的大量经验,我们学会了深思熟虑。

看上去,补充了认知心理学研究的近期的大脑研究,对设计的连续性维度构成了支持。大脑研究认为,执行一个过程所用的大脑容量,可能大致解释了个体在执行特殊任务时会多么成功。这一研究既在动物身上做过,也在人身上做过。[60]正如前文所说,泰勒声称,如果阅读技能是重要的,那么就必须反复训练,以达到熟能生巧。像波斯纳和罗斯巴特所报告的一样,埃尔伯特等人的研究表明,长期实践拉小提琴似乎带来了相关脑组织的增强。[61]这一研究似乎支持了赫伯特·西蒙(Herbert Simon)的观点,如果我们付出足够的时间和努力,我们所有人都会成为某方面的大师,这是建构论学习方法的一个例证。

连续性在杰罗姆·布鲁纳的"螺旋形课程"观中最为明显。布鲁纳注意到,课程应当根据每一主要学科的基本观念和结构间的相互关系来加以组织。对学生来说,为了掌握这些观念和结构,"他们应当按螺旋形风格得到培养和再培养",在学生完成学校计划的过程中,逐渐增加学习的深度和广度。[62]

整合

整合是指将包含在课程计划中的所有类型的知识和经验联系起来。本质上,它是将所有课程片段联系起来,以便学生将知识理解为完整的而不是原子化的。[63]整合重视来自所有知识领域的话题和主题间的横向联系。

课程理论家和实践工作者倾向于不恰当地重视整合,提倡一种跨学科课程,其本质上是一种不具备标准课程内容的课程。在某些方面,课程整合不只是一种设计维度,它也是一种有关学校的目的、课程的资源、知识的本质和用途的思维方式。[64]

课程整合的提倡者不会提倡一种多元学科课程。按他们的看法,这样一种课程依然是人为地将知识区隔开来。[65]这些提倡者提出,课程应当围绕来自真实生活话题的世界主题来组织,应当抹除不同学科的主题内容之间的界限。诺丁斯主张,一种可能的整合应当涉及大的社会问题。有人提出,一个新的整合组织者应当强调态度、价值观和社会技能。[66]

后现代主义、建构论、后结构主义会培养出对课程整合的持续讨论。这些运动推进了如下观念:知识与现实密不可分,人们不能将自身从其探索中剥离开来,课程不能作为孤立的碎片存在。

连接

连接是指课程的各个层面的纵向和横向的相互关联,是在一个项目的次序中

第六章 课程设计

后出现的课程成分与先出现的课程成分的关联方式。例如,一位教师也许会设计一门代数课,以便将代数概念与几何课中提供的关键概念联系起来。纵向连接通常指内容从一个年级向另一个年级的次序排列。这种连接能确保学生为课程作业进行必要的准备。横向连接(有时也称相互关联)指共时因素之间的联系,比如当课程研究者开发八年级的社会研究和八年级的英语时就是如此。

当他们从事横向连接时,课程编制人员寻求的是将教育项目的一部分中的内容与逻辑或科目材料上相似的内容融为一体。例如,课程专家也许将数学思维和科学思维联系起来。许多目前对课程整合的重视,就是横向连接方面的一种尝试努力。

要取得连接是困难的,很少有学区开发出对科目间的联系加以清晰界定的程序。同样,在学区内部,有时也难以取得从一个学校到另一个学校的连接。同样地,学区之间需要更大的连接。通常,初到一个学区的学生,会重学在以前学校的上一年级即已学过的材料,否则不能领会某个特殊的概念或话题——因为新学校在上一年级就讲过了。

平衡

当设计一门课程时,教育工作者努力给设计的每一方面以恰当的权重。在一门达到平衡的课程中,学生可以按促进他们个人目标、社会目标和思想目标的方式获得知识、使用知识。保持课程的平衡要求不断地微调,同时要求在一个人的哲学和学习心理学上保持平衡。参见课程小贴士6.2。

☞ **课程上贴士6.2**

课程设计指导方针

以下陈述确定了设计一门课程过程中可以采取的某些步骤。这些陈述来自对学校实践的观察,适用于任何所选择的设计。

1. 创建一个课程设计委员会,其中包括教师、家长、社区成员、管理人员,以及(如果合适的话)学生。

2. 创建一个做出课程设计决策的会议日程表。

3. 收集有关教育问题及建设性解决方案的数据。

> 4. 处理可用的课程设计的数据,比较各种设计的利弊,例如花费、日程安排、班级规模、学生的群体特征、学习环境是否适当、与现存课程是否匹配。同时也评估社区是否愿意接受该设计。
> 5. 列出反思设计的时间表。
> 6. 列出修订设计的时间表。
> 7. 向教育界同仁、社区成员和(如果合适的话)学生解释这一设计。

代表性课程设计

课程构成成分可以用无数种方式加以组织。然而,尽管所有有关知识和课程创造的后现代观的讨论都是为了社会意识的解放,大多数课程设计还是对三种基本设计的修订和阐释:(1)以科目为中心的设计;(2)以学习者为中心的设计;(3)以问题为中心的设计。这些设计的每一种在不同的重视程度上分别致力于伊根所说的三种核心观念:"社会化,柏拉图的学术观,卢梭的发展观。"[67]每一种范畴都包含几种例证。以科目为中心的设计包括科目设计、学科设计、广域设计、关联设计、过程设计。以学习者为中心的设计是那些被认为是以儿童为中心的设计、以经验为中心的设计、浪漫或激进的设计、人本主义的设计。以问题为中心的设计考虑生活处境、核心设计、社会问题或重构论者的设计。

以科目为中心的设计

到目前为止,以科目为中心的设计是最普遍并且得到最广泛运用的设计。知识和内容公认是课程不可缺的部分。这种设计很大程度上吸收了柏拉图的学术观。学校具有一部强有力的学术理性主义的历史,同样,对学校用途来说有用的材料也折射出了内容的组织。

在课程设计中,以科目为中心的设计有最极端的分类。对一种文化最重要的概念比边缘性概念得到更高程度的说明。在我们的文化中,内容对学校教育至关重要,我们因此拥有许多概念去阐释我们多种多样的设计。

第六章 课程设计

科目设计

无论对教师还是门外汉来说,科目设计既是最古老的,也是最知名的学校设计。教师和门外汉通常在运用这一设计的学校中接受教育和培训。科目设计对应于处理教材和将教师培训为课程专家。它也因为持之以恒地重视学校标准和受托责任而受到重视。

科目课程的早期发言人是亨利·莫里森,在加入芝加哥大学之前,他是新罕布什尔州公共教育的主管。莫里森提出,科目材料课程对读写能力贡献最大——读写能力应当是小学课程的焦点。他也相信这种设计允许初中学生在特殊科目领域培养兴趣和能力。然而,他相信应当提供多种多样的课以满足学生的多种需要。[68]

威廉·哈里斯是19世纪70年代圣路易斯学校的主管,也培育以科目为基础的课程设计。在他的指导下,圣路易斯学校建立了科目取向的课程。一位教育工作者注意到,大多数美国人承认这种课程设计(他将其归为保守主义的人文设计)就是他们在学校所经验的课程类型。在20世纪30年代中期,罗伯特·哈钦斯指出,这种课程设计的科目应当包括:(1)语言及其运用(读、写、语法、文学);(2)数学;(3)科学;(4)历史;(5)外语。[69]

在科目材料设计中,课程是根据必要的知识是如何在各种科目领域发展的来加以组织的。随着知识的爆炸和随之而来的各知识领域的专业化,科目分工在数量和复杂性上都有增加。例如,历史现在分成了文化史、经济史和地理史。英语可以分为文学、写作、口语、阅读、语言学、语法。

这种科目设计基于这样的设想——科目在教材、电子书乃至在所开发的计算机信息项目中得到了最佳的概括描述。在大多数学校,所选择的课程是教材或电子书系列。当然,套装计算机课程项目正在左冲右突。你也许在运用我们这本课程学教材的电子版。

出于这些原因,有些教育工作者说,教师不需要知道课程设计或课程开发的太多东西。然而,我们反对这样说,只因为学校所选择的"课程"基本是受到教材、电子书和计算机项目影响的,所有层次的教育工作者必须知道课程设计,以便做出与组织内容相关的选择,而无论内容是如何成套。教师仍然必须在直接教学、背诵、大组讨论中发挥积极的作用。教师必须确定通过怎样的途径,使讨论从简单的观念进入复杂的观念。如果教师要鼓励和引导学生进行知识探索,那么,就必须有课程和课程设计的深层知识。[70]

这种设计的提倡者为重视言语活动进行辩护,声称知识和观念能以言语形式得到最好的交流和保存。他们也注意到,科目设计将学生引向了必不可少的社会知识。这种基本的社会知识,处理的是社会化的大观念。同样,这种设计易于推广,因为参考教材和辅助材料在商业上有利可图。

当然,批评家也争辩说,科目设计阻碍了项目的个性化,降低了学习者的重要性。一些人主张,由于不允许学生选择对他们最有意义的内容,这种设计剥夺了学生的主动权。[71]课程内容的提供没有考虑语境。其他批评家声称,看重科目材料没有能培育社会、心理、身体的发展,这一定程度上促成了学术精英化倾向。这种科目设计的另一缺失,是学习倾向于互不搭界,记忆技巧受到强调。科目设计强调内容而忽视学生的需要、兴趣和经验。同样,在推广这种课程时,教师往往培养了学生的被动性。

杜威曾为知识与学生的经验脱节、基本只传授二手知识和他人的观点而忧心忡忡。[72]在杜威看来,课程既应重视科目材料,也应重视学习者。

学科设计

二战以后出现的学科设计,是从分科设计演变而来。这种新的设计在20世纪50年代获得普及,在60年代中期达到顶峰。像分科设计的情形一样,学科设计的基础是赞同内容的内在组织。然而,与科目设计没有弄清自己组织和建立的基础截然不同,学科设计取向的确指定了自己的焦点是在学术性学科。

学科设计的支持者阿瑟·金(Arthur King)和约翰·布劳内尔(John Brownell)指出,一门学科是具备以下基本特征的特殊知识:一个人的共同体、人类想象的一种表达、一种领域、一种传统、一种探求模式、一种概念结构、一种专业语言、一种文学遗产、一种传播网络、一种价值和情感立场、一种教学团体。[73]这种对学科化知识的重视,所强调的是科学、数学、英语、历史和一般其他学科。提倡者将学校视为思想界的一个微观宇宙,受到这些学科的折射反映。学者用以研究自己领域的内容的方法,表明了学生学习这些内容的方式。换言之,学生将会像历史学家那样理解历史,按照生物学者所使用的程序研究生物话题。

学科设计的支持者强调概念结构和学科过程。这大概是学科设计与科目材料设计间的基本差异。就学科设计来说,学生体验学科,因而他们能理解和进行概念化;就科目材料设计来说,假如学生只是获得信息的话,学生会被认为是在学习。有时,难以断定一堂课是否有科目材料设计或学科设计。关键的区分特征似乎是,学生是否实际上使用某些该学科的方法去处理信息。换言之,科目材料设计强调用知识"喂"学生,而学科设计旨在培养学生成为思想者——这种思想者可以利用信息生产知识和认知。学科设计培养教师为智力而教。[74]

布鲁纳注意到,"逐渐了解某些东西是一种历险——如何以尽可能简单和优雅的方式说明你所遭遇的万事万物"。[75]这种"逐渐了解"依赖于学生对一门学科的内容和方法的介入。这种介入,即学生对学科化的内容的构成成分做出分析,并得出结论(尽管是不完整的结论)。布鲁纳的评论"逐渐了解某些东西是一种历险",需要我们做出反思。的确,在学科设计中,提供给学生各种机会去进行"通往未知之旅"[76]。正如多尔所说的,他们有或应当有机会去处理信息和观念,并以鼓励游戏、精确度或确定性、得出概括或抽象的各种方式促进他们。[77]多尔主张,这一过程没有精确的先后次序,而是一个众多步骤获得精神整合的过程。不过,在如是介入的过程中,教育工作者要直面怀特海(Whitehead)所说的:"人类……渴望去探索、发现、认识——去调查奇思异想,去形成各种问题,去探究众多答案。"[78]

学科设计鼓励学生了解每门学科的基本逻辑或结构——关键关系、概念和原理,约瑟夫·施瓦布所称的"实质结构"[79]。思考结构和意义可以达成对内容的"深入"理解,并获得如何加以使用的知识。哈里·布劳迪称这种知识(例如,解决问题的程序)为"应用知识"。[80]

对一门学科的探求模式熟能生巧的学生能掌控内容领域,并且能够独立地在该领域继续自己的学习。这种学生不需要教师不断提供信息。这种设计的支持者希望学生在学校课程的各自领域发挥"小"学者的作用。当学习数学时,学生应当是新入道的数学家。当学习历史时,他们应当运用历史编纂学的方法。

对学科和结构的重视,导致了布鲁纳经典著作《教育过程》的出现。这一书名表明学习应当重视过程或程序性知识。布鲁纳声称,一门科目的课程"应当受到赋予该科目以结构的潜在原理的制约"。[81]根据课程的结构对课程进行组织,应当阐明关系,指出基本知识是如何与高等知识联系在一起的,允许个人在内容领域重构意义,并为推进整个内容领域提供方法。

布鲁纳相信,"任何科目都可以用某些有效的诚实的形式教给任何成长阶段的任何孩子"。[82]他主张学生可以在差不多所有年龄段理解所有科目的基本原理。有人批评布鲁纳的观点是罗曼蒂克的。发育学家不同意他"所有地方的智力活动都是一模一样"的论点。[83]他们指出,年轻孩子的思维过程在类型和程度上不同于青少年和成年人。年轻的男孩和女孩在处理信息的方式上也有差异。

教育共同体内外的许多人相信,学科设计适用于所有学生,无论是准备上大学的学生还是不准备上大学的学生。学科设计给学生以机会学习有效生存所必需的知识。一种学术型的研究课程符合所有学生的需要。我们的社会需要具有在信息时代发挥作用所必需的技能的有文化修养的个人。课程应当教育学生,而不是为了一份工作培训学生(正如职业教育那样)。

许多人批评学科设计设想学生必须适应课程而不是恰好相反。有些人也提出,课程知识应当反映学科化知识的观点,维护了那些希望维持现状的人的偏见和设想。[84]也有人批评学科设计所暗含的假设——所有学生具有共同的或相同的学习风格。也许这一设计的最大缺陷是,它导致学校无视大量不能归为学科化知识的信息。这类知识——处理美学、人本主义、个人生活和社会生活、职业教育的知识——难以划为一个学科。

广域设计

广域设计(通常称为跨学科设计)是以科目为中心的设计的另一变种。它的出现是试图致力于矫正许多教育家认为由科目设计所带来的碎片化与区隔化。广域设计力图给学生带来对所有内容领域的全盘了解。[85]他们试图整合逻辑上适合组装在一起的内容。地理学、经济学、政治科学、人类学、社会学、历史被融入社会研究。语言学、语法、文学、作文、拼写被抹平纳入语言艺术。生物学、化学、物理学被整合到普通科学。

广域设计的理念既大胆又简单。本质上,教育工作者可以简单地将两种或两种以上相互关联的、在学校已经广为人知的科目融入一个简单的更广的研究领域。然而,这一设计是从传统科目模式中演变而来的。尽管它首先是在20世纪第一个十年出现在大学层次,但它在中小学层次变得更为流行。后来一以贯之。今天,广域设计在大学层次只在入门课程中看得到,但在K-12课程中却司空见惯。

哈里·布劳迪和他的同事在苏联人造卫星上天时代提供了一种独一无二的广域设计。他们提出,要将整个课程组织到以下范畴:(1)信息象征符号(英语、外语、数学);(2)基础科学(普通科学、生物学、物理学、化学);(3)发展研究(宇宙、社会制度、人类文化的进化);(4)范例(审美经验模式,包括艺术、音乐、戏剧、文学);(5)"研磨问题",针对典型社会问题进行观察研究。[86]这最后一个范畴会根据当下社会问题,每年带来各种不同课程。

广域设计依然是将公认的内容领域组合起来。一些课程专家会偏向于广域设计由概念群所构成,而不是由结合到跨学科组织中的科目或学科构成。这些概念群可以通过主题来连接。一些教育工作者正呼吁将课程组织成诸种整合性的主题单元。其他人则在使用整体课程这一术语。[87]

可以将广域设计解释为是在说独立的科目已死。准确地说,我们应当有一种致力于成堆的急迫问题的设计,这种设计将使学生参与到对信息的建构和重构中来。[88]

许多广域设计聚焦于课程网、各种相关主题或概念的连接。许多年以前,塔巴在鼓励教师在建构课程过程中创立认知地图时,就对网的概念进行过讨论。[89]广域设计也许会是未来最活跃的设计,它允许课程中存在合成形式的内容和知识,允许学生参与知识的建构。

像其他设计一样,这一设计也有自身的问题。其一是广度牺牲了深度。一年的社会研究比一年的历史教给学生以更大范围的社会科学概念。但是,所带来的社会科学知识会是肤浅的吗?可以肯定的是,学习一年的历史所增长的历史知识,肯定多于一年的社会研究。在小学层次,有必要获得大的深度吗?让学生熟悉社会科学的全部领域不是课程的目的吗?

当人们将广域设计扩大到一种整合性的课程设计时,深度问题甚至更为关键。不过,紧跟或建构相关概念的学生会有多大深度?通过追踪恐龙主题或机器主题能在科学上获得多大深度?按整个语言来说,学生会获得对读、写、听的足够深的理解吗?学校和教育工作者的哲学观会影响到他们对这些问题的回答。

@ 更多学校(像佛蒙特的帕特尼学校)正采用一种跨学科的或整合的课程方法。请观看这个描绘名为"自然界中的人"的九年级课程的视频。与传统的、科目为中心的课程相比,你认为这种方法有哪些好处?存在什么消极面吗?

https://www.youtube.com/watch?v=XpnRx243Wy8

关联设计

关联设计工作者不希望创造一种广域设计,但他们认识到存在这样的时候——独立的科目要求联系起来以避免课程内容的碎片化。在独立科目和总体课程整合的中途,关联设计试图辨认出可以将科目联系起来但依然保持它们独立身份的种种途径。

也许最通行的相互关联的科目是初中的英国文学和历史、小学的语言艺术和社会研究。在研读一个历史时期的同时,学生也在他们的英语课上阅读与这同一时期相关的小说。科学和数学课通常也相互关联。修化学课程的学生也许有一个数学单元,该单元处理的是进行实验所必需的数学运算。然而,内容领域依然一清二楚,这些课程的教师仍然维持着他们科目—材料的专长。

20世纪50年代和60年代,许多人发现关联设计观相当诱人。哈罗德(Harold)和埃尔西·艾伯蒂(Elsie Alberty)讨论了初中层次的相互关联课程。他们提出了一种具有一个"总括主题"的关联课程。这种主题性的组织体保留了科目的基本内容,但它们参照广泛主题、问题或单元被选择出来并加以组织。[90]它要求授课在一个大的时间范围内加以调度。不同内容领域相互关联的教师可以共同协作,并且让学生完成来自相互关联内容领域的功课。科目可以用革新的方式联系起来。例如,将描绘相同内容的文学和艺术联系起来是可行的。科学也可以通过文学来教。计算机方面的课也许可以与艺术、音乐或经济方面的课关联起来。

目前,少有教师运用关联设计,原因可能在于关联设计要求教师要相互合作备课。这实施起来有点难,因为教师在小学层次有独立自主的课,没有时间来实现这种合作。在初中层次,教师被组织进倾向鼓励各自为界的独立科室。教师也必须迎合特殊课程所定的课程表,因而可能很少有时间和其他教师进行团队教学合作。同样,大多数课程表不会容许时间多到足以让学生有意地学习关联课程。可以允许做到这一点的单元课表和灵活课表,还没有得到广泛接受。

过程设计

正如前述,注意力通常放在个人获得知识的程序和过程之上。研习生物学的学生学习处理生物知识的方法,历史课中的学生学习历史编纂学的方法,研习人类学的学生学习适用于研究文化和社会的人种志的程序。尽管学科设计的提倡者鼓励学生学会过程,其他教育工作者还是建议重视学习适用于所有课程的普通程序的课程设计。传授批判性思维的课程是这种程序设计的例证。

教育工作者常常建议要教会学生思考。课程设计需要说明学习者如何去学习,如何对科目材料进行加工运用。"好的思想者,能使人创造意义和使用意义……这样的思想者拥有探求的精神,拥有提出对世界来说意义重大的问题的欲望。好的思想者沉思世界——实际的世界和向往的世界,同时质疑所珍爱和向往的事物。"[91]过程设计聚焦于作为意义制造者的学生。

过程设计重视智力教育和思想品格的培养。罗恩·里奇哈特(Ron Ritchhart)从蒂什曼(Tishman)[92]那里借来了这一说法,以归并有效、多产的思维活动所必备的特殊性情。思想品格超出众多能力,超出表现这些能力或检索详细信息的速度。按里奇哈特的看法,思想品格"认可态度和情感在日常认知中的作用,认可行为的发展模式的重要意义"。[93]思想品格囊括了一系列实际上塑造和促进思想行为的性情。

过程设计重视那些可以使学生分析现实、创造框架的程序。运用这种框架,可以对引申出的知识进行处置。通常,这种组织框架与世界出现在不经意的观察者面前的方式不同。[94]有许多对话,讨论的是让学生参与自己的学习,并赋权他们成为课堂的中心角色。然而,也有许多争论,牵涉到应加以重视的过程的性质。一些后现代主义者批评过程设计给科学方法以特权并暗示存在全然客观的现实。学生必须认识到,探求方法会带来一个世界,一定程度上,这个世界是他们建构出来的。[95]

在反映出一种现代取向的过程设计中,学生学到了求知的过程是为了达到某种程度的共识。然而,让-弗朗索瓦·利奥塔(Jean François Lyotard)等人主张,我们介入过程不是为了达成共识,而是为了寻求非稳定性。[96]在现代取向中,思想进程和物理进程都表现为不可逆的线性的一去不复返。时间和行动都是一去不回头。一个人不能重复过去。一个人不能撤销过去的所作所为。

然而,在后现代取向中,过程存在于时间的绵延之中。完成态的时间的绵延仍然体现在现在之中,现在也是一种绵延。个体——学生和教师——存在于一系列的绵延中,即永恒的"现在"之流中。这些现在是由已得到确认的过去的绵延和所期望的未来的绵延所塑造的。[97]我们都处于生成的进程之中。"人的意识永远不可能是静态的。按照后现代思想的说法,阐释应当重视可能性和生成过程。"[98]后现代过程设计所重视的是面对挑战悬而未决的陈述和观念;对设计加以组织,是为了学生能够不断修正他们的理解。[99]

布鲁纳和其他人称这种不断修正为阐释学作文。对一门过程课程来说,挑战是参照学者们所做的其他阐述分析一个人的结论的有效性,确定一个人对一个文本或一个语境范围所做的阐释的"正确性",而参照的不是所观察的现实,而是学者们所做的其他阐释。[100]目前这本教材的作者相信,人们能够进行阐释学分析,确定基于实际现象观察之上的结论是否正确。

后现代的过程设计课程让学生不只是分析他们自己的结论。它鼓励学生分解他们得以研究和做出结论的过程。学生学习信息处理方法是为了获得对知识是如何产生的洞察。[101] 后现代过程设计强调语言在建构现实以及表现现实上的作用。过程设计也许是未来最有活力的设计。极有可能,它们将越来越与被认为是以学习者为中心的设计融为一体。

以学习者为中心的设计

所有课程专家都希望创造出对学生有价值的课程。在对看重科目材料的教育规划工作者做出回应时,20世纪早期的教育工作者坚信学生是项目的焦点。进步论者提倡将会被称为以学习者为中心的设计。这些设计在学前和小学层次比初中层次更为通行。在学前班、幼儿园和小学,教师往往强调孩子的全面发展。教师创造各种机会让孩子发展个人兴趣。游戏是学习的重要载体。正如威廉·多尔所说的,在教师的指导下,学生自由地在一种活动中入迷,从而实际上让自己熟能生巧。在以学习者为中心的设计中,出现了一个主题:学生是设计者,是他们正在经历的东西的制造者。教师不能创造经验,教师可以为潜在经验提供各种机会,但正如多尔所注意到的,实际经验只能出现在教师能够并允许学生"投入到科目材料之中去看、去感受、去体验其审美品质——去探索主体的精神"[102]之时。

在初中层次,重点更多地放在以科目为中心的设计上,这主要是因为课本和大专院校的影响,在大专院校,学科是课程的主要组织体。以学习者为中心的设计基本重视有关教育思考的三大观念中的两个:社会化和卢梭的发展观。本教材的作者认为,如果更多关注以学习者为中心的设计,初中教育和高等教育可以从中获益。目前已有这方面的一些例证。

以孩子为中心的设计

以孩子或学生为中心的设计的提倡者们相信,学生在其学习环境中必须积极主动,学习不应当与学生的生活脱离,这与以科目为中心的设计的通常情况相同。不同的是,以孩子为中心的设计应当以学生的生活、需要和兴趣为基础。注意学生的需要和兴趣,必须以仔细观察学生为前提,并且相信学生能够清晰地表明这些需要和兴趣。同样,年轻学生的兴趣必须有教育价值。[103]

有这种看法的人认为知识是个人经验的产物。人们运用知识以促进自己的目标,并从自己与其世界的互动中建构知识。学习者主动地建构他们自己的理解。学习不是从权威那里被动地接收信息。学生必须有课堂机会去探索第一手物理的、社会的、情感的、逻辑的知识。这种观点由来已久。约翰·洛克注意到，个人从他们的经验引申出的简单观念基础上建构知识体。伊曼纽尔·康德设想我们各方面的知识来自我们的认知行为；我们建构我们的宇宙以获得普遍的属性。[104]重点从科目材料向孩子的需要和兴趣的转移，是卢梭在其1762年出版的《爱弥儿》(Emile)一书中所表达的教育哲学的一部分。卢梭相信，孩子应当在他们的自然环境的语境中接受教导，而不是在像教室这样的人工语境中接受教导。[105]教学必须适合孩子的发展水平。

以孩子为中心的设计吸收了一些其他教育学巨人的思考。海因里希·裴斯泰洛齐、弗雷德里希·福禄培尔认为，孩子将会通过社会参与获得自我实现，他们喊出了通过做而学的原理。他们的社会教育方法为弗朗西斯·帕克的许多著作提供了基础。

以孩子为中心的设计，经常被归功于杜威，而实际上是帕克构想出来的，是帕克奠定了这一设计的基础。帕克在德国学习教育学，他了解裴斯泰洛齐和福禄培尔的著作。像卢梭一样，帕克相信有效的教育并不必然需要严格的规训。准确地说，教育方法应当稍稍自由，引导孩子由与生俱来的倾向衍变为参与有趣之事。使孩子参与谈话的教师会发现，孩子可以有效地投入自己的学习。帕克在开发科学和地理课程时，将自己的教学观付诸实践。他鼓励地理教师让孩子像教学领域之外的地理学家那样经验内容：做出观察，在写生簿上记录下这些观察，对这些观察做出分析。帕克曾是马萨诸塞州昆西的学校主管，他的课程方法被称为昆西体系。[106]

杜威的早期思考带来了相同的观念。1896年，他在哥伦比亚大学自己的实验学校中将自己的某些理念付诸实践。课程是围绕人的冲动来组织的，其中包括社会化、建构、探求、质疑、实验、艺术表达或创造冲动。[107]

重视孩子取代了重视科目材料。同样，在展示科目材料时，不再将其分门别类归入狭窄的分类，而是围绕经验单元或社会问题对其进行整合。解决问题必须以来自几个科目领域的方法和材料为前提——这种观点是以孩子为中心、以经验为中心的课程所固有的观点。

以孩子为中心的课程设计在20世纪20年代和30年代处于繁荣期，这主要归功于埃尔斯沃思·柯林斯和威廉·基尔帕特里克这样的进步论者的工作（柯林斯将以孩子为中心的课程引进到密苏里州麦克唐纳县的公立学校；基尔帕特里克则创造了"规划方法",该方法被运用到纽约市林肯学校孩子们的学习中)。108 尽管"规划方法"被写入文献并得到广泛讨论,但只得到有限的接受。然而,某些学校正在重新发现乃至研究"规划方法"。在我们撰写本书的时候,华盛顿大学教育学院便获得了一项政府资助,去分析引入基本上是基尔帕特里克的"规划方法"。学习社会科学的高中生正负责分组设计不同的项目计划,这使学生处在了设计者的位置之上。学生正确定他们自己对自己的项目怀有何种期望。

华盛顿大学建筑学院几十年来都采用"规划方法"。无论是独立还是分组,该建筑学院的学生都设计建筑规划,在其中,教授只是给出咨询和指导,而不直接提供期望的是什么。

今天有一些学校采用以孩子为中心的设计。然而,正像约翰·古德拉德和苏智欣指出的,人们经常发现,这种设计与课程基本是以内容来驱动的观点相矛盾。109 一些课程专家做了种种尝试,试图采用协商式课程的方式让更多的教育工作者接受以孩子为中心的设计,这种协商式课程涉及师生之间有关什么内容会针对什么有益的协商。教师和学生会参与单元、单元的目标、内容的重点、活动,甚至所使用的材料等方面的计划。110

让学生协商课程增加了学生的权力。它给他们以机会建构自己的课程和学习。111

以经验为中心的设计

在孩子所关心的东西是组织孩子学习的基础这方面,以经验为中心的课程设计和以孩子为中心的设计极为相似。然而,它们在以下方面不同于以孩子为中心的设计:孩子的需要和兴趣不能预期,因而不能设计出一种为所有孩子所用的课程框架。

一门课程不能预先计划、"现场"所做的一切就是一位教师对每一孩子所做的反应——这样的观点使以经验为中心的设计差不多难以实施。它也忽视了大量有关孩子认知的、情感的、情绪的、社会的成长和发展的可用信息。

那些偏爱以孩子或经验为中心的课程的人,也极其强调学习者的兴趣、创造性和自我引导。教师的任务是创造一个富有刺激性的学习环境,学生可以在其中探索,与知识直接接触,并且观察其他人的学习和行为。学习是一种社会活动。学生基本上设计自己的学习,通过直接参与和主动观察,他们建构和修正自己的知识。112

第六章 课程设计

在以经验为中心的课程中,设计的重点不在教学或学习,而在活动。正如多尔指出的,杜威将学习视为自然而然的人类活动。不必正式教一个人如何学习。将孩子置于一个令他们感兴趣的环境中,他们就会开始学习。他们会成为初生牛犊不怕虎的探索者、研究者。他们组织自己的环境。他们反思。"生产、知识、学习,不过是积极探索过程的副产品。"学习是自然而然的。[113]

在20世纪初,杜威注意到,不能压抑孩子的自发力量——他们的自我表达要求。对杜威来说,兴趣是有目的的。在《经验与教育》(Experience and Education)中,他注意到教育应当从学习者进入学校时已拥有的经验开始。经验基本上是所有进一步学习的出发点。[114]杜威进一步注意到,孩子存在于个人的经验世界中。他们的兴趣是个人所关心的事,而不是知识体及知识体的附属事实、概念、概括、理论。

即使这样,杜威也从来没有提倡用孩子的兴趣来制定课程,或将孩子置于课程制定者的角色之中。他评论说:"抓住孩子本质中的某些东西不放,或抓住成人的已得到发展的意识中的某些东西不放,并且坚持它们就是整个问题的关键,这是轻而易举的。"[115]

杜威想要教育工作者对孩子的经验做出分析,看看这些经验是如何形塑孩子的知识的,一个寻找出发点的人,现在到了一个可以将孩子的天生兴趣与常规化知识联系起来的地方。杜威想要教育工作者认为孩子的经验是流动的、动态的。因而,课程应当不断地针对学生的需要进行变革。[116]杜威坚称,课程中所学习的科目,是起源于孩子的经验的正规化学习。作为仔细反思的结果,内容得到了系统的组织。

认同以经验为中心的课程设计的人,相信每个孩子的独一无二和能力。他们相信,一个开放的、自由的学校环境将刺激所有孩子变得出类拔萃。最佳学校环境中的学生是自我激励的,教育工作者的角色是提供机会,而不是发布一般行动命令。托马斯·阿姆斯特朗(Thomas Armstrong)谈到创造一种亲切的课堂环境,这种环境散发出节日的气氛,利用学习者的自然性情去学习。这种环境赞美学生选择的自由。它不要求学生为了胜出而用特殊的方式思考和学习。这并不意味着让学生在学业中随波逐流。已经设计了以经验为中心的课程的教师,已为学生设计了可供思考的潜在经验。学生被赋予权力在教师所提供的语境内形成自己的学习过程。[117]

浪漫的(激进的)设计

最近,提倡激进学校改造的改革者们看重以学习者为中心的设计。这些人基本拥护卢梭留意个人本质的价值意义的姿态,拥护裴斯泰洛齐的思考——通过求助于自己的本质,个人可以发现真实的自我。尽管他们的思考表面看上去是进步论的,他们主要还是吸收了更近的哲学家的观点:德国哲学家尤根·哈贝马斯(Jurgen Habermas)和激进的巴西教育家保罗·弗赖雷的观点。

激进营垒中的人相信,学校用一种非仁慈的分层来组织学校、学校的课程和学校的学生。学校的存在方式、所选择和强调的课程设计、所选择和组织的内容,均源于人们处心积虑的规划和意图。其意图是延续美国的主流社会部门,使主流社会所享受的特权一如既往,不受到来自注定处于从属地位的人的挑战。[118]对学校课程设计、学校课程、学校项目管理的计划和控制,目的在于反映并迎合掌权者的欲望。激进阵营中的教育工作者致力于改变将学生区分为有钱的和没钱的。

激进人士认为,学校现在利用课程控制学生,使学生教条化,而不是教育和解放学生。"有钱"社会的学生被洗脑,相信自己所有的和将学的是好的和正义的,而"没钱"社会的学生被塑造成满心欢喜地接受自己的从属地位。课程被组织成在学生中培养对一种实际上尚未存在的共同文化的信仰和渴望,并促进对差异的宽容。[119]

弗赖雷的《被压迫者教育学》影响了一些当下激进人士的思维。弗赖雷相信,教育应当对大众进行启蒙,使他们认识到自己的受压迫,促使他们对自己的处境感到不满,赋予他们矫正身份不平等所必需的能力。[120]

许多激进人士吸收了尤根·哈贝马斯的理论。哈贝马斯强调,教育的目标就是要解放人们控制自己的生活所需的意识、能力和态度。按这种观点,受过教育的人不会不经反思就盲从社会的成规。在有关哈贝马斯及其批判教育理论的著作中,罗伯特·扬注意到,解放理论可以追溯到罗马时代,许多启蒙哲学家也曾表达过。学生必须接受自我教育的责任并要求自由。[121]

激进的课程专家相信,个人必须学习进行知识批判的诸种方式。学习是反思性的,不是掌权的某人从外部强加的。威廉·艾尔斯提出,教师应当邀请学生不只是"学习"课程,而且要将学习当作旅行,以共同历险者的身份体验课程,并最终成为共谋者。最近,威廉·艾尔斯和里克·艾尔斯写道:"我们的学生必须成为交流的主体,自己戏剧的演员,自己脚本的作者,甚至像我们自己一样抵制成为监管机制的对象——这种机制如此深入骨髓地定义了现代的教育制度。"[122]对这两位作者而言,"课程是一种持续的交战:决定什么样的知识和经验是最有价值的"。[123]教师充当"意识的制造者"。他们在课程舞台之内登场,"揭露、提供、鼓励、刺激",[124]我们还要补充说,教师还应发起挑战,创造敬畏和惊奇,培养探索精神。

激进阵营中的课程的典型特征是教师和学生的行动打破了壁垒,质疑、拆除了先见,批判性地分析各种理论,发现处理各种重要问题的新途径。课程基本上被认为是学校内外所提供和暗含的所有材料、计划之内和计划之外的所有经验。[125]

课程不只是先行确定的学校之旅的终点和路标。课程是各种可能性的世界,是无数探索途径的世界,是让师生的心灵、身体、灵魂投入其中的形形色色的经验。这样的课程是爆炸的星系,具有无数意料之中和意料之外的结果。

尽管我们不将自己归入激进的课程专家,但我们的确相信,激进课程设计的许多(如果不是大多数)特征应当整合到更传统的设计之中。在学生学习过程中,应当给学生以挑战。在认知、身体、情感、精神领域的整个学习过程中,应当有各种冒险。教育就是一种冒险!

也许,主流教育工作者和激进人士之间的最大差别,是激进人士认为社会病入膏肓且信奉教育训导学生以服务支配群体。许多激进人士将西方的思想传统及其标准课程视为是帝国主义的和压迫性的。具备激进设计的课程会针对社会和经济的不平等和欠公正。激进的教育工作者具有鲜明的政治色彩。

人本主义的设计

人本主义的设计在20世纪60年代和70年代暴得大名,部分是作为对整个50年代和60年代初过度强调学科的反应。人本主义教育出现于20世纪20年代和30年代,是当时进步论哲学和心理学中的儿童全面发展运动的一部分。在二战以后,人本主义设计与教育哲学中的存在主义结合到了一起。

人本主义心理学在50年代发展起来,与那时占主流地位的行为主义心理学派背道而驰。这一新的心理学取向强调,人类行为远不只是对刺激的反应,意义比方法更加重要,注意力的焦点应放在人类存在的主观本质而不是客观本质之上,学习和情感之间存在联系。

在这一语境中,督导与课程开发协会(ASCD)出版了自己1962年的年鉴《感知、行为、渐变》(*Perceiving*, *Behaving*, *Becoming*)。[126]这本书代表了一种新的教育焦点、一种课程设计和教学传播的方法——将允许个人成为全能的人。该年鉴的主席阿瑟·库姆斯提出了一些关键问题:何种人会取得自我实现?是什么造就了这种类型的人?[127]重点在于通过主动介入自己的成长,赋予个人以力量。督导与课程开发协会1977年的年鉴《情感、评价、成长的艺术》(Feeling, Valuing, and the Art of Growing),也看重人本主义教育设计的情感维度,强调人类的潜能。该年鉴提出,教育工作者必须允许学生去感觉、评价、成长。[128]

亚伯拉罕·马斯洛的自我实现的概念极大地影响到人本主义的课程设计。马斯洛列举了自我实现的人的特征:(1)接受自我、他人和自然;(2)自发、简单、自然;(3)问题取向的;(4)对普通经验之外的经验持开放姿态;(5)同情怜悯不幸之人;(6)在人际关系方面应付裕如;(7)喜欢民主决策;(8)拥有一种达观的幽默感。[129]马斯洛强调,人们在四十几岁之前,不可能做到自我实现,但是自我实现的过程在他们做学生时就开始了。一些教育工作者遗漏掉了这一点,并认为他们的人本主义设计将使学生一劳永逸地获得自我实现。

卡尔·罗杰斯的著作具有另一种人本主义的力量。罗杰斯提倡自我引导式的学习,在这种学习中,学生依靠自己的资源以提高自我理解,并指导自己的行为。教育工作者应当提供一个鼓励真诚、同情、尊重自我和他人的环境。[130]处于这种环境中的学生,将自然而然地发展成为罗杰斯所称的全能的人。能够激发行动、承担责任的个人,也能够做出明智选择和自我引导。罗杰斯强调知识与问题解决相关。课堂问题能促进学习和深入思考。追求是相互协作的,探索是多学科的。毫无必要"待在学科界限之内"。错误被认为是学习过程的一部分。结论被视为是暂时性的。学生借助灵活性和智力理解问题,他们相互合作但不需要其他人的赞同。[131]

20世纪70年代,人本主义教育吸收了融合的观念。融合教育将情感领域(情感、态度、价值观)与认知领域(思想知识和解决问题的能力)融为一体。它在传统的科目材料课程之上加上了情感成分。[132]

融合教育看重参与,强调权力分享、协商和共同责任。它也重视人的全面发展,思维、情感、行动的整合。它关注课程材料与学生的需要和生活间的关联。人本主义的教育工作者认识到,认知的、情感的、精神运动的领域是相互关联的,一门课程应当致力于这些维度。一些人本主义的教育工作者也还会加上社会领域和精神领域。[133]

一些人本主义的设计强调直觉、创造性思维、对现实的整体感知。他们开发出了将人性的独特和个人的超越性置于优先位置的课程。正像菲尼克斯注意到的,这种课程所提供的现实是一个"简单的相互关联的整体,以致完整描绘任何一个实体必须理解每一个其他实体。"[134]詹姆斯·莫菲特提出,强调神性的课程能使学生走上"一条对每个人来说独一无二的个人精神之路,不过这条路依然能与越来越扩大的人类和自然的归属感连接起来。"[135]他告诫说,社会必须培养道德和神性,而不只是知识和权力。超越教育是希望、创造性、意识、怀疑和信念、惊奇、敬畏、尊敬。[136]参见课程小贴士6.3。

☞ 课程小贴士6.3

课程矩阵

在设计一门课程时,要牢记我们是在何种层次上思考课程内容的构成成分。以下所列举的课程维度,将有助于深入思考内容。

1. 考虑内容的智力维度。这一维度也许是课程思考最普遍的维度。所选择的内容应当能刺激学生的智力发展。

2. 考虑内容的情绪维度。我们对这一维度知之甚少。但是我们正获得对它的一种更好的理解,将其作为知识的情感领域。

3. 考虑内容的社会维度。所选择的内容应当有助于学生的社会发展,并重视人的关系。

4. 考虑内容的身体维度,通常指精神运动知识领域。应当选择出内容以发展身体技能,允许学生在身体上更有自我意识。

5. 考虑内容的审美维度。人们通常拥有一种审美维度,然而我们通常对审美知识在教育中的地位知之甚少。

6. 考虑内容的超越或精神维度,大多数公立学校几乎将这种维度整个排除在考虑范围之外。我们往往将这一维度同刻板的宗教混淆起来。这一内容层面与理性没有直接联系。然而,我们需要有这样的内容——引起学生对自己为人处世的反思,帮助学生超越自己的知识和行动的当下水平。

资料来源:改编自 Arthur W. Foshay, "The Curriculum Matrix: Transcendence and Mathematics", *Curriculum* (Autumn 1990), pp. 34–46.

对人本主义者来说,教育应当针对审美快感一类的快感和欲望。由于重视自然美和人工美,人本主义的课程设计允许学生带着情绪、想象、惊奇经验学习过程。课程内容应像唤起思想一样唤起情绪。它不仅应针对知识的概念结构,也要针对其言外之意。课程设计应当允许学生详细说明一种已感知到的个人善行和社会美德,并且鼓励他们参与到共同体之中去。[137]

尽管人本主义的课程设计有极大的潜力,他们还是像以学生为中心的设计那样有许多相同的缺陷。它们要求教师在应付个人方面有大才能。对许多教师来说,他们差不多要彻底换脑筋,因为他们是在对智识领域之上的社会、情绪、精神领域做出估价。同样,现成的教育材料常常是不恰当的。

对人本主义设计的一种批评,是它没有充分考虑对学习者的后果。另一种批评是它对人的独特性的重视和对所有学生所经验的活动的重视相互冲突。还有另一种批评是,人本主义的设计过分强调了个人的需要,但忽视了社会的需要。最后,一些批评家指责人本主义的设计没有整合来自行为主义和认知发展理论的洞见。

以问题为中心的设计

课程设计的第三种主要类型——以问题为中心的设计,重点关注的是个人和社会的现实生活问题。以问题为中心的设计旨在强化文化传统,致力于社区和社会尚未得到满足的需要。它们是以社会争议问题为基础的。[138]

以问题为中心的设计将个人置于社会背景中,但它们区别于以学习者为中心的设计——以问题为中心的设计在学生到来之前就已计划好了(尽管它们后来会根据学生的关注点及其处境做出调整)。就以问题为中心的设计来说,课程的组织大部分依赖于所学习的问题的性质。内容通常超出科目边界。它也必须针对学生的兴趣、关注点和能力。这种对内容和学习者的发展的双重重视,使以问题为中心的设计区别于其他重要的课程设计类型。

一些以问题为中心的设计聚焦于持续不变的生活情境。另一些人则集中关注当代社会问题,还有一些人致力于生活领域。一些人甚至关心社会的建构。不同类型的以问题为中心的设计,在他们强调社会需要与个人需要相对立的度上有所不同。[139]

@ 国际学士学位学校(IB)是 1968 年在瑞士为国际学校的学生创立的,目的在于拓宽学生的学习,已在世界范围内引起人们的兴趣。请观看这个视频中一个国际学士学位学校的例证。它像何种课程设计?请引用视频中的某些特征支持你自己的想法。

https://www.youtube.com/watch?v=Y0G6Z708W10

生活情境设计

生活情境课程设计可以追溯到19世纪以及赫伯特·斯宾塞有关完整生活课程的著作。斯宾塞的课程强调各种活动:(1)维持生活;(2)提高生活;(3)帮助生儿育女;(4)维护个人的社会和政治关系;(5)增加休闲、任务、情感。[140]由全国教育委员会发起的初中教育重组委员会,在1918年推荐了这一设计。该委员会对这样一种课程进行了描绘,这种课程涉及健康、对必需品的要求、"有价值的家庭归属感"、职业、公民权、休闲、人种特征。

三种假设对生活情境设计来说是最基本的:(1)处理持续不变的生活情境对社会的成功运作相当关键,并且使围绕生活情境组织一门课程在教育上有意义;(2)假如围绕社区生活的诸层面来组织课程,学生会明白内容的关联;(3)让学生研习社会情境或生活情境,将使学生直接参与对社会的改良。

生活情境设计的一大长处,是它聚焦于解决问题的过程。过程和内容有效地整合到了课程经验之中。一些批评家坚称,学生学不到多少科目材料。然而,支持者反驳说,生活情境设计大量来自传统内容。使该设计独一无二的是,内容是以允许学生清楚地观察问题领域的方式来组织的。

生活情境设计的另一强项,是它运用学习者的过去和当下经验,让他们自己去分析生活的各个基本层面。在这一方面,这一设计明显不同于以经验为中心的设计,在以经验为中心的设计中,学习者所感到的需要和兴趣是内容和经验选择的唯一基础。生活情境设计以学生的现存关注点及社会的迫切问题为出发点。

由于横贯各个独立科目,集中关注社会生活的相关范畴,生活情境设计整合了科目材料。它鼓励学生学习和运用解决问题的程序。将科目材料与真实情境联系起来增加了课程的关联。

然而,确定生活基本层面的范围和次序是具有挑战性的。今天的主要活动在未来会是基本的活动吗?一些批评家相信,生活情境设计没有使学生充分接触到自己的文化传统。此外,它往往训导年轻人接受现存的环境,从而使社会现状永世长存。然而,如果教育学生对他们的社会处境持批判态度,那么他们会明智地评价现状,而不是盲目地附和现状。一些批评家坚称,教师缺乏足够的准备,难以使生活情境课程得以运用。另一些人则认为,教材和其他教学材料阻碍了这种课程的实施。还有,许多教师不满意生活情境设计,因为它与他们接受的培训相去甚远。最后,生活情境的组织与初中、大专院校所推行的传统课程脱节。

重构论的设计

偏爱重构论者的设计的教育工作者感到,课程应当培育旨在重构社会的社会行为,它应当推进社会的社会、政治、经济发展。这些教育工作者想要课程推动社会正义。

重构论的各种观点首先出现在20世纪20年代和30年代。乔治·康茨相信,社会应当整个加以重组,以促进共同利益。时代要求新的社会秩序,学校应当在这种重新设计中发挥重要作用。在题为《进步教育敢是进步的吗?》(*Dare Progressive Education Be Progressive?*)的演讲中,康茨提出了他的某些思考,[141]他对进步教育协会发出了挑战,将其思考拓宽到了目前的社会结构之外,并且指责协会的成员只提倡使中产阶级的宰制和特权永世长存的课程。在《学校敢建成一种新的社会秩序吗?》(*Dare the Schools Bulid a New Social Order?*)中,康茨对自己呼唤一个重构型社会的呼吁做了扩充。他提出,课程应当让学生参与创造一个更公平的社会。[142]

哈罗德·鲁格也相信,学校应当使孩子进入对社会的批判性分析以改进社会。鲁格对以孩子为中心的学校进行了批评,坚称它们自由放任的课程开发方法带来了混乱不堪、毫无条理的课程,并且很少对一个孩子的教育规划做出仔细评价。[143] 20世纪40年代,他发现进步教育协会依然过于重视孩子。协会所陈述的七个目的都涉及孩子,没有一个将"关键的社会状况和问题"考虑在内。[144]

50年代提倡重构论的西奥多·布拉梅尔德,主张重构论者要致力于促进一种新文化的兴起。时代要求新的社会秩序,现存的社会所呈现出的却是衰败、贫困、犯罪、种族冲突、政治压迫、环境破坏。[145]一般来说,这样一种看法仍然是恰当的。布拉梅尔德相信,学校应当帮助学生发展成为献身于共同利益的社会生物。

社会重构论者的课程的首要目的,是使学生参与对当地、全国和全球共同体的批判性分析,目的是针对人类的问题。注意力放到了商业和政府团体的政治实践及其对劳动力大军的影响上。这种课程鼓励产业和政治的变革。

今天,相信课程应当针对社会不平等和不公正的教育工作者,往往称自己为概念重构论者而不是重构论者。然而,像重构论者一样,他们相信,课程应当为学生提供旨在改变社会、经济、政治现实的学习必需品。我们可以将概念重构论者归为课程激进主义者的一种变种,差异在于,概念重构论者也许不天经地义地认为西方的思想传统及其标准课程是帝国主义的和压迫性的。准确地说,概念重构论者认为,世界是动态的、永远变化的,这就要求课程必须提供学习和反应的多种可能性。

课程设计的理论框架

受现代影响的设计(建构论视角)

我们生活在现代。我们大多数人都怀着现代主义者的心态理解我们的时代,与我们的时代互动。总的说来,我们如何理解课程设计和课程,都受到这一思想立场的影响。本章所提到的大多数课程设计都拥有现代主义的基础和设想。[146]

自16世纪中期和17世纪早期以来,现代主义与西方社会如影随形。弗朗西斯·培根(1561—1626)所创造、艾萨克·牛顿(1642—1727)所拓宽的科学方法,播下了这一分析现实之谜的方法的种子。对因果的信仰不仅在知识分子中获得认可,而且在18世纪、19世纪的工人和行业领导人之中获得认可。弗雷德里克·泰勒将科学的旗帜带到了20世纪早期。世界可以被管理、操纵甚至控制。科学管理可以事半功倍,带来特定的结果。[147]

与对现代性的批评所声称的相反,在大多数课程设计和开发的案例中,我们仍然接受现代理论立场的设想及相应的行动。我们仍然认为课程包含不同的部分:目的、内容、经验、评估。这些部分可以得到确认和操控,从而产生可以被测量的设计效果。我们的教育可以具有最大程度的确定性。但我们在这一阵营中必须认识到,在20世纪后半叶,出现了一个具有竞争力的理论框架:后现代主义。

受后现代主义影响的设计(后建构论的视角)

确定性,或者说相信可以取得确定性的对确定性的争取,是现代主义的一个标志。多尔认为,将后现代主义与现代主义区分开来的,是探求的过程和个人利用怀疑的方式。[148]本书作者之一曾写过一篇论文,认为怀疑和质疑实际上是课程的目标。[149]

在现代主义那里,至少在概念层面,可以使现象静止不动、时间暂停。在现实中,没有什么东西是静态的、不变的。在一本物理教材中,人们可以观察一个原子的图解。其构成成分在纸上显然是固定不变的。但固定不变是一种幻象。在现实中,各部分都在动,不断地改变位置。在后现代主义或后建构论那里,"根本不存在像事件、课程、主体、客体、原因、结果即物自体或现象本身一类的东西。这样的观点,将我们引向了一般来说的生命的纯粹流动,课程的永无终结与活色生香"。[150]

移动性、模糊性、不确定性、混沌性、复杂性构成了后现代、后结构主义观的面貌。虽然我们可以尽力向学生提供一定的内容和经验,但我们不能确定所取得的结果就是课程指南或教案中所称的结果。让学生介入课程,催生了智力、情感甚至精神领域的多层次学习。学习并没有止步于课程结束或放学之时。当与创造性和想象力结合在一起时,学习便以无数种方式突飞猛进,其中有些在预料之中,有些则在意料之外。[151]

后现代主义不只是涉及课程范围。正如多尔所表明的,后现代主义纳入了混沌论、复杂性理论,以及科学、数学、医学中的非线性概念。[152]可能存在于后现代主义之下,或准确说来在后现代主义之下演变和变化的课程设计,将会催生稳定性和灵活性。[153]或者,正如沃尔夫-迈克尔·罗斯所注意到的,这类设计将催生处于形成之中的课程。[154]为了增强这一讨论的清晰度,请将后现代世界中的课程想象成即兴表演的剧场。演员(师生)即兴表演的东西,取决于演员的举手投足、一言一行。即兴表演的大师在面对混乱失衡时会激动莫名。正如斯莱特里所坚信的,"后现代的(不)均衡,就是认可永恒的心理不适是对意识的最佳理解"。[155]在即兴表演中存在嬉戏。在后现代游戏中,能量集中在严肃的事业——智力学习——之上。[156]

课程领域的影子

包括教育工作者在内的大多数人,认为课程是一个具有得到认定的材料、内容、经验的计划,正如艾尔斯所指出的,这一计划处理两个问题:材料、内容、经验具有教育价值吗?通过何种方式,教育工作者可以让学生优化自己对材料、内容、经验的使用,从而获得更全面的理解,而不只是停留于"知道"?[157]

然而,有计划的、可见的课程包括内容、材料、经验在内,也伴随着"影子课程"。这类影子课程在第一章中曾简单讨论过:操作性课程、隐性课程、潜在课程、无效课程。所有课程不考虑设计,都有这类影子课程。

操作性课程是实际所教的课程,或作为教师选择计划性课程的特定方面之结果呈现出来的课程。教师决定强调哪些方面的内容,运用哪些材料,给学生提供哪些经验,使用哪些提示。教师的决定受到自己所"阅读"的社区、学校的政治、社会、

第六章 课程设计

哲学观念和信念的影响。影响教师教学选项的,还有教师自己的教育、政治、社会甚至经济史。一个教师的课程选项还受到带入课堂的经验和教师的人格的影响。

正如前面所说的,隐性课程起源于学生内部的互动和师生之间的互动。基本上,隐性课程提供隐含在操作性课程之中的内容和认知。隐性课程可能受到操作性课程内容及所涉经验的排列次序和主次轻重的影响。[158]甚至教师的教学策略,尤其是他们的问题,也会给隐性课程带来要么积极要么消极的影响。一位巧舌如簧、歪门邪道的教师可以将隐性课程用作宣传或教化。我们也许不会认为学校存在这种货色的教师,但那些担心自己饭碗的教师事实上真的会这么干,部分是为了对付社区的政治取向和习俗。错综复杂的社区生活,确实会影响非正式的、操作性的、隐性的课程,也会影响下面要谈到的无效课程。

正如艾斯纳讨论过的,无效课程涉及被教师省略却被学生、社区认为被无视的课程内容、价值观、经验。它们往往是有争议的话题。[159]同样,无效课程可能与学习方式联系在一起。有些学校即使可能否定这一点,却不想教学生挑战权威,或像艾斯纳所注意到的,不想让学生成为修订课程的群策群力者。[160]

影子课程之所以存在,是因为课程是人的产品。教育家做出有关教什么内容、提供什么经验以促进学生全面发展的决策。教师做出某些未能全面理解这些决策的全部后果的决策。学生也做出各种决定——是否接受或拒绝所讲授的内容和所提供的经验。学生也以无数方式受到家庭环境、家庭文化、以往教育经验的影响。多元因素影响教育剧中的所有演员。对课程学者而言,研究课程设计重点之中的课程"影子"是重要的。一棵树存在于山坡之上,这棵树会投下它的影子。我们必须研究这棵树,但如果我们关注影子,也许就有更多可研究的东西。这棵树的影子对树荫中的植物有何影响?通过观察其影子,我们如何获悉一种特殊设计是否有效?

结　语

课程设计,特别是在目前,在概念上和实施上都是一种复杂的活动。设计一门课程必须有一种有关教育意义和目的的愿景。但课程设计的复杂性主要是由无数教育愿景促成的。这些愿景融入了活跃的教育对话,越来越充满挑战且经常众说纷纭。毫不奇怪,当我们更深入地反思我们的教育目的时,当我们从研究(特别是大脑研究)获得新的洞见时,在如何建构一门课程以优化学生的学习、满足从本地到全国的共同体的不和谐音方面,我们经常会变得不知所措。虽然这扩大了有关学校目标的音域,但我们不能逃避我们作为教育工作者的责任。同以往相比,必须更加小心谨慎地思考课程设计,以便该课程传授基本的概念、态度和技能。

我们说过,教育工作者必须认识到,在我们活力四射的时代,实际上确定学生在21世纪必须要知道什么、做些什么越来越充满挑战。知识在爆炸,世界在变化。没有一门课程可以坚如磐石、一成不变。我们在世界中正在体验一种加速度的"现在"。宇宙在扩大。知识在爆炸。混乱依旧存在。

本章所提供的课程设计,的确可以指导我们思考课程时的行为。但我们必须意识到影响我们思维的所有因素,我们必须深入反思我们做什么、选择什么、省略什么的理由。对融合了新技术的混血的、全新的设计,我们必须保持开放态度。请记住,虽然有多样性在场,虽然有混乱存在,但我们依然有基本的课程设计元素。表6.1提供的是对现在所使用的主要课程设计的概览。

表6.1　主要课程设计概览

设计	课程重点	隐含哲学	资源	代言人
以科目为中心				
科目设计	独立科目	本质主义、永恒主义	科学、知识	哈里斯、哈钦斯
学科设计	学术性学科(数学、生物学、心理学等)	本质主义、永恒主义	知识、科学	布鲁纳、菲尼克斯、施瓦布、塔巴
广域设计	跨学科科目和学术性学科	本质主义、进步论	知识、科学	布劳迪、杜威
关联设计	独立科目、关联学科,但它们的独立身份仍得以维持	进步论、本质主义	知识	哈罗德·艾伯蒂、埃尔西·艾伯蒂
过程设计	各种学科的程序性知识;信息处理、思维的生成方式	进步论	心理学、知识	亚当斯、杜威、佩珀特
以学习者为中心				
以孩子为中心的设计	孩子的兴趣和需要	进步论	孩子	杜威、基尔帕特里克、帕克

设计	关注点	理论	来源	代表人物
以经验为中心的设计	孩子的经验和兴趣	进步论	孩子	杜威、鲁格、休梅克
激进的设计	孩子的经验和兴趣	重构论	孩子、社会	弗赖雷、哈贝马斯、霍尔特、伊利克
人本主义的设计	个人和团体的经验、兴趣、需要	重构论、存在主义	心理学、孩子、社会	库姆斯、范提尼(Fantini)、马斯洛、鲁格
以问题为中心 生活情境设计	生活(社会)问题	重构论	社会	斯宾塞
重构论者的设计	聚焦社会及其问题	重构论	社会、永恒真理	阿普尔、康茨、布拉梅尔德、鲁格
后现代主义设计（后建构论者）	生活经验	混沌论	科学	普里高津(Prigogine)
秩序与混乱之间的关系	文本解构	复杂性理论	知识、量子物理学	多尔
变革性的(生成性的)变化	孩子、聚焦社会和世界、所有文化领域	开放系统	后现代主义	斯莱特里
后建构论设计 开放系统观	孩子和教师、世界		后建构论	罗斯

讨论题

1. 教育工作者需要认识课程设计复杂性的主要原因是什么？

2. 为什么承认课程设计的构成成分可以放在不同的复杂性之中来看是有价值的？

3. 对创造一门可行的课程来说，何种设计维度是最重要的？请你提供一个案例。

4. 即使你不赞成现代和后现代框架中的某些设计，但对它们有所了解会有什么益处？

注 释

1. Wolff–Michael Roth, *Curriculum–in–the–Making: A Post–Constructivist Perspective* (New York: Peter Lang, 2014), p. 3.

2. Michio Kaku, *The Future of the Mind* (New York: Doubleday, 2014), p. 18.

3. David W. Orr, *Earth in Mind: On Education, Environment, and the Human Prospect* (Washington, DC: Island Press, 2004).

4. Ibid.

5. Ron Ritchhart, *Intellectual Character* (San Francisco: Jossey–Bass, 2002).

6. Ibid.

7. Eric Schwarz, *The Opportunity Equation* (Boston: Beacon Press, 2014), p. 150.

8. Kieran Egan, *The Future of Education* (New Haven, CT: Yale University Press, 2008).

9. Ibid, p. 9.

10. Ibid.

11. Ibid.

12. Ibid.

13. Ibid.

14. Ibid., p. 28.

15. Deborah Meier, "Racing through Childhood," in Brenda S. Engel with Ann C. Martin, eds., *Holding Values: What We Mean by Progressive Education* (Portsmouth, NH: Heinemann, 2005), pp. 122–128.

16. Roth, *Curriculum–in–the–Making: A Post–Constructivist Perspective*, p. 1.

17. Egan, *The Future of Education*.

18. Rick Ayers and William Ayers, *Teaching the Taboo*, 2nd ed. (New York: Teachers College Press, 2014), p. 125.

19. Ibid.

20. William F. Pinar, William M. Reynolds, Patrick Slattery, and Peter M. Taubman, *Understanding Curriculum* (New York: Peter Lang, 1995).

21. Ronald C. Doll, *Curriculum Improvement: Decision Making and Process*, 9th ed. (Boston: Allyn & Bacon, 1996).

22. Ralph W. Tyler, *Basic Principles of Curriculum and Instruction* (Chicago: University of Chicago Press, 1949).

23. Egan, *The Future of Education*.

24. Timothy A. Hacsi, *Children as Pawns: The Politics of Educational Renewal* (Cambridge, MA: Harvard University Press, 2002).

25. Andrew Thurston, "The Texas Textbook Showdown," @*SED*, Boston University School of Education (Fall 2010), pp. 6-9.

26. James Moffett, *The Universal Schoolhouse* (San Francisco: Jossey-Bass, 1994).

27. Orr, *Earth in Mind: On Education, Environment, and the Human Prospect*.

28. Arthur K. Ellis, *Exemplars of Curriculum Theory* (Larchmont, NY: Eye on Education, 2004).

29. Dwayne E. Huebner, "Spirituality and Knowing," in E. W. Eisner, ed., *Learning and Teaching the Ways of Knowing*, Eighty-fourth Yearbook of the National Society for the Study of Education, Part II (Chicago: University of Chicago Press, 1985), p. 163.

30. Moffett, *The Universal Schoolhouse*.

31. James M. Banner Jr. and Harold C. Cannon, *The Elements of Teaching* (New Haven, CT: Yale University Press, 1997).

32. Ayers and Ayers, *Teaching the Taboo*.

33. Egan, *The Future of Education*.

34. Nel Noddings, "Curriculum for the 21st Century," in David J. Flinders and Stephen J. Thorton, eds., *The Curriculum Studies Reader*, 4th ed. (New York: Routledge, 2013), pp. 399-405.

35. Ibid., p. 402.

36. Ibid., p. 399.

37. Thomas Armstrong, *Awakening Genius in the Classroom* (Alexandria, VA: ASCD, 1998).

38. Michael L. Posner and Mary K. Rothbart, *Educating the Human Brain* (Washington, DC: American Psychological Association, 2007).

39. Ibid.

40. Ibid.

41. Ibid.

42. D. C. Phillips, "An Opinionated Account of the Constructivist Landscape," in D. C.

Phillips, ed., *Constructivism in Education: Opinions and Second Opinions on Controversial Issues*, Ninety-ninth Yearbook of the National Society for the Study of Education, Part I (Chicago: University of Chicago Press, 2000), pp. 1–16.

43. Posner and Rothbart, *Educating the Human Brain*, p. 10.

44. Kaku, *The Future of the Mind*, p. 27.

45. Ibid.

46. Ibid.

47. Richard A. Brosio, *Philosophical Scaffolding for the Construction of Critical Democratic Education* (New York: Peter Lang, 2000).

48. Forrest W. Parkay and Glen Hass, *Curriculum Planning: A Contemporary Approach*, 7th ed. (Boston: Allyn & Bacon, 2000).

49. Tyler, *Basic Principles of Curriculum and Instruction*.

50. John I. Goodlad and Zhixin Su, "Organization and the Curriculum," in Philip W. Jackson, ed., *Handbook of Research on Curriculum* (New York: Macmillan, 1992), pp. 327–344.

51. Ibid.

52. Abbie Brown and Timothy D. Green, *The Essentials of Instructional Design* (Upper Saddle River, NJ: Pearson, 2006).

53. Goodlad and Su, "Organization and the Curriculum."

54. Jean Piaget, *The Psychology of Intelligence* (Paterson, NJ: Littlefield, Adams, 1960).

55. Posner and Rothbart, *Educating the Human Brain*.

56. Ibid.

57. B. Othanel Smith, William O. Stanley, and Harlan J. Shores, *Fundamentals of Curriculum Development*, rev. ed. (New York: Harcourt Brace, 1957).

58. Gerald J. Posner and Kenneth A. Strike, "A Categorization Scheme for Principles of Sequencing Content," *Review of Educational Research* (Fall 1976), pp. 401–406.

59. Tyler, *Basic Principles of Curriculum and Instruction*, p. 86.

60. M. M. Merzenich and W. M. Jenkins, "Cortical Plasticity, Learning, and Learning Dysfunction"; and T. Elbert, C. Pantev, C. Rockstroh, C. Wienbruch, and E. Taub, "Increased Cortical Representation of the Fingers of the Left Hand in String Players," *Science* (October 1995), pp. 270, 305–307, cited in Posner and Rothbart, *Educating the Human Brain*, p. 45.

61. Ibid.

62. Jerome Bruner, *The Process of Education* (Cambridge, MA: Harvard University Press,

1959), p. 52.

63. Goodlad and Su, "Organization and the Curriculum."

64. James A. Beane, "Curriculum Integration and the Disciplines of Knowledge," in Forrest W. Parkay and Glen Hass, *Curriculum Planning: A Contemporary Approach*, 7th ed. (Boston: Allyn & Bacon, 2000), pp. 228 – 237.

65. Ibid.

66. Noddings, "Curriculum for the 21st Century," p. 400.

67. Egan, *The Future of Education*, p. 9.

68. Henry C. Morrison, *The Curriculum of the Common School* (Chicago: University of Chicago Press, 1940).

69. Robert M. Hutchins, *The Higher Learning in America* (New Haven, CT: Yale University Press, 1936).

70. William E. Doll Jr., "Keeping Knowledge Alive," in Donna Trueit, ed., *Pragmatism, Post – Modernism, and Complexity Theory: The "Fascinating Imaginative Realm" of William E. Doll, Jr.* (New York: Routledge, Taylor & Francis Group, 2012), p. 115.

71. Moffett, *The Universal Schoolhouse*.

72. John Dewey, *Experience and Education* (New York: Macmillan, 1938).

73. Arthur R. King and John A. Brownell, *The Curriculum and the Disciplines of Knowledge* (New York: Wiley, 1966).

74. Ritchhart, *Intellectual Character*.

75. Jerome Bruner, *The Culture of Education* (Cambridge, MA: Harvard University Press, 2001), p. 115.

76. Ayers and Ayers, *Teaching the Taboo*, pp. 124 – 132.

77. Doll, "Keeping Knowledge Alive," p. 114.

78. A. N. Whitehead, *The Aims of Education and Other Essays* (New York: The Free Press, 1976, originally published in 1929), p. 32, cited in Doll, "Keeping Knowledge Alive," p. 115.

79. Joseph L. Schwab, *The Practical: A Language for Curriculum* (Washington, DC: National Education Association, 1970).

80. Harry S. Broudy, "Becoming Educated in Contemporary Society," in K. D. Benne and S. Tozer, eds., *Society as Educator in an Age of Transition*, Eighty – sixth Yearbook of the National Society for the Study of Education, Part II (Chicago: University of Chicago Press, 1987), pp. 247 – 268.

81. Bruner, *The Process of Education*, p. 8.

82. Ibid., p. 33.

83. Ibid., p. 33.

84. Broudy, "Becoming Educated in Contemporary Society."

85. Kenneth T. Henson, *Curriculum Planning: Integrating Multiculturalism, Constructivism, and Educational Reform*, 3rd ed. (New York: McGraw-Hill, 2001).

86. Harry S. Broudy, B. O. Smith, and Joe R. Burnett, *Democracy and Excellence in American Secondary Education* (Chicago: Rand McNally, 1964).

87. Linda Crafton, *Challenges of Holistic Teaching: Answering the Tough Questions* (Norwood, MA: Christopher-Gordon, 1994).

88. Jacqueline Grennon Brooks and Martin G. Brooks, *The Case for Constructivist Classrooms* (Alexandria, VA: ASCD, 1993).

89. Hilda Taba, *A Teacher's Handbook to Elementary Social Studies* (Reading, MA: Addison-Wesley, 1971).

90. Harold B. Alberty and Elsie J. Alberty, *Reorganizing the High School Curriculum*, 3rd ed. (New York: Macmillan, 1962).

91. Francis P. Hunkins, *Teaching Thinking through Effective Questioning*, 2nd ed. (Norwood, MA: Christopher Gordon, 1995), p. 18.

92. S. Tishman, D. N. Perkinds, and E. Jav, "The Thinking Classroom," in *Learning and Teaching in a Culture of Thinking* (Needham Heights, MA: Allyn & Bacon, 1995), referred to in Ritchhart, *Intellectual Character*.

93. Ritchhart, *Intellectual Character*, p. 18.

94. William Bain, "The Loss of Innocence: Lyotard, Foucault, and the Challenge of Postmodern Education," in Michael Peters, ed., *Education and the Postmodern Condition* (Westport, CT: Bergin & Garvey, 1995), pp. 1-20.

95. Ibid.

96. Michael Peters, "Legitimation Problems: Knowledge and Education in the Postmodern Condition," in Peters, *Education and the Postmodern Condition*, pp. 21-39.

97. Patrick Slattery, *Curriculum Development in the Postmodern Era: Teaching and Learning in an Age of Accountability*, 3rd ed. (New York: Routledge, 2013), p. 283.

98. Ibid., p. 282.

99. Peters, "Legitimation Problems: Knowledge and Education in the Postmodern Condi-

tion."

100. Bruner, *The Culture of Education*.

101. Joseph D. Novak and D. Bob Corwin, *Learning How to Learn* (Cambridge: Cambridge University Press, 1984).

102. William E. Doll, Jr., "Crafting an Experience," in Trueit, *Pragmatism, Post-Modernism and Complexity Theory: The "Fascinating Imaginative Realm" of William E. Doll, Jr.*, p. 99.

103. Egan, *The Future of Education*.

104. D. C. Phillips, "An Opinionated Account of the Constructivist Landscape," pp. 1–16.

105. J. Rousseau, *Emile*, trans. by B. Foxley (New York: Dutton, 1955).

106. Francis W. Parker, *Talks on Pedagogics* (New York: E. L. Kellogg, 1894).

107. John Dewey, *The Child and the Curriculum* (Chicago: University of Chicago Press, 1902).

108. William H. Kilpatrick, "The Project Method," *Teachers College Record* (September 1918), pp. 319–335; and William Kilpatrick, *Foundations of Method* (New York: Macmillan, 1925).

109. Goodlad and Su, "Organization and the Curriculum."

110. Garth Boomer, "Negotiating the Curriculum," in Garth Boomer, Nancy Lester, Cynthia Onore, and Jon Cook, *Negotiating the Curriculum: Educating for the 21st Century* (Washington, DC: Falmer Press, 1992), pp. 4–14.

111. Jacqueline Grennon Brooks and Martin G. Brooks, *The Case for Constructivist Classrooms* (Alexandria, VA: ASCD, 1993).

112. Norbert M. Seel, "Model-Centered Learning Environments: Theory, Instructional Design, and Effects," in Norbert M. Seel and Sanne Dijkstra, eds., *Curriculum Plans and Processes in Instructional Design: International Perspectives* (Mahwah, NJ: Lawrence Erlbaum Associates, 2004), pp. 49–73.

113. William E. Doll, Jr., "A Methodology of Experience, Part 1," in Trueit, *Pragmatism, Post-Modernism and Complexity Theory: The "Fascinating Imaginative Realm" of William E. Doll, Jr.*, p. 61.

114. John Dewey, *Experience and Education* (New York: Macmillan, 1938).

115. Reginald D. Archambault, ed., *John Dewey on Education* (Chicago: University of Chi-

cago Press, 1964).

116. Daniel Tanner and Laurel Tanner, *Curriculum Development: Theory into Practice*, 5th ed. (New York: Macmillan, 2004).

117. Armstrong, *Awakening Genius in the Classroom*.

118. Ellen Brantlinger, *Dividing Classes* (New York: Routledge, 2003).

119. Peter McLaren, "Education as a Political Issue: What's Missing in the Public Conversation about Education?" in Joe L. Kincheloe and Shirley R. Steinberg, eds., *Thirteen Questions*, 2nd ed. (New York: Peter Lang, 1995), pp. 267–280.

120. Paulo Freire, *Pedagogy of the Oppressed* (New York: Herder and Herder, 1970); and Paolo Freire, *The Politics of Education* (South Hadley, MA: Bergin & Garvey, 1985).

121. Robert Young, *A Critical Theory of Education* (New York: Teachers College Press, 1990).

122. Ayers and Ayers, *Teaching the Taboo*, p. 38.

123. William Ayers, *To Teach: The Journey of a Teacher*, 3rd ed. (New York: Teachers College Press, 2010), p. 98.

124. Ibid., p. 100.

125. Ibid.

126. Arthur W. Combs, ed., *Perceiving, Behaving, Becoming* (Washington, DC: ASCD, 1962).

127. Arthur W. Combs, "What Can Man Become?" in Combs, *Perceiving, Behaving, Becoming*, pp. 1–8.

128. Louise M. Berman and Jessie A. Roderick, eds., *Feeling, Valuing, and the Art of Growing: Insights into the Affective* (Washington, DC: ASCD, 1977). See also Louise M. Berman et al., *Toward Curriculum for Being* (New York: State University of New York Press, 1992).

129. Abraham H. Maslow, *Toward a Psychology of Being* (New York: D. Van Nostrand, 1962).

130. Carl Rogers, "Toward Becoming a Fully Functioning Person," in Combs, *Perceiving, Behaving, Becoming*, pp. 21–33.

131. Alfie Kohn, *The Schools Our Children Deserve* (Boston: Houghton Mifflin, 1999).

132. Gloria A. Castillo, *Left-Handed Teaching: Lessons in Affective Teaching*, 2nd ed. (New York: Holt, Rinehart and Winston, 1970); and Gerald Weinstein and Mario D. Fantini, *Toward Humanistic Education: A Curriculum of Affect* (New York: Praeger, 1970).

133. Ibid.

134. Philip H. Phenix, "Transcendence and the Curriculum," in Elliot W. Eisner and Elizabeth Vallance, eds., *Conflicting Conceptions of Curriculum* (Berkeley, CA: McCutchen, 1974), p. 123.

135. Moffett, *The Universal Schoolhouse*, p. 36.

136. Francis P. Hunkins, "Sailing: Celebrating and Educating Self," *Educational Forum* (Summer 1992), pp. 1–9.

137. Kerry T. Burch, *Eros as the Educational Principles of Democracy* (New York: Peter Lang, 2000).

138. Ellis, *Exemplars of Curriculum Theory*.

139. Jacqueline C. Mancall, Erica K. Lodish, and Judith Springer, "Searching across the Curriculum," *Phi Delta Kappan* (March 1992), pp. 526–528.

140. Herbert Spencer, *Education: Intellectual, Moral, and Physical* (New York: Appleton, 1860).

141. George S. Counts, "Dare Progressive Education Be Progressive?," *Progressive Education* (April 1932).

142. George S. Counts, *Dare the Schools Build a New Social Order?* (Yonkers, NY: World Book, 1932).

143. Harold Rugg, *Culture and Education in America* (New York: Harcourt, 1931).

144. Harold Rugg, *Foundations for American Education* (New York: Harcourt, 1947), p. 745.

145. Theodore Brameld, *Toward a Reconstructed Philosophy of Education* (New York: Holt, Rinehart and Winston, 1956).

146. William E. Doll Jr., "Modernism," in Trueit, *Pragmatism, Post-Modernism and Complexity Theory: The "Fascinating Imaginative Realm" of William E. Doll, Jr.*, pp. 127–133.

147. Ibid., p. 129.

148. William E. Doll Jr., "Structures of the Post-Modern," in Trueit, *Pragmatism, Post-Modernism and Complexity Theory: The "Fascinating Imaginative Realm" of William E. Doll, Jr.*, pp. 153–160.

149. Francis P. Hunkins, "Doubt and Suspicion, Goals of the Curriculum," *Journal of Curriculum Theorizing* (Alexandria, VA: ASCD, June 1989).

150. Roth, *Curriculum – in – the – Making: A Post – Constructivist Perspective*, p. 3.

151. Doll, "Structures of the Post – Modern," p. 159.

152. Ibid., p. 163.

153. Ibid., p. 157.

154. Roth, *Curriculum – in – the – Making: A Post – Constructivist Perspective*.

155. Slattery, *Curriculum Development in the Postmodern Era: Teaching and Learning in an Age of Accountability*.

156. Ibid., p. 6.

157. Ayers, *To Teach: The Journey of a Teacher*.

158. Elliot W. Eisner, *The Educational Imagination*, 3rd ed. (Columbus, OH: Merrill, 2002).

159. Ibid.

160. Ayers, *To Teach: The Journey of a Teacher*.

/ 教育治理与领导力丛书 / 王定华 总主编

[美]

艾伦·奥恩斯坦
Allan Ornstein

弗朗西斯·P·亨金斯
Francis P. Hunkins

著

王爱松

译

课程：
基础、原理和问题

Curriculum:
Foundations,
Principles, and Issues

(Seventh Edition)

  华东师范大学出版社
全国百佳图书出版单位

第7版
下

第七章　课程开发

> **学习成果**
>
> 阅读完本章之后,你应当能够:
>
> 1. 解释采用技术科学方法进行课程开发的不同程序,运用具体步骤创造一个一般课程的计划。
> 2. 描绘课程开发的各种非技术非科学方法。
> 3. 解释如何可能落实课程开发的过程。
> 4. 确认并解释应当参与课程开发过程的不同参与者。

教育和学校教育之间有一种扯不清、理还乱的关系,这使教育工作者(尤其是教师)必须反思每一概念实际代表什么。隐含在这些概念之中的是认识和理解。同时,还有一个问题:学校是有助于学生的教育还是阻碍学生的教育? 这一问题有一段漫长的历史。自从 19 世纪开始义务教育以来,各种群体就质疑学校是否具有教育的能力。[1] 我们不想确定无疑地回答这一问题。然而,我们的确相信,学校的功能是教育,而不是塑造只会反刍信息或使用盲目技能的学生。

正如肯恩・奥斯本(Ken Osborne)所主张的,在民主体制中,对民主参与来说,对话至关重要。学生需要深层知识去争辩各种各样的观点。学生必须去享受与持有相反观点的人互动的乐趣。学生必须获得将观点付诸行动的各种能力。[2] 但为了熟练展开有意义的对话,在 21 世纪,面对严重问题时,学生必须养成批判性思维。

正如诺丁斯所说的,我们仍然倾向于相信,除了特定的议题和问题,批判性思维作为一种思想技能是可以传授的。³ 或者,正如多尔所指出的,许多教育工作者相信一位教师可以将批判性思维的步骤"传给"学生,学生随后可以运用这些步骤。一个人可以学习、接受思维活动中所涉及的各种步骤,可以学习、接受一个公式,当需要时便可以运用这一公式。但那只不过是运用一个"给定的东西",一种学生所接受的方法,学生还并没有拥有这一方法,或将这一方法内在化。⁴

21 世纪的教育存在于独特的复杂性的海洋之中。适合 20 世纪的教育和培训不再适合 21 世纪了。虽然 20 世纪的教育培养了一种粗野的个人主义,并维护了人们可以靠自己获得成功的信念,但 21 世纪要求具有合作的技能,要求认可和欣赏在各个层次的人类参与之上的相互依赖。⁵

与学校教育相比,教育能使学生成为具有知识品格的个人。正如罗恩·里查德所追问的:"假如不是为了智力,我们为什么要教一门课程?"⁶ 学校教育倾向于教化。教育力争解放。学校教育往往强调效率和标准化,教育力求散漫而自发。学校教育试图向学生灌输知识,教育试图让学生在思考中利用知识,并成为信息的聪明的利用者。教育培养学生的知识品格。⁷ 多尔注意到,在我们力图使学生思考个人时,我们有时给学生提供了太多有关思考过程的东西。我们使学生成了过程的接受者、被动的学习者,而不是他们自己学习中的行动者、活跃的学习者。多尔强调,学习不是逐字重复所读到或听到的东西。准确地说,学习源于学生积极地投入重新思考所读到或所提供的细节,并重新整理这些数据,以便创造他们可以向其主张所有权的洞见。⁸ 课程开发需要设计,以使学生有大量机会进行发现式游戏。需要给学生提供许多口岸,使他们能够启动通往未知世界的旅程。⁹

进行教育以便学生成为自己学习中的主要角色,这要求教育工作者投入认真的课程开发。一门课程,尤其在这个技术的世纪,比学校董事会所同意的教材系列包含的内容更多。正如迈克尔·C. 麦肯纳(Michael C. McKenna)所注意到的,我们正好在进入一个"技术的美丽新世界"。¹⁰ 这一信息技术仍在不断扩张的新世界,给什么是解放、如何安排自己的教育增加了复杂性。他注意到,新技术的发展速度要求计划中的课程要考虑纳入学生的新技能和新策略。¹¹ 在 21 世纪,我们教育工作者和课程开发者也要力争成为教育和学习的积极研究者。

我们不是建议教师要忽视教材和其他教学材料。无论如何,教材和相关材料只是提供一种建议性的课程。有关学习一般信息的目标、强调何种内容、重视何种材料、如何区分这些材料的主次轻重,教师依然必须做出博闻广识的决策。此外,教师必须决定采用何种教学策略,决定何种学生活动对班级的各种成员是必不可少和恰到好处的。还有,教师必须选择各种评估工具和过程去支持自己的教学和学生的学习。

课程开发不是静态的。它吸收了现代主义和后现代主义的各种观点、认知理论的各种新的理解、大脑解剖学和生理学的新认识、教学设计和系统理论的种种新的解释。这种涉及不同世界和教育哲学的思想融合,也正在对课程开发产生影响。

有各种定义课程开发的方式。同样,不同的课程设计考虑科目材料、学生、社会的程度各有不同。课程开发由各种不同过程(技术的、人本主义的、艺术的)所组成,这些过程允许学校和学校人员实现一般的教育目标。理想地说,受到一门课程影响的每一个人,都会参与该课程的开发。

反思课程开发的一种有用方法,是将课程开发视为具有各种规则的多种博弈。艾伦·加勒特(Allan Garrett)为博弈生态隐喻提出了充分理由:他声称,博弈生态隐喻"为思考试图影响美国公共教育的各个派别提供了一个简洁而有用的框架"。[12]加勒特注意到,诺顿·E.朗(Norton E. Long)最先指导将地方团体当作博弈生态圈加以研究。[13]

将课程开发视为不同教育工作者、教师、课程专家、管理人员乃至普通公众团体所参与的一系列博弈,有助于我们认识到人们在博弈时具有各种各样的目标。虽然我们应当力争课程博弈是一种双赢,但用博弈的心态来说,有赢者也有输家。

在课程开发博弈中,有众多出于不同目的和特定目的进行合作的博弈者。鉴于有些教师(特别是提倡为"成功"教学颁发绩效工资的学区中的教师)可能旨在提高自己的薪资标准,许多教师可能共同拥有特殊的目标,也就是说,让学生"赢得"实际学习的所开发和实施的课程游戏。管理人员也可能参与博弈,让下属学校达到州标准和全国标准。学校董事会成员可能力争再次获选。为了将自己定义成"教育"领导者,立法者也可能参与课程博弈。我们不仅可以分析这"多方"是如何博弈的,而且可以归纳他们博弈的理由,以及为了达到获胜所采用的标准。有些博弈者可能参与相关的、类似的博弈。众多个人可能利用他人为自己的利益服务。加勒特提出,立法者可能赞成改良学校和课程,目的仅为了赢得公众对他们某些特殊议程的支持。

某些博弈者参与"力争上游"项目,旨在获得对一般教育、特定课程方面的新奇观念的资助。有些人争取骄傲、赞扬、成就感。但所有的博弈者都争取一个目标。他们为成功而博弈！目前，"成功"具有许多种意义：达标、思想解放、教化、开辟思想视野、考高分、认识特定文化的习俗等等。尽管许多博弈者在博弈中是有多个任务的，但大多数人都集中于一个特殊的游戏——在我们的讨论中，都集中于围绕课程开发进行博弈。而大多数博弈者是按一种技术的、非技术的或整体的模式来博弈的。

许多社会批评家和教育批评家相信，社会正从强调技术、精确、确定的现代主义转向(强调非技术、偶然、不确定的)后现代主义。现代主义也被称为建构论，后现代主义则被描绘为后建构论。虽然现代主义在许多教育工作者和公众眼中还占有主流地位，但在20世纪晚期，后现代主义已经崛起。因为后现代主义是相对较新的，我们更多地征引了技术的课程模式，而不是非技术的课程模式。相信强调科目材料的课程设计的人，通常偏爱技术的课程开发方法。聚焦学习者的人，常常喜欢非技术方法。认为课程是针对社会问题的一个载体的人，则可能同时喜欢这两种方法。的确，正如多尔所声称的，将人的思维和概念从现代调整到后现代，并不是几十年之内就能做到的事。人类适应新的思维过程和意义生产的变化速度缓慢。例如后现代方法一类的系统断裂，往往在早期阶段会遇到抵制。但像多尔一样，我们相信，这些新的观察和推理方式最终将融入我们改变现实的认知方法之中。[14]我们建议读者尝试观察所读的有关课程开发的一切——仿佛你是带着允许你体验现代和后现代姿态的眼镜。怀着确定性阅读，怀着不确定性和怀疑反思。怀着对现实的日新月异的敬畏进行反思。生活不再一成不变，个人在变化不定的"现在"生活和行动。学习导致多层次的认知和怀疑。下面论述课程开发方法的各部分，对此应当视为运算法则，而不应当视为创造课程的精确公式。它们是拥护"建立在怀疑之上而不是确定性之上"[15]的教育愿景的程序。

技术—科学方法(现代主义视角)

教育和课程的技术—科学方法重视学生学习会带来特殊结果的特殊科目材料。课程开发即一种构造学习环境，协调人员、材料、设备的计划。这一方法运用科学原理，并涉及对课程设计构成成分的详细监管。[16]课程被视为一个将各部分组织到一起以培养学习的复杂整体。

第七章 课程开发

使用技术—科学方法的教育工作者试图对所有促进课程开发的程序做出系统描绘。各种不同模式都运用了一种手段—目的范式,这种范式认为手段越严格,越有可能达到所渴求的目的。这一方法的追随者指出,可以对这样一种经过系统设计的项目做出评估。然而,另一些人也会追问评估如何可能做到精确。

各种不同的技术—科学模式所展现出来的,是詹姆斯·麦克唐纳所称的与"审美理性"截然相反的"技术"理性。[17]喜欢技术—科学模式的人将获取知识和最高效的教育系统放在优先地位。

技术—科学课程开发始于1900年左右,其时,教育工作者试图将经验方法(对人类行为的调查和分析)用于课程内容问题。推进课程编制科学的努力,伴随着生物学、物理学、化学的兴起,同时伴随着在商业和工业界中逐渐发展起来的对"机器理论"的运用。

博比特和查特斯的模式

富兰克林·博比特将创造一门课程比作建设一条铁路:一旦总的路线计划好,建设者们便投入调查研究,再后是投入轨道铺设。开发一门课程就像是对一个人的"成长"、"文化"及这人的个人"特殊才能"的路线做出计划。[18]像铁路工程师一样,教育工作者必须"统揽全局(并看到)角度和关系方面的主要因素"。然后可以详细制订教育项目的总计划,随后确定对(学习者)来说必不可少的内容和经验。"[19]即使在今天,许多教育工作者也相信课程开发必须纳入对学习进行监管的种种方式、学生与具体内容的互动。这种监管可以促成一种有效的课程和教学结构。[20]

对博比特来说,课程开发的首要任务是"发现应当构成学生生活的各种活动,以及与之相连的正常表现所需的能力和个人品质"。[21]博比特相信,新的20世纪的教育——必须力争培养一种新的智慧,这种智慧只能通过投身实际生活情境才能获得。这种智慧要在学生的具体判断和思想中培养。[22]教育的目的是让学生有效地成为生活的合格参与者,尤其是参与能有助于社会、经济、家庭生活的具体活动。在自己的著作中,他提出20世纪之前,人们没有精心通盘考虑创造课程、创造教育机会。为了创造一种有意义的教育经验,我们需要一种科学的技术去确定课程的必备条件——在一种具体活动中教育学生,为有益于整个社会的富有成效的人生做好必要准备。[23]当精心开发课程时,需要考虑所有的人类经验。博比特所提倡的在今天依然有价值。这种方法在各种不同类型的任务分析中得以延续。[24]它享有某些

301

教育工作者所称的"反向设计"所具有的种种特点。[25]

博比特的同代人韦伦特·查特斯也相信活动分析。然而,查特斯注意到,"课程的变化,总是落后于我们对教育目标概念的修正"。[26]我们的目标(理想)影响到学校内容和经验的选择。查特斯想要教育工作者将目标和个人所从事的活动连接起来。他提倡课程建构的四个步骤,即"(1)选择目的;(2)将目的划分为理想与活动;(3)以工作单元的限度为单位,对目的做出分析;(4)收集达到目的的方法"。[27]

对查特斯来说,哲学提供了将充当目的和标准的理想。他注意到,课程既能包括首要科目,也能包括派生科目。首要科目是一种特殊的职业直接必需的科目。例如,气象学家必须填写不同类型的报告。因而,报告写作就是所有学生在英语课中都要经验的基础科目。气象学必须有物理学和数学的知识,物理学和数学在这里就是派生科目,"这些服务性科目之所以重要,不是因为它们在完成活动中直接有用,而是因为它们是从有实际服务价值的材料中派生出来的。"[28]

博比特和查特斯打下了科学的课程编制的坚实基础。他们看到了有效的课程开发是一个过程,这一过程会导致一个有意义的项目。博比特和查特斯开启了对目标、目的、活动之间关系的关注。他们认为目标的选择是一个规范的过程,目的和活动的选择则是实证的和科学的过程。博比特和查特斯指出,可以对课程活动加以计划,并系统地加以研究和评估。

随着1932年课程研究会的建立,课程领域取得了独立地位。1938年,哥伦比亚大学教师学院创立了课程与教学系。在以后的20年里,教师学院主宰了课程领域,其影响甚至超过了芝加哥大学更早的影响。

泰勒模式:四条基本原则

泰勒的技术—科学模式是最著名的模式之一。1949年,泰勒出版了《课程与教学基本原理》,在该书中,他对课程与教学的方法进行了概述。[29]涉足课程探索的人必须尝试:(1)确定学校的目标;(2)鉴别和这些目标相关的教育经验;(3)弄清如何组织这些经验;(4)对目标进行评估。

泰勒所说的"目标",指的是一般目的。他指出,课程计划工作者应当通过收集来自科目材料、学习者、社会的数据,以确定这些目标。在鉴别出无数一般目标之后,课程计划工作者要对它们加以提炼,方式是用学校的宗旨和学习心理学对它们加以过滤。由此带来特殊的教学目的。

泰勒讨论了如何选择有助于达到目的的教学经验。学习经验必须将学习者的感知和先前经验考虑在内。同样,要按照有关学习的知识和人的发展对学习经验加以选择。泰勒谈到了这些经验的组织和次序排列。他相信,为了产生最大化的累积效果,次序应当稍微有系统。他认为,应当将观点、概念、价值观、技能交织到课程结构中。这些关键因素能够连接不同的科目和学习经验。泰勒的最后一条原则涉及对计划和行动的评估。泰勒相信,在确定一个项目是否有效方面,评估至关重要。

尽管泰勒没有通过图表来展现其课程开发模式,另外几个人却这么做了。图 7.1 是本书作者对这一模式的图解。

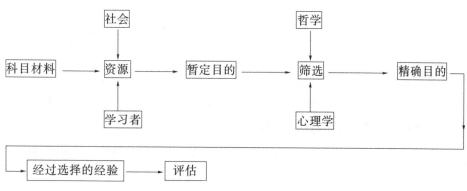

图 7.1　泰勒的课程开发模式

一些人批评泰勒的方法过于线性化,过于依赖客观性,有点基于因果假设。它允许所有的教学经验通过他们所声称的目的得到合理化。尽管如此,泰勒的课程开发方法依然为学区人员所喜欢,并且仍然给大学以影响。它的合理性和可操作性影响到许多人。无论语境或一个人的哲学取向如何,泰勒的方法依然在起作用。[30]

塔巴模式:草根理性

希尔达·塔巴是泰勒富有影响力的同事。在《课程开发理论与实践》(*Curriculum Development:Theory and Practice*,1962)中,她声称,创造一门深思熟虑的动态课程存在一定的次序。[31]与泰勒不同,塔巴相信教师应当参与开发课程。她提倡所谓的草根方法,[32]一种其次序与泰勒的次序相像的模式。尽管泰勒不赞成自己的模式只能为身居重要部门的人所用,课程编制早期的教育工作者还是认为重要的权威人士拥有创造课程的知识。他们信奉一种由上而下的(管理)模式。通常,管理者向教师传达来自课程专家的观念,然后督促教师确保这些观念得以实施。相反,塔巴感到,课程应当由其使用者来设计。一开始,教师应当为自己的学生创造具体的教学单元,然后创建一个一般的设计。塔巴提倡归纳法,而不是传统的从一般设计开始,然后致力于特殊的演绎法。

塔巴的草根模式具有七个主要步骤:

1. 对需要进行诊断。教师(课程计划工作者)弄清正在计划的课程所面对的学生的各种需要。参见课程小贴士7.1。

2. 阐明目的。教师详细说明目的。

3. 选择内容。目的提示了内容。目的和内容应当匹配,也应当确定内容的有效性和意义。

4. 组织内容。教师将内容组织成一个序列,在这一过程中要考虑到学生的成熟度、学业成绩和兴趣。

5. 选择学习经验。教师选择使学生介入学习内容的教学方法。

6. 组织学习活动。教师将学习活动组织成一个序列,这一序列通常由内容来决定。教师需要将所要教的特殊学生牢记在心。

7. 评估和评估方式。课程计划工作者确定已经达到何种目的。学生和教师需要考虑评估程序。

☞ 课程小贴士7.1

开展需要分析

1. 抽出时间并划定开展需要分析的人的范围。

2. 创造或取得收集数据的工具,列出收集数据的时间(如通过普查、市民会议、问卷、考试、访谈)。

3. 列出课程的指向和目标。

4. 使指向和目标配套。

5. 弄清所渴望的结果和实际结果之间的差距。

6. 确定哪种差距必须马上引起课程的注意。

7. 提出致力于解决已认识到的差距的各种方式

资料来源:改编自 Abbie Brown and Timothy D. Green, *The Essentials of Instructional Design* (Upper Saddle River, NJ: Pearson, 2006), p.97。

第七章 课程开发

塔巴远远走在她的时代的前面。今天的课程设计者大多数依然对步骤1、2、5、6、7亦步亦趋。他们对学习者及其需要做出分析(塔巴的步骤1),首先对外部环境进行考察。然后他们开发出教学的目标和目的(塔巴的步骤2),再对教学进行组织,创造出教学环境(塔巴的第5、6步),同时对学习经验进行选择,对学习活动进行组织。最后,他们对学习者及教学项目的全部成败进行评估(塔巴的步骤7)。

反向—设计模式

另一种流行的课程开发模式是由格兰特·威金斯(Grant Wiggins)和杰·麦克泰格(Jay McTighe)所提倡的反向—设计模式。[33]本质上,这一模式是任务分析的一个变种。其根源可以追溯到博比特和查特斯。它也起源于建筑和工程领域。

反向—设计(我们喜欢称其为反向开发)是从对所欲求结果的陈述开始的。你想达到什么?学生应当知道什么、能做什么?他们应当具有怎样的价值观和态度?他们应当拥有并且能够表现出怎样的技能?基本上,这第一步牵涉到如何确定学校规划的目标。

威金斯和麦克泰格详细说明了第一步骤中决策的三层次。在首要层次,教育工作者将会考虑目标并按全国、州、当地的内容标准加以检验。在决策的第二层次,课程开发工作者(包括课堂教师)会选择内容——可能给学生带来所欲求结果的有价值的信息和技能。按照指定的标准、社区的期望和研究的结果,学生需要什么样的基本认知和技能?为了达到目的,学生必须掌握什么样的归纳、概念和事实?为了成为自学者,学生必须经验什么样的程序、分析方法、思维策略?

决策的普通步骤的第一阶段的最后一个层次,涉及缩小内容的可能性。要教什么具体课程和什么特殊内容(既是陈述性的也是程序性的)?威金斯和麦克泰格将决策的最后一个层次确定为将"锚定"单元或课程的"不朽"认知。"'不朽'一词,是指我们想要学生'入乎其中'而在他们已忘记许多细节后仍得以保留下来的大观念和重要认知。"[34]

反向—设计模式的第二阶段涉及确定一旦课程就位,如何对课程进行评估。我们如何知道学生是否顺应既定标准?评价课程的效率要收集什么样的证据?在威金斯和麦克泰格看来,反向—设计模式使教师在开发课程单元和每一堂课之前,像评估师一般地思考。威金斯和麦克泰格提出了在这一阶段可以考虑的各种评估方法,包括非正式检查、观察学生、与学生谈话、小测验与考试、业绩和规划。[35]

当教育工作者已清楚认识到课程的目标并确定了以何种方式评估在多大程度上已达到目标时,他们就开始准备计划教学活动了。威金斯和麦克泰格列举了课程开发工作者和教师在这一阶段需要提出的几个关键问题：

- 学生在课程中获得成功需要何种知识和技能？
- 什么样的活动将使学生掌握必备的知识和技能？
- 为了在确定的内容范围内让学生变得知识渊博、技艺熟练，应当教什么？如何教？
- 什么样的材料会培养学生在课程中获得成功？
- 课程或单元的整个设计执行了课程开发的原理吗？

图7.2 显示了威金斯和麦克泰格反向—设计模式的一种变化。

明确预期的终点————→确定证据————→计划学习经历

·考虑可能内容
·缩小重要内容的选择
·选择最终的不朽的内容

图7.2　反向—设计模式

@ 反向设计是一种心怀目的和目标设计课程的方法。观看这个"图解"反向设计的短视频。一位教师如何以反向—设计方式设计诸如美国南北战争或美国宪法一类的主题单元？

https://www.youtube.com/watch?v=3Xzi2cm9WTg

任务—分析模式

任务—分析模式迥然不同。然而，它们共享一个焦点——认定基本内容和技能。其认定方式，是针对学校学习或某些真实世界的任务来说必不可少的任务做出分析。[36]基本上，有两种类型的内容分析：科目—材料分析与学习分析。

科目—材料分析

科目材料，或内容，是科目材料分析的出发点。关键的问题是，什么知识对学生是最重要的？我们往往会问科目—材料专家这一问题。理想地说，这些专家是负责创造和教授课程的教育工作者。然而，我们可以吸收各种不同学科学者的专门知识。当课程试图为从事一般职业的人做准备时，那么问题就是，什么样的科目材料会使学生能够完成这些职业范围内的特殊工作的任务?[37]

科目材料必须化整为零。想一想政府管理课。学生需要知道"政府"、"公民"这样的普遍概念,也需要知道"代议制政府"和"公民责任"这样更窄的概念。他们需要知道一般事实,例如政府部门的数目和美国宪法修正案通过的日期。将政府管理知识化整为零,必须赋予这一知识范围以某种结构。这么做的方法之一就是使用一个宏观设计图。

宏观设计图采用从科目材料专家那里获得的信息。这些信息覆盖重要的事实、概念、法则、法规、归纳、理论等等。基本上,宏观设计图包含一门特定课程或一门概论课程中要学的各种话题和相关信息。设计宏观设计图的一种方法,就是为每一关键话题设一行、为话题所受重视度设一列。也可以标出学生在涉及每一话题(概念、归纳等)时必须表现出的各种不同学习行为。图7.3 提供的是一个宏观设计样图。

		了解			分析		应用	评估	
		陈述事实	解释概念	做出归纳	解构概念	确定关系	进行田野调查以收集数据	确定田野数据的准确性	判断结论的有效性
内容									
地形	山	3	2	2	2	2	0	0	0
	丘陵	3	2	2	2	2	1	1	1
	高原	3	2	2	2	1	0	0	0
	平地	3	2	2	2	1	1	1	1
水域	大洋	3	2	2	2	2	1	0	0
	湖泊	3	1	1	0	0	0	0	0
	江河	3	2	2	2	1	0	0	0
	近海	3	1	1	0	0	0	0	0

数字表明对内容和活动的重视度。
3:极其重视
2:很重视
1:稍微重视
0:注意但不加任何重视
—:不注意

图7.3　宏观设计图(针对地理)

一些阅读宏观设计图的人可能会想:"哦,和课程图一模一样。"确实有共同点。不过,课程图处理所覆盖的内容话题,而不处理经验这些话题的方式。同样,课程图主要是由预定讲授该课程的教师生成的。[38]

一旦图表得以完成,就有必要明确内容话题、概念、归纳等之间的关系。在确定这种关系时,要反思如何建构课程单元以便内容得到有意义的组织。内容可以根据具体内容的知识结构按时间顺序加以组织以便其能够被使用,或者按照心理学家所指出的学生可能最适宜于学习的方式加以组织。

学习分析

理想地说,在对内容进行组织时,就开始了学习分析。学习分析囊括了活动分析,并致力于处理学生学习所选择的内容应使用何种学习过程。为了学习内容、掌控某些解决问题的过程,学生可能要参与哪些活动?咨询教学设计或心理学方面的专家,特别是认知心理学和大脑研究方面的专家是有帮助的。

学习分析致力于处理学习活动的次序。存在一条学习一般内容和技能的最理想的时间线吗?为了获得技能或内容方面的能力,学习者应当做些什么?在这一阶段,学习分析选择了将会促使学生趋向课程目标的教学方法。

直到最近,课程专家才不得不依赖认知心理学的研究成果去完成学习分析。大脑基本上是一个"黑箱",我们会参考大脑是如何发育和促进学习的。现在,因为最近的大脑研究,学习分析可以做到更为精确。最近有关大脑功能和大脑网络的发现,使我们能更精确地确定促进学习的那些课程内容和经验。[39]

在学习分析的下一阶段,课程开发人员创造出一个宏观的课程计划,针对经过对科目内容和学习方法的选择而获得和组织过的信息做出综合。那些参与任务分析的人确定计划的格式。

课程团队对所选择的内容进行研究,明确内容方面的具体目的。目的牵涉到认知、情感领域,有时也牵涉到精神动力领域。目的的顺序与所选择出的内容和学习活动的顺序联系到了一起。宏观计划也可以标出教育材料和学习活动。图7.4是对一个宏观计划格式的图解。

目的	内容/科目材料	学习/活动/教学方法	材料/评估方法

图7.4 宏观计划格式

第七章 课程开发

在实际运用任务分析时,科目—材料分析和学习分析经常被融合起来。通常,程序步骤划分得并不清晰。也许可以称一种混合型的任务分析为差距分析。[40]在这里,重点是确认科目材料或对科目材料的学习方面的差距。我们正忽视什么内容?如果我们没有忽视任何有意义的内容,我们的学生在学习这些内容方面有缺陷吗?缺陷不只是限于学习方面。可以注意思维过程、工作习惯、技能乃至教育经验。玛丽·莫斯·布朗(Mary Moss Brown)和艾丽莎·伯杰(Alisa Berger)甚至提出,我们作为教育者,也许可以分析在校生是否会因为家庭信仰和目标而有差距和差异。[41]

与任务分析稍有关联的是研究其他教育机构的项目设计和课程开发方法。从与同事的交谈中,从分享应对相同教育和社会挑战的观念与方法中,我们教育工作者可以收获良多。要集中关注像你们学校一样面对各种问题的学校。他们正采用何种程序步骤?他们的行动有多么成功?[42]

我们相信还存在或将会产生其他技术—科学模式。极有可能,这些创造者往往属于传统的哲学和技术阵营。然而,具备任何设计取向的人,在开发一门课程时都可以使用这些模式。

非技术—非科学方法
(后现代主义者、后建构论者视角)

课程开发的技术—科学方法认为,课程开发的过程是高度客观的、普遍的和逻辑的。它依赖一种假设:现实可以用象征形式来定义和表现。知识可以作为一堆事实而存在,不受创造知识、学习知识的过程的影响。教育的目的,可以线性样式具体化并公布出来。课程开发的技术—科学方法是现代主义者的方法,它基于对理性、客观性和确定性的信仰。这种确定性适用于其基本假设及其方法。现代主义方法回避怀疑和质疑。[43]

相反,非技术课程开发者(也称作后现代或后建构论者)强调主观的、个人的、美感的、探索的、精神的、社会的和相互作用的方面。这一阵营中的课程专家和通才描绘了他们的基本设想,认为他们的所有行为都是复杂的、混乱的,具有一种"有序的无序"。[44]多尔确认了某些有序的无序的例证:"雪崩、经济体系、进化发展、人的身体系统和社会系统、人口的动态变化。"[45]在这一表单上,我们还要列上教育系统(包括课程开发在内)。

很少有人认为,我们不是生活在一个复杂多变的世界之中。的确,量子物理学家报告说,在一个仍在扩大的宇宙中,地球上的我们是一个微不足道的系统。即使深深扎根于现代阵营中的人也不会否认我们时代的复杂性。但正如多尔所注意到的,现代主义者力争限定复杂性的范围,以便提高处理复杂性的可能性。[46]后现代的、非技术的课程专家赞美复杂性,认为在教育组织内部存在一种"动态的自组织过程,在这一过程之中,我们存在、表达和更有勇气"。[47]后现代剧场中的博弈者处于永恒的重组和变化之中。多尔说,他们的思维和行动具备一种流动性。[48]

后现代教育家和课程专家的推测和努力也具备一种延展性。课程议题和教学法策略代表日益扩大的教育话语世界。内容议题不是狭窄的、传统的。相反,教育领域已经扩展到"认识……课程对人类境况、社会结构和外大气层的文化、历史、政治、经济、审美、神学和自传的影响"。[49]

在这一课程开发方法中,学习者是被关注的重点,学习者不是呆滞的知识的产物。学生总是发展变化的。他们是学习过程的积极参与者,不是知识的被动接受者。作为开发结果的课程与各种语境联系在一起。内容不是价值中立的。[50]喜欢非技术—非科学方法的人注意到,不是所有的教育目标都是已知的。甚至当目标似乎已经达到时,在对成功的报告中,还潜藏有许多层次的认识。这一方法的关键是要认可课程开发的顺时而变的本质。精确的程序是一种幻象。

非技术课程开发人员将学习者摆在科目材料之上。暂时选择的科目材料只因为学生发现其多大程度上有意义,它才有多大程度的重要性。它应当为反思和批判提供机会,应当使学生涉足意义的创造。[51]对非技术课程开发人员来说,学习是整体的,它不能打碎成互不相关的部分或步骤。与在学生来到学校之前开发课程相反,教师是学生的伴读者。教师和学生都参与到一场有关双方都感兴趣、都关心的话题的教育谈话之中。在许多非技术模式中,课程都是从师生的互动中演变而来的。

非技术非科学的开发人员有可能喜欢以孩子为中心的设计,并在更小的程度上喜欢以问题为中心的设计。然而,他们依然可能采用一种稍微成系统的方法。

审议模式

在非技术课程开发的审议模式中,教育工作者会就教育的目标、应教的内容与自己的同事(有时也与学生)交流看法。然而,课程开发是非线性的。作为现代主义和后现代主义的一种融合,审议方法依赖系统思维和反馈与调节,但也将现实的主观性考虑在内。

狄龙(Dillon)注意到,审议基本是由问题进入到提出解决方案。[52]这种过程出现在一个经过重组的社会建构语境中。人们意识到开发过程中的参与者,意识到他们的观点、理念和议程安排。

通过审议进行课程开发出现在文化语境之内。目前,这是课程创造者所面临的挑战之一。在将多元文化、习惯和价值观考虑在内的同时,如何能生成稳固的课程?

正像诺伊(Noye)所提出的,审议模式有六个阶段:(1)共享;(2)突出共识与分歧;(3)阐明立场;(4)突出立场的变化;(5)协商共识点;(6)正式通过决议。[53]

在公共共享阶段,人们走到一起,分享与课程开发相关的观点。参与者提出各种议程,这些议程可能相互冲突。他们表达自己有关课程本质和目的的观点,提出建议和要求,提出特殊的内容和教学法,分辨他们认为与创造课程相宜的信息。人们会讨论有关学生角色的看法、最佳的学习环境、教师的恰当作用。在这一阶段的收尾阶段(小组可以在任何时候返回这一收尾阶段),小组应当记录下整个这一阶段人们就内容、学生、教师、小组所面对的挑战等老生常谈的思想,写成总结纪要。小组现在是为第二阶段——突出共识与分歧——做准备。

在第二阶段,小组确认和教育目标、课程内容、教学方法有关的共识和分歧,所有的观点都应当给予慎重考虑。

在第三阶段,小组成员阐明自己的立场。我为什么认为这是一个问题?什么样的数据支撑我的观点?一个特殊的学生小组在走下坡路吗?课程的解决方案是什么?为了达成共识,小组成员必须将对方当作专业人士相互欣赏,而不是将自己的同事当作对手。[54]在引导小组方面,组长需要有高超的技能。

审议的第四步是从阐释立场的活动演变而来。在对所提供的数据和争论做出回应的过程中,小组成员改变了自己的观点。当人们的想法发生变化时,他们应告诉小组其他成员。

在审议过程的第五步,参与者致力于在课程内容、教学方法、教育目标方面达成共识。换言之,他们相互协商和说服(或被说服)。罗杰·索德(Roger Soder)提出,说服是一种至关重要的才能。它依靠诉诸理性和情感。[55]在第五阶段,小组试图确定可能的适合教育需要的课程解决方案。

在第六阶段,小组在课程的本质和目的方面取得一致意见。它将课程话题、教学法、教学材料、学校环境、实施方法、评估方法具体化。这种课程共识将反映出小组的社会、政治、哲学构成。然而,也会保留某些不确定性。

我们将后现代主义、后建构论的观点纳入非技术—非科学方法的分支之内。我们不应当将这类课程开发方法解释为是无形式的。将这类课程创造立场区分开来的,是人们的具体行为伴随着怀疑和不断质疑。[56]这一阵营中的人不否认可能存在确定性,但他们注意到,确定性正在逃逸,受到人们在其中寻找自我的环境的影响。[57]或正如沃尔夫-迈克尔·罗斯所提出的,"我们生活在串流的、相互的宇宙生活之中"。[58]我们世界和我们宇宙中的每一事物都处于变化之中,这种变化是无方向的。我们不能让时间停止,我们不能让时间倒流。我们只能在经历它们之后才能理解时间和事件。[59]

后现代课程开发人员不是怀着精确的方向或目标终点开始创造课程的。准确地说,目标指示方向。虽然这看上去新奇,但正如多尔所注意到的,[60]阿尔弗雷德在20世纪初即鼓励教育工作者认识到这一事实。同样,他注意到,按照后来的各种方向,在课堂中所提供的各种观念应当从各种参考框架进行研究和质疑。暂时设计的东西,为新奇东西的出现留下了"空间"。隐藏在暂时的课程设计之中的是各种诱惑,这类诱惑会鼓励"创造性、探索、创新、社会责任"。[61]这类课程规划是即兴表演剧场的招牌剧目。大致描绘了一个情境的轮廓,但对话仅出现在"演员"(师生)经历所建议的遭遇之时。在另一天,相同的情境也许会引出全然不同的"表演",这种表演会激发全然不同的、丰富多彩的多元探索和初步认识。这些临时性的事件代表了巴赫金(Bakhtin)所称的"曾经发生"——"只能被亲身体验和亲身经历"。[62]

也许有人认为,这种课程开发方法是建议为寻求刺激提供机会,允许学生虽然心怀恐惧和不安却信心倍增、采取行动。这一课程开发方法具体体现的是用教育剧场培养活泼快乐。鼓励师生成为各种知识领域的探索者。学习不是孤独的,而是一种群体的共同参与。学生们培养同窗关系。他们有一个充满各种可能性的环境去开阔视野、挑战暂时的结论。他们有时间去品味发现的欣喜,认识到发现即是逃离,"学术对话"必须持之以恒。

的确,开发后现代、后建构论课程的教育工作者写下了评论、建议,我们认为,对学生最低限度的学习的某些直觉感知来源于经历上述课程。不过,学习的所有层次、排列不可能——罗列,也不必——罗列。随着时间的流逝,各种学习将会得到提

第七章 课程开发

高、修正,甚至减少、消失。不过,在现代主义阵营中如此引人注目的精确步骤,在后现代主义、后建构论者阵营中却不在场。准确地说,这一"阵营"中的课程专家似乎倾向于可能导致多种多样学习和自然而然学习的各种行动。

斯莱特里的课程开发方法

在他的著作《后现代时代的课程开发》(*Curriculum Development in the Postmodern Era*)中,帕特里克·斯莱特里确实回避了创造课程所要遵守的精确步骤。不过,他的确又为他所称的"后现代时代课程开发的全球和本土综合愿景"[63]提供了某些指导原则。

斯莱特里的第一条原则声称,教育工作者需要接受教育有能力重新定义全球和本土的学校教育概念。此外,教育工作者必须尊重每个学生的独特性,认识到每个学生的所有经验都具有五花八门的关系。本质上,教育工作者必须意识到复杂性理论和混沌论。

他的第二个指导原则不是对过程的建议,而是一种告诫:后现代课程开发的追随者必须拒绝所有现代主义的有关课程和学校教育的立场。为了培养"一种恰当的后现代教育经验",[64]这种拒绝是必不可少的。

第三,为了置身于后现代阵营中,就必须接受后现代主义所提供的"一种重要的理解课程的新兴方法"。[65]此外,教育工作者必须接受这样的挑战:课程为学生创造处理全球基础上的社会和教育困境的各种机会。

第四,课程必须本质上被当作"课程"加以研究,从而使教育工作者能够对学校教育及其课程做出概括。正如斯特莱里所指出的,拉丁语"currere"意味着"顺着跑道跑"。[66]现代的"课程"一词在这一拉丁词中也有其根源。正如威廉·皮纳所说的,课程是一种程序,个人、教育工作者可以凭借这种程序自学:分析自己的现状,反思自己的以往经验,预言未来的可能知识立场和行为。凭借这一程序,个人可以更好地理解自己,从而成为更有效的教育工作者。本质上,这一程序让个人着手自我分析和回顾,允许个人在其思考和行动中成为内在指导型的人。斯特莱里强调,当思考课程时,我们应当记住即使在其被创造出来之后,课程开发也还是一个过程。它不是一种静态的现象。

第五,课程专家认识到,他们不只是充当课程开发人员,而且要做课程学者。他们必须认识到,他们的学术事业要求深入钻研阐释学。按外行的话来说,阐释学指的是解释的科学。不只教育需要阐释学。所有学术领域都有这样的学者：在他们的研究领域和学科范围内，对文献进行解释性的研究。[67]

多尔的课程开发模式

威廉·多尔的确可以和后现代阵营打成一团。为了抵御泰勒创造课程的基本原理和图式，他建议用"4R"取代泰勒的指导方针。从我们的课程立场来看（课程总是处于流动状态），多尔实际上并没有提出一个取代泰勒基本原理的另类选择，而是提出了判断旨在与后现代主义相啮合的课程的一系列标准。我们认为这些评判标准能够满足现代和后现代课程开发方法的需要。多尔所建议的"4R"即"丰富、递归、关系、严格"（Richness, Recursion, Relations, Rigor）。[68]

"丰富"被定义为课程内容和经验的深度。一门具有丰富性的课程提供复杂多样的意义层。它给学生提供各种机会，去沉思对所处理的内容和所参与的经历的各种解释。多尔注意到，一门丰富的课程必须包含"'数量恰到好处的'未决、反常、无效、混乱、失衡、耗散、活生生的经验"。[69]换言之，丰富性给课程经验带来现实的"风味"。正如罗伯特·莱克（Robert Lake）注意到的，生活不是一成不变的，生活处于社会、政治、环境的永恒流动之中。课程的丰富性要求有学生的知识探索、团体的发现。正如莱克所评论的，拥有丰富性的课程激发想象力，要求学生投入资源丰富的沉思和行动。拥有丰富性的课程永远不会完成。学习不可能是一劳永逸的。教育经验的丰富多彩，促成学生内心控制之下的一个持续不断的学习过程。[70]

多尔的第二个"R"是"递归"。他用这一概念来指再次发生，它通常让人想到数学上的重复过程。[71]然而，我们用它来指（多尔的确会认可）杰罗姆·布鲁纳在他的著作《教育过程》中所称的螺旋形课程。[72]布鲁纳注意到，通过持续地重访和回顾各种思想与洞见，学生增加了对信息和概念的丰富认知。每一次重访，每一次与材料的重逢，都让学习者增加自己认识的深度和丰富性。内容和经验的每一次重复中，都存在一种创造性的动力。

对一门后现代课程来说，多尔的第三个"R"——"关系"——在两种意义上必不可少：教学法和文化上。[73]关系处理关联——形成课程（其内容和教学经验）的结构性联系。关系是行动，不是不变的立场。在后现代思想中，课程及其相关行动总是处于一种发展状态，一种持续的演变之中。稍后，我们会讨论学科结构。现代主义者认为这些结构是严格的，与此同时，学科学者认为内容架构是已经达成共识

第七章 课程开发

的。但后现代主义者反驳说,这些结构是处于动态的变化中,甚至处于课程学者应当意识到的混乱关系之中。

多尔声称,投入课程活动必须考虑各种文化关系。教育工作者在各种文化语境中创造教育项目。教育工作者必须识别出他们在其中创造课程机会的世界剧场的天生语境特征。教育工作者必须意识到,为了创建有意义的教育项目,他们必须与别人建立密切关系。[74]多尔敦促教育工作者和所有人"以我们的感觉的本土特征为荣……实现将我们的本土视角融入更大的文化、生态、宇宙矩阵之中"。[75]

多尔的最后一个"R"是"严格"。严格也许是"4R"中最为重要的。多尔在这里指出,这四个"R"是用于课程开发过程的标准,而不是创造后现代课程的实际步骤。在这一节前文中,我们已经说过这一点。多尔表示,按现代主义的立场来看,严格具备"学术的逻辑、科学的观察、数学的精确"等因素。[76]后现代立场使重构"严格"这一概念显得必不可少。与"严格"是基于逻辑、观察、数学的精确之上的精确性标准相反,后现代的"严格"包含了"阐释和未决性"的特征。它吸收了混沌论的"不确定性原则"。[77]人们所说和所发现的任何事物,都不能说具有绝对的确定性,甚至没有某些发现所声称的99%的可能性。[78]

接受这一后现代姿态,运用"严格"这一标准意味着即使当我们创造和开发课程时,我们也总是要意识到,已经规划的内容和经验仍然存在可替代的选择。此外,内容和经验还存在着各种各样的关系与安排。人们带入到课程开发过程中的假设,将会影响到人们想象"暂时"格式化的课程计划。多尔报告说,这些假设往往不为我们所知,只有在反思时才暴露出来。[79]

正如霍华德·加德纳所说的,每一历史时期都有其最重要的主张或解释原则。[80]今天对教育工作者的挑战是要认识到我们存在于一个不断变化、充满冲突的历史时代:现代和后现代。现代自启蒙运动以来便伴随着我们(大约从18世纪开始)。后现代一词可以追溯到20世纪70年代末(并不确定)。法国学者让-弗朗索瓦·利奥塔在其著作《后现代状况:一份知识报告》(*The Postmodern Condition: A Report on Knowledge*, 1984)中指出,西方社会正在进入一个新时代——后现代。然而,80年代末,他认为这一新时代与其说是和现代的断裂,不如说是现代时期正在进入到"对自身的重写"。[81]今天,在21世纪,我们正在改变现代主义,不是抛弃它,而是让它在一个复杂和混乱的时代发挥作用。许多教育工作者接受量子力学的不确定性原则。许多教育工作者,包括我们在内,认识到"目的"和具体学习内容可以

315

列在课程计划之上,但有各种层次的学习(认知的和情感的)伴随着学习者的"成就"。我们知道,正如莱克所说的,"当想象在起作用时,计划课程从来不会胜出实际实施的课程"。[82]正如莱克所言,"想象的课程不会仅限于学校的圈子里,而是将学习者的全部生活包括在内"。[83]将现代和后现代立场整合在一起的课程会激发终身学习。

表7.1 提供了对课程开发的技术方法和非技术方法,以及现代主义与后现代主义视角的概览。

表7.1 课程开发方法概览

方法	主要假设	课程观	主要模式
技术—科学方法	可以确定、管理主要步骤	课程被视为经过选择和组织的可知成分	博比特、查特斯、泰勒:程序
现代主义视角	确定性原则 课程开发具有高度的客观性和逻辑 课程开发涉及任务分析,依赖从主要终点到出发点的各个独立的关键课程点 课程可以被打碎成为独特的部分或任务	课程被视为各部分的简编 课程被视为使学生参与独特的、有意义的任务	塔巴:草根理性 威金斯、麦克泰格:反向设计 乔纳森、特斯默(Tessmer)、汉纳姆(Hannum):任务分析方法
非技术—科学方法	课程开发是主观的、个人的、审美的、交互的	课程开发被视为对话	审议模式
后现代主义、后建构论视角	课程开发强调启发式的、精神的、社会的 课程开发接受"有序的无序"	课程被视为是变化的 课程被视为一个动态的、不确定的系统	斯莱特里的方法 多尔的"4R"方法

第七章 课程开发

落实课程开发

课程开发本质上依赖两个知识领域：课程设计与教学设计。特别是在 K – 12 层次上，大多数教育工作者对前者的了解多过对后者的了解。正像理查德·埃尔莫尔（Richard Elmore）注意到的，学校不断地修订自己的课程，但教学实践似乎很少变化。[84]

宾夕法尼亚州立大学应用研究实验室的研究者们，已经将教学设计定义成"为确保教学质量，运用学习理论和教学理论对教学细则的系统开发"。[85]对新内容如何教、课堂和学校环境如何组织，各种规划都必须不只是给予浮光掠影式的注意。在许多情况下，负责课程开发的人必须依赖教学设计专家的专业知识。

建立课程团队

最高层次的课程团队是联邦或州一级的团队。这些委员会的成员创造出像"不让一个孩子掉队"和"力争上游"这样的项目、政策和法律。本章主要谈论本地层次的团队，在这一级，课程细目被描绘出来，与州或联邦的指令及标准密切配合。

大多数课程团队的成员为教师。这是有意义的，因为教师实施课程，在开发课程时能够吸取自己的课堂经验。他们有可能熟悉有效的科目内容和教学策略。在有些学区，教师更多地参与将教材丛书改编成课堂教案，而不是显而易见地参与创建课程。然而，创建教案就是课程开发。在这样的学区，教材和相关材料由课程委员会选择。正如前文提到的，在得克萨斯，由得克萨斯州教育局选择各种教材丛书。然后学校从可接受的材料清单中选择自己所喜欢的教材。

尽管从理想而言是要让教师成为课程团队的关键角色，但也有教师抵制参与。司空见惯的回答是："我只是没有时间与同事合作。我已经对自己提出了太多要求。"我们了解到，通常是对学校的组织使得教师仿佛孤立地监禁在自己的课堂中。然而，这种"教师各自为政"不能作为标准。确实，人们已经发现拥有高效和创新课程的学校，教师既高度关注最近的教育思想，也致力于和同事精诚合作。[86]

成功的课程开发必须要求有校长的参与。在本书以前的版本中，我们提到校长对课程开发应当持支持态度，但不要支配整个过程。[87]因为这种建议，正如富兰（Michael Fullan）注意到的，校长往往被迫退出改革尝试，尤其是改革课程的尝试。

更近的研究支持这样的看法:学校校长应当成为指导改革动议的关键角色。[88]尽管这一研究主要集中在管理和政策问题及改革学校的文化,但我们认为它也适用于课程开发。

我们现在发现,高效的校长会酝酿创建教师委员会,教师委员往往会为持续的教育革新带来"大量关键性的分头领导"。[89]高效的校长(我们也将副校长包括在内),其典型特征是"协调关系的中心"。[90]这些校长信任参与学校各种关系的强有力的专业人士。因此,在所有角色(管理人员、教师、教辅人员)之间存在一种象征关系。课程团队和团队的所有参与者都关注其他教育问题。[91]有时,学校聘用校外课程专家担任开发团队的成员。通常,这些人可以提供开发程序方面的背景知识,共享课程设计的细节,阐明教学设计的复杂性。

一般来说,小学教师教大多数科目。因此,在小学层次,来自不同年级的教师参与课程开发尤为重要。创建课程的方式要适合整个项目。初中和高中更强调特殊科目领域,所以教师的参与量一部分基于正创建的新课程是为了一个特殊科目,还是为了一个全新的研究项目。一般来说,在开发团队中至少应当有一些正在讲授新课程或修订课程的教师。

创建指向、目标和目的

课程开发始于认识到所涉及的主要挑战。人们认为学校课程使学生能够获得知识、技能和态度。然而,许多人还想要课程再生产出学校在其中生存的文化,推进社会的经济、政治、社会和文化事业。[92]

一些人喜欢培育全球视野的课程,而另一些人认为当地的话题应当优先。一个人的焦点反映出这个人对这样一些问题的反应:一个特殊层次上的求知意味着什么?谁的知识有价值?谁的历史有价值?谁的文学有价值?奥尔哀叹知识的全球化正导致对本土知识的忽视。[93]在大多数情况下,一个学校的课程指向和目标来自当地市民、州组织机构、全国团体或联邦政府。学校在目的方面有更大的投入。

教育工作者课程开发的第一步应当是分析需要和任务。教育工作者必须确定为了在学校、工作和生活中获得成功,学生需要学习什么。在这一时段,课程开发人员要收集数据,这些数据将告诉他们做出相关的决策:什么内容是必不可少的?内容的恰当顺序为何?恰当的教学策略是什么?应当如何为学生配备不同的课程组成成分?[94]需求和任务分析通常包含对学校和课堂的考察。小组讨论或许也能明确这种考察的基本依据。负责这种最初分析的人也许还要和校长、教师、学生谈话。[95]

通过对需要和任务做出分析,教育工作者决定课程应该包括什么。数据分析可以揭示学生学习上的差距,由此指明所需要的目的和内容。教育工作者开始感觉到课程应当包含什么样的内容、学生活动、实施方式和评估方式。

生成指向

诺丁斯指出,对教育来说,对指向的讨论必不可少。确实,这对民主体制的健康来说也必不可少。[96] 指向为我们提供为什么我们坚守特殊的信念和行动的答案。指向提供方向并折射出我们的价值判断。拉尔夫·泰勒将美国学校教育的指向概括为:(1)培养自我实现;(2)使个人有文化修养;(3)鼓励社会流动;(4)为生产性就业提供必要的技能和理解力;(5)为在物质、非物质事务和服务方面做出有效选择提供必不可少的工具;(6)为继续学习提供必要的工具。[97] 今天,这些指向仍有意义。然而,诺丁斯认为,在目前的教育中,我们今天实际上不会经常自问我们为什么做我们正在做的事。我们在争取放之四海而皆准的东西吗?[98] 司空见惯的是,在 21 世纪,教育工作者根本上不提这些为什么的问题。相反,政治家和公司团体才会提出为什么的问题。对所提出的为什么的回答是自洽的:让我们的孩子在国际共同体中获得最好的考分,让我们的国家成为世界上最强大和经济上最成功的国家。我们必须时刻是第一吗?教育的目的,就是要让我们获得自我吹嘘与其他国家相比我们孩子的考分最高的权利吗?

的确,教育工作者希望创建针对知识指向、社会—人格指向、身体指向、审美指向、道德指向乃至精神指向的项目。但正如诺丁斯所说的,教育应当拥有这样的指向:促使我们的学生成为力争世界和平与繁荣的公民。[99]

1918 年,全国教育委员会初中教育重组委员会就列举了教育的总指向:(1)健康;(2)基本流程的要求;(3)可贵的家庭归属感;(4)职业教育;(5)公民教育;(6)空闲时间的有意义利用;(7)伦理品德。[100] 诺丁斯报告说,虽然许多人称赞该委员会的报告,但有些人感到它对学校提出了太多的要求。其他批评者认为,它过多地偏离了教育的学术目标,已接近反智主义的基调。[101] 然而,诺丁斯提出,"核心原则"实际上对本世纪的"指向对话"最有意义。[102] 今日世界的教育不是要单纯教育或"培训"学生成为工业机器的齿轮。我们希望创建这样的教育项目——使学生成为多元的 21 世纪"宇宙"中的"全功能的"个人:社会的、公民的、个人的、艺术的、职业的、道德的、精神的个体。然而,这类目标不会一一达到。事实上,有头脑的教育工作者不期望目标——实现,而是寄希望于一个争取达到目标的旅程。我们希望学生获得必要的技能和认知,为有意义的学习和行动的旅程做好准备。

教育工作者必须对自己所生活的时代保持敏感。生活的变化不定将使教育工作者和一般公众面临种种问题,这些问题要求对特殊的教育指向做出调整。种族和性别平等问题依然要求教育针对这些问题。全球变暖问题应当为学校带来各种目标。世界卫生状况是一大挑战,要求引起学校的注意。教育工作者应当开发诉诸全球共同体的社会、文化、经济关系的教育指向。指向应当处理教育的一般过程,例如建立全球思想(world-mindedness)。

生成目标

课程开发的第二步是创建目标。按伊夫林·索厄尔(Evelyn Sowell)的看法,目标要回答这一问题:"就特殊课程或科目所能关注到的范围来说,你所想到的学习者的目的地为何?"[103]目标也许包括以下因素:学生批判性地思考、学生是多样的、学生认为对自己的学习负有责任。

在教育对话中,目标和标准似乎已经融合到一起。1995年,黛安娜·拉维奇提出,"标准"是应当完成的目标,同时也是取得那一目标的进步的标准。它是课程开发的一部分,也是课程评估的一部分。在考虑教学策略时,尤其是考虑如何取得某种教学方法,或刺激学生在一个特殊课程领域达到一个特定标准或一组标准时,也可纳入对目标和标准的讨论。[104]

我们反对将标准等同于目标。一个目标的确表明可以或应当如何学习,但它比一个标准更为普遍。正如拉维奇和其他人对"标准"这一术语的定义,标准与教育目的更为相近——目标用相当具体的条款来定义学生要学习什么、学生要展示何种行动。拉维奇将学生要学习的东西定义为"内容标准",将学生要掌握的行为定义为"操作标准"。潜存于这两种类型标准之中的,是教师要教的内容和学生要展示的行动。同样,操作标准对教师所使用的教学材料进行调节。

为了表明我们的观点,请想一想斐·德尔塔·卡巴(Phi Delta Kappa)荣誉学会为学生列出的第一个目标:学习如何做一个好公民。这是教育经验的普遍终点。然而,人们不会认为学习如何成为一个好公民是一个标准,或有一个标准。我们必须采用各种标准创建各种不同的教育目标,以确定我们必须学习什么内容、掌握何种操作,以使我们更精确地表明学生是否取得了做一个好公民的知识、技能、态度指标。斐·德尔塔·卡巴荣誉学会所提出的其他目标也同样可以这样来论证。

第七章 课程开发

通过分析一个学校的目标,我们可以明确该校教育规划的范围。与指向不同,目标是具体的。课程开发人员可以将它们当作取得特殊目的的指南。当指向变得更为具体并且与特定的学校、学校体制或科目领域联系到一起时,指向就变成了目标。斐·德尔塔·卡巴荣誉学会为学生列举了以下目标:

1. 学习如何做一个好公民。

2. 学习如何尊重思维不同、穿着有异、行动有别的人,并与他们相处。

3. 了解并尝试理解世界上所发生的变化。

4. 培养听说读写的能力。

5. 理解并实践民主价值观。

6. 学会如何研究并使用信息。

7. 培养进入一个具体工作场域的技能。

8. 培养目前和未来的学习欲望。

9. 理解并实践保健与安全。

10. 欣赏文化与美。[105]

1990年,乔治·布什总统和美国的州长们提出了美国学校2000年要达到的六个目标,"美国目标专家组"也建立起来,以确定美国在达到这些目标方面所取得的进步。

1. 所有美国孩子都要着手入学准备学习。

2. 高中毕业率至少增加到90%。

3. 美国学生在离开四年级、八年级、十二年级时,要能证明在具有挑战性的科目(英语、数学、科学、历史、地理)上已达标。

4. 在科学和数学成绩上,美国学生在世界上要排名第一。

5. 每个成年美国人要有教育素养,拥有在全球经济竞争中所必需的知识和技能,并且行使公民的权利和责任。

6. 每一所美国学校都要远离毒品和暴力,提供一个训练有素、有益学习的环境。[106]

像指向一样,目标应当不仅针对现在,而且也应当适合将来。创建教育目标是一项持续的活动。对课程目标的陈述,最初的语句来自学生、社会、特定共同体的需要。

目标有时会按照重要性、灵活性或两者兼有的标准进行等级排序。然而,有时由非教育工作者所定的想达到的、可行的目标,被诸如诺丁斯之类的人认为是"荒诞可笑的",甚至远没有可能达到。[107]例如,以"2000年目标"为例:目标(1)所有美国孩子都要着手入学准备学习;目标(2)高中毕业率至少增加到90%;目标(3)美国学生在离开四年级、八年级、十二年级时,要能证明在具有挑战性的科目(英语、数学、科学、历史、地理)上已达标;目标(4)在科学和数学成绩上,美国学生在世界上要排名第一;目标(5)每个成年美国人要有教育素养,等等;目标(6)每一所美国学校都要远离毒品和暴力。所有这些目标在2000年都没有达到,而且在21世纪也仍然没有达到。我们将用何种解释来为目标(4)——在科学和数学成绩上,美国学生在世界上要排名第一——进行辩护呢?除了夸夸其谈的权利和培养高人一等的感觉之外,这样一种目标的基础何在呢?这些解释适合培养能与所有人类进行沟通的世界公民的目标吗?"不让一个孩子掉队"要求所有孩子到2014年达到精通数学。所有孩子?学习有障碍的孩子?这一"要求"没有达到。现实地看,它不可能达到。然而,华盛顿州的众多学校因为没有达标而受到了处罚。[108]

应当由通晓学校教育、课程理论、课程开发、课程评估的教育工作者来定义目标。的确,在所确定的目标是否合适方面,教育工作者可以寻求社区成员甚至学生的建议。如果他们的回答是肯定的,这些目标也就会为正在创造课程和传授课程的人所接受。参见课程小贴士7.2。

☞ 课程小贴士7.2

学区和学校层次的目标开发

当创建课程目标时,个人需要了解:
1. 联邦和州有关教育的指令;
2. 将接受该计划性课程的具体学生;
3. 预期的能力和学生对预期的认知;
4. 将促成达到目标的教育环境和情境;
5. 所预期的上过新创建课程的学生的表现和领悟标准。

资料来源:改编自 Abbie Brown and Timothy D. Green, *The Essentials of Instructional Design* (Upper Saddle River, NJ: Pearson, 2006), pp. 146–147。

第七章 课程开发

生成目的

在教育指向和目标的语境内,有必要阐明更具体的目的。尽管指向和目标是长期的,目的是短期的。对一个特殊的科学项目或规划来说,课程开发人员也许会陈述这样一个目标:"在处理科学材料之时,提高学生处理数据的技能。"然后也许可以通过一系列目的接近这一目标。

阐明目的的指导方针

在创建目的时,教育工作者应当考虑这些目的是否与陈述过的目标和指向恰好匹配。例如,学生了解一般的科学概念这一目的和学生能够将特殊信息处理方法用于科学认知这一目标就不匹配。一个标准必须与一个目的更具体地联系在一起;为了对这一目的进行微调,教育工作者必须确定内容标准,也就是说,限定必须加以证实的程序性知识,然后指明必须获得的成绩或技能水平。

目的也必须有价值、不琐碎。例如,"学生知道密西西比河流入墨西哥湾"这一目的显然过于狭隘。一个目的应当不仅对学生的现在,而且对其未来有意义。换言之,内容和成绩标准对学生来说必须是有价值的。假如内容在普通社会中一钱不值或毫不相关,那么,说学习一般内容要达到一个高水平或证明一般成绩达到一个高水平就没有什么意义。知道计算尺是什么、它如何起作用并能熟练地加以使用,在21世纪极有可能没有什么价值。

假如你想到对一个学生有价值的东西事实上可能对另一个学生毫无价值,那么,目的必须有价值且不琐碎的指导方针就会受到质疑。正如陶布曼注意到的,对标准的大多数讨论似乎都没有正确认识精确性并考虑语境。标准的提供没有依赖环境。我们有一个悖论。陶布曼告诉我们,标准之所以作为标准,必须充当"'不变的变者',可以跨语境,跨本地、州、国的界限移动,从一个实践的共同体到另一个共同体,当它们在移动时产生变化,但在这一过程中又不被改变"。[109]

标准,特别是全国标准,认定所有学生、所有社区、所有教师、所有学区都是相同的,都面对相同的挑战,拥有相同的价值观,具有智商相同、知识兴趣相同、行为取向相同、文化与种族背景相同的学生。标准隐含着所有学区都按相同的节奏定义一个特定目的的价值。这不是现实。然而,许多赞成标准的声音声称,所有学校都应当力争对价值做出相同或至少是相似的解释。标准意味着课程、教学、教育经验、学习的标准化。要比较我们学校之间的教育是否成功,"相同"标准是必不可少的。

另一个指导方针是目的应当得到清晰表达——易于理解和达成共识。同样，目的范围之内的标准也应当得到清晰表达和获得共识。丽莎·卡特（Lisa Carter）批评某些已经出版的州标准模糊不清。如此一来，教师就必须在自己的课堂中对标准进行"翻译"。因此，将不存在教学、课程、学习的"标准化"，没有任何方式去衡量是否已取得有价值的内容和技能。[110]

虽然使目的和明确的或潜在的标准明白易懂可能容易实现，但让每个人认同目的乃至目标、普遍标准则是令人胆寒的任务。生成目的的下一个指导方针甚至问题更多。为了确定是否恰当，教育工作者必须考虑学生的需要和所覆盖的内容。有些目的是不恰当的，因为这些目的所要求的行为超出了学生的能力范围，或者没有考虑学生的兴趣。有些目的也许更适合选修特殊科目的具有特殊抱负的学生，对具有其他动力的学生则不那么合适。

然而，正如陶布曼所说的，尽管教师认识到学生来到学校时是带着不同的才干、能力、兴趣、文化和种族背景，不同的生活经验，各种有关自己现在和未来的梦想的，教师却受命不去因材施教，不去对每一个学生运用不同的标准，唯恐我们丧失"标准"的意义。[111]课程按目的和标准不能变化，也不能有意偏离。所有的变量必须永远停留在标准所允许的范围里。课程必须被标准化。

这不是学校教育的现实，不是社区、地区、州、美国、世界共同体的现实。然而，标准仍然占据教育，特别是课程和教学对话的中心舞台。我们当然不是在赞成取消标准。我们需要标准，但不是为了生成标准的、一刀切的课程。我们不应当将确定我们的目的、我们的课程、我们的教学、我们的教育材料的任务让给其他权威机构（通常是教育之外的权威机构）。当然，选择教育目的和为内容、程序选择标准并不是教育工作者的自留地。然而，在今天，制订标准的许多活动似乎没有教育工作者什么事。美国政治机关为新汉普顿和亚利桑那的孩子确定标准。它们为华盛顿州和佐治亚州的学生设定成功的标杆。它们告知教育工作者要跳多远，建议他们的工资要根据有无越界来调整。在确定教育目的和标准方面上下奔走的，是些什么人、什么利益团体呢？我们已经提到过全国性团体，某些政府人士和某些专业人士。"不让一个孩子掉队"是在全国层次上创建的。"力争上游"竞赛是一种全国性的尝试。给形形色色的学校无数资助的盖茨基金会正在影响目的和标准。然而，州教育局是关键角色。

制定目的的第四个指导方针是应当将目的有逻辑地加以归类，以便在确定教学单元和评估时派上用场。甚至应当对标准进行逻辑的归类,这意味着必须对隐含在目的之中的标准做出个性化处理,使之适应特定学生的多样性。目的经常前后不一。例如,将基于不同层次的特性基础上的目的归到一起,正像将如何理解信息处理和了解写完整的句子归到一起一样。潜存于认识如何处理程序性知识的标准,比潜存于认知如何写一个完整句子之中的标准要更为复杂。

第五个指导方针是目的必须定期修订。学生在变,社会在变,知识在变,教学策略在变,在一个特定的社会层面产生作用所必备的能力也在变。这一指导方针表明,与流行的看法相反,标准一定会变。正如有些人所认为的,假如标准是靶子,我们就必须认识到,受时间的驱使,他们正在移动靶子。[112]教育工作者也应当偶尔分析一下自己的目的,重新思考特定的标准,以确定它们是否依然有价值。

第六个指导方针是有用的目的能使学生进入单元计划或课堂计划的下一部分。有用的标准针对那些继续教育之旅所必需的内容和技能。有用的目的和有力的标准能帮助学生参与学校之外的世界。

最后要考虑的因素是目的的合法性问题。在合法性方面,有并且必须有标准的标准化,目的是要遵守联邦和州的指令。有的指令要求教所有的学生某些材料,例如国史或基础数学。在这里,我们在接受标准时稍有困难。然而,我们仍然要使个案成为具有标准的个案,我们是在谈最低程度的内容知识和技能习得。然而另一些指令则禁止某些内容。还有其他一些指令,则针对特殊学生人群(例如接受特殊教育的学生)的需要。[113]

目的的类型

从特殊年级的具体课程领域(通常是科或课)到课堂教学的结果,都属于教育目的的范围。阿比·布朗(Abbie Brown)和蒂莫西·格林(Timothy Green)注意到,教学目的应当清楚地指明某些可观察或可量化的学生行为。换言之,在标准方面,这些教学目的应当是明确的。[114]在大多数州,流行以结果为基础的教育。华盛顿州建立了一个专门委员会来开发所有学生必不可少的学习结果一览表。这类学习结果即标准。

行为目的。 大多数教育工作者和普通公众相信,教育目的应当按可观察或可测量的成绩来表达。也就是说,目的是行为性的。学生可以证明他们已经取得特殊的技能或知识,也就是说,已经达标。

马杰(Mager)声称,一个教育目的必须描述(1)将表明学习者已经达到目的的行为;(2)当他或她证明自己的成就时,加在学习者身上的条件或情境;(3)可接受的最低熟练度。[115]满足马杰标准的科学课的行为目的也许可以表述为:

> 在学完有关能量的单元后,学生必须完成该科的 100 道问题——一小时的多项选择测试。学生必须正确回答其中的 75 道问题。

数学课的行为目的也许可以表述为:

> 给学生一张乘法运算表,学生要能以 80% 的正确率、一分钟一道题的速度,完成 10 道三位数的乘法运算。

某些教育工作者支持行为目的,但不相信这些目的必须针对执行行为的条件或情境,或者针对熟练度。同样不像马杰,他们认为,行为目的按照科目内容声明学生要做什么(例如,写一段短评或比较数据)是必要的。这类目的可能声称,"学生要在英语作文中写一段和 20 世纪晚期文学有关的短评",或"经济课的学生要比较两个不同年度的国民生产总值的图表数据"。

将成绩水平和操行条件包括在内不总是必要的。然而,在涉及一门课的某些层面的最低要求(也就是标准)时,将成绩水平(多好、多少或多精确)包括在内却是必要的。在知道何处及如何验证知识、何处及如何表现技能至为关键时,操作条件也是必要的。环境的本质是什么?操作条件和真实生活条件相像吗?以下目的既包括必要部分,也包括选择部分:"从事地理田野实践的学生,要整理田野笔记,以符合地理田野研究手册的指导方针。""地理田野研究实践"涉及条件;"整理"涉及必需的学生活动,"以符合所提议的指导方针的方式"涉及成绩水平。[116]

非行为一般目的。 非行为目的的提倡者使用欣赏、了解、知道一类的词。他们相信正陈述的目的过于具体地将学习限制在可测量的成绩之内。针对更高顺序(例如分析思维、文学欣赏)的目的有可能被忽视。后现代教育工作者拒绝行为目的,将其视为过于狭隘、机械僵化。有些人相信教育工作者没有任何权利规定学生必须知道什么、必须如何行动或必须拥有什么技能。[117]学习不是有关操作水平的,而是有关探究的。

在进行课程决策时,特别是生成目的时,教育工作者理想地考虑所有学习领域:认知领域、情感领域、精神运动领域。依赖于他们所针对的领域,目的聚焦于不同的技能、素养、认知。在每一领域内,目的是按越来越复杂的次序来排列的。

认知目的。 1956 年,本杰明·布鲁姆将我们带入了教育目的、认知领域的分类学。在其分类学中,本杰明·布鲁姆将认知学习划分为:(1)知识;(2)理解;

(3)应用;(4)分析;(5)综合;(6)评估。[118]多年来,教师将这种区分作为创建认知目的的指南。2001年,布鲁姆的分类学修订版出版。这一修订版创建了生成处理知识和认知过程维度之目的的栅格。知识维度之下再分为:事实性知识、概念性知识、程序性知识、元认知知识。认知过程维度针对记忆、理解、应用、分析、评估、创造。[119]对这两个维度(知识和过程)的处理,允许教育工作者构想目的,不仅考虑所要教的内容类型,而且考虑试图采用的认知策略。

"事实性知识目的"针对具体的知识。这些目的的确定学生必须掌握的那些基本要素,以表明他们了解一个学科或内容领域。

"概念性知识目的"指学生理解各种事实是如何显而易见地相互联系在一起并与该学科联系起来的。重点在有关分类和范畴的知识、原理和概括,以及理论、模式和结构。

"程序性知识目的"针对那些使学生能够与事实性知识、概念性知识"打交道"的过程和方法。这些目的也包括有关标准的知识,目的在于确定何种程序在处理信息过程中最有用。

"元认知知识目的"针对学校学习被忽视的方面:普通的认知知识,大脑如何运作的一般知识、有关个人具体认知的知识。随着这些目的而来的是,意识到策略知识和如何利用启发式教学与算法让学生参与学习过程受到了关注。元认知知识目的指导学生关注自己智力的开发。

认知过程。 尽管知识维度集中关注的是要学的内容、目的的名词,但我们必须提供目的、行动的动词。学生要做的是什么?要展现何种行动?

可以整合四种知识目的的六个认知过程是记忆、理解、应用、分析、评估、创造。认知过程在复杂性和知识价值上是渐进的,第一个过程即记忆,复杂度最低。记忆基本上就是辨认和回忆信息。它是对某物的认知。而接下来的认知过程——理解,是指弄懂所回忆并可以将其运用到其他认知过程中的东西。在这一分类学的修订版中,理解纳入了阐释、举例、分类、概述参照、比较、解释等认知活动。[120]学生需要的不只是理解。他们必须利用他们所理解的东西。学生必须激活自己的程序性知识,并将其应用到熟悉和不熟悉的任务与情境中去。

第四个认知过程维度是分析。在这一节点上,学生必须化整为零,并区分元素、关系、组织原则。学生必须揭示科目材料中的内在结构。他们必须对自己所记忆和理解的东西进行解构和重构。

认知目的的第五个认知过程,即认知的评估过程对知识的合理使用十分关键。在这里,师生必须基于标准和尺度对结论做出判断。这里的重点在于做出判断,进行批评,运用内在证据或逻辑的一致性,以及外在的证据或与其他地方产生的数据的一致性。

第六个也是最后一个认知过程维度是生成创造的方法。在这一阶段,即布鲁姆最初的分类学的综合阶段,学生生成假设、规划未来的学习策略、创造产品或环境,以表明学生与内容相关的创造才能。[121]

多目标目的。 的确,我们可以有具备不同复杂度的认知目的。我们可以仅有一个集中关注记忆、认知事实性知识过程的目的。也许可以将这种目的表述为"学生说出亚洲最高山脉的名字"。然而,大部分教师可能喜欢处理高级知识维度、使学生介入更复杂认知过程的认知目标。例如,一位教师可能为一个有关全球变暖的单元创建以下目的:"学生将运用天气数据,预报未来可能的对不同地域的气候影响。"这一目的针对三个知识维度:事实性知识、概念性知识、程序性知识。这一目的要求学生学习具体的地理和气象学事实。学生也必须知道可靠的信息资源。学生必须理解概念性知识,例如天气模式、趋势分析、各种气候模式和结构的知识。他们还必须拥有预报程序的知识,乃至与天气分析相关的算法。

这一特定目的也需要学生参与各种认知过程(目的的"动词")。的确,对学生利用气象数据生成有关全球变暖之后果的预报来说,他们必须记住并理解大量数据以解释图片数据和全球影像资料。他们必须完成分析程序。为了做到这一点,学生必须参与对收集来的数据的分析,确定什么数据造成了全球的哪一个点的变暖。学生必须对自己的预报和结论做出判断或批评。一旦达到这一目的,也许就要要求学生做出自己的预报。

从这个例子来看,很明显,起初作为一个明确目的的出现的,实际上却涉及许多方面的知识和认知过程。在反思和创建认知目的方面,修订过的分类学是一个最有用的工具。

情感目的。 戴维·克拉思沃尔和其他人已经将情感目的化整为零,将其划分为五级。每一级取决于是否达到前一级。例如,为了表达一种价值喜好,学生必须能够接收信息,对情境做出回应。[122]

1. 接收。这种目的与学习者对刺激的感受力有关。其中包括:(1)意识;(2)接收的意愿;(3)选择性注意。例子:"从对各种东方文化的学习中,学生培养出对东方的服饰、家具、建筑的审美元素的意识。"

2. 回应。这种目的与学习者对刺激的主动注意有关,譬如:(1)默认;(2)愿意回应;(3)心满意足。例子:"通过主动参与一个研究项目,学生表现出对谈话的话题有兴趣。"

3. 评估。这种目的与学习者的信仰和价值态度有关,它会表现为:(1)接受;(2)喜欢;(3)承诺。例子:"在有关核力量的利弊方面,学生会选取一种立场。"

4. 组织化。这种目的与价值观和信仰的内在化有关,它涉及:(1)价值观的概念化;(2)价值体系的组织。例子:"在有关自己对保护自然资源所负有的责任方面,学生形成自己的判断。"

5. 人格化。这是最高级的内在化。这一级的目的与这样的行为有关——能反映(1)一套概括化的价值观,(2)一套生活哲学。例子:"学生调整自己的个人生活、公民生活,与道德伦理原则保持一致。"

思考情感目的要求认识到我们正在推进知识维度、认知过程维度、情感维度的界限。正如安德森和克拉思沃尔所说的,元认知情感包括有关我们自己认知的知识,我们随后必须认识到,它与学生的情感和学生的情感意识、思想意识联系在一起。情感领域主宰着元认知自我认识。

弗拉维尔(Flavell)许多年前说过,自我认识是元认知的一个关键构成元素。[123]通过反思自我认知,学生在与自己的教育冒险发生联系时,会记录下自己的利与弊。学生在拥有对自己学习的深度和广度的自我意识的同时,会获得指引未来学习的可贵信息。[124]

自我认识也与个人对自己气质的理解联系在一起。研究表明,气质是以生物学为基础的,伴随一种基因、环境、经验的额外影响。在基因方面,个人发不出任何"声音",但在环境方面,他们的确可以发声,在经验方面,千真万确,也是如此。认识到这一点,学生在回应特殊情境方面,对兴趣的强度和持续时间的自我调控会有更多的控制。[125]教师必须安排时间,让学生进行元认知思考,建立自我认识。关注情感目的不只限于关注大脑。它培养情感自我、知识渊博的自我、智慧的自我。

精神运动目的。 精神运动领域受到的重视,远远少于认知领域和情感领域。阿妮塔·哈罗(Anita Harrow)将精神运动目的分为六级。正像认知目的和情感目的的级别一样,精神运动目的的级别也要求达到前一级才进入下一级。例如,要达到感知目的,孩子必须掌握基本动作。[126]

1. 反射动作。这一级的目的包括:(1)分节反射(涉及一个脊髓节);(2)节间反射(涉及一个以上的脊髓节)。例子:"在参与这个活动之后,学生会自动地做出对身体刺激的反应。"

2. 基本动作。这一级的目的针对和以下动作相关的行为:(1)走;(2)跑;(3)跳;(4)推;(5)拉;(6)握。例子:"学生跳过两英尺高的栏。"

3. 感知能力。这一级的目的针对:(1)动觉能力;(2)视觉能力;(3)听觉能力;(4)触觉能力;(5)协调能力。例子:"学生通过形状对积木进行归类。"

4. 体能。这一级的目的关系到(1)耐力;(2)力量;(3)柔韧性;(4)敏捷度;(5)反应时间;(6)灵巧度。例子:"到年底,学生至少能做五个俯卧撑。"

5. 技巧动作。这一级的目的涉及(1)游戏;(2)运动;(3)舞蹈;(4)艺术。例子:"学生可以翻一连串的筋斗。"

6. 非话语交流。这一级的目的与表达性动作相关,通过(1)姿势;(2)手势;(3)面部表情;(4)创造性动作。例子:"学生创造一组连贯的动作,并伴着音乐表演这组动作。"

虽然这些不同的分类对目的和课程重点的开发与归类行之有效,这些分类之间及分类层次内部依然有相互重叠交叉之处。之所以会这样,是因为在现实中,知识、技能、情绪和态度(甚至还有伦理、道德,以及精神的各个维度)构成了人类学习和行动的复杂性。

对指向、目标、目的的综述,可参看表7.2。

表 7.2 指向、目标、目的概览

教育声明	特点	来源	实例	对课程的意义
指向	给教育行为提供方向或意图的一般声明	来自全国委员会、工作小组、专家组	《初中教育常规》;《美国民主教育的目标》;《国家在危机中》	确定课程的总方向
目标	比指向更具体的目标	来自专业协会、政府机构、州教育局、学区	督导与课程开发协会:《教育目标的测量与坚持》;PDK:《教育计划模式的第三阶段》;《全国教育目标》	确定课程的具体内容领域

目的	或指明一般结果，或指明具体结果的具体陈述。行为目的指学生所声明的意指学习的具体行为。非行为目的用更一般的词指所期待的学习，比如"了解"、"理解"	来自学区、学校和单个作者	布鲁姆、克拉思沃尔、哈罗的教育目的分类；波斯纳，格朗鲁德（Gronlund），马杰	行为目的意在使课程更秩序井然、精确无误、分门别类；非行为目的允许开放的课程并对科目材料进行整合

选择课程内容

课程专家必须确定学生为了成功需要什么知识。斯宾塞也提出同样的问题："什么知识最有价值？"然而在今天，必须将该问题改为：在全球世界和数码世界，什么知识最有价值？[127] 相关的问题是，学生对既定的、经过选择的知识，应当"掌握"到何种程度？这种追问带来了有关标准的问题。那些相信为课程选择的知识应当有标准、课程应当标准化的人，忽视了两个基本真相：有用的知识在文化上和历史上都是特殊的，[128] 使用经过选择的知识的技能水平因个人的兴趣和需要而千变万化。

随着社会的变化，有用的和必不可少的东西也同样在变化。正如赵勇所提出的，在我们社会中被认为价值连城和必不可少的知识，也许在另一社会中被认为一钱不值、毫无价值。[129] 在农业社会中必不可少的信息，在全球城市化的社会少有价值。的确，对一个城市居民来说，农业知识是一种农业综合企业中的人才需要掌握的不同心态和技能。

在确定和选择内容（无论是陈述性的还是程序性的）时，对课程专家的挑战在于，学校对创建的学习项目负责，不只是对当地社区负责，也不只是对一个州或全国负责，而是对全球、世界社会负责，或具体说来，对世界"社会"负责。而所有这些社会都处于流动中。教育工作者为预期的、想象的、正在崛起的、日益扩大的、日趋压缩的社会选择内容。除了这种内容选择所面临的挑战之外，我们还必须从真实世界和虚拟世界两个世界选择内容。正如赵勇注意到的，教育工作者和其他专业人士必须认识到，虚拟世界区别于物理世界。他声称，虚拟世界基本上是不同的，因此要求不同的知识和技能。课程专家和各个共同体也许会问我们为什么要考虑虚拟世界。我们之所以必须考虑，是因为我们目前许多学生即生活在真实和虚拟两个世界之中。

赵勇描绘了旧金山的一个软件公司林登实验室所创造和运营的名叫"第二人生"的3D虚拟世界。尽管只存在了几年,它现在却涉及全世界的许多玩家,这些玩家作为一个虚拟世界的"居民"仍十分活跃。在这一网络世界里,居民参与和物理世界相同的各种活动:造房子、起高楼、买汽车、购食物、参与商业活动。在这类活动中,他们真的赚到了真实的、物理世界的钱。

"第二人生"不只是一款为取乐而玩的游戏。它可以充当正式教育的一个载体。假如一位学生对艺术感兴趣,他就可以前往虚构再现的特定艺术博物馆。假如旅行是有趣的,这位学生就可以通过自己的在线角色,前往许多欧洲城市。[130]

几年以前,克里斯廷·斯利特(Christine Sleeter)注意到,学校往往纳入有益于主流文化的内容,而排除对历史上被边缘化的群体(例如非洲裔美国人、说西班牙语的人、土著美国人)至关重要的内容。主流文化的知识和学习风格被认为最重要。[131]尽管这种观点今天仍然切题,但课程专家必须认识到,照我们的全球世界观来看,许多主流文化正在不断地相互作用。随着技术在许多情况下造成远程的关联,无数学习风格和学习领域正在发生形态上的变化。在全球世界和数码世界中,美国学校必须选择服务既作为美国公民,也作为世界公民的学生的内容。

教育工作者不仅要选择好好服务所有学生的内容,而且选择的内容必须是"活的"。回到20世纪20年代,阿尔弗雷德·诺斯·怀特海(Alfred North Whitehead)写了一篇题为《教育的目的》(*The Aims of Education*)的随笔。在这一随笔中,他指责教育工作者对内容的选择,抨击他们选择内容的方式使内容显得"僵死"、"呆滞"、"毫无生气"、"贫瘠"。课程内容基本上是"死知识",与现实脱节。内容和日常生活要求没有联系,无视学生的兴趣,与相关的学术研究领域脱节。[132]怀特海甚至说,他在牛津的教育只是让他熟悉了"僵死的"、"呆滞的"的知识。对21世纪的我们来说,一大挑战是保持知识的生动活泼。当知识只是对通过考试有用的时候,知识就是一具僵尸。正如布朗和伯格所说的,当选择课程内容时,学生学习什么、如何学习是我们最先要考虑的。他们说,普遍来看,相对成年人所主张的学习和认知重点(无论这里的成年人是教育工作者、政治家,还是一般团体),学生的欲望和学习策略都被摆到了次要地位。[133]

内容的概念

负责课程计划的群体必须选择能使学生学到最顶尖的内容——无论他们实施的课程设计和开发模式是什么。但是,正如前文所述,我们似乎将成人的兴趣置于第一位,将学生的需要置于第二位。尽管我们知道课程必须提供和学生所关注的事相关的信息,但我们还是"屈服于"联邦、州、当地成人的要求。"不让一个孩子掉队"是由对教育(无论课程还是教学)所知甚少的成人制造出来的。我们知道应当对内容加以组织,以便学生发现信息是有用的、有意义的。我们知道,当选择内容时,我们必须反思和使用我们所知的如何最好地针对学生的认知、社会、心理维度的内容。然而,我们的训练和实践会议,讨论的还是让学生通过特定的考试栅栏的"呆滞"、"僵死"的知识。

内容(科目材料)是事实、概念、概括、原理、理论的汇编。它也整合了处理信息的方法。课程内容提供(或应当提供)让学生发现知识并将其与真实世界联系起来的机会。正如莱克所说的,所选择的内容必须是"无边的、多元的、但又是总体的、量身定做的"。[134]他建议(鼓励)教育工作者允许自己的想象力和学生的想象力成为内容范围的唯一边界。[135]所有内容是从不同知识领域中选择出来的。在21世纪,各领域正在这一"技术的勇敢新世界"中不断扩大和产生变异。[136](参见图7.5)。

大写的知识 ——————→ 内容 ——————→ 小写的知识
(正式组织过的信息)(为教育目的选择出来的知识)(足够使用的学校内容)

图7.5 从世界知识到学校知识

内容的组织

不同知识领域在其专业领域里有独一无二的概念类型,例如,数学有数、整数、矩阵的概念,物理学有物质和能量的概念。在任何知识领域之内,概念都被组织到专业化的网络之中。不同类型的考试和流程适用于不同的知识领域。

项目计划工作者可以按哲学/逻辑的、心理学的、政治的或实践的意义对内容加以组织。逻辑取向的课程编制人员根据一般规则和概念组织内容。例如,在经济学中,供给和需求的概念是主要的组织概念,没有它们,资本、劳动和市场的观念就无法理解。按这种方式排列经济学内容确有道理,但它的确意味着个人实际上学习经济学的方法。

心理学取向的课程专家聚焦于学生如何学习和处理信息。行为主义者认为,内容应当加以选择和组织,以便强化正确的反应。认知专家认为,内容应当促使学生分析、综合、调查、确定模式、批评、得出结论。[137]大多数教育工作者相信,应当对内容加以组织,以便学生能从具体到抽象。这是对内容加以排序的基本原则。

组织内容时考虑政治性越来越流行。在那些喜欢这种方法的人看来，内容应当加以排序，以便给予对各种压力群体来说至关重要的话题和人以足够的重视。通常，受政治驱动的内容选择来自政治或法律行动。[138]例如，历史课程现在必须纳入非洲裔美国人、土著美国人、说西班牙语的人、妇女的观点和伟绩。其目标是要纳入"挑战主流学术知识，扩充历史和文学经典的概念、范式、主题和解释"。[139]

最后一种内容组织体是实践性，它涉及"可做性"和成本效益，例如采取一种特殊方式结构化或传递内容的成本。实践性包括这样一些问题：哪种课程内容的组织会使学习最优化？可以发现和这种内容相配套的课本以及其他教学材料吗？在这个数码时代，可以整合什么样的计算机项目以实施课程内容？在处理选修课的内容时，可以利用什么样的电子书？如何利用网络学习？我们学校可以和其他学校乃至院系开发远程学习吗？也许在考虑实践性时，我们需要深思不纳入某些内容或教学材料、不使用电子图书或计算机项目、不利用远程学习会付出怎样的代价。这些都是重要的疑问。教师、学生、家长和一般公众真的已经准备好接受一种特别的课程组织和方法了吗？所有的角色包括学生在内，都认可在让学生积极参与课程内容方面，技术现在不再是可有可无了吗？[140]

选择内容的标准

无论他们课程设计的偏好或他们的哲学取向为何，课程规划人员在选择课程内容时都不得不运用标准。尽管标准对大多数课程取向来说都是共同的，但不同哲学阵营中的教育工作者可能还是会更重视特殊标准。

自足

伊斯雷尔·谢弗勒(Israel Scheffler)认为，内容选择的首要标准是帮助学习者以最节约的方式取得最大化的自足。他详细说明了三种类型的节约：教学投入和教育资源的节约、学生投入的节约、科目材料可概括度的节约。[141]这一标准——帮助学生取得最大化的自足——也得到许多人本主义者、激进人士、概念重构论者、后现代主义者和后建构论者的支持，他们将其当作一种学习者可以借以实现其潜能、形成其身份认同的方式。对自足标准的思考需要相当的深度。自足不意味着仅仅学习使一个人在社会中独立发挥作用的知识。它意味着配备使学习者将他们的思想、情感、精神自我联结起来的内容，意味着培育将思想、情感自我与他人的自我联结起来的内容和经验。学生所体验的为自足选择出的内容，应当是没有界限的、多维度的。科目材料应当对学生有吸引力，其内容有多重意义，学生的想象力有多大,内容的范围便有多大。¹⁴²选择出的内容应当有益于自足,以便个体学习者开始自我转变为更完整的个人和社会存在体,进入与他者交往的状态。¹⁴³

意义

人们所学习的内容只有达到这样的程度才有意义——它对课程指向的基本理念、概念、原理、概括等做出了贡献。内容也应当考虑特殊学习能力、技能、过程、心态的培养。21世纪需要学生将他们的学识从重视内容转向掌握处理知识的策略和技能。拉瑞莎·帕霍莫夫(Larissa Pahomov)主张,在日益扩大的数码时代,信息(内容)是唾手可得的。你可以从维基百科、谷歌、YouTube等电脑程序获得海量数据。学生需要擅长分析数据,从而达到判断其是否有用、适用,最重要的是判断其是否准确。信息是近乎观点,还是对事实的陈述?除了支持一种特定的经济观或政治观之外,它准确吗?也许,一种最重要的自足的技能根本就不是技能,而是一种性情。21世纪的学生必须培养性情,从而可以在一个不确定的环境中游刃有余地生活。他们必须认识到,所有的研究和学习都伴随着"怀疑"。自足并不意味着掌握,而是意味着"一个持续的生成过程"。¹⁴⁴

有效性

有效性是所选择出的内容的可靠性。在这个信息爆炸和传播信息的技术手段(如维基百科、谷歌、YouTube)快捷的时代,为学校内容而选择出的知识转瞬就会变得落伍甚至不正确。看上去,任何人都可以公布信息,但却不能确定信息的来源。在任何人不避麻烦地去检查一个设想或结论是否准确之前,它似乎已经在全世界进行过多轮数码旅行。当发现新知识时,曾被认为有效的内容可能成了误导性的,甚至是错误的。有效性在课程内容的初选时必须得到验证,但在课程项目的存续期间也需要定期进行核查,以确定内容原先的有效性是否一如既往。

有效性看上去像一个相当直接的标准。有些东西是既准确又不准确的,还有些东西是既发生又未发生的。尽管如此,任何个人带到一个情境中的意识形态立场及其附属的隐喻,会极大地影响到他认为什么是有效的东西。隐喻影响到我们如何思考不同情境和不同现象。例如,给一个社会打上父权制和压迫的标签,只能在一个人在运用性别等级制或体力竞赛动力学的隐喻时才是有效的。由于隐喻的运用,有些人可以声称学校内容的一般信息是有效的或真实的,而另一些人则认为这同样的信息是无效的。修正主义者、激进的学校批评家、重构论者、后现代主义者声称,许多提供给学生的课程都是无效的。¹⁴⁵

兴趣

另一个批评标准是兴趣。对喜欢以学习者为中心的设计的人来说，这是一个关键的批评标准。这些人注意到，当知识对学习者的生活有意义时，知识便存在于学习者之中。当知识不能对其生活有意义，它会使教育非人化。自20世纪20年代以孩子为中心的学校时代以来，兴趣标准就一直伴随我们。这一运动的提倡者推崇孩子是课程的资源，换言之，孩子的兴趣应当决定课程。

目前提倡以学习者为中心的课程的人指出，选择课程内容时必须将学生的兴趣牢记在心。但是学校在考虑学生兴趣之余，也应拓宽乃至发掘他们新的兴趣。关键的问题是，学生目前的兴趣无论对学生来说还是对社会来说，都是有长久教育价值的吗？处理这一问题是困难的，因为它假定在对未来社会及学生在未来的地位方面，教育工作者拥有某种程度的洞察力。

应当加强以学生兴趣作为标准的权重并做出调整，以顾及学生的成熟度、他们先前的经验、他们兴趣的教育价值和社会价值、人们期望他们与社会互动的方式。专注于兴趣目标意味着，教育工作者必须确信内容的确使学生参与其中。内容必须有益于学生。

实用性

实用性关系到内容的用途。再一次，一个人界定用途的方式，受到他的哲学观和所偏爱的课程设计的影响。对那些偏爱以科目为中心的设计的人来说，用途通常是按照所学的内容是如何促使学生在工作情境和其他成人活动中使用该知识来判断的。用途对那些身处以学习者为中心的阵营中的人来说，则与内容是如何促使个人获得对自己自我认同的精确感知、在自己的生活中获得意义联系在一起的。内容对学习者开发自己的人的潜能有用吗？假如内容对接下来的生活、对社会和政治问题有直接的实用性，以问题为中心的模式的支持者就会认为内容有实用价值。

处理实用性标准的一大挑战，是教育决策者必须考虑两种实用性：目前的实用性和将来的实用性。有某些内容和流程，是学生出于立即运用、以便在当下生活中获胜而需要学的。某些内容和流程则对所有学生有用，无关学生个人的欲望和生活野心。然而，还有一些内容，只对有特别专业化需要、欲望或野心的学生有立竿见影的用处。因此，必须将学生受众牢记在心来考量实用性。除了目前实用或者说马上运用的内容之外，还有这样的内容——对学生准备应付未来（而不是当下）具有实用性。这些内容的实用性在于使学生以一种有益于未来的特殊方式进行思考。这些内容的实用性在于使学生自己成为未来主义者,计划未来,预言种种事件,评估目前和正在出现的趋势的未来结果。

在全球化和数码世界,教育工作者必须重新思考实用性这一标准。在学生特定的当下环境中,有些内容可能只有有限的实用性,甚至完全用不上。然而,那些控告内容选择的人必须认识到,在今天这个日益收缩的世界中,在当下共同体中可能少有价值的东西,在一个遥远的共同体中却可能具有巨大价值。有些人可能会争辩说,他们的学生不可能到遥远的地方去。然而,一个学生可能不用实际离开自己的家庭办公室,却真的能够将自己的知识和技能推销到一个遥远的地方。例如,我们根本不用前往印度当地去工作。[146]

赵勇提出了一个有趣的观点:"没有什么东西是过于奇怪而没有用的。"用稍微不同的话来说,没有什么东西是过于奇怪而不实用的。在世界范围内而言,没有任何内容、没有任何知识对某些受众是没有实用性的,无论这些受众的数量多么小。像亚马逊和网飞这样的公司,即让这一观念大放异彩。他们关注只对少数个人可能有吸引力的东西,但他们向世界共同体宣布,他们有这种"少有人关注"的物品。由于他们是在全世界范围内宣布这一事实的,少量对奇怪而不寻常的物品感兴趣的人也会构成大量人流。千百万小的订单拼成了运用这一营销模式的公司的巨大成功。假如教育工作者"玩味"这一理念,将特殊课程放上网络,他们可能就会促成创造一门大课程——在本地也许只有少数人感兴趣,但在全球范围内却可以吸引有利可图的数目。赵勇曾说,因为出现了"第二人生",密歇根州立大学的儒学中心为"第二人生"创建了一个虚拟的"中国岛",旨在让玩家可以学习中国的普通话。"中国岛"可以让玩家访问中国博物馆、市场甚至旅馆。赵勇注意到,其他大学也在探索可以投放到数字宇宙中的资源。[147]学区,特别是那些提供国际学士学位的学区,也许可以创建既对来自全世界学生有用,也对自己本地学生有用的课程。对某些人来说,没有任何知识、没有任何内容是没有实用性的。

可学性

不考虑这种显而易见的标准,任何人都能够选择内容吗?一些学校批评家做出的回答是肯定的。所选择出的某些内容是出自特殊学生的经验范围,因而难以(假如不是不可能的话)学习。还有,所选择的内容有时是以使某些学生难以学习的方式加以安排和呈现的。批评家常常说,所选择出的内容反映出中产阶级的偏见,内容的组织有利于那些有聚合型(以及正确答案型)学习风格的人。可学性与内容的最优安置、恰当组织和排序联系在一起。此外,它还致力于对所预期的学生受众是否恰当的问题。

可行性

这最后的一个标准,迫使课程规划人员根据所分配的时间、可用的资源、全体职员的专业知识、政治气候的本质、现存的立法、公共基金的数量来思考内容。尽管教育工作者可能认为他们有一个完整的内容领域去选择,但他们的选择确实有限制。例如,甚至校历上的天数多少,都会对可能教什么形成限制。学校教室和人员的规模也是如此。不得不在现存的现实语境中来考虑内容的选择,这种现存现实通常会归结到经济和政治。

选择课程经验

课程开发人员不仅要考虑内容,而且要考虑学生如何接受这些内容。他们必须考虑教学策略和教学活动。可能的教学策略包括调研策略、授课、讨论、演示。教学活动包括看电影或录像、进行实验、与计算机程序互动、进行田野调查、聆听演讲。

课程专家对教学法进行选择和排序,对实验和材料进行操控,所希望的不仅是传授知识,而且还要强化学生的价值观和态度、批判性和创造性思考的能力、独自或共同学习的欲望。课程经验应当强化左右脑的思想活动。20世纪的重点往往是在左脑引导型的思维技能。这种技能重视"有序的、人文的、功能的、文本的、分析的"方面。[148] 21世纪要求更多的右脑思维技能。这些技能是同时的、隐喻的、审美的、语境的、综合的方面。[149]

鼓励学生乐于适应和处理复杂性、拥抱不确定性、回馈思想冒险的课程经验,将最符合21世纪学生的利益。同样,寓教于乐的课程,培养学生乐于与各种观念、材料、技术及具备不同文化、种族、知识观的人互动的课程将是最有价值的。弗兰西斯科·米海利季斯·魏斯(Francesco Michaelides Weiss)反思了游戏、游戏的意义、游戏对教育工作者的启示。我们认为,我们要礼赞游戏,礼赞游戏的形形色色的力量,并将更多游戏引入教育经验。魏斯分享了她的担忧:现在的孩子被剥夺了足够的游戏时间。许多学校取消了休假,许多课程中没有了物理教育。她认为:"孩子以自己的方式游戏的时间越多,就越能最好地解决独立与同龄人互动时出现的各种关系和人际问题。"[150] 教室应当是"游乐场",在这游乐场,学生可以"游戏"各种

第七章 课程开发

思想和情境。借助鼓励游戏的经验,学习者更全面地与同窗联系起来。[151]好玩的课程经验促进学生培养"创造性、创新精神,并且与其他人及其思想展开交锋"。[152]魏斯指出,像美国运通和星巴克这样的公司已经让雇员参与领导力论坛的有趣活动。亚马逊也创造了一个人们在其中工作和互动的有趣环境。

21世纪的课程经验要从教师的满堂灌,转向教师与学生之间、学生与学生之间、学生与外来专家之间的互动。而这种互动不只是与当地社区成员之间的互动。请记住,技术已经消灭了距离。学生也可以与另一个国家的学生或知识专家在一个项目上进行合作。田野调查可以漫游世界,寻求对特殊问题的回答。互动策略使教育的节奏从答案和确定性变成了问题和不确定性。在21世纪教育学中,要奖励困惑不解、苦思冥想。这不意味着教育工作者忽视刺激左脑的各种策略。相反,它意味着我们试图让整个大脑——左右脑——严肃的逻辑创造性和嬉戏的创造性最大限度地发挥出来。[153]因为有这样的平衡,教育经验折射出了知识和技能在学校之外的环境中实际运用的各种方式。因为有这样的平衡,学生获得了对自己的更大程度的认识:既是个体的学生和人,也是团体的成员,既身居本地,又置身整个世界之中。

当然,对于时间、员工的专业技术、校内外可用的设备、社区期待来说,各种教学法和教育活动必须是切实可行的。然而,正如前文所指出的,技术已经并且将继续把世界共同体带给学生。我们不必真的坐一辆黄色校车跋涉到一个农场或博物馆。学生通过做"第二人生"虚拟空间中的居民,就可以参观伦敦的艺术博物馆。[154]

我们认识到许多阅读前面段落的读者可能对前述观点持有异议。的确,由于强调达标,将学校工作重新划定为学校游戏会引起质疑。有趣好玩的标准是什么呢?它如何衡量呢?实施不同角色参与"第二人生"的一个学校项目,将如何衡量是否达标了呢?教师到何处获得从事这类活动的时间呢?教师的专业知识又怎么样呢?

然而,教师是学有专长之人,大多数社区成员认为自己孩子所上的学校相当好。公立学校的令人遗憾的现象仅适用于其他校区的学校。在西雅图地区,一个学区的四所学校排名全国的前二十五强。然而,我们认为,在课程、教师、资助、学生为大学学习所做的准备等方面,所有的学校并不是平等的。但即使这样,在选择课程经验方面,我们也还是要力争"最好的"实践。力争最好的实践、试图达到高标准的教育工作者必须认识到,在现实中,内容和经验是难以区分的。读一本书或玩"第

339

二人生"的学生,是在将内容(他们正阅读的东西)和经验(阅读行为或对在网络游戏中所学东西的实际处理过程)结合到一起。

@ 按许多雇主的说法,学校需要集中关注"3R",并重视例如创造性、批判性思维、合作等一般全球化技能。观看这个轻松活泼的视频——两个孩子合作创造出非同寻常的东西。教育工作者可以创建何种课程经验,从而培养自己学生拥有这种21世纪所需的技能?

https://www.youtube.com/watch?v=zTbuFN8_D_s

选择教育环境

正像我们在课程的实际传授过程中不能将内容和经验分开来一样,我们也不能将体验内容的过程、学习内容的过程、获得知识的过程与经验和它们所出现的空间剥离开来。至少,直到最近,情况都是如此,我们难以将经验课程的过程和时间范围剥离开来。个人置身其间或被置身其间的时间和空间影响他们内在的经验、学习、知识、认识。正如威廉·艾尔斯所注意到的,"学习环境是教师价值观的复杂的、生动的反映"。155我们还要补充说,学习环境或教育环境不只是教师的价值观的反映。教育环境是人的共同体的价值观的表现(看得见和看不见的)。

大多数教育工作者很少关注课程内容和教学策略出现的空间。但我们认为,在今日快节奏的世纪里,我们多少要像一个教育建筑师一样地思考空间。正像刚才所说的,教育空间是和学生进行学习相关的不可缺少的方面。正如戴维·M.卡莱乔·佩雷斯(David M. Callejo Pérez)、堂娜·亚岱尔·布劳尔特(Donna Adair Breault)和威廉·L.怀特所说的,将空间视为课程的一个重要维度,将丰富我们对开发出的课程的目标、其激发相关学习的潜力、这种学习的固有意义的沉思。我们必须认识到,充满活力的空间可以影响我们不同的共同体所赞赏的物理、心理、伦理乃至道德状况。156

许多学校设计的目的依然是管用和有效。不过,我们的设计也暴露出了我们认为何者具有意义。杜威在1934年说,缺乏特点的结构——也就是"集装箱式的建筑样式"——是因为设计它们的建筑师缺乏性格,或其价值观四平八稳。157在美国西北,大部分住宅开发都暴露出了汽车的主宰地位和建筑与人的脱节。大部分新

第七章 课程开发

房子有两个或三个车库,而只有一个前门。人们生活在车库之上。前廊也没有。人们生活在他们不与邻居相连的"房子"的后部。社区感也不存在。驱动建筑师和建筑者的原因主要是经济上的。这种思维似乎也扩展到了为这些住宅小区而建的学校。[158]

一种教育环境应当代表这样一种环境:师生致力于有关内容的相互交流,共同参与科目材料和技术项目以取得有意义的教育经验。[159]佩雷斯、布劳尔特、怀特利用福柯对建筑师所做的一个报告提出,课程应当存在于一个"异托邦"之中。乌托邦不是现实。它们将思想、影子呈现在墙壁之上。相反,异托邦将理想和现实融为一体。它们为多元目标和不同功能服务。这种环境将矛盾引到学生面前,培养怀疑和不确定性,并鼓励探索。[160]

在一个异托邦中体验一种创造性环境的孩子,更容易受到激发,更容易认识到自己的潜能,更容易意识到自己的学习过程和对理解的要求。在这种环境中的学生最有可能对学习兴高采烈。更重要的是,他们在执行学习策略时更为大胆,从多个角度思考信息时更无所畏惧。

教育环境往往被课程专家和教师忽视。一个人倾向于只接受所分配的教室。确实,一个人必须在特定的教室空间中起作用,但教师有义务追问这一点对教育、课程、教学的贡献。教室空间显而易见的是什么?它允许师生之间和同窗之间的互动吗?隐性课程的信息是什么?显而易见的信息是什么?环境使学生感到舒适和赞赏吗?我作为一个教师,在这样的环境中有宾至如归的感觉吗?[161]教育工作者必须将教室视为一个生态圈,视为一个生态系统。考虑到培养好奇心、思想冒险、探索和实验的趋向、对同窗的关怀和同情,这一空间及其中生长的东西是健康的吗?它培养思想品格和技术才能吗?[162]

的确,应当对教育环境进行规划,以便刺激有目标的学生活动。然而,今日的大环境也必须允许无目标的学生活动——只是与信息厮混在一起,以便看看将思想与行动混在一起时会发生什么。计算机游戏可以培养这种无目标的行为。拥有作为隐性课程之一部分的好玩有趣,可以在学生中激起一种愿望:从意外中学习,在不确定性的刺激中收获快乐。隐性课程应当大声喊出:所有学生的学习和学习结果都是要受到推崇和鼓励的。另一种隐性课程的信息是,学生有责任选择他们希望学习的内容。这一隐含信息只不过是要为学生安排出时间,让他们提出有关功课的想法。

341

只存在有目标的学习。我们归为无目标的东西,是我们发现对自己没有用的活动或内容。然而,这些内容和活动对某些人有实际用途,尽管这种用途没有被清晰地说出来。正如艾尔斯所提出、我们也倾向于同意的,个人在没有太多外力干预情况下学习他们认为是重要的东西。毕竟,婴儿不用直接教学就学习说一门语言。他们学习走路、打球、穿衣。在经历结构性的学校课程之前,他们就培养了许多感觉。年轻人靠自己学习这些东西,因为我们建构、创造了他们可以在其中行动和学习的环境。我们试图使环境具有吸引力,以便吸引年轻人尝试某些学习和某些行为。对任何成功的迹象,我们都加以鼓励。我们使环境安全可靠。从婴儿时期开始,个人就可以解读潜在课程的信息:"试试这个,抓住那个,迈一步,抛球。"情感教育环境鼓励学习,为人的努力欢呼,称赞社会互动,鼓励组建一个学习团体。[163]

正如前文所述,教育环境是一个生态系统,或一个生态圈。进一步的考虑是,这一生态系统是不是完全自然的,如果是,我们就当以让它们生气蓬勃、摇曳生姿的方式管理动物群和植物群。我们对教育环境的第一反应是它们是人造的。然而,今日学校的课程并不只是发生在人类的建构中。

按厄休拉·M.富兰克林(Ursula M. Franklin)的说法,教育不只是发生在自然生态圈和人类生态圈中,它还发生在无数比特圈中。[164]比特圈存在于这一空间内部——无数技术的内部环境之中。在学校的教育环境中,我们身处技术之中;在我们的校外生活中,我们利用各种技术。我们的技术正使我们能将学校空间或教育环境扩大到已知和未知的最大极限。富兰克林声称,我们的房子——在我们这里,即我们的校舍——正在扩大和改型。因为这种改型,越来越多的人类生活正存在于比特圈中。在比特圈中进行建设,就是在改变人与他人、人与自然互动的方式。[165]

由于越来越多的技术被采用,不知不觉,我们的生活正在出现许多变化。我们知道,学生在学校的教育空间里度过许多特殊的时光。我们作为教育工作者,对时间范围之内发生的一切有所控制。然而,越来越多的学生正在和比特圈世界中的技术打交道,对此我们少有控制或毫无控制。在这些比特圈中,毫无时间或空间的压力。不论一天的什么时候,学生都可以在自己的苹果手机上发信息。没日没夜,只有"现在"。可以将信息发送或推送给我们从来没有到过的地方的从来没有谋过面的人。富兰克林声称,新技术正在破坏或大力改变时间、空间、人类共同体、实际团体的关系。脸书已经改变了与他人的互动。有成千上万"朋友"的学生不和标准的学校教育环境互动。他们可能不太愿意参与面对面的交流,而更乐意在网络空

第七章 课程开发

间中对话。

得到一项科研任务的学生按自己的时间表去访问网络上的各种图书馆可能感到更舒服。他们可能在自己的电子阅读器上阅读巨著。他们可能用电子文档和报告记录自己的研究报告。他们甚至可以在网络空间与全世界的各种权威交谈。虽然许多人认为我们需要更小和更个性化的学校,但从模式化的社会和社区结构转向非模式化的结构却正在出现。

几年以前,约翰·古德拉德建议要关注这一动态变化。其时,他提出学校必须培养一种生态伦理。[166]一种"生态伦理"定义了一所学校的特殊文化——学校内外所有人之间的关系。在一所以生态为中心的学校中,学生与体制和社会实践进行互动。然而,正像我们一样,古德拉德当时不可能知道,技术将使学生将自己的互动从各种生态圈扩大到比特圈,学生将在网络空间与实际上并不认识、从未碰过面的人互动,或者在某些情况下,还会以替身与人打交道。

富兰克林提出了一种担忧。凭借我们的科技,学生可以迅速从世界的任何地方获得海量信息。然而,她注意到,传授和经验课程不只是提供信息。显而易见,教育使学生获得知识和认识。应当思考和开发教育环境——特殊的人类环境,以使学生在深刻的概念层次上获取知识和认识。不过,在获取知识和认识的过程中,存在两个层次的学习:显性的学习和隐性的学习。凭借越来越多地与比特圈打交道,我们也许可以获得显性学习,但由于比特圈的出现,隐性学习将会减少,甚至被扼杀。[167]

在获取历史事件的知识、学习搭建正确的句子、学习算法以解决问题的过程中,学生投入显性学习。这种学习在知识的习得中必不可少。然而,为了让学生成为全面发展的人,他们必须致力于情感和精神运动的领域,并且致力于认知领域。隐性学习来自个人之间的互动和投入社会的动态发展,无论是在学校中还是在社区中。教育工作者必须设计不仅培养学生与他人之间的关联,而且培养学生与整个地球、生物和非生物的关联的教育环境。教育工作者必须有意识地创建社会环境,以使学生潜在地培养同情、宽容、忍耐、信任、谦恭、关心、欣喜、责任感、神性。富兰克林声称,教育工作者通常认为这种潜在学习伴随着显性学习。这种双重学习不可能是理所当然的。她也认为,在日新月异的未来,某些显性课程可能会变得不那么有用,而隐性课程有可能变得对我们未来的福祉至关重要。[168]

有关教育环境的决策,有可能甚至比有关内容、教学策略选择的决策更为关键和复杂。我们可以选择一个特殊的科学定义和一种教学策略,但如果我们在设计教育环境时粗心大意,被检验的科学概念实际上就可能在师生面前"砸锅"。正如罗恩·里查德所说的,"当隐性信息与显性信息矛盾时,隐性信息就有可能胜出"。[169]情感通常胜过理性。当考虑教育环境时,我们必须细察隐含在教育的空间部署之中的潜在信息,并且细察设备和教学材料的明确位置。要将教育工作者认为重要的东西放置在有利的位置,以使学生在学习过程中更多地注意到或有更多机会运用到。假如学生没有注意到我们的布置,我们往往要明确地加以正确引导。

人们并没有完全忽视关注选择教育环境——尽管在缜密思考课程设计和开发时,确实忽视了教育工作者的一个主要关注点。1987年,布赖恩·卡斯托尔迪(Brian Castaldi)建议,课程规划人员必须考虑课程在其中实际展开的教学环境。他提出,在设计教育环境时,要采用四条标准:足够、适当、有效、节约。[170]

"足够"涉及所计划的空间,实际的教室空间。教室是否足够大、采光良好、温度控制恰到好处?今天,当考虑到网络空间时也必然会用到"足够"标准。网络空间能容纳少数或许多参与者?真实教室的视频空间是否大到足以让学生都能参与其中?至于虚拟书籍,反倒根本不需要提出有关教学材料的品相问题。电子阅读器上的材料,从来就不会像纸质书一样会破旧,但它们可能会变得不切题。

"适当"与所计划的活动联系在一起。在技术所开辟的虚拟世界能够提供也许适合也许不适合学生的海量材料和活动的时代,这一标准甚至可能更值得考虑。在处理"适当"时,教师必须考虑学生的实际年龄和发育年龄。教育工作者必须思考自己学生的文化背景。必须将诸如个人空间的文化观一类的概念整合到决策之中。

"有效"涉及操作和教学的效率。环境能在要求让教师付出最小化的同时让学习最大化吗?由于技术成为教育环境的一个重要部分,"有效"这一标准呈现出新的意义。接受一项新的研究活动的学生,可以进行虚拟实验,或在不离开教室的情况下采访另一个国家的专家。学生可以在几分钟之内(而不是耗费数小时)浏览互联网所提供的文档。学生可以立即与多个学习社区建立个人联系。[171]

"有效"不只针对显性课程的运行效率和教学效率。这一标准还必须在隐性学习、情感学习和取向方面引导教育环境的有效性。教育环境中布置的东西必须是有吸引力、挑战性、神秘感、令人兴奋的,并能促使学生预订自己的教育旅程。环境必须允许这样的旅行、这样的精神漫游、这样的情绪冒险。它应当培养学生提出有已知答案的问题,但也许更重要的是,提出不可能做出回答的问题,例如:"我的心是什么?""情感是如何起作用的?""我是谁?""空间是什么?""存在平行宇宙吗?时间来自什么时候?""在大爆炸之前,这里是什么样?"[172]

最后一条标准即"节约",指成本效益。正如卡斯托尔迪首先提出的,"节约"涉及在所提供的环境中教课程的某些部分时的具体成本。购买教材和材料需要多少钱?为某些学生或全体学生提供计算机需要多少钱?在这一特定教育环境中,我们要向在特定课程上称职的教师支付多少工资?计算机程序的支出是多少?连接到互联网的花费怎样?

在卡斯托尔迪创建这一标准时,显而易见,"节约"标准受到了"时间就是金钱"的影响。然而,节约仅与做某些事、教某些科目的支出有联系。今天,我们相信,"经济"标准还必须考虑不教某些东西的代价,或不设计一种既鼓励真实之人的互动也鼓励个人通过技术进行访问的教育环境的代价。在深思这一标准时,教育工作者必须认识到,今日迅速上马和少花钱的东西,也许在未来的现实中就是最低效和最昂贵的项目。按照未来的后果现在不去做某些事,这样的成本效益观增加了这一最终标准的复杂性。尽管我们不能确定现在不行动(不教某些科目、不允许学生接触某些技术)的未来代价,但我们至少应当保持警醒,不断反思我们的教育环境,反思我们在这些环境中所运用的课程和教学方法,以确保教育的一切仍然是足够、适当、有效、节约的。

最后的综合分析

课程开发的各阶段应当导致一个致力于和学校的指向、目标、目的保持一致的内容、教育经验、教育环境的文档。无论教育工作者是在创建宏观的课程设计,还是特定学习科目的课程指南,抑或是某一特殊日子的教案,他们基本上都要卷入本章所讨论的所有阶段。

课程开发的参与者

开发一门课程涉及学校和社区中的许多人。它也涉及课堂、学校、学区、州、全国层次上的规划。有时,课程设计人员相互间争论不休,这在不同政治利益团体为资源和影响大打出手时尤有可能。麦克唐纳很久以前就提倡,所有受课程影响的当事人在决定课程的本质和目的时,都应当参与。关键角色应当是学者—专家、专业教育工作者(顾问、管理人员、督导等等)、教师、学生。家长和社区成员(包括商人和政治家)应当起较小的作用。[173]

教师

教师在课程决策中占有中心位置。但是,正如玛丽·莫斯·布朗和艾丽莎·伯杰所主张的,在21世纪,教师的角色正在发生变化,教师面临着更大、更多的挑战。不久之前,他们还只是负责创建教案,在课程委员会任职。因为数字时代内容、计算机程序、虚拟世界的大爆炸,教师正不得不与专业领域的内容专家互动。许多学习模块都存在许多教师没有专业知识去教或评估的内容。专业领域的专家不得不在教案和学习评估上共同协作。学校不仅需要重新组织空间,而且需要重构将促进这种协作的日程表。学生的实习,尤其是在中学层次,将需要教育工作者和专业领域的专家结合到一起进行共同管理和评估。[174]

布朗和伯杰认为,在21世纪的学校,教师在某些情况下要负责创建自己不会教的课程、教自己未参与规划的课程。其中许多取决于课程的具体内容。在其他情况下,教师会集体开发课程。而在某些情况下,在准备计算机演示时,教师会与技术合作者协作。至于远程教学,许多教师会让自己的班级接受甚至不在本社区的教师和专家的授课。[175]

如果社区的教师和专家想拥有一个成功的课程协会,他们就要求调整自己的教学日程表。正如德克尔·沃克和乔纳斯·索尔蒂斯(Jonas F. Soltis)所主张的,教师不可能每天都排满课程,有时间进行课程开发,与来自社区的各种科目和领域的专家合作。即使社区的经济和产业部门也不得不做出自己的日程调整,以容纳对课程经验的这种共同规划。[176]

不过,我们主张,教师必须继续参与课程开发的每一时段。正像迈克尔·富兰及其同事所说的,教师不仅应当继续作为专家课程和教学系统的共同开发者发挥作用,而且也可以作为共同研究者,进入对所实施课程的有效性的研究。[177]而作为共同研究者参与其中,将要求调整教师的日程表。

学生

课程开发中应当有学生的声音。令人吃惊的是,直到现在,尽管教师考虑了学生要学习什么,他们却在很大程度上忽视学生是可以合作创建、修订课程的个体。

第七章 课程开发

杰伦·布龙(Jeroen Bron)和威尔·弗格勒斯(Wiel Veugelers)提出了强有力的论据,主张让学生参与课程设计和课程开发。他们指出,21世纪之初的十余年已经逐渐见证了学生声音的力量,并且支持让学生参与,成为课程开发的积极参与者。[178]

布龙和弗格勒斯提出了在课程设计和开发问题上允许倾听到学生声音的五大理由。

第一大论据是标准方面的论据。需要将学生视为活跃的公民,而不是"等待状态中的公民"。因此,他们有权参与影响他们教育的决策。孩子的确拥有作为公民(美国公民,他们社区的公民,他们学校的公民)的权利。不能忽视他们的声音。[179]莱克指出,不能为课程建构学习者,相反,课程是为学生创建和实施的。学生校内外的调查研究会告诉我们的年轻人,什么可能是有意义的课程经验。[180]

布龙和弗格勒斯提出的第二大论据是发展方面的论据。他们认为,今天的年轻人在发展方面已准备好参与提供建议性的课程输出。经常性地,学生在校外的活动比他们在学校团体中的活动提供了更多自己人生中的责任和自主性的机会。在技术方面,许多学生即使在小学时,也比他们的教师更为内行。

让学生参与课程开发的第三大论据,是政治方面的论据。要点在于,学生是需要自己的声音被听到的公民。不过,学生的声音是众声喧哗的。我们的学生尤其在21世纪,是极为多元多样的。我们学生群体的多样性意味着"一刀切"课程会哑火。正如布龙和弗格勒斯所提出的:"在全国层次上……可能存在普通目标,但这些目标需要精心合成到更详细的目的之中——将文化语境和当地的、时间的、个人的差异考虑在内。"[181]

第四大论据是教育方面的论据。参与课程设计和开发,为学生提供了参与合作决策和调研的机会。在某种程度上,这一论据支持了允许学生的课程决策本身是一种真正的学习实习事件——允许学生投入具有反思性的想象。[182]学生有机会培养民主技能,实际上学习了审议模式。[183]

相关性论据是最后一种论据,但在任何意义上都不是最无力的理由。相关性涉及这一类问题:"这一内容、这一经验有什么好处?""我为什么要学习这个?""在学校之外我的人生中,我真的能用到我学习和经历的东西吗?"学生参与创建甚至指导某些课程,允许他们在自己的决策中认识到教育公司甚至社区成员所开发的东西是否具有相关性。他们将得知相关性不是一种静态的特征。确实,存在今天有意义、过去数百年间一直有意义的课程内容,但也存在可能在十年之内便没有了意义的内容，或者在课程中有意义的技能和策略有朝一日可能就不那么有意义了，甚至也许毫无意义了。

学生参与创建自己的课程，不仅可以进一步推动学习显性内容，而且可以进一步推动隐性的学习——他们的观点和选择意义重大，并且具有教育价值。当事学生感到获得了力量，受到了鼓励，去承担与他们相关的问题的责任。他们也知道了对课程规划和开发的参与是持续性的。它是一个过程，必须持续处理什么样的知识最有价值的问题。正如莱克所说的："生活圈从来不是静态的，它永远是变化的，并且正被社会、政治、自然运动的环境通过自我保护的力量改变着……教育需要通过持续的创造性反思和行动不断更新自己，而一门课程……总是处于编制过程之中。"[184]当参与课程开发时，所有年龄的学生都会学到莱克所说的：生活不是静态的，教育不是静态的。我们都有自己的声音，我们都有自己的能动性。

校长

为了让课程规划在一所学校或一个学校系统中获胜，校长必须介入。[185]富兰认为，在创造优质教育取得成功的学校，校长是教学的带头人。我们将教学解释为课程的同义词。当校长接受教学带头人的角色时，他们花在管理、财务、后勤任务上的时间便少。[186]校长没有成为教学带头人，但他们和过去是教学带头人的那些人紧密合作。在最近几年中，设立了一个新的管理岗位——学校行政经理（SAM）。这人承担校长的许多管理功能，从而使校长能够将更多时间集中在教学和我们所称的课程之上。华莱士基金会（The Wallace Faumdation）已经发起一个倡议，旨在让学校系统重构校长的责任，以便让校长采取行动，改善自己学校的教学和课程。截至2015年，17个州的600所学校启用了"学校行政经理"的概念。

因为有了学校行政经理，校长的确可以做教学带头人了。不再需要处理琐碎的行政和管理问题，校长因此可以增加对课堂的考察，使教师投入有关教学和课程的讨论，真正参与教师团队会议，与学生讨论问题，甚至与正在讨论课程问题的学生打交道。设立学校行政经理的岗位，甚至使校长有时能亲自辅导学生。[187]

然而，对于利用设立学校行政经理岗位之便的校长来说，他们需要有关课程和教学的专业知识。仅仅有时间参观课堂、成为教师团队规划会议的一员，不会导致课程和教学策略的改善。许多校长需要认识到，他们极度匮乏课程和教学的专业知识。大多数校长在注意课程活动时，通常是从更大的管理视角来看的。[188]直到现

第七章 课程开发

在,大多数针对校长的项目用于课程的时间少之又少。有些教育学院甚至取消了课程研究领域。大多数管理项目重视人员问题、教育法、学校预算、组织模式、改革策略,这损害了课程和教学。[189]

然而,没有校长在道义上和心理上的支持,学校或学校系统将不会引入或创建任何新课程。在领导任何类型的改革(在我们这里,即课程改革)方面卓有成效的校长,必须具有维护教师和更大共同体(无论是当地、州,还是全国)之间关系的必备技能。[190]

高效的校长认识到,学校必须发挥作为学习社区的功能,与外面的邻里建立紧密的关系。理想地说,他们相信课程委员会在进行决策时,应当让社区成员甚至学生参与。这根本不是个小任务,尤其是在这个多元声音表达着对学校的各种要求的时代。富兰注意到,"校长是变革的守门人"。[191]我们应当提出,校长是针对以几何级数出现的多元变化的无数大门的守门人。

课程专家

课程专家在课程开发和实施中起主要作用。那些被称为课程协调人或主任的人,通常是课程的通才。他们有广泛的课程知识,并且是创建和开发课程的专家。他们通常没有主修过具体内容。学区的其他通才以中小学教育的主任著称。通常,这些人在管理和课程方面都有专门知识,但他们的焦点要么在小学教育上,要么在中学教育上。

拥有具体内容特长的人经常被称为特殊科目的督导、主席或带头人(例如,科学课督导)。他们有一些课程背景,主修过一门内容学科,通常更关心督导式教学。[192]

课程专家确保项目的概念化、设计和实施。这必须相当了解课程、拥有管理者的技能。课程专家需要知道如何设计和开发课程,以及如何监督和评估教学。

学区,特别是小的学区,有时会请外人协助开发课程。这些"外来协助者"可能是协助进行内容选择和组织的科目材料专家,也可能是在选择教学法或将媒体系统整合进课程方面提供指导的教学设计专家,或者有可能是需求分析专家。[193]

助理(副)主管

在许多学区,助理主管或副主管负有对课程开发的最大责任。这种人直接向主管报告。在大的学区,课程主任向助理主管或副主管报告。理想地说,这种人

(1)领导或指导课程指导委员会;(2)告知主管课程领域有哪些主要趋势,这些趋势正如何影响学校体系;(3)在课程活动方面,与中小学的主任们共同协作;(4)负责课程活动的预算;(5)向宗旨、指向、目标的陈述提供信息投入;(6)指导与指向、目标相关的评估;(7)对设计出来以加强项目的长期和短期活动进行管理。[194]助理(副)主管也帮助制定和课程改革有关的政策。

主管

主管是学校系统的总管理者。主管在校董事会前对种种问题做出回应、发起课程活动、启动教师的在职培训项目、将发生在其他学校的变化告知全区的所有人员、处理来自系统之外的变化要求或教育捐助的维护。

好的主管会激起变化,使课程对日益变化的需求做出反应。他们也直接面向校董事会负责学区的教育行动。他们必须确立课程行动的途径,向董事会解释学校项目的方方面面,建立沟通网络以告知和课程处理相关的公众,并使公众参与到课程开发中来。

校董事会

校董事会是学校的法定代理机构。其中包括通常被选出来作为普通公众代表的非专业人士。董事会成员负责学校的全盘管理。他们必须确保课程能推动学校系统目标的实现。校董事会在是否给新项目以资助或是否在学区范围内实施上,有最终发言权。他们制定促进新课程的开发和实施的学区政策。

学校董事会和中心管理人员似乎正失去对学校的某些控制。在有些情况下,基础教育的法定定义消除了某些控制。在另一些情况下,特殊利益群体已经走上法庭,试图改变不能接受的董事会政策。在一些社区,愤怒的社区成员已撤销董事会成员。在许多学区,学校董事会在决定课程与政策时只起次要作用,联邦、州和当地的专业人员则创建新课程。

外行人

社区和学校之间的关系,暴露出了在有关确定目标、项目、教学策略、学生成败标准之上外行人应当起何种作用存在许多混乱和看似矛盾之处。外行人应当如何参与课程开发?社区成员希望以何种方式身处其中?在大多数学区,外行人的作用都是微不足道的。

第七章 课程开发

缺乏参与的原因很多。也许主要的原因是,非教育工作者认为自己所拥有的有关科目内容、科目设计、课程开发模式的知识少之又少。另一个原因是,他们相信教育工作者才应当是参与其中的人,那毕竟是教育工作者的工作。在有些社区,在影响学校的真真假假的权力方面,存在不同的社会阶级和差异。富兰引用布赖克(Bryk)和施耐德(Schneider)的话说,贫困的父母通常不信任他们与学校的关系。[195]

现在因为对标准的重视,许多社区成员正力争让自己的声音被听到。然而,由于全国各地的多样性日益增加,试图影响教育标准的想法也变得越来越复杂多样。许多父母是新近的移民,怀有他们对教育应当为何的极为不同的看法。有些移民来自学生读完小学便不再升学的国家。

具有这些背景的外行人如何介入、为他们孩子的教育做出贡献,越来越充满挑战。种族和财富水平越来越多的差异提出了新的问题。许多孩子来自单亲家庭。许多人生活在贫困之中。穷富之间的差距在加大,并且对外行人何时和如何投入学校体系产生影响。

一般来说,当学生进入初、高中时,家长对学校事务的参与明显减少。贫困的社区往往对小学也没有任何参与。教育工作者必须认识到,父母和其他社区成员可以成为创造富有活力的课程的资源。校长和教师必须认识到,在许多情况下他们必须激活与各种共同体之间的联系。

但并不是所有课程问题上的创新性合作都需要由教育工作者发起。20 世纪 90 年代,埃里克·施瓦茨设想用社区成员充当"市民导师"以充实和扩大常规学校课程。他在波士顿开始了他的运动,深信在执行力强的学校里,"穷"学校中低收入家庭的孩子可以像好学校里中上层家庭的孩子一样学得很好。低收入家庭的孩子所需要的是用额外的时间去和"市民导师"学习与互动,"市民导师"可以将这些孩子引向要么因为时间、要么因为花费而未教的专门知识领域。今天,他的"市民学校"项目在全国的学生每年达 6000 人以上。他的项目清楚地证明,低收入家庭的孩子可以达到高级水平。[196]

在他的著作《机会均等》(*The Opportunity Equation*)中,施瓦茨报告了市民力量的其他例子。"国家研究院基金会"(NAF)向高中学生宣布,将让 2500 家公司的员工充当志愿者分享他们的知识。这一项目目前已让 39 个州的 6 万名学生参与。学生经常在公司实习,为真实的项目工作。雇员充当导师和师傅,也充当老师。[197]

"城市年"项目有年轻的导师,他们在全国 24 个城市进入中小学课堂。"体验团队"已经认识到具有一个丰富的"市民导师"基础的重要性并加以利用——这个基础即从各种职业退休的资深市民。这些人很多都十分乐意在学校自愿献出兼职时间。一些人甚至愿意并渴望拥有这份第二职业去分享自己的知识和技能。这些"市民导师"当然取代不了学校里的教育工作者,他们正成为教育工作者课程开发和课程讲授的伙伴。[198]

联邦政府

就20世纪许多时候而言,联邦政府将课程事务交给了各州和地区。然而,从60年代开始,联邦政府成了决定教育材料及其使用的一种强有力的力量。联邦的钱被用来创建和维护地方研究室和中心,先是集中于科学和数学,后来则集中于聚焦弱势和少数族群体的项目。

富兰描绘说,政府应当并且能够推行问责制、提供激励措施、促进能力建设。他说,假如仅致力于前两者,教育方面的任何改革都不可能持续。[199]看上去,随着2002年"不让一个孩子掉队"的展开,似乎只有推进问责制得到了强调。假如我们认识到危险已经出现(假如学校在两年时间里没有让自己的学生百分之百地达标,就会被归入公之于众的"需要改善的"学校),就会激励促进措施。如果学校在五年之后仍然没有取得成功,就要当心它们将被归入需要"重组"的学校,有可能被州接管,移交给私人管理,或被重新规划为一所特许学校。[200]然而,"不让一个孩子掉队"走到了既没有钱进行教育改革,也没有钱进行能力建设、维护课程改革的地步。

现在,在展开"力争上游"项目的过程中,联邦政府似乎在鼓励各学区申请联邦教育改革资金时纳入问责制、激励措施、能力建设。时间将会证明各学校是否能力争上游。问题还在于,各学校和各学区用于创造教育提案的人力和资源的水平都各有不同。

州机构

州在教育决策上的作用已有增加,这种增加某种程度上是以牺牲当地学区为代价的。有关课程应当包含什么、课程应当如何组织,许多州的教育局已做出正式推荐,并提出了指导方针。州与日俱增的介入部分基于这样的立场:管理教育是州的一种职责,这一立场还得到了联邦教育资金投入减少的支持。[201]

各州以许多种方式影响课程。州立法机关经常出版有关教什么的指导方针。它们也要求开设诸如驾驶教育和反吸毒教育一类的课。协会和其他特殊兴趣小组

第七章 课程开发

经常游说州立法机关要求课程纳入特殊内容,或针对特殊学生的需要。在全国,州机构已启动旨在提升学业内容和标准的最低能力与"守门"(gate-keeping)测试。

州教育委员会在确定教师、督导、管理人员的能力和证书要求上继续发挥作用。在有些州,希望成为督导和管理人员的人,必须修课程方面的具体课程才能获得证书。州立法者在资助教育方面的更积极作用,间接影响到新、旧课程。最后,在全国教育改革运动的语境中,一些政府官员也担负起了教育改革者的角色。

地方组织

通过给教育资料的生产提供引导,并通过配备服务计划团队的顾问人员,由联邦政府资助的地方教育研究室给学校课程以影响。既接受联邦资助也接受私人资助的"研究与开发(R&D)"中心,对课程问题进行了调查研究,其研究结果可能对课程规划人员有价值。"研究与开发"中心也通过记录特殊项目或方法的有效性,给课程专家以帮助。

中级学区(也称教育服务区和教育服务机构)是占据州教育部门和当地学区之间位置的机关或机构。大概40个州有某种形式的中级学区。中级学区平均包含近130平方公里内的20至30个学区。[202]

近年来,在诸如课程、教学、评价等一般教育领域,在对学习差的学生、天赋超群的学生、双语学生的特殊教育领域,以及在学前教育、职业教育、数据处理、计算机教育等更具体的教育领域,中级学区给各学区提供了人力资源。

其他参与者

20世纪的大多数时候,教育出版商已经给美国带来了一种非官方全国课程。大多数时候,所使用的教材对学校课程起了极大的决定作用。学生花费了他们课堂的大部分时间、家庭作业的几乎全部时间来应付教辅资料。

虽然我们还有教育出版商,但教材处于转化状态。我们不相信它会完全消失,但它将不再是课程内容的主要来源。教材,甚至我们目前的这本教材,都已经有电子书格式的版本可用。在21世纪,学生通过互联网能获得海量信息。学校系统可以创建自己的网络学习项目,以供整个学校系统使用。一些学校系统甚至可以使用在其他学区创建的网络课程。谷歌和维基百科的确可以丰富课程的供应。

教育出版商也参与生产计算机学习模块以强化课程的提供。微软这样的商业公司将自己的游戏活动扩大到教育项目,这并非是难以理解的。21世纪的教室里,没有学生不能通过电子方式利用所有已经记录下的知识和信息。正如布朗和伯杰所说的,"学习弄懂互联网上的文本和资源,是学生学习是否成功、能否成为一个有教养的公民的一种关键技能"。[203]这就是富有活力、复杂多变的21世纪的全球公民。

考试组织,例如"教育考试服务"和"心理学公司"等组织,也对"全国性"课程做出了贡献。通过将考试内容标准化,这些组织影响到了课程将覆盖什么内容、要给特殊话题多少重视。

许多州的教育部门已经介入考试,因此影响到课程的细节和花在这些细节上的时间。华盛顿州已创建"华盛顿学生学习考试评估",该考试在三、七、十年级对阅读、数学成绩进行测评。2008年,华盛顿州的高中学生必须通过语言和数学考试才能毕业。一种类似的科学课考试要求也已经开发出来,但到2015年还没有实施。

专业组织也直接、间接地影响到课程。这种组织有:监督与课程开发协会、全国英语教师委员会、全国社会研究委员会、全国数学教师协会、美国教育研究协会。这些组织的成员将州和全国学术会议上所提出的目标带到自己所在的学区。越来越多地,这些专业组织正将学校(或学区)网络定型,以交流课程关注之事,提升课程的研究,出版确定课程指导方针和标准的报告。

尽管前面提到的专业组织是大型的、建制完善的,但"美国教学与课程协会"(AATC)却是小型的、最近才组织起来的。如它的名称所暗含的那样,该协会的重点落在教学与课程领域。如前文所述,课程领域似乎越来越被忽视,教育学院正在取消课程研究领域。"美国教学与课程协会"则将其当作自己的主要目标,以确保课程研究领域和教学领域继续成为教育院校和实践工作者致力的领域。

学校之外的许多其他人和团体也影响到课程。大专院校直接、间接地影响课程开发。学校的许多教育咨询人员来自大学。通过提供特殊人员、捐献设备和物资、资助特殊兴趣项目,商业和私营产业正与学校建立更紧密的联系。少数族裔通常组织起来给课程以影响。个体教育工作者和外行批评家也试图主要通过他们的写作给课程开发以指导。

不同基金会也给课程制定以影响,影响的方式主要是通过提供资助。福特、洛克菲勒、卡耐基、凯特林、盖茨等基金会已通过领航项目和实验项目对课程进行修订。在全球范围内,盖特基金会分配给教育事务的金额独占鳌头。

第七章 课程开发

结　语

在投入课程开发之前,教育工作者必须确定自己是否对教育学生负责。正如本章一开头所提到的,教育和学校教育的关系错综复杂。尽管普通公众多数时候不能区分两者,但教育工作者必须确定自己忠于哪一阵营。的确,我们可以开发一门教育学生的课程,我们也可以创建一门在学校教育学生的课程。两种姿态会导致获得各种结果的众多项目。在生成课程的过程中,甚至两者都会利用相同或相似的过程。我们不能将一种立场概括为正确的,将另一种立场概括为错误的。反思是必要的,以确定正在开发的课程是为了何种目标。

教育工作者对目标的选择,会受到他们的哲学倾向、他们对影响学校的社会力量和政治力量的感知、他们是否寻求对正在考虑的项目提供教育和技术支持的影响,并且的确受到他们的学生即学习者的观念的影响。不考虑我们是处于"教育学生"的阵营,还是处于"在学校中教育学生"的阵营,将课程开发理解为具有多种规则的多种博弈是有用的。这类博弈可以在技术—科学的竞技场或非技术—非科学的竞技场中进行。所有的博弈游戏都试图开发满足学校目的、目标、指向的教育内容、经验和环境。今天,多数争论都围绕标准如何与目的、目标、指向联系在一起。教育工作者的回应,受到他们将自己视为是在教育学生还是在学校中教育学生的影响。同样,教育工作者还受到本地、州和全国共同体如何看待这两个阵营的影响。

讨论题

1. 对创建适合于21世纪的课程来说,你认为何种课程开发方法(现代的或后现代的)是最有前途的?通过阅读本章及其他教育材料,请解释你的立场。

2. 你认为在开发课程的过程中,教育工作者必须做出哪些最富有挑战性的决策?

3. 你如何论证师生要更多地参与课程开发?或者,你如何反对师生更多地参与课程开发?

4. 针对你自己对教育环境方面的材料的反应,你如何做出自我批评?请和你的同伴分享你的自我批评。

注 释

1. Ken Osborne, "Education and Schooling: A Relationship That Can Never Be Taken for Granted," in David L. Coulter and John R. Weins, eds., *Why Do We Educate? Renewing the Conversation*, 107th Yearbook of the National Society for the Study of Education, Vol. 1 (Malden, MA: Distributed by Blackwell Publishing, 2008), pp. 21–41.

2. Ibid.

3. Nel Noddings, *Education and Democracy in the 21st Century* (New York: Teachers College Press, 2013), p. 11.

4. William E. Doll Jr., "The Educational Need to Re-Invent the Wheel," in Donna Trueit, ed., *Pragmatism, Post-Modernism, and Complexity Theory: The "Fascinating Imaginative Realm" of William E. Doll, Jr.* (New York: Routledge, Taylor & Francis Group, 2012), pp. 193–197.

5. Noddings, *Education and Democracy in the 21st Century*, pp. 10–11.

6. Ron Ritchhart, *Intellectual Character* (San Francisco: Jossey-Bass, 2002).

7. Ibid.

8. Doll, "The Educational Need to Re-Invent the Wheel."

9. Rick Ayers and William Ayers, *Teaching the Taboo*, 2nd ed. (New York: Teachers College Press, 2014), p. 124.

10. Michael C. McKenna, "Literacy Instruction in the Brave New World of Technology," *Phi Delta Kappan* (November 2014), pp. 8–13.

11. Ibid., pp. 8.10.

12. Allan W. Garrett, "The Games People Play: Educational Scholarship and School Practice," in Barbara Slater Stern, ed., *Curriculum and Teaching Dialogue*, Vol. 10, Nos. 1 and 2, American Association for Teaching and Curriculum (Charlotte, NC: published by Information Age Publishing, 2008), pp. 3–11.

13. N. E. Long, "Local Community as an Ecology of Games," *American Journal of Sociology* 64, pp. 251.261, cited in Garrett, "The Games People Play: Educational Scholarship and School Practice," p. 4.

14. William E. Doll Jr., "Post-Modernism's Utopian Vision," in Trueit, *Pragmatism*,

Post – Modernism, and Complexity Theory: The "*Fascinating Imaginative Realm*" of William E. Doll, Jr., pp. 144 – 152.

15. Ibid.

16. Michael Fullan, Peter Hill, and Carmel Crevola, *Breakthrough* (Thousand Oaks, CA: Corwin, 2006).

17. James B. Macdonald, "The Quality of Everyday Life in School," in J. B. Macdonald and E. Zaret, eds., *Schools in Search of Meaning* (Washington, DC: ASCD, 1975), pp. 76 – 94.

18. Franklin Bobbitt, *How to Make a Curriculum* (Boston: Houghton Mifflin, 1924), p. 2.

19. Ibid., p. 9.

20. Fullan, Hill, and Crevola, *Breakthrough*.

21. Franklin Bobbitt, *The Supervision of City Schools: Some General Principles of Management Applied to the Problems of City School Systems*, Twelfth Yearbook of the National Society for the Study of Education, Part I (Bloomington, IL: 1913), p. 11.

22. Franklin Bobbitt, "Scientific Method in Curriculum – Making," in David J. Flinders and Stephen J. Thornton, eds., *The Curriculum Studies Reader* (New York: Routledge, Taylor & Francis Group, 2013), p. 11.

23. Ibid., p. 13.

24. David H. Jonassen, Martin Tessmer, and Wallace H. Hannum, *Task Analysis Methods for Instructional Design* (Mahwah, NJ: Lawrence Erlbaum Associates, 1999).

25. Grant Wiggins and Jay McTighe, *Understanding by Design* (Alexandria, VA: ASCD, 1998).

26. W. W. Charters, *Curriculum Construction* (New York: Macmillan, 1923), p. 5.

27. Ibid., p. 101.

28. Ibid., p. 105.

29. Ralph Tyler, *Basic Principles of Curriculum and Instruction* (Chicago: University of Chicago Press, 1949).

30. Francis P. Hunkins and Patricia A. Hammill, "Beyond Tyler and Taba: Reconceptualizing the Curriculum Process," *Peabody Journal of Education* (Spring 1994), pp. 4 – 18.

31. Ibid.

32. Hilda Taba, *Curriculum Development: Theory and Practice* (New York: Harcourt Brace, 1962).

33. Wiggins and McTighe, *Understanding by Design.*

34. Ibid., p. 12.

35. Ibid.

36. Abbie Brown and Timothy D. Green, *The Essentials of Instructional Design* (Upper Saddle River, NJ: Pearson, 2006).

37. Jonassen, Tessmer, and Hannum, *Task Analysis Methods for Instructional Design.*

38. Heidi Hayes Jacobs, ed., *Getting Results with Curriculum Mapping* (Alexandria, VA: ASCD, 2004).

39. Michael I. Posner and Mary K. Rothbart, *Educating the Human Brain* (Washington, DC: American Psychological Association, 2007).

40. Mary Moss Brown and Alisa Berger, *How To Innovate: The Essential Guide for Fearless School Leaders* (New York: Teachers College Press, 2014), p. 72.

41. Ibid.

42. Ibid., p. 75.

43. William E. Doll Jr., "Structures of the Post-Modern," in Trueit, *Pragmatism, Post-Modernism, and Complexity Theory: The "Fascinating Imaginative Realm" of William E. Doll, Jr.*, pp. 153–160.

44. William E. Doll Jr., "Complexity," in Trueit, *Pragmatism, Post-Modernism, and Complexity Theory: The "Fascinating Imaginative Realm" of William E. Doll, Jr.*, pp. 169–171.

45. Ibid.

46. William E. Doll Jr., "Thinking Complexly," in Trueit, *Pragmatism, Post-Modernism, and Complexity Theory: The "Fascinating Imaginative Realm" of William E. Doll, Jr.*, pp. 172–188.

47. Ibid., p. 175.

48. Ibid.

49. Patrick Slattery, *Curriculum Development in the Postmodern Era: Teaching and Learning in an Age of Accountability*, 3rd ed. (New York: Routledge, Taylor & Francis Group, 2013), p. 200.

50. Ibid.

51. M. Frances Klein, "Approaches to Curriculum Theory and Practice," in J. T. Sears and J. D. Marshall, eds., *Teaching and Thinking about the Curriculum* (New York: Teachers College

Press, 1990), pp. 3.14; and Robert Young, *A Critical Theory of Education* (New York: Teachers College Press, 1990).

52. J. T. Dillon, "The Questions of Deliberation," in J. T. Dillon, ed., *Deliberation in Education and Society* (Norwood, NJ: Ablex, 1994), pp. 3–24.

53. Didier Noye, "Guidelines for Conducting Deliberations," in Dillon, *Deliberation in Education and Society*, pp. 239–248.

54. Ibid.

55. Roger Soder, *The Language of Leadership* (San Francisco: Jossey-Bass, 2001).

56. Doll, "Structures of the Post-Modern."

57. Ibid.

58. Wolff-Michael Roth, *Curriculum-in-the-Making: A Post-Constructivist Perspective* (New York: Peter Lang, 2014), p. 1.

59. Ibid.

60. Alfred N. Whitehead, *The Aims of Education and Other Essays* (New York: The Free Press, 1976, original publication, 1929), as noted in William E. Doll Jr., "Struggles with Spirituality," in Trueit, ed., *Pragmatism, Post-Modernism, and Complexity Theory: The "Fascinating Imaginative Realm" of William E. Doll, Jr.*, pp. 33–42.

61. Doll, "Structures of the Post-Modern," p. 155.

62. M. Bakhtin, *Toward a Philosophy of the Act* (Austin: University of Texas Press, 1993), as noted in Roth, *Curriculum-in-the-Making*, p. 1.

63. Slattery, *Curriculum Development in the Postmodern Era*, p. 290.

64. Ibid., p. 291.

65. Ibid.

66. Ibid., p. 298.

67. Ibid., pp. 290–292.

68. William E. Doll Jr., "An Alternative to the Tyler Rationale," in Flinders and Thornton, *The Curriculum Studies Reader*, p. 216.

69. Ibid.

70. Robert Lake, *A Curriculum of Imagination in an Era of Standardization* (Charlotte, NC: Information Age Publishing, Inc., 2013), p. 102.

71. Doll, "An Alternative to the Tyler Rationale," p. 217.

72. Jerome S. Bruner, *The Process of Education* (Cambridge, MA: Harvard University

Press, 1959).

73. Doll, "An Alternative to the Tyler Rationale," p. 218.

74. Ibid., p. 219.

75. Ibid., p. 220.

76. Ibid.

77. Brian Green, *The Hidden Reality: Parallel Universes and the Deep Laws of the Cosmos* (New York: Alfred A. Knopf, 2011), pp. 31–32.

78. Doll, "An Alternative to the Tyler Rationale," p. 221; and Green, *The Hidden Reality: Parallel Universes and the Deep Laws of the Cosmos*.

79. Doll, "An Alternative to the Tyler Rationale," p. 221.

80. Howard Gardner, *Truth, Beauty, and Goodness Reframed* (New York: Basic Books, 2011), p. 14.

81. Jean-Francois Lyotard, *The Postmodern Condition: A Report on Knowledge* (Minneapolis: University of Minnesota Press, 1984; originally published in French, 1979), cited in Doll, "Structures of the Post-Modern," pp. 153–154.

82. Lake, *A Curriculum of Imagination in an Era of Standardization*, p. 103.

83. Ibid., p. 104.

84. Richard F. Elmore, *School Reform from the Inside Out* (Cambridge, MA: Harvard Education Press, 2006).

85. Brown and Green, *The Essentials of Instructional Design*, p. 7.

86. Michael Fullan, "The Principal and Change," in Michael Fullan, ed., *The Challenge of Change*, 2nd ed. (Thousand Oaks, CA: Corwin, 2009), pp. 55–69.

87. Collin M. J. Marsh and George Willis, *Curriculum: Alternative Approaches, Ongoing Issues*, 4th ed. (Upper Saddle River, NJ: Pearson, 2007).

88. Fullan, "The Principal and Change."

89. M. McLaughlin and J. Talbert, *Building School-Based Teacher Learning Communities* (New York: Teachers College Press, 2006), cited in Fullan, The Challenge of Change, p. 62.

90. Fullan, "The Principal and Change."

91. Ibid.

92. Jerome Bruner, *The Culture of Education* (Cambridge, MA: Harvard University Press, 2001).

93. David W. Orr, *Earth in Mind: On Education, Environment, and the Human Prospect*

(Washington, DC: Island Press, 2004).

94. Norbert M. Seel and Sanne Dijkstra, eds., *Curriculum, Plans, and Processes in Instructional Design: International Perspectives* (Mahwah, NJ: Lawrence Erlbaum Associates, 2004).

95. Barbara L. Grabowski, "Needs Assessment—Informing Instructional Decision Making in a Large Technology – Based Project," in Seel and Dijkstra, *Curriculum, Plans, and Processes in Instructional Design: International Perspectives.*

96. Noddings, *Education and Democracy in the 21st Century*, p. 40.

97. Ralph W. Tyler, "Purposes of Our Schools," *NASSP Bulletin* (May 1968), pp. 1 – 12.

98. Noddings, *Education and Democracy in the 21st Century*, p. 40.

99. Ibid., p. 43.

100. Commission on the Reorganization of Secondary Education, *Cardinal Principles of Secondary Education*, Bulletin 35 (Washington, DC: U.S. Office of Education, 1918), pp. 11 – 16.

101. Noddings, *Education and Democracy in the 21st Century*, p. 43.

102. Ibid., p. 44.

103. Evelyn J. Sowell, *Curriculum: An Integrative Introduction* (Upper Saddle River, NJ: Merrill, 1996), p. 20.

104. Diane Ravitch, *National Standards in American Education: A Citizen's Guide* (Washington, DC, The Brookings Institution, 1995), cited in Peter M. Taubman, *Teaching by Numbers* (New York: Routledge, 2009), pp. 108 – 109.

105. *Phase III of the Educational Planning Model* (Bloomington, IN: Phi Delta Kappa Educational Foundation, 1976).

106. *National Goals for Education* (Washington, DC: U.S. Department of Education, 1990).

107. Noddings, *Education and Democracy in the 21st Century*, p. 46.

108. Ibid.

109. B. Latour, *We Have Never Been Modern* (Cambridge, MA: Harvard University Press, 1993), cited in Taubman, *Teaching by Numbers*, p. 114.

110. Lisa Carter, *Total Instructional Alignment: From Standards to Student Success* (Bloomington, IN: Solution Tree Press, 2007).

111. Taubman, *Teaching by Numbers*.

112. Ibid.

113. Kenneth W. Howell and Victor Nolet, *Curriculum – Based Evaluation: Teaching and Decision Making*, 3rd ed. (Belmont, CA: Wadsworth, 2000).

114. Brown and Green, *The Essentials of Instructional Design*.

115. Robert F. Mager, *Preparing Instructional Objectives*, 2nd ed. (Belmont, CA: Fearon, 1984).

116. Jerrold E. Kemp, Gary R. Morrison, and Steven M. Ross, *Designing Effective Instruction* (New York: Merrill, Macmillan, 1994).

117. William E. Doll Jr., *A Post Modern Perspective on Curriculum* (New York: Teachers College Press, 1993).

118. Benjamin S. Bloom, ed., *Taxonomy of Educational Objectives, Handbook I: Cognitive Domain* (New York: McKay, 1956).

119. Lorin W. Anderson and David R. Krathwohl, eds., *A Taxonomy for Learning, Teaching, and Assessing* (New York: Routledge, 2003).

120. Ibid.

121. Ibid.

122. David R. Krathwohl, ed., *Taxonomy of Educational Objectives, Handbook II: Affective Domain* (New York: McKay, 1964).

123. J. Flavell, "Metacognition and Cognitive Monitoring, A New Area of Cognitive Developmental Inquiry," *American Psychologist* (1979), pp. 906 – 911, cited in Anderson and Krathwohl, *A Taxonomy for Learning, Teaching, and Assessing*, p. 59.

124. Anderson and Krathwohl, *A Taxonomy for Learning, Teaching, and Assessing*.

125. Posner and Rothbart, *Educating the Human Brain*.

126. Anita J. Harrow, *A Taxonomy of the Psychomotor Domain* (New York: McKay, 1972).

127. Yong Zhao, *Catching Up or Leading the Way* (Alexandria, VA: ASCD, 2009).

128. Ibid.

129. Ibid.

130. Ibid.

131. Christine E. Sleeter, *Un – Standardizing Curriculum: Multicultural Teaching in the Standards – Based Classroom* (New York: Teachers College Press, 2005).

132. Whitehead, *The Aims of Education and Other Essays*, p. 5.

133. Brown and Berger, *How To Innovate: The Essential Guide for Fearless School Leaders*, p. 25.

134. Lake, *A Curriculum of Imagination in an Era of Standardization*, p. 99.

135. Ibid.

136. McKenna, "Literacy Instruction in the Brave New World of Technology," pp. 8–13.

137. John D. McNeil, *Curriculum: A Comprehensive Introduction*, 6th ed. (New York: HarperCollins, 2000).

138. Ibid.

139. James A. Banks, "The Canon Debate, Knowledge Construction, and Multicultural Education," *Educational Researcher* (1993), p. 9, cited in Sleeter, *Unstandardizing Curriculum: Multicultural Teaching in the Standards-Based Classroom*.

140. McKenna, "Literacy Instruction in the Brave New World of Technology," p. 10.

141. Israel Scheffler, "Justifying Curriculum Divisions," in J. Martin, ed., *Readings in the Philosophy of Education: A Study of Curriculum* (Boston: Allyn & Bacon, 1970), pp. 27–31.

142. Lake, *A Curriculum of Imagination in an Era of Standardization*, p. 99.

143. John P. Miller, *Educating for Wisdom and Compassion* (Thousand Oaks, CA: Corwin, 2006), pp. 4–10.

144. Friedrich Nietzsche, *The Birth of Tragedy*, in *Basic Writings of Nietzsche*, Walter Kaufmann, ed. and trans., 3rd ed. (New York: Modern Library, 1968), referred to in Slattery, *Curriculum Development in the Postmodern Era*, p. 283.

145. Henry A. Giroux, *Postmodernism, Feminism and Cultural Politics* (Albany: State University of New York Press, 1991).

146. Zhao, *Catching Up or Leading the Way*.

147. Ibid.

148. Daniel Pink, *A Whole New Mind: Moving from the Information Age to the Conceptual Age* (New York: Riverhead Books, 2005), cited in Zhao, *Catching Up or Leading the Way*, p. 148.

149. Ibid.

150. Francesca Michaelides Weiss, "Recollecting Play: Its Meaning Then, Its Meaning Now," in Anne C. Martin and Ellen Schwartz, eds., *Making Space for Active Learning: The Art and Practice of Teaching* (New York: Teachers College Press, 2014), pp. 111–115.

151. Ibid., p. 112.

152. Ibid.

153. Pink, *A Whole New Mind: Moving from the Information Age to the Conceptual Age*, cited in Zhao, *Catching Up or Leading the Way*, p. 148.

154. Zhao, *Catching Up or Leading the Way.*

155. William Ayers, *To Teach: The Journey of a Teacher*, 3rd ed. (New York: Teachers College Press, 2010), p. 61.

156. David M. Callejo Pérez, Donna Adair Breault, and William L. White, *Curriculum as Spaces: Aesthetics, Community, and the Politics of Place* (New York: Peter Lang, 2014), p. 9.

157. John Dewey, *Art as Experience* (New York: Berkley Publishing Group, 1934), cited in Perez, Breault, and White, *Curriculum as Spaces: Aesthetics, Community, and the Politics of Place*, p. 10.

158. Ibid., p. 11.

159. Brown and Green, *The Essentials of Instructional Design.*

160. Perez, Breault, and White, *Curriculum as Spaces: Aesthetics, Community, and the Politics of Place*, p. 10.

161. Ayers, *To Teach: The Journey of a Teacher.*

162. Ibid., p. 65; and Ritchhart, *Intellectual Character.*

163. Ayers, *To Teach: The Journey of a Teacher.*

164. Ursula M. Franklin, "Educating at the Interface of Biosphere and Bitsphere," in David L. Coulter and John R. Wiens, eds., *Why Do We Educate? Renewing the Conversation*, pp. 242–255.

165. Ibid.

166. John I. Goodlad, *In Praise of Education* (New York: Teachers College Press, 1997).

167. Franklin, "Educating at the Interface of Biosphere and Bitsphere."

168. Ibid.

169. Ritchhart, *Intellectual Character*, p. 47.

170. Brian Castaldi, *Educational Facilities: Planning, Modernization, and Management*, 3rd ed. (Boston: Allyn & Bacon, 1987).

171. Allan Collins and Richard Halverson, *Rethinking Education in the Age of Technology* (New York: Teachers College Press, 2009).

172. Ritchhart, *Intellectual Character*, p. 155.

173. James B. Macdonald, "The Quality of Every Day Life in School," in J. B. Macdonald and E. Zaret, eds., *Schools in Search of Meaning* (Berkeley, CA: McCutchan, 1978).

174. Brown and Berger, *How to Innovate: The Essential Guide for Fearless School Leaders*, pp. 56–57.

175. Ibid.

176. Decker F. Walker and Jonas F. Soltis, *Curriculum and Aims*, 5th ed. (New York: Teachers College Press, 2009), pp. 1–6.

177. Fullan, Hill, and Crevola, *Breakthrough*.

178. Jeroen Bron and Wiel Veugelers, "Why We Need to Involve Our Students in Curriculum Design: Five Arguments for Student Voice," in David J. Flinders and P. Bruce Uhrmacher, *Curriculum and Teaching Dialogue* (Charlotte, NC: Information Age Publishing, 2014), pp. 125–139.

179. Ibid., p. 128.

180. Lake, *A Curriculum of Imagination in an Era of Standardization*, p. 101.

181. Bron and Veugelers, "Why We Need to Involve Our Students in Curriculum Design: Five Arguments for Student Voice," p. 131.

182. Lake, *A Curriculum of Imagination in an Era of Standardization*.

183. Bron and Veugelers, "Why We Need to Involve Our Students in Curriculum Design: Five Arguments for Student Voice."

184. Lake, *A Curriculum of Imagination in an Era of Standardization*, p. 102.

185. Michael Fullan, *The New Meaning of Educational Change*, 4th ed. (New York: Teachers College Press, 2007), p. 139.

186. L. Hubbard, H. Mehan, and M. K. Stein, *Reform as Learning* (London: Routledge, 2006), p. 75, cited in Fullan, *The New Meaning of Educational Change*, p. 167.

187. Joan Richardson, ed., "Principals as Solo Performers," *Phi Delta Kappan* (May 2013), p. 4.

188. Jon Wiles and Joseph Bondi, *Curriculum Development: A Guide to Practice*, 7th ed. (Upper Saddle River, NJ: Pearson, 2007).

189. Ibid.

190. Fullan, *The New Meaning of Educational Change*, p. 156.

191. Ibid.

192. Carl D. Glickman, ed., *Supervision in Transition* (Alexandria, VA: ASCD, 1992).

193. Ibid.

194. Thomas J. Sergiovanni et al., *Educational Governance and Administration*, 3rd ed. (Boston: Allyn & Bacon, 1992).

195. A. Bryk and B. Schneider, *Trust in Schools* (New York: Russell Sage, 2002), cited in

Fullan, *The New Meaning of Educational Change*, p. 193.

196. Eric Schwarz, *The Opportunity Equation: How Citizen Teachers Are Combating the Achievement Gap in America's Schools* (Boston: Beacon Press, 2014), p. 9.

197. Ibid., pp. 126–127.

198. Ibid., pp. 129–134.

199. Fullan, *The New Meaning of Educational Change*.

200. Ibid.

201. Ibid.

202. Allan C. Ornstein and Daniel U. Levine, *Foundations of Education*, 10th ed. (Boston: Houghton Mifflin, 2008).

203. Brown and Berger, *How to Innovate: The Essential Guide for Fearless School Leaders*, pp. 28–29.

第八章 课程实施

学习成果

阅读完本章之后,你应当能够:

1. 深入解释作为一种变革过程的实施的本质。
2. 描绘各种现代主义的实施模式,以便你和你的同伴能够扮演现代主义者的角色。
3. 描绘后现代主义的实施模式,阐明为什么可以在学校背景中激活这种模式,并且通过何种方式激活。
4. 阐明现代主义和后现代主义的不同设想。
5. 解释你对现代主义和后现代主义的情感反应,以及你的反应如何可能影响你对课程活动的参与。

一旦开发出一门课程,假如它是针对日新月异的世界里学生和社会的当下需要的,就必须在最短的时间内实施它。拖延时间过长就不能将一门新课程付诸实践,你会冒推广一门课程的风险,使其丧失与时代需要之间的关联,错过新的发展知识的目标。在新的东西没能在教育界留下其印迹之前,推广的速度和对所有教育工作者及公众的招募是必不可少的。然而,许多经过规划和开发的课程都没有得到实施或没有获得足够快的实施,其原因是缺乏一个将这些课程整合进学校教育项目中的计划。2007 年,乔恩·怀尔斯和约瑟夫·邦迪注意到,超过90%的新课程没有得到实施,在他们看来,教育工作者缺乏推广一门新课程所必需的管理技能和知识。[1]

然而,也许不是教育工作者缺乏管理技能和知识;相反,也许是他们在思考如何理解课程实施的相关策略上僵化保守。同样,正如约翰·P.科特(John P. Kotter)注意到的,教育工作者像许多个人一样,"没有感到自己周围正在进行的全力冲刺,这是问题的一部分"。[2]我们觉得大多数人确实感到了变化的寒风,但还试图"驶"进安全的港湾,而不是在新世纪已经出现的大漩涡中考验自己的技能。

实施的本质

莱斯利·毕晓普许多年前便声称,课程实施需要重构和更替。[3]它要求调整个人习惯、行为方式、项目重点、学习空间、现存课程和校历。简言之,在急剧变化和不断扩张的时代,所有层次的学校教育的教育工作者必须不仅改变自己有关课程、课程创建与推广的知识结构,而且必须改变自己的心态乃至人格。他们还必须与风险相安无事,甚至奋力扩大社会边界和教育边界。这些个体必须渴望行动,正像科特所主张的,认识到行动就是寻找机会和冒险,所有这些都受人们所相信的愿景的引导"。[4]的确,教师和其他人认为一门新课程是否已准备就绪,取决于最初计划的性质及课程开发的每一步是否精确执行。[5]但是,在21世纪的第二个十年,我们需要轻松快乐的步伐,重新思考在流动不居的时代里"精确"实际上意味着什么。

从1980年左右开始,实施成为一个重要的教育话题。几百万美元被用于开发课程项目,尤其是阅读和数学项目,然而,许多这类项目都没有成功。西摩·萨拉森(Seymour Sarason)断定,许多教育改革已失败,因为负责这些尝试的人对学校文化知之甚少或理解有误。[6]

萨拉森注意到两种必不可少的对课程实施的基本理解。第一种是对组织化变革和信息与观念如何适合真实世界语境的理解。第二种是对课程和课程将被引入的社会—制度语境之间的关系的理解。教育工作者必须了解学校的结构、其传统和权力关系、学校成员如何看待自己及自己的角色。[7]成功的课程实施者认识到,课程实施必须不仅从逻辑上,而且必须从情感上和道德上对参与者有吸引力。的确,富兰注意到,大多数教师首先是通过道德思考的激发才行动的。[8]

一个人对社会—制度语境的看法受到他认为教育界是技术的(现代的)还是非

技术的(后现代的)影响。认为是技术的、现代的人相信实施可以计划到细节;认为是非技术的、后现代的人则坚持实施是流动的、突发的。我们相信,大多数有关实施的最富有成效的立场,是将实施视为技术(现代)和非技术(后现代)层面的综合体。

如何才能说服教育工作者接受并实施一门课程?首先,你可以让他们相信实施该新课程会带来某些回报。其次,你可以指出不采取行动的负面后果,例如,学校将不能符合州的指令,或者学生将不能通过标准化考试。第三,你可以指出,你希望实施的特殊课程与原有的课程相似。另一方面,我们也许希望吹嘘一下新项目与现有的项目全然不同,或优越于现有项目。[9]

成功的课程实施来自仔细的规划。这种规划聚焦于三种因素:人、项目、过程。为了实现课程变革,教育工作者必须使人们改变他们的某些习惯,并且有可能的话,改变他们的观点。许多学区没有能实施自己的项目,是因为忽视了人的因素,将时间和金钱放在只是修正项目或过程之上。然而,对新项目的重视,为人们提供了达到学校项目之目的的新途径。组织化的过程也是重要的。对各部门进行重组,可以让人们按成功实施所必需的方向向前迈进。[10]

科特认为,在今日快节奏、动态十足的世界中,我们需要思考重组各部门,并思考我们进行决策、采取行动的方式。尽管科特是指商业界,但他的评论和洞见对教育的重组特别是课程实施也有意义。他注意到,商界领袖(在我们这里,是教育界领导人)所面临的关键问题,是如何在这一被概括为"动荡和断裂"[11]的世纪里有效地发挥作用。

大部分学校系统和具体学校是按等级制来组织的,金字塔的上层发起决策。在私立学校层次,管理组织反映出这一等级制体系。就20世纪大多数时候而言,这一决策结构运行良好。课程开发和实施由课程主任协调,由"多重"路线和辅助人员执行,其中包括校长、部门主任、教师、督导。

在21世纪,通过等级制推广课程开发和实施有种种局限,必须认识到这些局限并加以修正。科特表示,等级制靠实际上阻碍快捷的战略性决策的政策、规则、程序"为生"。此外,这样的组织培养一种环境——在这一环境中,各个层次的教育角色沉默地进行思考,默默地投入到不经其督导准许的行动。[12]当学校董事会篡夺课程带头人的权威地位、决定将要实施何种课程、要求处于等级制底端的人就范时,这一切显而易见。结果就是对项目的实施流于自鸣得意和避重就轻。在某些情况下,它还导致对新课程项目的抵制。[13]

科特表示,为了应对"诞生于"21世纪的"日益增加的复杂多样和快速变化"的各种挑战,我们需要一种新的组织。[14]他提出一种将个体组织成一个网络的体系,这一体系"更像一个……太阳系"。他声称,这样一种体系也有点像一个蜘蛛网,可以"灵活多变、快速迅捷"地生成和推广改革,在我们这里,即生成和推广课程。[15]这种网络不可能消除等级制。它用更具有活力的策略——不走寻常路的思考、具有最大化效率的创新——弥补等级制。

就蜘蛛网而言,每一种蜘蛛都有自己的蛛网设计,所以每个学校必须使自己对课程实施的组织适合自己学校的独特文化——这种独特文化,是存在于一个同样独一无二的社会共同体之中的。[16]

渐进主义

许多教育工作者,以及普通公众的成员在缜密思考课程实施时,主要考虑的是变革。他们将实施视为对变革进行管理的程序。然而,正如理查德·E.埃尔莫尔所建议的,实施必须追问正在酝酿的变革的实际目标何在。只关注改革课程和学校文化,是将重点放在对变革的管理。当所有教师采纳教育纲领或教育材料时,仅引入一门新的课程或甚至引入一个新的系列教材就可以大书特书。此外,如果教育工作者不使用该材料,指出不按章行事也相当容易。然而,无论在课程开发中,还是在实施步骤中,对师生而言,中心问题是变革的价值何在。[17]

尽管我们认为实施是一个变革过程,但我们还是要不断追问:这种变革有目标和价值吗?它能改善教师的教育和课程行为及学生的学习吗?简言之,变革必须导致改善,而学生学习和教师行为的改善需要时间。正如埃尔莫尔注意到的,"改善等于随着时间的流逝提高质量和成绩"。[18]

旨在改善而不是改变学生造诣的课程实施,需要在什么构成了改善之上达成某些共识。我们如何定义"质量"?在显而易见的学校改革的各种尝试中,在支持课程的教材购买活动中,许多人认为最近的项目、最新的教材、最近的计算机程序标志着改善。然而,这是一种错误的归纳。

某些新项目是否构成了改善,取决于我们个人的观点和教育哲学观。它也取决于我们是否在一定深度上把握到世界共同体所有领域正在出现的迅速变化,取决于我们解读新兴趋势、预测可能事件的取向。当考虑教育项目要创造和引入什么时,我们必须是未来主义的梦想家。我们也必须认识到,在许多方面我们是自己未来的创造者。在塑造未来方面,我们是或者可以是活跃的参与者。教育工作者必须接受一个观点:正在经历乱糟糟变化的世界共同体中的美国,其与日俱增的课程多样性和种族多样性,使如何定义改善更加充满挑战性,更不用说推广改善课程了。

实施过程呈现出一种控制心态。[19]各种权力集团力图指出各种变革之路,以服务自己的特定目的。权力集团的范围从政治家、家长、社区成员,到商业团体、宗教群体、教育工作者,不一而足。在20世纪,我们哄骗自己,认为这些不同的共同体之间存在互助合作。在21世纪,尽管单个群体要求改进课程和学校,但对于改善长什么模样却少有共识。21世纪的大多数群体都有创建或力图引入各种政策的政策,也都有服务自己的有关接受教育意味着什么的狭隘看法的项目。许多商业团体还有某些特定的个人,只想要新的课程能促使学生成为世界经济体系中的熟练员工。的确,今天在教育对话和实施项目的过程中,这些团体分分合合、争议四起。[20]

影响课程实施的往往是"钻体制的空子"。当政治家完全知道自己对如何判定一门新课程的责任一无所知却仍赞成改变政策、让学校负责时,政治家就是在钻体制的空子。他们是在玩取悦选民、提高标准、增加考试难度的游戏,随后他们又威胁要撤销对学校的经济资助。教育工作者通常玩赞成应付更高标准政策的新课程项目。然而,公众往往没有给学校足够的资金能力去实施所推荐的课程,或采用基于最近大脑研究的教学方法。

改善花费时间,但是否改善则旁观者清。我们也许认为改善的目的在于培养学校的创造力和探求精神,但另一些人可能视改善为一种否定和拒绝,旨在培养学生对权威的质疑,或挑战权威的社会地位。尽管似乎每个人都对最时髦的技术装置着迷,但许多21世纪的"现代"人对快速变革还是心怀恐惧,尤其当他们相信自己对快速的变革难以控制、正在出现的变革动摇了他们的价值观和世界观(他们的权力地位)时更是如此。

交流

为了确保足够的交流,课程专家必须了解学校的(或学校系统的)交流渠道。交流渠道是纵向的(学校科层制不同层次的人之间的),或横向的(学校科层制同一层次的人之间的)。例如,校长和教师之间的交流是纵向的,两个教师之间的交流是横向的。

在许多学校的结构化尝试中,同龄人之间的横向网络联系正受到鼓励。在认为相互平等的人以及平等参与课程变革的人之间,更容易达成交流。将科目领域结合在一起的课程活动,或整合课程主要片段的课程活动,都以有效的横向交流为条件。

尽管在学校也许可能存在正式的横向交流渠道,许多横向交流还是非正式的。高效的课程带头人鼓励交流渠道多多益善。他们致力于建立包括教师、管理人员、学生甚至社区成员在内的有凝聚力的学校共同体。[21]有效的交流要求微妙的平衡,一种共时化的、正式和非正式的合作。[22]

正如安迪·哈格里夫和迈克尔·富兰所主张的,参与合作文化的个人会接受失败风险,忍受不确定性,基本上认可后现代的某些冒险立场,拥抱不可预见的事物,心怀创建并实施具有意义和教育价值的课程项目的希望。[23]让学生参与项目的讨论,可以使学生感受到要定义何种知识最有价值是复杂的,也可以让他们感到他们的项目选择不可预测并没有什么不妥。他们最终要认识到,一门课程不是已经一劳永逸并随后只要加以实施的,而总是处于仍在创制的阶段。课程不是静态的,课程是动态的,是在许多层次衍变的。[24]

目前,交流既是口头的,也是书面的和看得见的。万维网使教育工作者之间的合作成为可能,且无论距离的远近。由于计算机、苹果手机和智能手机的出现,时间消失了。在不远的未来(假如不是现在的话),教育工作者可以与同事在虚拟世界中交流。理想地说,交流的这种便捷化应当会修正学校的文化。教师实际上不需要各自为营地工作了。事实上,假如教育变革正在带来人类成长所有领域的教育改善,我们就必须更有效、更频繁地进行交流。技术不会是面对面交流的丧钟。技术将有可能改变师生处身其间的教育环境。

支持

为了促进实施,课程设计人员需要为他们所推荐的课程改革或课程修订提供必要的支持。他们和整个学校共同体必须促进能力和才能的提升。埃尔莫尔将能力和才能定义为师生给教学核心、整个学校的熟练行动所带来的资源、知识和技能,它们能最大限度地支持师生对所实施课程的推广和参与。[25]

假如新课程要促成对学生学习的提高,新课程就必须随着时间的流逝而获得维护和支持。正如迈克尔·富兰和其他一些人所说的,建立一个有才能的实施者

第八章 课程实施

的基础结构,需要学区的持续支持。[26]教师必须高度熟悉新的课程内容,他们必须完善新的教学方法,他们必须知道如何操控教学环境,将自己学生的背景和学习风格考虑在内。这种支持通常采取在职培训或人力开发的形式。[27]

对那些对课程及其创建缺乏深刻理解的教师来说,在职培训或人力开发是必要的。甚至许多教育管理人员也缺乏"课程素养"。[28]选择师范教育项目的人所修的课,基本是聚焦于不同科目领域教学法的课程。这些课导致许多教师认为课程实施是分配给他们的,他们唯一的责任是教。然而,即使教师选择退出积极参与课程开发,他们也需要课程开发的知识。

研究已经揭示出有效的职业在职培训项目的特征。这些项目必须适合提供这些项目的学校。有效的在职项目来自协作努力,并针对将受到新课程影响的人的需要。它们足够灵活到对教员的不断变化的需要做出反应。它们传播新课程的知识并增加人们对新课程的投入。例如,一个学校的教师也许从另一个学校甚至另一个国家学校的教师那里学习有关课程的知识。互联网可以助一臂之力。[29]在职项目应当预先安排在方便课程实施者的时间。对新课程的公开讨论,应当预先安排在实施的整个过程中。这种讨论要允许实施者表达对新课程的异议或关注,并最终减少反对意见。有效的在职项目也必须评估课程是否正达到其目的,是否与学区的宗旨和方法和谐一致。

我们坚信,尽管在职讲习会的确有优点,但在某些方面它们中断了课程开发和实施的连续性。正如我们所相信的,假如课程总是处于编制之中,在课程开发、课程调整、实施的不同途径的连续流动中,我们就需要配备教育专业人才。[30]我们需要与自己同事不断交流的学校专业人才。正如哈格里夫和富兰所表明的,"教师单干并非好事"。[31]我们需要职业的学习团体。

哈格里夫和富兰是这样来定义职业的学习团体的:

> 在其中,合作提高与决策不是取决于科学证据和统计数据,它们受老马识途的集体判断的引导,它们受有关有效实践和无效实践的瓜熟蒂落的、富有挑战的谈话的推动。[32]

我们注意到,当创建和实施新项目时,专业学习团体总是"随时待命",而不只是富有生气的。正如我们已经指出的,由于信息爆炸,新教学法被创造出来,新"博弈者"(师生)参与学校教育,所开发和实践的所有课程都不断受到监管和修正。

没有足够的经济支持,新课程就会落败。当联邦基金上涨时,许多学区会采纳改革,但没有在常规的学校预算中给这些改革提供配套资金。当联邦基金(本质上试图用作启动资金投入)耗尽时,学区便不再继续其新课程,引证的理由是缺乏必要的资金。如果学校用联邦或州所给的钱实施新课程,他们就必须策划出种种方式,用学校预算中配套的钱来支持这些课程。

需要钱来购买新物资和新设备,并支付帮助新课程实施者的工资。在本地层次上,在对新项目做预算时涉及五步:准备、提交、采纳、执行、评估。当新项目被采纳时,校董事会将会为具体的教育物资配置资金。其他四个预算阶段,涉及学区一级的主管和学校一级的校长(或主席)。[33]

在学校的所有团体,特别是管理人员和教师之间,必须存在一种信任关系。有效的课程实施可以并且应当利用带头教师的服务。这种带头教师从课堂教学中解脱出来,因而可以充当新课程项目的推销员,充当导师和教练,以便教师获得必不可少的落实所创建课程的知识和能力。[34]

此外,学校各方的信任关系也涉及整个共同体:政治博弈者、社区提倡者、社区协会、特定的基金会,甚至教会团体,当然还有各有专攻的学校专门人才。正如约瑟夫·P.麦克唐纳所主张的,这些成员组合到一起,提供了我们这里所说的课程开发和实施所需的公民能力和专业能力。[35]

麦克唐纳指出,当你将公民能力、专业能力和资源货币结合到一起时,你就创造出了他所说的行动空间。行动空间颠覆了现状,行动空间带来了挑战和富有成效的混乱,这种挑战和混乱是教育工作者以单干的形式不可能招致的。这种空间不会对教育工作者造成困扰。相反,它刺激他们进行创新,它为他们提供了引起警觉的、促使他们创建并推广有意义的课程的例证和音符。[36]行动空间不仅占有了为教育工作者提供新技能的专业领域,而且占有了非教育领域(例如信息技术、纳米技术博弈甚至大脑研究)专门人才的专业知识。正如同任何创新一样,行动空间的这三种资源在特定时间的贡献多有变化。货币、公民能力、专业能力的影响力在不同程度上会受到时间的动态变化、文化的博弈力量、共同体的经济健康状况、政治剧场的表现的影响。教育专业人才必须认识到行动空间,认识到他们必须与其他人一起参与到这一空间中来。[37]

@ 一般来说,教师利用专业学习团体(PLCs)与同事协作,并改善自己学生的学习。当学校管理人员实施一门新课程时,如何利用专业学习团体?专业学习团体

第八章　课程实施

能提供帮助吗？请做出解释。

https://www.youtube.com/watch?v=_7YX40bWrCs

作为变革过程的实施

课程开发的目的若不考虑层次，就是要制造差异——使学生达到学校、社会的目的和目标，也许最重要的是达到他们自己的目的和目标。作为课程开发的一个必要部分，实施将所预期的变革带入现实。简言之，课程活动就是变革活动。

但是，当变革出现时，会发生什么？更重要的是，变革的价值和作用是什么？变革的源头是什么？是什么真正促使人们去变革？人们能预测变革的结果吗？所有的变革结果都有益于学生和一般社会吗？教育工作者能掌控直接影响他们的变革吗？不同的教育工作者——如管理人员和教师——是出于同样或相似的原因参与变革的吗？做出最重要变革的学校，实际上成了最创新、最高效的学校了吗？的确，人们可以在不同程度上对变革过程施加控制，但是这样做必须以他们了解变革为前提。了解变革的概念和变革的不同类型可以使个人明确变革的源头。它也可以帮助他们明确变革的要求是否有教育价值或只是政治的权宜之计。

即使我们在和课程变革相关的地方拥有自己的价值观，我们也必须意识到，当所有的一切说过、做过之后，我们也不能预言，甚至以有限的准确性预言变革活动对涉及的人以及体验了面目大变的课程的人——学生——会是多么成功。不可否认，变革可以以几种方式出现。最明显的两种方式是渐变和快变（渐变正如当课程表做出微调时，当图书馆新添加了些书时，或当教师对单元计划和教案做出更新时。快变则是新知识的结果或社会趋势影响到学校时，譬如将计算机引进教室时）。

目前，学校更多地受到快变而不是渐变的影响。我们所经历的快变，不仅出现在我们有关大脑如何起作用、学习如何发生等知识基础上，而且出现在国家的人口统计学上的变化、一般社会中的群体与日俱增的多样性上。快变还出现在家庭背景和结构、亚文化、社区团体上。文化多元主义轰然爆炸，竞争之声此起彼伏。此外，教育科技也轰然爆炸开来，给课程及其实施以影响。

根据研究，为了成功地实施课程变革，应当遵守五个指导方针：

1. 从技术上说，设计出来提高学生成绩的革新必须是诱人的。变革应当反映

375

出有关什么起作用、什么不起作用的研究发现,而不应当只是司空见惯的设计。

2. 成功的革新必须在传统学校的结构上做出改变。必须明显改变师道尊严的方式,以及师生互动的方式。

3. 对一般教师来说,革新应当是可控的和可行的。例如,当学生不能阅读或写作基础英语时,就难以革新与批判性思维或解决问题有关的观念。

4. 实施成功的变革尝试必须是有机的而不是繁文缛节的。清规戒律、严格监管这一类的繁文缛节方法无益于变革。这种方法应当用一种有机的、适配的方法取而代之,这后一种方法允许对原有计划有所偏离,并认识到底层的问题和学校的条件。

5. 避免"面面俱到"的综合征。一个特定的课程计划需要将努力、时间、金钱集中在诱人的、合理的内容和活动之上。[38]

数据表明,这些指导方针"是系统地相互关联的,除了与结构性变革相关的指导方针可能例外之外,它们同样恰好适用于教育的所有层面"。通过"思考这些方针在自己学校和学区的特殊语境中的适用性",课程专家将从中受益。[39]

变革的类型

不理解变革复杂性的课程实施者,有可能会引发导致与学校、学区不协调的行动。课程专家需要确认他们如何在现代或后现代(或两者相结合)的框架之内理解课程的实施、变革。这两种课程研究方法(其中包括开发和实施),有助于使课程充满生命力。通过思考现代主义和后现代主义,我们力图呈现各种类型的变革。

实施课程的现代主义方法

坚持课程实施的现代主义方法的人认为,创造变革、开发和实施课程有各种既定的规则和程序。基本规则为诸如如何定义新课程所需要的东西、揭示为何要处理已确认的需要提供了指导方针。基本规则为课程开发和实施提供了诊断数据,也为课程开发和行动所需的步骤提供了指导。这些规则也指导不同团体中的个人如何参与不同的行为和活动。[40]

不考虑一般社会中所出现的动态变化,这些规则或多或少有其意义。然而,单纯坚持这些规则不会带来有意义的教育项目。正如科特所主张的,我们不只需要优秀的管理,而且需要领导才能诱导人们创造"以往没有的东西"。[41]为了激励冒险、新奇思想、新的内容,使学生能体验一种因时制宜的课程,领导才能是必不可少的。[42]

　　理想地说,领导力遵循一条"计划性变革"的道路。在这种变革中,参与变革的人有平等的权利,他们认同并遵从用于处理手边活动的精确程序。计划性变革是理想的。虽然持有现代主义信念的人会寻求精确的行为以应对课程开发和实施目标,但计划性变革也可以存在于课程开发的后现代主义立场中。我们后文将详细讨论。

　　虽然计划性变革是一种理想型的变革,但沃伦·本尼斯(Warren Bennis)还是指明了另外两种变革,即"强制性变革"和"交互式变革"。在强制性变革中,一个团体确定目标,保持监控,排除其他人参与。领导这种变革的人,往往被定义为严格的管理者。在应对我们反复无常的环境时,这种领导者推崇稳定性和效率。不用说,强制造成不和、欠信任,并造成对团体所生产出的无论什么产品的毫不掩饰的愤怒。在交互式变革中,各团体间的权力分配相当平等,这些团体相互间确立目标和行动。然而,很少有行动策略得到小心谨慎的开发。准确地说,人们只是认为在变革过程中需要行动策略。在交互式变革中,参与变革的人可能缺乏深思熟虑,不能确定他们应当如何实施所欲求的变革。[43]

　　我们应当给这一清单加上第四种变革,即"随机性变革"。这种变革出现时没有任何明晰的思想和目标定位。随机性变革在学校中相当普遍,比如当对课程加以修正,以回应突发性事件时——如新的立法或来自特殊利益集团的压力——就是如此。

　　我们也可以按照其复杂性来思考变革。约翰·麦克尼尔列举了越来越复杂的变革类型。

　　1. 替代。这描述的是这样一种变革:一种因素取代另一种因素。例如,教师用一本教材取代另一种教材。到目前为止,这是最容易和最常见的变革类型。

　　2. 改变。当有人将看上去微不足道,但因此有可能被迅速采用的新内容、条款、材料、程序引入到现存材料和项目中时,就会出现这种类型的变革。

　　3. 扰乱。这些变革有可能首先打断一个项目,但随后可能由课程带头人在一个短时期内调整到正在进行的项目中来。扰乱的一个例子是校长调整课表,这会影响到教某一特殊科目所允许的时间。

　　4. 重构。这些变革导致系统本身,也就是学校或学区的改变。有关教学角色的新概念,例如差别化人员配置或团队教学,将会是一种重构型变革。

5. 价值取向型变革。这些变革是参与者基本哲学或课程取向上的转变。学校的主要权力代理人或课程的参与者必须接受这一层次的变革,并力争出现这一层次的变革。然而,如果教师不对他们的价值领域做出调整,任何表决通过的变革极有可能中途夭折。[44]

尽管不能对出现在学校的变革做出准确的分类,课程专家还是需要认识到,计划性变革是理想化的。变革不是改善的同义词。[45]教育是一种常规活动,一个人对变革的提倡及随后对变革的操控,实际上意味着他是就自己认为有价值的东西做出一种声明。

实施课程的后现代主义方法

实施课程的现代主义方法被确认为遵循各种准确的步骤,创建被认为具有精确性且可以被证实具有高度准确性的项目。与之相反,实施课程的后现代主义方法是最难以识别的,因为由于它持续不断地演变,不存在对这一方法的任何固定的定义。可能也从来不存在这样一个时代——后现代主义将基本达到停滞不前的时代。它是处于持续流动之中的一种动态运动,不断地在混沌和复杂多变中起作用,同时伴随着不确定性。[46]

同时,全面认识后现代主义所面临的挑战还包括,后现代主义不只是一种教育(特别是课程开发和实施)的取向。后现代主义是一种世界观,涉及我们文化的诸多层面——"政治、艺术、科学、神学、经济学、心理学、文学、哲学、建筑学、现代科技"。后现代主义培养一种挑战现代主义的统治和控制的生态的、普遍的世界观。[47]

认为课程开发和课程实施的后现代主义方法有点类似即兴表演剧场是有益的。一个人对戏剧或特定一幕的特定一场有基本的想法。但是,进入场景中的这人并没有要掌握的对话。他感受场景,并且怀着快乐,在同时的、未经计划的行动中随机回应、即兴应对、投入其中,从而推动"戏剧性事件"。

在即兴剧场"表演"之后,个人投入对自己"游戏性的"剧场行为的诠释分析,对意义进行评估,同时评估给各种其他演员和观众带来的影响。这种诠释式分析,是一组将课程开发和课程实施囊括其中的进程。投入其中的教育工作者对组织进课程中的信息的价值和意义进行分析,然后细察实施具体课程中所运用的程序。尽管如此投入,他们还是认识到自己的批评和分析是流动的,具有令人吃惊和出人意料的效果。甚至他们对效率的判断,也不具备确定性。

第八章 课程实施

后现代主义者将这种分析的活化作用限定为更好地理解所选择和部署的内容与教学法,更好地理解将课程"包"当做诠释学加以实施的各种程序。诠释学被各学派定义为"解释的艺术"。[48]对教育来说,这一术语并非独一无二。它也不是后现代主义者的唯一领地。它可以追溯到古希腊时期。正如斯莱特里所说的,希腊语"hermeneuenin"的意思是指解释。这个词的根源来自赫耳墨斯(Hermes),他是希腊诸神的信使,他的任务是向其他神和凡人解释诸神的法令。[49]

现代主义者和后现代主义者都投入诠释活动。也许主要差异在于,现代主义者投入这样的探索是为了在自己的认知活动中取得显而易见的精确度,而后现代主义者用这种分析去挑战现代主义者的观点和假设。现代主义者怀着高度自信声称,他们的研究方法和行动在思想上、政治上、社会上(在我们这里,是教育上)是合理的。后现代主义者则挑战这种姿态,更重要的是,他们力争"通过解构现代的真理观、语言观、知识观、权力观,暴露元叙述的内在矛盾"。[50]

变革的阻力

当一种高度复杂、极其重要的制度(例如学校)与几乎其他所有制度内在地纠缠在一起时,力图带来显而易见的变革就会碰到各种各样的阻力。可能允许甚至鼓励某些最初的改革,但如果他们继续扩大并产生带来深广的变革的危险,制度就会不可阻挡地联起手来,结成坚固的堡垒,坚定不移地避免任何重大的改革。[51]

使目前的社会场景和教育场景更加复杂多变的,是现代主义和后现代主义各种派别之间的"对峙"。对目前教育需要的现实、有必要采取的特殊行动和姿态,两个"阵营"中的个人和团体各持己见、争论不休。

许多现代主义者坚决捍卫和要求所有学生必须达到严格限定的标准。他们提倡美国在全世界的所有事情上都排名第一。他们为美国梦大唱赞歌,唯一哀叹的是各校在为了实现目标推广课程上没有效率。

许多后现代主义者抵制现代主义者维护乃至增强现存社会结构和学校结构的各种行为。许多后现代主义者鼓励学校及其课程培养学生乐意与自然相处而不是脱离自然。学生应当培养合作精神,而不是培养与全国和全世界的同龄学生竞争的姿态。后现代主义者提倡创建课程——这种课程告诉学生,将西方世界文化视为比其他传统和文化更高一等的欧洲中心观必须加以矫正。一门后现代主义课程尽管推崇科学方法，却强调存在其他研究路径，这类路径具有可以揭示"真理"的道德、宗教、美学传统，它们可以帮助学生发展新的世界观。正如斯莱特里所声称的，后现代主义者想要课程及其实施向学生表明，并让他们接受"世界是一个有机体而不是一架机器，地球是个家，而不是要去攫取的资源或去积聚的财产，人类是相互依存而不是孤立无援的"。[52]

一位课程带头人——无论是一位现代主义者，还是一位后现代主义者，抑或是这两种姿态合为一身的人——必须认可人是课程活动的成功关键。他还必须认识到人在人本身和变革尝试之间设置的障碍。比起学习新的东西，反对学习新的价值观、立场、信仰、行为是严重得多的挑战。在今日的多元化社会中，群体对所建议的变革的反应互有不同，主要因为他们不认为变革会带来改善。我们生活在一个包含许多社会阶级的等级制社会中。然而，对许多教育变革代理人来说，学校及其课程要纳入内容并付诸教学，以使所有孩子有获得成功的平等机会。然而，许多人认为，在现实中学校不会提供给所有孩子带来平等成功机会的课程。

的确，学校应当给学生提供各种机会，以使其取得在人生中获胜所必需的能力和知识。然而，挑战在于，学生来学校时，具有不同的背景、能力、兴趣、才智。因此，所引入的课程必须满足多层次的学生的需要。当然，为了做到这一点，我们必须让整个社区参与进来。这是 21 世纪的挑战。那些其孩子获得了成功的父母，也许会抵制变革。正如艾伦·布兰特林格（Ellen Brantlinger）所说的，假如现存的结构、课程和实践满足了有影响力的人的欲望，那么他们压根就不会去想改变它。相反，他们还希望去维护甚至强化这种结构、课程和实践。[53]

甚至孩子在学校未获得成功的父母，可能也不希望大改课程。通常这些父母相当保守，希望自己的孩子学习已使优势家庭的孩子获得成功的传统课程。例如，教我的孩子基础数学，那么他们就可以像在"富裕"学校里那样修高等数学。直接教学言之有理。我们不要引进让学生参与调研、参与创造性解决问题的项目。他们将不会通过成功升学所必需的标准化考试。……这些父母要求自己的学生学习标准课程以获得自己的个人利益。[54]

在教育方面，有些教育工作者力争一个没有阶级的社会，在这样的社会里，他们所渴望的一切都能获得。然而，在现实中，确实人分九等。我们的确有塑造课程的各种共同体。这些共同体只想要对他们有利的变革。权力较少的共同体力图获得权力以影响学校，从而为自己的利益服务。教育工作者在道义上要身负其责，千

第八章 课程实施

方百计致力于不同共同体的全部利益和抱负。然而,正如本节一开头所引述的段落所说的,当一种高度复杂、极其重要的制度与几乎其他所有制度内在地纠缠在一起时,力图带来显而易见的变革就会碰到巨大阻力。重大变革可能最终有助于所有人,但它最初只会让少数人心花怒放。

教育工作者正被牵往许多个方向。每个人(包括教育工作者在内)都拥有不同想法。每个人有关教育的沉思都是复杂的,甚至是不断变化的,有时还是自相矛盾的。有些人想要进步的、益智的课程和教学法。另一些人更想要针对"标准"内容的更直接的教学和更保守的课程。

面对这种不同的、永远变化的要求,教育工作者往往在实施一门新课程方面再三拖延。惰性束缚员工、管理者乃至共同体的手脚。个人甚至都没有意识到自己在抵制变革。他们的认知系统负担过重。他们已经丧失了认识到需要引起注意的问题的能力。即使他们的确认识到了一个问题或一种不可接受的处境,然而出于各种原因也还是选择视而不见。也许,他们认为这个问题需要他们做出自己不愿意做出的种种努力。另一些时候,他们认识到必须做出教育变革才能解决的种种问题,但却通过抱怨共同体或一种特殊文化来对问题做出解释。也有这种时候——尤其是当人们抨击学校、主张变革时——教育工作者在那些要求变革的人面前变成防守反击型的了,而不是试图妥善解决某些合理要求。[55]

也许构成人们惰性的关键原因是人们相信保持事物原封不动只会更加容易。与已知的东西相处比试图变革、触发未知更加让人舒服。我们喜欢维持固定不变的状态,喜欢固守我们所钟爱的传统和体制。作为人类,我们往往回避我们自认为过于复杂的那些变革问题和变革过程。

当新项目的任务没有得到清楚陈述时,学校就会维持现状。无论如何,在实施阶段,人们必须回到任务,回到课程的意图,目的是将任务和意图推销给教育组织中的其他人。然而,许多学校会将自己的任务书意译为本质上平淡无奇的一般公告,没有真正将一门新课程与另一门课程区分开来。

通常,教师没能或不愿赶上学术发展的脚步。他们也没有与知识爆炸保持同步,知识爆炸本来会让他们感到要着手课程变革和新项目的实施。教师通常将变革视为单纯标志着更多的工作——在本来已经不堪重负、匀不出一点点时间或压根没有时间的日程表上,再加上一些其他东西。正像埃尔莫尔所表示的,"使一所学校转向"要求教师增强他们新课程内容的知识基础,培养教学法的新的专业知识,提高教学设计和教学理论知识,并成为有关学生如何学习最新理论方面的专家。换言之,他们必须增加自己传输新项目的能力。增加教师和管理人员的能力,特别是学校的能力,不仅要求外在的努力,而且通常需要外来的资金。当前,许多教育工作者被所提出的变革及其意义弄得目瞪口呆。

尽管教师的时间入不敷出,许多教师还是做了许多卓越的工作以赶上文献的步伐。但即使如此,许多教师还是漠视和新课程或教育实践相关的有用证据——如果这种证据对他们目前的认知和观点构成了挑战的话。他们拒绝改变自己的项目和教学策略——假如这要求他们改变观点和实践的话。

教育工作者能够应付为新角色做更多改变的要求吗?不确定性培养出不安全感。通常,对现在感到心旷神怡的教育工作者,对他们不能理解或看不清楚未来的变革会犹疑不决。人们通常安于确定的已知的不足,而不是斗胆走向不确定的未来,即使变化是朝着好的方向也是如此。将新学生、家长或内容带入课程领域,或者以新的方式组织课程,会使许多教师心神不定。当然,当我们把那些将教育看成第二职业的新人带入教育界时,这种情况也许会起变化。这些人中的许多人来自产业界的许多行业,尤其是来自高科技领域,这些行业和领域包罗了各类变革,并认为变革是所有机构持续安康所必不可少的。这些人进入教育界时所带的简历,都写着曾高度参与自己所离开的商业组织的重新概念化过程。另一种尝试是引进可能不会考虑在教育界干一辈子的人——这一尝试即"为美国而教(Teach for America)"项目。这一项目征召具有内容学位专业(例如数学、化学、语言)的人在完成四到六周的教育学项目后担任教师。接受接收函的人必须从事至少三年的课堂教学。这一项目坚持,教育的大变革可以来自拥有内容领域的更深层知识的个人。尽管这是一种变革,然而它依然被看成好像是项目转化而来的改善。教育界的许多教授对以下这个想法心生不快:一个稍微知道一点教育内容的人可以成为一个称职的教师。

带来人们抵制变革的另一因素是变革过快。许多人感到,如果在本年度实施某件事,它极有可能在另一革新出现时被抛诸脑后,因而使他们所有的努力付之东流、一无用处。教师不愿意支持被认为是短命的变革。他们也不会将能量放在只有很小持续机会的课程变革或学校重组之上。可以肯定,在教育界也有足够多的花样翻新的"奏乐彩车",这足以使教育工作者"怯于革新"。

一些教师抵制参与课程变革的另一关键原因是,尽管他们知道学校所计划的

第八章 课程实施

革新,他们还是不知道最近的研究,或者如果他们知道最近的研究,他们也拒绝用它们来指导自己的行动。[56]对不知道最近研究的一种解释,是教师在他们的常规教学日或教学周中缺乏阅读调查研究报告的机会。很少有学校拥有完整的研究图书室。同样,在大多数学校,教师是围着教室打转的,因而缺少和同事讨论最近研究的机会。

即使教师有时间和自己的同行教师讨论相关研究,他们通常也会发现,研究所提供的常常是相互矛盾的结果,或不能实际用于教师所在的当地学校共同体。教育研究者通常希望取得能放之四海而皆准的结果。教师则通常想要基本针对自己处境的研究。正如萨佳·米勒(Shazia Miller)、凯伦·德里尔(Karen Drill)、艾伦·贝尔斯特克(Ellen Behrstock)所提出的,教师用不同的标准判断高品质研究。教师将那些具有巨大潜力导致课程或教学变革的研究归为高品质研究。假如不是这样,教师往往会认为该研究不值得他们花时间或无法引起他们注意。[57]

人们可能认为,如果教师真的对目前的研究了然于心,他们就会投入变革,实施新的课程或教学方法。然而,教师往往贬损不支持他们目前所作所为的研究。支持他们目前的实践的研究,则往往实际上会增加教师对变革的抵制。[58]

如果不给变革努力以任何经济或时间上的支持,人们通常也会抵制变革。没有任何资金预算的规划,注定很少会得到实施。通常,学区会预算硬件的资金,却没有为课程计划的创建、计划在教室的传输或必要的在职培训配置资金。

几年以前,托马斯·哈维(Thomas Harvey)在有关变革的本质的写作中,对阻碍人们参与变革的障碍以及人们为什么要抵制变革进行了分析。他列出的清单依然有用。

1. 缺乏所有权。假如认为变革来自他们组织之外,个人也许就不会接受变革。有趣的是,目前许多对学校改革和重构的要求,都来自全国性委员会或州立法机构。

2. 缺乏益处。如果没有说服教师新项目会有益于学生(在学习的意义上)或他们自己(带给他们更大的认同或尊敬),教师有可能抵制新项目。

3. 增加负担。通常变革意味着更多的工作。对于会给他们已经不堪重负的日程表增加工作负担的变革,教师会怀有敌意。

4. 缺乏管理上的支持。除非官方负责该项目的人表明支持变革,人们不会欣然接受变革。

5. 孤立无依。很少有人渴望单枪匹马地进行革新。合作行动对成功实施新项目是必不可少的。

6. 不安全感。人们抵制看上去对他们的安全感构成威胁的东西。很少有人冒险进入明显对其工作或名誉构成威胁的项目。

7. 规范不一致。一项新项目潜在的假设必须与教职员工的假设一致。有时,新项目所代表的教育哲学取向与教职员工的不一致。

8. 枯燥无味。成功的革新必须表现为生动有趣、令人享受、激发思想的。

9. 杂乱无章。如果变革被认为是减弱了控制和秩序,就有可能遭到反对。我们渴望使事物更容易操控、使我们更有效地发挥作用的变革。

10. 差别化的知情权。如果我们认为提倡变革的人远比我们消息灵通,我们也许就会认为他们拥有过度的权力。

11. 突然的批量的变革。人们往往会抵制重要变革,特别是要求完全重新定向的变革。

12. 独特的阻击点。出人意料的环境和事件可以延缓变革。并非所有事情都是可以预先计划的;组织之外的人和事可能阻碍我们的革新精神。[59]

考虑到以上所列各点,对参与课程变革的人的需要保持敏感,将会使课程实施容易一点。同样,通过要求变革代理人仔细思考所提出的革新,考虑到项目实施中所涉及的人的动力机制,避免为了自己或为了允许某种教育时尚而提倡变革,对变革的抵制也可以有益于变革代理人。

课程活动带头人首先必须注意托马斯·萨介万尼(Thomas Sergiovanni)所描述的"生活世界"。学校的生活世界指具有附属意义的学校文化,其附属意义即坚持对这一生活世界中的关键角色——教师和学生——有意义。[60]

敏感的课程带头人认识到,为了让成功的实施出现,他们必须在教师和学生中推广自己的声音、自己的能动性。他们必须在这些关键的角色中酝酿机会,让他们参与和认同从认知、情感、精神取向上正在实施的课程。[61]本质上,为了在这里成功地实施课程,必须为教师实施者建立(至少是非官方地建立)一门课程,以使他们能够开发自己的人的能动性。教师必须有机会通过沉思默想调整自己的行为,以使他们对自己的身份进行自我定制(self-fashion)。他们必须有安静和共享的时间就自己是谁给出尺寸和描述。按一种十分真实的方式,教师——也希望学生紧随其后——拥有种种机会,实际上养成几种对不同的、特殊的声音的认同。得到培养因而愿意接受变革的教师,将承担起课程开发者、有创新精神的教师、创造型和反思型学生的培养者、教育变革的代言人等角色。这里有关人的列举、声音的种类,只会受到所涉个人的想象力、奉献感、深层人格的影响。在自己的百变之身和合成声音上已获得相当程度专业知识的人,某种程度上也获得了能动性。他们是学校世界的主要角色。他们已达到真正地相互协作以创造和强化共同体。[62]

个人必须明白课程变革是如何影响他们个人的。他们必须清楚地掌握自己将创建课程的平台。他们必须拥有对任务的清晰感知,并且必须保持信心:预想中的课程具有充实教师和学生的潜力。

变革的阶段

课程变革基本上有三个阶段:启动、实施、维护。变革的启动为实施搭起舞台。它让学校和社区接受所计划的革新。计划人员提出有关在学校和周边社区涉及谁、期望从学校和社区"行为体"得到哪一层次的支持、学区的教育工作者和公民如何为革新做准备等问题。还有,学校和社区愿意为重构新课程并将其引入教育系统花多少钱?基本上,在启动阶段,教育工作者必须创造麦克唐纳认为是涉及公民能力、专业能力和金钱的一个特定"行动空间"。[63] 理想地说,行动空间不是在实施的启动阶段考虑和实施的,而是在建构课程的概念及其开发过程的开端阶段考虑和实施的。

实施变革涉及提供革新,并让人们在复杂、混乱的世界共同体范围内质疑和反思自己对教育目的的感知。同样,在这一阶段,博弈者需要弄清要实施的项目是否"恰当",并弄清凭借足够的努力和充分的资助,成功的可能性是否相当高。在这里,与社区外成员协作的课程开发者和实施者会受到挑战,不得不去说服唱反调的人,这些人认为项目与时代脱节,或者在这一时代,革新不被社区所接受,抑或需要过高的经济支出。麦克唐纳认为,鼓励和质疑的两种观点的相互作用,"给学校改革的资本市场提供了养料"。[64] "资本市场是潜在投资人和投资顾问及其集体周旋的'非正式集合体'"。[65]

在这一阶段,所有的博弈者——教育工作者和社区成员都以为自己是稍有不同的角色。大多数教育工作者不认为自己是教育的投资者,但他们确实是。大多数社区成员特别是来自商业团体的个人,不认为自己主要是学校的改革者,但他们可以是。这些形形色色的正在扩大对自己身份的基本看法的博弈者,将会促成"重构鼓励变革而不是给变革打退堂鼓的信念"的机会。[66]由于信念和观点的不断融合,共识将会达成:对特定的学校或一般的学生或整个学校系统来说,新课程将会是"恰中要害"的。实施并不意味着不质疑新项目所提供的东西便照单全收。教师和其他教育工作者必须在革新之上打上自己的印记。他们必须将建议的课程个性化,以便可以为自己独一无二的学生们优化学习经验。每年都必须做这种调整,以满足新来的班级的需要。

迈克·施莫克(Mike Schmoker)强调,为了实施有效的学校项目,学校必须建立学习社群,这种社群为教师提供助教及预先计划的机会,以讨论作为革新结果而出现的问题。[67]成功的实施要求团队合作。富兰注意到,在成功的实施中,教师团队关系对活动来说至关重要。互动给各种关系和教师有关革新的思考"增加了味道"。实施要求教师的合作。它要求教师交换想法、支持新行动、重整思路、评估对新项目的情感。富兰认为,"共同掌权、敞开交流、信任、支持和帮助、在工作中学习、获得成果和工作满意度及斗志是紧密联系在一起的"。[68]实施力争使学校"学习"对所有博弈者(管理人员、教师、学生)来说"丰富充实起来"。

维护是引入革新后对革新的监控。维护涉及将革新制度化所需要采取的行为。除非有计划地进行维护,革新通常会逐渐消失或变到不再存在的地步。正如富兰所说的,维护问题,或正如他所称的持续问题,庇护所有形式的教育变革。延续一个新教育项目所面临的挑战是普遍存在的,无论对新项目的推动是外部的还是内部的。[69]

维护必须有计划,但这种计划不只是解决技术问题或引入流程图。为了维护变革,我们必须针对教师和其他人的情感领域发言,或点燃这一情感领域的熊熊大火。我们必须让感觉兴奋起来。我们必须点燃激情的火种。承诺要求在情感上依恋改革冒险。对课程变革的积极情感回应是成功之母。教师必须从情感上亲近这一课程的所有维度。他们必须为其目标和目的兴奋不已。他们必须从情感上对所实施的内容和方法做出回应。教育工作者必须看到课程变革的道义所在。然而,为了让变革生根发芽,还应当激活学生的情感和道德自我。[70]

课程的实施模式

在今天的世界上,选择——包括和课程变革相关的选择——可能是势不可挡的。尤其在这个新世纪,教育工作者在课程变革的方法的多样性建设、教育目标的设定、学校空间的组织、多元课程的创造、促进学生投入这类课程的方式、衡量学生学习成败的方法等领域内要发挥作用。伴随现代主义者、后现代主义者及受两者对各种形式现实(教育的、社会的、政治的、哲学的、经济的、环境的、神学的)的主要看法影响的人之间的论争,各种选择的复杂性在21世纪会增加。

后现代主义者鼓励社会成员抛弃现代性、超越现代性。他们推荐一种后现代的立场:赞美不确定性,鼓励教育学生和普通社会与自然和谐相处,与同胞相互合作而不是相互竞争,力争通过和平协商争取国内和世界和平,承认和利用世界共同体的智慧,而不只是受欧洲中心的世界发展观的引导。不过,正如前文所述,对人生所有阶段的这种"运转"的理解,并没有精确说明如何取得结果。事实上,人们并不真的认为可以获得准确说明。在后现代主义的这一"迷云"之中,存在许多混乱,无论在学术界还是在普通公众之中都是如此。[71]

相反,在不同程度上,现代主义相信通过谨慎推理创造出来的实施新课程的"精确"方法。尽管他们认识到即使遵循经过严格测试的开发和实施程序,在教育工作者和学生之中也依然会有意外发生。他们的确认为人算不如天算,最完美的计划也不能保证所希望达成的结果。写得天衣无缝的计划不会确保所有观众在离开剧场之时带着相同的知识、相同的情感、相同的心理效果。现代主义者的阵营倾向忠于标准。这一派别的个人似乎无视会出现在后现代主义课程开发和实施之中的有计划的意外惊喜。

本书作者处于现代主义和后现代主义之间的中间地带。我们认为,当人们投身课程活动时,他们不是机器人,不是为特殊行为设计的。我们不能无视教师的直觉,教师的直觉对教育经验的变革可能产生影响。事实上,对课程变革负责的教育工作者应当赞成这样的看法:"个人的和离题的内容可以激励常规的冒险走向一种新奇的教育冒险。"[72]同样,教育工作者需要认识到在认知、情感和精神运动领域,学习是多维度的。在教完一课以后,在学生离开学校舞台以后,学习仍在继续。学生在学校学习教师的教学没有触发的许多东西。教和学不是简单的因果关系。

正如前文所述,后现代主义仍然在发展中,因此我们在提供精确的后现代实施模式之上面临挑战。由于这一原因,我们先从现代主义模式入手。

正如前文所述,莱斯利·毕晓普主张实施需要重构和重置。在重构方面,主要是培养和塑造人员之上的变革。为了成功,实施实际上需要重塑学校文化,也就是说,塑造现存于学校或学区的规则和行为。[73]然而,促成人们信仰和行为的变革,并不能轻易或迅速地完成。[74]参与新课程或教育程序的人必须认识到,正实施的项目涉及无数变革——新的课程内容,新的教学方法,新的教育材料,新的技术,甚至可能还有新的教育环境。然而,主要的挑战在于,要有一个实施程序,让教育工作者有时间去试验不同的信仰,或抽样检查对革新的新奇认识。

尽管将要讨论的实施模式似乎有不同的步骤和阶段,但我们必须记住,实施出现在具体的、个别的背景之中,这类背景具有不同的历史、员工的独特才能、共同体成员的特定期望、大不相同的材料资源和金钱资源能力。尽管学习实施策略的不同步骤似乎是容易的,但事实上将它们付诸实践却极为复杂。[75]正如富兰所说的,一个擅长革新的人会快刀斩乱麻地处理各种乍一看相互冲突的元素:"简单性和复杂性、松散性和紧密性、带头人和用户的高度参与、从下至上又从上至下、亦步亦趋又因地制宜、评估又不评估并存。"[76]正如富兰所提出的,有效的实施——实际上,任何改善策略——要求对进程的一种条分缕析的认知理解,在对所要实施的步骤或阶段的循规蹈矩的亦步亦趋中,这种思维方式不会变得显而易见。[77]

我们鼓励我们的读者抱着这种心态阅读和思考以下实施模式。

现代主义模式

克服抵制变革模式

课程实施的克服抵制变革(overcoming-resistance-to-change,ORC)模式已运用许多年。在尼尔·格罗斯(Neal Gross)看来,它基于这样的假设:计划性的组织化变革的成败,依赖于带头人克服教职员工抵制变革的能力。[78]为了实施一个新项目,我们必须针对人们的担心与怀疑发言,以获得支持。我们必须说服所涉及的人相信,新项目考虑了他们的价值观和视角。[79]

克服抵制变革的一种策略是给教师和学校管理人员平等的权利。下属应当参与有关项目变革的讨论和决策。当带头人采纳这一策略时,教员往往将革新看成是自创的,因而感到要致力于革新。

使用克服抵制变革模式的课程带头人承认并处理教职员工所关心的问题。他们理解在改变组织之前,必须先改变个人。同样,变革必须允许所涉及的人的个人特性和个人需要的存在。基于他们对中小学和大学课程革新的研究,吉恩·霍尔(Gene Hall)和苏珊·洛克斯(Susan Loucks)将实施分为四个阶段:

阶段1:事不关己。在这一阶段,教师没有看到自己和所建议的变革间的联系,他们因此对这种变革不加抵制。例如,一位教师也许意识到学校要努力尝试创建一个新的科学项目,但没有感到个人或职业上受到了影响。

阶段2:与己有关。在这个阶段,个人按照他们自己的处境对革新做出反应。他们关心新项目会如何影响他们现在所做的。例如,生物学教师会考虑参与新的科学项目及其对自己教学的影响。

阶段3:与任务相关的关注。这类关注与在课堂实际运用革新有关。例如,一名英语教师会关心如何实施一个新语言艺术项目。讲授这一新项目可能要多少时间?会提供足够的材料吗?讲授这一项目的最佳策略是什么?

阶段4:与影响相关的关注。在这个阶段,一名教师关注革新如何影响学生、同事和团体。教师可能也想确定项目对自己科目的影响。例如,一个新的数学项目会以有助于学生更好地理解数学的方式影响教师的教学法和内容主题吗?[80]

运用克服抵制变革模式的教育工作者必须处理人们个人的关注、与任务相关的关注、与影响相关的关注。否则,人们不会接受革新,或者会以不情愿的方式处理革新。参与课程开发和实施的教育带头人,必须在学校或学区开发一种浓厚的职业文化。他们必须创造一种安全的环境,在这一环境中,那些参与开发和实施的人感到不按条条框框思考是令人舒服的,并且能确保承担预期的风险。同样,为了让课程博弈者从抵抗转向渴望接受,教育带头人必须在与所有当事人的合作中创造一种对异己的接受态度。要怀着一种实验心态对所开发和现在所实施的课程进行管理。凭借这样一种实施的思想方法,所有参与者将认识到的确会发生错误,但凭借一种分析的眼光,人们能够举一反三。敢于冒险,敢于失败,从错误中提取数据。[81]投入到创造性地解决问题中去。做你沉浸其中的过程的研究者。认识到课程开发和实施不是独奏曲。它们要求主要演员之间的团队合作。

然而,课程带头人和主要演员必须让那些没有直接参与课程开发和实施的教育工作者知道革新。而当所有演员的行动会直接影响到学校中的其他人时,那些受影响的人在有关革新的早期决策中就应当参与其中。通常,可以号召员工一起分享共同关心的话题,并图绘出处理这些话题的策略。教师可能会发现,他们不得不改变自己的策略、讲授不同的内容。通过共享共同关心的话题,他们可以获得做出必要变革的信心。

@ 这个新闻剪辑报告说,教师和父母正在抵制越来越多的高利害关系考试——高利害关系考试收缩了课程,将学生变成了不堪重负的考生。假如你是一个学校的管理者,你可以做什么以确保教师支持课程变革?

https://www.youtube.com/watch?v=TK3Uv4zSN7c

组织化开发模式

在20世纪70年代,理查德·施穆克(Richard Schmuck)和马修·迈尔斯(Matthew Miles)发展了这样一种立场——许多教育革新之所以失败,是因为带头人认为接受革新是一个理性的过程,并且过于依赖革新的技术层面。这些带头人认为,当地学区的系统特性(例如,班级规模、学校组织等)是不变的。[82]在对个人理性、客观标准、普遍真理、科学方法提出质疑的范围内,施穆克和迈尔斯的观点是后现代的。[83]

施穆克和迈尔斯提出了一种称为组织化开发(Organizational development,OD)的方法。它是一种改进一个组织的解决问题和更新过程(尤其是通过合作诊断和管理)的长期努力。重点落在团队合作和组织文化之上。

温德尔·弗伦奇(Wendell French)和塞西尔·贝尔(Cecil Bell)列举了将组织化开发模式与更传统的介入组织的方法区分开来的七个特征:

1. 强调针对问题的团队合作。
2. 强调团体和团体之间的过程。
3. 运用行动研究。
4. 强调组织内的协作。
5. 认识到必须将组织的文化视为整个系统的一部分。
6. 认识到组织的负责人充当的是顾问和促进者的角色。
7. 体察该组织在持续变化的环境内的一贯机制。[84]

组织化开发将实施当作一个一以贯之、相互作用的过程。这一方法基于这样一种假设:个人关心前途,并渴望积极参与对教育系统的设计、开发、实施和评估。[85]

组织化开发将实施当作永不会完成的、互动性的过程。总有新观念要带给新项目,总有新材料和新方法要实验,总有新学生要激励。对课程的落实,通过提供有益于人的全面发展的强化学习,使教师和学生持续不断地投入到成长中来。

以关注为基础的采纳模式

以关注为基础的采纳(concerns-based adoption,CBA)模式和组织化开发模式有联系。然而,使用以关注为基础的采纳模式的人相信,所有的变革都源自个人。个人变了,并且通过个人改变了的行为,制度才会改变。只有弄清个人所关注的事,变革才会出现。对喜欢变革的人来说,他们必定会将变革视为至少部分是自己创制的。他们也必定将变革视为与自己的个人生活、职业生活直接相关。由于变革过程牵涉到这么多的人,变革的形成需要时间。个人需要时间学习新的技能、确定新的态度。[86]

此外,与变革的组织化开发模式不同,以关注为基础的采纳模式只针对课程的采纳(实施),而不针对开发和设计。它假定教师和其他教育工作者已经分析过学校的需要,为学校或学区创造或选择了适合这些需要的一门课程。它的确是和以下一种信念一起发挥作用的:除了学生的需要之外,革新也要针对教师的关切。由于我们正在讨论课程的实施,这一实施模式针对的是教师对内容、材料、教学法、技术和教育经验的关切。这些因素应当放在它们千变万化的关系中加以思考。它们作为教育的可变量世界而存在着,有望相互作用,为学生提供一种丰富的、有益的学习经验。[87]

F. F. 富勒(F. F. Fuller)有关实习教师如何演变为经验丰富教师的研究提出了这一模式的概念基础。富勒发现,实习教师一般是从关心自我进入到关心教学、关心学生的。[88]安·利伯曼(Ann Lieberman)和莱昂·米勒(Lynne Miller)发现了相似的教师关注序列。[89]其他人报告了关注自我之前的两个关注阶段:(1)意识到了革新,(2)对了解革新感兴趣,但丝毫没有认识到革新可能直接影响到自己。在第三阶段,教师担心他们是否有实施革新的技能和知识。在第四阶段,他们拥有了如何管理时间和资源以便成功实施项目以及实际如何教学的储备。在第五阶段,教师聚焦于新课程是如何影响学生学习的。图8.1对各个关注点进行了描述。

1. 意识到变革
2. 意识到信息层次
3. 关注自我
4. 关注教学
5. 关注学生

图8.1 和实施变革相关的各个关注阶段

资料来源:改编自 Collin J. Marsh and George Willis, *Curriculum: Alternative Approaches, Ongoing Issues*, 4th ed. (Upper Saddle River, NJ: Pearson, 2007).

在以关注为基础的采纳模式中,一旦教师所关注的得到足够处理,课程就得到了实施。教师被期望对课程具有创造性,在必要的地方对课程做出修正,并为自己的学生量身定制课程。此外,为了整个学校项目的利益,教师应当与自己的同事一起协作,对课程进行"微调"。

系统模式

组织化开发模式和以关注为基础的采纳模式都吸收了系统思维。两种模式都认为人的行动是在一个受人和结构之间的关系系统所限定的组织中完成的。学校和学区中的人拥有相互重叠交叉的责任。同样,更高一级的管理和课程团队的工作会影响到更低一级的职业团队的工作。假如改革的主要负责人互相尊敬、扶持、信任,他们在组织改革的整个过程中肯定也愿意以一种积极方式形成互动。

学校是一个具有松散的相互连接单元(科室、教室、个人)的组织。各部分具有相当的弹性而不是局限于僵硬的关系中。尽管会规定一个中心管理部门,大多数学校还是很少加以集中监控,对课堂发生的一切更是如此。由于这一原因,以关键部门的官方命令形式出现的课程变革难以实施。

学校内部的计划性变革应当被认为是"双赢"。同样,我们必须认识到,这一过程从未结束:投入实施的课程的每一个方面都是独特的,这要求教育工作者认识到,即使当项目的某些方面已付诸实施,它也不是静态的。付诸实施的课程本质上有自己的生命。它持续地与教它和学它的人互相作用。学生与新课程的每一次相逢都是独特的,每一次学习都是个性化的。教育工作者必须认识到,即使完整引入一门课程,每年对这门课程的教学和体验都是不一样的。尽管教师还是同一位教师,但他让学生参与所实施课程的行为是独特的。不同的学生,不同的时间,对教育剧场中所有演员的不同要求都是独一无二的。伟大的教学总是力争最好的教学和最好的课程。每一年都是一个新的开始。^{90}

接受课程实施的系统模式意味着,承认课程变革就像一个不断变化的太阳系。尽管它有规则,但也有变化。像太阳系一样,竞争力的确使秩序成为可能。各个星球的确处于自己的轨道之上。同样,在实施中,必须对冲突做出管理,从而使每个人获胜:无论学生、教师,还是主席、校长。然而,成功的实施需要能源、时间和耐心。它要求认识到实施不只是一系列技术或互不相干的方法。在一种系统方法中,必然存在参与,必然存在从参与者中吸取能量,必然存在详细阐明所建议的革新的理由。然而,也必然要认识到,不存在任何一劳永逸、一蹴而就。不考虑方法,课程的实施就像驶往远处的地平线。我们可以让我们的航船驶往地平线,但它永远也不可能抵达地平线。因此,在课程实施方面,我们认为我们永远也不可能完成引入新项目的任务。课程改革者必须认识到,他们的任务不是为了达到完美的课程,而是为了体悟到,创新型的课程开发和实施是持续地追求下一次让学生投入自己的学习。对新奇课程的实施永远不可能结束。教育工作者永远不可能吃老本。时间不会静止不动,对课程开发人员和实施人员的要求也不会止步不前。总是要求教育工作者思考某些新的东西,能让学生有能力投身不断变化的动态世界中的东西。

后现代主义模式

前面对系统模式的讨论,表明了一种动态——永远变化、永远扩大、像一个不断演变的太阳系。确实,系统模式似乎占据了现代主义和后现代主义之间的"思想空间"。我们提到按一种系统模式看来,课程从来不会完成,它不停地在一个有点混乱的宇宙中不断扩大、压缩。罗斯的著作《编制中的课程》(*Curriculum - in - the - Making*)虽然为后建构论开发了一个案例,但确实告诉读者:课程总是处在编制过程之中。只有在教过以后,一个人才能斩钉截铁地说课程是什么。你之所以不能声称课程是什么,是因为下一次随着新学生的到来、课程被激活时,它会稍有不同,并具有不一致的学习结果。[91]罗斯提出了自己的观点:课程是活生生的,因为它是未完成的,是不断变化的,"将形成过程中的事件的特点当作自己的基本主题"。[92]

后现代主义者和认为自己是后建构论者的人提出,现代主义者在一种神话般的假设之下展开工作——精确的计划(在我们这里,即课程规划)是导致学生具体学习之效果的原因。后现代主义者拒绝这种存在于精确的计划和随之而来的行为结果之间的设想。他们认为计划、策略和导致的行为之间存在差距。计划(课程)基本是普遍的,而课程之内所建议的行为在结构意义上是独特的。相信他们的计划会导致具体的有计划的学习的现代主义者是误入歧途的。正如罗斯所提出的,这种计划不可能应对所有可能的偶发事件,不可能应对所有形形色色的与认知、情感、精神运动相关的学习。无限的结果可能来自打交道的学生。这些结果大部分不可能确定。太多的其他因素在起作用:学生的能力,他们的兴趣,他们的社会环境,他们的文化背景,等等。此外,我们必须考虑教师的能力、对科目的兴趣,甚至教师的社会和文化背景。[93]

然而,尽管我们同意罗斯的说法——在按照某些具体的计划学习一门课程之后,学生会掌握许多预料之中甚至预料之外的不同知识和情感,但我们至少可以在普遍的意义上认定,按计划要出现的东西的确会以某些方式出现,学生的确至少会显示出对所提供或所经历的课程内容的最低程度的认知。在未来,我们也许可以设计出准确评估认知深度和种类的标准。不过我们承认,在确认所有"层次"的认知和情感方面,我们永远也不可能达到绝对的"精确"。确实,我们不可能进入学生的心里去窥视、评估他们的精神世界。然而,我们的确希望学生会在不同程度上受到激励,从而继续他们的学习之旅。

尽管这一节的标题是"后现代主义模式",但我们发现没有任何程度的特殊之处。的确,我们相信后现代主义者应当找到为其后现代主义气质所不能容忍的创建课程的精确"食谱"。后现代主义更多是一种还处于动态的新兴状态的哲学。它更多是对现代主义的批判,更多是对各种存在和行动领域的影响,而不是具体行为的"指南"。正如斯莱特里主张的,这一新的思维和行动姿态诉诸的是"学习经验的自传的、历史的、政治的、神学的、生态的、社会的语境"。[94]这种哲学培养"反思性认知,高度的敏感性,历史的底色,语境的意义,解放的实践"。[95]

斯莱特里提出,后现代主义不赞成任何单一的教育思维方法(包括课程开发和实施在内)。每个个体都必须接受生成自己的课程活动之路的挑战。斯特莱里的确写道,他可以将他应对后现代活动的步骤告诉你,但每个个体都必须创造自己的音乐。[96]

虽然斯特莱里实际上并没有表明自己创建后现代课程的特殊步骤,但他的确提出了将会培养个人参与与一般学校教育和普通人生联系在一起的后现代主义的倾向与方法。他提倡持有这种信念的教师在自己的课堂培育"反思性对话,自传性刊物,非对抗性争论,协作性研究,探索性问题"。[97]我们认为,所有现代主义倾向的有效项目和教学方法都不应当从斯特莱里所推崇的东西中撤出。斯特莱里注意到,后现代教学强调知识的相互交织、学习经验的融会贯通、国际共同体、自然界、生命本身。[98]但我们要反驳说,现代主义阵营中的教育工作者同样强调这些知识取向。早在后现代主义之前,杜威就提倡在教育中同样重视这些。

正如多尔所主张的,"有经验的人必须为自己做这种实验"。多尔引用杜威说,"旁观者必须创造自己的经验"。[99]多尔进一步主张,这种经历过程具有"美学的、品德的、直觉的、感觉的、创造性的乃至精神的一面"。[100]我们赞同这一点。我们主张

第八章 课程实施

学生必须是自己知识的创造者,也必须是自己对待知识的情感立场的创造者。不过,正如多尔所建议的,在学生面对精心创造自己的独特经验和随之而来的认知与情感立场的挑战中,教师给学生以帮助。[101]

然而,认为让学生投入积极的深度学习的有意义的课程来自一个无边无际的过程是天真的。确实,学生可以参与课程开发和实施,但他们不应当承担创造自己的教育项目并将它们带入人生的责任,没有一个现代主义者相信一招鲜吃遍天。没有一个现代主义者相信制定出的规划会取得百分之百的预期结果。没有一个现代主义者提倡否定批判性探索、阻碍自由思考、力图对学生进行洗脑以控制他们的课程实施方法。正如后现代主义者一样,现代主义者认为,信息生产和程序创造的策略总是要求进一步的探索和研究。我们认为,这两个思想阵营(两者都难以精确划分和阐释)实际上需要融合而不是排斥。两个阵营的公民应当提出促成有关卓越课程及其实施的愿景的各种问题,而不是仅仅生成划地自限的各种问题。[102]

影响实施的因素

富兰讨论过影响实施的关键因素。[103]希望实施一门新课程的人必须了解目前所考虑的变革的特征。甚至后现代主义者也需要认识到必须定义某些过程,以应对教育界的关切。的确,在开发和实施开始时,开发和实施过程就会有众多难点。通常,人们在实施的开始阶段如果看不到变革的需要,就会抵制革新。蒂娜·罗森伯格(Tina Rosenberg)注意到,成功的革新是说服博弈者紧抓一项共同的事业、入股正在实施的项目而导致的。[104]当变革与人们的价值观一致时,他们更愿意接受变革。

人们必须知道一项革新的目的,以及这一革新将涉及什么。有关目标和方式的清晰性至关重要。不过,有关的个人必须认识到目标不是终点,准确地说,目标有望导致更开明、更上进的学生学者的方向和行动路径。通常人们不清楚一项特殊革新如何区别于他们已经在做的。复杂性涉及变革的困难。对在课程开发方面有经验的教职员来说,巨大的变化可能是相当容易的。对没有经验的教职员来说,同样的变革却可能相当富有挑战性。实施者需要认识到困难的大小并采取充分措施。[105]然而,如果课程完全不同于正被取代的课程,即使有经验的教师也需要时间去了解革新、去体验各种让学生参与的方式。纽约"哈勒姆儿童区希望学院"特许学校的主席和首席执行官杰弗里·卡纳达(Geoffrey Canada)指出,成功的学校是那些教师有能力去实验的学校。为了获得新知识和技能,教师会获得各种职业晋升的机会。[106]通常,在常规学校中,教师只接受为期两天的与新课程有关的"快速进入"工作坊的培训。

接受一项革新,人们需要感知其品质、价值和实践性。通常,教师只是没有时间去执行建议。有时,如果负责人能确保必要的材料为教师可用,课程本可以得到很好的实施,然而这样的课程却得到了灾难性的实施。通常,新项目中的教师不久会认识到,没有技工或助教来回答问题。

表8.1所提供的是课程实施模式的概览。

表8.1　课程实施模式概览

模式	作者/原创者	假设	关键角色	所进行的变革过程的类型
现代主义模式				
克服抵制变革(ORC)	尼尔·格罗斯	对变革的抵制是自然的。需要在革新活动之初克服抵制。必须针对教职员所关心之事	管理人员、主任、教师、督导	实证的变革策略,计划性变革策略
组织化开发(OD)	理查德·施穆克和马修·迈尔斯	从上至下方法(纵向组织)。强调组织的文化。实施是一个一以贯之的互动过程	管理人员、主任、督导	实证的、理性的变革策略,计划性变革策略
以关注为基础的采纳(CBA)	F. F. 富勒	革新是个人的。强调学校文化	教师	实证的变革策略,计划性策略
系统模式	伦西斯·利克特(Rensis Likert)和克里斯·阿吉里斯(Chris Argyris)	组织囊括各部分、单元和部门。人和群体间的联结。实施由矫正行为所构成	管理人员、主任、教师、督导	规范的、理性的变革策略,计划性变革策略
教育变革	迈克尔·富兰	成功的变革涉及需要、明晰性、某些复杂性,以及项目的品质	管理人员、教师、学生、校董事会、社区成员、政府	理性的变革策略

模式	作者/原创者	假设	关键角色	所进行的变革过程的类型
后现代主义模式				
处于编制过程之中的课程	沃尔夫－迈克尔·罗斯	课程总是处在编制过程之中,从来不会完成;课程是"活生生的";无限的结果总是出现于被实施的课程之中	课程主任、教师、学生、社区成员	混沌理论基础、量子变化理论基础
个人建构重视解放实践的实施过程的多元方法模式	帕特里克·斯莱特里	每个个体面临创造自己课程开发和实施的独特方法的挑战	单个教师、学生、社区成员	特异程序过程、复杂性变化理论
受复杂性理论影响的方法	小威廉·E.多尔	不可能将错综复杂的关系浓缩为单一事件。复杂性涉及交互式的动态系统	教师、学生、社区成员	交互式变革,日益增加的复杂性网络

关键角色

涉及课程实施的人可以包括学生、教师、管理人员、顾问、州雇员、大学教授、家长、外行人和对教育感兴趣的政治官员。基于他们的技能,这些人可能在变革过程的不同时间扮演不同角色。通常,同一人既会参与一门新课程的开发,也会参与其实施。在另一些时候,个人的身份不同了,但扮演的角色依然不变。可以肯定的是,校长和课程主任既参与开发,也参与实施。然而,实施所要求的是不同于开发的知识和策略。

差不多每个教育共同体中的人都能启动变革过程。然而,倡议通常始于管理统治集团。有时,学校或学区会提供一个或一个以上的人担任变革的内部发起人。这些人将负责需要引起注意的相关问题、需要或缺失。他们也可能通过写论文、组织临时委员会去分析特殊问题,向全体人员提交提案,或只是递交需要对某些行动引起关注的备忘录,使人们去思考变革。

在某些情形下,倡议者会参与整个变革过程。当倡议者本身是一个局中人时,这尤其有可能。在其他情形下,倡议者只是充当一种催化剂的作用,但在课程变革的任何阶段并不实际介入。

学生

20世纪80年代末、90年代之前,教育工作者很少认为学生是变革的代理人。然而,自那以后,越来越多的教育工作者认识到学生可以对有意义的教育变革做出贡献,甚至小学生也是如此。学生参与的程度依赖于学生的成熟度和正考虑的变革的复杂度与范围大小。丹尼斯·蒂森(Dennis Thiessen)注意到,"学生的声音"已经变成一种清澈响亮的呼唤,要求我们在理解、回应,并同中小学生协作的方式上做出变革。[107]

教育实践者和研究者越来越认识到,学生在他们自己的学习和有关他们学校教育的本质和目的方面拥有独特的视角。[108]正如艾利森·库克-萨瑟(Alison Cook-Sather)提出的,学生"应当被给予机会以主动地塑造他们自己的教育"。[109]必须将学生纳入有关课程项目组织的讨论中来。在设计和实施课程方面,教育工作者必须和学生构成伙伴关系。[110]这也是学生将感觉自己某种程度上享有新课程的方式。学生也将学到在学校内外对自己的学习进行组织的有价值方法。

对参与实施的学生来说,他们必须看到新项目的实用性,并且感觉到自己的确是有影响的。作为主动的参与者,他们有可能兴趣盎然、激情满怀地对所实施的课程做出反应。

教师

教师必须是所有课程改革的中心。亨利·吉鲁曾提出,教师是驱动课程创建和实施思维的有机部分。教师直接与教室中的实施有关联。他们拥有临床诊断的专业知识。[111]正如伊丽莎白·坎贝尔指出的,对课程的期望来自教师能否"具有斟酌、判断、熟练"处理课程和教学行为的能力。[112]教师对自己同事和外来专业人士的设计工作做出修订和微调。

使教师致力于一项革新的关键是使他们参与。除了担任课程指导委员会的成员之外,教师应当有机会参与课程学习团体,在团体中他们可以培养作为课程改革者的身份认同。

教师需要一或两天以上的技能培训研讨会。他们需要弄懂内定加以实施的新

第八章 课程实施

课程,需要时间获得将使学生参与的新的教学实践能力,[113]需要时间就课程的教育目的、实施和维护课程所必需的条件进行经常性对话。[114]

教师必须坚守革新的本质而同时又使革新适应自己的学生。必须将教师视为课程实施的全职参与者,而不是课程的被动接受者。正如科里·德雷克(Corey Drake)和米里亚姆·加莫伦·谢林(Miriam Gamoran Sherin)注意到的,教师会将自己的"惊惶失措"加到新课程之上。他们会将自己的知识、经验和性情带到课程中,并对课程加以修正以适合自己的知识、经验和性情(参见课程小贴士8.1)。[115]

☞ 课程小贴士 8.1

师生为课程实施事先做好准备

1. 召开非正式会议,评估教师对已开发出的新课程的看法和情感。取得学生的投入。
2. 指明将要实施的新课程如何针对以往已经表达出的师生的需要。
3. 注意新课程以何种方式关注学校和学校系统的宗旨和目标。
4. 强调师生有将自己的知识和教学技能贡献给新课程的自由。
5. 告诉教师,他们将有机会在"微调"所实施的课程之上与同事合作。
6. 强调新课程不是一个刻在石头上的静态的文件。相反,它是一个处于流动之中、编制过程之中的教育文件。创造一种快乐、兴奋的气氛。

督导

课程实施必须受到监督和监管。无论教学方式还是所讲内容都需要监督。督导提供引导和指导,并确保教师有执行变革的技能。

富有成效的督导认识到,他们必须使自己的战略适应环境和参与者。督导可以赋予有经验的教师较多的责任。然而,他们也许不得不给刚刚入门的教师更多的框架;他们也许需要为这类推广新课程的教职工同仁安排更多督导—教师会议及更多在职培训。

督导可以以无数方式履行他们的责任。几种流行方式是课堂考察、演示教学、督导—教师学术会议、人力资源开发会议、资金捐助。如果督导是富有成效的,教师很有可能致力于正实施的新项目,并对该项目感觉心旷神怡。

校长

校长的领导是课程实施成败的关键。校长对组织的气候环境起决定作用,并对参与革新的人起支持作用。如果校长创造出一种环境,在这种环境中教师之间和教师与教辅人员之间存在着一种良好的工作关系,那么项目的变革更有可能实施。富有成效的校长能培养出对新项目的热情。

今天,校长不仅要做深刻了解课程及实施的管理者,而且要做凯瑟琳·马歇尔(Catherine Marshall)和玛丽塞拉·奥利娃(Maricela Oliva)所称的"跨界者"。[116]除了做学校的带头人之外,一位校长还必须是一位社区活动家。校长的言行必须是为了教师、学生和社区的利益。校长必须倾听这些人不得不说的声音。校长须促进涉及课程实施的所有团体中的有意义的行动。[117]

课程主任

课程主任高度关注课程开发(包括实施与评估)的全部过程。大的学区有全日制的监管课程活动的主任。在一些学区,主任监管整个 K–12 项目;另一些学区则有一位小学教育主任和一位独立的初中教育主任。在小的学区,主管或副(助理)主管在课程事务上负有责任。

理想地说,负责课程的课程主任和助理主管激发信任和信心,是知识渊博、擅长表达、富有超凡魅力的人。[118]负责课程的课程主任和助理主管应当帮助教师和校长获得课程实施所必需的教育学知识和课程知识。他们应当熟悉有关革新的最近研究和理论说明,并且拥有向学校教职工交流他们所有的知识的技能。

课程顾问

有时,一个学区希望引入一位外来的协助者或协作者。通常,小的学区内部没有任何专家可供咨询有关革新的事务。甚至大的学区可能也会发现需要一个外来的协助者。学区常常不会长时间雇用课程顾问。准确地说,学校会引进顾问进行一两天的专题研讨会。然而,这种专题研讨会是不管用的,因为课程实施必需一个更长的时间框架。顾问也帮助学校分析项目、评估项目,并获得资金捐助。大多数这类顾问是以大专院校为基地的。

许多教育顾问都受雇于州教育部门,并被送往不同学校和学区以协助课程开

第八章 课程实施

发和实施。许多顾问是中等学区的在编人员,与接受这类组织服务的学区紧密合作。全国性的私人顾问也协助课程活动。

成功的顾问往往与教师在处理某些开发与实施问题上相互合作。他们协助而不是判断。有时候,但不是经常,顾问受雇于教师在整个课程开发与实施过程中合作。顾问无须在一个学区待上一天或一个星期的基础上便能提供指导、分析和批评。顾问可以建立同辈援助系统、同侪教练以及与内部协助者合作的网络。他们可以引导教师获得信息,这将有助于教师安于革新,全方位了解革新。

家长与社区成员

学校存在于社区之中,经常是存在于越来越多样的社区之中。教育工作者必须认识到,学生在社区度过的时间比在学校度过的时间更多。教育工作者也必须懂得课程存在于学校围墙之外。当学生离开学校时,学生的确还在学习。在课程的开发和实施中,教育工作者必须力争关注社区,并开辟让家长和社区成员参与学校活动(包括实施)的途径。

杰弗里·卡纳达的著作和"哈勒姆儿童区希望学院"特许学校已经表明,考虑学生和学校身处其间的社区可以赢得学业的成功。他让社区一个街区接着一个街区地参与其中。今天,该社区已包括该地区差不多100个街区。缺乏许多资源、学习成绩不良的孩子,现在正获得学业上的成功。卡纳达的成就给巴拉克·奥巴马(Barack Obama)总统留下了印象,他鼓励在美国全国创造20个"希望街区"。[119]

卡纳达用广角镜头来看社区。他认为变革要求教育工作者和社区成员不仅让学校革新,而且致力于让社区革新。卡纳达指出:"我们需要改良学校,与此同时,我们还要在学校之外拆除取得学业成功的壁垒,从保健问题到错误的育儿活动,再到缺乏身体安全感。"[120]他鼓励我们拓宽对教育的定义,认识到教育经验与生俱来,并在所有环境中延续下去,学生则在这些环境中相互作用。

尽管社区在具体问题方面互有不同,社区仍然应当在不同程度上参与课程的创建、实施、维护。这并不意味着家长和社区成员应当去做教师的工作,而是应当存在合作关系。正如富兰所传达的,"教育上家长与孩子的距离越近,对孩子的发育和教育成绩的影响就越大"。[121]

在让社区参与教育行动方面,教育工作者必须带头。富兰建议,尽管教育工作者和社区成员只想要对孩子最好的东西,但在认为什么东西是最好之上却往往各不相同。在许多社区，父母不信任教师。社区成员通常认为，教师，特别是那些实际上不生活在他们社区的教师，当触及理解孩子及孩子生活在其中的环境之时往往"不懂"。教师，还有一般来说的校长，必须向父母和社区成员伸出欢迎之手。

然而，正如布赖克和施耐德所指出的，建立对学校的信任是一大挑战。[122]它要求用学校或学校文化修正社区文化。它要求教师实际上离开自己的课堂、进入社区。教师再也不能舒舒服服地待在学校里，教育学教授必须离开自己的"塔"而与"人"融合到一起。它意味着教育工作者必须认识到，在社区和学校正在出现或应当出现的是对权力和影响的重新部署。教育工作者应当视社区或资方合作伙伴。教师不能仅靠自己在教室的孤立状态下教育孩子。[123]甚至在家庭教育获得普及的情况下，父母也不能仅靠自己教育自己的孩子。除了与家长和社区成员协作的复杂性之外，还要认识到，尽管学校和家里的确都有看得见的、可测量的课程，学校、家庭、更大的社区都拥有不同的隐性课程，这类课程可以为优等生或落后生的全面学业学习服务。此外，我们不只是指学习学术型知识，准确地说，我们也认为社区及其成员对学生的态度、价值观、信仰系统都有影响。至于无效课程——学生知道存在而我们试图不让他们接近的课程，我们不教他们或我们力图让他们看不到的禁忌话题——又怎样呢？

在开发和实施课程过程中让整个社区与教育工作者协作，并不总是一帆风顺的。正如华盛顿特区公立学校系统前负责官员米歇尔·里（Michelle Rhee）所说的，这里将存在冲突，但我们不应当退避三舍。重新部署权力和影响，动摇特殊利益集团的政治，将让某些人怒发冲冠。然而，正如米歇尔·里注意到的，我们必须打各种各样的仗，但我们可以各个击破："是站起来说你相信什么的时候了，不要将问题藏着掖着以致我们可能感到一切正常。"[124]然而，在与社区打交道时，我们必须力争双赢的结果。我们不是在力争让任何人一败涂地。教育工作者必须认识到，父母和社区的这种活力将是一出持续进行的戏剧。教育工作者和社区成员不可能等待超人。我们必须认识到，我们必须通过联合行动应对各种挑战。我们就是超人！

结　语

课程实施远不只是派送新的材料或学习科目。为了让实施成功进行，涉及实施的人必须了解项目的目标，人们在系统内所扮演的角色，以及将会受到与新课程相互影响的个人的类型。为了成功地实施,学校本质上必须建立学习团体。作为课程实施的一个结果,主要的重点是为每一个相关的人(一般来说,是为教师和学生)丰富学校的学习。

没有严格的规划,便不可能出现有效的实施。变革进程要求规划,但规划必须灵活到足以适应出乎意料的环境和事件。当各种事件出现时,必须对一个程序做出微调。

创建一门新课程或新课的人渴望看到学校或学区满怀热情地实施它。然而,实施并非要求教育工作者不加质疑地接受课程。学校的各种角色需要时间去"执行"新课程或新科目,并打上他们自己的印记。教师需要各种机会让自己的同事参与有关当下课程或科目的对话。有关将要实施的课程的互动,给教师关系"增加了风趣"。

课程专家可以并且的确带来各种实施观,运用无数策略。即使后现代主义者在创建和实施适合自己关切的课程时,也有某些策略观可用。成功的实施需要一个诚信共同体。建立信任需要时间,也需要课程博弈者之间的合作。它让教育工作者培养一种共享的责任伦理。它需要创造一个环境,课程开发和实施的各种教育立场与方法,可以在尊重所有参与各方的条件下获得开诚布公的讨论。[125]

负责变革的人必须了解变革策略的动态和群体进程的动态。他们必须深知学校和社区内部的错综复杂。他们必须认识到教育的姿态正在受到分析、批判、提炼、挑战。变革和课程实施的鼓动者必须认识到,现存于地方和全国共同体之内的混乱无序,也折射在学校和学区共同体之中。我们生活在一个复杂而混乱的时代。我们需要兴奋起来、振作起来,成为积极的变革代理人。

讨论题

1. 你如何支持促进课程实施的"能力建设"?
2. 你如何支持在错综复杂、混乱无序的21世纪信奉课程实施的现代主义方法?
3. 你如何支持在21世纪坚持课程实施的后现代主义方法?
4. 你用什么样的辩护词说服其他人在课程实施中启用学生和社区成员?
5. 对本章的内容,你的情感反应是什么?

注 释

1. Jon Wiles and Joseph Bondi, *Curriculum Development: A Guide to Practice*, 7th ed. (Upper Saddle River, NJ: Pearson, 2007).

2. John P. Kotter, *Accelerate* (Boston: Harvard Business Review Press, 2014), p. 5.

3. Leslie J. Bishop, *Staff Development and Instructional Improvement: Plans and Procedures* (Boston: Allyn & Bacon, 1976).

4. Kotter, *Accelerate*, p. 5.

5. Michael Fullan, Peter Hill, and Carmel Crevola, *Breakthrough* (Thousand Oaks, CA: Corwin, 2006).

6. Seymour B. Sarason, *The Predictable Failure of Educational Reform* (San Francisco: Jossey-Bass, 1990).

7. Ibid.

8. Fullan, Hill, and Crevola, *Breakthrough*.

9. Roger Soder, *The Language of Leadership* (San Francisco: Jossey-Bass, 2001).

10. Michael Fullan, *The New Meaning of Educational Change*, 4th ed. (New York: Teachers College Press, 2007).

11. Kotter, *Accelerate*, p. 1.

12. Ibid., p. 9.

13. Ibid.

14. Ibid., p. 11.

15. Ibid.

16. John I. Goodlad, *In Praise of Education* (New York: Teachers College Press, 1997).

17. Richard E. Elmore, *School Reform from the Inside Out*, 4th printing (Cambridge, MA: Harvard Education Press, 2007).

18. Ibid., p. 211.

19. Ellen Brantlinger, *Dividing Classes* (New York: Routledge, 2003).

20. Elmore, *School Reform from the Inside Out*.

21. Valerie Truesdale, Claire Thompson, and Michael Lucas, "Use of Curriculum Mapping to Build a Learning Community," in Heidi Hayes Jacobs, ed., *Getting Results with Curriculum Mapping* (Alexandria, VA, ASCD, 2004), pp. 10-24.

22. Andy Hargreaves and Michael Fullan, *Professional Capital: Transforming Teaching in Every School* (New York: Teachers College Press, 2012), p. 112.

23. Ibid., p. 113.

24. Wolff–Michael Roth, *Curriculum–in–the–Making: A Post–Constructivist Perspective* (New York: Peter Lang, 2014).

25. Elmore, *School Reform from the Inside Out*.

26. Fullan, *The New Meaning of Educational Change*; and Elmore, *School Reform from the Inside Out*.

27. Fullan, Hill, and Crevola, *Breakthrough*.

28. Colin M. J. Marsh and George Willis, *Curriculum: Alternative Approaches, Ongoing Issues*, 4th ed. (Upper Saddle River, NJ: Pearson, 2007).

29. Fullan, Hill, and Crevola, *Breakthrough*.

30. Roth, *Curriculum–in–the–Making: A Post–Constructivist Perspective*.

31. Hargreaves and Fullan, *Professional Capital: Transforming Teaching in Every School*, p. 136.

32. Ibid., p. 128.

33. Harry J. Hartley, "Budgeting," in R. A. Gorton, ed., *Encyclopedia of School Administration and Supervision* (New York: Oryx Press, 1988), pp. 40–41.

34. Fullan, Hill, and Crevola, *Breakthrough*.

35. Joseph P. McDonald, *American School Reform* (Chicago: University of Chicago Press, 2014), pp. 22–23.

36. Ibid.

37. Ibid., p. 27.

38. Daniel U. Levine, Rayna F. Levine, and Allan C. Ornstein, "Guidelines for Change and Innovation in the Secondary School Curriculum," *NASSP Bulletin* (May 1985), pp. 9–14.

39. Ibid., p. 14.

40. Roger Schwarz, *The Skilled Facilitator*, New and Revised (San Francisco: Jossey–Bass, 2002), pp. 96–97.

41. Kotter, *Accelerate*, p. 62.

42. Roth, *Curriculum–in–the–Making: A Post–Constructivist Perspective*.

43. Warren Bennis, *Changing Organizations* (New York: McGraw–Hill, 1966); and Warren Bennis, *On Becoming a Leader* (Reading, MA: Addison Wesley, 1989).

44. John D. McNeil, *Curriculum: A Comprehensive Introduction*, 6th ed. (Glenview, IL: Scott Foresman, 2000).

45. Elmore, *School Reform from the Inside Out*.

46. Charles Jencks, *What Is Post-Modernism?* (New York: St. Martin's Press, 1988), cited in Patrick Slattery, *Curriculum Development in the Postmodern Era: Teaching and Learning in an Age of Accountability*, 3rd ed. (New York: Routledge, Taylor & Francis Group, 2013), p. 23.

47. Slattery, *Curriculum Development in the Postmodern Era*, pp. 18–19.

48. Ibid., p. 119.

49. Ibid., p. 135.

50. Ibid., p. 17.

51. Kieran Egan, *The Future of Education* (New Haven, CT: Yale University Press, 2008), p. 88.

52. Slattery, *Curriculum Development in the Postmodern Era*, p. 20.

53. Brantlinger, *Dividing Classes*.

54. Ibid.

55. Soder, *The Language of Leadership*.

56. Kenneth T. Henson, *Curriculum Planning: Integrating Multiculturalism, Constructivism, and Educational Reform*, 2nd ed. (New York: McGraw-Hill, 2001); and Elmore, *School Reform from the Inside Out*.

57. Shazia Rafiullah Miller, Karen Drill, and Ellen Behrstock, "Meeting Teachers Half Way: Making Educational Research Relevant to Teachers," *Phi Delta Kappan* (April 2010), pp. 31–34.

58. Ibid.

59. Thomas R. Harvey, *Checklist for Change* (Boston: Allyn & Bacon, 1990).

60. Thomas Sergiovanni et al., *Educational Governance and Administration*, 3rd ed. (Boston: Allyn & Bacon, 1992).

61. Kris Sloan, "Teacher Identity and Agency in School Worlds: Beyond the All-Good/All-Bad Discourse on Accountability-Explicit Curriculum Policies," *Curriculum Inquiry* (Summer 2006), pp. 119–152.

62. Ibid.

63. McDonald, *American School Reform*.

64. Ibid. , p. 16.

65. W. Warner Burke, *Organizational Change: Theory and Practice*, 2nd ed. (Los Angeles: Sage, 2008), cited in Mc‐Donald, *American School Reform*, p. 16.

66. Ibid.

67. Mike Schmoker, *Results Now* (Alexandria, VA: ASCD, 2006).

68. Fullan, *The New Meaning of Educational Change*, p. 97.

69. Ibid.

70. Ibid.

71. Slattery, *Curriculum Development in the Postmodern Era*, pp. 20–24.

72. Peter Hlebowitsh, "Centripetal Thinking in Curriculum Studies," *Curriculum Inquiry* (September 2010), pp. 503–513.

73. Stacey Childress, Richard E. Elmore, Allen Grossman, and Susan Moore Johnson, "The PELP Coherence Framework," in Michael Fullan, ed. , *The Challenge of Change*, 2nd ed. (Thousand Oaks, CA: Corwin, 2009), pp. 179–184.

74. Ibid.

75. Fullan, *The New Meaning of Educational Change*.

76. Ibid. , p. 86.

77. Ibid.

78. Neal Gross, "Basic Issues in the Management of Educational Change Efforts," in R. E. Herriott and N. Gross, eds. , *The Dynamics of Planned Educational Change* (Berkeley, CA: McCutchan, 1979), pp. 20–46.

79. Parker J. Palmer, *The Courage to Teach: Exploring the Inner Landscape of a Teacher's Life* (San Francisco: Jossey‐Bass, 1998).

80. Gene E. Hall and Susan Loucks, "Teacher Concerns as a Basis for Facilitating and Personalizing Staff Development," *Teachers College Record* (September 1978), pp. 36–53; and Gene E. Hall and Susan Loucks, "The Concept of Innovation Configurations: An Approach to Addressing Program Adaptation. " Paper presented at the annual meeting of the American Educational Research Association, Los Angeles, April 1981.

81. Mary Moss Brown and Alisa Berger, *How to Innovate: The Essential Guide for Fearless School Leaders* (New York: Teachers College Press, 2014), pp. 46–47.

82. Richard S. Schmuck and Matthew Miles, eds. , *Organizational Development in Schools* (Palo Alto, CA: National Press Books, 1971); and Richard S. Schmuck et al. , *The Second*

Handbook of Organizational Development in Schools (Palo Alto, CA: Mayfield, 1977).

83. M. Jayne Fleener, "Introduction: Chaos, Complexity, Curriculum and Cultures: Setting Up the Conversation," in William C. Doll Jr., M. Jayne Fleener, Donna Trueit, and John S. Julien, eds., *Chaos, Complexity, Curriculum, and Culture* (New York: Peter Lang, 2005), pp. 1–17.

84. Wendell L. French and Cecil H. Bell, *Organization Development*, 4th ed. (Englewood Cliffs, NJ: Prentice Hall, 1990).

85. Roger Kaufman and L. W. Harrell, "Types of Functional Educational Planning Models," *Performance Improvement Quarterly*, 2, 1 (1989), pp. 4–13, cited in Robert V. Carlson and Gary Awkerman, eds., *Educational Planning* (New York: Longman, 1991).

86. Marsh and Willis, *Curriculum: Alternative Approaches, Ongoing Issues*.

87. Fullan, *The New Meaning of Educational Change*.

88. F. F. Fuller, "Concerns of Teachers: A Developmental Conceptualization," *American Educational Research Journal*, 6, 2 (1969), pp. 207–226, cited in Marsh and Willis, *Curriculum: Alternative Approaches, Ongoing Issues*.

89. Ann Lieberman and Lynne Miller, *Teachers, Their World and Their Work* (New York: Teachers College Press, 1991).

90. William Ayers, *To Teach: The Journey of a Teacher*, 3rd ed. (New York: Teachers College Press, 2010).

91. Roth, *Curriculum–in–the–Making: A Post–Constructivist Perspective*.

92. Ibid., p. 3.

93. Ibid.

94. Slattery, *Curriculum Development in the Postmodern Era*, p. 206.

95. Ibid.

96. Ibid., p. 209.

97. Ibid., p. 217.

98. Ibid., p. 218.

99. John Dewey, *Art as Experience* (New York: Capricorn, 1958, original publication, 1934), p. 54, cited in William E. Doll Jr., "Crafting an Experience," in Donna Trueit, ed., *Pragmatism, Post–Modernism, and Complexity Theory, The "Fascinating Imaginative Realm" of William E. Doll, Jr.* (New York: Routledge, Taylor & Francis Group, 2012), p. 98.

100. Doll, "Crafting an Experience," p. 99.

101. Ibid.

102. Stanley Fish, *Versions of Academic Freedom* (Chicago: University of Chicago Press, 2014), p. 123.

103. Fullan, *The New Meaning of Educational Change*.

104. Tina Rosenberg, *Join the Club: How Peer Pressure Can Transform the World* (New York: W. W. Norton, 2011), p. xix, cited in Hargreaves and Fullan, *Professional Capital: Transforming Teaching in Every School*, p. 151.

105. French and Bell, *Organizational Development*.

106. Geoffrey Canada, "Bringing Change to Scale: The Next Big Reform Challenge," in Karl Weber, ed., *Waiting for "Superman"* (New York: Public Affairs, 2010), pp. 189–200.

107. Dennis Thiessen, "Student Knowledge, Engagement, and Voice in Educational Reform," *Curriculum Inquiry* (Winter 2006), pp. 345–358.

108. Alison Cook-Sather, "Sound, Presence, and Power: 'Student Voice' in Educational Research and Reform," *Curriculum Inquiry* (Winter 2006), pp. 359–390.

109. Ibid., p. 359.

110. Ibid.

111. Henry A. Giroux, *Schooling and the Struggle for Public Life*, 2nd ed. (Boulder, CO: Paradigm Publishers, 2005).

112. Elizabeth Campbell, "Curricular and Professional Authority in Schools," *Curriculum Inquiry* (Summer 2006), pp. 111–118.

113. Corey Drake and Miriam Gamoran Sherin, "Practicing Change: Curriculum Adaptation and Teacher Narrative in the Context of Mathematics Education Reform," *Curriculum Inquiry* (Summer 2006), pp. 153–187.

114. John R. Wiens, "Educational Leadership as Civic Humanism," in Paul Kelleher and Rebecca Van Der Bogert, *Voices for Democracy: Struggles and Celebrations of Transformational Leaders*, 105th Yearbook, Part I (Malden, MA: National Society for the Study of Education/Blackwell, 2006), pp. 199–225.

115. Drake and Sherin, "Practicing Change: Curriculum Adaptation and Teacher Narrative in the Context of Mathematics Education Reform."

116. Catherine Marshall and Maricela Oliva, *Leadership for Social Justice* (Boston: Pearson, 2006).

117. Soder, *The Language of Leadership*.

118. Paul Kelleher and Rebecca Van Der Bogert, "Introduction: The Landscape of the Superintendency: From Despair to Hope," in Kelleher and Van Der Bogert, *Voice for Democracy: Struggles and Celebrations of Transformational Leaders*, pp. 10 – 28.

119. Canada, "Bringing Change to Scale: The Next Big Reform Challenge."

120. Ibid., p. 196.

121. Fullan, *The New Meaning of Educational Change*, p. 189.

122. A. Bryk and B. Schneider. *Trust in Schools* (New York: Russell Sage, 2002), cited in Fullan, *The New Meaning of Educational Change*, p. 193.

123. Fullan, *The New Meaning of Educational Change*.

124. Michelle Rhee, "What I've Learned," *Newsweek* (December 13, 2010), pp. 36 – 41.

125. Hargreaves and Fullan, *Professional Capital: Transforming Teaching in Every School*, pp. 113 – 114.

第九章 课程评估

学习成果

阅读完本章之后,你应当能够:

1. 讨论评估的性质和目标。
2. 阐明科学的、现代主义的评估方法和人本主义的、后现代主义的评估方法之后的设想。
3. 解释科学的、现代主义的评估模式和人本主义的、后现代主义的评估模式的目的。
4. 区分高利害关系考试、常模参照测试、标准参照测试,解释运用每种类型考试的理由。
5. 描述各种另类评估策略。
6. 列举有关课程评估是否公平的各种问题。

人们一致认为课程的评估对课程的开发、实施和维护必不可少。然而,有关评估的意义和目的、如何理解评估、如何运用其结果,人们并没有达成共识。理想地说,评估决定了某些行动或项目的价值,有助于学生达到标准的程度,并决定了其重要性。评估或明或暗地反映出了对前述课程和教学设计的价值判断。评估对先前的文件、计划和行动做出批评。

我们认定评估与评价同义。我们相信,评价(评估)涉及关于优点和价值的价值判断,这些判断影响我们收集哪些数据、我们如何看待这些数据。评估要求教育工作者采取行动去判断他们和学生的行为是否恰当。在评估学生的学习时,教育工作者往往进行考试——评估他们认为是重要的东西。教师经常通过观看教学会议的录像带,对自己的教学质量进行评判。

在课程评估中,注意力集中在师生导致学生学习具体内容和技巧的行为之上。今天,课程评估比过去更富有挑战性。目前,一般教育和特定学校都存在于一种复杂多变的动态变化中。社会、经济、政治和技术的变化,在有关什么样的学校目标和知识技能会最好地服务学生之上催生出了众说纷纭的观点。正如彼得·M.陶布曼所主张的,我们正生活在一个"'标准'和'问责'双重旗帜"之下的转型时期。[1] 标准和问责往往是对课程和教学的性质没有任何看法的非教育人士(特别是政治家和商业领袖)发出的战斗口号。大部分公众缺乏心理测量学的背景,他们尤其没有意识到,主张对教师是否达标进行问责,同时呼吁学生的多元发展、学校需要创造性往往是南辕北辙的。[2]

的确,教育工作者必须有标准、负责任。但是,这意味着什么呢?陶布曼解释说,我们正被一种"审计文化"消耗,在这种文化中,教育项目、实践、话语都在被翻转、标准化和缩减到贫乏无味的量化。我们似乎是在愁云惨雾之下发挥作用。为了扭转这种厄运,许多人正鼓励推行一刀切的项目和成绩。所有学生必须学习特定科目材料,并证明具有相同的能力水平。

有一种迷思,让这种愁云惨雾更加惨不忍睹。这种迷思是说,当与发达国家的其他学生相比时,我们的学生不具备与之媲美的能力水平。我们不是第一名!但是,很少有人质疑这样的观念——我们必须是世界共同体中的老大、第一、最佳。而通过参加标准化考试,就可以确定一个人在认知、情感、精神活动领域之内的能力、理解力、创造性和普通知识吗?我们认为,从考试分数中能推断出的唯一论断就是某人或某些人取得了一个高于或低于以往的分数——一个数字。我们能够声称一个高分就意味着学生实际上比考分低的学生知道得多吗?我们用怎样的方式定义"知道得多"是什么意思?

此外,我们真的能利用考试分数说明我们的学校正在落败、我们的学校需要改善吗?正如戴维·伯利纳(David Berliner)和理查德·格拉斯(Richard Glass)所表明的,在我们的工业化世界里,评判学校系统根本不是容易的任务。学校系统存在于国家范围之内。在我们多元多样的国家中,就我们的课程和教学策略对学生的

第九章 课程评估

学习、技能、能力、性情是否有效做出笼统的断定是误导性的,或许还是危险的。[3]而且,正如伯利纳和格拉斯所提出的,我们如何定义"更好"?他们指出,即使我们可以定义"更好",我们也需要追问:"对谁而言更好?""在什么样的标准之上更好?"[4]我们也提出这样的疑问:当我们思考创造性、宽容、移情、冒险、社交能力、平衡能力、敢作敢为时,所谓"更好"意味着什么?

当我们参与教育并评判教育的效益时,我们必须抨击这一观念:学生是要标准化并因此加以测量的小部件。这一观念是自19世纪初以来作为美国文化一部分的一种基本假设。它假定学校是工厂,学生是组装生产线上的产品。1916年,斯坦福大学教授埃尔伍德·丘伯雷声称:

> 在某种意义上,我们的学校是工厂,在这里,原材料(孩子)被打磨成为各种产品,以满足生活的不同需要。规范生产来自20世纪文明的各种需要,按照所确定的规范打造自己的学生,是学校的业务。[5]

我们极端反对学校是或应当是工厂的观点。我们也质疑这样的信念——学校和学校课程、教学策略要由产业界来决定。学校的目标是培养受过教育的公民。学校不是为产业界的具体工作培训人员的地方。然而,在21世纪,我们有一股浪潮——来自产业界、政府、社会的一些人,甚至某些教育工作者,鼓励人人都学STEM(科学、技术、工程、数学)。2014年12月至2015年1月版的《教育领导力》(*Educational Leadership*,监督和课程开发协会的一份出版物),其标题即是如此。[6]为什么?我们需要更多的工程师,我们需要更多的技术专家,我们需要更多的科学家,我们需要更多的数学家。为什么是这样一种需要?因为我们正在培养的工程师的数量落后于中国。我们必须是第一。我们没有正在培养更多的文学家、艺术家、政治科学家、历史学家,但似乎没有任何人忧心如焚。当然,一些人正在鼓励除了科学、技术、工程、数学之外,还要加上艺术和人文学科。不过,艺术和人文学科不造计算机和飞机,也完善不了新的化学样品和21世纪的技术。产业界的这些人依然建议说,学校应当继续像工厂一样,生产合乎工业设计规范的零部件。

课程评估的存在,不应当是为了给我们提供在世界共同体中自吹自擂的权利。的确,评估对了解我们的课程和教学是如何针对和应对我们学生显而易见的教育培养是必要的。不过,正如伯利纳和格拉斯所指出的,不能将教育评估等同于奥运会。教育考试不是一项教育奥运会赛事。这两位作者指出:"将国际标准化考试中的国家排名等同于体育赛事中的排名,简直是大错特错的逻辑。"[7]我们认为,运用这种逻辑,不可能准确认识美国教育的质量。它所提供的数据,也不可能为美国的经济和教育健康提供洞见。

那么,为什么我们整个社会会有这样一种弥漫全国上下的感觉——我们正在落后,我们的学校正让我们落败?使课程评估混乱不堪的部分原因,是2002年1月由乔治·布什总统签署成为法律的《不让一个孩子掉队法案》。该法案是国家、州、本地层次所有教育机构(包括学校在内)致力于创造和评估教育项目的指南。它清楚地表明,各州将按三个成绩等级确立学业标准:基本、熟练、优秀。然而,它写道,依照州所创立的阅读和数学考试所确定的标准,百分之百的学生必须达到州标准和阅读标准的熟练一级。在科学科目上必须达到熟练。假如美国要在世界上具有竞争力,就必须做到这些。[8]

熟练意味着高标准,但我们必须问:"多高?对谁而言?"[9]只是达到基本一级的标准,又怎么样呢?我们如何报告在优秀一级所达到的标准呢?每个人都必须参与同样的行为吗?这都是通过在特定时间的统考所做的评估吗?此外,我们可以确定无疑地说,数学考试得高分的学生就意味着十年以后的成功吗?获得更高标准的历史知识,就意味着一个学生在从今往后的15年会是一个更有贡献的公民吗?单个学生的独特性又怎么样?我们希望获得的每样东西都可以用一场考试来衡量吗?如何测量同情和宽容?什么是基本的同情心?如何测量在同情方面是否达到了熟练?

的确,除了运用高利害关系考试之外,还有许多测量学生是否获得知识和行为的方法。然而,"不让一个孩子掉队"似乎将标准化考试誉为收集数据以确定学校是否负责的主要方法。每个州都必须建立一个问责体系——这一体系利用明确测量学生的学习、成绩水平、教师效益的考试。必须对这些考试的结果进行分解,以全盘考虑"社会经济地位、性别、人种、族裔、残疾、英语熟练水平"。[10]这一指南似乎与学生百分之百要达到熟练相悖。假如我们要将那些说英语技能有限或学习有困难的学生考虑在内,那么我们就不可能同时让百分之百的学生达到熟练水平。

尽管已经下令各校开发课程和评估方法以证明没有一个孩子掉队,但这一命令并没有指明各州要如何开发这类考试。没有任何全国性的考试政策。同时,在如何处理各州内部的独特文化和亚文化方面,也似乎没有更多来自联邦教育部的指导意见。在"不让一个孩子掉队"之前很久即有"纽约州统考"的纽约州,在文化上确实不同于新罕布什尔和新墨西哥州。

第九章 课程评估

更复杂的课程评估是有关以下问题的知识大爆炸:大脑是如何运作的? 人们是如何学习的? 政治领域是如何影响学校教育的? 新的教学法是如何针对不同学生群体的需要的? 如何能使用现代和后现代的方法创建课程? 如何能创造和修正评价工具以接近学习的本质? 教育工作者应当使用吸收了最近思想的方法和方法论。然而,在某种程度上,我们目前所使用的考试是以19世纪的心理学为基础的。

詹姆斯·佩莱格里诺(James Pellegrino)、娜奥米·丘多维斯基(Naomi Chudowsky)、罗伯特·格拉泽(Robert Glaser)注意到,我们目前的评估方法没有充分考虑大脑如何运作的相关知识。我们已经对学生的学习过程和基本知识进行过测量,而且我们也对学生对特殊课程领域的要求做过估算,但我们仍然没有获得对学生的知识和认知的深广度的准确写照。现有的评估方法,没有提供有关学习所必需的复杂知识和技能的看法。[11] 它们没有充分针对学生的创造性、同情心、对行动的承诺或热情。[12]

目前的评估摄取的是特殊时间点上在知识及处理方面学生成绩的"快照"。华盛顿州拥有四、七、十年级学生成绩的数据,但没有观察比如说学生的理解力和技能是如何发展的情况。一年对学生进行三次测试显示出有些人成绩提高了、下降了或与以前持平,但它不一定能说明学习量。[13]

给课程评估增加了难度的,是要求评估对各种学生公平一致、恰当适宜的呼声与日俱增。一般社会各部门都认为考试,特别是标准化考试有利于一般学生群体。但另一些人认为标准化考试不公平,因为考试聚焦于学校所没教的科目、主题和程序。同样,有些人声称,通过这些考试的条条框框伤害了弱势学生。

运用标准化考试以衡量课程的质量和教学策略的效率所面临的真正挑战,在于考试设计本身的性质。韦恩·奥(Wayne Au)用"学术能力评估测试"(SAT)作为例证,详细说明了考试设计的一个问题。主要监察对学生参加这一考试的管理的"美国教育考试服务中心"(ETS),用这一考试的六大主要部门之一作为一个实验部,以确定什么样的问题可能潜在有用,可以纳入将来的"学术能力评估测试"。来自考试的这一"试验"部门的数据,为心理计量学家提供了让他们要么继续追问要么及时放弃一个问题的信息。

心理计量学家确定这些问题的难度,并确定各种群体的学生在过去是如何做的(尤其是白人学生、有色人种学生、男生、女生)。考试的设计者们有一个数据库,该数据库历史地表明白人学生胜过有色人种和其他少数族裔学生。有利于白人学

415

生这一点说明,当"学术能力评估测试"中的实验问题反映出这些结果时,问题就是有效的。然而,如果在特别边缘化的问题上有色人种的学生胜过白人学生,那么考试的设计者往往会将这些问题划归在心理计量意义上是无效的。它们就会从未来的"学术能力评估测试"中被剔除。[14]在21世纪,随着学生越来越多元化,对采用标准化考试的人来说,如何处理这种有效性因素是一种真正的挑战。

今天,在课程评估方面,我们不仅要判断学生是否在有效地学习课程,而且要追踪教师的教学才能。我们假设开发的课程和实施的课程是有价值的、是值得知道的。怀疑这一点,我们就不会教它。开发和提供的课程的价值是给定的。然而,在课程评估的风气中,有些人提议要将教师的收入与他们教课的好坏联系起来。有效的教学会转换为考试的高分。高效的教师应获得更高的工资。有些人甚至建议,诸如数学和科学一类地位高的科目的称职教师要获得更高的工资,因为他们所教的科目对美国的福祉更为关键。这一想法有悖一条绩效工资规则:创造鼓励合作的项目。[15]它有可能造成学校教职员工之间的一种有害竞争。

许多对话集中在用绩效工资评估和奖励教师的表现。正如克里斯·哈尔曼(Chris Hulleman)和肯尼思·巴伦(Kenneth Barron)所说的,在绩效工资方面有几种迷思。[16]第一大迷思是绩效工资体系会改善教师的表现。提高绩效工资可能会提升工作质量,然而绩效工资并不必然等同于工作质量。学生可能会学得更多,但他们的理解也许没有得到本质上的提高。

哈尔曼和巴伦提出的第二种迷思是,绩效工资会增强教师的积极性。他们引证持相反观点的研究说:基于一个特定水平之上完成一个任务而期望受到奖励,实际上会损害内在的积极性。大多数教师并不忙于采用一种特殊的教学策略以增加工资。这两位作者也指出了将商业激励策略用于教育领域所蕴含的危险。此外,尽管商业人士可以证明销售增加以要求额外津贴,但对学生学习的品质进行量化却困难得多。[17]优质教学的效果也许数十年都未必看得见。如果学生在后来的岁月里创建了新行业或获得了诺贝尔奖,那么我们应当颁发迟到的奖金吗?我们该如何评价一位教师对一位学生的影响呢?挑战在于能否建立教师的行为与学生的未来成就之间的直接因果联系。但不可能建立起这种联系。

尽管我们持反对意见,但将教师的报酬与业绩挂钩的想法不会消失。极有可能,它会成为改革学校的一种感人号召。我们不是要将课程评估与教师"教"所推广的课程的效率分离开来。正如马修·斯普林(Matthew Springer)和凯瑟琳·加德

第九章 课程评估

纳(Catherine Gardner)所注意到的,我们正进入一场完美的风暴:教师的补偿正遭到业绩和市场导向的薪酬政策的重创。[18]

尽管我们主张不可能在教师的行为和学生的知识或技能之间建立起直接的因果联系,但按斯普林和加德纳的说法,这种观点也许会逐渐丧失其用处。他们注意到,许多州和学区已创建复杂的纵向数据,这种数据能够确定单个学生的成绩和教师教学策略之间的联系。他们注意到,凭借这种数据系统,可以更准确地估算教师对学生学习的贡献。此外,他们注意到,有越来越多的研究旨在开发和证实高效教学的复杂标准。[19]

目前,大多数州都制订了被认定为附加值测量(VAM)的一个"复杂标准"。基于用考试分数确定的学生成绩,该方法按统计学程序测定教师的业绩。每年测定学生的学业成长,以确定知识和理解力方面的收获。附加值测量的提倡者指出,他们控制了不受教师影响的其他变量:社会阶级地位、种族群体、英语熟练度、学习能力和学习障碍。[20]

显然,《不让一个孩子掉队法案》在2002年的通过,为促成学校和教师承担起提高学习和成绩的责任增加了动力。奥巴马总统的"力争上游"项目则更上一层楼。甚至名称"力争上游"也暗含着学校是竞争者。伯利纳和格拉斯指出,让学校竞争且给教师提供绩效工资,将激励教师提高效率和创造性,并提升学生的学习。他们认为,更高效的教师,也就是那些其学生考试分数更高的教师,将赚更多的钱。这将促使其他指导教师在自己的教学中做到更为有效,以达到提高自己的工资。然而,正如我们所说的,指望业绩工资制度切实地激励教师,是一种不靠谱的迷思和神话。

教育不是一项运动,它不是赢者和输者之间的一场博弈。正如前文所述,教育不是一项奥运活动。在运动会中,有赢者和输者。我们在教育中想要赢者和输者吗?有些人会说,美国的教育已经是这种状况。但是,我们高度相信,让教育成为国内和世界之内的一场一争高下的运动,只会进一步败坏我们的教育系统。教育竞争不会给我们提供高品质的教育。我们将只知道教育博弈中参与者的"分数"。我们根本不会获得对促使个人在博弈中胜出的各种学习和取向的品质的认识。正如伯利纳和格拉斯所表明的,学生的成绩是受除学校之外的各种力量影响的。[21]

尽管有前面的评论,但我们仍然认为,对持续利用有意义的课程来说,评估必不可少。如果教师和社区支持课程,教育工作者必须设想并执行有效的评估和报告程序。他们也必须追问自己有关评估的假设,追问自己有关评估的取向是处于现代还是后现代的阵营之中。

 这个视频解释了俄亥俄州是如何计划实施附加值测量以确定教师是否称职的。教师反对附加值测量和绩效工资的理由可能是什么?

https://www.youtube.com/watch?v=925RnyfzbjU

评估的本质和目的

评估工作者收集数据并对数据做出阐释,以决定接受还是变革,抑或拒绝课程的某些层面,比如特定的教材。课程评估不仅在一个项目或一个学年结束时是必要的,而且在课程开发和实施的整个过程的不同节点上都是必要的。

在开始课程开发时,必须对项目的概念进行评估。项目有价值和优点吗?在整个过程中,教育工作者必须对课程的内容和经验进行评估。课程评估聚焦于课程是否产生了所期望的结果。例如,它让学生达到了表明学生成功的标准水平吗?在课程实施之前和之后,评估要确认课程的强项和弱项。评估也要允许教育工作者依照效率对不同项目进行比较。人们想要知道,在当地、州、全国和全球学生的背景之下,自己的学生是否合格。

佩莱格里诺、丘多维斯基、格拉泽将评价视为一个从证据中进行推理的过程。[22]这一过程的第一问题是"有关什么的证据"。[23]只有当我们了解我们正试图做什么、我们想要学生达到什么标准时,才有可能对数据做出阐释。

可以将课程评估中从证据进行推理的过程定义为一个沙漏。这种图解是对佩莱格里诺、丘多维斯基、格拉泽推理评价三角的扩充,它具有以下特点:认知处于三角的顶端;观察和阐释处于三角底端的两角。[24]我们对他们的模式做了补充,将课程置于沙漏顶端的一角,而将认知置于顶端的另一角(图9.1)。沙漏的瓶颈代表推理过程的观察阶段。沙漏的底端代表阐释。

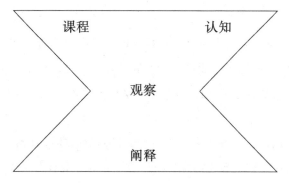

图 9.1　课程评估中从证据进行推理的过程

资料来源:改编自 James W. Pellegrino, Naomi Chudowsky, and Robert Glaser, eds., *Knowing What Students Know: The Science and Design of Educational Assessment* (Washington, DC: National Academy Press,2001).

课程按照范围和次序对课程材料进行组织。在课程开发中,教育工作者必须既对所思考和组织的课程材料做出评估判断,也要对课程存在其间的政治气候和社会气候做出评估判断。教育工作者要思考这一问题:什么证据表明,经过深思、规划,然后推广的课程有价值、符合学生的需要,并与课程理论一致?

认知理论告诉我们如何收集数据。学生是如何获得知识、建构意义、培养才能的? 教学的认知模式可以协助教师形成自己的教学方法、评估学生的学习。

观察包括收集数据的所有方式。它可能涉及书面考试,浏览学生的作品(例如他们的文件夹),当学生参与特殊的教育活动时,对学生进行观测。观察包括问卷调查,发放检查表、一览表,预约谈话,对学生的表演进行录像。它也包括教师的数据,如通过考察教师、观看录像课、对教案进行分析、访谈得来的数据。

在课程评估的阐释阶段,教育工作者利用了自己有关课程和认知的假设。他们将数据处理成有关课程成败的相关证据。在课堂层次上,阐释往往是非正式的、定性的,其中包括有关教师教学方法的阐释。在学区层次上,阐释往往是更正式的,但它依然可能是定性的而不是定量的(运用一种统计学模式)。[25] 通常,学区层次的阐释既是定性的也是定量的。阐释潜在地依靠考试理论、数据分析的统计学模式、决策理论。

评估必须保持与课程活动的整体性的联系。评估工作者首先必须自问他们希望评估课程的哪些层面,哪些类型的学习会受到重点关注。然后,他们需要确定哪种数据收集方式最适合课程的一个或一个以上的特殊目标。哪些问题会为阐释提供所期望的数据?[26]

通常,教育工作者会调查研究一种特殊评价程序或评价形式是否合适。经常性地,评估集中于如何修正教职员工的在职教育。有时评估聚焦于教育工作者如何与社区交流并对社区进行教育,有时评估聚焦于学校环境的效率。然而,大多数评估聚焦于课程和教学。

聚焦于课程的评估实际上在定义课程的最初阶段即已开始。具体来说,教育工作者追问最初所考虑的课程内容和经验是否值得付出努力。评估的问题本质上反映出了斯宾塞的问题:什么知识具有价值?而我们还要加上一句,对21世纪最大多数的形形色色的学生来说,什么知识具有价值?虽然这一问题看似容易回答,但在日新月异的21世纪回答这一问题,却是极为艰巨的任务。如何评估与未知的、新兴的状况和需要有关的特定内容和教育经验所具有的价值呢?对认识尚未存在的内容和状况而言,什么内容是有意义的呢?对那些希望学生掌握诸如科学、技术、工程、数学内容的人来说,假如还没有构想出我们的未来观,那么这些科目内容的哪些方面会被判断为是值得关注的呢?

我们认为,评估或评价在实施课程之后要聚焦于两个活动领域:教师的教学策略和学生的学习策略。不过,在这充满混乱变化的21世纪里,教学策略和学生的学习策略是不是足够变化多端以适应爆炸式的知识领域和信息技术的动态变化?在2015年被认定为有效的东西,在2020年可能就不这么认为了。

凯瑟琳・泰勒(Catherine Taylor)和苏珊・诺伦(Susan Nolen)注意到,教师首先投入评估以收集有关学生的理解和技能的信息。[27]通过各种程序收集这类信息,为的是教师可以确定教什么、以何种方式教、是否让学生参与。基本上,这种观点认为评估是从材料进行推理的一个过程。他们必须决定在处理特定内容和概念的过程中,个人所要达到的成功度。这种评估主要用于学习一篇课文或一个单元的开始阶段。在一篇课文或一个单元的结束或接近结束时,教师要描绘出评估程序,以记录学生在某些技能或思想过程阶段对某些内容或专门知识的掌握情况。在这里,教师主要是投入证据收集的观察和阐释阶段。所运用的普遍方法是考试,教师往往评定等级。泰勒和诺伦建议,评估的最终目的是将自己的学生与其他人做出比较,也就是说,通过与其他学生比较,测定自己学生的现有排名。有关这一最终目的,本章后文还会详述。

看上去,评估或评价可以并且确实有两个目标。丽莎・卡特指出,一种观点认为激活评估是为了让教育工作者不仅能挑选课程内容与教学策略,而且能挑选哪些学生经验不同课程和教学实验。问题在于过于重视用考试分数挑选和追踪学生——也就是说,根据能力、兴趣和成绩将他们放在同一组。卡特指出,评估的第二大目标是收集信息,或者说收集证据,从而使教育、课程、教学决策增强学生对当前所教课程的学习。在这里,评估的目标在于使课程适应学生,而不是为了塑造学生以适应课程。[28]

为了成功地进行评估,随着将重点放在第二大目标之上,有人提出了一些关键问题。20世纪80年代中期由哈丽雅特·塔尔梅奇(Harriet Talmage)提出的这些问题,在今天仍然切题。

评估的诸种问题

哈丽雅特·塔尔梅奇提出了教育工作者评估课程时会思考的五种问题:内在价值问题、工具价值问题、比较价值问题、理想化价值问题、决策价值问题。[29]

内在价值问题指课程的好坏和恰当与否。它既涉及规划性课程,也涉及已完成的(推广的)课程。例如,一所学校会追问,一门新的语言艺术课程是否将迄今为止最好的思想整合到了语言艺术的内容和该内容的安排与呈现之中。语言学、作文、语法、交流方面的专家,会给该计划性课程以高分吗?提出这样的问题不是让专家去分析课程文档这样一个简单问题。人们将自己的哲学和心理学观点带到了内在价值问题之中。他们按照自己认为最重要的教育目的来感知课程(我们应当重视批判性思维、公民身份、就业准备吗?)。他们也按自己喜欢的学习理论来看待课程(行为主义者、认知论者、人本主义者拥有对内容和呈现方式的不同看法)。

工具价值问题所追问的是,课程对什么有益?谁是目标受众?在试图将计划性课程与项目所陈述的目标和目的联系起来时,教育工作者处理的是这一问题的第一部分。工具价值问题也针对哪些学生会完成课程所计划的东西、完成到何种程度。达到的水平与反映出价值偏好的标准有联系。评估尝试应当弄清何种类型的学生最有可能从计划性课程中受益。

面临可能的新项目的人,常常会问比较价值问题。所预想的新项目会比假定要被取代的项目更好吗?通常,之所以创建新项目,是因为人们感到现存的项目有所不足。当对项目加以比较时,要记住不同的项目可能有不同的目标。重视技能的项目比重视当代世界问题的项目更好吗?可以肯定的是,这两个项目是不同的。一个项目是否比另一个项目更好,与教育工作者的价值观和优先考虑的事务联系在一起。然而,如果一个所建议的项目和现存的项目是同一类型,评估工作者就应当考虑比较价值,不仅根据学生的成绩,而且根据两个项目推广的容易度、花费、对资源的要求、在现存学校组织中的作用、对共同体期望的应答性来考虑。

当比较不同国家学生的成绩时(不然的话,就是比较这些国家的课程时),往往会提出比较价值问题。目前,美国教育讨论中有各种声音提出,当进行测试时,美国学生与其他国家学生相比处于下风。人们经常提到,美国学生的排名尤其在数学和科学方面相形见绌。通常,在这类比较中,我们本质上对各类学生实际上知道什么不感兴趣。我们更在意我们的学生与他国学生相比怎样。我们用这些数据去对学生进行排名,并确定他们之间的差异。[30]仅以考试名次为基础得出我们学生在数学或科学上的成绩好坏,给我们提供的只是少量的评价信息。它否定了我们进行评估决策所必不可少的证据。

理想化价值的问题针对改善课程的诸种方式。评估工作者不应当只关心确定所计划的东西是否真正发生了,他们还应当参照创建和维护最佳可能项目的诸种方式去看待数据。他们思考项目如何运作方面的信息,追问自己是否还存在使项目好上加好的另类方式,例如,提高学生的成绩,使学生更全面地投入自己的学习。在推广新项目的整个过程中,都应当追问理想化价值问题。教育工作者必须不断地重新思考他们如何可能对项目的内容、材料、方法等进行微调,以使学生圆满地从中受益。

理想化问题目前被重组到了课程和教学的改良问题之中。经过重新定义,这一问题要求有"侦测改善的细微措施"。[31]评估学生的成绩乃至教师的策略是否有所改善,正如同测量冰川的移动。花一天时间观察一条冰川,它似乎纹丝不动。然而,如果你每月观察,你就可以发现冰川是往前了还是退后了。的确,年度观察计划会记录到冰川的移动。

在提出理想化问题、改善问题时,我们应当记住富兰的评论,"学生成绩的变化,落后于教学实践品质之上的变化"。[32]他认为,我们需要更多缜密的评估工具去侦测学生在课堂学习和行为之上的变化。如果我们无视实地调查、只利用年终考试,我们所报告的只能是学生学习的特定水平。我们将会背离"证据因素",因为我们不能说明支持或阻碍学生进步的不起眼的日常学习活动。理想化问题要求通过使用各种评估程序和材料,经常测量师生的行为。[33]

第九章　课程评估

决策价值问题涉及前四个问题在评估过程中所起的生死攸关的作用。如果这四个问题得到了处理,所做的决策就应当是高品质的决策。评估工作者和课程决策者现在应当以这样一种方式用证据证明——他们可以决定是否保持、修订或抛弃新项目。然而,决策价值问题一如既往会存在下去。迄今为止所做决策的价值,需要在该课程在课堂推广时加以评价。

决策价值问题一如既往会存在下去——这本质上意味着前四个问题会不断得到考虑。评估永不会完成。评估是具有挑战性的工作。我们认为,我们所获得的结果和所收集到的证据更像印象主义的绘画,而不是由计算机程序中的算法所生成的设计。观看印象主义绘画的个人,会引出形形色色的学习、洞见和永不相同的情绪。我们必须将学生更多地视为绘画作品而不是计算机程序。

评估的定义

评估是人们为了决策而借以收集数据的一个过程。然而,除了这种归纳之外,评估的定义千变万化。布莱恩·沃森(Blaine Worthen)和詹姆斯·桑德斯(James Sanders)将评估定义为"对一个项目、产品、规划、目标或课程的品质、功用或价值的正式鉴定"。评估包括调查和判断方法:"(1)确定判断品质的标准,决定这些标准是否应当是相对的还是绝对的;(2)收集相关信息;(3)运用标准以鉴定品质。"[34]

阿比·布朗和蒂莫西·格林将评估定义为一个判断过程,这一判断过程基于所收集的数据、个人学习的成功水平或一个产品的功用。[35]根据诺伯特·西尔(Norbert Seel)和萨内·迪杰卡斯特拉(Sanne Dijkstra)的说法,评估提供数据,使我们能对两个或两个以上的项目的意义或价值进行比较。它为项目的选择或确定项目是否应当继续下去提供基础。[36]

丹尼尔·斯塔弗尔比姆(Daniel Stufflebeam)将评估定义为"描绘、获取、提供有用信息以判断决策的他种选择的过程"。[37]柯林·马什和乔治·威利斯则指出,评估渗透了所有的人类活动。它涉及这样一些问题:某些事值得做吗?目前做得多顺利?我喜欢做吗?我应当将我的时间用在做其他事上吗?[38]

许多人将评估看成一种批评性探索,通过研究现象以做出见多识广的判断。肯尼思·西洛特尼克(Kenneth Sirotnik)和珍妮·奥克斯(Jeannie Oakes)对这一概念做了扩充。他们提出,我们应当探究隐藏在我们所坚持的价值观之下的假设、我们所拥护的立场、我们所采取的行动。[39]大多数评估工作者坚持认为,虽然不能忽视

423

价值观的存在和重要性，但它们只能放在特殊语境中加以考量。我们要判断一个项目是否反映了其价值观、负责课程的人是否使其价值观做到了清晰明白。然后我们要评估这些目标是否得到了实现。西洛特尼克和奥克斯提倡一种其他人称为阐释学的批评性探索。词典将阐释学定义为"对阐释的方法论原则的研究"。[40]

在将阐释学方法用于评估课程及其效果的过程中，一位评估工作者提出了诸如教育项目的价值、意义和优点一类的"深层"问题。可以肯定的是，也有人提出了诸如学生学什么一类明确的问题。然而，也有人认为，学生学了什么应当既由最直接的共同体之内的人来决定，也应当由最直接的共同体之外的人来决定。有人则对决定学生学什么的人及确定成功标准的人的观点做出判断。采用阐释学方法的评估工作者，则思考教育项目如何充分地适合目前的风气。[41]

测量与评估

有时，教育工作者混淆了测量与评估。弗雷德·克林格(Fred Kerlinger)将测量定义为根据一定的规划赋予物或事件以一定的值。[42]评估则是赋予测量以价值和意义。例如，一位评估工作者也许决定，答案70%正确的分数才意味着"通过"或"及格"。

测量以数字项对一种情境或行为进行描述。我们做出观察，然后赋予所观察现象的各个层面以数值。[43]例如，一位体育教师可以记录一位学生所做的俯卧撑的次数，或者一位阅读教师可以记下一位学生每小时阅读的页码数。

测量能使教育工作者记录下学生的能力程度。然而，教育工作者必须用所收集的数据做点什么。他们必须决定多少个俯卧撑才足以称得上优秀，到什么程度的阅读速度才可以与阅读能力对等。他们必须决定，20个词中拼对18个的学生是否应当得到A、A－或别的什么等级。测量总是先于评估。在评估中所做的价值判断，总是受到教育工作者对一个项目的目标和教育目标的影响。

评估的方法

评估不是内容专业的。同样的程序可以用来评估所有课程的有效性。本质上，评估由收集数据和将数据与目标联系起来构成。在确定课程计划的价值时，教育工作者必须追问所期望的结果与推广计划所付出的成本相比是否有价值。[44]

第九章　课程评估

科学的、现代主义的评估方法

人们如何提出问题和处理数据,受到他们的哲学观和心理学观的影响。他们的哲学观和心理学观是由他们认为自己是处于现代主义阵营还是后现代主义阵营来塑造的。采用行为主义的、指定的或序列式的评价方法的人可以归入现代主义的阵营。在解释各种世界的物理现象和自己行为的准确性时(在我们这里,是解释课程和教学策略的开发、实施与评估),他们高度相信因果联系的精确性。这些现代主义者将评估理解为详细说明所学的具体行为或内容是课程和教学的结果。他们喜欢得到清晰陈述的目标,喜欢准确的指标以表明自己的学生是否已取得项目所预期的结果。他们喜欢利用标准化考试衡量学生是否已达到学习目的。

人本主义的、后现代主义的评估方法

采用人本主义方法的教育工作者对所规划的情境是否促使学生改善了他们的自我感知更感兴趣。他们可能不会对学生的客观考试成绩那么有兴趣。

人本主义者、后现代主义者回避现代性对真理和确定性的追求。[45]他们认识到,评估不能为教育工作者提供学生经历各种课程和教学策略之后的学习的精确结果。后现代主义者避免使用科学的、精确的评估措施。他们投入"阐释的艺术"。[46]他们表明他们的方法涉及"跨学科的交流和可应答性"。[47]这些评估者利用各种形式的阐释研究。他们很少依赖统计学方法论,同时青睐诸如美学、人种学、自传、现象学、批判素养和其他启发式教学法等方法。[48]

斯莱特里批判现代主义者寻求基本真理——这类真理可以解释个人、个人的独特经验乃至宇宙的运动,并将它们量化。[49]后现代主义者投入阐释研究和评估,这种研究和评估表明,生活的本质和我们研究的焦点不会带来任何确定性,而是会创造出含混性、不确定性和风险。[50]

多尔提出,后现代主义要求我们的教育行动(包括评估)拥护一种新的教育姿态。我们唯一拥有的现实,就是我们都在经验的正在变化的当下。[51]如果我们留意,就会认识到此时此地,我们的生活经验是杂乱无章的。多尔要求我们赞成这一新的教育、课程建设、课程评估方法。然而,他建议在转向后现代主义的过程中保持耐心。[52]

多尔的确建议我们可以采取某些立场,以启动我们对后现代主义取向的皈依。这些看法不只是影响到课程评价,而且影响到对生成富有活力的课程和教学所需要的所有行为:当我们介入课程行动时赞美怀疑,强调与主要的课程博弈者合作互动,当我们向前推进时对自己的尝试持批评态度。基本上,多尔建议课程活动中的所有参与者都拥护动态互动的共同体的观念。[53]

赞美怀疑直接对现代主义者推崇确定性的姿态发起了挑战。现代主义者相信,考试成绩说明对某些科目材料的了解和掌握达到了某种程度。此外,现代主义者相信,学生一场考试的高分表明教师的高效。后现代主义者则认为,对考试结果和特定课程、不同教学方法的效率总是可以做出不同的阐释。要持续从事自我批评和自我怀疑。教学精通和评估精确是幻象,基本是难以达到的目标,仿佛我们难以抵达地平线一样。我们的行动都不存在确定无疑。学生对自己学习的投入也是如此。[54]

我们对多尔的第二个立场的解释是,关键博弈者应当强调合作互动。教师不是或不应当是在表演其同事或学生必须接受的独白。师生的教育活动和所导致的各种学习与取向,来自学校和课堂文化内部与他人的互动。课程的特性和评估它们的方式来自师生之间的活力。要赞美新奇和惊异,要鼓励班级和学校团体之中的活泼快乐。评估甚至也可以考虑学生之间的对话,而不是在孤立和无声状态之下需要完成的一项监控任务。

我们将多尔推荐的第三个立场修订为:对实践进行重新阐释,使所有教育博弈者、师生在规划和实施评估时都对自己的尝试进行自我批评。关注和反思所从事的各种活动。师生们,不要让理论建构妨碍了你们的行动。准确地说,要深入研究在课堂中出现的东西,成为教室和当地社区中"教育剧场"的参与型观察者。将你的观察整合到"剧本"中,从而创造和评估学生、你和你的同事们的教育经验。[55]假如教育工作者深入研究课堂之内出现的情况,实际上就会成为自己和自己学生的参与型观察者,他们开始认识到课堂和当地社区中的"活的经验",实际上可以成为创造、演出、评估学生的教育经验和教师效率的"剧本"。同时,如果教师将对话过程的中心地位引入这种立场之中,他们就会增强每个人的教育经验的协同性。

在多尔的最后一个立场中,他是在鼓励"课程剧场"中的所有参与者参与动态的互动共同体。他称这一剧场为生态框架。现代主义礼赞个人主义。它拥护我们自己与我们所处的环境脱离。后现代主义者则称赞我们与他者(人、自然、植物群)之间的沟通。它接受这样的观念:我们的现实不是静态的,我们总是处在物化的过程之中。作为个体,我们也处于变化之中。评估方法不可能中止这种变化。在一个

第九章 课程评估

时间节点上获得的考试分数,在另一个时间节点上未必一定就被接受。个人,无论师生,都置身于复杂多变和混沌混乱之中。我们需要认识到,在世界共同体中,我们不应当处于竞争之中。我们应当认可和拥抱我们的交流。师生之间是相互依赖的。美国公民是必须拥护"合作社群主义"的世界共同体的成员。[56]

总之,评估能使教育工作者做到:(1)决定是否维持、修订或替代现有的课程;(2)从教和学的意义上对个人(主要是教师和学生)进行评价;(3)决定学校的管理组织及其项目是应当维持还是应当改革。同样,部分评估也聚焦于学校环境和学校存在其间的社区环境。

理查德·L.柯温(Richard L. Curwin)提出了进行评估的另一个理由。他认为,进行评估的价值,在于它是激励学生提高学习的一种手段。他指出许多教育工作者都相信,成功达到某些学习目标会产生动力。他声称这是反向的。"动力或努力导致成功,而不是反过来。"[57]因为动力激起学习,它必然向学生发起某些挑战。以前,我们将教室比作一个游戏机房。在这一游戏机房里,只是学习游戏的学生往往不能取得高分和成功。但游戏具有挑战性,这种挑战性不会让游戏者气馁。准确地说,它激励学生再次尝试,更加努力以达到成功。学习应当是快乐的和挑战性的,它应当给学生提供数据,让他们知道自己正在怎样做。它应当提供各种机会,向学生发起挑战,刺激他们内心产生越来越强的学习欲望。柯温将"学习欲望"定义为教育动力。[58]课程评估的最重要维度不是对学生或教师进行分类,而是培养学生学习的激情和毅力,并记录他们的接受教育之旅。

然而,评估出现在不同层次上。不过我们认为,不论哪个层次,评估过程都应当为基本目标服务,让师生甚至社区获得激励大脑、促进学习、激起热爱学习的数据。同时,评估不应当打击而是要鼓励学生玩学习游戏,提供他们已知的东西,激发他们沉迷于知识策略,钻研他们认为自己所不知道的东西。评估应当激发心灵的欲望。

在最广的层次上,评估聚焦于整个学区、州教育系统,甚至整个国家系统(例如,与"不让一个孩子掉队"立法有关的系统)。更窄的评估聚焦于特殊机构,这种机构既可以是单个的(例如,一所特定高中),也可以是团体的(例如,一个特定学区的所有学校)。

在最专门的层次上,评估致力于一个特定年级一门特定课程的一个特定项目。在更广层次上得到评估的东西,也应当在更窄的层次上得到评估。假如本地层次上的学校拒绝或不能切实可行地运用特定标准,那么指出美国学校要按照特定标准来判断就毫无意义。[59]2002年《不让一个孩子掉队法案》颁布,甚至对学习成绩差的学生和英语能力有限的学生也要坚持采用和正常学校人群同样的标准,他们必须通过阅读和数学考试。但是,期望说英语的能力有限或等于零的学生通过用英语书面作答的考试是不现实的。设想智障的孩子能达到与普通孩子不相上下的水平也是不现实的。

美国教育部开始聆听意见。2004年,教育部改变规则,使第一年的移民可以选择退出阅读考试。然而,他们依然必须参加所在州的数学考试。理由似乎是许多学生尤其是亚裔学生,尽管英语能力有限,但在数学方面却依然表现优秀。2007年,教育部承认,总是会有一小部分学生,人们难以对其能力做出有意义的评估。允许学区在某些情况下使用替代性的评估标准,或逐步采用所在州的合适的评估版本。[60]

科学的、现代主义的方法 VS 人本主义的、后现代主义的方法

李·克龙巴赫(Lee Cronbach)将科学的、现代主义的方法和人本主义的、后现代主义的方法置于评估连续体的两个对立端。实际上,克龙巴赫没有使用现代主义和后现代主义这样的术语。是我们做出了这种调整。而且我们不能确信这两类方法确实处于评估连续体的两个对立端。准确地说,科学的、现代主义的方法似乎并不处于人本主义的、后现代主义方法的对立范畴之中,而是正在演变为21世纪沉思生活(在我们这里是沉思教育)的方法。

然而,我们两位作者相信,我们的确没有抛弃科学的、现代主义的姿态,而是在某些情况下对其进行调整。现代主义阵营中的人的确偏爱实验性的评估方法:"(1)准备两种或两种以上的条件,至少其中之一是精心干预的结果;(2)以创建对等组的方式,赋予人或机构以条件;(3)按相同的结果测量标准,对所有参与者进行评价。"[61]他们使用数据(经常以考试分数的形式)去比较不同情境中的学生成绩。数据是量化的,所以他们能够做出统计学上的分析。项目决策基于所收集的比较性信息。

大多数评估的科学方法利用了物理科学家所使用的方法。客观考试——传统方法的一个标志,依然是教育工作者收集数据的主要手段。然而,随着对评估的研究的深入,采用科学方法的阵营也在使用作文考试和收集数据的其他形式。数据

往往是量化的,但数据是变化的。项目决策通常基于所收集的比较性信息,但教育工作者开始认识到只用数据比较学生成绩水平存在着缺点。这在以往就被注意到。

凯瑟琳·泰勒和苏珊·诺伦提到,在采用科学方法的阵营中,人们做出四种假设(这种假设在现实中多有问题):(1)学生被随机地分配给学校、教师和课程;(2)有教无类,所有学生在"待遇"条件方面都是相同的;(3)有些学生从"待遇"中获得积极的学习经验,而另一些学生则没有;(4)客观考试对学生学习和技能的判断是准确的、不偏不倚的。[62]

泰勒和诺伦注意到,出于以下原因,教育工作者不能盲目地接受这些假设:(1)学生并不是随机地被分配给学区、学校、项目和教师的;(2)对所有学生的指导很少是一模一样的,即使在同样的学校或课堂也是如此;(3)课堂中的"处理"不可能是一成不变的;(4)考试不是不偏不倚的。[63]这两位作者还进一步扩充了为什么要质疑这些假设。学区的地理位置和学校所在地的政策不是由想创造随机的学生分组来驱动的。最经常的是,学校是为所属地区的学生服务的。教师认识到,即使在教同一门课程,他们也要对教学策略和教育活动做出个性化处理。一个具有创造性的课堂,拥有多种多样的师生活动。同样,高效率的教师力争做一个千变万化的"千面人",而不是做一个千人一面的"单面人"。教师认为,按他们的设计,考试要针对不同学生的学术强项乃至文化背景。在多项选择测试中表现优秀的学生,往往在记忆和认知方面出类拔萃。学生有不同的学习风格,考试通常不会重视少数几种学习风格。[64]

显然,我们发现自己处身其间的高利害关系问责制环境,进而青睐某些版本的科学的、现代主义的评估方法。"不让一个孩子掉队"的立法似乎正在迫使教育工作者支持高度客观的考试,乃至某些情况下的主观考试,以证实所开发和推广的教育项目正在取得预期效果。吉娜·斯凯勒·池本(Gina Schuyler Ikemoto)和朱莉·玛希(Julie Marsh)注意到,学校和教育工作者逐渐认识到,受数据驱动的决策(DDDM)对证明问责制和是否达标十分关键。然而,池本和玛希提醒说,我们一定不能认为受数据驱动的决策是一个相当简单的程序。他们指出(且用自己的研究支持),在学校层次的教育工作者使用和解释数据的方法多种多样。[65]

池本和玛希认为,在评估中,受数据驱动的决策可能受两个条件的影响:所收集的数据的类型,数据分析和决策的方法。在受数据驱动的决策过程中,教育工作者可以处理无数不同类型的数据(这些数据可以从简单到复杂)。简单数据不怎么复杂且具有包容性,通常只关注一个特定主题的特定方面。通常,处理不那么复杂的评估重点的教育工作者只持有一个分析视角。而处理复杂数据的人,则往往将评估情境视为多维的。此时评估者利用定量和定性数据。在这里,我们看到了科学的、现代主义的评估方法和人本主义的、后现代的评估方法之间的模糊含混。我们认为,集中关注这两个阵营的评估,也许并不能很好地达到我们的目的。我们不应当为评估的分类忧心忡忡,但准确地说,我们应当聚焦于能使我们收集可以回答以下问题的数据的策略:在达到我们的目标方面,我们目前在推广这一课程之上所做的是成功的吗?

这些研究者注意到,正如前面已经提到的,评估过程也是受与数据收集有关的决策类型影响的。他们认为,决策类型也遵循一个从简单到复杂的具有几个维度的连续体:"阐释基础(运用假设 VS 运用实证证据);对知识的依赖(基本的 VS 专业的);分析类型(如描述分析一类的简单方法 VS 如增值评价模式一类的复杂分析);参与程度(个人参与 VS 集体参与);频率(一次 VS 交互式)。"[66] 詹姆斯·科墨(James Comer)补充说:"我们花在研究、培训、设备、教学项目等等之上的金钱,给我们的投资回报太少,除非我们帮助成人共同协作,建立一种创造文化的学习——在这种文化中,人们可以采取有助于学生发展的方式相互合作。"[67]

21 世纪与创造一种文化联系在一起的一大挑战(在这种文化中,具有不同哲学观和人生、教育取向的个人可以相互合作支持学生的全面发展),是大多数教育工作者不知道自己是现代主义者还是后现代主义者。[68] 他们不能肯定自己恰好是如何看待世界的。许多听说过后现代思维的人,在将后现代主义取向用于多变的现实时碰到了困难。他们不能坚持使用模糊性和不确定性去理解(更不用说评估)一种永远混沌混乱、变动不居的教育现实。这不是批评教育工作者和普通公众。自从启蒙运动以来,我们就生活在现代主义的世界之中。我们已经将牛顿物理学当作我们的模式。现在,世界正天翻地覆。人们正在讨论我们的主要前提。后现代主义者宣称,不完美不是失败,而是目标,是服务于促进革新行动的目标。然而,这些行动并不能确保更好的"未来"。我们总是伴随着怀疑,而怀疑也只是表明应当如何。[69]

教育工作者与其试图区分自己属于何种评估方法,不如让自己认识到,他们是在一种自己必须加以培养的评估文化中发挥作用的。为了做到高效,教育工作者必须评估课程及其推广是否有效。评估数据无论是在科学的框架还是人本主义的框架中收集的,都为课程方面行动的连续或中止提供了指南。学校文化必须不仅培养课程创建方面的创造性,而且要培养评估所推崇的课程及教学策略之上的创造性。教师必须拥护教学的合作模式。教学不是关起门来实施的一系列孤立行为。我们建议学校培养一种能够共享数据、教学理念、评估数据的文化,从而在激励学生全面发展的基础上成功确定学校的课程。

说到这里,对教育工作者可能更有用的,是认识到他们存在于一种评估文化之中,而不是试图将自己归为要么是科学的、现代主义的,要么是人本主义的、后现代主义的。有必要让教育工作者认识到,他们是从一种问责制文化还是从一种组织化的学习文化来看待所收集的课程效率方面的数据,从而给他们对自己学校文化的理解打上主观色彩的。假如教育工作者赞成第一种观点,他们收集数据就是为了确认所提供的课程是否提高了考试分数。考分提高即表明了课程和教学获得了成功。赞成组织化学习文化的人不将考试分数视为终点,而是把它看作一个中间站,表明课程正对学生的教育进步做出贡献。[70]

拥护问责制文化的教育工作者,看重学生理解的逐渐完善、教学和学习的效率、对学习的立竿见影的鉴定。拥护组织化学习文化的人,则认为教育是一种舞蹈,或师生之间的一种相向而行。这种取向赞成探险、"发现、冒险、长期发展"。[71]

然而,我们不需要选择站队。我们可以既拥护问责制,也忠诚于组织化的学习。不管怎样,正如威廉·费尔斯通(William Firestone)和雷蒙·冈萨雷斯(Raymond Gonzalez)所指出的,各区往往倾向于一种或另一种哲学倾向。[72]人们倾向何种阵营具有有意和无意的效果,影响他们如何看待学生及其学习、如何看待作为教育工作者的自己、如何使用收集来的数据、如何反思在评估过程内对时间的处理方式、教师和管理人员如何看待课程活动中(特别是评估中)的互动。[73]正如前面提到的,重视问责制文化的学校文化主要关注考试分数,将分数当作学生学习的最终指标。学生知道什么?倾向于组织化的评估方法的学校文化,则对利用数据更感兴趣——数据所提供的信息,有助于提高学生的学习。

在一种问责制文化中,教师利用数据去确定他们教得有多好、学生学得有多好。数据表明教师在遵守学区、州或全国的法令吗?强调组织型学习的学校,更关心改善学习和课程经验。重点落在中间站,而不是终点之上。除了报告数据表明学生已经学了什么之外,具有组织型学习文化的学校还想知道学生是否在学习,他们为什么在学习,并且如果学生不在学习,那么其原因是什么。在这后一个阵营中,数据是以诊断的方式来使用的。

强调问责制的教育工作者认为时间框架本质上是短期的。身处组织型阵营中的教育工作者则认为学生取得成功需要花费时间。问责制的评估重点偏爱从上到下组织。数据针对重要部门或评估与研究部门,在这些部门,数据会得到处理。经过分析之后,信息和指导意见会通过上传下达的渠道下发。组织型文化是平面的。同事们的行为更像学习团体,相互分析数据,并提出可能改善学生学习的教育方法或课程内容。[74]

组织型学校文化倾向于使用人本主义、后现代主义的评估方法。师生不是主持考试和参加考试的机器。学生不是单面的个体。教育同仁同样不是单面的。尽管重要,但考试和考试分数并不是故事的全部。在运用考试对学生进行比较和排名的地方,考试有可能无法提供任何有价值的信息。看上去,人们越来越对更多的人本主义方法感兴趣。人们现在逐渐认识到,非传统的评估程序也许可以提供更完美的课程图画。人本主义方法虽然不完全拒绝客观考试,却强调教育工作者可以收集更多有用的数据,同时运用更多的自然主义方法(例如案例研究、参与型观察)。这一派别的教育工作者偏爱本就已经在那儿的项目,而不是由学区之外的小组所提出的项目。

人本主义的评估工作者主要对定性数据进行分析,例如对他们所观察对象的印象做出分析。他们描述实际事件。他们通过和参与者(包括学生和教师)谈话与讨论获得数据。分析则试图揭示出许多观察中的范式。

提倡人本主义的、后现代主义评估方法的人认为,这一方法在一个多元声音和多元现实的时代里是必不可少的。我们需要对我们在教育系统和一般社会中所发现的复杂性做出判断。这些判断必须是暂时性的,我们不能得出抽象和概括化的确定无疑的判断和结论,正如科学方法的提倡者想要我们相信的那样。[75]

尽管在传统的定量阵营中运用了不同模式,但大多数模式似乎都没有特殊的命名。定性评估和研究的情况却不是这样。我们要讨论已经得到确认的五种主要的人本主义方法:阐释方法、艺术方法、系统方法、理论驱动型方法、批判—解放方法。[76]虽然我们将这些方法聚集到后现代的范围之中,我们还是意识到提倡这些方法的人可能并不认同。之所以如此,是因为后现代主义处于流动状态之中,它在持续的兴起之中,它不断地进入自我反思、自我分析,不断地试图介入不确定性、混沌性、复杂性。

在阐释方法中,评估工作者考虑教育场景,并对人们的行为意义和价值做出阐释。对社会语境的关注是必不可少的。评估工作者是和课程有直接关系的人,尤其是教师和学生。

在艺术方法中,评估工作者参与审美的调研,观察课堂和课程的一些其他实施活动,然后公开发布课程是好是坏。这一方法依赖于经验所磨炼出来的个人直觉。[77]评估工作者集中关注师生关系的品质。这一方法的重要提倡者,是斯坦福大学艺术与课程退休教授艾利奥特·艾斯纳。

在人本主义的评估方法中,系统方法最为著名。评估工作者在进行描述时尽可能客观,使用逻辑分析,以事实为基础做出判断。然而,他们并不主要依赖科学方法的标志——统计技术。

许多评估工作者采用理论驱动型方法。当对课程的品质做判断时,这些统计师运用哲学、政治和社会理论。

使用批判—解放方法的评估工作者往往是最激进的。他们根据课程如何最好地反抗妨碍个人发展和自我实现的社会力量来判断课程的品质和效率。这些评估工作者极度依赖尤根·哈贝马斯论知识与意义建构的著作。他们也依赖批判理论,尤其是马克思主义的理论。[78]

教育工作者不必绑在这五种方法的任何一种上。事实上还有其他几种确定评估方法的途径。

功利主义者的方法 VS 直觉论者的方法

评估可以归为要么是功利主义者的,要么是直觉论者的。功利主义者的方法与科学的、现代主义的方法紧密相连,而直觉论者的方法则紧贴人本主义的、后现代主义的方法。

功利主义者的评估是根据这样的前提来操作的:最大的善是有益于最大多数个人的东西。[79]功利主义的评估工作者所考察的是诸如整个学校或学区这样的大团体。注意力放在整个团体的表现上。根据项目如何影响学校的所有学生来对项目进行判断。允许大多数学生达到目的的项目就被判定为值得延续下去的项目。直觉论的评估工作者则收集数据以判断项目对个人或小团体的影响。这里不存在任何与价值相关的单一标准。无数标准被用来估量一个项目的价值。项目的参与者,而不是外来的评估工作者,对项目的品质进行考量。每一个受到课程影响的人都可以对课程的品质做出判断。[80]

内在方法 VS 效果方法

除了按科学的、现代主义的 VS 人本主义的、后现代主义的，功利主义 VS 直觉论来看评估，我们还可以按照迈克尔·斯克里文（Michael Scriven）所称的"内在"方法 VS"效果"方法来看评估。

主张内在方法的评估工作者对课程计划进行单独研究。他们的评估标准通常没有在操作上得到界定。相反，评估只是尝试回答"该课程有多好"这一问题。[81]内在评估考察课程所包含的特殊内容、内容的排列方式、准确度、建议用于处理内容的经验类型、所运用的材料类型。他们认为，如果课程计划有准确的内容，其特殊的组织有坚实的基础，就会有效地刺激学生的学习。所有的评估工作者都需要参与内在评估，也就是说，他们必须确定课程是否有价值。评估工作者不仅需要思考一门课或课程如何很好地达到其目标和目的，而且要思考这些目标和目的是否有价值。

一旦课程的基本价值得到估价，评估工作者就必须考察推广该课程的效果。这就是效果评价。通常，结果在操作上得到了界定。评估工作者可以考量课程对学生、教师、家长，也许还有管理人员的影响。这一评估方法可能涉及有关考试前与考试后、实验组与控制组测试在一个或一个以上的参数差异的判断。效果评估受到了教育工作者的最多关注，因为它表明了参照所陈述的目标，课程对学习者实际上施加了何种影响。

内在方法的支持者们认为，由于目前的考试手段和计分程序还存在不足，因而课程的重要价值不能通过效果方法来估价。同样，效果评估研究所报告的结果，通常是一门课程的短期结果，对一个项目的长期结果的关注微乎其微。如果教育工作者想获得一门课程是否恰当乃至典雅的看法，他们应当更好地直接考察该课程的材料而不是考查学生的考试分数。

构成性评估与总结性评估

观察评估的另一种途径是按照构成性评估和总结性评估来观察。构成性评估包罗了为提高一个预期的项目（也就是说，对学生的学习进行优化）而从事的所有活动。构成性评估（有时也被教学设计人员称为快速原型评估）是在项目开发和实施过程中执行的。[82]在课程开发阶段，构成性评估将提供证据，在开发一个项目的同

第九章 课程评估

时,指导有关如何修正一个项目的决策。构成性评估工作者仔细察看正开发的课程的具体子单元,并在简单的实验情境中加以验证。他们收集数据(主要是在教室中收集),这些数据给他们的决策提供信息——如何在全部实施之前对这些项目的一些元素做出修正。在课程开发阶段和早期领航阶段内,构成性评估提供惯常的、详细的、特殊的信息。构成性评估发生在课程开发过程的无数特殊节点上。它是必不可少的,尤其在开发过程的起始阶段。[83] 构成性评估允许教育工作者在项目进行过程中修订、拒斥或接受项目。

教育工作者如何进行构成性评估有千变万化。假如他们仅评估一个单元计划,他们的评估方式也许是极不正式的,也许只涉及教这一单元的人。然而,假如他们参与为整个学区创建一个新项目,构成性评估也许就更为正式和系统。

构成性评估也出现在教一门新课或一门现存的课的过程中,重点关注教师也关注学生。教师可以用构成性评估来判断教师教学方法的效用。教师必须认识到,构成性评估不是一种偶然为之的活动。它是一个宏大的收集和使用数据的方法综合体,其目的在于针对优化学生的学习,对教学做出必要的调整。这些评估向教师提供反馈,反馈涉及如何展开一堂课、如何对一堂课进行微调。

教师为了微调自己的教学策略,他们需要利用构成性评估来评价学生学习和理解的水平。布伦特·达科(Brent Duckor)说,教师需要认识到,构成性评估不只是一堆教师组织的考试或者甚至标准化考试。它远不只是学生质量的检测清单,也不仅仅是收集学生活动的档案。他指出,它涉及一系列界定师生之间持续关系的师生活动。[84]

他勾勒了教师可以用来加强参与构成性评估的几种基本活动。这些步骤基本上是一个提问策略。第一步是让学生做好准备——在这一步,教师要提出让学生进行深入反思的问题。用单个词语来回答问题是不够的。同样,要期望学生向自己的同学发出质疑,质疑他们为什么要像那样回答。第二步是要追问有效的问题。这里指的是,问题应当不只是需要做出知识性的回应。问题需要针对"布卢姆分类学"的所有层次(认知层次)和"克劳斯沃尔分类学"的所有层次(情感层次)。允许学生有时间沉思问题,有时间创造一种深刻的回答。这是达科提出的第三步。

追问构成性评估策略的第四步,是不让学生"脱身",不要让他们迅速接受答案。构成性追问不是要发掘确定性,它是要探索丰富的回答,呈现深层的理解。在这里,无论教师还是班级成员都深入置身于构成性评估之中,评估什么是已经知道的、什么是目前被认为还不是已知的。构成性问题评估的第五步,是在班级成员中分配问题。通过师生的这种持续追问,应答的过程被记录下来。随后的分析可以揭示认识是如何随着时间的流逝而向前推进的。可以按照它们在推进人的认识乃至创造性之上具有的价值对回答进行归类。[85]

弗雷德里克·埃里克森注意到,为了让构成性评估真正出现,教师必须知道如何解释收集来的数据。缺乏解释认知能力会使教师难以做出教学调整。埃里克森认为,教师往往不精通分析和理解数据。因此,根本不会出现构成性评估。即使教师的确知道如何理解数据,他们往往也没有时间进行分析。看上去,也许大部分教师感到有必要在一个特定的时期"合上书本"。进行自我批评和做出教学调整需要花费时间。教师往往报告说,他们没有时间复习一节课。客观考试必须按时间进行管理。有这么多的内容要教,又有这么多的内容要考试。[86]

埃里克森提出,我们不能只是命令教师运用构成性评估,我们必须为他们安排时间,以便他们独立工作并与同事合作,提出有关数据正告诉他们的各种问题。他指出,教师必须真正拥有高水平的教学内容知识。高超的教学是复杂多变的,而且它通常代表一个即兴表演的剧场,在这一剧场中,教师必须从学生的问题和陈述中注意到课堂对话。我们认为,教学内容知识不只存在于教育方法或教学策略之中。教学内容知识基本来自和学习规律的陈述性知识有联系的程序性知识。本质上,教学内容知识利用并改编了自身的各种技术,这些技术来自学者在自己专业领域实际加深自己认识的各种方法。生物学家用特定的方法去推进生物学。这些方法不同于历史学家对某些历史时期或事件的认识的方法。数学家投身于解决对他们的专业领域来说独一无二的问题。例如,试图证明某些实验有效性的生物学家,不会用历史学家或数学家的观点来论证案例。生物学研究与历史学研究迥然有异。假如我们希望学生去学习生物学、历史、数学,我们的教学方法必须模仿专家在这些领域中着手他们的研究的方法。

然而,各种学科化领域中的专家往往投身跨学科活动。因此,生物学家在实验中经常利用数学。了解这一点且认识到研究领域的范围,将会使教师的教学(或更准确地说,让学生去学习这些科目)更具有挑战性。

构成性评估也涉及学生评价自己的学习策略及知识水平时所采用的程序。[87]学生必须知道自己知道什么、自己运用特定的学习策略是否成功。然而,学生参与构成性评估的度,取决于他们的成熟度。但无论如何,即使小学生对自己是否理解某

第九章 课程评估

些东西也有一些看法。他们的确需要教师指导去决定采用何种学习方法。我们想要我们的学生成为独立的学习者。当学生在学习中获得更多的专业知识和更广泛的知识时,他们就可以设想对自己的学习进行更多的管理和微调。正如 W·詹姆斯·波帕姆所指出的,在建议采用何种方法更有效地学习方面,教师承担的更多是配角作用。[88]

今天,当越来越多的学校正在建设以计算机为基础的学习环境时,它们实际上是在运用构成性评估或评价。正如艾伦·柯林斯(Allan Collins)和理查德·霍尔沃森(Richard Halverson)指出的,这些计算机程序已将构成性评估嵌入实际的课堂之中。当学生进入计算机课程时,计算机提供反馈:要么指明进度,要么指明哪里出现了错误。假如指明一个错误,计算机程序会描绘出更正错误或得出正确结论的策略。本质上,计算机可以评估对特定知识和策略的学习的累积结果。在以这种方式和计算机程序互动的过程中,学生认识到犯错实际上为当下的学习提供了一个机会。由于在线上有这种反馈而实际上又没有任何成绩等级,学生因此避免了将错误信息或误解带入到进一步的学习之中。

我们在这里指出,计算机并不是在取代作为指导者或评估者的教师。它只是让教师能偶然更多地影响学生。[89]随着课堂变得越来越像"学习实验室",师生高度参与到学习和评估活动之中,越来越多地投入到相互之间的富有活力的互动,以及与不断变化的"技术辅助手段"的互动。我们相信,技术实际上让教与学的过程人性化了。还有,技术意味着教师、学生甚至专业评估者不必总是处于同一物理空间之中。

当然,人们不必抛弃收集构成性评估数据的相对世俗的方法。迈克·施莫克讨论了一种季度课程评议所具有的力量——在这种评议中,督导(我们还应该加上教师)聚到一起讨论"事情进展如何"。讨论可以聚焦于定期的构成性评估、团队课堂日志或学习日志,尤其是学生作业的样本。所有参与者可以获得一种"感觉":事情进展如何,特定课程单元的效率如何,一般的教学法和学生的课堂组织具有怎样的力量。[90]

泰勒和诺伦列举了不是高科技的各种评估工具:轶事记录、检查表、等级量表、会议、杂志,甚至家庭作业。[91]他们也注意到,教师仅通过在教室走动并观察和聆听学生,就可以参与构成性评估。当教师倾听头脑风暴时,可以获得许多信息。甚至可以利用有关要讨论话题的愿望清单。让学生列举他们离校后想要做的事,可以为计划未来的课程提供更多有用的评估数据。

总结性评估的目的,是评估所开发,然后在教学中推广的课程的总体品质。正像威廉明娜·萨文叶(Wilhelmina Savenye)注意到的,收集数据的目的是确定新课程的价值和效用。⁹² 如果构成性评估得到谨慎的实施,总结性评估就应当指明项目能使学生达到课程的目标。这种总结性评估告诉教育工作者,学生已经达到学校或州的教育标准。它也表明教师已经达到最低责任标准。

总之,总结性评估提出了这样的问题:"课程起作用吗?"正像其名字所暗含的那样,总结性评估所收集的证据,是有关一门特殊课程的元素或单元的"总计"效果。我们要提出一个有关课程是否起作用问题的注意事项。理想地说,我们会发现它在起作用,不过只是"小打小闹"。说"起作用"还有许多层次。在这里,我们给"起作用"加上引号,是为了像多尔一样,强调手边的数据尽管有用,但必须将其视为总是局部的数据。⁹³ 无论你将这种警告解释为后现代的还是现代的,我们教育工作者都必须认识到,我们永远不应当满足于我们对问题的回答、对效率的记录、对我们学生学习和掌握的确定无疑的报告。评估的结果,尤其是总结性评估的结果,不是终点,而是中转站。我们的教育,我们的行动,我们的评估性评价,正如多尔所说的,是处于按多个方向不断崛起的现实之中的各种努力。⁹⁴

布朗和格林讨论了 D.L. 基尔帕特里克在 20 世纪 90 年代中期开发的一种总结性评估方法。尽管布朗和格林是从教学设计的意义上讨论总结性评估,基尔帕特里克的方法还是可以用于课程评估。基尔帕特里克描述了四个层次的总结性评估:(1)反应;(2)学习;(3)转换;(4)结果。⁹⁵

第一层次"反应",聚焦于收集学生如何对新项目做出反应的数据。这种数据不仅表明所获得的新知识的数量,而且表明提供给学生的东西对学生是否适当。新课程及其附属经验能满足学生的社会、情感和智力需要吗?学生是以预期的方式做出反应的吗?在第一层次,评估工作者也许对学生进行访谈,或是让学生对态度调查(而不是考试)做出回应。

在第二层次,评估工作者收集学生是否获得新项目的目标和目的中所隐含的新知识、技能、技术的数据。为了收集这类数据,评估工作者通常要对所实施的课程的各个不同节点上的一系列预考和后测进行管理。

在第三层次,评估工作者提出这一类的问题:经验过新项目的个人能否有效地运用新获得的技能和知识?他们的态度是否已变得更好?使用不同类型的测试,教育工作者要确定在日常生活、工作情境或进一步学习中,学生是否已显示出证据,

第九章 课程评估

他们正在运用他们的新知识、新技能和新态度。[96]

第四层次"结果",对评估工作者是一个重大的挑战。新开发的课程的结果也许不会马上那么明显,甚至永远不明显。有些学校对结果的评估,部分地排除了对学生的访谈,而对学生的访谈能说明新课程是如何改变他们的知识、技能或态度的。这最后一个层次的评估也许可以通过关键小组的活动来进行。对修过新课程的毕业生进行调研,也可以提供总结性数据。[97]

总结性评估的结果,不只是对评估工作者提出了重大挑战,而且对所有与教育"剧场"有关的人提出了多元挑战。许多教育工作者和普通公众甚至没有意识到这些挑战,主要因为我们大多数人很少质疑我们对世界现实的看法。我们教育工作者理所然而地认为我们实际上理解教与学的本质特征。接受这种看法,我们就会无视深刻反思它们的本质。但是我们真的知道它们的本质吗?

在总结性评估中,有人认为(这种观点通常没有争议),教学是一种可以在一个特定的时间框架中完成的活动。同样,学习也存在于时间之中。我们可以完成一个单元的教学。学生也可以完成对一篇特定课文的学习。按我们的课程角色,我们可以在给定的具体时间里创建总结性测试,这种总测,可以准确记录理解或完成的程度。通过分析考试数据或分数,我们可以得出"学生所学的东西是……一个实体,这个实体在教学完成之后继续存在,并因此可以当作过去的一个整体加以测量。这种形而上的预设是整个总结性评估事业的基础"。[98]

总结性评估的某些(如果不是大多数)提倡者认为,正式的心理测量,是收集学生学习的可靠和有用的史料的最佳方式。本质上,我们不可能相信在教室中使用观察和其他促成发展措施的教师,会为我们提供可以告诉我们教育工作者正在做的工作所产生的结果。[99]

教学永远不会结束,教学也不会仅由教师来实施。同样,教学偶然也会在教室或学校之外的环境中进行。时间如水般流动,教学也是流动的。同样,完整教学有时也称通达学习,在现实中从来不会达到。学习是持续不断的,永远不会停止丰富认识的脚步。毫无疑问,学习之存在,正如海上地平线之存在。然而,我们大多数人都知道,我们只可能向地平线推进,却永远也不可能抵达地平线。

而如果我们可以奇迹般地抵达那地平线,那么我们的旅程就会结束。同样,如果我们真正可以获得全盘掌握,我们学习的旅程也会停止。学习是与多元环境中无数人持续互动的结果。埃里克森注意到,学习是"习得过程本身,是持续活动过程之中的不断变化"。[100]按这种观点来看,学习了解和认识课程内容代表出发点和中转站,不代表可以做出精确记录和统计分析的终点。

在总结性评估中,注意力放在得到证实的结果之上——放在接受一种审计文化之上。[101]总结性评估本质上无视学习的主观方面,无视学生所拥有的情感效价。对震撼或迷恋进行总结测试是困难的。

正如陶布曼所注意到的,显而易见,学习科学已经且将继续力争客观测量学习。本质上,学习科学不关系到对课程内容或课程经验的价值的内在评估。学习科学仿佛只是倾心于让学生学习并鼓励教师教学。[102]总之,我们经常听到,只要我们有好的教师和学校,学生就会学习,并会做好在世界市场竞争的准备。很少有人追问,假如我们真的有高品质的课程,假如我们真的有热血沸腾的经验,学生是否真的会面貌焕然一新。对这些进行总结性的测量是困难的。

上述讨论不是要低估评估程序,而是要让我们明白,即使我们可以创造具有可靠性和有效性的完美总考,我们也依然只能获得有关学生学了什么、教师教了什么的不完整图画。有关学习和教学的更多东西,永远也不可能得知,我们要礼赞围绕这些人互动的种种谜团。所有评估无论是构成性评估还是总结性评估,都应当付诸实践,同时意识到它们的利弊。教育不是机械生产,教育要复杂得多。我们知道一栋建筑什么时候完工。但在教育中,我们永远也不可能知道一个人成为一个完整的人意味着什么。人类永远也不可能达到十全十美。

我们希望读者认识到,下一节有关评估模式,本质上是要进入到对评估程序的描绘。有人希望在这些模式之中包含解释性因素。[103]同样要记住,尽管这些模式也许可以提供收集数据、做出决定的程序路径,但在现实中,在实际运用时,这些模式可能会成为一团乱麻。

@ 观看这个视频,并注意这位低年级教师是如何用各种构成性标准评估学生进步的。请描绘她使用的某些评估,并描绘它们如何可能对师生有所帮助。

https://www.youtube.com/watch?v=dxAXJEK-qk

评估的模式

前面提到,评估不是对特定内容的评估,可以用相同或相似的策略评估任何课

第九章 课程评估

程的效率。然而,当分析特定的课程和不同的教学策略时,各种方法(科学的、现代主义的和人本主义的、后现代主义的)可以并且的确影响评估工作者所持的看法。这些看法是嵌于哲学观、教育观、社会观和世界观之中的。因此,尽管评估中所使用的各种策略有相同之处,但在科学的、现代主义的框架和人本主义的、后现代主义的框架之下,仍有不同的评估模式。

科学模式、现代主义模式

据报告,美国第一次大规模的正式评估,出现在约瑟夫·赖斯(Joseph Rice)1897—1898年对城市学校系统中的三万多名学生的拼写成绩的比较研究中。不久以后,罗伯特·桑代克在使教育工作者测量人类的变化上起了帮助作用。[104]最后,"八年研究"(1933—1941)是教育评估的一个转折点,将人们引向了项目评估的现代时期。[105]"八年研究"的评估计划是按七个连续的步骤来组织的:聚焦于项目的目标和目的,对目的进行分类,用行为术语界定目的,发现可以证明成绩的情境,开发或选择测量技术,收集学生的成绩数据,参照目标对数据进行比较。

斯特克的一致性—偶然性模式

罗伯特·斯特克(Robert Stake)将正式的评估程序和非正式的评估程序区分了开来。在认识到教育评估一如既往依赖偶然的观察、潜在的目标、直觉的规范、主观的判断的同时,他注意到,教育工作者应当努力建立正式的评估程序。正式的评估程序是客观的,并且能提供数据,使和所评估的项目有关的描述和评价成为可能。

评估工作者似乎越来越将自己的重点放在提供完全客观的描述和收集、报告硬数据之上。斯特克要求评估工作者收集和处理类型更广泛的数据,思考参与课程的人之间所存在的机制,评价各种人所扮演的角色,允许这些人在更大程度上参与对课程的判断,并且采取和项目价值有关的立场。

斯特克描述了三种数据范畴:前项、交互作用、成果。将这种机制运用于现代时期的评估过程,即得到三个新的范畴:先决条件、课程、成果。先决条件是先于教和学而存在的,可能影响成果的任何条件。先决条件包括学生在上课之前的地位或特征:他们的取向、以前的成绩、心理评测分、年级、学科和出勤率。先决条件也包括教师的特征,比如经验年限、教育类型、品行等级。

这一模式中的课程,指出现在学生与教师、学生与学生、学生与出资人之间的有计划的或潜在考虑过的互动。课程也针对学生与课程材料和教室环境间的潜在

441

互动。在这一阶段,教育工作者要注意经过计划的课程是如何受到时间分配、空间布置、通信流的影响。注意力本质上应当针对教学过程。在课程规划阶段,教育工作者要全方位考虑在应用和评估课程时,所考虑的各种参与是如何实际展开的。

成果是项目所预期并实际获得的结果,包括学生的成绩,有时也包括学生的态度和运动技能,学生施加给教师对学生能力的感知的影响,以及对管理人员行为的影响。评估工作者也需要考虑长期成果,以及项目结项时不那么明显的其他成果。在斯特克看来,教育成果有长期的和直接的、认知的和情感的、个人的和整个共同体的。斯特克的评估模式包罗了课程设计、开发和实施。数据说明所计划的和实际出现的并不一致。

图9.2 表明了规划阶段所考虑的先决条件、课程和成果之间的刻意联系。评估工作者寻求的是所实施课程中的经验信息。数据的确显示出在实证的意义上,交互作用在所实施的课程中得到了支持吗?数据给出了充分理由,说明所取得的成果的确是教学中所运用的程序的结果吗?效果评估既将规划阶段,也将评估阶段的先决条件、课程和成果联系了起来。

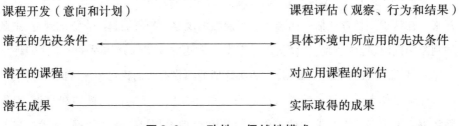

图9.2 一致性—偶然性模式

资料来源:改编自 Robert E. Stake, "The Countenance of Educational Evolution," *Teachers College Record* (1967), p.7.

斯特克的模式也描绘了所计划的东西和所实施的及其后所评估的东西之间的联系。就计划和结果的完全一致来说,所有被观察的先决条件、课程和成果将必须与所预期的相同。然而,尽管斯特克的模式十分有用,完全的一致也是不可能的。某些行为和学生的学习之间便不存在任何对应。在学校之外,学生会碰到影响他们对一篇特定课文的思考的材料。这样一种不期而遇的交互作用,可能导致将校外的学习记录为一种校内所获得的成果。[106]

第九章　课程评估

斯塔弗尔比姆模式:语境、输入、过程、产出

丹尼尔·斯塔弗尔比姆提出了一个全盘的评估模式,这一模式对决策管理方法是一个重要的贡献。在斯塔弗尔比姆看来,提供信息的目的是对决策进行管理。评估必须包括:描述需要收集什么样的信息,获取信息,给有兴趣的团体提供信息。斯塔弗尔比姆描述了四种类型的评估:语境评估、输入评估、过程评估、产出评估。[107]

语境评估涉及对项目环境的研究。其目的在于界定相关环境,对和该环境相关的所期望的条件和实际条件做出描绘,聚焦没能满足的需要和错过的机会,对未能满足的需要的原因做出诊断。语境评估不是一次性的活动。它持续为系统的运作和业绩提供信息。参见课程小贴士9.1。

☞ **课程小贴士9.1**

对课程语境的评估

大部分课程行为出现在一个社会化的语境中,而且其推广或落实的所有过程大部分发生在一个社会化的语境中。负责整个项目的人需要对他们创造和推广课程的过程做出评估。以下内容可以协助对课程行为的语境做出评价:

1. 确定给课程以动力的价值观、目标和信念。
2. 对共同体做出解读,同时注意关键角色。
3. 明确该学区以往课程活动的历史。
4. 得到设置课程可用的和必需的物质设施的某些迹象。
5. 对社区和学区的支持和反对课程行为的正反压力做出判断。
6. 确定所需的预算和预算的分配。
7. 确定什么样的成绩结果对学校和社区是重要的。
8. 弄清教师和管理人员的认知、期望和判断,以及他们希望从评估中得到什么、试图如何利用评估。

资料来源:弗朗西斯·P.亨金斯2005年的个人论文。

输入评估提供和资源使用有关的信息。它聚焦于可行性。评估工作者对学校执行评估的能力做出评价。他们会考虑所建议的取得项目目标的策略,分辨实施所选择策略的各种方式。他们也许会考虑其他另类设计,这种设计既会达到项目的目的,而且要求的资源、时间、金钱更少。

评估工作者对课程计划的具体层面或构成成分做出评价。输入评估致力于这样一些问题:所陈述的目的是恰当的吗?它们和学校的目标是一致的吗?内容和项目的目标和目的一致吗?教学策略恰当吗?存在能够达到目的的其他策略吗?相信这些内容和教学策略将导致达到目的的基础是什么?

过程评估针对控制和管理项目的实施决策。它用于确定所计划的活动和实际活动之间是否一致。它包括三种策略:"第一种策略是察觉或预言程序设计或其实施阶段的缺陷,第二种策略是为决策提供信息,第三种策略是坚持如实记录程序。"[108]为了对付项目的缺陷,教育工作者必须确定规划失败的潜在源头,并对其进行不间断的监控。他们必须专心致力于整个行动的后勤保障体系,维护所有受影响的团体之间的交流渠道的畅通。第二种策略涉及规划管理人员在规划实施期间所制定的策略。例如,管理人员也许决定,在实施项目之前,需要普通的在职活动。第三种策略针对规划设计的主要特点——例如,特殊的经过选择的内容,新的教学策略,创新的师生计划会议。过程评估出现在实施过程中。它是一个领航过程,是在学区范围内实施此前所做的对项目的"调试"。它可以使教育工作者预见和克服程序难题。

产出评估由评估工作者收集证据,以确定目前在使用的最终课程产品是否达到了所希望的结果,以及目的实现到了哪一程度。产出评估所提供的信息,可以使教育工作者决定是否继续、中止或修订新课程。例如,一项产出评估也许可以提供数据,表明一个为才能出众的学生所计划的科学项目已经让学生达到了项目的目的。该项目于是准备在系统内的其他学校实施。

人本主义模式、后现代主义模式

斯特克和斯塔弗尔比姆的评估模式极端依赖定量—技术的评估方法。他们的模式对处理21世纪的标准和问责要求最为有用。他们的确发现,在认知科学、教育心理学、计算机科学和当前的神经科学中有人接受这一模式。[109]同样,这些科学模式与市场管理者和大多数政治家的想法搅在一起。

然而,似乎有一小批固定的教育工作者相信,评估工作者已经大量接受"教育是市场内部的产业"这一模式。有些教育工作者已经迷恋上了观察和衡量具体"学习"所获得的成果。他们付出了大量时间生成详尽的评估方案,以测量项目的成败。

在质疑这种商业姿态的同时,有些教育工作者提倡更多人本主义(自然主义)或后现代主义的评估研究方法。这些评估工作者认识到,实际学习是散乱的,师生是教育剧场中的难以预见的角色。[110]不同的个人有不同的价值观、能力和经验,因而也有不同的对"现实"的感知。他们根本不是标准化的学生。因此,这些评估工作者提出了一种更整体的评估方法,一种对所评估的处境提供详尽描绘的方法。

评估报告少有数字的罗列,而较多对发现或事件的书面描述。这一方法更多聚焦于人的互动而不是结果,更多聚焦于课堂或社会生活的质量而不是数量。人本主义的评估工作者深入研究表现什么之后的为什么。所重视的是阐释性理解而不是客观解释。[111]

与科学的评估工作者可能单纯追问学生学什么相反,人本主义、后现代主义的评估工作者追究的是所学知识的价值。这些评估工作者创建了不可能有终极答案的问题。[112]这些问题激起的回答,不可能富有确定性,而只能富有"难题、冒险和模糊性"。[113]问答双方所激起的反应,是多样化的情绪和一个情感世界。[114]这类问题对科学的、现代主义的评估工作者来说是一种咒语。通常,人本主义的、后现代主义的评估工作者,以他们的方法提出甚至与教育的目标可能无关的问题。他们在评估课程的过程中认识到,课程存在于政治、社会、道德的领域中。数据必须按其有无意义加以处理。人本主义的、后现代主义的评估工作者认为,研究不是与价值无涉的。甚至客观数据也存在于主观性的范围之中。[115]这种对主观性的接受,允许聚焦于真、善、美、正义、权利、自发、敬畏、惊奇、出人意料、奇思异想、独一无二、喜怒哀乐。[116]

艾斯纳的鉴赏与批评模式

艾利奥特·艾斯纳推荐了两种绝大部分来自艺术的人本主义评估模式——鉴赏与批评。设计这两种模式的目的,是对作为新项目之结果的教育生活做出详细描绘。

艾斯纳将鉴赏描述为一种私人行为——个人参与"对各种品质的欣赏,这些品质构成了某些目的、处境或事件"。[117]鉴赏基本上有五个维度:(1)意图维度;(2)结构维度；(3)课程维度；(4)教学法维度；(5)评估维度。[118]这些维度反映了课程和评估的不同层面。意图评估指个人对课程的价值、优点的评估。结构性评估对课程设计和学校组织进行评价(在艾斯纳看来，教育工作者和学生起作用的空间影响到课程经验的品质)。课程评估对一门课程的具体内容、它们是如何组织并排序的进行评价。教学法评估对教学设计和教学策略进行评价。教学方法适合课程目标和内容吗？评估评价对评估自身进行评价。评估的数据是如何取得的？课程是如何评价的？考试和其他评估方法对学生的进步做出了全面、准确的描绘吗？

鉴赏评估的数据源多种多样。[119]评估工作者在教室对教师做出观察并记录下他们是如何与学生互动的。评估也可以对学生进行访谈。其他数据源包括所使用过的教学材料、学生的作品、教师所进行的考试。[120]

不像采用鉴赏模式的评估工作者，采用批评模式的评估工作者与公众共享他们对新课程的批评。他们对新项目的结果进行阐释和解释。批评模式的评估需要：(1)描述，(2)阐释，(3)评价，(4)专题讨论。评估工作者需要：(1)写出报告，对课程和教育环境做出描述；(2)阐释自己对受众的发现，例如，通过回答诸如新课程的理由这类的问题；(3)试图确定和交流对新项目的教育价值的看法；(4)从细察课程过程中弄清会出现什么主题。在考虑特定的课程情境时，采用批评模式的评估工作者试图推断出有关学习和有意义知识的一般主题——能够指导课程开发和执行的主题。

按照定义，鉴赏家拥有专业知识。教育鉴赏家必须有课程和教学的知识，以决定去观察什么、如何看、如何评估或欣赏。好的批评家能够觉察和欣赏一个情境的精细微妙之处；他们能够以有助于其他人更多地意识到正考虑的现象的方式，坦陈细微差异和微言大义。

艾斯纳乐意让评估工作者介入质性活动——例如，参与到他们所观察的班级中去，询问有关学校和课程的特质的诸多问题。追随艾斯纳模式的评估工作者投入对学生作业的详细分析中。他们利用对积极行动中的师生所进行的摄影、摄像、拍照、录音等资料。他们记录所说的、所做的，也记录未说的、未做的。他们努力描述运转中的课程的声调气氛。

艾斯纳论证了这样一个观点：评估应当包括向公众(家长、校董事会、当地或州机构等)报告。评估工作者必须与教育场景进行交流。

在讨论鉴赏模式和批评模式时，斯莱特里将艾斯纳归为从现代主义向后现代主义转变过程中的过渡人物。斯莱特里声称,艾斯纳的模式将被后现代主义者所解构,它们不是显示出一种专业知识或巨著所有的精确观点,而是反射多元声音和亚文化的模板。¹²¹假如我们接受斯莱特里有关艾斯纳的判断,我们可能不得不将所有人本主义的、后现代主义的评估模式放入转型范围。我们将进一步反驳说,后现代宇宙中没有任何人能确切无疑地说他们已深入到后现代宇宙的深处。因为我们不知道这一宇宙的众多维度,如果我们瞥一眼,我们就会认识到它们是动态的、不断变化的,它们是复杂多变、混沌混乱的。

说明性评估模式

另一种人本主义的、后现代主义的评估方法是说明性评估,有时也叫解说。最初由马尔科姆·帕利特(Malcolm Parlett)和戴维·汉密尔顿(David Hamilton)提出,这一方法说明一个教育项目的特殊问题和独特特征。为了明确这些问题和特征,人们需要聚焦于一门课程在其中进行开发和推广的教育环境。课程很少(如果不是永远的话)像最初概念化或所创建的那样得到实施和维护。

说明性评估允许评估工作者像它存在和起作用那样认识整个项目,并收集其特殊工作状态的数据。评估工作者对已教课程的结果做出判定,并分辨其传播过程中显而易见的假设;教师、学生和公众的态度和性情,以及促进或阻碍项目的人的因素和物的因素。

说明性评估有三步骤:观察、进一步调研、解释。¹²²

1. 观察。评估工作者获得对项目的总的看法,对课程正在其中推广的语境做出描述,同时考虑到可能影响项目的所有因素。他们可以收集学校的科目安排、显而易见的教学风格和学习风格、正使用的材料、教师使用的评估方法的数据。

2. 进一步调研。评估工作者从琐碎之事中分离出意义,努力明确项目是否运转、为什么运转或不运转。由于不断地对运转中的项目进行考察、将大量的时间放在现场,他们获得了更前沿的观察视野。他们也通过检查学校的文件、学生的文件夹来收集数据,还通过与教职工、家长谈话或向他们发放调查问卷以收集数据。

3. 解释。使用这一模式的评估工作者不想直接将判断强加在项目之上,而试图提供项目发生了什么以及为什么的数据。评估工作者的解释被提供给受项目影响的人,这些人随后会做出决定。

说明性方法是整体的、主观的。所观察的互动没有被分成互不相关的用于测量的范畴,而是被放在其环境中加以考量。

行动—研究模式

行动—研究评估是结合了科学的、现代主义的方法和人本主义的、后现代主义的方法的一种评估方法。它与教育经验的不断修正关联在一起,因此每一教育事件都是新鲜的。[123]

行动—研究评估以直接参与课程而著名。帕克·帕尔默(Parker Palmer)声称,评价教和学的唯一方式是现身于学习环境中。[124]教师是行动—研究评估的关键角色。他们既评估课程,也评估课程的教学。他们乐意试试运气,并部分通过试错法来学习。

当行动—研究方法将重心转向研究时,评估工作者会研究特定课堂活动的可量化结果——他们希望这种结果允许他们对类似教室中的类似组别的学生进行概括。数据提出了创建和推广课程的普遍方法。他们也鼓励教师进行自我评估,并提供了深刻的理解——是什么影响到教师在自己课堂和学校进行研究。这样的数据说明了教师的态度和偏见是如何影响学生的学习的。

当行动—研究评估将重心转向评价时,它不关注一般的教育,而是关注单个教师独一无二的课堂。它不将主要精力放在从单个教师那儿收集数据以概括其他教师、学生和课堂活动。它所关注的是让一个特定的教师参与解决问题的过程,使特定的学生在一段独特的时间的学习最优化。所收集的数据被用于确定是否继续或修订一门特定的课程或一种特殊的教学方法。教师不断地调整内容、教学和教育经验。

这种微调的第一步,是教师要确认自己在课程的一个特定方面或一种特定的教学法上想要完成什么,学生想从课程中达到什么。第二步是确定如何监管所实施的课程。第三步是对监管过程中收集来的数据进行阐释。第四步是继续行动研究的过程。这一步可以只由在实际课程教学过程中收集数据的教师来完成。教师也许会对自己的教学进行摄像,请同事观摩自己的教学,从教学中拿出时间来对行为及其结果进行记录并发表在期刊上,在特定的教育活动后对学生进行访谈,然而,还有对考试进行管理。

图9.3描绘了行动研究的一般顺序和反馈。表9.1则提供了评估模式的概览。

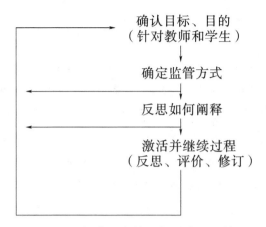

图9.3 行动研究的一般顺序和反馈

资料来源:基于以下一书的评注:Collin J. Marsh and George Willis, *Curriculum*: *Alternative Approaches*, *Ongoing Issue*, 4th ed.(Upper Saddle River, NJ: Pearson, 2007).

表9.1 评估模式概览

模式	作者	方法	现实观	概括的可能性	价值的作用
一致性—偶然性模式	斯特克	科学的、现代主义的	现实是有形的、单一的	有	无涉价值
语境、输入、过程、产出模式	斯塔弗尔比姆	科学的、现代主义的	现实是有形的、单一的	有	无涉价值
鉴赏与批评模式	艾斯纳	人本主义的、后现代主义的	现实是多元的、总体的持续变化的	没有	有涉价值
说明性模式	帕利特和汉密尔顿	人本主义的、后现代主义的	现实是多元的、总体的持续变化的	没有	有涉价值
行动—研究模式	沃尔夫	人本主义的、后现代主义的,科学的、现代主义的	现实是多元的、总体的持续变化的	没有 有	有涉价值 无涉价值

测 试

　　这是一个考试时代……我们美国这么多的男孩和女孩从他们所屈从的几乎持续不断的考试中活下来，这难道不是个奇迹吗？有口头考试、书面考试、日考、周考、月考、季考、年考、入学考试、晋级考试、毕业考试、竞赛考试……总之，考试到终生。[125]

　　　　——伊利诺伊州海德公园高中校长查尔斯·I. 帕克，1878

　　无论我们对填鸭式教学和其他误人子弟的罪恶的抨击有多么多，对其劳民伤财感到多么遗憾……必须承认，（指导性考试和强迫性考试）意味着学校的全面觉醒。[126]

　　　　——新泽西州泽西城教育工作者 L. E. 雷克托，1895

　　希望上述引文已经给你这样一种感觉：在美国，考试有其漫长的历史。在这一历史上，我们有支持越来越多考试的人，也有像帕克一样声称我们陷入了考试风暴的批评家。今天，我们仍然处于有关考试和学校负有深入教育自己学生的责任的争论漩涡之中。

　　正如威廉·J. 里斯（William J. Reese）所声称的，在我们的教育体系中，书面考试已经根深蒂固。我们世界日益增加的复杂性，要求我们对这些主张做出回应，并提供我们的教育行动是有效的证据。我们必须评估我们是否在提供合适的课程、有效的教学法，从而不仅满足经济的需要，而且满足社会的需要。事实上，我们经常感到公众在制造最后通牒——学校要培养多才多艺的个人。这种乌托邦的目标是不可能达到的，即使我们从孩子一出生便开始对其进行正式教育。假如想试一试，我们将会有最低限度的 18 年时间，如果将大学包括在内的话，则有 22 年时间。而正如里斯所说的，即使可以将这样一个人培养到拥有高级学位和博士后研究经历，在 21 世纪也根本不可能确保其获得经济机遇。[127]此外，心理测量学家还有待开发出一种衡量对尚待发现出来的知识的理解力的考试。考试不可能精确测量出学生对尚未预见到的职业采取何种态度。

　　尽管争论不断，但测试已稳稳地扎根于 21 世纪和 21 世纪的学校之中。考试是大行业。里斯注意到，位于新泽西普林斯顿的"教育考试服务中心"是所在行业中最大的"非营利"机构。该公司每年为 180 个国家开发的考试超过 5000 万个。它进一步管理所进行的考试，并且对这些考试进行评阅。[128]甚至教育出版公司也进入了考试开发和管理。同样,有许多行业介入教育培训,让学生为这些考试做好准备。[129]

在我们的历史上,考试几乎无所不在。在 21 世纪,考试甚至更为普遍,力图用考试来定义我们与信任问题、知识问题乃至现实问题之间的关系。[130]当社会普遍出现问题的时候,我们整个社会似乎不断地倾向归咎于学校。政治家往往煽动起对学校的不信任,煽动起对课程和教学质量的不满。"不让一个孩子掉队"是由政治家创造出来的,而不是由教育家创造出来的。"国家在危机中"是对美国教育体系的政治批评。"力争上游"是一个政治怪物,主要是以有关美国学校的迷思为基础的。

戴维·C. 伯利纳和理查德·V. 格拉斯写过一本名为《威胁到美国公立学校的 50 个迷思和谎言》(50 Myths and Lies that Threaten America's Public School)。第一个迷思是:国际考试表明,美国学校产出的是二流教育。[131]这类比较过多地曲解了分数。伯利纳和格拉斯同时指出,美国比其他工业化国家多元得多。为了确定谁拥有更好的学校体系,你需要更多的信息。而且,正如他们所指出的,"对谁而言更好?在什么标准上更好?"[132]

高利害关系考试

高利害关系考试被认为是教育政策中的一个先验假设。没有高利害关系考试的教育体系,几乎是难以理喻、难以想象的……考试就"摆在这里"。[133]

在帮助学生认识到他们在学校为什么要学习不同科目方面,教学和评估起着关键作用……学习的目的就是"为了考得好"。[134]

韦恩·奥说,当考试所提供的信息被用于做出重大决策、这些决策影响一个学校直接参与教学和管理的所有教育成员时,这种考试就是高利害关系的。同时,这种考试的数据可以影响整个学区和社区本身。[135]高利害关系考试决定一个学生能否从高中毕业。这种考试可以用于决定教师和管理人员的工资。[136]

教育是昂贵的。公众越来越关心能否得到最大的回报。公众要求学校保持高学术标准。的确,每个人都想得到最好的东西。父母认为,学生在学校所学的东西要以一种重要的方式有助于他们未来的成功。学校教育和教育是高利害关系的人生博弈的一个有机部分。

全国内容与学科专家协会已经创建了和学生的具体内容、技能、程序知识相关的标准。全国数学教师委员会、全国研究委员会(确立科学标准)、全国社会研究委员会、全国英语教师委员会的标准显著地影响到评估。州教育局以及大多数美国学区,已经注意到他们要达到的这些标准和公众的要求。提供这些标准是为了指导教师的课程和教学行为,并影响到学生必须证明自己拥有的能力水平。

然而,要将标准当作指南吗?越来越多的教育工作者不认为标准是师生行动的指南,而是对课程和教学策略相关活动的管控。高利害关系的标准化考试被用作确定教育工作者和学生在多大程度上坚持频繁从远处所设定的标准的工具。如果师生没有达到目标,他们就会受到处罚。学生被告知不能深造或获得毕业文凭,教师可能不会被续签合同。学校甚至可能被关闭。

韦恩·奥注意到,由于重视高利害关系测试,课程内容正越来越狭隘化。内容的选择是为了与考试内容相符。基本科目只是那些将会考试的科目。被认为不必要的科目要么不受重视,要么被取消。许多学校缩减或取消例如艺术与音乐一类的学科领域。有的学校甚至取消课间休息——它不在考试范围之内。体育通常不是高利害关系测试图画的一部分。

韦恩·奥说,高利害关系测试不仅控制内容,而且控制体验内容的方法。为考试而教塑造了课程的形式——"意义和行为的组织,包括在课程中以何种先后次序向学生介绍内容、知识本身以何种形式呈现出来"。[137]当内容知识被切割开来、以符合高利害关系考试检测学生是否掌握时,知识流的组织深受其害。

不仅内容被塑造和组织以反映高利害关系考试中所包含的内容,而且教师也不得不放弃自己的教学策略,接受那些与"高利害关系考试中的各种知识和内容"[138]有关联的教学法。有些人声称,教师正在抛弃他们认为是最好的实践,从而顺从以标准为基础的教育,并被判定为是有责任心的。[139]

来自专业和其他组织(既有公众的,也有私营的)的标准,增加了公立学校的考试。目前,关于特定标准的考试的后果好坏和是否合理,堪称众说纷纭。我们想要缩小课程的范围吗?我们渴望塑造内容的组织方式吗?我们希望限制教师在精心安排自己教学之上的创造性吗?最终,我们想要各种本质上是本地、州乃至联邦层次之上的外部资源决定学校课程、教学、评估方法方面的政策吗?

显然,我们正在这么做,或者至少,教育工作者不可能不顾负责和高效的要求。教育工作者确实希望做到负责,他们希望在教育学生方面有效率。然而,评价教育效率的核心标准,就是在最短的时间之内学到最大量的内容知识、可用高分率来证明掌握技能的速度吗？正如陶布曼所说的，考试特别是高利害关系考试，现在不仅定义了我们的教育方法，而且定义了我们说师生的"认知"和能力时所指的具体含义。[140]

今天，所有州都有州范围之内的考试项目。众多学区有自己学区范围内的考试项目。考试现在差不多是学校的主要活动。通常，学生是否升入下一年级或能否毕业，取决于他们是否通过一种特定考试。[141]教学生通过这种考试的教师，往往会比教学生没有通过这种考试的教师得到更好的评价。正如前文所述，一些人提出教师的工资应当由他们学生在这些高利害关系考试中的表现来决定。绩效工资出现在新闻中已十多年。马修·斯普林和凯瑟琳·加德纳注意到，谷歌新闻2010年报告说，平均每年有4558则新闻涉及通过学生考试成绩确定教师的工资水平。[142]例如得克萨斯、佛罗里达、明尼苏达等州已经分配5亿美元刺激旨在奖励教师"有效"教学的工资项目。联邦"教师激励基金"在2010年上涨到四倍。"力争上游"联邦项目重视绩效工资。这一项目为激励教师已分配超过40亿美元。

正如斯普林和加德纳所说的，在评估教育效率时，绩效工资已成为一个现实因素。[143]既然如此，教育工作者和主张提高教育效率的人必须追问，我们自己如何定义师生的业绩。的确，高利害关系考试分数并非唯一的决定指标。正如陶布曼所提醒的，"在将每个人和每件事缩减为考试分数的量化数据和行为检查表之上的绩效考勤记录时，有关人和事的历史的、个人的、异质的、特定背景的细节都被抹除了，正如人类学家杰弗里·C.鲍克（Geoffrey C. Bowker）所说的，'虽然还能围绕它们展开可行的对话'，但所创造的'可以与人分享的有关事件、对象和人的信息少之又少'"。[144]

在前一章我们提到，假如在创建指向、目标和目的时突出标准，就会出现一种趋势：投入让师生的教育经验标准化的活动。我们引用过某些警告。陶布曼声称，在强制推行标准和课程、教学的标准化时，我们使个体的独特性处于危险境地。在使用相同的度量标准去衡量是否"达标"时，我们将人类的精神和行为弄成了千篇一律、千人一面，地理和思想上的边界都不见了。[145]运用同样的度量标准，无视了学生在能力、兴趣、价值观、信仰、焦虑、性情且经常在语言上是多样的、独特的、不同的。[146]

高利害关系考试导致许多教师去游戏体制，不仅为考试而教，而且用样卷考题训练学生，甚至找借口让那些可能考不好的学生"放假一天"。尽管游戏体制常常能抬高考试分数,但这种分数是高品质学习的证明吗?的确,这是和所有考试(无论是教师设计的还是标准化的)有关的关键问题。作为结果的分数实际能告诉你什么呢?在阿尔菲·科恩看来,尤其是标准化考试,所提供的是学生实际上知道些什么、能做什么的浮光掠影的信息。考试可以表明有些学生比另一些学生更熟练,但我们依然不知道在具体科目问题上每个学生有多熟练。[147]同样,考试可以表明一个教师的学生比另一个教师的学生取得了更高分数,但分数并不绝对精确地说明一个教师就比另一个教师更有效率。

看上去,美国学校所掌控的大多数考试,是以一种并不复杂的方式对知识进行测量。众多研究已经表明,这些考试仅要求学生进行相对粗浅的思考。[148]本质上,它们测试的是肤浅的知识,而不是理解。

@ 对高利害关系考试持批评态度的批评家抱怨,学校现在几乎只重视语言艺术和数学一类的考试科目。观看这个有关课程正在不断收缩的新闻片断。在目前这个高利害关系考试的时代,你如何评价你所在学区目前的课程?

https://www.youtube.com/watch?v=VxOVvogpt0

常模—参照测试

常模—参照测试(NRTs)是使用得最普遍的测试。一个学生在一门特定考试中的成绩被用于和另一些学生加以比较。常模—参照测试中的条目,通常针对广泛的内容领域。作为一组的学生建立了一个常模。可以按年龄、年级、种族、性别、所在地或其他任何易于归类的因素来对学生进行分类。为了进行学生之间的比较,这些考试必须按相同的方式、格式并在基本相同的时间进行。为了提供有意义的比较数据,考试的计分方式也必须是相同的。[149]

标准水平考试最著名的可能就是常模—参照测试。在对单个学生或学生组进行分级方面,它们提供了有用的信息。具体地来说,这些考试确认了哪些学生在学习上是成功的,哪些学生可能要求补习。参加这一考试的人是可以与其同龄人相比的速率进步的吗?假如对各组学生的考试只有一次,那么考试的结果对测量一门课程或一种教学所具有的价值不无问题。然而,当这种考试每年是在同一时间进行的话,那么考试数据就可以提供信息——这些信息可以描绘出能显示课程和

第九章 课程评估

教学策略的品质与缺陷的各种模式。[150]然而,教师必须认识到,常模—参照测试并不具体地与特定的课程结合在一起,也没有有效地测量教了什么。它们没有指明一个学生可能做或不可能做什么。它们甚至没有提供一个学生知道或不知道特定内容的证据。[151]此外,许多教育工作者没有认识到,不同的标准化水平考试是不能互换的。[152]当教育工作者参照参加某种不同的标准化水平考试的学生、用另一种特定的考试对自己的学生进行分级时,所做的分级并不能被人心安理得地接受。当各州用这种测试去比较自己的学生和其他州的学生时,它们不能得出和自己课程的相对价值有关的有意义结论。

W. 詹姆斯·波帕姆挑出了教育共同体和普通公众在课程比较或其他各种教育研究尝试中忽视标准化考试的本质的弊端。他声称:"每当一项研究的结果表明一组学生的水平与另一组学生的水平没有任何显著差别时,用在关键研究中的这类考试缺乏仔细审察,就尤其令人烦恼。"[153]他指出,报告不存在任何显著差别,使我们丧失了得出任何有用结论的机会。标准化水平考试不能探测出"接受了有效授课的学生和没有接受有效授课的学生间的差异"。[154]

研究表明,标准化水平考试与学生的社会经济地位高度相关。这种高度确定的关联模糊了新课程一类的教育尝试的影响。尽管有这些局限,教育工作者还是一如既往地运用标准化考试以确定课程的成败、评估教师的效率。教育工作者继续使用这类考试对不同学校的学生进行分级,以确定哪些学生应当升入高年级或毕业离校。

标准—参照测试

常模—参照测试最常见的另类选择是标准—参照测试(CRT)。标准—参照测试意在表明,参照一个固定的标准,一个学生是如何运用一种技能、完成一项任务,或理解一个概念的。运用一种技能、完成一项任务是参照所定的达标标准来测量的。理解一个概念或一般内容的深度,是通过内容标准来测量的。[155]

目前,许多这类标准由学区之外的团体(州教育机构、州立法机关)创造出来。标准常常被划分为通常按行为意义来陈述的具体目的。例如,一项标准—参照测试也许要求一个学习者分辨一幅地图上的经线、纬线或进行两位数的乘法运算。对学习的精确描述是这类测试的关键特征。这种具体性使教育工作者能精确地确定一个学生在和一门特定课程发生联系时知道或不知道什么、能做或不能做什么。

每一项的得分都对评估工作者有益。教师想要学生掌握针对每一项的内容、技能或态度。师生将会坚持不懈,直到学生将测试项弄"对"为止。[156]

标准—参照测试会表明学习随时间而来的变化(相反,常模—参照测试测量一个具体时间的学习)。正如泰勒和诺伦所指出的,教师命题的考试往往是在执行标准—参照测试,目的在于确定一个学生的学习是否达标或达到了目的。[157]为了让标准—参照测试表明学生的掌握度,标准必须是恰当的。大多数教育工作者认为80%的正确率是"掌握"的一个标志。为什么?我们不能确切地知道为什么,但是80%的正确率似乎的确表明了高水平的表现。然而,我们需要考虑一个测试项的年龄恰当度。否则,一个测试项也许过于容易让每个人的得分在80分或更高,或者太难使得没有人达到80%的正确率。[158]我们也需要自问,80%的标准是否对课程范围内的所有学习者都恰当。80%的掌握水平对于理解一本书也许足够了,但对于指导一项科学实验却不够用。同样,80%对于计算练习(要求百分百准确)来说也不够。

W.詹姆斯·波帕姆注意到,教育工作者运用标准—参照测试时,必须考虑最佳的成果尺度。他将成果尺度定义为"标准领域的宽度"。[159]我们要补充说,所有学生都要在已经确定标准的所有科目领域收获相似或相同的成果吗?在提出这一问题时,波帕姆不将标准视为成绩水平,而是将标准视为标准范围。他说,尽管评估学生的成绩是重要的,但标准—参照测试的标准的目的,是为了具体描绘正在接受评估的技能或知识。[160]我们认为,这些测试确实能表明具体技能或课程内容方面的成绩水平。波帕姆警告说,假如衡量技能和内容的成果尺度过窄或过大,它在评估教学法或课程的效率之上就没有价值。[161]

成果尺度本质上涉及专业水平。正如前面所说的,假如标准—参照测试的专业性过强,它可能就是一大不利之处。因为这种测试针对特定目的,要获得课程的全貌,就必须有10至15场测试。

标准—参照测试的首要价值是,它们是课程的和专业的。它们能让课程评估工作者对学区内的新课程做出评估。评估工作者也可以确定教学范围的效率、是否已经讲授过一般的内容和技能。测试是评估学生学习和教师教学法的有效工具。

确定可接受的成绩标准并不容易。达到目的的最低分是多少呢?教育工作者通常有点武断地确定及格分。也许,对标准—参照测试最严厉的批评是大多数考试缺乏有可信度的信息。事实上,大多数考试的构建都没有注意其可信度。当然,标准—参照测试有课程的尺度:考试项通常与课程的目的一致。[162] 表 9.2 所提供的是常模—参照测试与标准—参照测试的比较。

表 9.2 常模—参照测试(NRTs)与标准—参照测试(CRT)的比较

特征	常模—参照测试	标准—参照测试
1. 所做的比较	与学生组平均分比较	与最低标准分比较
2. 目的	普查或水平测试	掌握或表现测试
3. 有效性	内容、标准、构建	内容和课程有效性
4. 有效度	依赖于教学	通常高
5. 可信度	通常高	通常不清楚
6. 可信度对测试模式的重要性	重要	不重要
7. 所测试的特性	在不同程度上存在	显现或未显现
8. 适用性		
诊断	较低的一般能力	特殊问题
表现评估	广阔领域	特殊领域
决策基础	学习了多少	学习了什么
9. 测试项的难度	中等	容易
10. 管理	标准化管理	可变式管理
11. 受测组的大小	大	小
12. 覆盖的内容	宽	窄
13. 技能测试	综合技能	独立技能
14. 对内容的控制	出版商	课程主任或学校
15. 局限	学校教职工不能在当地层次上解释考试	难以构建高品质的测试
16. 多才多艺	广泛	有限
17. 学校间的比较	已经可用	尚未开展
18. 分数的分布	正常分布(一)	矩形分布(二)
19. 分数的变化幅度	高	低
20. 如果考试不及格,是否重考	没有补考,只有一次考试	直到掌握为止
21. 内容的基础	专家的观点	本地课程

特征	常模—参照测试	标准—参照测试
22. 测试项的品质	高	不定,依赖于命题者的能力
23. 引导测试	有	没有
24. 测试项品质的基础	严重倾斜	测试项的内容
25. 学生的准备	应试学习对考试帮助不大	应试学习对考试有帮助
26. 应试教学	难以做到	受到鼓励
27. 标准	平均水平	操作水平
28. 分数	分级、标准分或正确数	及格或不及格
29. 测量的类型	相对	绝对
30. 目标	对学生进行分级	提高教学
31. 测试的修正	不可能	通常必不可少
32. 学生有关考试内容的信息	很少可用	事先知道
33. 学生的动力	避免失败	成功的可能性
34. 竞争	学生与学生之间	学生与标准之间
35. 教学领域	认知领域	认知或精神运动领域

资料来源:改编自 Allan C. Ornstein and David A. Gilman, "The Striking Contrasts between Norm-Referenced and Criterion–Referenced Tests," *Contemporary Education*(Summer 1991), p. 293.

主观测试

常模—参照测试与标准—参照测试都可以归为客观测试。这基本上意味着试题只有一种正确答案。然而,课程评估工作者也有接近主观(建构性—反应)测试的机会。对一个问题,这类测试有许多种正确回答。由于这一原因,要得分比客观考试更富有挑战。决定评估分级的经常是回答的深度和创造性。小品文测试是主观的。风格、洞见、原创性、准确信息的运用、辩论的力度、主题知识,都是判断一篇小品文的标准。如果教育工作者希望使用小品文问题对学生或项目加以比较,所提供的小品文问题对所有学生必须是相同的。[163]

另类评价

自从 20 世纪初以来,对学生数据的收集,一直通过教师设计的考试或标准化考

第九章 课程评估

试等种种方式。今天,对其他可选择评价形式的呼唤与日俱增。

州和学区正着手尝试具有州和学区标准的更好的联考及其他评估尝试,并且着手创建能真正反映学生知识和技能的评价方式。[164]许多新型评价方式涉及开放式任务,要求学生用自己的知识和技能去创造一个作品或解决一个问题。这种评估被称为表现评价。

许多教育工作者认为,表现评价与真实评价同义。然而,表现评价与真实评价都是另类评价的例证,因为它们运用多项选择或类似改进过的客观测试以外的方法。然而,1992年,卡罗尔·迈耶(Carol Meyer)提出,表现评价和真实评价并不是一回事。为了一种另类(表现)评价达到真实,它必须让学生从事和真实世界中的行为相似的任务和活动。这些测试不能由教师来策划。[165]

写作练习是表现评估的一个例子,但它也不是真实的。例如,这里有一个学生写作技能非真实评价的例子。教师给学生提供了准备写作和实际写作一个短篇小说的精确公式。第一天,学生有50分钟创造他们的主题;第二天,学生有50分钟创作初稿;第三天,他们有50分钟修订和准备定稿。[166]可以肯定的是,学生参与了写作的过程。然而,真正的作家在写作短篇小说时不会遵守这样严格的过程。因此策划过的活动不是一种真实的评价。为了使写作短篇小说更真实,教师也许可以指出,学生应当在有灵感时投入创作,然后将这种作品归入文件夹。学生选择自己写作的时间,决定何时与教师和其他学生分享自己的初稿。他们根据自己的时间表订正初稿。在这种情况下,学生投入的是一种真实的写作评估,是以一种类似专业作家实际工作的方式写作。

真实评价包括真正地解决问题、就真实问题进行设计和进行实验、参与争论、建模、制作演出录像、做田野调查、创建展览、开发演示、为期刊写作、创造新产品、制订计算机模拟分析、创建文件夹。真实评价所运用的策略和方法,能给学生提供真实的生活情境和条件。[167]真实评价不只是收集学生的作品。它涉及教师的观察、学生作品的详细目录,并附有和所做判断有关的评论意见。真实评价是有关班级之内个人和小组的报告。

表9.3提供了另类的、真实的评估和传统的纸笔考试评估间的某些比较。

表9.3 另类评估对传统评估

另类评估	传统评估
样本:学生经验、辩论、文件夹、学生作品	样本:多项选择题、配对题、判断题、完形题
评估判断基于观察和主观判断,而不是专业判断	评估判断基于客观记录和对分数的阐释
聚焦于单个学生,根据其学习	更多重视学生的分数以及与其他学生分数的比较
可以使评估工作者创建一个与单个学生或学生组相关的评估故事	只能使评估工作者将学生的知识以分数的形式来表现
评估往往是个性化的	评估往往是概括性的
以允许课程行为的方式提供数据	以展现课程或教学行为的方式提供数据
允许学生参与对自己的评价	往往将评估由教师或外部力量包办

资料来源:改编自 Dennie Palmer Wolf and Sean F. Reardon, "Access to Excellence through New Forms of Student Assessment," in Joan Boykoff Baron and Dennie Palmer Wolf, eds., *Performance–Based Student Assessment*: *Challenges and Possibilities*, Ninety–fifth Yearbook of the National Society for the Study of Education(Chicago：University of Chicago Press,1966), pp.52–58.

我们相信,既应当使用另类评价,也应当使用传统评价。教育工作者有时过于匆忙地接受新的实践。丹尼斯·沃尔夫(Dennie Wolf)和肖恩·里尔登(Sean Reardon)告诫道:"如果新的评估形式要运行,它们需要严格地构思。"[168]教育工作者必须对智力进行重新概念化,重新思考它意味着要知道些什么,重新定义优秀,并重新思考自己的测量习惯。与此同时,教育工作者必须小心谨慎,不能用传统心态去阐释新的评估方式。

威廉·格拉瑟提出了最佳评价的七个特征。第一,评价本身应当促进学生的成长。第二,它应当允许我们看到教学影响的后果。第三,评价应当详细说明学习的过程和成果。第四,它应当使学生介入自我评价,也就是说,学生必须积极参与对自己成绩的判断。第五,评价应当是团体活动的一个有机部分。评估不仅应当告诉

第九章 课程评估

教育工作者一个学生知道什么,而且应当告诉他们该生和别人合作得有多好、对团体的机制适应得如何。第六,评价应当需要与整个学习过程和课程的知识目的相配的有意义的任务。第七,评价应当是全面的,针对广泛的信息和技能,而不是集中于对一种特殊内容的狭隘理解。[169]

另类评价应当是一种持续的与课程实施密不可分的活动,而不是一种在一年的一个特定时间所从事的获取学生进步信息的活动。师生应当不断地追问教得怎样、学得如何。活动记录应当详细说明学生学习的品质。

新的评价方法要求有新的评价标准。乔治·海因(George Hein)偏要将一种道德标准纳入有效的学校教育指标中。与道德标准一致的学校课程提供给学生的技能和知识,是有益于总体社会利益的技能和知识。正如海因所指出的,道德目的对进步的教育哲学至关重要。[170]

文件夹可能是另类评价最流行的方法。作为对学生作品一段时间的取样,文件夹可提供学生理解、技能和行为取向的证据。它经常记录一个学生在学习中的努力和参与程度。泰勒和诺伦确定了几种不同目的的文件夹:展示文件夹、成长文件夹、进步文件夹、累积文件夹。[171]

真名实姓的展示文件夹,利用具体例证突出学生在一个特定时间舱里和特定的成绩水平上所收获的东西。这种文件夹可以展示一个学生在一个特定年度的艺术品,或一个学生的随笔样稿。在科学展示方面,文件夹也许可以提供所做实验的报告,或田野调查的笔记。

成长文件夹提供一个学生的技能、能力、理解力随时间不断提高的可视化映像。一个学生通常在教师的协助下,描绘出表示陈述性知识和程序性知识的进度的知识点。这种文件夹有助于在学生的学习之旅中起引导和鼓励作用。例如,一个文件夹可以收入学生在学年之初所写的一篇文章和在学年结束时所写的另一篇文章。师生可以对这两篇文章进行评论,以弄清文章是否有进步。正如泰勒和诺伦所表明的,成长文件夹可以使学生评估自己在学习一门全新的课程或一种全新的技能方面能力是否有提高。对师生在学习一门语言之类的活动,这种文件夹最有参考意义。[172]

记录学生程序性知识的进步或实施的一种有用工具是进步文件夹。这种文件夹中收集的材料表明学生在实际的操作中获得了多大成功。这两位作者将"操行真实性"定义为在校外具有关联意义和真实性的东西。[173]

461

第四种文件夹(累积文件夹)是总评数据故事的一部分。这一文件夹包括一个学生一年或更长时间的作业条目。所提供的作业被师生认为是所做工作或所完成任务的最佳例证。泰勒和诺伦提出,这些累积文件夹是学生日积月累记录的一部分,能说明他们全部学校教育经验中的进步。在每学年开始时,教师可以利用前面几年的累积文件夹为将到来的学生量身定做课程。[174]

为了学生高水平地创建每一种文件夹,学生必须在教师的帮助之下,确定运用何种标准来判断应当将何种材料收入文件夹。然而,随着学生一年年进步,他们可以消除后来经过反思认为不能代表其优秀作品的材料。特别是与教师协作的学生,必须参与对自己作品和学习策略的批评分析。

文件夹的最大好处之一,在于学生是学生评估中的主要角色。学生必须反思自己的作品,批评自己的认识水平,判断自己的学习和分析技能。文件夹可以乃至要求学生不断地进行自我评价,这种评价不是为了区分等级,而是为了提高自己学习程序的品质,增加自己认识的尝试,提升自己学习成果的意义。此外,学生可以利用这种另类评估工具量身定做自己的课程经验。

文件夹本质上允许学生充分地表现自己。文件夹可以使学生成为自己的研究者,并界定自己作品的价值和意义。在使用文件夹时,学生用自己的声音为自己的进步补充证据。学生有一组以上的分数和等级。文件夹可以给学生、教师、家长提供谈话的材料。

评估中的人的问题

我们不是小配件。韦恩·奥力驳我们参与评估的方式中假定我们是小配件。[175]尽管我们有各种评估活动,但我们内心认识到,我们是具有不同人格、才能、性情、兴趣、价值观、情感稳定性、思想能力的个体。本节探讨评估中的人的问题,然而,在我们的评估思考和行动中,人的维度似乎是缺席的。

学生被量化、对象化,成了要被塑造、组装、监测,并且随后在世界市场中加以比较的商品。[176]我们将他们标准化,并且拥护这样的假设:所有学生本质上是相同的。我们吹捧我们的考试的确是客观的,诸如地方文化、人种、口头语言、种族群体、社会经济地位一类的因素都是毫无意义的。[177]我们真的不需要考虑制造小配件的"工厂"所处的环境。我们必须做的一切,是测量和判断各种小配件的质量和数量。

然而，无视评估所在的环境，意味着它往往注定会失败——虽然在所有技术细节上是有用的。评估必须对人种或种族的偏见保持敏感。进行评估时必须对评估的过程和社会风气深思熟虑。评估是由接收评估报告的项目干系人塑造的。无视提交的方式，会导致评估的结果被误用，或被误释，或简单地被无视的风险。

今天，在评估活动中存在一个隐藏的维度，即控制。对教师、学生、课程的控制。中心问题是，谁在幕后控制？我们知道，评估承载着价值判断。关键问题是，它们是谁的价值判断？它们是最有价值的吗？对比没有任何确切的答案。它取决于各种共同体的社会学性质。然而，显而易见，评估是政治进程的一部分。学校常常发布考试结果，目的不是为了提高项目水平，而是为了取悦共同体内部的各种权力团体，或向立法者证明一个教育项目是有效的。有时，考试结果在电视广播中播出，目的是让各种少数群体相信，他们的孩子正在学校系统内体验平等。

不仅如此，通过标准化考试，学生接受公平与平等测试。所有学生都用相同的尺度来衡量。考试将每个人置于公平竞争的环境中。然而，我们认为，尽管标准化考试可能将学生置于一个公平的评估竞争环境中，但在最终涉及教学和课程时，它们的确还是无视了公平竞争环境。当评估学生时，我们必须考虑他们的社会、经济、族裔，当然还有教育背景。并不是所有上学的学生都具有可确保在学校获得成功的公平的背景。

我们同意，我们的学生是在拥护英才教育的社会中活动的。由于认同这一点，大多数公民相信"不考虑社会地位、经济阶层、性别或文化（或其他形式的差异），基于度量标准和努力工作，所有人都可以自由而平等地与其他人竞争，从而达到'成功'"。[178]然而，这种信念受到了现实的挑战。显而易见，有些学生进入学校更有可能在我们的学校获得成功并掌握课程。我们的社会中的确存在着不平等，这些不平等使许多学生在获取学业成功方面处于不利地位。正如前文所述，甚至考试的设计者也会将有关社会、文化、族裔群体的各种假设带到考试命题之中。假如某个少数群体的学生像主流白人群体一样考得好，测试项在下一次考试命题时就不会被采用。实验测试项不得不反映心理测试学家有关我们不同人口的假设。我们是否要用我们的学校去复制我们的社会？这方面存在激烈的论争。显然，在设计课程和创建确定学生成败的评估标准时，我们必须考虑多元利益。然而，在面对教育体制内的社会正义问题时，许多评估工作者犹豫不决。[179]他们不想使共同体分化并激起争论。但无论如何，在进行评估时，公平是至关重要、值得考虑的。

在詹姆斯·佩莱格里诺、娜奥米·丘多维斯基、罗伯特·格拉泽看来,可比较的有效观念是公平的核心。从公平考试所提供的数据中,人们可以得出跨越个人和群体的有效参考。[180]许多人相信,考试往往是存有偏向的,有利于属于主流文化的学生。考试使用多数文化而不是少数文化更熟悉的语言和术语。学生将他们的文化背景和对世界的了解带到了考试的情境中。德博拉·迈耶(Deborah Meier)声称:"任何课程问题、词汇、句法、隐喻、词组和价值观的选择,都是以一定的社会和个人历史为前提的。我们也许有同样大的词汇量,但拥有的是不同的词汇。我们也许在谈论一种连贯的、公认的语法,但它不会是学术界的标准化语法。"[181]

评估工作者和考试设计人员认识到,一般的考试项目在来自不同群体的学生之间会产生不同结果,甚至当所有学生在所评估的品质或知识方面能力不相上下时也是如此。例如,回答一个有关美洲的发现的试题的学生,完全有可能做出不同的反应,这依赖于他们的文化群体是否把欧洲人的行为视为发现抑或是侵略。在农场长大的学生,也有可能比城里学生更正确地答出有关农业的问题。

同样,对残疾学生坚持和其他学生一样的标准是公平的吗?显然,体育的标准不能用于坐轮椅的学生。阅读和写作有障碍的学生必须满足学校的标准才能升入更高年级或从学校毕业吗?[182]我们应当给阅读有障碍的学生配备计算机系统以帮助他们阅读吗?

公平问题也影响到对划为天才生的学生的评价。我们如何评价这类学生的表现?许多参加先修课程和大学预科班的初中学生抱怨,他们成绩报告单上的A和选修正常课程的学生的A看起来没有任何区别。这公平吗?

评估工作者试图通过细察各种各样的评估手段,以致力于公平问题。可以肯定的是,各种另类评估方法在这里是有用的。一个人也可以拥有基于多元标准的等级。几个评估工作者和评估专家建议,为了真正致力于公平问题,当我们着手评估时,必须考虑学生的背景。如果我们能做到这一点,我们将能从所分析的数据中获得条件参数。

经历过特殊任务的学生发现自己比那些具有同样天生能力的没有经验的学生更为得心应手。面对课程的新方面或新问题时,学生首先要确定他们是否有可利用的背景信息。这样做的学生可以成功地处理"超出他们之外"的内容或问题。我们不能只是说某些学生成功了而另一些学生落败了。当做出评估判断时,我们必须考虑学生的背景。[183]

第九章　课程评估

评估应当鼓励学生而不是使学生退避三舍。它应当在学生中培养相互合作、艰难与共之感,而不是培养钩心斗角或恶性竞争之势。教师应当将考试当作学习经验的过程,而不是奖惩的手段。许多评估,特别是标准化测试,既在学生中也在教师中带来了恐惧。德博拉·兰德里(Deborah Landry)通过要求教师报告他们对学生的观察,对标准化考试期间1058名K–5学生的行为进行了调查研究。兰德里对63名教师进行了在线调查,对另4名教师进行了访谈。这些教师报告,标准化考试在学生中产生了焦虑,学生普遍地坐立不安、喃喃自语,甚至狂呼乱喊。这些教师报告,49%的学生在考试期间坐立不安,33%为考试有多难忧心忡忡,21%的人说自己焦虑烦躁。兰德里得出结论说,学生的行为表明了强烈的无助感、恐惧感、被抛弃感和自我怀疑感。[184]对标准化测试的其他研究也得出了相同的结果。

我们必须检测所有东西吗?答案似乎是肯定的。正如兰德里所报告的,我们似乎不仅在评估我们的学生,而且在学生身上正在创造我们不加评估的心理问题。某些城市正在评估婴儿是否适合进入学前班和幼儿园。2006年,佩格·泰尔(Peg Tyre)写了一篇文章,追问在一年级我们是否操之过急、做得太多。[185]一年级必须凡事必考吗?我们必须给他们的游戏评分吗?学生必须从入学起就符合正确标准吗?对个人独特性的重视体现在哪里呢?

显然,我们正在进行的评估,其频次和强度正在扼杀学生学习的快乐。由于我们全力推进标准化,学生正在变成需要打磨抛光的小配件。即使早熟的学生也不总是做好了接受心理测量工具的评估和挑选的准备。泰尔在2006年注意到,看上去,早期学校教育已经"很少像前往罗杰斯社区的旅行,而更像是美国大学入学考试的预科"。[186]

对在校学生的评估已经变得过滥。我们调查、刺探、评估、判断、挑选、鼓励、打击学生,以便我们能够告诉他们在多大程度上他们符合他人的标准。教育工作者不应当让评估看上去就像枪林弹雨——学生在这种情形之下必须设法死里逃生。教育经验不应当是一系列虎口拔牙式的险象环生的经验。

21世纪的挑战

在这一章,我们重点考察了评估的各种方法、参与课程评估的机制、考试的类型和各种评估程序。我们提及利用评估判断我们的课程、我们的教学法、学生的学习。我们基本遵循一种保险的路线,没有具体说明什么样的特定内容和什么样的教学策略应当成为我们评估的对象。

不过,在 21 世纪,在这个混乱、复杂、多变的时代,我们必须评估在我们的教育项目中正在重视什么、我们所创建的考试实际上在塑造什么。我们的确重视科学、技术、工程、数学。有些人还加上了艺术。霍华德·加德纳在 2011 年出版了一本题为《重构真善美》(*Truth, Beauty, and Goodness, Reframed*)的书。[187]我们相信,这三个概念在今天的学校也应当受到关注,嵌入各个科目之中,并且应当受到专业化意义上的重视。

在这个科技的世纪,正如加德纳所说的,我们似乎生活在一个"真相"和推特的时代。学生正通过对准确性和真实性不加评估的科技获得海量信息。后现代主义者认为,对真相的信仰暗含着一种现代的刻板僵化。在所有领域——政治领域,经济领域,社会领域,文化领域,当然还有教育领域——存在许多种真相。[188]

加德纳表明,美描绘经验的性质,我们还要补充说,美还描绘对象的性质。加德纳说:"如果一种经验被认为是美的,就必须呈现出三种特征:它必须足够有趣,耐看;它必须具有一种能够记忆的形式;它必须让人日后想重新来观赏。"[189]我们似乎对美视而不见,我们只对自己的智能手机目不转睛。我们试图测量不同学科的美吗? 我们应当这样做吗?

加德纳认为善是与人和人之间的互动联系在一起的。[190]我们要补充说,善的品质也涉及我们和世上的草木虫鱼之间的关系,涉及它们和我们的环境。然而,在以特定方式培养善方面,我们在学校做得不多。我们不评估我们的学生是否具有善的品质。

在 21 世纪,需要扩大我们评估学生、评估自己的内容和方法。所有学习不只是出现在学校中。当在社区中活动时,如何进行自我评估也是一大问题。也许,评估中的最根本问题不是"你知道什么?""你可以做什么?",而是"你是谁? 你可以为世界共同体做出什么贡献?"

结　语

评估针对的是课程问题和课程活动的价值与效率。它集中关注师生在教育舞台(主要是课堂)中的行为。今天,有关评估(主要还有我们必须如何更有效地评价教师的行为和学生的学习)存在许多争论。有许多强烈呼吁,号召教师在教学法方面更加有效,学生更多地达到更高标准,从而做到在世界共同体中富有竞争力。这些呼吁存在于"标准"和"问责制"两面旗帜之下。

有关评估尤其是测试的言论,暴露出了许多人所"买进"的是这样的观念:教育是"市场中的生意",教育效益应当用我们判断工人和商业一样的尺度加以判断。生产力、实现商业目标、满足配额、符合市场预期,是确定一桩生意是否达成所为之事的所有手段。教育同样应当这么做。

这类争论基本上反映了科学的、现代主义的评估方法。然而,主要处于人本主义、后现代主义评估阵营中的教育工作者反对说,学校不是在制造汽车、处理抵押贷款、种玉米、生产电视机或其他电子产品。你可以计算一定时间之内所生产的汽车并做出有关生产效率方面的判断。但许多教育工作者认为,对学生的学习不能这么做。确实,你可以比较考试分数,而且这似乎是确定教师教学效率和学生学习多寡的主要尺度。然而,参与评估的许多人会提出这样的疑问:除了说某人答对了95%或得到了标准分9分,某人答对了85%或得到了标准分8分,考试分数真的说明了什么呢?这种比较真的意味着什么呢?

目前的对话确实表明,评估涉及复杂语境中的各种复杂活动。存在着各种复杂语境中的各种声音,所有声音都受到特定议程的驱使。我们理所然而要了解各种处理人和项目的程序。有关评估的许多对话似乎处于恐惧、困惑、无知、短见的迷云之中,然而,也有令人豁然开朗的沉思。这些对话涉及所有各方的个人和群体:教育的、社会的、商业的、政治的甚至宗教的个人和群体。在所有各方之中,我们有各种层次的观点、信念、灵感、态度。而在这些层次之内,我们又有各种程度的确定性、不确定性、顽固不化、大方宽容。这就是教育评估方面的现状,我们应当记住,评估不仅要评价学习,而且要促进学习。

讨论题

1. 评估的本质和目标是什么?
2. 在所持观点方面,科学的、现代主义的方法和人本主义的、后现代主义的方法的差异何在?
3. 如何区分构成性评估和总结性评估?
4. 你是现代主义者,还是后现代主义者,抑或是两者兼而有之?请解释你的立场。
5. 你认为我们需要多一点评估,还是少一点评估?请解释你的回答。

注 释

1. Peter Taubman, *Teaching by Numbers* (New York: Routledge, 2009), p. 12.

2. Ibid.

3. David C. Berliner and Gene V. Glass, *50 Myths & Lies that Threaten America's Public Schools* (New York: Teachers College Press, 2014), p. 11.

4. Ibid.

5. E. P. Cubberley, *Public School Administration* (Boston: Houghton Miff lin, 1916), p. 338, cited in Wayne Au, *Unequal by Design: High – Stakes Testing and the Standardization of Inequality* (New York: Routledge, Taylor & Francis Group, 2009), p. 19.

6. *Educational Leadership*, *STEM for All* (Alexandria, VA: ASCD, December 2014 – January 2015).

7. Berliner and Glass, *50 Myths & Lies that Threaten America's Public Schools*, p. 14.

8. Taubman, *Teaching by Numbers*.

9. James W. Pellegrino, Naomi Chudowsky, and Robert Glaser, eds., *Knowing What Students Know: The Science and Design of Educational Assessment* (Washington, DC: National Academy Press, 2001).

10. Taubman, *Teaching by Numbers*, p. 29.

11. Pellegrino, Chudowsky, and Glaser, *Knowing What Students Know: The Science and Design of Educational Assessment.*

12. Maxine Greene, *Releasing the Imagination: Essays on Education, the Arts, and Social Change* (San Francisco: Jossey – Bass, 1995).

13. Pellegrino, Chudowsky, and Glaser, *Knowing What Students Know: The Science and Design of Educational Assessment.*

14. Au, *Unequal by Design*, p. 49.

15. Gary W. Ritter and Nathan C. Jensen, "The Delicate Task of Developing an Attractive Merit Pay Plan for Teachers," *Phi Delta Kappan* (May 2010), pp. 32 – 37.

16. Chris S. Hulleman and Kenneth E. Barron, "Performance Pay and Teacher Motivation: Separating Myth from Reality," *Phi Delta Kappan* (May 2010), pp. 27 – 31.

第九章 课程评估

17. Ibid.

18. Matthew C. Springer and Catherine P. Gardner, "Teacher Pay for Performance: Context, Status, and Direction," *Phi Delta Kappan* (May 2010), pp. 8 – 15.

19. Ibid.

20. Berliner and Glass, *50 Myths & Lies that Threaten America's Public Schools*, p. 59.

21. Ibid., p. 61.

22. Pellegrino, Chudowsky, and Glaser, *Knowing What Students Know: The Science and Design of Educational Assessment.*

23. Ibid., p. 43.

24. Ibid.

25. Ibid.

26. David E. Tanner, *Assessing Academic Achievement* (Boston: Allyn & Bacon, 2001).

27. Catherine S. Taylor and Susan Bobbitt Nolen, *Classroom Assessment*, 2nd ed. (Upper Saddle River, NJ: Pearson, 2008).

28. Lisa Carter, *Total Instructional Alignment: From Standards to Student Success* (Bloomington, IN: Solution Tree Press, 2007).

29. Harriet Talmage, "Evaluating the Curriculum: What, Why and How," *National Association for Secondary School Principals* (May 1985), pp. 1 – 8.

30. Taylor and Nolen, *Classroom Assessment.*

31. Michael Fullan, ed., *The Challenge of Change*, 2nd ed. (Thousand Oaks, CA: Corwin, 2009), p. 25.

32. Ibid.

33. L. Lezotte and K. McKee, *Assembly Required: A Continuous School Improvement System* (Okemos, MI: Effective Schools Product, LTD, 2002), cited in Carter, *Total Instructional Alignment: From Standards to Student Success*, p. 55.

34. Blaine R. Worthen and James R. Sanders, *Educational Evaluation: Alternative Approaches and Practical Guidelines*, 2nd ed. (New York: Longman, 1987), pp. 22 – 23.

35. Abbie Brown and Timothy D. Green, *The Essentials of Instructional Design* (Upper Saddle River, NJ: Pearson, 2006).

36. Wilhelmina Savenye, "Evaluating Web – Based Learning Systems and Software," in Norbert M. Seel and Sanne Dijkstra, eds., *Curriculum, Plans, and Processes in Instructional Design:*

International Perspectives (Mahwah, NJ: Lawrence Erlbaum Associates, 2004), pp. 309 – 330.

37. Daniel L. Stufflebeam, *Educational Evaluation and Decision Making* (Itasca, IL: Peacock, 1971), p. 25.

38. Collin J. Marsh and George Willis, *Curriculum: Alternative Approaches, Ongoing Issues*, 4th ed. (Upper Saddle River, NJ: Pearson, 2007), p. 266.

39. Kenneth A. Sirotnik and Jeannie Oakes, "Evaluation as Critical Inquiry: School Improvement as a Case in Point," in K. A. Sirotnik, ed., *Evaluation and Social Justice: Issues in Public Education* (San Francisco: Jossey – Bass, 1990), pp. 37 – 60.

40. *Merriam – Webster's Collegiate Dictionary*, 11th ed. (Springfield, MA: Merriam – Webster, 2004), p. 582.

41. Donald Blumenfeld – Jones, "Dance Curricula Then and Now: A Critical Historical – Hermeneutic Evaluation," in William M. Reynolds and Julie A. Webber, *Expanding Curriculum Theory: Dis/Positions and Lines of Flight* (Mahwah, NJ: Lawrence Erlbaum Associates, 2004), pp. 125 – 153.

42. Fred N. Kerlinger, *Behavioral Research: A Conceptual Approach* (New York: Holt, Rinehart and Winston, 1979).

43. Brown and Green, *The Essentials of Instructional Design.*

44. Michael Scriven, "The Methodology of Evaluation," in J. R. Gress and D. E. Purpel, eds., *Curriculum: An Introduction to the Field*, 2nd ed. (Berkeley, CA: McCutchan, 1988), pp. 340 – 412; and Blaine R. Worthen and Vicki Spandel, "Putting the Standardized Test Debate in Perspective," *Educational Leadership* (February 1991), pp. 65 – 69.

45. Patrick Slattery, *Curriculum Development in the Postmodern Era: Teaching and Learning in an Age of Accountability* (New York: Routledge, Taylor & Francis Group, 2013), p. 127.

46. Ibid., p. 119.

47. Ibid.

48. Ibid.

49. Ibid., p. 127.

50. Ibid., p. 119.

51. William E. Doll Jr., "Post – Modernism's Utopian Vision," in Donna Trueit, ed., *Pragmatism, Post – Modernism, and Complexity Theory: The "Fascinating Imaginative Realm" of William E. Doll, Jr.* (New York: Routledge, Taylor & Francis Group, 2012), pp. 144 – 152.

52. Ibid.

53. Ibid.

54. Ibid. , p. 148.

55. Ibid. , p. 149.

56. Ibid. , p. 152.

57. Richard L. Curwin, "Can Assessments Motivate?" *Educational Leadership* (September 2014), pp. 38 – 40.

58. Ibid. , p. 38.

59. Savenye, "Evaluating Web – Based Learning Systems and Software."

60. Taylor and Nolen, *Classroom Assessment*.

61. Lee J. Cronbach, *Designing Evaluations of Educational and Social Programs* (San Francisco: Jossey – Bass, 1982), p. 24.

62. Taylor and Nolen, *Classroom Assessment*.

63. Ibid.

64. Ibid.

65. Gina Schuyler Ikemoto and Julie A. Marsh, "Cutting through the 'Data – Driven' Mantra: Different Conceptions of Data – Driven Decision Making," in Pamela A. Moss, ed. , *Evidence and Decision Making*, 106th Yearbook of the National Society for the Study of Education, Part 1 (Malden, MA: Distributed by Blackwell Publishing, 2007), pp. 105 – 131.

66. Ibid. , p. 111.

67. James P. Comer, *What I Learned in School* (San Francisco: Jossey – Bass, 2009), p. 137.

68. Ibid.

69. Doll, "Post – Modernism's Utopian Vision," p. 145.

70. William A. Firestone and Raymond A. Gonzalez, "Culture and Processes Affecting Data Use in School," in Moss, *Evidence and Decision Making*, pp. 132 – 154.

71. Ibid. , p. 141.

72. Ibid. , p. 49.

73. Ibid.

74. Ibid.

75. Greene, *Releasing the Imagination*, Essays on Education, the Arts, and Social Change.

76. George F. Madaus and Thomas Kellaghan, "Curriculum Evaluation and Assessment," in Philip W. Jackson, ed., *Handbook of Research on Curriculum* (New York: Macmillan, 1992), pp. 119–154.

77. Ibid.

78. Pepi Leistyna, Arlie Woodrum, and Stephen A. Sherblom, *Breaking Free: The Transformative Power of Critical Pedagogy* (Cambridge, MA: Harvard Educational Review, 1999).

79. Ernest R. House, "Assumptions Underlying Evaluation Models," in G. F. Madaus, ed., *Evaluation Models: Viewpoints on Educational and Human Services* (Hingham, MA: Kluwer, 1983), pp. 45–64.

80. Worthen and Sanders, *Educational Evaluation: Alternative Approaches and Practical Guidelines*.

81. Scriven, "The Methodology of Evaluation."

82. Savenye, "Evaluating Web-Based Learning Systems and Software."

83. Brown and Green, *The Essentials of Instructional Design*.

84. Brent Duckor, "Formative Assessment in Seven Good Moves," *Educational Leadership* (March 2014), pp. 28–29.

85. Ibid., pp. 28–32.

86. Frederick Erickson, "Some Thoughts on 'Proximal' Formative Assessment in Student Learning," in Moss, *Evidence and Decision Making*, pp. 186–216.

87. W. James Popham, *Transformative Assessment* (Alexandria, VA: ASCD, 2008).

88. Ibid.

89. Allan Collins and Richard Halverson, *Rethinking Education in the Age of Technology* (New York: Teachers College Press, 2009).

90. Mike Schmoker, *Results Now* (Alexandria, VA: ASCD, 2006), pp. 130–131.

91. Taylor and Nolen, *Classroom Assessment*.

92. Savenye, "Evaluating Web-Based Learning Systems and Software."

93. Doll, "Post-Modernism's Utopian Vision."

94. Ibid.

95. D. L. Kirkpatrick, *Evaluating Training Programs: The Four Levels* (San Francisco: Berrett-Koehler, 1994), cited in Brown and Green, *The Essentials of Instructional Design*.

96. Ibid., pp. 249–250.

97. Ibid., p. 250.

98. Erickson, "Some Thoughts on 'Proximal' Formative Assessment in Student Learning," p. 190.

99. Ibid., p. 191.

100. Ibid.

101. Taubman, *Teaching by Numbers*.

102. Ibid.

103. Ibid.

104. Robert L. Thorndike, *Applied Psychometrics* (Boston: Houghton Mifflin, 1982).

105. H. H. Giles, S. P. McCutchen, and A. N. Zechiel, *Exploring the Curriculum* (New York: Harper & Row, 1942); and R. E. Smith and Ralph W. Tyler, *Appraising and Recording Student Progress* (New York: Harper & Row, 1942).

106. Robert E. Stake, "The Countenance of Educational Evaluation," *Teachers College Record* (April 1967), pp. 523–540.

107. Stuff lebeam, *Educational Evaluation and Decision Making*.

108. Ibid., p. 229.

109. Taubman, *Teaching by Numbers*.

110. Ibid.

111. Sirotnik and Oakes, "Evaluation as Critical Inquiry: School Improvement as a Case in Point."

112. Taubman, *Teaching by Numbers*.

113. Slattery, *Curriculum Development in the Postmodern Era: Teaching and Learning in an Age of Accountability*, p. 119.

114. Ibid.

115. Taubman, *Teaching by Numbers*.

116. J. F. Lyotard, *The Postmodern Condition: A Report on Knowledge* (Minneapolis: University of Minnesota Press, 1989), cited in Taubman, *Teaching by Numbers*.

117. Elliot W. Eisner, *The Enlightened Eye* (Upper Saddle River, NJ: Merrill, 1998).

118. Ibid.

119. Ibid., p. 80.

120. Ibid.

121. Slattery, *Curriculum Development in the Postmodern Era: Teaching and Learning in an Age of Accountability*, p. 247.

122. M. Parlett and D. Hamilton, "Evaluation as Illumination: A New Approach to the Study of Innovative Programs," in G. V. Glass, ed., *Evaluation Studies Review Annual* (Beverly Hills, CA: Sage, 1976).

123. Greene, *Releasing the Imagination: Essays on Education, the Arts, and Social Change*.

124. Parker J. Palmer, *The Courage to Teach: Exploring the Inner Landscape of a Teacher's Life* (San Francisco: Jossey – Bass, 1998).

125. Charles I. Parker, "Preceptor and Pupil," *Daily Inter – Ocean* (Chicago: January 11, 1878), quoted in William J. Reese, *Testing Wars in the Public Schools: A Forgotten History* (Cambridge, MA: Harvard University Press, 2013), p. 1.

126. L. E. Rector, comments from educator for Jersey City, New Jersey, 1895, quoted in Reese, *Testing Wars in the Public Schools: A Forgotten History*, p. 222.

127. Reese, *Testing Wars in the Public Schools: A Forgotten History*, p. 231.

128. Ibid., p. 232.

129. Ibid.

130. A. Ronnell, *The Test* (Urbana, IL: University of Illinois Press, 2005), cited in Taubman, *Teaching by Numbers*, p. 17.

131. Berliner and Glass, *50 Myths & Lies that Threaten America's Public Schools*, p. 12.

132. Ibid., p. 11.

133. Au, *Unequal by Design*, pp, 122 – 123.

134. Taylor and Nolen, *Classroom Assessment*, p. 203.

135. Wayne Au, "High – Stakes Testing and Curriculum Control: A Qualitative Metasynthesis," pp. 235 – 251, in David J. Flinders and Stephen J. Thornton, eds., *The Curriculum Studies Reader*, 4th ed. (New York: Routledge, Taylor & Francis Group, 2013), p. 236.

136. G. Orfield and J. Wald, "Testing, Testing: The High – Stakes Testing Mania Hurts Poor and Minority Students the Most," *Nation* (2000), cited in Au, "High – Stakes Testing and Curriculum Control: A Qualitative Metasynthesis," p. 38.

137. Au, *Unequal by Design*, p. 87.

138. Ibid., p. 88.

139. Ibid., p. 89.

140. Taubman, *Teaching by Numbers*.

141. Brown and Green, *The Essentials of Instructional Design*.

142. Springer and Gardner, "Teacher Pay for Performance: Context, Status, and Direction."

143. Ibid.

144. G. Bowker, "Time, Money, and Biodiversity," in A. Ong and S. Collier, eds., *Global Assemblages: Technology, Politics and Ethics as Anthropological Problems* (Malden, MA: Blackwell, 2005), p. 109, cited in Taubman, *Teaching by Numbers*, p. 117.

145. Taubman, *Teaching by Numbers*.

146. Taylor and Nolen, *Classroom Assessment*.

147. Alfie Kohn, *The Schools Our Children Deserve* (Boston: Houghton Mifflin Company, 1999).

148. Ibid.

149. Taylor and Nolen, *Classroom Assessment*.

150. Ibid.

151. Marsh and Willis, *Curriculum: Alternative Approaches, Ongoing Issues*.

152. W. James Popham, "A Test Is a Test Is a Test—Not!" *Educational Leadership* (December 2006 – January 2007), pp. 88 – 89.

153. Ibid., p. 88.

154. Ibid.

155. Taylor and Nolen, *Classroom Assessment*.

156. Marsh and Willis, *Curriculum: Alternative Approaches, Ongoing Issues*.

157. Taylor and Nolen, *Classroom Assessment*.

158. Tanner, *Assessing Academic Achievement*.

159. W. James Popham, "Criterion – Referenced Measurement: Half a Century Wasted?" *Educational Leadership* (March 2014), p. 65.

160. Ibid., pp. 64 – 65.

161. Ibid.

162. Allan C. Ornstein, "Comparing and Constructing Norm – Referenced and Criterion – Referenced Tests," *NASSP Bulletin* (1993).

163. Brown and Green, *The Essentials of Instructional Design*.

164. Pellegrino, Chudowsky, and Glaser, *Knowing What Students Know: The Science and De-

sign of *Educational Assessment*.

165. Carol A. Meyer, "What's the Difference between 'Authentic' and 'Performance' Assessment?" *Educational Leadership* (May 1992), pp. 39–40.

166. Ibid.

167. Bruce Frazee and Rose Ann Rudnitski, *Integrated Teaching Methods* (Albany, NY: Delmar, 1995).

168. Dennie Palmer Wolf and Sean F. Reardon, "Access to Excellence through New Forms of Student Assessment," in Joan Boykoff Baron and Dennie Palmer Wolf, eds., *Performance–Based Student Assessment: Challenges and Possibilities*, Ninety–fifth Yearbook of the National Society for the Study of Education, Part 1 (Chicago: University of Chicago Press, 1996).

169. Linda Darling–Hammond and Jacqueline Ancess, "Authentic Assessment and School Development," in Baron and Wolf, *Performance–based Student Assessment: Challenges and Possibilities*.

170. George E. Hein, "A Progressive Education Perspective on Evaluation," in Brenda S. Engel with Anne C. Martin, *Holding Values: What We Mean by Progressive Education* (Portsmouth, NH: Heinemann, 2005), pp. 176–185.

171. Taylor and Nolen, *Classroom Assessment*.

172. Ibid.

173. Ibid.

174. Ibid.

175. Au, *Unequal by Design*.

176. Ibid.

177. Ibid.

178. N. Lemann, *The Big Test: The Secret History of the American Meritocracy* (New York: Farrar, Straus, and Giroux, 1999); and P. Sacks, *Standardized Minds: The High Price of America's Testing Culture and What We Can Do to Change It* (Cambridge, MA: Perseus Books, 1999), cited in Au, Unequal by Design, pp. 45–46.

179. David P. Ericson, "Social Justice, Evaluation and the Educational System," in Sirotnik, *Evaluation and Social Justice: Issues in Public Education*, pp. 5–22.

180. Pellegrino, Chudowsky, and Glaser, *Knowing What Students Know: The Science and Design of Educational Assessment*.

181. Deborah Meier, *In Schools We Trust* (Boston: Beacon Press, 2002), p. 109.

182. Pellegrino, Chudowsky, and Glaser, *Knowing What Students Know: The Science and Design of Educational Assessment.*

183. Ibid.

184. Deborah Landry, "Teachers' (K – 5) Perceptions of Student Behaviors during Standardized Testing," in Barbara Slater Stern, ed., *Curriculum and Teaching Dialogue* (Greenwich, CT: Information Age Publishing, 2006), pp. 29 – 40.

185. Peg Tyre, "The New First Grade: Too Much Too Soon," *Newsweek* (September 11, 2006), pp. 34 – 44.

186. Ibid., p. 36.

187. Howard Gardner, *Truth, Beauty, and Goodness Reframed* (New York: Basic Books, 2011).

188. Ibid., p. 192.

189. Ibid., p. xi.

190. Ibid.

第三编

课程问题

第十章　国际教育景观

学习成果

阅读完本章之后,你应当能够:

1. 讨论"全球心态"概念及其对美国和世界教育的影响。
2. 解释"世界主义"的概念和它如何可能或应当影响我们的教育行为。
3. 描述本章所述的五个国家的特殊教育组织。
4. 确认并解释本章所述的五个国家在小学和中学层次的教育项目。
5. 评论这五个国家的课程和教育组织策略。

写作本书时,我们已进入21世纪的第二个十年。然而,作为一个国家,美国的生活并没有脱离世界共同体,美国作为一个政治、经济实体,也并不比其他人类更为优越。的确,我们在军事上、经济上是超级大国,但我们不是在一个民族文化的真空中存在和运行。[1]

阿尔·戈尔(Al Gore)告诉我们,我们生活在一个具有全球扩张心态的时代。[2] 他提到,"四海一家的地球"已经创造了"全球范围内的人类神经系统,该系统以光速传输着来自数十亿人的信息、思想、情感"。[3] 我们都是"世界大脑"的成员。请将我们自己视为世界公民的神经元,将我们与他人的关系视为这种世界大脑的"突触"。我们与自己共同体中的他人的交流,以及与其他世界共同体的交流,可以被比作神经通路或网络。戈尔指出,我们是"具有智慧的一个环球……一个大脑的有机组成部分"。[4]

世界公民(特别是教育专业人士)所面临的一个关键问题,是我们在21世纪应当如何生存？现在,我们没有任何精确答案。更富有挑战的是追问在这一快节奏的世纪,我们应当如何教育我们的学生。这一问题带来形形色色的答案。戈尔提出,在处理富有活力又混乱不堪的日益扩大的知识方面,在处理进一步创造博学领域的各种技术方面,我们的文明,尤其是我们的学校已经严重滞后。

在学校围墙内外,我们学校的学生今天可以获取到更多信息。不过,戈尔贬低说,学生虽然正在获得信息,却没有学习如何识别不同知识领域之间的联系,不能掌握各种模式的信息的更深层意义,并且在需要评估整个信息包时面临挑战。[5]虽然不能全部接受戈尔的结论,但我们的确要说,21世纪确实已经出现各种重大的教育挑战,我们所有的学生都必须应对这些挑战。

但为了回应越来越多样的、充满挑战的需要,我们必须处理21世纪最本质的教育问题:21世纪的教育目的是什么？为了做出回答,我们必须追问:我们是谁？我们存在于什么样的文化之中？我们的文化是怎样与其他文化联系在一起的？为什么联系在一起？所有人如何对世界文化(或实际上,一种地球文化)做出贡献？

从什么地方开始？戴维·T.汉森(David T. Hamsen)给出了部分答案:世界主义。汉森说,世界主义这一概念在古希腊历史中有其根源。这一概念意味着"世界公民"。[6]的确,它不是一个新概念。哲学家第欧根尼(Diogenes,约前390—前323)注意到它的早期用法,他认为自己是一个世界公民,而不是某个城邦的居民。[7]现在,拥护这一概念方法的研究者,正在研讨世界各社会中的个人如何为"跨文化"社会交流做出贡献。[8]从这种相遇出发,便创造出了"教育文化创造性的观念"。[9]

对世界主义文献的一个分析为"处理在人类状况中的应用前景"提供了一种姿态。[10]确实,教育工作者和其他人正在研究人类如何分析人的处境。在21世纪,人类正在处理无数自然的和人为的袭击。美国教育工作者不能只在自己的房子和自己的民族文化中闭门造车、坐井观天。这是写作本章的一个理由:通过集中考察其他国家的教育运作方式,获得对美国教育体系的透视。"四海一家的地球"与日俱增的复杂多变和混沌混乱,让一些教育工作者和普通公众感到震撼。他们试图闭目塞听,屏蔽正在到来的世界信息和挑战。然而,如果我们让自己与其他国家的教育工作者联系起来,我们就不仅要接受挑战,进行教育创新,而且会受到另类的教育方法和新的内容部署的冲击。正如汉森所说的,我们可以学会"既越走越近,又

第十章 国际教育景观

渐行渐远"。[11]正如克莱达·A.赫尔(Clynda A. Hull)和阿米·斯托莱奥洛(Amy Stornaiuolo)所主张的,"既越走越近,又渐行渐远"可以诠释为这样的行为:我们"感受并理解差异,与此同时,当我们进入互动时,又能越走越近"。[12]

与其询问我们如何与其他教育体系进行比较,不如追问:我们怎样学习其他人的教育尝试?我们如何交流促进世界共同体的品质和贡献的教育经验?我们如何有益于人类和地球母亲?我们已经说过,有关美国教育的一大迷思是,我们一度伟大的学校正在滑坡,正在滑到世界其他地方的后面。如此要求改善我们的教育,是基于采用错误的透镜来看待我们的学校、运用有缺陷的测量尺度而提出的。这不是说我们教育工作者可以高枕无忧。事情正在起变化。人们处于迷乱之中。信息在爆炸。正如戈尔所表明的,"在我们与知识世界的关系中",存在一种"结构性转变"。[13]

我们正进入"大数据"时代。戈尔将正在崛起的"大数据"领域描绘为信息科学的新前线,在这一新前线,数学算法通过人类无法处理(至少是不能快速处理)的海量数据引导超级计算机。[14]与研究者从一个有待证明或否决的假设起步不同,大数据算法旨在让超级计算机搜寻海量数据,以得出趋势、关联、相互关系。这些计算机搜索各种证明假设的方法。这些计算机在几秒钟或几分钟之内所做的工作,人类一个团队可能要花十年甚至更长时间才能完成。因此,知识可以在几秒钟之内"被发现",并在几分钟或数小时内得到说明。在无法想象的数据集领域,知识能够不断地被发现。大数据的确有助于揭示令人震撼的教育信息新领域。在21世纪,我们需要准备好接受并利用庞大的知识新领域。我们需要培养对知识发现新的接受能力。近年来,斯坦福大学工程学院的一位教授创建了一个处理医学大数据的初创公司。[15]

我们同意伯利纳和格拉斯的说法,现存的一大迷思认为,当与其他类似的发达国家的学校比较时,美国的学校是二流的。我们也质疑为什么我们应当事事第一(包括教育在内)。的确,希望有东西可以大吹大擂是人的本性。但是,在21新世纪,也许我们应当质疑自吹自擂的冲动。正如伯利纳和格拉斯所说的,教育不是一项我们要计算金牌数的奥林匹克运动。[16]而且,他们提出,我们在国际考试中没有获得最高分,"但是,考虑到我们所确定的培养年轻人的目标,我们真的已经做得不差。"[17]此外,他们报告说,在贫困生人数很少的美国学校,学生在国际标准化考试中的确考得不错。在贫困生人数较多的美国学校,国际标准化考试的结果表明,贫困

483

生的成绩与其他国家持平。这样的结果,给美国学生考试的总成绩拖了后腿。[18]

伯利纳和格拉斯说,芬兰(我们本章要讨论的第一个国家)的贫困度极低。这是一个可以验证的事实。不过,芬兰的学校和课程包含一个更高效的学校系统吗?这一问题可以争论。我们不是说从芬兰和本章所讨论的其他任何国家那里学不到任何东西。当我们将美国学生与其他国家的同类学生加以比较时,我们发现我们的学生和他们旗鼓相当。也许,我们的学校并不像许多专家说的那样在走下坡路。可以相信,许多学生生活中的贫困才是罪魁祸首。有可能我们美国社会的一大污点,是容忍大量年轻人生活在阻碍他们能成为21世纪富有成效的学习者的环境之中。[19]

伯利纳和格拉斯指出,由于众多原因,确定谁在现代和后现代世界中拥有最佳的学校系统极具挑战性。首先,我们必须对认识到了它在其中起作用的环境的学校系统做出判断。而在此之前,我们必须考虑一般社会所看重的总的教育目标。美国教育工作者(我们还要加上美国普通公众),力争有"全能的"个人从我们的学校和大学毕业。[20]"全能"是一个流动的概念,在21世纪的几乎每一年都不断地得到重新阐释。不过,我们认为,只在某些科目上获得高分(尤其是在科学、技术、工程、数学科目上)是对"全能"的一种狭隘理解。

本书作者之一生活在西雅图,曾在《西雅图时报》上读到一篇文章。该文有关西雅图的两所高中、华盛顿斯诺夸尔米的一所高中,它们连续第二年闯入"原创艾灵顿"爵士比赛和音乐节决赛。这三所学校将与来自全国的学校在纽约市林肯中心一决高下。每一年,有15支爵士乐队参加角逐。这些乐队演奏的音乐基本上与艾灵顿公爵和其他爵士乐作曲名家的音乐有关。西雅图地区的学校因为优秀的高中爵士乐项目得到认可并不稀罕。2008年,有五所高中进入了决赛。不止一次,西雅图的高中获得最高荣誉。[21]我们认为,这些学生是"全能"个人的榜样。提到这一点不是为了大吹大擂,而是为了关注美国学校中教育工作者每天都在做的有效工作。爵士乐对美国文化来说居于中心地位。我们不期望中国或芬兰学生成为这一音乐类型的大师。我们不要求工业化世界在是否掌握爵士乐方面接受"考试"。

我们相信,美国的普通公众总体上被误导了。政治家、商界领袖、普通公众,甚至一些教育工作者,都有心理免疫系统的缺陷。[22]心理学家注意到,当个人用当下认可的假设去解决未来处境时,他们最乐于考虑未来。他们很少去质疑当下的假设是否适用于不断演化的未来。正如马丁内斯(Martinez)提出的:"本质上,我们的大

第十章 国际教育景观

脑是顽固地寻找对我们现存假设的确认的。"[23] 我们必须挑战目前有关美国教育的假设,挑战我们作为一个国家与其他国家一争胜负的方式。现在,我们很可能是在以本质上不战自败的方式回应当下充满活力的时代。

马丁内斯说,"不让一个孩子掉队"法案大概是我们心理免疫系统活化作用的一个结果,是一种自免疫反应。这种反应虽然能在理性行为支持下做出决定、形成看法,但实际上会进一步削弱免疫系统。[24] 理由是我们的学校不符合我们的预期。通过要求学校承担起提高学生成绩的更大责任,我们需要提升教育的成就。需要有成文的标准。必须淘汰不称职的教师。有能力的教师必须获得更高的报酬。这些要求折射出一种教育产业市场观,采用的是过去很长时期使用的基本设想。与对系统进行改革不同,由于下达僵化、狭窄的衡量标准(这些标准限制了在21世纪必不可少的实际起作用的各种学习),"不让一个孩子掉队"实际上妨碍了真正的改革。[25]

本书读者也许对这个观点有不同的看法,但"力争上游"的立法受到鼓励正意味着"不让一个孩子掉队"失败了。然而,且让我们仔细观察美国学生与其他国家学生相比的考试结果(尤其是数学和科学方面的成绩)。芬兰目前的统计数据堪称典范。美国学生不是第一名。你不能对统计数据视而不见。然而,那种似是而非的陈述能告诉你什么呢?美国学生在这些国际标准化考试上得过最高分吗?丹尼·韦斯特尼(Danny Westneat)报告说,布鲁金斯研究所的一位研究者汤姆·洛夫莱斯(Tom Loveless)注意到,在客观测试分方面,美国在世界上从来就没有领先过。事实上,美国学生甚至从来没有接近过领先。然而,我们现在比20世纪60年代初做得更好。现在,我们大致达到了平均水平,但依然落后于一些亚洲国家。事实上,美国学生最近在数学和科学上的得分,表明我们获得了最大的成功。行文至此时,我们学生在67个国家或地区中排名第22位。[26]

@ 备受关注的"国际学生评估项目"(PISA)比较了经合组织成员15岁学生的成绩。观看它是如何进行比较的,并讨论你认为它是否准确反映了一个国家教育系统的情况。

https://www.youtube.com/watch?v=q1I9tuScLUA

有些教育批评家可能认为,前面的段落支持了他们的观点——美国学校是低效的。67个国家或地区中排名第22，竟然是第22！我们的学生应当是第一名。我们必须抓住未来。做第二名是不可接受的。这种评论提供了自免疫反应的证据——运用只看眼前的、心安理得的看法来应对未来的教育挑战。我们必须认识到，我们都深受这种文化的、心理的、元认知的"疾病"之苦。我们都深深"处于"我们的文化语境之中，以至于意识不到它的存在，就像鱼意识不到自己在水中游一样。

无论如何，当下时代要求我们在反思当下的教育现状时，我们的研究要反求诸自身内部。过去的尺度如所覆盖的内容、所引用的事实、所通过的等级、所进行的考试、所得到的分数、所达到的目标、所取得的用以确定教育成功和学生成就的标准，在我们追求21世纪教育的卓越过程中误导了我们。不是说要废弃这些尺度。准确地说，要鼓励用新的尺度伴随那些被广泛接受的尺度。的确，在判断学校的成败时，我们要考虑所覆盖的内容。然而，所覆盖的内容指的是什么呢？所覆盖的内容精确地表明了学生的知识和理解力吗？依据20世纪定义的知识足以判断21世纪的教育质量吗？

正如R·汉维(R. Hanvey)在1976年注意到的，教育工作者和那些提供教育建议的人，必须拥有为21世纪的教育应当是什么提供洞见的心态。汉维评论说，真正的现代教育家，必须拥抱思考教育的五个中心维度。[27]第一个维度涉及视角意识。我们有关当地、州、美国、全球现实的看法是什么？这些看法是如何影响我们有关教育挑战的思考和解决问题的方案的？我们的视角，我们看待所处环境的看法，能促使我们产生新的洞见吗？或者，我们的视角妨碍我们对当下日新月异的处境的认识吗？视角意识影响第二个中心维度，也就是全球状态意识。我们大多数人多少有点本地意识或国家意识，但很少有人有全球状态的意识。第二个维度要求认识到全球性问题，并考察这些问题对学生生活的影响。第二个维度要求描绘出全球层次之上的文化、经济、物理维度，描绘出它们对人们的当下影响和潜在影响。

注意到第二个维度就会引向第三个维度——对全球动态的意识。仅仅意识到全球及其特定层面的情况，还不足以让我们做出明智的决定（在我们这里，即有关教育的判断）。我们必须认识到全球、世界的各种动态。人和民族国家都不再是自成一体的孤岛。自17世纪以来，全球就一直在发生动态变化。今天，这类世界互动不是出现在几百年或数十年的时间范围里，而是年年、天天都在发生。

显而易见，第三个维度（世界动态）为第四个维度——跨文化意识提供了养料。在这里，注意力集中于获得对各种文化和政治群体的深层理解。第四个维度引领

第十章 国际教育景观

我们努力分析其他国家的情况(在我们这里,即其他国家的教育),从而获得信息,以便我们调整和维护我们学校的活动。

第五个也是最后的维度,即意识到人的选择。毕竟,在我们世界上所发生的,实际上取决于人们选择做什么或不做什么。如果说我们在优质教育方面有一个敌人,那这个敌人就是我们自己,就是人。我们(敌人)运用的武器,是过时的思维、错误的目标、僵化的意识形态、缺乏同情怜悯、不安于我们的信仰、惧怕不确定性、对世界和世界共同体的看法过时落伍。[28]我们之所以用一章的篇幅集中考察世界共同体中的某些国家,是为了归纳如何教育我们学生的经验教训,而不是为了在教育上获得胜过其他国家的成功,是为了解放人的潜力。

要激活这五个指导我们思考 21 世纪教育的重点维度,需要我们全面理解当前日新月异的景观,同时仍然意识到我们过去的来路。大多数现代教育系统是在一个获得相当准确定义的产物——民族国家——之中得到发展的。[29]我们的学校和其他国家的学校主要是为国家的目的(经济目的、政治目的、社会目的)而设计的。[30]学校是最基本的舞台,在这一舞台之上,年轻人"学习要成为'什么人'意味着要么正规地通过明明白白所教的,要么非正式地通过适应建构日常生活的实践活动"。课程被选择出来,将学生塑造成各种社会的、文化的、经济的、政治的行为人,符合要求的国家公民和全球公民。精心组织教学法的目的,就是为了将学生塑造成合格的教育产品,能以特定的方式思考和理解知识及国家公民权。[31]教育学生成为成功的目标之人的一大危险在于,他们学习自己的课程学得太好。他们成了在自己国家之内能够有效发挥作用的达标之人,但他们培养出的世界观却目光短浅。[32]

在思考为本章挑选的各个国家的教育情况资料时,读者应当认识到全球化的力量——对民族国家和教育系统之间根深蒂固的纽带所造成的影响。国家边界越来越容易渗透(无论按渗透的本意还是比喻义来说都是如此)。尽管我们可以力争严防死守我们的边界,想方设法不让某些群体进入,但我们必须认识到,各种世界群体的观念、理想、欲望仍然容易渗入我们的边界。借助 Facebook、Youtube、Twitter 等技术,世界本质上成了一本打开的书。

民族国家总是互动之下的产品。美国不是在孤立状态下自我生成的。我们国家不仅是从与大英帝国的互动中演变而来,而且是从与其他欧洲国家的各种联系中演变而来的。我们的国家观念来自数百年来对无数人和文化观念的去粗取精。我们目前的政治、社会、经济、教育行为,是受我们和当下世界的交流互换所驱动的。

487

这也是写作本章的原因所在。[33]

特定国家的教育

没有国家是自成一体的孤岛。我们生活在"飞速变形"的全球化之中。我们面临的挑战不是要退避三舍,而是要为了所有人的利益拥抱我们日新月异的世界。有些人热情洋溢地欢迎各种建立新的人类关系的机会。另一些人则似乎无视世界是一个全球共同体。还有人惧怕全球化会削弱民族国家的概念,进而导致他们自决权力的显著丧失。[34]

帕思·萨尔伯格(Pasi Sahlberg)说,全球化呈现给我们一种文化悖论。礼赞全球化,可以使人及其文化获得不同程度的团结、共同的事业、共享的激情、相同的策略和政策——可以将各国融合到共同的目标之中。它的确可以促使全球共同体的成员应对相同的挑战,在我们这里,即直面我们的教育。[35]然而,全球化也会带来公民的自我转型,使他们建立独特的自我认同。

在21世纪,我们面临加入人类世界大家庭的挑战。但与此同时,我们不必成为克隆部队,我们不必丧失自己的身份。我们不能并且确实不应当要求我们的师生成为跟随群体行为的"悍妇"。正如萨尔伯格所警告的,我们不应当从我们对世界共同体的分析中力求标准化知识和千人一面的行为。[36]我们需要摆脱成为小配件,我们需要珍视和保持我们在人类之中的独特性。在这一渐趋成熟的世纪里,世界所需要的是"通过融合共同体的网络、智能技术的现代教学方法所达成的灵活性、冒险精神、创造性、解决问题的能力"。[37]

正如我们在本章中思考五个国家(芬兰、澳大利亚、中国、巴西、南非)的情况一样,我们必须具有一种广阔的全球意识的心态(虽然同时是心怀警惕的)。当思考全球教育改革运动(GERM)及其对标准、测试、考分的重视甚至过度依赖时,我们必须明智而周到。我们必须认识到如今这个世界强调整合非源自教育工作者的政策、策略与假设的全球教育改革运动。正如萨尔伯格所指出的,全球教育改革运动是由"跨国私营企业、超民族开发机构、国际捐赠者、私人基金会、咨询公司"所构想和推动的。[38]这些非教育群体深刻介入了对教育变革的影响,在课程和教学法方面更是如此。甚至跨国教育企业也是世界舞台的玩家。大多数"外部"实体运用企业模式引入变革、创新,以及评估此类行动有效性的方法。

第十章 国际教育景观

我们的确尊重企业界和慈善界的贡献,但教育工作者必须认识到,他们(即我们)是在处理一种独特的、脆弱的资源:人的身体、心灵和精神。我们必须认识到(正如我们对五个国家的讨论和再现所希望强调的一样),我们必须好好清理自己对个人的分类、对一致性的强调、对某些群体的优待、对所有教育工作者尤其是师生的过度控制。我们必须否定单纯旨在将学生训练成市场的螺丝钉的课程和教学方法。我们承担着创造教育经验的责任——这类教育经验要让学生为动态的、杂乱的各种共同体做好准备(从本地到州、到全国、到全世界的共同体)。爱因斯坦发现,"想象比知识更重要"。[39]

芬　兰

(芬兰教育政策的)目标是面向所有人的教育平等和高水平教育的一贯政策。终身学习原则意味着每个人在其一生之中不同的学习环境之下,有开发自己知识和技能的足够的学习技巧和机会。[40]

基础教育的目的是支持学生长大成人,并成为有伦理道德责任感的社会成员,为学生提供人生所必需的知识和技能。教学应当促进社会中的平等,促进学生参与教育,并在一生中的其他方面发展自己的能力。[41]

背景

芬兰共和国堪称从农业社会进入到信息社会的一个例证。20世纪50年代,芬兰共和国还是一个农业社会,在教育成就上滞后于北欧邻国。但2001至2005年间,芬兰被判定为世界上最具有竞争力的国家。[42]在注意到它一流的经济成就之前,世界在2000年已注意到芬兰15岁学生擅长经合组织的"国际学生评估项目"。在阅读、识字能力、数学素养、科学素养方面,这些芬兰学生超过了32个国家的同龄人。[43]

然而,不管怎样令人印象深刻,这些考试分数给教育工作者和其他人所提供的有用信息实际上微不足道。正如阿里·安蒂凯南(Ari Antikainen)所说的,更有用和更有效的思考这些结果的方法,是具体研究参与芬兰教育的个人实际上做了些什么,才使他们的学生取得了这样的结果。研究产生这些结果的原因——细致研究采取了什么行动、什么程序,采用了什么课程,使用了什么教学方法,实施了什么教育政策,执行了什么组织策略——可以为全世界的其他教育工作者提供在教育

领域内进行改革的新知识和新动力。⁴⁴

尽管找寻这些疑问的答案被证明是有用的,但我们必须记住,当我们考察芬兰和其他国家时,我们力争的不只是要提高学生的考试成绩。优质教育不是通过国际标准化考试的高分来定义的。正如基思·贝克(Keith Baker)提醒我们的:"考试分数和国家成败之间没有任何关系,与差不多半个世纪以来驱动美国教育政策的一个主要信念相反,国际考试分数无关紧要。"⁴⁵贝克进一步说,当政策制定者和政治家拿其他国家的考试分数当作美国学校落后的证据时,他们犯了一种可称之为生态相关性谬误的逻辑错误。有证据表明(大多数人对这些证据一无所知,有些人则无视这些证据),各国教育领域的这些行为及其影响"不会转化为各国之间的差异"。⁴⁶因此,当美国有人声称从其他国家的学生成绩可以得出我们的学校正在走下坡路的结论时,我们必须认识到,这些结论不是已经得到证明的概括归纳,而是需要加以更多研究的假设。⁴⁷

前面的评论既不是要抹除芬兰的教育成就,也不是暗示美国公民,特别是教育工作者不要去学习芬兰的教育经验。这些论述是要提醒我们,虽然芬兰和美国都在同一个地球,但我们不是芬兰,芬兰也不是美国。认识到这一点,我们才能够从芬兰及其教育系统获得对美国和美国的教育工作者有益的经验和教训。

芬兰的独特性

1917年12月6日,芬兰宣布摆脱俄国的统治独立。直到那时为止,芬兰有时被声称是瑞典的一部分,有时又被声称是俄国的一部分。1917年12月的最后一个星期,列宁承认了芬兰的独立。瑞典、德国、法国紧随其后。然而,在布尔什维克革命和第二次世界大战期间,芬兰的独立受到威胁。1939年至1940年冬天,苏联入侵芬兰。芬兰人进行了顽强的抵抗。1944年夏天,芬兰和苏联签署了和平协议。

由于芬兰东部与俄罗斯接壤,它十分警惕自己地缘上的这个庞大邻国。国家领导人认识到,在东方(俄罗斯)和西方(美国及其欧洲盟友)之间保持巧妙的平衡十分重要。自1995年以来,芬兰是欧盟的成员国之一。⁴⁸

芬兰的独特性交织着芬兰人争取生存的斗争和对芬兰自我认同的主张。创造、维护、塑造自己的芬兰特性,一直充满挑战。瑞典从2世纪初到19世纪初统治着这块土地,俄国则从1809年至1917年控制芬兰。⁴⁹

在地理上,芬兰是一个北欧国家,在其历史上与其他北欧国家(丹麦、挪威、瑞典)有许多相同之处,但本质上,它又不是北欧的。芬兰也不属斯堪的纳维亚。它的文化和语言与斯堪的纳维亚人迥然不同。

如前文所述,芬兰已从一个农业国演变为一个工业资本主义福利国家,20世纪80年代后则成为一个后工业社会,或者说信息社会。今天,芬兰已经转型为全球共同体内的一个具有竞争力的国家。虽然它富有竞争力,但芬兰依然是一个福利国家,这意味着政府已经塑造了劳动力与资本之间的一种生产性关系。[50]社会福利塑造了许多政府行为和社会团体的活动。具体来说,这意味着在芬兰,最低程度的下列服务是不可商议的:教育、健康、社会保险、就业、住房供给。这些服务是被当作公民权来提供的。

作为信息社会和知识型的经济体,芬兰的成功本质上为芬兰福利国家的健康提供了经济基础。电子工业引领信息社会。有人认为芬兰是欧洲的硅谷,是网络社会的一个关键成员。网络社会塑造了一种新的社会动态。"网络逻辑实际上修正了生产、实验、权力、文化过程的运转和结果。"[51]芬兰的网络化趋势强化了它长久以来将教育当作基本人权的承诺。学校、学院、大学相互联网。同样,这些教育机构创造了与公司、公司雇员乃至公民团体的富有成效的联系,所有人都认识到教育对工作生活和公民参与的重要意义。此外,芬兰认识到,工作群体和市民协会对教育也有影响。

芬兰的教育:文化关键

可以将芬兰定义为一个学习型社会。托尔斯藤·胡森(Torsten Husen)提出了界定学习型社会的四个标准:(1)给人们提供终身学习的各种机会;(2)社会上所有年龄的人都有可能获得正式教育;(3)嘉奖非正式学习,鼓励独立学习;(4)邀请其他机构加入教育事业中来。[52]

教育部

芬兰教育部负有和教育、科技、文化事务有关的广泛责任。教育部不仅负有促进学校、学院、大学教育的责任,而且负有科学、文化、运动、青年工作的责任。它也负和全芬兰人的公民教育有关的责任——公民教育的目的,是为了使芬兰人认识到自己的责任不仅有益于个人目标,同时也有益于社会目标。[53]

在教育部之内有两个分部:教育科技部负责和教育问题有关的教育与研究;文化部管理与"文化、运动、青年版权、学生经济资助、教会事务"有关的事务。[54]芬兰在其课程中长期包含了宗教教育。它的宗教课程涉及芬兰福音派路德宗教会或芬兰东正教的教学。然而,对课程内容和经验中的宗教和教会,芬兰政府保持中立态度。尽管如此,它仍然资助大学神学院的神职人员教育。同时,它还资助中小学的教派教学。对不隶属于任何教派的学生,教育部则支持中小学层次的品德伦理教育。

芬兰的教育系统

综合学校

目前,芬兰的教育系统分为学前教育、九年综合学校教育、综合学校之后的普教和职业教育、高等教育和成人教育。九年综合学校称为"Peruskoulu",由小学部和初中部所组成。"Peruskoulu"在20世纪60年代被定义为综合学校,计划在1972年于芬兰北部付诸实践,到1978年则在全国实施。这一新型学校背后的设想是,这种学校组织将让所有学生学习。它所要求的是要采用恰当的教学方法。这是一大转变——相信所有孩子不可能学习所有的东西,孩子有不同的能力,学生有各种才能,各种才能的大小千变万化。伴随这种新的学校组织(学生在七岁时进入学校),所有进入学校的学生被认为是能够学习的。从1972年开始,"芬兰综合学校课程"指示要覆盖什么样的内容,针对不同学生人群要采用何种组织方式,何种类型的教学策略。然而,1985年,所有能力分组在全国的学校中止了。自那以后,所有学生都学习同样的课程。人们相信教师能为自己的学生创造恰当的教学方法。[55]

芬兰采取的形式,或以年龄分班,与美国小学的组织方式十分相似。然而,在主要教师的配置方面存在重大差异。在大多数学校,教师在被称为几年一"轮回"的时间内与同一群学生待在一起。基本上,教师决定他们与特定的一批学生待在一起多长时间。假如一个教师愿意,他可以与同一组学生一起度过整个小学阶段——六年。这种实践可以让教师对自己的学生知根知底。[56]

学生在"Peruskoulu"的初中部要度过另外三年。在初中部(与美国学校的七到九年级相当),学生被组织到科目领域的课堂中。希望结束自己义务教育的学生,必须完成第十年的学校教育。完成这种课程是获得进入高中综合学校之后教育的必备条件(综合学校之后的教育招收16至19岁的学生)。所有进入综合学校的学生每学年在校时间为190天。[57]

虽然芬兰政府为特定年级的科目教学阐明了全国目标和时间分配,但芬兰全国教育委员会还是列举了全球目标和核心课程内容。地方教育专业人士和教师个人为本地社区的学生创建基本的、具体的课程。基本课程涉及母语和文学(芬兰语和其他民族语言,要么是瑞典语,要么是拉布兰语)、外语、环境研究、公民、宗教或伦理、历史、社会研究、数学、物理学、化学、生物学、地理学、体育、音乐、视觉艺术、工艺、家政学。

一俟完成课程,学生就会收到一个证书,表明已完成了综合学校的课程。达到领取资格证书的标准,是由管理人员、教师、其他教辅人员在当地学校层次上确定的。在学生学习综合学校的课程时,他们永远不用被跟踪或安置到特定的小组,也不必屈从于特定水平的各种考试来确定他们是否能进入到下一级的学习。[58]

综合学校之后的教育(高中教育)

综合学校之后的课程由三种渠道提供:义务、专业、应用。全部课程包括聚焦于具体科目的38门课:"母语和文学(芬兰语和其他民族语言)、外语、第二外语、环境研究、公民、宗教或伦理、历史、社会研究、数学、物理学、化学、生物学、地理学、体育、音乐、视觉艺术、工艺、家政学。"芬兰全国教育委员会负责创建完成课程的核心目标和内容重点,详细的课程则由各地的教育工作者创建。[59]

尽管学生获得完成综合学校和综合学校之后教育的证书不用参加任何考试,但如果他们想进入到学院或大学深造,学生就必须参加大学入学考试。这种考试安排在春季和秋季,由所有高中学校进行管理。大学入学考试包括四门考试:母语考试、第二官方语言考试、外语考试、数学或通识教育考试。所有这些考试都是开放题型,重在测试考生的批判性思维、问题解决能力和写作技能。每门考试分两种难度——可以反映出一个学生在学校所修的课程。学生自由选择考试的难度。然而,他们必须参加一门高水平的考试并且获得通过。无论考试的难度如何,他们必须通过所有考试。[60]

来自芬兰的经验教训

芬兰做出了哪些让全世界嫉妒的教育贡献呢?当然,这贡献并非芬兰把一个学年设定为190天。课程科目似乎也没有异乎寻常。我们认为是芬兰教育部引进的以下出奇制胜之处:从一个高度集权的、用700页以上的课程指南管理教育的机构,到一个更多充当触媒、让地方层次的教育工作者承担创建课程和评估责任的组织;从一个倾向于发号施令、要求教师在学校和课堂做什么的中央权威机构,到一个表达信任的组织——能够信任教师凭借卓越的预备纲领创建课程和创新型教学

策略;并且重视教师所做的本地的、独特的评估。⁶¹

也许,在国家层面,芬兰当局最推崇的新奇之处,是他们信任教育专业人士,特别是教师。芬兰没有任何教师评估系统,也没有人提出要有教师评估系统。教师被认为是专业人士,他们在自我管控之下能将工作做到最好。在芬兰,教育是一个被景仰的职业,在教育界,教师从一开始就创建优质课程和教学方法,同时有来自政府教育高层的指导和支持。⁶²我们来比较一下芬兰的事实和《西雅图时报》2015年2月23日的一则头条:"制造更出色教师的新工具"。"华盛顿各学校不久后将不得不采用校长或其他评估工作者的深度考察来评估教师。该计划的重点在于对成败有跟踪记录的教学实践活动。"⁶³

芬兰全国教育委员会的顾问利奥·帕金(Leo Pahkin)说:"我们信任我们的教师。他们会寻找最佳的解决方案,或者会创造自己的最佳解决方案。不用督察和测试,他们就做得十分好。"⁶⁴教师不仅作为专业人士受到信任,而且在如何使用自己的时间上也受到信任。除非有课,在芬兰不要求师生待在学校。而当他们有课时,他们通常每天只教四小时。剩余时间被用于备课和与其他教师合作。这些互动可以在学校或家中进行。正如理查森所说的,"同美国学校高度管控的工作环境相比,芬兰教师在与专业更为相关的环境中工作"。⁶⁵

在芬兰,各校之间存在合作。芬兰的教师有时间与自己学校的工作伙伴、其他学校的同人建立网络联系。在美国,我们有全州范围和全国范围的各校之间的竞争。"力争上游"培养了各校之间的一种市场心态。无论谁赢得"比赛"都要得"金牌"。为了给竞赛增加更多的"运动",我们有特许学校、独立学校,也有竞相做到最好的私立学校。

芬兰教师无愧于人们对他们的信任。他们将自己的职业理解为个性化和个体化学习的哺育者。所有孩子都是独特的,教师必须让课程适应学生的多变和独特的需要。全国性的课程(基本上是小册子)提供总概。然而,单个学校中的教师负责创建以学校为基础的课程和个性化的教学法。他们的教育计划往往基于当下的研究成果。事实上,教育研究者是许多教师所承担的角色。他们教学进度的灵活性,为个人研究和合作研究提供了时间。

在美国,教师基本上会受到全国上下为推动学习而采用的课程设置和教学方法的束缚——这种学习,会受到外部设置的目标和标准以及对标准化考试的管理的引导。标准化测试缩小了课程内容的范围,甚至缩减了学生处理内容的方法。

显然,芬兰教育工作者更多处于人本主义的、后现代主义的阵营。他们注重学生—公民的全面发展。他们相信,学校的课程不只是为了储备科学、技术、工程、数学方面的大师,而是为了使学生成为高效的芬兰公民。芬兰教育工作者获得了成功,至少按他们学生在国际考试中的成绩来说是如此。

对教育界的依赖,在学校层面是一种普遍现象,同时也蔓延到学院和大学层次。高等教育中的教育工作者面临挑战,也受到信任,力争创建培养合格的、有创造性和献身精神的教育工作者的教育项目。萨尔伯格指出,师范教育现在被归为"学术"教育。这意味着所有课程内容和教育经验必须基于以科学为基础的知识。在学士学位项目和硕士学位项目中,课程经验必须重视设计和进行教育研究所必需的思维策略和认知技能。[66]

例如,赫尔辛基大学2014年的小学教师教育硕士项目中的学生,就必须选修以下课程:教育研究导论(3学分)、定量研究方法(4学分)、定性研究方法(3学分)、课程理论和评估(3学分)。此外,他们必须在课程规划基础上获得2学分,在学士学位层次获得1学分,在硕士学位层次获得1学分。[67]

在芬兰,大学负责师范教育。希望在综合学校较低年级任教的个人,必须获得教育硕士学位。该学位要求修满160个学分,完成5年学习,其中包括教学实习。立志做科目教师或学科教师的人的教育,由大学一级的相应院校提供。这些项目中的教师必须在各自的专业领域获得硕士学位。这样的项目也要求学习5年(160至180个学分),其中包括教学实习。持有此学位的教师可以在小学低年级任教,也可以在初中或高中任教。[68]

然而,并不是每个想做教师的人都能接受师范教育。未来的师范生必须与怀有这一学术目标和职业目标的其他人展开竞争。正如琳达·达林-哈蒙德所说,在这些申请的人中,只有顶尖的15%会被接受。对这些被接受者,所在大学会提供三年的免费研究生教育和生活费。[69]

师范生教育的一个特点,是同与一所大学有频繁联系的模范学校的一位经验丰富的教师合作一整年。新任教师不仅学习如何教学,而且学习如何利用为教学方法提供支持的教育研究。新任教师被鼓励实验不同的教学方法。在芬兰,师生不仅参与指导教学内容的调研,而且参与提供教学方法和学习方法的调研。师范生将学习课堂即实验室的课堂观——在其中,师生在各种研究中相互合作。他们也会被灌输这样的观念:教室是一个各种观点、结论、假设在其中都可以被质疑的舞台。这些实验课堂的主要目的，是培养学生的独立和主动学习能力。[70]

此外，有模拟课堂实践经验的学生，拥有众多机会学习如何开发具有革新精神和挑战性的课程。他们也拥有创建恰当评估工具（考试和其他可替代方式）的技能，可以与学习动力和领域需要改善的学生进行交流。芬兰对学生没有任何由外部进行管理的标准化考试，不按任何评估结果对学生进行排名。教师对学生的主要反馈方式是通过叙述，教师不仅指出已学到的知识和需要获得的知识，而且注意学生学习过程的效率。[71]

最终，师范生逐渐认识到，教学和诸如开发课程与评估等相关活动不是孤立的活动。在芬兰的许多课堂中，教师有一群见习教育工作者协助教学、与学生协作、给学生补课。许多学校设有一名助教，可以和学校中的不同教师合作。这个人可能还没有获得教育硕士学位，但也许是一位在如何与需要特殊专业帮助的学生打交道方面接受过某些专业教育的高中毕业生。许多学校还拥有满足特定需要的教师，他们层次不一，可以恰当地满足不同层次的教学。通常，这些人是特教老师，不仅有助于教学，而且可以帮助教师规划和创建针对学生特殊需要的课程。[72]

总的来说，芬兰的学校教育方法取决于建设学校的能力、教师的才能、是否有学校助教和特教老师等教辅人员可用、是否能创造出强化教师有效工作（例如在决策方面小型的、教师的参与）的条件，同时取决于社会项目支持学校的能力。它不依赖于过度的低水平的测试或苛刻的问责体系。[73]

@ 观看这个有关芬兰为什么可能拥有世界上最好的教育系统的新闻片断。它的哪些部分的改革可以为美国所复制？应当复制吗？或有没有可能复制？请做出解释。
https://www.youtube.com/watch?v=Ctuo7ibEWZl

澳大利亚

背景

澳大利亚和美国在过去和现在有一些相似之处。两国都由英国经由探险行动宣称为英国所有。1770年，詹姆斯·库克船长沿澳大利亚大陆的东海岸往北航行。他称现在的澳大利亚为新南威尔士州，为大不列颠所有。作为赢得革命、1783年在

第十章 国际教育景观

巴黎与英国签署和平协议的一个结果,北美13个殖民地摆脱英国获得独立,这出其不意地影响到澳大利亚的地位。

到1783年时,英国已经将许多罪犯送往美国殖民地。在美国打败英国之后,大不列颠需要另一块地方遣送罪犯。由于与英国相距遥远,澳大利亚证明是遣送罪犯的理想之地。然而,罪犯必须有人去看守,这就需要有自由身份的工作人员。英国有些自由公民也希望获得更好的生活并移民澳大利亚。开始时人数不多,直到1851年发现金矿,大量移民涌入,这些移民主要来自不列颠群岛。人们寻求财富。美国建国已68年,但组成澳大利亚的殖民地历史并不太长,自库克船长发现以来只不过81年。美国大致也在差不多的时间出现了淘金热:1849年在加利福尼亚发现了金矿。尽管美国的淘金热吸引来了欧洲人,但澳大利亚也吸引来了来自同一地区的淘金者。

澳大利亚和美国之间的一大相同之处是,很早便强调教育是风清气正社会的基础,尤其在新英格兰殖民地。在美国,早期学校的重点是阅读,目的在于让人们可以阅读《圣经》。在澳大利亚,到1810年,监狱陆续释放罪犯,罪犯逐渐成为自由的少数人。这部分人认识到,成功的共同体需要举止有度和道德约束。[74]

尽管澳大利亚到1810年才建成小型的自由民社会,但对教育的关注却先于1810年。不是罪犯的殖民者想要自己的孩子获得教育和信仰(在妇女到达之后,孩子的数量增加)。英国国教做出了回应。教会对教育的介入进一步加强,导致逃离塔希提岛暴动的英国国教传教士来到澳大利亚。这些传教士劝诱人们:宗教即教育。

澳大利亚殖民地支持教会的观点:教育是培养对基督教教会原则的信仰和忠诚的载体。澳大利亚坚信,在寻求社会和道德秩序方面,宗教必不可少,必须将宗教融入教育经验之中。然而,并非所有的宗教教派都照单全收。1838年,《教会法案》立法宣布英国国教、天主教、卫理公会、长老会等教派为法定形式的基督教信仰。[75]

19世纪30年代和40年代,教会加强了自己对澳大利亚教育的控制,以至于关注起澳大利亚殖民地的中央管理来。政府同意,如果教会允许政府建立和资助一个平行机构"全国教育部",政府便在"教派学校部"的庇护下继续支持各教派学校。所有各方取得了共识,于是在1848年建立了"全国教育部"。本质上,这一部署奠定了以双轨制存在的私立教育和公立教育的基础。

从19世纪中期到晚期,公民和公职人员开始认识到,"教派学校部"为大多数英国国教派人口提供了优先权。人们质疑宗教学校为什么应当获得国家资助。

1851年，南澳大利亚成为不再给教派学校提供资助的第一块殖民地。塔斯马尼亚岛和西澳大利亚紧随其后，昆士兰和维多利亚也迎头赶上。1872年，新南威尔士最终也紧随其后。1880年到1900年间政府对教派学校体系的支持逐渐减少，促进了免费教育、义务教育和世俗化教育。在各州通过的立法，增强了教育各部门的力量。

19世纪的最后二十年是经济活动增长的时期。某些人在采矿业和各种行业积累了巨大财富。教育以若干方式从财富积累所导致的慈善业获益。基于宗教的私立大学获得可保证其持续发展的捐赠。在澳大利亚，"学院"一语，特别是在指私立学校时，所指的是美国人所说的高中，或更具体地说，是指私立高中或专科院校。在这一慷慨捐赠时期，长老会和卫理公会派女子学院（私立高中的大扩张）出现了。伴随学院层次的这种教育大扩张，文法学校也获得了发展。[76]

在整个19世纪，澳大利亚是数个各自独立的英国殖民地。然而，伴随不同的经济活动和众多不断成熟的教育体系，在澳大利亚殖民者内部兴起了将各殖民地统一起来的新兴愿望。1885年，一个联邦委员会组建起来专做此事。统一的愿望已计划到位，1901年1月1日，澳大利亚联邦宣布成立。新议会在1901年5月9日召开了第一次会议。

澳大利亚的教育系统

从建国伊始，教育就成为达到社会高效运行的国家目标之一部分。澳大利亚所有州都有义务入学法，要求孩子从幼儿园上到十年级（从5岁到15岁）。教育由各州的教育局管理。在北方地区，教育接受联邦资助，教育项目通过"北方区"管理机构进行管理。

同时，不同于美国公立学校系统的是，政府对私立学校进行资助。在"天主教系统的学校和低收费基督教学校"之外，还有其他私立学校。[77]过去几年，有些澳大利亚人反对用公共资金资助私立学校教育。

小学教育

州政府指导小学教育，在澳大利亚南部是从1岁前到7岁，但在其他各州是从1岁前到6岁。过去，在确定课程、教育材料、教学方法方面，各州的州教育委员会发挥主要作用。现在，各教育委员会仅提供一般的教育指导方针，而将课程开发和材料选择的细节交给了学区和各学校。教师创建针对特定学生群体的课程。教师和教辅人员也对学生进行评估。在任何范围内都不运用外部评估。这是20世纪

第十章 国际教育景观

70年代以来的标准实践。[78]

小学教育课程在许多方面都类似美国所提供的小学教育课程:阅读、语言学习(英语)、写作、数学、普通科学、社会研究、澳大利亚史、地理、公民。学生也可以学习个人成长与健康、商业、计算机技术、视觉艺术。小学教育也提供外国语课程,尤其是亚洲语言:印尼语、日语、汉语。对这些语言的引入相当慢。其他语言课程包括意大利语、西班牙语、法语、德语。土著学校,尤其是在澳大利亚西部和昆士兰北部,提供原住民的语言学习。北部地区同样也提供原住民的语言学习。[79]

中学教育

如前文所述,中学教育出现于政府(公共)教育机构,也出现于私立中学教育机构(学院)。这两种机构都接受来自州和联邦资源的政府基金。至少自20世纪80年代早期以来,官办学校和私立学校之间就在争夺学生和资金。私立中学似乎节节获胜。正如戴维·T.加米奇(David T. Gamage)和塔克武奇·乌雅玛(Takeyuki Ueyama)所说的,在21世纪第一个十年的最初几年,私立学校收到了自由党和国家党联盟政府的数十亿美元,而官办学校在经济上却捉襟见肘。[80]

由于资金绰绰有余,尤其在中学教育层次,私立学校创造了许多澳大利亚人认为更优质的课程和学习经验。许多澳大利亚人认为,私立学校教师的教学准备更好。同时,目前的社会动向促使父母让自己的子弟进入私立中学学习。澳大利亚社会正变得更为多元。许多安于主流白人文化的文化群体,现在正退出越来越多样的公共社会舞台。澳大利亚已经经历了一般社会和学校中暴力的增加(主要是中学,也包括初中)。在学校内外,许多社区都出现了毒品问题。澳大利亚的传统价值观正受到挑战。官办学校的许多中学生都没能毕业。

许多人已经并且继续在迁往澳大利亚主要城市周围的远郊。志同道合的个人组成的各种团体,往往呈现出中产阶级和中上层阶级的价值观,他们正聚集到多少有点相似的社区之中。由于澳大利亚中上层白人退出了城区,私立学校随之而来。澳大利亚的私立学校也按学生人头接受公共资金的资助。凭借这一规则,学生可以体验更强的教育项目。[81]

尽管在教学质量和内容的深广度方面可能存在差异,但官办和私立中学的课程基本是相同的。两种体制的学校都重视以下学科:英语、数学、科学、历史、地理、经济、个人成长与健康、计算机科学、现代技术、视觉艺术。有些中等学校提供技术科目。计划上大学的学生必须通过公共大学入学考试。

像美国一样,澳大利亚和全球教育改革运动有紧密联系——正如前文所述,全球教育改革运动具有一种企业模式的支撑结构。这一改革运动的一项重要考试是"国际学生评估项目"(PISA)。萨尔伯格提到 B. 詹森(B. Jensen)、B. 魏德曼(B. Weidmann)、J. 法默(J. Farmer)为格雷坦学院所进行的一项研究,该项研究探讨依赖市场心态评估各种教育方法的效率所具有的价值。这些研究者重点关注市场机制(尤其是学校之间的竞争)以何种方式允许家长和教师有选择学校的权力,允许例如特许学校一类的学校有不同于公立学校系统中的常规学校的自主性并进而影响到在校学生的教育收获。他们的研究结果表明,政府鼓励学校之间越来越多的竞争确实对整个经济的各部门有积极影响,但学校并没有提高自己的效率。[82]

师范教育

想成为教师的个人(无论是在小学教育层次还是在中学教育层次),必须完成四年的大学学业。在学习的最后一年,学生必须选修重点关注各种教育方法和教育史与教育环境的科目。渴望在就业市场具有优势的学生,可以选择攻读教育管理、普通教育、课程教育与开发方面的硕士学位。教育课程也针对现代社会的技术层面,提供特别为教育工作者设计的计算机科学。在大学的最后一年,教育学学生(小学和中学层次的)要参与六星期的指导性的学生教学实习。准备做小学教师的学生,通常在高年级之前要选修一门大文科课程。瞄准中学的那些学生,则聚焦一门特定学科(例如数学、科学、英语或历史)。

众所周知,教师永远不会真正完成自己的毕业教育。澳大利亚针对这种更新知识和教学技能永恒要求的一个项目,就是"优秀教师项目"。这一对澳大利亚所有教师可用的项目,既针对小学教育,也针对中学教育。在"澳大利亚教学"(Teaching Australia)的指导下,这一项目鼓励创造和实施新奇的教学方法,协调与教师关心的问题有关的研究,向教育工作者传播研究成果。在创建涉及广泛的教育责任的职业发展课程方面,"澳大利亚教学"提供手把手的指导。[83]

在与各州的合作中,澳大利亚中央政府也协调各种"全国计划"。这些计划确定和推动课程与教学方面的最佳实践,也让该领域的教师熟悉不同课程领域的最佳资源。此外,"全国计划"有助于为教师和教辅人员建立全国性的教育网络。例如,这些计划包括以学校为基础的行为研究、工作坊、远距离学习会议、学校项目带头人教育。[84]在澳大利亚西部,有一个称为"炉火纯青"(GIR)的计划,该计划教育教

第十章 国际教育景观

师成为专家型教师(ST)。被选出来参加专家型教师培训的教师,实际上要获得具体学校的同事的推荐。

被自己的同事推选出来的教师,在充当专家型教师的两年多时间里,要参加七个为期三天的工作坊。这种专家型教师往往要集中关注学困生的计算能力和文化素养,并与任课教师每周合作半天。这使专家型教师在一周时间内与一所学校的众多教师协作。专家型教师也追踪特定学生的学习,同时成为参与型的观察人员。有时,他们协助教师开发针对特殊学生需要的特定课程,他们也为任课教师充当被征询意见者。[85]

强调师范教育的课程清楚地表明,澳大利亚是一个西方工业化国家。正像美国一样,它利用其作为英国殖民地的历史。但澳大利亚的独特之处,在于它在英联邦国家中的地位所具有的影响。不管怎样,澳大利亚在地理上不属于欧洲。目前在澳大利亚,一个运动正开始出现——让澳大利亚人承认其地理上和文化上属于亚洲的地位。佩塔·索尔特(Peta Salter)已经启动了一项将影响澳大利亚教师的文化地图的研究。本质上,他希望培育一门对所谓"亚洲文化素养"做出回应的课程。他的研究是一项重要计划的一部分:探讨再现亚洲文化素养(澳大利亚正在考虑),探讨这种关注正在以何种方式影响教育政策。[86]

索尔特指出,澳大利亚国家政策将亚洲文化素养定义为"对亚洲不同地区的历史、地理、艺术、文化、语言的知识技能和认知"。[87]索尔特的著作力图最终在澳大利亚学校引入一门课程,使学生和未来的公民理解澳大利亚将如何在"亚洲的世纪"发挥作用。索尔特说,由"澳大利亚课程、评估、报告机构"(ACARA)创建的澳大利亚全国课程,已经拥有了一种教育优先权,让澳大利亚的所有教育机构使澳大利亚公民准备好以各种方式有效地同亚洲不同国家打交道(其中包括经济的、生态的、文化的、社会的甚至军事方面)。索尔特提出,这一新的全国重点,是对欧洲中心观的澳大利亚的挑战。[88]

这一项目的成败主要取决于教师。然而,这是一种和任何新引进的课程有关的老生常谈。教师必须接受扩充课程。索尔特认为,在考虑亚洲文化素养时,他和教师面临各种挑战。与澳大利亚毗邻的亚洲大陆,在地理、文化、尤其政治方面是多样的。[89]中国确实成功地使自己的经济和军事方面为人所知,并且越来越多的中国学生在澳大利亚寻求接受高等教育。

索尔特提出,澳大利亚政府往往倾向让亚洲文化素养成为一个政治口号而不是一个教育口号。将需要亚洲文化素养予以政治化,似乎隐含着教师必须是有关这个极为多样化地区的知识专家。教育方面的强调则培养这样一种认识:众多教师必须拓展特定的知识基础。每个教师都可以为学生的总体课程经验带来他对一个特定亚洲国家或话题的认识。我们认为,给澳大利亚师范教育引入一个或多个亚洲文化素养项目是一个极为艰巨的挑战。

来自澳大利亚的经验教训

澳大利亚的教育系统尽管与美国的教育系统略有相似,但确实又有一些重大差异。一大不同是,有一个由政府支持的、与公立官办学校相竞争的强有力的并行的私立学校系统。政府对私立系统的这种强有力支持,似乎已经造成了社会阶层之间的持续隔离。尽管我们不直接资助私立学校,但对美国的一大经验教训,也许是要在我们的公民中培养对所有公民的欣赏,认识到所有人都需要一个顺畅运转的社会。

对我们来说,另一个经验教训是,更多的革新和评估要在地方层次加以管理。州教育局要信任教育工作者。"炉火纯青"计划提供了一个例证——信任各地学校的教师拥有必不可少的专业知识。

还值得一提的一个经验教训是,在澳大利亚,通过培养不同学校和教育工作者之间的互助和协作,正在鼓励教育创新。"教师质量项目"没有将学校和学区置于争夺基金的竞争之中。

中　国

背景

中国的历史可以往前追溯至少四千年。历史学家将中国归为四大文明摇篮之一。从其作为一个政体伊始,它就将教育当作其存在的根基。"士"被认为比"兵"更为重要。到公元前2000年,中国已正式建立教育机构。然而,这类教育机构只针对统治阶层和富裕阶层,这两个阶层往往由同一批人组成。

令人惊讶的是,中国在公元前800年即已建立官学和私学。这类学校到公元前400年变得更为普及。在这一时期,中国甚至已经创立选拔官吏的考试。这类考试

第十章 国际教育景观

任贤选能,同时反映广受尊崇的哲学家孔子的观点(学者们认为孔子生于公元前551年,卒于公元前479年)。孔子的观念和看法极大地影响到中国人的朝廷、衙门、教育、个人修行方面的思想。孔子相信贤能教育——官吏应当是最有德的人,而不必是最有才的人。同时,孔子主张个人要努力做到有"礼",并自愿履行社会责任。

昌明的社会需要君子。君子并不主要来自富裕之家。官吏一旦通过自己的"贤"掌握权力,就要求下属言听计从,给予相应的尊重。"有教无类""因材施教",孔子认为,真正的君子应当"吾日三省吾身"。今天,我们将这解释为要持续地探究自己的行为、所获得的知识、所进行的调查。[90]

孔子并不主张大众教育。事实上,他相信大多数布衣白丁缺乏获得大德的能力。他认为,与君子相比,淑女不应当接受任何正式教育。千百年来,孔子的信徒注意到,人如果要安居乐业,就必须"学而时习之""温故而知新"。这种对正式教育的重视,即使只是相对于少数人而言,却也影响到中国文化发展的方方面面。直到20世纪初期,这种影响都明显可见。[91]

在20世纪上半叶,不仅孔子的影响在发生变化,中国政府和教育体系也地动山摇。末代皇帝下诏说更多中国人应当接受教育,教育应当力争更为现代和西化。1905年,科举制度寿终正寝。1911年,中国的王朝传统终结,代之而起的是民国。中国进入许多人所称的"黄金时代",在这样的时代,教育在思想上和行动上都得到认可。教育惠及越来越多的国民。然而,日本帝国主义的侵略(1937—1939)破坏了中国的教育步伐。战争基本破坏了中国70%的文化机构,其中包括教育机构。随之而来的是第二次世界大战(1939—1945)。

在这些军事冲突之后,中国没能重建自己的教育机构,而是陷入了从1946年至1949年的国内战争。共产主义者胜出,并在1949年建立了中华人民共和国。新领导人拒绝西方对中国教育的影响,对当时的苏联亦步亦趋。

1958年,中国教育部发起了教育改革,脑力劳动和体力劳动被赋予同等的价值。生产劳动对中国成长为一个现代国家具有必不可少的价值。劳动光荣且被融入中国中小学教育和高等教育的课程之中。教育经验被分为半工半读。[92]

许多人认为,"文化大革命"使教育开发停滞不前,这种教育开发是20世纪末期和21世纪早期的运转所必需的。"文化大革命"结束后,随之而来的是所有教育层次之上重大而广泛的革新。进一步影响中国的是,政府千方百计想让自己的国家迅速现代化。教育被修正,共产主义政府将自由市场方法融入创建现代经济体之中。[93]

中国的教育系统

在中国漫长的历史中,教育在人们的思想中至关重要,在那些特权阶层和身居高位的人的思想中更是如此。正如前述,孔子的思想对官吏的行为影响很大。尽管在中华人民共和国成立后的一段时期,孔子的思想失去了人们的青睐,但它似乎在最近又重回舞台。

目前,中国政府将教育提高到了对国家经济发展和政治影响至关重要的位置。20世纪90年代之前,中国教育系统似乎完全受国家教育部的集中指导。教育部成立于1952年,1975年重建。1985年,教育部又一次被撤销,更名为国家教委。国家教委在中央政府——国务院的直接管控之下,负责所有教育政策的制定、教育改革的管理、教育目标的奠定,并负责教育标准和评估标准。[94]

自1999年以来,中国共产党领导下的国务院的一个核心教育目标,是创造和推广素质教育。国务院领导一种名为"素质教育"的课程改革。[95] "教育是全面提升国力的根本,越来越以劳动者的'素质'和对优秀的人力资源的开发来衡量。这更为迫切地要求为21世纪教育和培训新一代。"[96]

吴认为"素质"概念在21世纪的中国是一个闪光点。然而,有关"素质"的讨论,是有关各级管理特别是教育的公共"对话"的一部分。现在,国务院宣扬普通基础教育是一条将所有中国教育系统带入现代化的途径。这种致力于教育现代化的尝试,尤其关注中国的农村地区。在农村推动培养"素质",从而带动服务少数民族的学校达到与城市学校同等的水平。本质上,该目标是为了让农村人口成为可以为国家未来做出贡献的公民。[97] 吴指出,她的研究不仅是为了分析这种尝试的成败,而且是为了研究对"理想公民"的特殊理解的基础。此外,她的目标旨在评估全国层面的课程程序——引进这种程序,是为了将中国的"学习者、公民、劳动者"塑造成21世纪中国和世界的高效的参与者。[98]

国家教委

就新中国的大部分历史时期来说,教育系统是高度集中的。政府和教育领导人认识到,他们需要大力控制教育课程和教学实践。然而,为了中国在世界舞台上胜出,他们需要培养创造性的教育。"素质教育"改革运动旨在将创造性教育带给中国所有学校(不分城乡)。20世纪90年代,国家教委开发了课程指导方针,鼓励中国教育系统下放中小学教育的权力,开发素质导向而不是考试导向的课程方法和教学策略,将重点放在学习者身上而不是所覆盖的内容之上。最终,国家教委鼓励中小学提供更多的在职教育。[99]

有接近2800所学校、200万名学生的上海市,实际上接受了国家教委所提出的教育改革的挑战。上海市吸收了新加坡的真言"少教多学"。[100]它也认识到,其学校系统应当让所有适龄的孩子上学。这意味着要确保所有农民工的孩子都能接受教育。而这不只意味着为这些孩子创造就学空间。它意味着学校有大量农民工子弟要接受额外的补习。此外,这些学校得益于被认为擅长教育这些孩子的教师的流动。[101]

在上海偏远社区的学校,学生获得了学费和其他费用的减免。他们得到了免费教材和其他材料。在中国大部分地区,特别是城市地区,学生的确要付学费,并为学校其他用品付费。同时,在上海,被认为是"好"学校的学校,被指定要与被评估为"需要改进"的学校进行协作。[102]

为了改进教师的教学方法,所有学校的教师都观摩自己同事的教学。他们也有时间投入策略性的教育规划和课程开发。他们还可以获得网络课程资源和教学资源。课程的改进表现在,有更多的反映出高度重视学生兴趣的选修科目可供学生选择。学校与艺术画廊和博物馆等文化机构合作,拓展学生的教育经验。上海学校也降低了高考的重要性。它们甚至限制给学生留家庭作业的数量。学生有打扫自己的教室和所在学校其他空间的任务,从而培养他们认识到"这是他们自己的学校"。通过访问农村和城市内部的边缘群体,学生也有各种机会进行社会学习和公民品德的学习。[103]

尽管国家教委已经放松了对教育的控制,但它还是在中国共产党中央委员会和国务院的领导下运转。对旁观者来说,国家教委似乎想遵循两项自相矛盾的指令:允许教育事务方面具有更多的开放性,从而培养国民思维的多样性,但又不至于让政治思想上出现分歧。[104]

尽管如此,国家教委还是减少了对各个教育层次的课程的控制。它鼓励各省、市、地区的学校创建更有弹性的课程,允许学生在各种课程中进行某些选择。国家教委鼓励地方学校的教师和地方、省市的政府合作开发课程材料和选修教材。这一尝试鼓励教育工作者更少依赖正式考试,而更多利用以学习者为中心的教育活动。[105]

国家教委的指令已经带来了普考和特考评估方面的大量变革。国家教委鼓励废除中学的入学考试——这类考试让一些小学生不能继续深造，至少是不能进入名校深造。国家教委大力主张中小学应当创建自己学校的毕业考试。普通公众、家长和学生都会参与对如何评估自己学校的讨论。[106]这些受到推崇的改革的基本目标，是为了让学生"具备爱国主义、集体主义、社会主义，热爱中国的文化传统，同时具备具有中国特色的道德价值观和民主精神"。[107]"此外，新课程将培养创造力、培育实践能力、养成科学和人文精神及环境意识当作自己的目标。"[108]

小学教育

中国的小学教育需要六年。上小学是强制性的。在城市里，孩子在跨入小学校门时，通常已有一到三年的幼儿园的经验。农村地区的孩子通常没有幼儿园的经验，或者即使有，这种经验也不是令人满意的。

在1999年，小学受国家教委的严格管辖。课程是标准化的，教学方法全国上下一律。然而，中央政府促进鼓励各地创建课程、开发教学方法、教育材料，甚至选择不同的教材。所有这些都是以推动素质教育的名义进行的。

即使鼓励由教师和地方团体成员开发本省市课程，但小学的主要科目——至少从全球来考虑——与"改革前"的小学课程没有什么两样。小学提供中文科目，其中包括听、说、读、写。其他科目领域是算术、自然科学、政治、地理、历史、音乐、美术、体育。自20世纪90年代中期以来，小学也提供外语科目，主要是英语。英语学习现在是必修的，通常从三年级开始，有些小学的英语从一年级开始学习。[109]

也许，小学的最大变化在教学。在推动改革之前，小学强调机械学习和死记硬背。教师希望学生的理解整齐划一。学生必须安静地聆听教师讲课并复述教师提供的信息。今天，小学的画风大变。越来越多的小学课堂有学生参与讨论，有各种形式的分组活动，甚至有角色扮演。[110]学生参与合作型学习，在数学、环境科学、社会研究课中研讨真实世界环境中的各种问题。鼓励学生参与"挑战小组"，在这种小组中，学生必须对自己的研究方法做出说明和定义。在教师的指导下，学生也撰写研究报告。在科学和数学课中，学生对公式进行推导，以解释和支持个人或团队的工作。[111]

除了创新型教学之外，许多小学生还能利用最新的教学技术。学生可以使用计算机。计算机教学程序已经进入学生的学习中。

前面对现代小学及其课堂的描述，还不是全中国的标准范式。这种理想的学校主要存在于城市,这种学校的学生通常来自富裕之家和其他特权精英家庭。中国有两亿多名中小学生。其中接近80%生活在农村地区,农村地区的学校和教育服务资源较少,难以达到高品质。然而,正如前文所述,目前正在解决这类问题。

国家教委面临的主要挑战,在于带来新的教育理念,为全国所有学生带来优质教育。本质上,这种目标是为了高质量地执行和推广九年制义务教育。这种目标还没有广泛实现,部分原因在于农村区县没有能力为名师支付工资。即使农村地区的资金充足(这种情况十分罕见),许多训练有素的教师也不希望在农村地区任教,而更喜欢城市生活。

农村地区的另一大困难,在于大约有6亿人口每日的平均生活费只有2美元,这些家长也不可能有钱购买高品质的教育资料。此外,缺电也给使用教育技术设置了障碍。

尽管农村学校的课程有点像城市学校的课程,但课程主要是由只经过两年以上师范教育的教师教的。在一些农村地区,小学教师的学历只是小学毕业。获得学士学位的教师,其学位往往是通过远程教育项目获得的。[112]

中学教育

义务教育法要求学生在完成小学教育的基础上读完三年初中。对那些渴望深造的学生来说,有些中学还提供三年高中教育。以前,中国有将自己的中学分为重点中学和普通中学的传统。重点中学提供的课程,被认为比普通中学的课程在学业上更为严格。最初,重点学校是为了教育在各个知识领域的高材生——这被认为是中国进入现代世界所必不可少的。[113]

重点中学配备有最好的教师。这些学校也首先选择最新的课本和教育材料。在一些重点中学,教师和教辅人员实际上编写自己的教材和辅助材料。司空见惯的是,重点中学都在中国的主要城市。通常,重点中学的学生都是特权阶层的子弟。但上海用自己的教育行动挑战这种成规。同时,中央政府在本世纪正力争将优质教育带给所有学生,无论城乡,无论社会地位的高下。

不那么为人所知的是,这些重点中学,无论是三年制的还是六年制的,都只接收其父母生活在该片区之内的学生。也有例外,那就是接收在辖区之外的具有特殊才能的学生。进城打工的农民工不能将自己的孩子送到城里的公立学校学习。这些农民工不得不将孩子送到自己家乡的初中接受教育。在许多情况下,这也行不通。假如有可能的话,最可能的是该中学被划为普通中学。[114]正如陈金永

(Kam Wing Chan)所注意到的,"它是由带有歧视性的'户口'或户籍登记制度所导致的,这种制度将他们归为'外来人员'。"115 以前中国的大多数城市都存在这种事情。

显然,从全球的意义上看,中学课程聚焦于同样广泛的学科领域。同样,国家教委还指令所有中学利用创新型教育材料和教学策略。然而,大多数城市学校仍然拥有优质的教育材料和最好的教师。有些农村学校仍然缺乏桌椅。

中学提供的课程无一例外都包括语文、数学、英语、政治思想和品德、政法知识、哲学、经济学、物理、化学、生物、地理、历史。在有条件的地区,中学也提供计算机科学课程。体育、艺术和音乐也在中学课程中。在中学阶段(要么三年,要么六年),学生要学习大多数课程。地理和历史上三年,计算机科学学一年。116

正如前文已经提到的,中国在 21 世纪已制定出教育政策并提供结构性的鼓励,鼓励创建更富有弹性的课程,同时仍然集中关注核心学科。全国的、地方的学校也被鼓励着加快使用新奇的教学法。已有许多成功的例子。

贝蒂·普罗伊斯(Betty Preus)注意到,在中国,父母、社区成员、教师认识到,为了让学生最大限度地发挥自己获得成功的潜力,学生必须在学校出类拔萃并通过考试。上海似乎是个例外。考试仍然至高无上,但考试的使用正受到中小学教育工作者、家长、普通公众的质疑。117 越来越多的教育工作者和普通市民,正在推动各大学不那么重视高考和大学阶段的各种考试。118 不过,教师和公众认识到,中国考试的历史不会立即得到大刀阔斧的调整。推动考试变革的教师仍然认识到,学生必须在中小学阶段做到最好。在小学层次成功通过考试,可以增加学生进入重点中学的胜算。在中学层次出类拔萃的学生,必须在全国性的高考中做到最好。甚至普通中学的学生,也必须表现优秀并通过考试,以获得进入职业技术学校的机会。

最近,人们力劝政府官员和教育工作者不要将评估视为高品质教育的命根。这方面已取得有限的进步。在某些学校,学生现在参与开发自己的评估方式。正如前文所提到的,在上海的学校,教师和管理人员已经降低了对考分的依赖。119 然而,这种对正式评估(例如,考试)的关注的减少,似乎对农村地区的学校教育没有太多影响。在这些地区,教师考试和正式测验仍然被广泛使用。这可能由于农村学校的教师接受的教育培训较少,因此更依赖正规考试和官方颁布的材料。同时,它也许是由于政府正在农村地区推动提高教育质量("素质")所致。120

师范教育

师范教育受国家教委之下的师范教育司指导。该司负责创建师范教育政策,并为师范教育提供坚强指导。此外,该司管理建构课程的指导方针和师范生的准入要求。[121]

在20世纪的最后十年,师范教育司启动了一系列改革,以便师范教育对即将到来的21世纪更具有应答性。该目标(本质上已经达到)是,所有师范生都应当接受四年的本科教育。截至2007年,有些小学教师还只是受过三年的培训。在21世纪的第一个十年,越来越多的教师,特别是那些准备在城市学校任教的教师,正在争取获得研究生学位。[122]

中国学校师范教育的改进,不仅只针对提高岗前教育的质量,而且致力于在职教育。中国官方机构认识到,中小学在岗的教师需要"回炉"。某些教育针对教师的特定需要。一些在职培训鼓励旨在减少特定教育问题的具体研究计划。[123]

今天的中国政府,在大力尝试给高等教育带来革新和各种师范教育之时,也不断处理过去由于政府严格管控所带来的遗留问题。中国的教育思想家力图在政府指令性的严格管控范围里进行创新。

观察一下提供给师范生的课程,便可看出它们一模一样:教育基础课、第二语言、教学法课程、心理学、哲学、教育史、社会学、品德教育、体育。中学课程主要是学术性学科:数学、历史、社会学、生物学、化学、物理。今天,中小学教师还要学计算机科学,特别是那些准备在城市中任教的教师。在某些情况下,主要教师在特定科目领域学有专长。所有师范生都进行教学实习。这种通常为期六星期的教学实践,一般安排在教育项目的第三年和第四年。[124]

来自中国的经验教训

也许对美国教育工作者来说,特别是对美国政治家和美国公众来说,来自中国的最重要的经验教训是:单纯报告一个国家学生的标准化考试成绩,本质上不能提供任何有用的信息。正如我们已经知道的,在中国,报道出来的大多数考试分数都是极端误导人的。正如陈金永注意到的,比较美国学生的分数与上海学校学生取得的分数,就像比较参加纽约市选校学生的分数和所有其他国家学生的分数。[125]另一个要考虑的经验教训是,中国正在赋予地方学校以权力,让地方学校承担课程、教学法、评估方法的更多责任。而美国的政治家和某些教育工作者恰好在反其道而行之。

第三大经验教训是，我们必须总是考虑和我们自己加以比较的国家的文化、政治、地理环境。在中国，父母通过外部指标来判断自己的孩子在学校表现如何，这些外部指标包括"等级、考分"，是否"进入名校"。[126]对中国的父母来说，他们孩子的首要任务是读书。这给孩子以巨大压力，尤其是那些在城市学校上学的孩子。同时，服从在中学是常态。一个人必须与自己的团体保持一致。对学业成绩优秀的迷恋，通常意味着被美国家长认为对孩子全面发展十分重要的科目和活动，例如艺术、音乐、体育运动，在中国可能被认为是有害认真学习的。正如赵指出的，为了达到外部的成功标准，中国学生会丢掉自信，而相信外在的驱动标准所具有的价值。[127]

@ 在中国，为进入高等教育而面临的竞争，仅仅基于叫作"高考"的全国大学入学考试。观看这个视频，看看高考是如何消耗家长和学生的。中国的高考和美国的大学入学考试（"学业能力倾向测试"、"美国大学入学考试"）相比如何？
https://www.youtube.com/watch?v=xGAd4qFWm28

巴　西

背景

巴西联邦共和国可以被认为是南美的"美国"。像北美的美国一样，它占据了南美大陆的很大一部分。除厄瓜多尔和智利之外，巴西与所有其他南美国家接壤。[128]同时，像美国一样，它曾经由殖民宗主国葡萄牙统治。在其殖民时期，甚至在它摆脱葡萄牙的统治获得独立之后，巴西直到1888年才结束奴隶社会制度。巴西与美国的另一个相似之处，是其自然资源同样十分丰富。此外，巴西是一片主要由移民占据的土地。[129]这极像美国，不同的人群融合在一起，其中甚至包括其祖先是奴隶的人。虽然在巴西有各种群体，但他们的身份和地位是由社会和经济等级来决定的，不是由人种和族裔背景来决定的。当然，巴西仍存在种族问题，教育机构和其他机构正力图解决。

巴西的历史比美国悠久。尽管我们的历史正式始于1607年在弗吉尼亚建立詹姆斯顿殖民地，但巴西的存在则始于1549年耶稣传教团的到来。他们在巴伊亚州

第十章 国际教育景观

名为萨尔瓦多的殖民地建起了一所小学。耶稣会教徒的目的,不仅是教育原住民,而且旨在将基督教信仰传给原住民。耶稣会教徒创建和控制巴西殖民地的教育体系达210年。在这段时间里,这些传教士建立了中小学(主要是为源源不断抵达的殖民者)。[130]

耶稣会的教育系统在1759年结束。其时,葡萄牙国王约瑟一世的大臣庞巴尔(Pombal)侯爵下令将所有耶稣会教徒驱逐出葡萄牙及其殖民地(其中包括巴西)。庞巴尔相信,葡萄牙及其殖民地的教育应当为国家服务,而不是为教会服务。虽然其法令得到执行,但教育的新重点对实际课程的影响却微乎其微。

在19世纪之内,巴西的教育发生了一些重大变化。从1808年到19世纪20年代初,巴西实际上成了葡萄牙王国。葡萄牙王室来到巴西躲避拿破仑统率下的法国军队的入侵。国王授权创建了无数学校,甚至创建了某些科研中心。

这一切在1822年突然终结。1822年,巴西宣布摆脱葡萄牙的统治获得独立。1824年批准的巴西宪法,给所有公民提供免费小学教育。中学教育似乎逃过了政府的关心。新政府放开了对教育的集中控制,给各州机构以权力去规划基础教育的方向。这种管理部署延续了100年之久。从20世纪20年代往后,巴西中央政府采用对学校的控制去应对教育的挑战。

20世纪大多数时候,巴西经历了动荡不安——本质上是两次革命。1964年,军方在一次政变中推翻了政府。专政持续到了20世纪80年代。尽管军事统治之下民众少有自由,但政府的行动还是有益于教育。1970年,政府致力于成人扫盲。1971年,政府通过一项改变中小学教育结构的法律,将基础教育由四年延长到八年,并且强制儿童入学。[131]这一法律虽然频繁修正,却顺畅地引导巴西教育进入到20世纪90年代。进入21世纪之后,中央政府自身的权威地位有所不足。商界领袖和跨国公司的影响束缚了联邦政府的手脚。

尽管存在许多问题,但巴西已经从过去的农业国家发展为一个重要的工业化国家。制造产品占经济总量的90%,农产品占剩余的10%。在华盛顿的西雅图和法国的图卢兹之后,圣保罗是飞机制造和设计的第三大中心。整个南美的五百强公司中,80%为巴西所有。[132]

进入21世纪,巴西致力于成为世界共同体中主要的工业和政治角色之一。巴西的政治机构敦促目前的"世界强国"允许巴西进入影响国际事务的"俱乐部"(无论在政治上还是在经济上)。印度也正在提出同样的要求——要求被视为世界的重要角色。其他的世界级国家,包括美国和欧盟在内,正在评估巴西对世界的与日俱增的经济影响。世界共同体尤其关注的是,巴西正在蚕食巴西雨林,以允许开展更多的农业和采矿活动。大片地区已被开发出来用于种植农业作物,尤其是大豆。此外,大片森林被清理出来养殖牲畜。采矿活动进一步在造成不良影响。这种扩张不仅有潜在的负面生态经济结果,而且同样给巴西的教育系统提出了要求——扩大规模以满足工人子弟的要求。时间将告诉我们,巴西将如何有效地应对这一类的教育挑战。

巴西的教育系统

巴西有26个州和一个联邦特区。巴西的教育管理涉及联邦、州、市政府组织的协作。在联邦层面上,教育部决定和履行政策的立法,并根据需要提供经济援助。教育政策是由教育部的一个顾问小组开发的。顾问成员是有全国声望的经任命的教育工作者。这一委员会确立标准,并提供适当课程和教学方法方面的建议。

在巴西,教育系统有四个层次:小学、中学、高等学校、进修学校。小学需学习八年,相当于美国的小学和初中或高中的低年级。中学,或中等教育层次,与我们的中学相似,学生要进行三年或四年学习。然而,这一层次的学校教育通常也被认为是专科学校层次,正如澳大利亚的某些中等学校一样。巴西这前两种层次的学校教育是义务的和免费的。[133]

小学(初级教育)

小学对7至14岁的孩子来说是强制的,要么由州要么由地区市镇进行管理。然而,管理的指导方针由教育部发布的教育政策所决定。正如前面所说的,教育部在其行动中受一个被认定为教育权威机构的顾问小组引导。该委员会设置教育标准和学校的课程结构。

小学的课程有两个重点领域:普通课程和多样化的课程。普通课程充当指令性的核心课程,具体由教育部划定。多样化学习领域的规定权限属于各州的教育局。州教育局也授权地方或市镇的学校机构参与多样化领域的课程设计和实施。[134]

普通核心课程为学生提供基本的学科化知识和技能。对阅读、写作、算术的重视贯穿整个课程。高年级的课程包括文学、语言运用和作文、更高级的数学入门,以及地球科学、当代巴西社会、公民课程,其难度随学生年龄的增加逐渐提高。

多样化领域的课程关注当地学生群体的特定需要。然而,所有学校都教葡萄牙语,突出口头语言和书面语言技能。然而,这一课程领域也涉及地理学、社会学、历史、政治学、普通科学(尤其重视地球科学和生物学),在高年级还有更高级的数学。

尽管课程被区分为普通核心领域和多样化领域,初级教育所运用的教学法和我们在美国所发现的一样多种多样。理想地说,教学方法是根据学生的具体、多样的需要而量身定制的。在20世纪末和21世纪,教师试图让学生更积极地投入自己的学习。

巴西面临改善中小学层次所有学生基础教育的任务。正如玛丽亚·海伦娜·吉马朗伊斯·德·卡斯特罗(Maria Helena Guimarães de Castro)报告的,学完五年级的学生只有40%在阅读上合格,只有36%在数学上达到了掌握的程度。这些结果来自全国性评估。[135]也许,这种结果要归咎于巴西在教育方面的低投资。2010年,巴西在基础教育方面的公共投资每位学生人均不足1250美元,相比之下,经合组织2013年每位学生人均投资达6240美元。作为巴西低投入的一个结果,教师工资低,而且通常缺乏改善课程和教学方法的技能。同样,卡斯特罗报告说,教师学院也往往重视教育理论而轻视教学的实践方法。[136]我们对这一结论有所不满。的确,有用的课程规划和教学设计方法是必不可少的,但师范生需要了解这些可行的职业活动之后的基本原理。

巴西的一位教育家保罗·弗赖雷力图改变巴西教育(包括教学在内)的性质和目的。我们通常将这位教育家与激进教育家联系在一起。这位教育家也在一定程度上影响到美国的教育。弗赖雷坚信,就巴西现代史的大部分时间而言,巴西教育的目标是为了持续压迫巴西人。这种观点某种程度上是对的:巴西很长时间都受军方统治。他相信,正如许多教师特别是小学教师相信的那样,教育方法应当帮助学生认识到自己受压迫,并且帮助他们通过自己的学习和研究方式解放自己。学生应当在各小组中互助合作,积极研究各种课程论题。教师应当向学生提出挑战,而不只是发放材料。[137]巴西既是一个现代的发达国家,又是一个日新月异的、发展中国家,其学校及其课程与教学方法,反映出了这种双重性。

中学教育

中学教育涉及15岁到18岁或19岁的学生,相当于美国的高中。在20世纪末,只有不足20%的适龄学生进入中学。然而,在21世纪,有85%的适龄学生进入

课程：基础、原理和问题（第7版）

高中。但值得警惕的是，55%的高中教师缺乏所教科目的专业证书。[138]此外，他们的工资十分低。读者也不必过于挑剔巴西的体制，在美国，高中教师在任教一年之后，就可以被分配去教他们并没有获得证书的领域的课程。

巴西85%的高中入学率意味着有15%的学生没有接受高中教育。这一数字过高，虽然在美国，我们也有大约20%的高中生退学。重要的是要考虑整个世界的教育版图。许多巴西学生不接受教育的一个原因是广泛的贫困，不仅在农村地区，而且在巴西的主要城市，贫困无所不在。

正如已经提到过的，巴西既是一个发达（现代）国家又是一个发展中（二流）国家的综合体。这种双重性的原因有很多。巴西从发展中国家（二流国家）向发达国家（一流国家）的变化速率，已经使巴西所有层面的政府管理和社会管理的许多维度不知所措。由于农业机械化，农村需要的人口越来越少。农村人口洪水般涌入城市，这些人又缺乏在现代工业和服务业各部门就职的技能。此外，各种工业变得越来越机械化，因此需要的工人越来越少。[139]

主要城市如东南海岸的里约热内卢和圣保罗，难以容纳农民进城的洪流。巴西东北的城市如累西腓和萨尔瓦多，过去和现在都面临着同样的困境。众多进城的农民在被认为是不适宜定居的地方创建了众多社区——实际上是被称为"favelas"的贫民窟。面对凑合着干点儿活、成天生活在棚屋里的局面，这些人（尤其是年轻人）并不认为教育是什么当务之急。[140]

吸引农村和城市贫民接受正规教育，是巴西面临的一个重大挑战。这些适龄的孩子被自己的父母视为帮助家庭赚取收入的必要劳动力。2004年，克劳奇（Crouch）得出结论说，巴西"收入和机会的分配"是"世界上最不公平"的国家之一。[141]

在全国、州、地方层次上的巴西领导人认识到，假如巴西在21世纪要获得其发展潜力，就必须改善教育。2007年，巴西政府设计了一个全国性的计划——"教育发展计划"（PDE），该计划包含众多提案，这些提案旨在促进巴西提供给学生、公民的教育的质量。这个计划的主要特征反映在"基础教育发展指数"（IDEB）之上，该指数为巴西每一政治单元中的所有学生的学业成绩提供了衡量标准。[142]"教育发展计划"要求巴西教育部重视作为国家目标的高品质教学、新课程和学术成就。这一法令激励州政府和市政府增加学校投资、增加授课时间、开发经过完善的课程、促进教师培训。此外，"教育发展计划"鼓励教育工作者让市民团体、基金会、地方媒

第十章 国际教育景观

体为更有效的教育提供推动力,可以从学前教育入手。[143]

中学课程延续了小学讲授的科目和学科,虽然是在更高的层次之上。课程有双重目标:为学生进入高等(大学)教育做好准备,或者为学生进入技术职业学校做好准备。除葡萄牙语之外,所有中学生必须选修一门外语——重视交流、写作、语法、文学。对有些学生而言,外语学习是一种新的要求,这取决于他们具体上的是哪所小学。中学为准备接受大学教育的学生提供高等数学的学习,为计划进入技术和职业领域的学生设计职业和技术数学学习,在科学科目方面提供化学、生物学、物理、地球科学课程,在社会科学方面,提供历史、地理学、社会学、经济学课程。学生也可以选修音乐和艺术。虽然许多课程都是普通核心课程的一部分,但多样化课程允许内容和方法上的千变万化。随着巴西进一步推进其现代发展,这一层次的教育极有可能将会成为义务教育。[144]

此外,巴西认识到,继续其通往一流世界地位的"向上之路",需要鼓励针对所有学生的全日制中学教育。巴西所有层次的政府和教育的官方机构都认识到,要达到巴西的经济、政治、社会目标,必须有一大批大专院校的毕业生。一个致力于实现全日制中学教育的非政府组织名为"教育共同责任学院"(ICE)。这一组织创造了一个教学法框架,这一框架推崇并鼓励学生在自己的学习中发挥关键作用。学生不再是信息的被动接收者,而本质上是投身于个性化项目的初学者。[145]这种项目方法已经被重新发明出来。

师范教育

如果真有培训的话,巴西教师的培训是在职业教师学校("师范课程"学校)进行的——极像美国的师范学校。在20世纪30年代中期,有点像美国曾经发生过的那样,巴西教师获得了更多的培训。学生必须完成特定的教师资格证书研究课程。然而,只要完成初级教育(相当于美国的小学和中学教育),学生就可以进入这样的项目。自然,假如学生想在初级学校任教,学生就要进入专业学校,获得初级教育的毕业证书,通过证书项目。希望在中学任教的人,则必须完成教师资格证书课程。这在20世纪50年代有所变化,计划在中学任教的人要求有大学文凭。直到20世纪末期,小学教师都不需要文凭。今天,无论小学还是中学,教师都必须拥有大学文凭。许多选择教育的学生都加入高等教育学院,将主要精力集中在各种人文和社会科学或应用社会科学。除了关注这些领域的各种专业知识的课程之外,学生也选修特别为教育事业设计的课程。[146]

今天,城市地区的大多数教师都拥有某些学科专业的大学文凭。然而,在农村地区,不仅很少有真正的学校,而且很少有受过良好教育的教师。同时,在城市贫民窟之内建立学校也存在一大问题。"许多巴西人认为,进入巴西的贫民窟过于危险,因此他们竭尽全力无视贫民窟的存在。"[147]教师也对这些贫民窟心怀恐惧。然而,巴西政府并没有忽视这种教育挑战。今天,有一所"国立教育研究学院"开展教育研究,并建立了涵盖其他地方开展的教育研究资料库。[148]

来自巴西的经验教训

每个国家都有独特的历史、地理、人口统计学、文化、社会学、经济学、政治学背景,通常还有各自的抱负。既然如此,思考巴西或本章讨论的其他国家给予的经验教训,都应当仔细斟酌。

巴西之所以独特,是因为在许多方面它与美国相似:大小、政治和经济统治、文化多样性,某种程度上还有应对教育机会和公平时所面临的挑战。[149]然而我们必须认识到,尽管两个国家有众多不同的文化,但在这些文化及其互动中,以及两国对自己的社会、文化、政治的自我感知中,存在着重大差异。

巴西的确认识到自己在南美的地位,认识到自己在世界共同体中日益上升的地位。巴西的政治家、公民、教育工作者领悟到,为了实现自己的国家目标,巴西必须持续走在全面改善其教育事业的道路上。师范教育需要继续改善,有些人还鼓励进行激进的变革。各方面的职业开发需要进一步加强。"教育共同责任学院"是一个特殊的团体,该团体一直稳步致力于学校改革,并提倡一种将学生提升到学习过程中的关键角色的教学模式。[150]这一组织的总部在伯南布哥州的首府累西腓。它接受联邦政府和私人基金会的资助。目前正致力于让"教育共同责任学院"的模式在全国得到推广。截至2015年,"教育共同责任学院"已经将自己的方法和信息介绍到巴西26个州中的7个。500多个公立学校已参与其中。巴西也正致力于引进优质的早期儿童教育。巴西的高中体系也在改良。即使大学教育,也正投入创建旨在促进毕业生拥有必要的知识、技能和性情,从而使21世纪的巴西如鱼得水、游刃有余的课程。[151]

第十章　国际教育景观

南非共和国

背景

2005年,哈姆·迪伯利(Harm de Blij)写道,非洲大陆特别是撒哈拉沙漠以南地区,是在美国人中最不为人所知的领域(terra incognita)。但南非共和国则例外。[152]

美国人对南非的意识,很大程度上由于南非是非洲经济上最发达和最富裕的国家。此外,南非历史上大部分时间都受到荷兰和英国殖民统治的影响。南非与英国的关联促使许多美国人想到这个国家。同时,1948年南非将欧洲白人国民与所有非白人国民隔离开来(一项称为"种族隔离"的政策),也引起了国际上对南非的侧目以视。今天,种族隔离不再是南非的政策。南非现在是非洲的主要经济动力中心,与全球共同体有着强有力的经济和政治联系。

南非处于非洲大陆最南端的战略位置,促使许多欧洲群体数百年来卷入控制南非的战斗。1652年,荷兰在现在的开普敦为东印度公司建立了一个基地。建立这个基地,主要是为了给绕过好望角、最终驶往东方的轮船提供补给。原住民(主要被认为是科伊族人)很早就担心这些白人在此居留的意图。1658年,这种担心得到了证实。这一年,荷兰东印度公司在南非建立了第一所学校,主要目的是为了进口黑人奴隶。[153]

荷兰并不是唯一认识到这块土地的价值的国家。事实上,欧洲人甚至在16世纪就已经在非洲西海岸设立贸易货栈。然而,这些早期的货栈和周围的居民点主要还位于沿海地区。[154]但早在18世纪,荷兰商人和殖民者就已经增加了自己的人数,将土著人驱离出了他们的土地。紧随荷兰人而来的是英国人、法国人和德国人。1795年,英国人攻入开普敦,赶走了荷兰人。1803年,英国人将开普敦交还给荷兰人,1806年又重新占据了开普敦。19世纪20年代,在开普敦以东约800英里的地区,越来越多的英国殖民地被建立起来。在荷兰人和英国人之间,原住民被越来越远地驱逐出了他们祖祖辈辈居住的土地。到19世纪末,欧洲人控制了所有非洲民族的地区。

当越来越多的英国移民涌向这一地区时,荷兰人警觉到这一地区有可能被英国人殖民。因此,1836年,荷兰人发起了现在所称的"大迁徙"。在这次迁徙中,荷兰人从好望角地区迁往内陆地区。在内陆地区,他们发现了可耕地和充足的水源。然而,这一地区也有土著民族居住。像他们在好望角地区所做的那样,荷兰人将原住民驱赶出了自己的土地,同时经常雇用这些人作为劳动力。最终,荷兰人在这一地区建立了两个共和政体:德兰士瓦和奥兰治自由邦。在这一时期,荷兰人还创建了他们自己的语言——南非荷兰语。今天在比勒陀利亚之外,还有一座南非荷兰语的纪念碑,这是全世界唯一一座语言纪念碑。南非荷兰语如今仍然是该国最重要的语言,英语紧随其后,位居第二。该国还有9种其他土著语言。

随着荷兰人从好望角地区撤离,英国人建立了好望角殖民地和纳塔尔市。然而,随着在荷兰的两个邦于1867年发现钻石、19世纪70年代发现金矿,英国人最终向荷兰人宣战,从而导致了英国人和布尔人之间的战争(1899—1902年)。英国人获得胜利,但他们后来认识到,要想维护对土著人的统治,他们必须与荷兰人结成同盟。1909年,荷兰人(布尔人)与英国人签署了一份协议,该协议基本确立了将荷兰人和英国人统治地区合为一个国家的基础。1910年,该国即南非联邦,成为英帝国的一部分。[155]

尽管这个新国家(实际是英国的殖民地)将欧洲强国团结了起来,其中包括德国和法国殖民者,但该国的制度安排还是不利于黑人——黑人构成了该国人口的75%以上。学校大部分由教会团体(主要是荷兰改革宗教会)组建。组建学校的目的是服务不同种族群体。为欧洲人服务的学校(主要是为荷兰人、英国人、法国人、德国人)旨在安置白人孩子,在所有事务上,包括社会事务、经济事务和政治事务上,白人孩子有权利高居原住民之上。其他学校主要也由宗教组织管理,这些学校的确为土著人创建课程,但同时突出西方文化和基督教。[156]

土著非洲人也许最初欢迎将自己的土地纳入英帝国的统治之下,但他们确实不满在他们认为是自己国家的地方处于屈从地位。1912年,土著非洲人创建了南非本土国民会议,即后来的非洲国民大会。使这一议会独一无二的,在于它是非洲大陆到那时为止第一个让各原住民部落参与合作和协调以在自己的国家取得政治统治权的组织。[157]

1931年,英国赋予南非以完全独立。独立没有给形形色色的欧洲殖民者以和平与和谐。冲突一如既往,主要存在于英国人和荷兰人—布尔人之间。认为自己是南非白人的布尔人力图控制这一新国家,他们于1933年建立了国大党。国大党在1948年的选举中取得了对国家的控制权。非白人南非人没有投票权。国大党凭借执政,引入了种族隔离政策——欧洲人与非欧裔人之间的彻底隔绝。[158]

种族隔离政策不仅禁止非欧洲人、土著人和欧洲人之间的融合,它进一步规定特定族群必须分开住在特定的区域(所称的"家园")。这些黑人家园整合了南非各个隔离区的260块小型区域。本质上,这些黑人家园是贫困的、欠发达的、"一潭死水"般的地方,自然资源十分贫乏,最初没有电力和通信系统。南非的其余土地被授予少数白人。与"黑人家园"不同,白人邦是成片的土地。它有着南非大多数的自然资源、所有大城市和海港。此外,白人邦通过铁路、公路、空中航线与南非的各个地区联系到一起。最重要的自然资源之一是大量丰饶的农业用地。直到今天,绝大多数大型农业用地仍为白人群体所拥有。[159]

由于黑人的家园没有任何真正的资源和任何工业,非白人不得不从自己的家园通勤到白人邦城镇的工作场所。假如他们在城里工作,他们被要求有通行证和文件材料解释他们为什么在城区逗留。

尽管南非的学校在过去基本无视土著的教育,但为土著(黑人)、有色人种(混血儿)和亚裔印度人(祖辈来自印度的人)而开设的学校甚至比种族隔离之下更具有压迫性。他们的教育不再是让他们西化。白人政府在1953年通过了《班图教育法案》,将黑人、有色人种、亚裔印度人置于政府的直接控制之下。那时的土著事务部长维沃尔德(Verwoerd)先生清楚地表述了政府对非白人教育的立场:

> 在欧洲人的社区,在一般形式的劳动力水平之上,根本没有他(非洲黑人)的一席之地……因为这个原因,让他接受旨在让欧洲人社区容纳他的培训毫无益处,欧洲人社区不可能接收非洲黑人。[160]

《班图教育法案》差不多一实施就遭到南非黑人、有色人种、亚裔印度人的抵制。的确,非欧裔南非人抗议他们在《班图教育法案》面前的遭遇。"非洲国民大会"成了政府一方的眼中刺,以至于南非政府在1960年宣布该党非法。抵抗转入地下。

1964年,白人政府通过了《班图法案附加草案》,抹除了非白人南非人拥有的权利的最后遗迹:在任何城区生活的权利。这一禁令的唯一例外是,假如一个非白人被白人雇用,并且非白人按其收入交税。但政府规定,即使在白人社区工作,非白人在控制他的行为的政府面前也没有任何权利。这些"家园"的居民在家园集体中有某些权利。他们可以选举45个当选者进入一个"管理"这些地区的"立法会议"。然而,白人共和国政府指定来自不同部落的64个首领去监督这一会议成员的行动。

由白人政府指定的这些首领,被赋予拥有否决 45 位当选者行动的权力,他们往往也是这么干的。[161]

20 世纪 60 年代末,"黑人意识"运动获得普及。为了抵消其唤醒民众(包括持自由主义观点的白人南非人)的效果,南非政府在 1977 年宣布"黑人意识"运动非法。前一年(1976 年),在一个"家园"(西南小镇索韦托)的众多学校发生了暴力事件。暴力事件的一个导火索是学生提出要求:教学语言不应当是特定学生族群的母语。学生感到这类教学限制了他们的学习和离校之后的选择。大部分学生也回避官方民族语言——南非荷兰语。他们想要英语作为教学语言。英语是具有更高地位的语言,英语在国内和国外有更大的用途。政府无视这种要求。学生便在索韦托的街头暴乱,有些学生被枪杀。尽管政府平息了暴乱,但学生也的确获得了要么用南非荷兰语要么用英语作教学语言的选项。许多学生选择了英语。[162]

大众继续为拥有作为南非公民的完全权利而斗争。1990 年 2 月,南非最后一任白人总统 F. W. 德克勒克(F. W. DeKlerk)解除了对各种政治组织的禁令。政治犯被释放,其中最著名的是纳尔逊·曼德拉(Nelson Mandela)。国家走向了新道路。重要里程碑是在 1994 年南非进行了第一次民主选举。人民选举曼德拉作为第一位原住民总统。在第二年,发布了一份"教育白皮书"。该白皮书提出了"以民主、平等原则和纠正过去的不公平为基础的新的种族融合教育体制的愿景"[163]。

南非的教育系统

今天,南非共和国采取的是议会民主体制。达成和维护这种代议制政府一直充满挑战。对民主体制的无数挑衅来自过去的各种行动,例如 1953 年通过的《班图法案》、1948 年施行的种族隔离政策。南非的民族多样性加剧了争端,对南非的教育系统来说更是如此。截至 2015 年,刚好超过 72% 的南非人是黑人,差不多 9% 的人口是有色人种(混血儿),差不多 9% 的人是亚裔印度人,接近 9% 的人是白人,还有 2.5% 的人是亚裔。[164]

然而,这些群体中存在着多样性。在黑人中有九种土著语言在用。在白人中有英语和南非荷兰语在用,后者是南非版本的荷兰语。在混血儿之中有各种语言在用。亚裔印度人和亚裔中也是同样情况。南非政府确认了 11 种官方民族语言。按照说该种语言的人数,主要语言包括祖鲁语(1160 万人以祖鲁语为母语)、科萨语(820 万人以科萨语为母语)、南非荷兰语(680 万人以南非荷兰语为母语)、英语

第十章 国际教育景观

（490 万人以英语为母语）。

正如前文所述,南非政府本质上有两种民族语言:南非荷兰语和英语。在学校,学生 1976 年在索韦托暴动,要求上课用英语,而不是用他们自己种族的母语或南非荷兰语。他们的要求基于用英语接受教育、精通英语可以让他们作为南非公民更全面地参与各项活动。政府最初抵制他们的要求。今天,各校确实让所有学生接受英语教育,不过同时也保持他们自己的母语文化。

现代南非面临的另一大考验,是使各政党能在南非政府中发挥更大作用。尽管南非是议会民主政体,但其所有领导人自曼德拉当选以来都是"非洲国民大会"的成员。此外,南非所有总统都是祖鲁族。南非面临的另一大问题是,大多数农业用地和商业都掌握在白人手中。尽管有强有力的中产阶级,但中产阶级主要是白人、有色人种、亚裔印度人、亚裔。的确,黑人正在进入中产阶级,但无数黑人仍然生活在很少能获得自来水和电力的城区或棚户区。虽然存在这些缺点和问题,南非仍然是所有非洲国家(特别是撒哈拉沙漠以南非洲国家)之中科技最发达和最现代的国家。

在应对过去和现在的不平等方面,南非的教育系统已经并且继续发挥着重要作用。它已经规定所有过了 15 岁或九年级的学生都要获得优质的教育体验。主要的目标在于培养学生坚信民主、消除种族主义和性别歧视、让人们摆脱贫困、开发对多元文化和语言的欣赏、培养对南非的忠诚感。[165] 的确,南非共和国的所有公民,都认为自己是"彩虹国家"(包括各种有色人种的公民)的成员。

教育部

南非教育的基本目的和目标由教育部解释。在各省和各地层次实施指导方针的指南也来自教育部。各省教育厅监督各种层次(学前、小学、中学、高等教育)的公立和私立学校。课程的具体创建和教学的组织由各地学校机构实施。[166]

也许教育部面临的最大挑战是平衡平等教育的准入机会和时机。在南非全国,生活在城市地区和农村地区的教育选择存在巨大的不一致。在大都市地区,许多孩子生活在贫民窟。贫民窟很少有学校。农村地区确实有学校,但是其质量远在城市学校之下。

除此之外,很少有教师愿意在农村学校任教。同时,除了让他们的孩子上学之外,农村的穷人还有其他各种问题。对农村适龄孩子来说,承担家务通常优先于接

受正规教育。城市贫民窟在吸引教师方面也困难重重。¹⁶⁷

虽然举步维艰,教育部仍然致力于为所有学生改善教育。优质教育运动确实获得了来自政策文件《课程2005》的宣传鼓动(至少在概念层次上是如此)。《课程2005》勾勒了一个新的全国性的课程开发和实施框架。从一年级开始便引导课程和教学方面的改进,直至各个年级。以结果为基础的学习概念成为所设想的改革的有机组成部分。这种新的课程和教学策略,将通过去中心化的教育体系获得完善。¹⁶⁸

《课程2005》要求一种系统的突变。教育不再是用知识和技能的条条框框填充学生的大脑。教育的目的不再是通过毕业考试以进入下一步的深造。教育旨在培养学生终身学习的习惯。这种学习呼吁教师与教师、教师与学生之间的互动。鼓励和教育教师成为促进者,而不只是信息的传播者。

来自南非之外的观察者可能会得出结论说,南非教育在21世纪已经获得改善。本书作者之一在五年前曾访问过南非且得出这样的结论:民主体制一定程度上正在起作用,教育正在改善且正在提供给全国的孩子和年轻的成人(不仅在城市,而且在以往的"家园"也是如此)。确实,对以结果为基础的教育的重视已经有所淡化。在一些学校,主要是城市学校,对互动学习和让学生控制自己的学习的重视已经初见成效。有些人解释说,淡化对以结果为基础的教育的重视,意味着这种重视实际上永远也不可能受到有效推崇了。克里斯多夫·美利特(Christopher Merrett)声称,公立教育和南非的医疗系统在21世纪严重恶化。¹⁶⁹他认为,许多教师往往停课去参加各种协会的会议,这类会议谈论的是教师的职业话题,而不是有关学生的议题。¹⁷⁰我们认为,在克服保证白人特权、剥夺其他人权利的种族隔离遗产之前,南非中小学层次上的教育仍然有漫长的路要走。

小学教育

南非的小学教育让学生在6岁时开始为期六年的学习。最初三年的课程重视阅读、写作和算术,此外引入学习外语。大多数教学要么用南非荷兰语教,要么用英语教。外语学习往往是从南非其他九种民族语言中选择一种。然而,学生不限于这种民族语言。由于有一大批亚裔印度人,所以也有学生要求学习印地语和其他印度语言。在小学的另三年中,学生集中学习以下学科和科目:数学、普通科学、环境研究、历史、地理、健康教育、语言(包括学生的第一语言和预先选择的外语)。课程也重视体育、艺术和音乐,这通常反映出学校所在地的地方文化群体。¹⁷¹

第十章 国际教育景观

正如前面提到的,南非鼓励教师成为促进者而不是演讲者。在名义上,教学重视研究和集体调研。然而,许多教师仍然偏爱"教课即是讲授"。教师面临的一大问题是,无论城市的学校还是农村的学校,都缺乏优质的教学材料。

中学教育

中学教育需要六年,从七年级到十二年级。在最初三年,课程有一定的灵活性,重视各种学科的广泛知识,这些学科在小学高年级曾介绍过。在最后三年,学生选择一门学科集中学习。所提供的学科领域包括:综合和商业教育;自然科学,例如生物学和化学;社会科学,例如地理学、人类学和社会学;历史;技术研究,例如计算机科学;艺术;最后还有农业。继续进行基础语言和外语的学习。本质上,这最后三年所提供的课程,要么是让学生带着具体的知识和技能走向劳动力市场,要么让他们进入到大学或技术学校层次的高等教育。[172]

前三年的教学方法涉及合作学习和目标多元的研讨。在中学学习的后三年中,学生投入更像学徒和更像实验室的学习。教师在其教学方法中承担更大的监督责任。当然,这类方法是理想型的。

师范教育

就南非历史的大部分时间而言,师范教育是零散的。正如大多数其他职业一样,随着社会更多需要接受过更多教育的公民,师范教育获得了发展。在南非,师范教育受到白人与所有其他群体的阻碍。这在官方实行种族隔离之前司空见惯。相对几乎很少上学的黑人、有色人种、印度裔孩子来说,教师接受过的教育仅比他们所教的学生多那么一点。

在19世纪末,至少在白人之中,认为教师应当获得塑造年轻心灵的某些正规教育的观点兴起了。在专业学院建立的早期形式的正规师范教育,与美国的师范学校大同小异。这些机构遵循同样的发展路线,逐渐变为教师培训学院。直到1998年,教师培训学院提供了大部分教师。1998年,师范教育由大专层次转向了大学层次。

许多教师学院因不希望失去自己的特性而选择与特定的大学联办。在这种制度安排下,师范生可以凭借自己学院的学分申请特定大学的学位。随着2005年发布《国家资格框架》,这种联系得到了加强。今天,在南非,师范生接受可以被认定为基本人文艺术的课程,然后接受教育专业或一门学科的教育。[173]

523

来自南非的经验教训

在反思可以从南非的教育中吸取何种经验教训时,似乎潜在的教训不只是来自南非的教育演变,而且来自它显而易见的行动。从南非最初的殖民到现代时期,欧洲殖民者将原住民看得比白人低贱。他们奴役某些原住民。他们的确占了所有土著的便宜。

也许对我们来说,一个重要经验是,虽然教育可以带来知识,但教育只是缓慢地带来价值观、态度和行为的变化。所引进的课程往往带来对过去令人气恼的事件的记忆。当不公正是以往历史的一部分时,情绪便极富有挑战性地直接进入积极的领域。南非及其教育系统仍然受到种族隔离的负面影响。教育不平等依然存在。城乡差异仍然在造成紧张关系。

假如我们把视野放得宽一点,就可以看到,南非的教育有助于正在变得现代和富裕的国家。南非共和国政府已经让南非繁荣起来。然而,南森·格芬(Nathan Geffen)认为,虽然结束种族隔离之后的岁月已经创造了南非的经济增长,但这种增长并没有平等地惠及每一个南非人。更富裕的公民,包括"新黑人经济精英",得到的好处不成比例。[174]尽管南非重新加入了世界法治国家的家族,但它确实面临新的挑战。南非的经济繁荣及其民主政府,对生活在政治动乱国家的其他非洲人来说具有强大的吸引力。许多津巴布韦人移民到南非。身陷国家冲突之中的刚果公民涌入到南非共和国的"彩虹"圈。在开普敦,许多索马里人已成为小企业主。有人也许会认为,政府和教育机构要欢迎这些新来乍到的潜在公民。然而正如格芬所说的,许多人用仇外的行为来对待这些新来者,以至于无数的新来乍到者想重返自己逃离的国家。[175]南非的教育如同所有国家一样,可以轻而易举地提高学生的认知知识。但改变情商、信仰系统,却是更充满挑战的事。我们教育界的人自欺欺人地认为,我们可以轻易地促进对他人的接受。我们必须记住,给南非海岸带来尊严的不是南非的教育体系,而是南非认识到种族隔离是一种癌症。南非必须接受所有人都拥有基本权利。现在,南非必须认识到,所有新来者也拥有基本权利。

要将平等带给所有公民,教育仍然任重道远。尽管南非是非洲大陆最富裕的国家,但在南非仍有巨大的经济和种族分化。的确,南非共和国在其所有时段的社会、经济、教育领域都面临非凡的挑战。它所面临的独特挑战,有一部分要归因于2010年南非政府取消了1951年的《班图人管理机构法案》。该法案本质上创立了

"家园",但也开创了将"家园"区的管理组织交给各部落负责。

随着结束种族隔离、引入民主体制,"南非传统领导人大会"的成员奋力争取在新的民主共和国获得认可。本质上,他们通过游说在2003年通过了《传统领导阶层与治理结构法案》。这一立法的通过,确保了那些在种族隔离制下的隔离区掌权的人继续留任。本质上,这一法律使这些前隔离区的首领拥有了对这些地区的管理权力。今天,形形色色的首领实际拥有比宣布实行民主制之前更大的权力。他们的权力具有消除这些地区民主管理的潜力。[176]

本质上,各首领控制了这些"家园"的教育。极力推动教育21世纪所有公民的中央政府,最终与传统的部落价值观产生了冲突:各部落似乎崇敬各种首领的权力。"乡村人民运动"(RPM)已经力争取消《传统领导阶层与治理结构法案》。该运动的领袖提出,该法案强化了部落管理组织的权力。首领是收取特定地区各成员所交税费的人。基本上,"乡村人民运动"的成员,甚至那些不是这一运动成员的人,都认为这些首领除了胡作非为什么也没做。在这些"家园",贫困率超过了50%。失业率非常高,因为在众多村落没有任何工业。明确地说,这些"家园"的公民强调,"我们是为人民民主制投票。我们没有为领导人个人投票"。[177]大多数农村公民正要求基层政权结束首领的管治。这仍然要看南非政府是否会倾听民众的声音。农村地区的教育会变得与城市地区的教育建制一样吗?

理想地说,教育不仅要使个人成为社会的积极公民,而且还应当使其成为富裕的公民。今天,经济差异仍然巨大,而且这种分化还在加大。虽然正在建立新的学校和社区,使穷人获得教育和安居,但这些公民在参与民主制度方面仍然面临挑战。在南非许多大城市周边仍然有太多棚户区。这些"社区"的居民,大多是来自农村地区的移民。

也许,在反思南非的教育时,我们可以将南非的行动视为一种对所有国家具有潜在意义的持续进行的实验。然而我们必须记住,教育,即使被认为是卓越和高效的教育,不可能解决世界上的所有问题。也许,读者最好去想想本书第六章中讨论过的教育的四大迷思。

课程小贴士10.1

应对新的课程挑战的方法

1. 让所有教育工作者有机会获得处理全球和国内教育问题与实践的计算机程序。

2. 创建一个比较教育方面的教育图书馆。收入书籍、宣传册和政府文件。

3. 创建一个教育图书部,以应对21世纪的问题,预测各种未来,并预告这类未来可能如何影响本地、州和全国的教育。

4. 为教职员工的会议安排出时间,以讨论未来和国际的教育实践与问题。

5. 为教师和教辅人员提供各种机会,以讨论全球范围内的教育问题。

@ 尽管在1994年结束了种族隔离,南非年轻学生的成绩和成功却依然还是主要按种族和收入界线呈下降趋势。什么样的不平等与美国的不平等相似?南非的不平等与我们的不平等的差异何在?请讨论。

https://www.youtube.com/watch?v=QhOL-drwP0

结 语

本章一开头便说,"我们已进入21世纪的第二个十年"。我们正生活在"飞速变形"的全球化之中。确实,我们和其他人正共享地球。有越来越多的人认识到,我们的时代是不确定的,我们正面临各种新奇的问题,对这些问题,我们不可能马上做出回答,也许永远也难以做出回答。

所有关心教育的人必须认识到这种时代处境。正如罗伯特·库珀(Robert Cooper)所说的,"当你面临一个不能解决的问题时,请扩大视野。"[178] 这就是写作本章的理由——扩大教育的范围,让我们熟悉其他五个国家。思考这些国家的情况不能解决我们的问题,但这样的观察也许可以提供新的洞见。的确,我们不能仅限于在自己国家

第十章 国际教育景观

的范围之内谈论各种挑战、生成教育解决方案。我们不是一个孤岛。

为了教育我们的学生成为世界共同体中的高效的成员,我们作为教育工作者和公众中有贡献的成员,必须了解生活在我们国境之外的人。我们必须对他们的历史、文化、抱负、对世界的贡献甚至他们的问题有所认识。我们必须知道他们过去和现在是如何应对教育的挑战的。

这五个国家(芬兰、澳大利亚、中国、巴西、南非)不是随机选择的。它们是各地区的典范。我们用这些国家来刺激我们的意识和远见,为我们提供有关他们教育史和当下教育行为的知识,以便我们能够借助远见卓识,深入思考我们自己的教育行为及所面临的挑战。

所有民族国家都教育自己的公民。然而,有些民族国家(如果不是所有的话)有时误导了自己的公民。从我们对这些国家的纵览来看,我们发现这些国家的学校有共同之处:课程,教学法,教育材料,学校员工(教师、管理人员、督导等等)。至少在目前,所有学校都将学生的利益牢记在心。这些学校系统都从国内和世界共同体借鉴课程重点和教学方法。教育的共同之处虽然相同,却是通过发挥作用的政治和社会文化以各自独特的方式形成的。从这些国家的故事来看,我们可以抽取出它们是以何种方式让自己的学生准备好全面认识世界共同体(自己国家之外的不同空间)的。在这一点上,我们也必须追问我们自己。

所有国家,包括这一章中提及的五个国家,正如我们美国一样,创造了追求自己利益的教育体制。然而,正如库珀所说的,基本的"问题……是它们如何定义"自己的利益。"它们的视野是宽还是窄?它们想如何塑造自己的未来?它们想成为何种国家?它们想生活在何种世界之中?"[179]

讨论题

1. 当美国人比较美国学生和其他国家学生的学习成绩时,何种假设在其中起作用?
2. 对本章所讨论的五个国家的教育系统,你的情感反应是怎样的?
3. 通过阅读这五个国家教育系统的资料,你对美国的教育有何看法?
4. 这些国家的师范教育项目,与我们美国的有怎样的异同?
5. 这五个国家和美国的教育系统所面临的三大主要挑战是什么?为什么?

注 释

1. Nel Noddings, *Education and Democracy in the 21st Century* (New York: Teachers College Press, 2013), p. 135.

2. Al Gore, *The Future: Six Drivers of Global Change* (New York: Random House, 2013), p. 45.

3. Ibid., p. 44.

4. Ibid., p. 45.

5. Ibid., p. 67.

6. David T. Hansen, "Cosmopolitanism as Cultural Creativity: New Modes of Educational Practice in Globalizing Times," *Curriculum Inquiry* (January 2014), p. 3.

7. Ibid.

8. Ibid., p. 1.

9. Ibid.

10. Ibid., p. 2.

11. G. Hull, A. Stornaiuolo, and U. Sahni, "Cultural Citizenship and Cosmopolitan Practice: Global Youth Communicate Online," *English Education* (2006), pp. 177.187, cited in Hansen, "Cosmopolitanism as Cultural Creativity: New Modes of Educational Practice in Globalizing Times," p. 5.

12. Ibid., p. 19.

13. Gore, *The Future: Six Drivers of Global Change*, p. 67.

14. Ibid., p. 55.

15. Ibid.

16. David C. Berliner and Gene V. Glass, *50 Myths & Lies That Threaten America's Public Schools* (New York: Teachers College Press, 2014).

17. Ibid., p. 11.

18. Ibid.

19. Ibid.

20. Ibid.

21. Paul De Barros, "Jazz Bands," *The Seattle Times* (February 19, 2015), pp. B1, B10.

22. Monica Martinez, "Innovation: Imponderable or Ponderables?" *Phi Delta Kappan* (February 2010), pp. 72–73.

23. Ibid., p. 73.

24. Ibid.

25. Ibid.

26. Tom Loveless, "How Well Are American Students Learning?" cited in Danny Westneat, "It's Time to School This Myth," *The Seattle Times* (February 16, 2011).

27. R. Hanvey, "An Attainable Global Perspective," cited in Sadiq A. Abdullahi, "Rethinking Global Education in the Twenty-first Century," Chapter 2 in Joseph Zajda, ed., *Global Pedagogies: Schooling for the Future* (London: Springer Science & Business Media, 2010), pp. 23–34.

28. Abdullahi, "Rethinking Global Education in the Twenty-first Century."

29. Stephen David, Nadine Dolby, and Fazal Rizvi, "Globalization and Postnational Possibilities in Education for the Future: Rethinking Borders and Boundaries," Chapter 3 in Zajda, *Global Pedagogies: Schooling for the Future*.

30. Ibid.

31. K. McDonald, "Post-National Considerations for Curriculum," cited in David, Dolby, and Rizvi, "Globalization and Postnational Possibilities in Education for the Future: Rethinking Borders and Boundaries."

32. J. Zajda, "The International Handbook of Globalisation, Education and Policy Research," cited in Abdullahi, "Rethinking Global Education in the Twenty-first Century."

33. David, Dolby, and Rizvi, "Globalization and Postnational Possibilities in Education for the Future: Rethinking Borders and Boundaries."

34. Pasi Sahlberg, *Finnish Lessons: What Can the World Learn from Educational Change in Finland?* 2nd ed. (New York: Teachers College Press, 2015), p. 140.

35. Ibid.

36. Ibid., p. 141.

37. Ibid.

38. Ibid., p. 143.

39. Albert Einstein, cited in Keith Baker, "Are International Tests Worth Anything?" *Phi Delta Kappan* (October 2007), p. 104.

40. Finland, Ministry of Education, cited in Linda Darling-Hammond, *The Flat World and*

Education (New York: Teachers College Press, 2010), p. 163.

41. Finland, Ministry of Education, cited in Richard Morehouse, "Finland," in Rebecca Marlow-Ferguson, ed., *World Education Encyclopedia*, 2nd ed., Vol. 1 (Farmington Hills, MI: Gale Group, 2002), pp. 437–449.

42. Darling-Hammond, *The Flat World and Education*.

43. Ari Antikainen, "Global Transformation of a Nordic Learning Society: The Case of Finland," Chapter 8 in Zajda, *Global Pedagogies: Schooling for the Future*, pp. 129–143.

44. Ibid.

45. Baker, "Are International Tests Worth Anything?" p. 101.

46. Ibid., p. 102.

47. Ibid.

48. Morehouse, "Finland," pp. 437–449.

49. Ibid.

50. Antikainen, "Global Transformation of a Nordic Learning Society: The Case of Finland."

51. M. Castells, *The Rise of Network Society*, cited in Antikainen, "Global Transformation of Nordic Learning Society: The Case of Finland," p. 132.

52. Torsten Husen, *Learning Society*, in Antikainen, "Global Transformation of a Nordic Learning Society: The Case of Finland," p. 130.

53. Morehouse, "Finland," p. 439.

54. Ibid.

55. Sahlberg, *Finnish Lessons: What Can the World Learn from Educational Change in Finland?* p. 28.

56. W. Norton Grubb, "Dynamic Inequality and Intervention: Lessons from a Small Country," *Phi Delta Kappan* (October 2007), pp. 105–114.

57. Morehouse, "Finland."

58. Ibid.

59. Ibid., pp. 443–444.

60. Darling-Hammond, *The Flat World and Education*; and Morehouse, "Finland."

61. Ibid.

62. Joan Richardson, "The Finnish Way," *Phi Delta Kappan* (February 2013), pp. 76–77.

63. John Higgins, "New Tools for Making a Better Teacher," *The Seattle Times* (February 15, 2015), pp. 1, 5.

第十章 国际教育景观

64. Leo Pahkin, counselor of education, Finnish National Board of Education, cited in Richardson, "The Finnish Way," p. 77.

65. Richardson, "The Finnish Way," p. 77.

66. Sahlberg, *Finnish Lessons: What Can the World Learn from Educational Change in Finland*? p. 108.

67. Ibid., pp. 111–112.

68. Morehouse, "Finland."

69. Darling-Hammond, *The Flat World and Education*.

70. Ibid.

71. Ibid.

72. Grubb, "Dynamic Inequality and Intervention: Lessons from a Small Country."

73. Ibid., p. 109.

74. Mark Hutchinson, "Australia," in Marlow-Ferguson, *World Education Encyclopedia*, 2nd ed., Vol. 1, pp. 55–68.

75. Ibid.

76. Ibid.

77. Ibid., p. 60.

78. Darling-Hammond, *The Flat World and Education*.

79. Hutchinson, "Australia."

80. David T. Gamage and Takeyuki Ueyama, "Values, Roles, Visions and Professional Development in the Twenty-first Century: Australian and Japanese Principals Voice Their Views," Chapter 5 in Zajda, *Global Pedagogies: Schooling for the Future*.

81. Hutchinson, "Australia."

82. B. Jensen, B. Weidmann, and J. Farmer, *The Myth of Markets in School Education* (Melbourne, Australia: Grattan Institute, 2013), cited in Sahlberg, *Finnish Lessons: What Can the World Learn from Educational Change in Finland*? p. 151.

83. Darling-Hammond, *The Flat World and Education*.

84. Ibid.

85. Ibid.

86. Peta Salter, "Teachers' Cultural Maps: Asia as a 'Tricky Sort of Subject Matter' in Curriculum Inquiry," *Curriculum Inquiry* (March 2014), pp. 204–227.

87. Asia Education Foundation (AEF), Asia Educational Foundation submission to the Aus-

tralian government white paper on Australia in the Asian century, 2012, cited in Salter, "Teachers' Cultural Maps: Asia as a'Tricky Sort of Subject Matter' in Curriculum Inquiry," p. 204.

88. Salter, 'Teachers' Cultural Maps: Asia as a 'Tricky Sort of Subject Matter' in Curriculum Inquiry," pp. 204 – 205.

89. Ibid. , p. 206.

90. L. Ewen, *The Ascension of Confucianism to State Ideology and Its Downfall* (Shanghai, People's Republic of China: Shanghai Education Publishing House, 2006).

91. Ibid.

92. Ting Ni, "China," in Marlow – Ferguson, *World Education Encyclopedia*, 2nd ed. , Vol. 1, pp. 236 – 255.

93. Ibid.

94. Ibid.

95. Jinting Wu, "Governing *Suzhi* and Curriculum Reform in Rural Ethnic China: Viewpoints from the Miao and Dong Communities in Quiandongnan," *Curriculum Inquiry* (December 2012), pp. 652 – 681.

96. Ibid. , pp. 652 – 653.

97. Ibid.

98. Ibid. , p. 654.

99. Betty Preus, "Educational Trends in China and the United States: Proverbial Pendulum or Potential for Balance?" *Phi Delta Kappan* (October 2007), pp. 115 – 118.

100. Yong Zhao, *Catching Up or Leading the Way: American Education in the Age of Globalization* (Alexandria, VA: ASCD, 2009), cited in Sahlberg, *Finnish Lessons: What Can the World Learn from Educational Change in Finland*? p. xiv.

101. Ben Levin, "Global Voices Overview: Shanghai and Seoul Plan Higher Achievement," *Phi Delta Kappan* (May 2013), pp. 74 – 75.

102. Ibid. , p. 74.

103. Ibid. , p. 75.

104. Jerry Large, "Clear View of China from Tibet," *The Seattle Times* (March 3, 2011), pp. B1, B8.

105. Preus, "Educational Trends in China and the United States: Proverbial Pendulum or Potential for Balance?"

106. Zhao, *Catching Up or Leading the Way*.

107. Jiaoyubu (Ministry of Education, 2001), cited in Zhao, *Catching Up or Leading the Way*, p. 61.

108. Zhao, *Catching Up or Leading the Way*, p. 61.

109. Edward G. Pultorak and Glenn C. Markle, "Snapshots of Chinese Classrooms Illustrate Disparities," *Phi Delta Kappan* (September 2008), pp. 45 – 49.

110. Preus, "Educational Trends in China and the United States: Proverbial Pendulum or Potential for Balance?"

111. Darling – Hammond, *The Flat World and Education*.

112. Pultorak and Markle, "Snapshots of Chinese Classrooms Illustrate Disparities."

113. Ting Ni, "China."

114. Ibid.

115. Kam Wing Chan, "Test Scores Notwithstanding, China Is Not 'Eating Our Lunch,'" *The Seattle Times* (January 3, 2011), p. 49.

116. Ting Ni, "China."

117. Preus, "Educational Trends in China and the United States: Proverbial Pendulum or Potential for Balance?"

118. Levin, "Global Voices Overview: Shanghai and Seoul Plan Higher Achievement."

119. Ibid., p. 75.

120. Wu, "Governing Suzhi and Curriculum Reform in Rural Ethnic China: Viewpoints from the Miao and Dong Communities in Qiandongnan."

121. Ting Ni, "China."

122. Preus, "Educational Trends in China and the United States: Proverbial Pendulum or Potential for Balance?"

123. Ting Ni, "China."

124. Ibid.

125. Chan, "Test Scores Notwithstanding, China Is Not 'Eating Our Lunch.'"

126. Zhao, *Catching Up or Leading the Way*, p. 94.

127. Ibid.

128. Parag Khanna, *The Second World* (New York: Random House, 2008).

129. Patricia K. Kubow and Paul R. Fossum, *Comparative Education: Exploring Issues in International Context*, 2nd ed. (Columbus, OH: Pearson Education Inc., 2007).

130. Monica Rector and Marco Silva, "Brazil," in Marlow – Ferguson, *World Education*

Encyclopedia, 2nd ed., Vol. 1.

131. Ibid.

132. Khanna, *The Second World*.

133. Kubow and Fossum, *Comparative Education: Exploring Issues in International Context*.

134. Ibid.

135. Maria Helena Guimaraes de Castro, "A New Agenda for Brazilian Education," *Phi Delta Kappan* (April 2014), pp. 76–77.

136. Ibid., p. 76.

137. Rector and Silva, "Brazil."

138. Guimaraes de Castro, "A New Agenda for Brazilian Education."

139. Kubow and Fossum, *Comparative Education: Exploring Issues in International Context*.

140. N. P. Stromquist, *Literacy for Citizenship: Gender and Grassroots Dynamics in Brazil*, cited in Kubow and Fossum, *Comparative Education: Exploring Issues in International Context*.

141. L. Crouch, *South Africa: Overcoming Past Injustice*, in Kubow and Fossum, *Comparative Education: Exploring Issues in International Context*, p. 53.

142. Guimaraes de Castro, "A New Agenda for Brazilian Education."

143. Ibid., p. 76.

144. Kubow and Fossum, *Comparative Education: Exploring Issues in International Context*.

145. Guimaraes de Castro, "A New Agenda for Brazilian Education," p. 77.

146. Rector and Silva, "Brazil."

147. Khanna, *The Second World*, p. 157.

148. Rector and Silva, "Brazil."

149. Kubow and Fossum, *Comparative Education: Exploring Issues in International Context*.

150. Guimaraes de Castro, "A New Agenda for Brazilian Education," p. 77.

151. Ibid.

152. Harm de Blij, *Why Geography Matters* (New York: Oxford University Press, 2005).

153. Clive Smith, "Africa," in Gary McCulloch and David Crook, eds., *The Routledge International Encyclopedia of Education* (New York: Routledge, 2008), pp. 557–559.

154. de Blij, *Why Geography Matters*.

155. Mbulelo Vizikhungo Mzamane and S. D. Berkowitz, "South Africa," in Marlow-Ferguson, *World Education Encyclopedia*, 2nd ed., Vol. 3, pp. 1230–1243.

156. Mzamane and Berkowitz, "South Africa"; and Smith, "Africa."

157. Mzamane and Berkowitz, "South Africa."

158. Ibid.

159. Govan Mbeki, "The Peasants' Revolt," in Clifton Crais and Thomas V. McClendon, eds., *The South African Reader: History, Culture, Politics* (Durham, NC: Duke University Press, 2014), pp. 329–334.

160. F. Molteno, "The Historical Foundations of Schooling of Black South Africans," in P. Kallaway, ed., *Apartheid and Education: The Marginalization of Black South Africans* (Johannesburg, South Africa: African Press, 1984), pp. 92–93, cited in Smith, "Africa."

161. Mbeki, "The Peasant's Revolt."

162. Kubow and Fossum, *Comparative Education: Exploring Issues in International Context*.

163. Smith, "Africa," p. 558; National Geographic, *Atlas of the World*, 10th ed. (Washington, DC: National Geographic Society, 2015), p. 139.

164. National Geographic, *Atlas of the World*.

165. Mzamane and Berkowitz, "South Africa"; National Geographic, *Atlas of the World*.

166. Mzamane and Berkowitz, "South Africa."

167. Kubow and Fossum, *Comparative Education: Exploring Issues in International Context*.

168. Smith, "Africa."

169. Christopher Merrett, "The World Cup," in Crais and McClendon, *The South Africa Reader: History, Culture, Politics*, pp. 578–581.

170. Ibid., p. 580.

171. Kubow and Fossum, *Comparative Education: Exploring Issues in International Context*.

172. Ibid.

173. Ibid.

174. Nathan Geffen, "Xenophobic Violence," in Crais and McClendon, *The South Africa Reader: History, Culture, Politics*, pp. 565–572.

175. Ibid., p. 566.

176. Clifton Crais and Thomas V. McClendon, "Repeal the Black Authorities Act: Rural People's Movement," in Crais and McClendon, *The South Africa Reader: History, Culture, Politics*, pp. 505–508.

177. Ibid., pp. 506–507.

178. Robert Cooper, *The Breaking of Nations* (New York: Grove Press, 2003), p. 138.

179. Ibid., pp. 137–138.

附　录

课程小贴士

1.1　课程督导的角色

1.2　化理论为实践

2.1　表彰和奖励卓越人才

2.2　促进学习的情感方法

3.1　历史视角必不可少

3.2　历史研究的过程

3.3　充实课程

3.4　目的分类

4.1　课堂学习情境中的行为主义

4.2　传授批判性思维

5.1　改良学校的原则

6.1　考虑课程设计时思考的要点

6.2　课程设计指导方针

6.3　课程矩阵

7.1　开展需要分析

7.2　学区和学校层次的目标开发

8.1　师生为课程实施事先做好准备

9.1　对课程语境的评估

10.1　应对新的课程挑战的方法

视　　频

1.1　21世纪的学习者
1.2　显性课程与隐性课程
1.3　课程对标准
2.1　赫希与文化素质
2.2　数字公民
2.3　学前教育哲学
3.1　什么是职业和技术教育？
3.2　测试与学校改革
4.1　执行功能：生活和学习的技能
4.2　互联网正在对我们的大脑做什么
4.3　社会习得和情感习得
5.1　培养卓越品格
5.2　学生参与：可汗学院个案研究
6.1　年轻孩子的大脑发育
6.2　自然界中的人类——一门综合课程
6.3　国际学士学位学校
7.1　反向设计
7.2　创造21世纪的课程经验
8.1　利用专业学习团体
8.2　抵制越来越多的高风险测试

9.1 得到解释的具有附加值的措施

9.2 小学课堂中的构成性评估

9.3 收缩学校的课程

10.1 国际学生评估项目:测量全世界学生的成败

10.2 芬兰:世界上最好的教育体系之一

10.3 中国的高考

10.4 南非的不平等教育

主题索引

主题索引

A

Academic approach 学院方法
    defined 对学院方法的定义
    foundational topics 学院方法的基础话题
    nature and structure focus 学院方法的性质与结构重点

Academic excellence 学业优异
    recognizing and rewarding 对学业优异的表彰和奖励

Academies 文实学校
    curriculum 文实学校的课程
    era of 文实学校时期
    in universal education 普及教育中的文实学校

Accommodation 调节

Accountability 问责
    culture of 问责文化
    efficiency and 效率与问责
    high stakes 高利害关系问责
    standards and 标准与问责

Achievement 成绩
    global competition 全球成绩竞赛
    social class and 社会阶层与成绩
    summer setback 夏季成绩退步

Achievemen tests. *See* Tests 成绩测试, 见 "考试"

Acquisition, as learning process 作为学习过程的习得

Action-research model 行为研究模式

Action space, implementation and 行为空间与实施

Activities 活动
    analysis of 对活动的分析

conditioning 条件反射活动

evaluation 活动评估

purposeful 有目的的活动

Affective objectives 情感目的

African National Congress 非洲国民大会

Afrikaans language, in South Africa 南非荷兰语

Aims. *See also* Curriculum development 目标。也可参见"课程开发"

general 总目标

generating 生成目标

overview of 目标概览

Alteration 改变

Alternative assessment 另类评估

defined 对另类评估的定义

as ongoing activity 当下正在进行的另类评估

traditionan assessment *vs.* 传统评估对另类评估

American Association for Teaching and Curriculum (AATC) 美国教学与课程协会 (AATC)

Application, Herbartian method 应用,赫尔巴特方法

Articulation 连接

in curriculum design 课程设计中的连接

defined 对连接的定义

horizontal 横向连接

vertical 纵向连接

Artistic approach, in evaluation 评估中的艺术方法

Assessed curriculum 评价性课程

Assessment 评价

alternative 另类评价

authentic 真实评价

curriculum context 课程评价的语境

evalution and 评估和评价

  optimal 最佳评价

  performance 表现评价

  portfolio 文件夹评价

  traditional assessment *vs.* 传统型评估

Assimilation 同化

Assistant(associate)superintendents in curriculum development 课程开发中的助理(副)主管

Association 联想、联系

  connectionism and 联结论与联想

  Herbartian method 赫尔巴特的联系方法

Association for Supervision and Curriculum Development(ASCD)督导与课程开发协会

Attitudes, as learning outcome 作为学习结果应获得的态度

Audit culture, evaluation and 审计文化与评估

Australia. *See also* International education 澳大利亚。也可参见"国际教育"

  Asia literacy in 澳大利亚的亚洲文化素养

  background 澳大利亚的背景

  education system 澳大利亚的教育系统

  education in 澳大利亚的教育

  lessons from 澳大利亚的经验教训

  National Projects 澳大利亚的"全国计划"

  primary education 澳大利亚的小学教育

  secondary education 澳大利亚的中学教育

  teacher education 澳大利亚的师范教育

Authentic assessment 真实评价

Authenticity 真实性

  in content 内容的真实性

  in student work 学生操行的真实性

B

Back-to-basics movement 回归基础运动

Backward design model. *See also* Technical-scientific(modernist)approach 反向设计。也可参见"技术—科学(现代主义)方法"

    decision-making levels 反向—设计模式的决策层次

    defined 对反向—设计模式的定义

    illustrated 对反向—设计模式的图例说明

    key questions 反向—设计模式的核心问题

Balance, in curriculum design 课程设计中的平衡

Bantu Education Act(South Africa)《班图教育法案》(南非)

Basic Principle of Curriculum and Instruction(Tyler)《课程与教学基本原理》(泰勒)

Behavioral approaches 行为方法

    defined 对行为方法的定义

    efficiency 效率

Behavioral objectives 行为目标

Behaviorism 行为主义

    in classroom learning situation 课堂学习情境中的行为主义

    connectionism 行为主义的联结论

    curriculum and 课程与行为主义

    defined 对行为主义的定义

    instructional components 行为主义的教学要素

    learning combined with 将学习与行为主义结合起来

    operant acquisition 操作性习得

    operant conditioning 操作性条件反射

    overview 行为主义概览

    psychology based on 基于行为主义的心理学

    reinforcement theory 行为主义的强化论

    Thorndike's influence 桑代克的影响

Behaviorist theories 行为主义诸理论

Behavior modification 行为主义的修正

"Big Data" era "大数据"时代

Birth order, IQ and 智商与出生次序

Bits (binary digits) 比特(二进制数字)

Bitsphere, in school space 学校空间中的比特圈

Black Consciousness Movement 黑人意识运动

Block and Anderson model 布洛克与安德森模式

Boards of Education "教委"

Bobbitt model 博比特模式

Bottom-up theory "从下至上"理论

Brain research 大脑研究

  curricucum design and 课程设计与大脑研究

  learning and 学习与大脑研究

  technology and 技术与大脑研究

Brazil. *See also* International education 巴西。也可参见"国际教育"

  background 巴西的背景

  educational system 巴西的教育系统

  education in 巴西的教育

  favelas (slums) of 巴西的 favelas(贫民窟)

  lessons from 巴西的经验教训

  middle (secondary) education in 巴西的中学教育

  primary education 巴西的小学教育

  teacher education in 巴西的师范教育

British Empire 大英帝国

  Australia and 澳大利亚与大英帝国

  South Africa and 南非与大英帝国

Broad fields approach 广域方法

Broad-fields design 广域设计

content areas 广域设计的内容领域

  defined 对广域设计的定义

  focus and problems 广域设计的重点与问题

Budgeting. *See also* Economic costs 预算。也可参见"经济成本"

C

Cardinal Principles of Secondary Education (Commission on the Reorganization of Secondary Education)《初中教育常规》(初中教育重组委员会)

Case-based reasoning 以个案为基础的推理

CBA. *See* Concerns-based adoption(CBA) model 以关注为基础的采纳(CBA)模式

Certification 专业证书

Change, implementation and 实施和变革

  coercive 强制性变革

  complex types of 变革的复杂类型

  guidelines 变革的指导方针

  interaction 变革的相互作用

  in learning 学习的变革

  obstacles to 变革的障碍

  planned 计划性变革

  process of 变革的过程

  random 随机的变革

  rapid 快速的变革

  research and support 对变革的研究与支持

  resistance to 对变革的抵制

  stages of 变革的步骤

  types of 变革的类型

  value-oriented 价值取向的变革

Character, moral 道德品格

Characterization 人格化

Charter models 特许模式

Child-centered design 以孩子为中心的设计

    conception 以孩子为中心的设计观念

    defined 对以孩子为中心的设计的定义

    emphasis 以孩子为中心的设计的重点

    employment of 对以孩子为中心的设计的运用

    student interest and 学生的兴趣与以孩子为中心的设计

Child-Centered School, *the* (Rugg and Shumaker)《以孩子为中心的学校》(鲁格和休梅克)

China. *See also* Iinternational education 中国。也可参见"国际教育"

    background 中国的背景

    educational system 中国的教育系统

    education in 中国的教育

    lessons from 中国的经验教训

    National Ministry of Education 中国教育部

    primary education in 中国的小学教育

    quality education (*suzhi jiaoyu*) 中国的素质教育

    secondary education in 中国的中学教育

    State Education Commission "国家教委"

    teacher education in 中国的师范教育

Chronological learning 历时学习

Class Counts (Ornstein)《阶级核算》(奥恩斯坦)

Classical-conditioning theory 经典条件反射理论

Classroom Instruction that Works (Marzano)《课堂教学操作》(马扎诺)

Classrooms. *See also* Educational environment; Schools 课堂。也可参见"教育环境""学校"

    behaviorism in 课堂中的行为主义

    culture of 课堂文化

    as ecosystem 作为生态系统的课堂

peer groups 课堂中的同龄群体

Coercive change 强制性变革

Cognitive information-processing theories 各种认知信息处理理论

Cognitive objectives 认知目的

Cognitive processes. *See also* Thinking 认知过程。也可参见"思维"

 drugs and 吸毒与认知过程

 metacognition 元认知

Cognitive psychology 认知心理学

 brain research and learning 大脑研究与学习

 constructivism 建构主义认知心理学

 defined 对认知心理学的定义

 developmental theories 各种认知心理学发展理论

 early environment 早期环境

 emotional intelligence 情商

 IQ and learning 智商与学习

 Montessori method 蒙台梭利方法

 overview 认知心理学概览

 perspective 认知心理学观点

 Piaget influence 皮亚杰的影响

 Piaget theories 皮亚杰的理论

 problem solving 解决问题

 thinking and learning 思维与学习

 Vygotsky's theories 维果茨基的理论

Cognitive strategies, as learning outcome 作为学习结果的认知策略

Cognitive theories 各种认知理论

Colleges 学院、大学

 colonial period 殖民时期的学院

 entrance requirements, committee on 大学入学要求委员会

 student enrollment percentages 学生大学入学率

主题索引

Colonial period. *See also* Historical foundations 殖民时期。也可参见"历史基础"
 academies 殖民时期的文实学校
 colleges 殖民时期的学院
 colonial regions 各殖民区
 colonial schools 殖民时期的学校
 defined 对殖民时期的界定
 Latin grammar schools 殖民时期的拉丁文法学校
 parochial and private schools 殖民时期的教区学校和私立学校
 textbooks and readers 殖民时期的课本与读本
 town schools 殖民时期的城镇学校
Commission on the Reorganization of Secondary Education 初中教育重组委员会
Committee of College Entrance Requirements 大学入学条件委员会
Committee of Fifteen 十五人委员会
Committee of Ten 十人委员会
Common schools 平民学校
Communication 交流
 Implementation and 实施与交流
 nondiscursive 非话语交流
Community members, implementation and 实施与社区成员
Concept-related sequencing 概念联系的排序
Concepts 概念
 curriculum theory and 课程理论和概念
Conceptualization, curriculum 课程概念化
Conceptual knowledge objectives 概念性知识的目的
Concerns-based adoption (CBA) model 以关注为基础的采纳模式(CBA)
 adoption of curriculum 课程的采纳
 defined 对以关注为基础的采纳模式的定义
 overview 对以关注为基础的采纳模式的概览
 teacher concerns and 教师的关切和以关注为基础的采纳模式

Concrete operations stage 具体操作阶段

Conditioning 条件反射

  classical theory 经典条件反射理论

  consciousness, choice and 意识、选择和条件反射

  operant 操作性条件反射

Confluent education 融合教育

Congruence-contingency model 一致性偶然性模式

  data categories 数据范围

  defined 对一致性偶然性模式的定义

  illustrated 对一致性偶然性模式的图例说明

  relationships 各种关系

Connectionism 联结论

Connoisseurship model 鉴赏模式

Conservative reformers 保守的改革者

Constructivism 建构论

Contaminants, IQ and 智商与污染物

Content. *See also* Curriculum 内容。也可参见"课程"

  analysis 内容分析

  conceptions of 内容的概念

  criteria for selecting 选择内容的标准

  essentialism emphasis 本质主义对内容的重视

  feasibility 内容的可行性

  high-stakes testing and 高利害关系考试与内容

  interest 内容是否有益

  learnability 内容是否易学

  organization of 内容的组织

  performance standards and 成绩标准与内容

  selection 内容的选择

  self-sufficiency 内容的自足

主题索引

    significance 内容的意义

    standards 内容的标准

    subject-matter analysis 科目—材料内容分析

    utility 内容的实用性

    validity 内容的有效性

Context evaluation 环境评估

Continuity 连贯性

    curriculum 课程的连贯性

    in curriculum design 课程设计的连贯性

    term usage 术语用法的连贯性

Control 控制

    in evaluation 对评估的控制

    in implementation 对实施的控制

Conventional level 习俗水平

Convergent processes 集合过程

Cooperative learning 合作学习

Coping, caring and 应付与关心

Correlation design 关联设计

Cosmopolitianism 世界主义

Cost-effectiveness 成本效益

Creative thinking 创造性思维

    cross-cultural study 跨文化研究

    defined 对创造性思维的定义

    imagination and 想象与创造性思维

    play and 游戏与创造性思维

    problem solving and 解决问题与创造性思维

    as quality of mind 作为心灵素质的创造性思维

Criterion-referenced tests(CRTs) 标准参照测试(CRTs)

    changes in learning 学习的变革

defined 对标准参照测试的定义

  norm-referenced tests(NRTs) compared 与常模参照测试(NRTs)做比较

  specificity of 标准参照测试的专业性

  value of 标准参照测试的价值观

Critical-emancipatory evaluators 使用批判—解放方法的评估工作者

Critical pedagogy 批判性教学法

Critical thinking 批判性思维

  defined 对批判性思维的定义

  learning and 学习与批判性思维

  mental processes 心智过程

  ordinary thinking *versus* 日常思维对批判性思维

  problem solving and 解决问题与批判性思维

  teaching 教学与批判性思维

Criticism model 批评模式

Cross-cultural awareness 跨文化意识

CRT. *See* Criterion-referenced tests(CRTs) CRT。参见"标准参照测试"

Cultural context, in Doll curriculum model 多尔课程模式中的文化语境

Cultural inversion 文化倒置

Cultural nationalism 文化民族主义

Cultural Revolution(China) "文化大革命"(中国)

Culture,classroom 文化,课堂

Cumulative intellectual deficits 日积月累的智力亏损

Cumulative portfolios 累积型文件夹

Curriculum 课程

  academic approach 课程的学院方法

  approaches 课程的方法

  assessed 评估性课程

  background issues in defining 定义课程的背景问题

  behavioral approach 课程的行为方法

Behaviorism and 行为主义与课程

Caswell step-by-step procedure 卡斯韦尔的循序渐进程序

certification 课程专业证书

cognition and 认知与课程

content. See Content, curriculum 课程内容。见"内容"、"课程"

correlation 课程关联

as dealing with learner's experience 课程即处理学习者的经验

definition of 课程的定义

development. See Curriculum development 课程开发。参见"课程开发"

domains 课程领域

enrichment suggestions 充实课程的建议

evaluation. See Evaluation 课程评估。参见"评估"

experiences, selecting 选择课程经验

as field of study 作为一个研究领域的课程

fundamental questions about 课程的基本问题

hidden 隐性课程

holistic 整体课程

humanistic approach 人本主义的课程方法

learned 学习性课程

managerial approach 课程的管理方法

matrix 课程矩阵

narrowing of 课程的窄化趋势

null 无效课程

operational 操作性课程

perspectives 各种课程观

phenomenology and 现象学与课程

philosophy as source 作为课程资源的哲学

planned and unplanned 计划性课程与非计划性课程

postmordern approach 后现代的课程方法

practices 课程实践

pressure for modern 对现代课程的迫切呼唤

"rationale" 课程"依据"

recommended 推荐性课程

reconceptualist approach 概念重构论者的课程方法

shadows within 课程领域的影子

spiral 螺旋形课程

subject matter 课程科目材料

supported 支持性课程

systems approach 课程的系统方法

taught 教学课程

theorists 课程理论家

written 成文课程

Curriculum, The (Bottitt)《课程》(博比特)

Curriculum committees 课程委员会

Curriculum consultants 课程顾问

Curriculum coordinators 课程协调人

Curriculum design 课程设计

    articulation and balance 课程设计的连接与平衡

    brain research and 大脑研究与课程设计

    broad-fields 广域课程设计

    child-centered 以孩子为中心的课程设计

    complexities of 课程设计的复杂性

    components of 课程设计的构成成分

    conceptions 课程设计的概念

    conceptual framework 课程设计的概念框架

    conclusion 课程设计的结语

    consideration points 课程设计的思考要点

    continuity in 课程设计的连续性

correlation 课程设计的关联

defined 对课程设计的定义

dimensional considerations 对课程设计维度的思考

discipline 课程学科设计

experience-centered 以经验为中心的课程设计

guidelines for 课程设计的指导方针

humanistic 人本主义的课程设计

integration 课程设计的整合

knowledge as source 作为课程设计资源的知识

learner as source 作为课程设计资源的学习者

learner-centered 以学习者为中心的课程设计

life-situations 生活情境课程设计

moral doctrine as source 作为课程设计资源的道德信条

overview 课程设计概览

problem-centered 以问题为中心的课程设计

process 课程设计的过程

reconstructionist 重构论者的课程设计

representative 代表性课程设计

romantic(radical) 浪漫的(激进的)课程设计

science as source 作为课程设计资源的科学

scope 课程设计的范围

sequence 课程设计的次序

society as source 作为课程设计资源的社会

sources of 课程设计的资源

subject 科目课程设计

subject-centered 以科目为中心的课程设计

theoretical franeworks 课程设计的理论框架

Curriculum development 课程开发

 aims, generating 生成课程开发的指向

assistant superintendents in 课程开发副主管

boards of education in 课程开发中的校董事会

Bobbitt model 博比特的课程开发模式

Charters model 查特斯的课程开发模式

closed system 课程开发的封闭系统

content selection 课程开发的内容选择

curriculum specialists 课程开发的课程专家

curriculum teams 课程开发的课程团队

defined 对课程开发的定义

educational environments selection 课程开发的教育环境选择

Eight-Year Study "八年研究"

enacting 落实课程开发

experiences selection 课程开发的经验选择

federal government in 课程开发中的联邦政府

final synthesis 课程开发的最后综合分析

goals, generating 生成课程开发的目标

hierarchical organization and 等级制组织与课程开发

lay citizens and parents in 课程开发中的外行人和家长

models 课程开发诸模式

nontechnical-nonscientific approach (postmodernist, postconstructivist perspective) 课程开发的非技术非科学方法(后现代主义、后建构论的视角)

objectives, generating 生成课程开发的目的

open systems 课程开发的开放系统

overview of aims, goals, and objectives 课程开发的指向、目标和目的概览

overview of approaches 课程开发的方法概览

participants 课程开发的参与者

philosophy and 哲学与课程开发

postmodern approach 课程开发的后现代方法

principals in 课程开发中的校长

主题索引

 regional organizations in 课程开发中的地方组织

 as series of games 作为一系列博弈的课程开发

 state agencies in 课程开发中的州立机构

 step-by-step examination 对课程开发的循序渐进的考察

 students in 课程开发中的学生

 superintendents in 课程开发中的管理者

 Taba model 塔巴的课程开发模式

 teachers in 课程开发中的教师

 team establishment 课程开发的团队建设

 technical-scientific approach(modernist perspective) 课程开发的技术科学方法(现代主义视角)

 Tyler model 课程开发的泰勒模式

Curriculum Development(Caswell and Campbell)《课程开发》(卡斯韦尔、坎贝尔)

Curriculum directors 课程主管

Curriculum engineering 课程工程学

Curriculum foundations 课程基础

 external boundaries 课程基础的外部边界

 historical 课程的历史基础

 overview 课程基础概览

 philosophical 课程的哲学基础

 psychological 课程的心理学基础

 social 课程的社会基础

Curriculum implementation. *See* implementation 课程实施。参见"实施"

Curriculum leaders 课程实施的课程带头人

 implementation and 实施和课程带头人

 resistance to change and 抵制变革和课程带头人

Curriculum map 课程地图

Curriculum 2005(South Africa)《课程 2005》(南非)

Curriculum specialists. *See also* Curriculum workers 课程专家。也可参见"课程工作

Behaviorism and 行为主义与课程专家

　　cognitive theory and 认知理论与课程专家

　　creative thinking and 创造性思维与课程专家

　　in curriculum development 课程开发中的课程专家

　　defined 对课程专家的定义

Curriculum supervisor. See also Curriculum workers 课程督导。也可参见"课程工作者"

　　defined 对课程督导的定义

　　role of 课程督导的角色

Curriculum teams 课程团队

　　establishing 建立课程团队

Curriculum webs 课程网络

Curriculum workers 课程工作者

　　defined 对课程工作者的定义

　　philosophy and 哲学与课程工作者

　　responsibilities of 课程工作者的责任

　　roles of 课程工作者的角色

D

Dare the School Build a New Social Order?（Counts）《学校敢建成一种新的社会秩序吗？》（康茨）

Data-driven decision making(DDDM)受数据驱动的决策(DDDM)

Data gathering, evaluation and 评估与数据收集

　　formative evalution 构成性评估

　　summative evaluation 总结性评估

Deliberation model 审议模式

Democracy and Education(Dewey).《民主与教育》(杜威)

Design. *See* Curriculum design 设计。参见"课程设计"

Development. See also Curriculum development 发展、发育、开发。也可参见"课程开发"
  of design 设计开发
  intellectual 智力开发
  moral 品德发展
  period 发展时期
  stages of 发育的步骤
Developmental studies 发展研究
Development theories 发展理论
Digital literacy 数码文化素质
Digital world. See also Technology 数码世界。也可参见"技术"
Discipline design 学科设计
Discovery learning 探索型学习
Divergent processes 发散过程
Domains, curriculum 课程领域
Drives 内驱力
  defined 对内驱力的定义
  primary, reducing 首要内驱力的缩减
  rewards and 奖励与内驱力
  secondary 次要内驱力
  survival 求生内驱力
Dropping out 退学
Drugs 毒品
  cognition and 认知与毒品
  IQ and 智商与毒品
  marijuana 大麻

E

Ecocentric ethic 生态伦理
Ecological correlation fallacy 生态相关性谬误

Economic costs 经济成本
 cost-effectiveness 成本效益
 self-sufficiency and 自足与经济成本

Economic life 经济生活

Ecosystem, classroom as 作为生态系统的课堂

Education 教育
 Australia 澳大利亚的教育
 Brazil 巴西的教育
 China 中国的教育
 confluent 融合教育
 equal opportunity in 教育机会平等
 excellence in 教育英才
 Finland 芬兰的教育
 international scences in 国际教育景观
 moral 道德伦理教育
 myths about 有关教育的迷思
 schooling and 学校教育与教育
 society and 社会与教育
 South Africa 南非的教育
 universal, rise of 普及教育的兴起

Educational environments. *See also* Classrooms; Schools 教育环境。也可参见"课堂"、"学校"
 bitspheres 教育环境生物圈
 cost-effectiveness 教育环境的成本效益
 decisions about 有关教育环境的决策
 design of 教育环境的设计
 efficiency 教育环境的效率
 explicit and implicit learning in 教育环境中的显性学习和隐性学习
 as "heterotopia" 作为"异托邦"的教育环境

purposeful learning in 教育环境中的有目的学习

  selecting 选择教育环境

  suitability 教育环境的适当

  values representation 教育环境价值观的反映

Educational objects 教育目的

Educational philosophies 教育哲学

  essentialism 本质主义的教育哲学

  instruction 教育教学论

  knowledge and learning 教育哲学的知识观和学习观

  overview 教育哲学概览

  perennialism 永恒主义的教育哲学

  progressivism 进步论的教育哲学

  purpose and programs 教育哲学的目的和纲领

  reconstructionism 重构论的教育哲学

  society and education 教育哲学的社会观和教育观

  traditional *versus* contemporary 传统的教育哲学对当代的教育哲学

Educational service districts 教育服务区

Educators at large 教育工作者大众化

Effect, Law of 效果律

Efficiency 效率

  accountability and 问责制与效率

  cult of 效率崇拜

  in educational environment 教育环境的效率

Eight-Years Study "八年研究"

Elementary Schools 小学

  curriculum evolution 小学的课程演变

  in universal education 普及教育中的小学

Elicited responses 诱导的反应

Emitted responses 自发的反应

Emotional intelligence 情商

Emotions, managing 管理情绪

English language 英语

    in China 英语在中国

    competency in 英语能力

    in South Africa 英语在南非

Enhance learning, affective methods to 强化学习的情感方法

Environment 环境

    early 早期环境

    educational, selecting 选择教育环境

    home 家庭环境

    intelligence and 智力与环境

Equal opportunity 机会平等

Equilibration 平衡

Essentialism 本质主义

    overview 本质主义概览

    standards 本质主义的标准

    as traditional philosophy 作为传统哲学观的本质主义

Ethical interests 伦理兴趣

Ethics. See also Moral 伦理。也可参见"道德"

Eurocentric view 欧洲中心观

Evalution 评估

    action-research model 行为研究评估模式

    alternative assessment 另类评价评估

    approaches to 评估诸方法

    artistic approach 评估的艺术方法

    challenges, in 21st century 评估在21世纪面临的挑战

    comparative validity 评估的可比较的有效性

    comparative value question 评估的比对价值问题

conclusion 评估的结语

context 评估的语境

control 对评估的控制

critical-emancipatory 批判—解放型评估

as critical inquiry 作为批评调查的评估

curriculum 课程评估

data-driven decision making(DDDM) 受数据驱动的评估决策(DDDM)

decision value question 评估决策的价值问题

defined 对评估的定义

Eight-Year Study "八年研究"的评估

as excessive 过度泛滥的评估

fairness 评估的公平性

fear and 恐惧与评估

formative 构成性评估

hermeneutic approach 阐释学的评估方法

hidden dimension 评估的隐性维度

high-stakes testing 高利害关系测试评估

human issues of 评估的人的问题

humanistic(postmodern)models 人本主义的(后现代的)评估模式

idealization value question 评估的理想化价值问题

input 评估的投入

instrumental value question 评估的工具性价值问题

interpretative approach 解释性的评估方法

intrinsic value question 内在价值问题

intrinsic *versus* payoff approach 内在评估方法对效果评估方法

as learning process 作为学习过程的评估

levels 评估的诸层次

measurement *versus* 测量与评估

models 评估诸模式

motivation and 动机与评估

myths 有关评估的各种迷思

nature of 评估的本质

No Child Left Behind Act and《不让一个孩子掉队法案》与评估

observation 对评估的观察

overview of models 评估模式概览

payoff approach 效果评估方法

portfolios 文件夹评估

process 评估过程

process of reasoning from evidence 从证据进行推理的评估过程

product 评估的产出

program concept 评估程序概念

purposes 评估的目的

questions 评估的各种问题

reports 评估报告

scientific (modern) models 科学的(现代的)评估模式

scientific *versus* humanistic approach 科学的评估方法对人本主义的评估方法

as student encouragement 作为激励学生的评估

student learning strategies 学生学习策略评估

summative 总结性评估

systemic approach 评估的系统方法

teacher instructional strategies 教师教学策略评估

testing 考试评估

theory-driven approach 理论驱动型评估方法

utilitarian *versus* intuitionist approach 功利主义者的评估方法对直觉论者的评估方法

value judgments 评估的价值判断

Exemplars (aesthetic modes) 范例(审美范式)

Exercise, Law of 练习律

主题索引

Existentialism 存在主义

Experience and Education(Dewey)《经验与教育》(杜威)

Experience-centered curriculum 以经验为中心的课程

Explication 解释

F

Factor of intelligence 智力元素

Factual knowledge objectives 事实知识目的

Fairness, in testing 考试的公平性

Family. *See also* Parents 家庭。也可参见"家长"

    new types 新型家庭

    postnuclear 后核心家庭

Feasibility, in content selection 内容选择的灵活性

Federal government 联邦政府

    in curriculum development 课程开发中的联邦政府

    implementation, and funding from 实施和来自联邦政府的资助

Field-ground relationship 场—地关系

Field of curriculum 课程领域

    basic principles 课程领域的基本原理

    birth of 课程领域的诞生

    current focus 课程领域的目前焦点

    curriculum theory 课程领域的理论

    development period 发展时期的课程领域

    Eight-Year Study "八年研究"的课程领域

    progressive influence 进步论对课程领域的影响

    school reform 学校课程领域的改革

    Twenty-sixth Yearbook "二十六年年鉴"的课程领域

50 Myths and Lies that Threaten America's Public Schools(Berliner and Glass)《威胁到美国公立学校的五十个迷思和谎言》(伯利纳、格拉斯)

Finland. *See also* Internatinal education 芬兰。也可参见"国际教育"
 background 芬兰的背景
 comprehensive school(*peruskoulu*) 芬兰的综合学校(*peruskoulu*)
 educational system 芬兰的教育系统
 education as cultural linchpin 作为文化关键的芬兰教育
 education in 芬兰的教育
 lessons from 芬兰的经验教训
 Ministry of Education 芬兰教育部
 postcomprehensive education 芬兰综合学校之后的教育
 successes 芬兰的成功
 uniqueness 芬兰的独特性

First-born child 长子

Flat-world 扁平世界

Formal operation stage 形式运演阶段

Formative evaluation 构成性评估
 in computer-based learning data gathering 以计算机为基础的学习数据收集的构成性评估
 defined 对构成性评估的定义
 occurrence of 构成性评估的出现
 pedagogical content knowledge 教学内容知识的构成性评估
 student procedures 学生使用程序的构成性评估

Foundations of Method(Kilpatrick)《方法基础》(基尔帕特里克)

Freedom 自由
 responsibility, choice and 责任、选择与自由

Fundamental movements 基本动作

G

Generalization, learning based on 基于概括的学习

GERM. *See* Global Education Reform Movement 全球教育改革运动(GERM)

主题索引

Gestalt theory 格式塔理论

Global achievement. *See also* International education 全球成绩。也可参见"国际教育"

Global Education Reform Movement（GERM）全球教育改革运动（GERM）

Global issues identification 全球问题的鉴别

 global dynamics 全球动态

Globalists 全球主义者

Globalization 全球化

 flat world and 扁平世界与全球化

Global mind. *See also* international education 全球心灵。也可参见"国际教育"

Goals 目标

 generating 生成目标

 overview of 目标概览

 rank-ordered 目标的等级序列

 at school district/school level 学区和学校层次的目标

 standards and 标准与目标

Good and Brophy model 古德与布罗菲模式

Grassroots approach, in Taba model 塔巴模式中的草根方法

Group activity, assessment as 评估是一种团体活动

Growth portfolios 成长文件夹

Guilford model 吉尔福德模式

H

Habit 习惯

Havighurst model 哈维格斯特模式

Herbartian method 赫尔巴特方法

Hermeneutics 阐释学

 evalution and 评估与阐释学

Hidden curriculum 隐性课程

 defined 对隐性课程的定义

571

influences on 对隐性课程的影响

  playfulness in 隐性课程中的游戏性

Hierarchical learning 层级性学习

High school. *See also* Secondary schools 高中。也可参见"中学"

  college prepatory program 大学预科项目

  in universal education 普及教育中的高中

High-stakes tests 高利害关系考试

  curriculum content and 课程内容与高利害关系考试

  gaming the system 与高利害关系考试体系博弈

  performance pay 高利害关系考试绩效工资

  standards and 标准与高利害关系考试

Historical foundations 历史基础

  birth of curriculum field 课程领域的诞生

  colonial period 殖民时期

  current focus 目前焦点

  curriculum theorists 课程理论家

  national period 建国时期

  nineteenth-century European educators 19 世纪欧洲教育家

  research process 研究进展

  transitional period 转型时期

  universal education 普及教育

Historical research, process of 历史研究的进展

Holistic curriculum 整体课程

Horizontal articulation 横向连接

Horizontal communication 横向交流

Horizontal organization 横向组织

Hornbook 入门书

How to Make a Curriculum (Bobbitt) 《如何编制课程》(博比特)

Humanism 人本主义

Humanistic curriculum 人本主义课程

Humanistic design 人本主义的设计

    confluent education 融合教育

    defined 对人本主义设计的定义

    intuition and creative thinking 直觉与创造性思维

    potential/weaknesses 人本主义设计的潜力和弱点

    self-actualization influence 人本主义的设计对自我实现的影响

    self-directed learning and 自主学习和人本主义的设计

Humanistic models 人本主义模式

    action-research 人本主义行为研究模式

    connoisseurship 人本主义鉴赏模式

    criticism 人本主义批评模式

    evaluation 人本主义模式的评估

    illuminative 人本主义的说明性模式

Humanistic psychology 人本主义心理学

    curriculum design and 课程设计与人本主义心理学

    defined 对人本主义心理学的定义

    overview 人本主义心理学概览

Human rights 人权

Hunter model 亨特模式

I

Idealism 唯心论

Illuminative evaluation model 说明性评估模式

Imagination, creative thinking and 创造性思维与想象

Implementation 实施

    action space and 行动空间与实施

    budgeting for 实施的预算

    as change process 作为变革过程的实施

communication and 沟通与实施

community members and parents in 实施中的社区成员和家长

complexity of change and 变革的复杂性和实施

concerns-based adoption(CBA)model 以关注为基础的采纳(CBA)模式

concern stages 和实施相关的各个关注阶段

curriculum consultants 课程顾问

curriculum directors in 实施中的课程主管

effective 有效的实施

factors affecting 影响实施的各种因素

incrementalism 渐进主义的实施

key players in 实施中的关键角色

learning communities and 学习社群与实施

models 实施诸模式

modernist approaches 现代主义的实施模式

nature of 实施的本质

organizational – development model 组织化开发实施模式

overcoming-resistance-to-change model 克服抵制变革的实施模式

overview of models 实施模式概览

postmodernist approaches 后现代主义的实施方法

postmodernist models 后现代主义的实施模式

principals in 实施中的校长

students in 实施中的学生

successful 成功的实施

supervisors 实施中的督导者

support 对实施的支持

systems model 实施的系统模式

teachers in 实施中的教师

Improvement, consensus on 对改进的共识

Improvisation 即兴表演

主题索引

Incrementalism 渐进主义

Information 信息

    in knowledge-based society 知识型社会中的信息

    as learning outcome 作为学习成果的信息

    symbolics of 信息象征符号

Initiation stage 启动阶段

Inner-directedness 内向引导型

Innovation. *See also* Change, implementation and 创新。也可参见"实施与变革"

    maintenance of 创新的维护

    technology and 技术与创新

In Praise of Education(Goodlad)《教育礼赞》(古德拉德)

Input evaluation 投入评估

Inquiry-related sequencing 探索联系法的排序

In-service training 在职培训

Instructional methods, evaluation 教学方法评估

Integration 整合

    curriculum 课程整合

    in curriculum design 课程设计的整合

    defined 对整合的定义

    life-situations design 生活情境设计

Intellect, structure of 智力结构

Intellectual deficit 智力缺损

Intellectual development 智力开发

Intellectual skills, as learning outcome 作为学习成果的智力技能

Intelligence. *See also* IQ 智力、智能。也可参见"智商"

    creativity and 创造性与智能

    emotional and social 情商与社交智力

    factor of 智力元素

    multiple 多元智力

Interaction 互动、相互作用

    change 互动型变革

    defined 对互动的定义

Interdisciplinary design. *See* Broad-fields design 跨学科设计。参见"广域设计"

Interests 兴趣

    in content education 内容教育中的兴趣

International education. *See also* Global entries 国际教育。也可参见"全球"条目

    Australia 澳大利亚

    "Big Data" "大数据"

    Brazil 巴西

    China 中国

    conclusions 国际教育的结语

    Finland 芬兰

    Global Education Reform Movement 全球教育改革运动

    globalization 全球化

    nation-states and 民族国家与国际教育

    South Africa 南非

    21st century demands 21世纪的各种要求

    test score comparison 国际教育考试分数之比较

Internationalists 国际主义者

Internet. *See also* Technology 网络。也可参见"技术"

    in-service programs and 在职项目与网络

    social media and 社交媒体与网络

Interpersonal intelligence 交际智慧

Interpretation stage, evaluation 评估的阐释阶段

Interpretive approach 阐释方法

Intrapersonal intelligence 内省智慧

Introduction to the Scientific Study of Education (Judd)《教育科学研究导论》(贾德)

Intuitionist evaluation 直觉论者的评估

Intuitive thinking 直觉思维

IQ(intelligence quotient) 智商

    birth order and 出生次序与智商

    contaminants and 污染物与智商

    Guilford model 吉尔福德模式

    malnutrition and 营养不良与智商

    multiple intelligences and 多元智力与智商

    stimulants and 兴奋剂与智商

K

Kindergarten movement 幼儿园运动

Knowledge 知识

    "Big Data" era "大数据"时代知识

    conceptual, objectives 概念 知识 目的

    as curriculum design source 作为课程设计资源的知识

    factual, objectives 事实知识目的

    interests 知识兴趣

    metacognitive, objectives 元认知知识目的

    moral 伦理知识

    nature of 知识的本质

    procedural 程序性知识

    psychological theories 心理学诸理论

    self-knowledge 自我认知知识

    stored 储存知识

    world to school 带到学校的有关世界的知识

Knowledge-based society 知识型社会

L

Language. *See also* English language as cultural tool 语言。也可参见"作为文化工具的

英语"

Latin grammar schools 拉丁文法学校

Law of Effect 效果律

Law of Exercise 练习律

Law of Readiness 准备律

Law of Reinforcement 强化律

Learnability 可学性

Learned curriculum 学习性课程

Learner-centered design. *See also* Curriculum design 以学习者为中心的设计。也可参见"课程设计"

    child-centered design 以孩子为中心的设计

    defined 对以学习者为中心的设计的定义

    experience-centered design 以经验为中心的设计

    humanistic design 人本主义的设计

    overview 以学习者为中心的设计概览

    romantic(radical)design 浪漫的(激进的)设计

    student interest and 学生的兴趣和以学习者为中心的设计

Learner-related sequence 学习者联系法次序

Learners, as curriculum design source 作为课程设计资源的学习者

Learning 学习

    analysis 学习分析

    behaviorism and 行为主义与学习

    brain research and 大脑研究与学习

    changes in 学习的变革

    chronological 历时学习法

    cooperative 互助学习

    discovery 探索型学习

    explicit *versus* implicit 显性学习对隐性学习

    hierarchical 层级式学习

how to learn 如何学习

mastery 通达学习

methods to enhance 强化学习的各种方法

nature of 学习的本质

nondirective 非指导型学习

observational 观察型学习

outcomes 学习的结果

passive 被动学习

prerequisite 预习

self-directed 自主学习

signal 信号学习

simple-to-complex 从简单到复杂的学习

technology impacts on 技术对学习的影响

theories and principles, overview 各种学习理论和原则概览

therapeutic 治疗学习

transfer of 学习的转换生成

types of 学习的类型

whole-to-part 从整体到部分的学习，化整为零的学习

Learning communities 学习社群

Learning theories. See Theories 学习理论。参见"理论"

Liberal arts 人文艺术

Life-situations design. See also Curriculum design 生活情境设计。也可参见"课程设计"

criticism 对生活情境设计的批评

defined 对生活情境设计的界定

integration 对生活情境设计的整合

strength of 生活情境设计的力量

Lifeworld 生活世界

Literacy rate 识字率

Lonely Crowd, *The*(Riesman)《孤独的人群》(理斯曼)

Long-term memory 长时记忆

M

Maintenance 维护

Malnutrition, IQ and 智商与营养不良

Managerial approach 管理方法

 basis 管理方法的基础

 defined 对管理方法的定义

 dominant period 管理方法占主流地位的时期

 organizational and administrative school models 组织管理学校模式

 today's ideas based on 目前基于管理方法的观念

Marijuana, brain development and 大麻与大脑发育

Maslow human needs 马斯洛论人的需要

Master design chart 宏观设计样图

Mastery learning 通达学习

Measurement 测量

 defined 对测量的定义

 evaluation *versus* 评估对测量

Mediated learning experience 居中性学习经验

Memory 记忆

 long-term 长时记忆

 working 工作记忆

Meritocracy 英才教育

 in China 中国的英才教育

Metacognition 元认知

Metacognitive knowledge objectives 元认知知识目的

Mindsets 心态

Modal personality, society and 社会与模范人格

Modernist approach. See Technical-scientific (modernist) approach 现代主义方法。参见"技术科学(现代主义)方法"

"Modern School, A" (Flexner)《现代学校》(弗莱克斯纳)

Molar problems "研磨问题"

Monitorial schools 实行导生制的学校

Montssori method 蒙台梭利方法

    basis 蒙台梭利方法的基础

    child development rates 儿童发育速度

    looking and listening emphasis 对看和听的重视

    school environment 学校环境

Morals 道德伦理

    character education and 品德教育与道德伦理

    conduct and controversy 道德行为及其争论

    development, curriculum 品德培养与课程

    doctrine, as curriculum design source 作为课程设计资源的道德信条

    education 道德伦理教育

    knowledge 道德伦理知识

    stages of development 道德伦理发展阶段

    standards 道德标准

    teaching 传授道德伦理

Motivation 动机

    evaluation and 评估与动机

    teacher 教师的动机

Motor chains 运动的各环节

Motor skill, as learning outcome 作为学习结果的运动技能

Multiple discriminations 多重区分

Multiple intelligences 多元智力

Multipurpose objectives 多目标目的

N

National period. *See also* Historical foundations 建国时期。也可参见"历史基础"
  defined 对建国时期的定义
  Jefferson 杰弗森
  McGuffey 麦古菲
  Rush 拉什
  Webster 韦伯斯特

Nationa-state, educational systems and 教育体系与民族国家

Needs analysis 需求分析

Needs-assessment plan 需求评估规划

Needs hierarchy, of Maslow 马斯洛的需求层次

Neuroscience. *See also* Brain research 神经科学。也可参见"大脑研究"

New England Prime《新英格兰初级读本》

Nineteenth-century European education 19 世纪欧洲的教育
  general and special methods 19 世纪欧洲教育的一般方法和特殊方法
  kindergarten movement 19 世纪欧洲教育的幼儿园运动
  moral and intellectual development 19 世纪欧洲教育的品德与智力开发
  overview 19 世纪欧洲教育概览
  utilitarian and scientific 19 世纪欧洲的实用主义教育和科学教育

No Child Left Behind (NCLB) "不让一个孩子掉队" (NCLB)
  evaluation and 评估与"不让一个孩子掉队"

Nonbehavioral objectives 非行为性目的

Nondirective learning 非指导性学习

Nondiscursive communication 非话语交流

Nontechnical-nonscientific approach (postmodernist, postconstructivist perspective). *See also* Curriculum development 非技术非科学方法(后现代主义、后建构主义观)。也可参见"课程开发"
  defined 对非技术非科学方法的定义

主题索引

    deliberation model 审议模式

    Doll model 多尔模式

    implementation and 实施与非技术非科学方法

    overview 非技术非科学方法概览

    Slattery model 斯莱特里模式

Norm-referenced tests(NRTs) 常模参照考试(NRTs)

    criterion-reference tests(CRTs) compared 与标准参照考试(CRTs)比较

    defined 对常模参照考试的定义

    standardized achievement tests 标准化成绩测试

    understanding of 对常模参照考试的认识

Null curriculum 无效课程

O

Objectives, curriculum development 课程开发的目的

    affective 课程开发的情感目的

    behavioral 课程开发的行为目的

    characterization 课程开发目的的人格化

    classifying 课程开发目的分类

    clear expression guideline 清晰表达课程开发目的的指导方针

    cognitive 课程开发的认知目的

    conceptual knowledge 课程开发的概念知识目的

    factual Knowledge 事实性知识

    formulation guidelines 阐明课程开发目的的指导方针

    generating 课程开发目的生成

    legality 课程开发目的的合法性

    logical grouping of 课程开发目的的逻辑归类

    metacognitive Knowledge 课程开发的元认知知识目的

    multipurpose 课程开发的多目标目的

    nonbehavioral 课程开发的非行为目的

organization 课程开发的组织目的

overview of 课程开发目的概览

procedural knowledge 课程开发的程序性知识目的

psychomotor 课程开发的精神运动目的

receiving and responding 课程开发的接收与回应目的

revision guideline 修正课程开发目的的指导方针

selection of 课程开发目的的选择

standards and 标准与课程开发的目的

types of 课程开发目的的类型

useful 有用的课程开发的目的

valuing 对课程开发目的的估价

Observation, evaluation and 评估和观察

    illuminative model 图例说明模式

Observational learning and modeling 观察性学习和建模

OD. *See* Organizational-development model 组织性发展模式

Operant conditioning 操作性条件反射

Operants 操作性

    defined 对操作性的定义

    new, acquiring 获得新的操作性

Operational curriculum 操作性课程

    defined 对操作性课程的定义

    teaching of 操作性课程的教学

ORC. *See* Overcoming-resistance-to-change model 克服抵制变革(ORC)模式

Organizational components 课程构成的组织成分

Organizational – development model(OD)组织化开发模式

    characteristics 组织化开发模式的特征

    defined 组织化开发模式的定义

    overview 组织化开发模式概览

Organizational objectives 组织目标

主题索引

Organizational school culture 有组织的学校文化

Other-directedness 他者引导性

Overcoming-resistance-to-change model(ORC) 克服抵制变革(ORC)模式

 concerns, dealing with 运用克服抵制变革模式时的关注点

 concern stages 克服抵制变革模式的关注步骤

 defined 对克服抵制变革模式的定义

 overview 克服抵制变革模式概览

P

Paideia Proposal《帕提亚倡议》

Parents, in imimplmentation 实施中的家长

 resistance to change 家长在实施中对变革的抵制

Pay for performance 绩效工资

Payoff evaluation 效果评估

Pedagogy of the Oppressed(Freire)《被压迫者教育学》(弗赖雷)

Peer groups 同龄群体

 defined 对同龄群体的定义

 influence of 同龄群体的影响

 racial groups and 种族群体与同龄群体

 relationships, fostering 培养同龄群体的关系

 school and 学校与同龄群体

Peer matching 对等匹配

Perceptual abilities 感知能力

Perennialism. *See also* Educational philosophies; Philosophies 永恒主义。也可参见"教育哲学""哲学"

 appeal of 永恒主义的吸引力

 back-to-basics 回归基础

 best/brightest reaffirmation 重申最好的和最有前途的

 content emphasis 对内容的重视

585

defined 对永恒主义的定义
  excellence in education 教育英才
  human nature consistency 人性的稳定性
  liberal arts return 回归人文艺术
  overview 永恒主义概览
  Paideia Proposal《帕提亚倡议》
  permanent studies 终身学习
  process deemphasis 淡化过程
  subject-centered curriculum 以科目为中心的课程
  as traditional philosophy 作为传统哲学的永恒主义
  traditional values 永恒主义的传统价值观

Performance 表现、绩效
  assessments 表现评估
  character 品格表现
  pay for 绩效工资
  standards 表现的标准

Perspective consciousness 视角意识

Perturbations 扰乱

Phenomenological and humanistic theories 现象学理论与人本主义理论

Phenomenology 现象学
  curriculum and 课程与现象学
  defined 对现象学的定义
  freedom concepts 现象学的自由概念
  humanistic theories and 人本主义理论与现象学
  Maslow's needs hierarchy and 马斯洛的需求层次与现象学
  motivation and achievement 动机与成就

Philosophies 哲学
  curriculum and 课程与哲学
  as curriculum source 作为一种课程资源的哲学

主题索引

 curriculum workers and 课程工作者与哲学

 defined 对哲学的定义

 educational 教育哲学

 essentialism 永恒主义哲学

 existentialism 存在主义哲学

 idealism 唯心主义哲学

 major 主要哲学

 overview 哲学概览

 perennialism 永恒主义哲学

 pragmatism 实证主义哲学

 progressivism 进步论哲学

 realism 实在论哲学

 reconstructionism 重构论哲学

Physical abilities 体能

PISA. *See* program for International Student Assessment 国际学生评估项目(PISA)

Place Called School,*A*(Goodlad)《称之为学校的地方》(古德拉德)

Planned change 有计划的变革

Planned curriculum 计划性课程

Planning, Programming, Budgeting System(PPBS) 计划、项目、预算系统(PPBS)

Play/playfulness 游戏与游戏性

 creative thinking and 创造性思维和游戏与游戏性

 in hidden curriculum 隐性课程中的游戏与游戏性

 improvisation 即兴表演

Political life 政治生活

 content selection and 内容选择和政治生活

Politicians, policy and 政策和政治家

Portfolios 文件夹

 benefits of 文件夹的好处

 defined 对文件夹的定义

587

types of 文件夹的类型

Positive psychology 积极心理学

Postconventional level 后习俗水平

Postindustrial society 后工业社会

Postmodern approach. *See also* Nontechnical-nonscientific approach 后现代方法。也可参见"非技术非科学方法"

 evaluation 后现代评估方法

 implementation and 实施与后现代方法

Postmodern society 后现代社会

Postnuclear family 后核心家庭

Potatoheads "土豆先生"

PPBS (Planning, Programming, Budgeting System) 计划、项目、预算系统(PPBS)

Practicality, content and 内容与实践性

Practice, theory and 理论与实践

Pragmatism 实证主义

Preconventional level 前习俗水平

Preoperational stage 前运算阶段

Preparation, Herbartian method 准备,赫尔巴特方法

Prerepuisite learning 预习

Prerequisites, in evaluation model 评估模式中的先决条件

Presentation, Herbartian method 赫尔巴特方法中的讲授

Principals 校长

 curriculum and 校长与课程

 in curriculum development 课程开发中的校长

 in curriculum implementation 课程实施中的校长

Problem-centered design. *See also* Curriculum design 以问题为中心的设计。也可参见"课程设计"

 defined 对以问题为中心的设计的定义

 life-situations design 生活情境设计

overview 以问题为中心的设计概览

reconstructional design 重构性设计

Problem solving 解决问题

 in assessment 评估中的解决问题

 creative thinking 解决问题与创造性思维

 defined 对解决问题的定义

 discovery learning 解决问题与探索型学习

 intuitive thinking 解决问题与直觉思维

 reflective thinking 解决问题与反思性思维

Procedural knowledge 程序性知识

 objectives 程序性知识目的

Process design 过程设计

Processes 过程

 congnitive 认知过程

 convergent 聚合过程

 deemphasis 淡化过程

 divergent 发散过程

Process evaluation 过程评估

Process of Education (*Bruner*)《教育过程》(布鲁纳)

Process portfolios 过程文件夹

Product evaluation 产出评估

Profound knowledge 渊博的知识

Program for International Student Assessment (PISA) 国际学生评估项目(PISA)

Progressivism. *See also* Educational philosophies; Philosophies 进步论。也可参见"教育哲学""哲学"

 as contenmporary philosophy 作为当代哲学的进步论

 defined 对进步论的定义

 educational roots 进步论教育的根源

 enhance learning 强化学习

groups 进步论团体
how to think emphasis 如何思考重点
humanistic curriculum 人本主义课程
opposition elements 对立元素
overview 进步论概览
radical school reforms 激进的学校改革
relevant curriculum 关联课程

Project method 规划方法

Psychological foundations 心理学基础
of curriculum 课程的心理学基础
importance of 心理学基础的重要性

Psychology 心理学
cognitive 认知心理学
defined 对心理学的定义
Gestalt 格式塔心理学
humanistic 人本主义心理学
knowledge of 心理学知识
positive 积极心理学

Psychomotor objectives 精神运动目的

Purposeful activity 有目的的活动

Q

Quality education (*Suzhi jiaoyu*), in China 中国的素质教育

R

Race to the Top "力争上游"
evaluation and 评估与"力争上游"
performance pay and 绩效工资与"力争上游"

Racial groups 种族群体

主题索引

Radical curricular design 激进的课程设计

Radical school reform 激进的学校改革

Readiness, Law of 准备律

Reading 阅读

    continuity and 连续性与阅读

    gap, closing 填补阅读的差距

    habits 阅读习惯

    as lost art 失传了的阅读艺术

    recommended works for 推荐阅读作品

    social and moral messages in 阅读中的社会信息和道德信息

Realism 实在论

Receiving objectives 接收目的

Recommended curriculum 推荐性课程

Reconceptionalists 概念重构论者

    curriculum 概念重构论课程

    defined 对概念重构论者的定义

    as neo-Marxists 作为新马克思主义者的概念重构论者

Reconceptualist approach 概念重构论方法

Reconstructionism. *See also* Educational philosophies; Philosophies 重构论。也可参见"教育哲学""哲学"

    as contemporary philosophy 作为当代哲学的重构论

    critical pedagogy 批判性教育学

    defined 对重构论的定义

    equal educational opportunity 平等教育机会

    globalists 全球主义者

    overview 重构论概览

    reconceptualists 概念重构论者

Reconstructionist design 重构论设计

Recursion, in Doll model 多尔模式中的递归

Reflective thinking 反思性思维

Reflex movements 反射运作

Reform. *See* School reform 改革。也可参见"学校改革"

Regional organizations, curriculum development and 课程开发与地方组织

Reinforcemental theory 强化论

Relations, in Doll model 多尔模式中的关系

Relationships 关系
    handling 处理关系
    social 社会关系

Relevant curriculum 关联课程

Republic of South Africa. *See* South Africa 南非共和国。参见"南非"

Resistance to change 抵制变革

Responding objectives 回应目的

Restructuring 重构

Richness, in Doll model 多尔模式中的丰富

Rigor, in Doll model 多尔模式中的严格

Romantic(radical) design 浪漫的(激进的)设计

Rosenshine model 罗森沙恩模式

Rules 规律

Rural Peoples Movement(RPM) 乡村人民运动(RPM)

S

SAM(school administration manager) 学校行政经理(SAM)

Schooling, education and 教育与学校教育

School reform 学校改革
    conservative 保守的学校改革
    Goodlad and 古德拉德与学校改革
    radical 激进的学校改革

Schools 学校

主题索引

    communication channels 学校的沟通渠道

    conformity in class 学校班级中的服从

    coping and caring 应付与关心

    culture of 学校文化

    as factories 学校即工厂

    hierarchical decision making in 学校中的等级制决策

    organizational culture 学校的组织文化

    peer culture and 同龄人文化与学校

    performance character and 卓越品格和学校

    principles for improving 改善学校的原则

    student sensitivity in 学生在学校中的敏感性

Science 科学

    basic 基础科学

    as curriculum design source 作为课程设计资源的科学

    neuroscience. See also Brain research 神经科学。也可参见"大脑研究"

Scientific model. *See also* Technical-scientific (modernist) approach 科学模式。也可参见"技术—科学(现代主义)方法"

    congruence-contingency 一致性偶然性科学模式

    evaluation 科学模式的评估

    Stufflebeam's model 斯塔弗尔比姆模式

Scope, in curriculum design 课程设计的范围

Secondary schools 中学

    in Australia 澳大利亚的中学

    in Brazil 巴西的中学

    in China 中国的中学

    commission on reorganization 初中重组委员会

    curriculum evolution 中学课程的演变

    in Finland 芬兰的中学

    programs/subjects proposed by Committee of Ten "十人委员会"所提出的中学项目和

科目

    in South Africa 南非的中学

    in universal education 普及教育中的中学

Second Life "第二人生"

Self-actualizing individuals 寻求自我实现的个人

Self-concept 自我概念

Self-directed learning 自主学习

Self-knowledge 自我认知

Self-sufficiency, in content selection 内容选择上的自足

    disposition and 性情与内容选择上的自足

Sensorimotor stage 感觉运动阶段

Sequence 次序

    content 内容的先后次序

    curiculum 课程的次序

    in curriculum design 课程设计的次序

Showcase portfolios 展示文件夹

Signal learning 信号学习

Significance, in content selection 内容选择的意义

Simple-to-complex learning 由简到繁的学习

Skilled movements 技巧动作

Skill exchanges 技能互换

Skills, as curriculum objective 作为课程目的的技能

Smith-Hughes Act《史密斯-休斯法案》

Social butterflies "社交蝴蝶"

Social class 社会阶层

    academic achievement and 学业成绩与社会阶层

    change and 变革与社会阶层

    educational opportunity and 教育机会与社会阶层

Social factors, evaluation 评估的社会因素

主题索引

Social foundations 社会基础

Social-institutional context 社会制度语境

Socialization 社会化

Social media 社交媒体

Social relationships 社会关系

Social theories 社会理论

Society 社会

    changing 变化中的社会

    as curriculum design source 作为课程设计资源的社会

    education, schooling and 学校教育与社会教育

    life-situations design and 生活情境设计与社会

    modal personality and 模范人格与社会

    postindustrial 后工业社会

    postmodern 后现代社会

Socioeconomic status (SES). *See also* Social class 社会经济地位(SES)。也可参见"社会阶层"

South Africa. *See also* International education 南非。也可参见"国际教育"

    background 南非的背景

    Bantu Education Act《班图教育法案》

    Department of Education 南非教育部

    educational system 南非的教育体系

    education in 南非的教育

    lessons from 南非的经验教训

    primary education in 南非的小学教育

    secondary education in 南非的中学教育

    teacher education in 南非的师范教育

Spiral curriculum 螺旋形课程

Spirituality, morality and 德行与灵性

Standardized achievement tests. *See also* Norm-referenced tests (NRTs) 标准化成绩考

试。也可参见"常模参照考试"(NRTs)

Standards 标准

 accountability and 问责与标准

 content 内容的标准

 criterion-referenced tests 标准参照考试

 educational excellence and 教育英才与标准

 generating objectives and 生成目的与标准

 goals and 目标与标准

 high-stakes testing and 高利害关系测试与标准

 moral 道德标准

 perennialism and 永恒主义与标准

 proficiency and 熟练与标准

State agencies, in curriculum development 课程开发中的州立机构

STEM subjects(science, technology, engineering, math) "STEM"课程(科学、技术、工程、数学)

Stimulants, IQ and 智商与刺激

 marijuana 刺激、智商与大麻

Stimulus-response(SR) 刺激—反应(SR)

Structure of intellect 智力结构

Student-needs approach 基于学生需要的方法

Students 学生

 achievement, evalution 学生成绩评估

 in curriculum development 课程开发中的学生

 in curriculum implementation 课程实施中的学生

 in curriculum planning 课程规划中的学生

Subject-centered design. See also Curriculum design 以科目为中心的设计。也可参见"课程设计"

 broad-fields design 广域设计

 correlation design 关联设计

主题索引

    defined 对以科目为中心的设计的定义

    discipline design 学科设计

    overview 以科目为中心的设计概览

    process design 过程设计

    subject design 科目设计

Subject design 科目设计

Subjective tests 科目考试

Subject matter 科目材料

    analysis 科目材料分析

    curriculum definition by 按科目材料给出的课程定义

Substitution 替代

Summative evaluation 总结性评估

    defined 对总结性评估的定义

    demonstrated results 总结性评估所证明的结果

    levels 总结性评估的层次

    questions posed by 总结性评估所提出的各种问题

    teaching assumption 总结性评估教学设想

Superintendents, in curriculum development 课程开发中的主管

Supervisors, in curriculum implementation 课程实施中的督导

Support 支持

    for change 对变革的支持

    implementation 支持实施

Supported curriculum 支持性课程

Systematic approach 系统方法

    evaluation 评估的系统方法

Systematic thinking 系统思维

Systemization, Herbartian method 赫尔巴特方法中的系统化

Systems approach 系统方法

Systems model 系统模式

597

T

Taba model 塔巴模式

Task analysis, curriculum development and 课程开发与任务分析

Task-analysis model. *See also* Technical-scientific approach 任务分析模式。也可参见"技术—科学方法"

 defined 对任务分析模式的定义

 learning analysis 学习分析

 subject-matter analysis 课程材料分析

Taught curriculum 教学课程

Teacher education 师范教育

 Australia 澳大利亚的师范教育

 Brazil 巴西的师范教育

 China 中国的师范教育

 in-service 在职师范教育

 South Africa 南非的师范教育

Teachers 教师

 in accountability culture 问责文化中的教师

 curriculum and 课程与教师

 in curriculum development 课程开发中的教师

 in curriculum implementation 课程实施中的教师

 essentialist 本质主义

 humanistic 人本主义

 in implementation of change 落实变革中的教师

 pay for performance 教师的绩效工资

 trust of, in Finland 芬兰对教师的信任

Teach for America program "为美国而教"项目

Teaching 教学

 assumption, in summative evaluation 总结性评估中的教学设想

 collaborative model of 合作教学模式

 critical thinking 批判性思维

主题索引

  moral 品德教育

  operational curriculum 操作性课程的教学

Teaching-learning processes 教与学的过程

Teaching to the test 应试教学

Technical-scientific(modernist) approach. See also Curriculum development 技术—科学（现代主义）方法。

  backward-design model 反向—设计模式

  Bobbitt model 博比特模式

  Charters model 查特斯模式

  concerns-based adoption model 以关注为基础的采纳模式

  evaluation 技术—科学（现代主义）的评估方法

  implementation and 实施与技术—科学（现代主义）方法

  organizational development model 组织开发模式

  overcoming-resistance-to-change model 克服抵制变革模式

  overview 技术—科学（现代主义）方法概览

  systems model 系统模式

  Taba model 塔巴模式

  task-analysis model 任务分析模式

  Tyler model 泰勒模式

Technology 技术

  bits(binary digits) 比特（二进制数字）

  effect on brain and learning 技术对大脑和学习的影响

  globalization and 全球化与技术

  innovation and 创新与技术

Tests. See also Evaluation 考试。也可参见"评估"

  criterion-referenced(CRTs)标准参照考试(CRTs)

  fairness in 考试中的公平

  high-stakes 高利害关系考试

  norm-referenced(NRTs) 常模参照考试(NRTs)

  subjective 主观测试

Test scores, emphasis on 看重考分

599

Textbooks 教材

    colonial period 殖民时期的教材

    electronic and online 电子教材和在线教材

    McGuffey Readers 麦古菲的《读本》

Theories 理论

    behaviorist 行为主义理论

    cognitive information-processing 认知信息处理理论

    developmental 发展理论

    overview of 理论概览

    phenomenological and humanistic 现象学理论与人本主义理论

    social 社会理论

Theory 理论

    of knowledge 知识论

    practice and 实践与理论

    of variation 变化论

Theory-driven approach 理论驱动型方法

Therapeutic learning 治疗学习

Thinking. *See also* Cognitive Processes 思维。也可参见"认知思维"

    classifications of 思维的分类

    creative 创造性思维

    critical 批判性思维

    intuitive 直觉思维

    ordinary 日常思维

    problem solving and 解决问题与思维

    reflective 反思性思维

    skills in 思维技能

    systematic 系统思维

Top-down theory 从上至下的理论

Total quality management（TQM）全面质量管理

Traditional assessment. *See also* Assessment; Evaluation 传统型评估。也可参见"评价""评估"

Tradition-directed character 传统引导型品格

Transcendent education 超越性教育

Transformation, as learning process 作为学习过程的转化

Transitional period. *See also* Historical foundations 转型时期。也可参见"历史基础"

    conservative reformers 转型时期的保守主义改革家

    defined 对转型时期的定义

    modern curriculum pressure 转型时期现代课程所面临的压力

    three committees 转型时期的三个委员会

    traditional curriculum reaffirmation 转型时期对传统课程的重申

    vocational education 转型时期的职业教育

Trust 信任

    in educational profession 对教育行业的信任

    implementation and 实施与信任

Truth, Beauty, and Goodness, Reframed (Gardner)《重构真善美》（加德纳）

Twenty-sixth Yearbook《第二十六年年鉴》

Tyler model 泰勒模式

U

Unequal backgrounds/abilities 背景和能力的不平等

Universal education 普及教育

    academies in 普及教育中的文实学校

    common schools 公立学校

    elementary schools 小学

    high schools 高中

    monitorial schools 采用导生制的学校

    secondary schools 中学

Unplanned curriculum 非计划性课程

Utilitarian curriculum 功利主义课程

Utilitarian evaluation 功利主义的评估

Utility, in content selection 内容选择上的实用性

Utilization-related sequencing 运用联系法的次序安排

V

Validity 有效性

    in content selection 内容选择上的有效性

    fairness in testing and 考试中的公平和有效性

Value-added measurement(VAM) 附加值测量(VAM)

Value judgments 价值判断

    in evalution 评估中的价值判断

    evaluation questions 各种评估问题的价值判断

Value-oriented change 价值取向型变革

Values, in educational environment 教育环境中的各种价值观

Valuing objectives 评价目的

Variation, theory of 变化论

Verbal association 语词联想

Vertical articulation 纵向连接

Vertical organization 纵向组织

Video gamers 游戏玩家

Vocational education, in transitional period 转型时期的职业教育

Vygotsky's theories 维果茨基的理论

W

Whole-to-part learning 化整为零的学习

Wisdom, intelligence and 智力与智慧

Working memory 工作记忆

World community, postmodernism and 后现代主义与世界共同体

World knowledge. See also Global entries 世界知识。也可参见"全球"条目

Written assessment 书面评价

Written curriculum 成文课程

译后记

摆在读者面前的,是美国圣约翰大学教授艾伦·奥恩斯坦和华盛顿大学教授弗朗西斯·P.亨金斯合撰的一部课程论教材《课程:基础、原理和问题》的第7版。

本书除前言外,共分三编对课程的基础、原理和问题做了视野开阔、资料翔实、结构稳妥的全面系统介绍和讨论。其中"基础编"属课程的外部研究,重点介绍和探讨了课程的哲学、历史、心理学和社会基础;"原理编"属课程的内部研究,探讨了课程设计、开发、实施、评估的范式方法;"问题编"则以芬兰、澳大利亚、中国、巴西、南非五国的教育系统为例,对国际教育场景中的经验教训和未来趋势进行了概述。该书自1988年初版以来,分别于1993年、1998年、2004年、2009年、2013年、2017年出版了第二至第七版,应当说是一部业已证明经得起时间考验的课程论教材。

本书在重视课程与社会、历史、文化、哲学、心理学之间的广泛联系上,在重视课程设计、开发、实施、评估的方式方法及其中的人的因素上,具有鲜明特色。同时,第7版在材料、数据、观点上都做了及时更新,在章节结构上也做了适当调整。与译者翻译过的该书第五版相比,第七版增加和改写了约五分之二的内容,中文译文字数增加了近十二万字。其中第十章进行了全部改写,其他各章也均根据课程论研究领域的最新研究现状、21世纪教育环境和教学手段的变化进行了不同程度的修订。

总体来看,本书的意义和价值不仅限于课程范围之内。自冷战时代到后冷战时代,中国的主流媒体和普通民众对美国(包括美国教育)的描绘和想象,大抵经历了一个从妖魔化到神话和美化的过程,"美帝国主义"因此衍变成了"美丽的帝国"。在此背景下,本书提供给我们的是更全面的镜像:美国也有美国的问题,有些问题甚至超越了国界和制度,成了世界的问题、全球的问题。本书所提到的一些课程研究者和教育批评家,特别是其中的激进主义者,常有对美国学校教育的尖锐批评和负面评价。不少人甚至断言美国"教师是狱卒或体制的走狗,而学校是监禁学生智力和情感的牢房"。霍尔特描述教师在学校不过是强行推行僵化的规则,而学生则是学习如何变成笨伯、学习如何记住正确答案。古德曼也认为美国学校存在的意义,基本上是将人输送到生产的流水线上,是为教材公司、建筑承包商和教师提供市场;从幼儿园到大学,学校告诉年轻人的不过是如何调整以适应社会,并且提供了"一个民主在其中开始看上去像管制的普遍困局"。而兰德里通过对教师的在线调查和当面访谈,报告了标准化考试期间学生的普遍反应:要么坐立不安,要么喃喃自语,要么狂呼乱喊。"49%的学生在考试期间坐立不安,33%的人为考试有多难忧心忡忡,21%的人说自己焦虑烦躁。"然而,在本书作者看来,所有这些问题和现象的存在,并不意味着只有取消学校教育和标准化考试。《课程:基础、原理和问题》所提到的一些上自联邦政府、州教育部门,下自专业协会、研究人员所发布的文献著作和推出的项目,如《国家在危机中》、《不让一个孩子掉队法案》、《2000年目标:美国教育法案》、"力争上游"等等,都表明了许多教育机构和有识之士意识到了美国学校教育所存在的问题,并起而试图提出解决方案,使美国在全球化竞争中捷足先登、获得先机。

值得一提的是,或许由于本书的作者之一奥恩斯坦教授撰写过《阶级核算:教育、不平等和中产阶级的萎缩》等著作的原因,本课程论教材在论及课程问题及其解决方案时,尤其关注教育机会的公平与平等。教育机会的公平与平等,曾是美国重要的建国之道和民主体制象征之一。1876—1879年,波兰作家显克维奇曾游历美国,写下了著名的《旅美书简》。那时正是美国GDP将要超过大英帝国、成为世界第一大经济体的社会转型时期,美国社会具有所有社会转型期国家所具有的既乱象丛生又生机勃勃的双重特征。《旅美书简》一方面对美国社会的种种乱象和阴暗面多有记录,另一方面又从美国社会对劳动的尊重、对教育平等的重视看到了美国的巨大希望和生机——认为只有懂得"尊重劳动"、"公民所受的教育没有明显的差别"、"各社会阶层的风俗习惯没有明显的不同","才能懂得美国的民主和美国生活的内涵",同时预言"对劳动的尊重和热爱是一种不可战胜的力量,预示着扬基们将要统治世界的光辉的前景"。一百多年以后,显克维奇对有着双重影像的美国的某些预言和判断,早已得到现实的验证,美国成为当前世界上唯一的超级大国。然而,应当看到,与此同时,美国的教育公平和对劳动的尊重也遇到了前所未有的挑战。诺贝尔经济学奖获得者约瑟夫·E.斯蒂格利茨在《不平等的代价》中说,目前"美国

译后记

教育机会不平等的一个明显反映就是美国知名大学中的学生构成比例:大约只有9%的人来自底层50%的人群,而74%来自上层25%的人群"。《课程:基础、原理和问题》中作者也反复提到了目前美国社会贫富差距的两极分化所带来的教育机会的不平等,以及由此引发的课程领域的种种问题,并就此类问题提出了尝试性的解决方案。可以说,本教材对这一类问题的观察和思考,对当前世界所有国家(包括发展中国家)所面临的现实的教育问题,都不无参考和借鉴意义。

本书中所涉及的人名翻译,除约定俗成者外,均参照商务印书馆出版、新华通讯社译名资料组(译名室)所编的《英语姓名译名手册》、《法语姓名译名手册》等。

感谢华东师范大学出版社曾睿女士,她的信任促成了我对《课程:基础、原理和问题》第7版的翻译。同时,我还要感谢东南大学中文系邵文实博士对我翻译工作的一贯支持。当然,本书翻译中可能存在的问题,均由我负责,并祈读者不吝批评指正。

王爱松
2019年11月18日于南京大学中国新文学研究中心